Principios de Práctica Inmobiliaria en Florida

2ª Edición

PERFORMANCE
PROGRAMS
COMPANY

Orlando Lopez
Stephen Mettling
Ryan Mettling

I0053174

El material de este libro no está destinado a representar asesoramiento legal y no debe interpretarse como tal. Los lectores deben consultar a un abogado para recibir asesoramiento sobre cuestiones legales.

© 2024 by Performance Programs Company
6810 190th Street East, Bradenton, FL 34211
info@performanceprogramscompany.com
www.performanceprogramscompany.com

ISBN: 978-1955919920

Tabla de Contenidos

PREFACIO

Libro de texto

"Principios de Práctica Inmobiliaria en Florida" es una herramienta de aprendizaje moderna para el estudiante que se prepara para ingresar al negocio de bienes raíces en Florida como un profesional con licencia. Contiene lo esencial de la ley de bienes raíces, principios y prácticas enseñadas en las escuelas y universidades de bienes raíces de Florida, incluyendo todos esos fundamentos que los educadores de bienes raíces, profesionales en ejercicio, servicios de evaluación y funcionarios de licencias consideran necesarios para la competencia básica. **"Principios de Práctica Inmobiliaria en Florida"** cubre los requisitos previos de licencia exigidos por la ley de licencias de Florida.

.

"Principios de Práctica Inmobiliaria" está adaptado a las necesidades del estudiante previo a la obtención de la licencia. Está diseñado para:

- Facilitar el aprendizaje del material a los estudiantes.
- Preparar a los estudiantes para numerosas aplicaciones profesionales.
- stress Enfatizar habilidades y conocimientos prácticos, más que teóricos.

Dentro de la portada

Cada sección comienza con una visión general de los principales temas cubiertos en la sección. A medida que se expanden cada uno de estos temas, los subtítulos se muestran en el margen. Los términos clave se imprimen en negrita la primera vez que se utilizan y se definen. Las secciones concluyen con una ayuda de estudio llamada "Revisión Rápida", que resume los puntos principales de la sección en una o dos páginas. Después de la última sección hay pruebas para todas las secciones. La clave de respuestas que sigue a las pruebas hace referencia a la página en el texto que explica la respuesta correcta. El libro también cuenta con una sección especial sobre matemáticas de bienes raíces, un examen de práctica que refleja el contenido del examen de licencias de Florida y dos glosarios de terminología de bienes raíces. Una tabla que lista fechas importantes, plazos y tiempos para los licenciatarios de Florida sigue a los glosarios.

Acerca de los autores

Orlando López es un profesional con gran experiencia en la industria de bienes raíces y un instructor respetado. Con más de 40 años de experiencia práctica, Orlando ha desarrollado un profundo conocimiento de las complejidades del mercado inmobiliario. Como agente y corredor de bienes raíces con licencia, Orlando ha cerrado con éxito numerosos acuerdos, ayudando a los clientes a navegar por las complejidades de la compra y venta de propiedades. Su experiencia se extiende a propiedades residenciales, comerciales y de inversión, lo que lo convierte en un recurso versátil y conocedor para todo tipo de transacciones inmobiliarias. Además de su trabajo en bienes raíces, Orlando también es un instructor consumado. Con una pasión por compartir sus conocimientos y empoderar a otros, ha dedicado una parte importante de su carrera a enseñar a aspirantes a profesionales de bienes raíces. Como instructor muy solicitado, Orlando ha guiado a innumerables personas a través de programas de capacitación integrales, equipándolos con las habilidades y el conocimiento necesarios para tener éxito en la industria.

Durante más de cuarenta años, Stephen Mettling y David Cusic han operado una de las organizaciones de capacitación personalizada más exitosas del país, especializada en el desarrollo de programas de bienes raíces. El Sr. Mettling también ha sido vicepresidente y autor para una importante organización de capacitación y publicación de bienes raíces. En diversas capacidades, ha gestionado la adquisición, desarrollo y venta de libros de texto y publicaciones nacionales de bienes raíces, así como dirigido el grupo afiliado más grande de escuelas de bienes raíces del país.

Ryan Mettling, socio y editor de Performance Programs, es un diseñador de currículos en línea, autor y desarrollador de cursos muy logrado. Es responsable de la planificación estratégica de la empresa, la gestión general, la impresión y producción, las plataformas de publicación electrónica y venta minorista, y el marketing multicanal. El Sr. Mettling es miembro de la Asociación de Educadores Inmobiliarios (REEA) y se graduó como Valedictorian de la Facultad de Administración de Empresas de la Universidad de Florida Central.

Acerca de la editora consultora

Cheryl Davis es autora e instructora de bienes raíces. Es copropietaria de Cross Streets Academy, Inc. y es corredora en JoAnn P. Davis Realty, Inc. Ha escrito currículos para su propia escuela y ha creado clases para Florida Realtors y el Departamento de Educación en Florida, Nueva Jersey, Pensilvania y Luisiana. La Sra. Davis también es defensora de personas con discapacidades, enfocándose en la vivienda y el empleo para individuos con discapacidades. Actualmente, la Sra. Davis es Directora de la Asociación de Educadores de Bienes Raíces.

1 El Negocio Inmobiliario

Introducción al Negocio Inmobiliario
Corretaje Inmobiliario
Desarrollo y Construcción
El papel del gobierno
Organizaciones Profesionales

Objetivos de aprendizaje

- Describir las actividades centrales de la intermediación inmobiliaria
- Distinguir entre las cinco principales especialidades de ventas
- Identificar el papel de los administradores de propiedades
- Describir las actividades que requieren servicios de tasación y distinguir entre CMA, BPO y tasación
- Resumir el proceso hipotecario y el papel del originador de préstamos hipotecarios
- Explicar las tres fases de desarrollo y construcción
- Distinguir entre las tres categorías de construcción residencial

Términos clave

Propietario ausente
evaluación
tasador
Opinión del precio del corredor (BPO)
Corredor de Negocios
Oportunidad de negocio
Gerente de Asociación Comunitaria (CAM)
Análisis comparativo de mercado (CMA)
dedicación

Area de granja (objetivo de comercialización)
seguimiento
Servicio de Listado Múltiple (MLS)
Administración de Propiedades
Administrador de Propiedades
Corretaje de Bienes Raíces
Mapa de subdivisión
Normas Uniformes para la Práctica Profesional de Tasación (USPAP)

INTRODUCCIÓN AL NEGOCIO INMOBILIARIO

Actividades inmobiliarias
Especialidades profesionales
Especialización del tipo de inmueble
¿Por qué contratar a un profesional inmobiliario?

En su sentido más amplio, la industria de bienes raíces es la industria más grande de la economía en los Estados Unidos. Dentro de ella se podría incluir a la industria de la construcción, considerada a menudo como el mayor negocio de nuestro país. Además, se puede decir que la industria de bienes raíces incluye la creación, administración y demolición de todas las residencias e instalaciones comerciales de la nación: oficinas, almacenes, fábricas, tiendas y edificios de propósito especial, como hospitales e instalaciones gubernamentales. El negocio inmobiliario incluiría también la gestión de todas las tierras no urbanizadas del país: parques nacionales, bosques y la gran cantidad de propiedades federales no utilizadas.

Los profesionales inmobiliarios son personas y organizaciones empresariales cuya *única empresa es la realización de un servicio o función relacionada con los bienes raíces.* Una amplia gama de profesiones está disponible para las personas que desean ingresar al negocio inmobiliario.

Bien inmueble Actividades

Los profesionales inmobiliarios realizan las siguientes funciones relacionadas con la propiedad:

- ▶ Creación y mejora
- ▶ Gestión y mantenimiento
- ▶ demolición
- ▶ Propiedad de inversiones
- ▶ regulación
- ▶ transferencia

Creación y mejora. La creación de bienes inmuebles a partir de tierras en bruto implica la formación de capital, la financiación, la contratación de la construcción y las aprobaciones reglamentarias. Las partes clave involucradas en este aspecto del negocio son generalmente el desarrollador, el propietario del terreno y el prestamista hipotecario. También participan analistas de mercado, arquitectos, ingenieros, planificadores de espacios, diseñadores de interiores y subcontratistas de construcción.

Los expertos que manejan los aspectos legales del proyecto de desarrollo incluyen abogados de bienes raíces, compañías de títulos, topógrafos, compañías de seguros de propiedad y funcionarios reguladores del gobierno. La comunidad de corretaje, con la ayuda de tasadores profesionales, generalmente maneja las transacciones de propiedad y arrendamiento que ocurren durante las muchas fases de desarrollo.

Gestión y mantenimiento. Todos los bienes inmuebles, ya sean tierras en bruto o propiedades mejoradas, deben ser administrados y mantenidos. Los dos tipos principales de administradores son: administrador de propiedades y los gestores de activos. Los administradores de propiedades y su personal supervisan propiedades específicas en nombre de los propietarios, Asegurarse de que la condición de la propiedad y su desempeño financiero cumplan con estándares específicos.

Los administradores de asociaciones comunitarias (CAM, por sus siglas en inglés) administran propiedades residenciales como parques de casas móviles, desarrollos de unidades planificadas (PUD, por sus siglas en inglés), cooperativas, tiempos compartidos, condominios y asociaciones de propietarios.

Los gestores de activos supervisan grupos de propiedades o carteras. Su función es lograr los objetivos de inversión de los propietarios en lugar de administrar las operaciones diarias.

El alcance del trabajo de gestión se detalla en un acuerdo de gestión.

El personal de mantenimiento incluye ingenieros, técnicos de sistemas, personal de limpieza y otros empleados necesarios para mantener la condición de la propiedad.

Demolición. Los expertos en demolición, junto con los expertos en excavación y remoción de escombros, sirven para eliminar del mercado las propiedades que ya no son económicamente viables.

Propiedad de la inversión. Una especializacion en el negocio inmobiliario es el inversor inmobiliario que arriesga capital para comprar, mantener y vender propiedades inmobiliarias. A diferencia de los propietarios cuyo interés principal está en algún otro negocio, el inversor inmobiliario se centra en identificar y explotar las oportunidades de inversión inmobiliaria con fines de lucro. El inversor inmobiliario aporta capital y liquidez al mercado inmobiliario.

Regulación. Todos los bienes raíces están regulados hasta cierto punto por el gobierno. Las principales áreas de regulación son el uso, los impuestos y la administración de la vivienda. Las funciones regulatorias profesionales incluyen planificadores públicos, administradores de zonificación, inspectores de edificios, asesores y administradores de estatutos federales específicos, como las Leyes Federales de Vivienda Justa.

Transferencia. Los derechos e intereses en bienes raíces pueden ser comprados, vendidos, asignados, arrendados, intercambiados, heredados o transferidos de otro modo de un propietario a otro. Los corredores de bienes raíces y los asociados de los corredores generalmente participan centralmente en tales transferencias. Otros participantes profesionales son los corredores hipotecarios, los banqueros hipotecarios, los tasadores, las aseguradoras y las compañías de títulos.

**Profesional
Especialidades**

En resumen, las seis áreas funcionales principales están pobladas por
profesionales con las siguientes especialidades.

Profesiones en Bienes Raíces

Crear	Desarrolladores	Analistas de mercado
	Planificadores públicos y privados	Topógrafos
	Arquitectos	Ingenieros
	Contratistas de construcción	Inspector públicos y privados
	Planificadores de espacios	Agentes hipotecarios
	Prestamista hipotecario y banqueros	Sociedades de valores
	Compañías de títulos y depósitos	Abogados
	Aseguradores	Tasadores
	Corredores y agentes inmobiliarios	
Gestión y Mantener	Administradores de propiedades	Gestores de activos
	Ingenieros de mantenimiento	Mantenimiento
	Técnicos de Gerentes Corporativos	
Destruyendo	Contratistas de demolición	Excavadoras
Tenencia	Inversores	Gerentes Corporativos
Regulación	Asesores	Planificadores públicos
	Administradores de zonificación	Inspectores de edificios
Transferencia	Corredores y agentes	Tasadores
	Prestamistas y banqueros	Agentes hipotecarios
	Compañías de títulos y depósitos	Abogados
	Aseguradores	Topógrafos

**Tipo de propiedad
especialización**

Además de especializarse por función, muchos profesionales también se
especializan en el tipo de propiedad con la que trabajan. De acuerdo con el
propósito de la propiedad, las propiedades se clasifican como propiedades
residenciales, comerciales o de inversión.

La propiedad residencial se refiere a la propiedad que se posee y se utiliza para
la habitación. Tales propiedades se pueden clasificar además en términos de
cuántas familias están diseñadas para albergar, si están unidas a otras unidades o
separadas, etc.

La propiedad comercial generalmente se refiere a propiedades comerciales y
de oficinas, pero también puede incluir bienes raíces industriales. El término
"comercial" se relaciona con el hecho de que la propiedad puede generar
ingresos por el uso de un negocio.

La propiedad de inversión se refiere a cualquier propiedad que esté en manos
de sus propietarios con fines de inversión. Todas las clasificaciones de
propiedades pueden ser propiedades de inversión. Sin embargo, en general, el
término no se refiere a las residencias ocupadas por sus propietarios, aunque
dichas propiedades constituyan una inversión. Los apartamentos, condominios,

cooperativas y viviendas unifamiliares pueden considerarse propiedades de inversión si los propietarios de la propiedad no la usan con fines de inversión. Estas propiedades también se conocen como propiedades de ingresos residenciales.

De acuerdo con el uso, las siguientes clasificaciones de bienes inmuebles son comúnmente aceptadas.

Clasificaciones de Bienes Inmuebles por Uso

residencial	industrial
ingresos residencial	granja y rancho
oficina	propósito especial
venta al por menor	tierra

Estas categorías a menudo tienen usos superpuestos. Un banco, por ejemplo, puede tener operaciones minoristas y de oficinas. Una instalación de distribución industrial puede incluir un amplio espacio de oficinas. Un centro comercial puede contener oficinas.

Las propiedades de propósito especial incluyen instalaciones recreativas de propiedad pública o privada, edificios gubernamentales, iglesias y escuelas.

¿Por qué contratar a un Profesional Inmobiliario?

Hay muchas razones por las que un miembro del público contrata a un professional de bienes raíces. El profesional inmobiliario ofrece información experta sobre el mercado inmobiliario, específicamente en las áreas de:

▶ Transferencia de propiedad

El profesional de bienes raíces sabe cómo transferir bienes inmuebles y quién debe participar en la transferencia de la propiedad legalmente.

▶ Condiciones del mercado

El profesional inmobiliario entiende las condiciones económicas actuales del mercado y el mercado inmobiliario local actual.

▶ Cómo comercializar bienes raíces

El profesional de bienes raíces entiende la mejor manera de publicitar y / o promocionar una propiedad inmobiliaria dependiendo de la audiencia que pueda comprar la propiedad.

CORRETAJE DE BIENES RAÍCES

Formas de especialización
Áreas adicionales de especialización
Habilidades y conocimientos

La mayoría de los profesionales recién licenciados optan por comenzar sus carreras de bienes raíces en el corretaje residencial.

Las actividades primarias de corretaje de bienes raíces implican la realización de una o más de las siguientes tareas:

- ▶ Localizar un comprador para un vendedor
- ▶ Localizar a un vendedor para un comprador
- ▶ Localizar a un inquilino para un propietario
- ▶ Localizar un propietario para un inquilino

Un vendedor, comprador, propietario o inquilino contrata a un corredor para conseguir a la parte opuesta a la transacción de venta o arrendamiento. Para ayudar a hacer el trabajo, el corredor contrata agentes con licencia como asistentes. La compañía de corretaje, en su forma más simple, consiste en un corredor y los agentes del corredor, que trabajan juntos para localizar compradores, vendedores, inquilinos y propietarios para los clientes del corredor.

Formas de especialización

En el entorno moderno de corretaje, los corredores y agentes se especializan en las siguientes líneas:

- ▶ Tipo de propiedad
- ▶ Zona geográfica
- ▶ Tipo de transacción
- ▶ Tipo de cliente
- ▶ Tipo de relación

La elección de la especialización está influenciada por factores competitivos en el mercado y por las oportunidades percibidas.

Tipo de propiedad. Dado que las diferentes propiedades tienen diferentes características y compradores potenciales, los corredores suelen optar por especializarse en un tipo de propiedad. Por lo tanto, existen:

- ▶ Agentes Residenciales
- ▶ Agentes comerciales (oficina, minorista)
- ▶ Agentes industriales
- ▶ Agentes de tierra

Zona geográfica. Los corredores y agentes deben mantener datos actualizados y precisos sobre las propiedades. No es posible realizar un seguimiento de todas las propiedades en los mercados más grandes. Por lo tanto, hay que crear un área de especialización geográfica. El área de uno puede estar definida por barreras naturales; por calles y carreteras; o por un determinado conjunto de subdivisiones.

Tipo de transacción. Los principales tipos de transacciones son las ventas, los arrendamientos y subarrendamientos, los intercambios y las opciones.

Cada forma de transacción implica documentos y consideraciones legales particulares. Como resultado, muchos agentes, particularmente los agentes comerciales, se especializan en un tipo de transacción. Por ejemplo, en un mercado inmobiliario comercial urbano, los agentes generalmente se especializan en arrendamientos o ventas.

Tipo de cliente. Los corredores representan cada vez más a compradores e inquilinos, así como a vendedores y propietarios. Dado que puede haber conflictos de intereses, muchos corredores restringen su negocio a representar a compradores e inquilinos o vendedores y propietarios exclusivamente.

Algunos corredores y agentes también se especializan según el tipo de negocio en el que se encuentran sus clientes o sus motivaciones para la transacción. Así, uno encuentra corredores que se centran exclusivamente en hospitales, o cadenas de comida rápida, o reubicaciones de ejecutivos.

Tipo de relación. En los últimos años, muchos corredores se han especializado en proporcionar servicios de asesoramiento a los clientes en lugar de los servicios tradicionales basados en transacciones y con comisiones compensadas. En la relación de asesoramiento, el corredor trabaja en tareas o proyectos inmobiliarios identificados a cambio de una tarifa, salario o anticipo. El asesor puede o no centrarse en completar una transacción.

Algunos de los servicios de corretaje individuales que se pueden realizar por una tarifa preestablecida son:

- ▶ Análisis comparativo de precios
- ▶ Búsqueda en la base de datos
- ▶ Selección de prospectos
- ▶ Análisis del sitio

Áreas adicionales de Especialización

Además de la intermediación de bienes raíces residenciales, hay otras áreas de especialización en las que puede participar un agente de bienes raíces. Estos incluyen administración de propiedades, tasación, financiamiento y asesoramiento.

Administración de propiedades. Esta es un área de bienes raíces de rápido crecimiento debido al crecimiento de "propietarios ausente". Aquí, el administrador de la propiedad sirve como agente del propietario en el control de la propiedad. Dicha supervisión permite al propietario minimizar la participación en las innumerables tareas involucradas en el mantenimiento de las propiedades de ingresos.

Los administradores de propiedades trabajan a través de un contrato de trabajo conocido como acuerdo de gestión. Establece todas las funciones que el administrador de la propiedad debe realizar en nombre del propietario. El acuerdo de administración también estipula cómo y cuándo se compensa al administrador de la propiedad.

Tasación. La tasación es un proceso de estimación del valor de los bienes inmuebles. Los tasadores certificados tienen licencia y están registrados por la Junta de Tasación de Bienes Raíces de Florida.

Los agentes de bienes raíces de Florida están legalmente autorizados por F.S. 475 para tasar propiedades en Florida. Sin embargo, deben tener cuidado de no presentarse a sí mismos como tasadores o a su informe de valoración como tasación certificada.

Si un agente de bienes raíces realiza una tasación, debe seguir las leyes y pautas de las Normas Uniformes de Prácticas Profesionales de Tasación (USPAP). La ley también establece que un agente de bienes raíces no puede tasar una propiedad que involucre transacciones relacionadas con el gobierno federal.

En lugar de tasaciones, la mayoría de los agentes inmobiliarios completan un Análisis Comparativo de Mercado (CMA) o una Opinión de Precio del Corredor (BPO) para determinar el valor aproximado de una propiedad. Ambos métodos están exentos de seguir las reglas y regulaciones federales de USPAP. Estos temas se tratarán con mayor detalle en el Capítulo 16.

Financiación. El financiamiento es el negocio de proporcionar fondos para transacciones inmobiliarias. La fuente de financiación de la mayoría de las transacciones inmobiliarias es el préstamo hipotecario. En general, es vital que los agentes inmobiliarios entiendan la financiación y sean capaces de resolver problemas elementales de financiación.

Los agentes inmobiliarios no necesitan ser expertos en el campo de la financiación. Los originadores de hipotecas de préstamos y los corredores hipotecarios tienen licencia para hacer recomendaciones más sofisticadas y ayudar al comprador a obtener el financiamiento que necesita.

Asesoramiento. La consejería es un área muy especializada y avanzada de la práctica inmobiliaria. Los asesores deben conocer todas las facetas del negocio de bienes raíces, incluidas las transferencias de propiedad, los permisos, la subdivisión, la zonificación y la construcción. Se les contrata sobre la base de una tarifa fija porque sería un conflicto de intereses que se les pagara en función del valor del proyecto.

Habilidades y conocimiento

Los profesionales en el negocio de corretaje deben tener una amplia gama de conocimientos y habilidades inmobiliarias. Los agentes deben desarrollar un conocimiento profundo de su mercado local y de las propiedades dentro de él. Además, los agentes deben desarrollar una competencia con la economía de los bienes raíces: precios, financiamiento, costos de cierre, etc. Igualmente importantes son las habilidades interpersonales: comunicarse con los clientes y responder a sus necesidades.

Habilidades y conocimientos requeridos en el corretaje de bienes raíces

Conocimiento	Habilidades
Condiciones del mercado local	Calificación financiera
Propiedades locales	Análisis de mercado
Principios inmobiliarios	Prácticas de comercializacion
Leyes Inmobiliarias	Prácticas éticas
Estimación del valor	Gestión de Pasivos
Financiación	Gestión de datos
Principios de inversión	venta
Leyes de licencias	Gestión del tiempo
Cálculos matemáticos relacionados	comunicación
Procedimientos de cierre	escritura
	Funcionamiento básico de la computadora

DESARROLLO Y CONSTRUCCIÓN

Adquisición de terrenos
Subdivisión y desarrollo
Construcción

El desarrollo y la construcción implican un proceso complejo que consta de muchas etapas que requieren la participación de numerosas partes y conllevan muchos riesgos financieros. El proceso físico consiste en una secuencia de eventos desde la adquisición de la tierra hasta la subdivisión, la preparación de la tierra, la construcción, el arrendamiento y la venta.

Adquisición de terrenos

Antes de ubicar el terreno para un desarrollo, el desarrollador realiza un análisis estratégico de los usos que requiere el área, la demografía del mercado, las áreas comerciales potenciales y las características de ubicación para los usuarios, si el uso es comercial o residencial, los proyectos competitivos en la región, la oferta y la demanda, y las opciones de financiamiento. Un estudio cuidadoso de las características del sitio potencial y un análisis de viabilidad y uso más alto y mejor se utilizan para crear un plan maestro de desarrollo.

Una estimación de los costos de la tierra y el desarrollo que representan los desembolsos del desarrollador, incluida la preparación del sitio, la ingeniería y el diseño, las comisiones, la construcción, los permisos, el financiamiento y otros elementos, guiará cuánto puede pagar el desarrollador por la tierra. Estos costos variarán dependiendo de si el desarrollador tiene la intención de continuar con todo el desarrollo hasta el producto terminado o si revenderá el terreno en una etapa anterior del proceso a otro desarrollador o constructor.

Subdivisión y desarrollo

Una división de tierra en dos o más lotes, unidades, parcelas o intereses puede o no incluir un plan para calles y servicios públicos. Subdivisión está regulado por las leyes estatales y municipales relativas a la zonificación, los usos permitidos, las normas de construcción y las limitaciones ambientales, entre otras cosas. Un paso esencial es la creación y el registro de un mapa de subdivisión. Este mapa presenta los sitios de construcción, las calles y los servicios públicos propuestos. Además, las mejoras que no se venderán a individuos, como parques, calles, aceras y bordillos, generalmente se donan al municipio o condado local por medio de una dedicatoria registrada. Esta dedicación asegura que el gobierno local será responsable de mantener esas mejoras.

Construcción

La construcción residencial se divide en tres categorías generales.

Casas especulativas. Las casas especulativas o (spec homes en ingles) son aquellas que se construyen sin un compromiso previo de un comprador de vivienda.

Casas personalizadas. Cuando hay un contrato con un comprador para una casa en particular antes de que haya una construcción, el constructor construye una casa personalizada, generalmente de acuerdo con un plan presentado por el comprador o un arquitecto.

Casas Tract. Aquí, el constructor ofrece una selección de planos y diseños, a menudo representados por una o más modelos de casas, para que el comprador elija junto con un lote en particular.

EL PAPEL DEL GOBIERNO

Regulación de las prácticas comerciales
Leyes de licencias inmobiliarias

Regulación de prácticas comerciales

La industria inmobiliaria está regulada por todos los niveles de gobierno. Los estatutos federales y estatales, así como un gran cuerpo de decisiones judiciales, generalmente conocidas como derecho consuetudinario o ley comun, circunscriben cómo se pueden desarrollar, administrar y transferir bienes raíces.

Entre las leyes más relevantes para los agentes y corredores se encuentran las relativas a:

- agencia
- contratos
- revelación
- impacto ambiental
- vivienda justa

Además de las leyes y regulaciones federales, estatales y locales, la industria de bienes raíces está, hasta cierto punto, autorregulada por los códigos de conducta ética propuestos por las muchas organizaciones comerciales de la industria. Por ejemplo, el Código de Ética de la Asociación Nacional de Agentes Inmobiliarios® no solo refleja la ley, sino que establece un estándar de desempeño aún más alto para los corredores y agentes miembros.

Es imperativo que los nuevos practicantes entiendan y cumplan con las muchas leyes que regulan la industria.

Leyes de licencias de Bienes Raices

Las leyes estatales de licencias de bienes raíces contienen el cuerpo principal de leyes y regulaciones que rigen la práctica de corretaje de bienes raíces. Las leyes de licencias en cada estado especifican quién debe obtener una licencia para practicar bienes raíces y establecen los requisitos para obtener y mantener la licencia. Las leyes de licencia también definen aspectos críticos de la correduría de bienes raíces, que incluyen

- ▶ Procedimientos para el manejo de depósitos en garantía y tarifas
- ▶ Procedimientos para la publicidad
- ▶ Pautas para el trato con clientes y consumidores

Las leyes estatales de licencias son administradas en cada estado por una **Comisión Inmobiliaria**. La comisión se encarga de administrar y hacer cumplir las leyes de licencias. Además, la comisión puede aprobar reglamentos que refinen o aclaren aún más los estatutos estatales.

ORGANIZACIONES PROFESIONALES

Hay organizaciones comerciales dentro de la industria de bienes raíces que apoyan y promueven prácticamente todas las formas de especialización empresarial. Los beneficios de la membresía incluyen programas de capacitación, designaciones profesionales y canales de comunicación para mantenerse al tanto de los eventos y las leyes. La pertenencia a una organización comercial también suele mejorar la imagen de la empresa a los ojos de los clientes y del público en general.

A continuación se enumeran algunas de las principales organizaciones comerciales, institutos y designaciones profesionales relacionadas.

Organizaciones y Designaciones Comerciales de Bienes Raíces

Sociedad Americana de Tasadores
www.appraisers.org

Sociedad Americana de Inspectores de Viviendas
www.ashi.com

Asociación de Propietarios y Administradores de Edificios
www.boma.org

Instituto CCIM
www.ccim.com

    Miembro Certificado de Inversión Comercial (CCIM)

Corenet Global
www.corenetglobal.org

    Maestría en Bienes Raíces Corporativos (MCR)

Consejeros de Bienes Raíces
www.cre.org

    Consejero de Bienes Raíces (CRE)

Instituto de Administración Inmobiliaria
www.irem.org

    Administrador de Propiedades Certificado (CPM)

Asociación Internacional de Oficiales Evaluadores
www.iaao.org

Consejo Internacional de Centros Comerciales
www.icsc.org

Asociación de Banqueros Hipotecarios de Estados
www.mbaa.org

    Banquero Hipotecario Certificado (CMB)

Asociación Nacional de Agentes de Compradores Exclusivos
www.naeba.org

Asociación Nacional de Constructores de Viviendas
www.nahb.org

NAIOP Desarrollo Inmobiliario Comercial Asociación
www.naiop.org

Asociación Nacional de Corredores de Bienes Raíces
www.nareb.com

Asociación Nacional de Agentes Inmobiliarios
www.nar.realtor

    Graduado, Instituto de Agentes Inmobiliarios (GRI)
    Especialista Certificado en Propiedades Internacionales (CIPS)

Asociación de Educadores de Bienes Raíces
www.reea.org

Instituto de Tierras de Agentes Inmobiliarios
www.rliland.com

Consultor de Tierras Acreditado (ALC)

Sociedad de agentes inmobiliarios industrials y de oficinas
www.sior.com

El Instituto de Tasación
www.appraisalinstitute.org

    Miembro del Instituto de Tasación (MAI)
    Tasador Residencial Senior (SRA)

Consejo de Mujeres de Agentes Inmobiliarios
www.wcr.org

Red de Gestión del Desempeño (PMN)

1 Resumen del curso: El negocio inmobiliario Revisión instantáneas

INTRODUCCIÓN A EL NEGOCIO INMOBILIARIO

Actividades inmobiliarias
- crear, mejorar, gestionar, mantener, demoler, poseer, regular y transferir propiedades

Especialización Tipo de propiedad
- residencial; ingresos residenciales; oficina; venta al por menor; industrial; granja y rancho; propósito especial; tierra

Areas adicionales de especialización
- administración de propiedades; Evaluación; Asesoramiento financiero

CORRETAJE DE BIENES RAICES
- procurar un comprador o inquilino para un propietario o arrendador, o viceversa

Formas de especialización
- por tipo de propiedad; zona geográfica; tipo de transacción; tipo de cliente; por la forma de organización empresarial; o por forma de relación con el cliente

Additional areas of especialización
- administración de propiedades; Evaluación; financiación; Asesoramiento

Habilidades y conocimientos
- las condiciones del mercado; ley; financiación; marketing; ética; venta; Comunicaciones; conceptos básicos de computación; y otras habilidades

DESARROLLO Y CONSTRUCCION

Adquisición de terrenos
- Componentes de la adquisición de terrenos para el desarrollo: planificación estratégica, análisis de mercado, características de ubicación, demografía, uso previsto, mayor y mejor uso, financiamiento, competencia, oferta y demanda, factibilidad, costos de preparación del sitio, ingeniería, diseño, construcción, permisos para determinar el precio asequible

Subdivisión y desarrollo
- Regulación estatal y municipal: zonificación, usos, normas de construcción, medio ambiente, registro de planos catastrales, dedicación de áreas no privadas

Construcción
- Tres tipos de construcción residencial: casas especulativas o (spec homes en ingles), casas personalizadas, casas tract

EL PAPEL DEL GOBIERNO

Regulación de Prácticas comerciales
- Todas las facetas de la industria están reguladas por leyes federales, estatales y locales; Los agentes deben comprender las leyes pertinentes y adaptar las prácticas comerciales en consecuencia

Leyes de licencias de bienes raíces
- El cuerpo principal de leyes y regulaciones que rigen la licencia y la conducta de los corredores y agentes de bienes raíces
- Las leyes de licencias se administran y hacen cumplir bajo la jurisdicción del estado

PROFESIONAL ORGANIZACIONES

promover los intereses de los profesionales y mejorar su prestigio profesional
Comisión de Patrimonio

SECCIÓN UNO: Resumen del Curso: El Negocio Inmobiliario

Cuestionario de sección

1. La administración de propiedades es un área creciente de bienes raíces. Este crecimiento se debe principalmente al aumento de la

   a. Propiedad ausente.
   b. un aumento en las ventas de propiedades.
   c. una disminución en el financiamiento disponible para comprar una propiedad.
   d. no se conoce ninguna razón.

2. Las personas en el negocio inmobiliario que se enfocan principalmente en la creación de nuevas propiedades son

   a. corredores.
   b. desarrolladores.
   c. administradores de zonificación.
   d. excavadoras.

3. El término "propiedad comercial" generalmente se refiere a

   a. propiedades no ocupadas por sus propietarios.
   b. locales comerciales, de oficinas e industriales.
   c. propiedades de varios inquilinos.
   d. propiedades minoristas.

4. ¿Cuál de los siguientes profesionales involucrados en el negocio inmobiliario está más preocupado por conseguir compradores y vendedores para los clientes?

   a. corredores y agentes
   b. administradores de fincas
   c. gestores inmobiliarios corporativos
   d. tasadores

5. ¿Cuál de las siguientes formas de especialización es común en el negocio de corretaje de bienes raíces?

   a. por tipo de vivienda
   b. por geografía
   c. por antecedentes financieros del cliente
   d. por tipo de hipoteca

6. ¿Qué es una tasación?

   a. un informe completado por un corredor de bienes raíces que brinda información sobre una propiedad.
   b. contiene información como un informe de título y una encuesta
   c. es una opinión sobre el valor de una propiedad.
   d. no se permite que lo complete un agente de bienes raíces.

7. El nivel de gobierno que es más activo en la regulación de los licenciatarios de bienes raíces es el

   a. gobierno federal.
   b. gobierno estatal.
   c. gobierno del condado.
   d. gobierno municipal donde reside la persona

2 Ley de Licencia de Bienes Raíces y Calificaciones para la Licencia

Historia y Propósitos de las Leyes de Licencias de Bienes Raíces
Categorías de Licencias
Disposiciones generales sobre licencias
Requisitos de la solicitud
Requisitos de la licencia de asociado de ventas
Requisitos de la licencia de corredor
Requisitos de la licencia de personas no residente
Información de licencia; Registro
Educación para la renovación de la licencia
Actividades que Requieren Licencia y Exenciones

Objetivos de aprendizaje

- Identificar los requisitos para la licencia de asociado de ventas
- Describa los requisitos de solicitud para la licencia, incluidos los requisitos de solicitud de personas no residente.
- Explicar la importancia de responder de manera precisa y completa a las preguntas de información de antecedentes en la solicitud de licencia.
- Ilustrar el procedimiento de verificación de antecedentes llevado a cabo por el DBPR
- Describir el requisito de educación para la educación previa y posterior a la licencia y la educación continua
- Distinguir entre las distintas categorías de licencias
- Identificar los servicios de bienes raíces donde se requiere licencia
- Reconocer las acciones que constituyen una actividad sin licencia
- Reconocer las exenciones de la licencia de bienes raíces
- Distinguir entre registro y licencia
- Explicar los acuerdos de reconocimiento mutuo

Términos clave

adjudicación retenida
corredor
corredor asociado
compensación
eliminacion de antecedentes penales
residente de Florida
licencia/registro

acuerdo de reconocimiento mutuo
nolo contendere/ sin concurso
propietario-desarrollador
evidencia prima facie
 servicios inmobiliarios
reciprocidad
Asociado de ventas
sellado

HISTORIA Y PROPÓSITOS DE LA
LEYES DE LICENCIAS DE BIENES RAÍCES

Historia de la ley de licencias de bienes raíces de Florida
Objeto de la regulación
Estatutos y reglas importantes de bienes raíces de Florida

Historia de la ley de licencia de bienes raíces en Florida

A principios de la década de 1900, la Legislatura de Florida determinó que era necesario proteger el bienestar público mediante la regulación de la industria de bienes raíces. Como resultado, Florida implementó leyes y autoridades para regular las licencias y las prácticas de los corredores de bienes raíces, los asociados de ventas y las escuelas en el estado.

En 1923, la Legislatura aprobó el Capítulo 475 y lo agregó a los Estatutos de Florida como la primera ley de licencia de bienes raíces.

Departamento de Regulación Comercial y Profesional (DBPR). El DBPR fue creado y estructurado por el Título IV, Sección 20.165 de los Estatutos de la Florida y se gobierna por el Capítulo 120, F.S.

División de Bienes Raíces (DRE). Como división del DBPR, la División de Bienes Raíces proporciona todos los servicios necesarios para administrar el Capítulo 475. El DRE establece tanto la Junta de Tasación de Bienes Raíces de la Florida como la Comisión de Bienes Raíces de la Florida.

Comisión de Bienes Raíces de Florida (FREC). Para administrar aún más la ley de licencias y regular a los profesionales de bienes raíces, la Legislatura de la Florida estableció el FREC en 1925 bajo el Capítulo 475 y le otorgó la autoridad para establecer las reglas necesarias para llevar a cabo sus funciones.

Las organizaciones mencionadas se tratan en detalle en una sección posterior.

Propósito de regulación

Cuando la Legislatura de la Florida determinó que el público necesitaba protección al participar en transacciones de bienes raíces, estableció varias regulaciones, leyes y reglas para ese propósito. El propósito de todas las regulaciones de bienes raíces de Florida es **protección del consumidor**.

Caveat emptor. Caveat emptor significa " el comprador tener cuidado " y significa que los compradores compran propiedades bajo su propio riesgo con respecto a la condición de la propiedad. Florida suscribió el caveat emptor hasta 1985, cuando un comprador demandó a un vendedor por no revelar el techo defectuoso de la propiedad. Bajo caveat emptor, el comprador no habría tenido suerte. Sin embargo, la Corte Suprema de Florida decidio a favor del comprador, revirtiendo así el uso de caveat emptor de Florida.

Esta sentencia mostró la necesidad de una mayor regulación en las ventas de bienes raíces y estableció que un vendedor tiene el deber de revelar los defectos conocidos. Como se indica en el Capítulo 455, Sección 201 de los estatutos de Florida, esta decision y las decisiones posteriores establecieron que un vendedor debe revelar defectos si están presentes los cuatro elementos siguientes:

> ▸ El vendedor tiene conocimiento de un defecto en la propiedad
> ▸ El defecto afecta materialmente el valor de la propiedad
> ▸ El defecto no es fácilmente observable y no es conocido por el comprador
> ▸ El comprador establece que el vendedor no reveló el defecto

Con caveat emptor, si el comprador preguntaba, el vendedor estaba obligado a responder honestamente. Sin embargo, si el comprador no preguntaba, entonces el vendedor no tenía la obligación de revelar. Con este cambio de regulación, los vendedores ahora están obligados a revelar los defectos en la propiedad, ya sea que el comprador lo solicite o no.

Importante Florida estatutos inmobiliarios y reglas

Como se mencionó anteriormente, la legislatura de Florida vio la necesidad de proteger a los consumidores durante las transacciones inmobiliarias de prácticas poco éticas e ilegales como el fraude. Los legisladores tampoco querían dificultar excesivamente la entrada de una persona en la profesión de bienes raíces. En consecuencia, establecieron leyes específicas para satisfacer estas necesidades. Los estatutos se actualizan anualmente para crear, enmendar, transferir o revocar material legal.

El Capítulo 20 del Código de la Florida cubre la estructura organizativa de la Rama Ejecutiva del gobierno estatal. Es el estatuto que creó el Departamento de Regulación Comercial y Profesional (DBPR) y estableció las Divisiones dentro del DBPR, como la División de Bienes Raíces (DRE). Este estatuto también estableció la estructura organizativa de la DBPR.

El Capítulo 475 se divide en cuatro partes y proporciona regulaciones para corredores, asociados de ventas, tasadores y escuelas. La Parte I creó el FREC e incluye su organización, poderes y deberes. También cubre las regulaciones para las prácticas de concesión de licencias y corretaje, incluidas las infracciones y sanciones.

La Parte II establece las regulaciones para los tasadores. La Parte III se conoce como la Ley de Gravamen de la Comisión de Ventas de Bienes Raíces Comerciales y proporciona regulaciones para el gravamen de un corredor por la comisión de ventas no pagada. La Parte IV se conoce como la Ley de Gravamen de la Comisión de Arrendamiento de Bienes Raíces Comerciales y establece regulaciones para el gravamen de un corredor por la comisión no pagada ganada por un arrendamiento de bienes raíces comerciales.

El Capítulo 455, o el Reglamento de Negocios y Profesionales: Disposiciones Generales, es la ley utilizada por el DBPR para regular las profesiones bajo los auspicios del Departamento. Esboza la intención legislativa de regular estas profesiones e incluye restricciones para disuadir a las personas cualificadas de acceder a cualquiera de las profesiones elegidas. Sostiene específicamente que los ciudadanos no estadounidenses no pueden ser descalificados para ejercer ninguna de las profesiones reguladas por el DBPR y cubre las calificaciones requeridas para hacerlo.

El Capítulo 455 también incluye los poderes y deberes del DBPR y los requisitos organizativos y operativos de las juntas bajo el DBPR. Este capítulo abarca las disposiciones generales sobre licencias; requisitos de educación; servicios de exámenes y pruebas para obtener licencias; motivos disciplinarios, acciones, procedimientos y sanciones; y servicios jurídicos y de investigación. La sección 455.02 proporciona pautas para la concesión de licencias a los miembros de las fuerzas armadas y sus cónyuges.

El Capítulo 120 se conoce como la Ley de Procedimiento Administrativo y establece procedimientos para que las agencias gubernamentales ejerzan su autoridad específica, incluida la autoridad normativa, los procedimientos, los requisitos y las impugnaciones. También cubre los requisitos de licencia, junto con los procedimientos disciplinarios y la aplicación de la ley. También se incluyen las exenciones y excepciones a esta Ley.

El Capítulo 61J2 contiene las reglas de la Comisión de Bienes Raíces de la Florida (FREC). Estas reglas cubren los requisitos de licencia y educación, la licencia de personas no residente, la operación de corretaje y las prácticas comerciales, el manejo de fondos fiduciarios y los asuntos y procedimientos disciplinarios.

Otros estatutos estatales regulan los impuestos y las recaudaciones, las normas de construcción, las ejecuciones hipotecarias por gravámenes y las exenciones fiscales para terrenos no urbanizados utilizados con fines agrícolas (Florida Greenbelt Law of 1959). El sitio web de Online Sunshine proporciona acceso a estos y otros estatutos aplicables de la Florida.

CATEGORÍAS DE LICENCIAS

Corredor
Asociado de ventas
Asociado de corretaje

Florida ofrece licencias de bienes raíces que se dividen en una de tres categorías: corredor, asociado de ventas y asociado de corredor. Un corredor asociado y un asociado de ventas pueden obtener una licencia como individuo o como una corporación profesional, una compañía de responsabilidad limitada o una compañía profesional de responsabilidad limitada, si el individuo ha obtenido autorización para hacerlo del Departamento de Estado. Un asociado de corretaje y un asociado de ventas no pueden tener licencia como socio general, miembro, gerente, funcionario o director de una firma de corretaje.

Corredor

Un corredor es alguien que tiene licencia para realizar servicios inmobiliarios para otra persona a cambio de una compensación o la expectativa de una compensación. La compensación puede ser monetaria o cualquier otra cosa de valor.

Los servicios inmobiliarios incluyen la venta, el intercambio, la compra, el alquiler, la tasación, la subasta, la publicidad de bienes inmuebles, las empresas comerciales o las oportunidades de negocio o la oferta de realizar cualquiera de estos servicios. Los servicios también incluyen la contratación de vendedores, compradores, arrendadores o arrendatarios.

Aunque un corredor puede "tasar" la propiedad, dicha tasación no equivale a los servicios de tasación que debe realizar un tasador registrado o con licencia.

La categoría de corredor de licencia también incluye a cualquier persona que sea socio general, funcionario o director de una sociedad o corporación que actúe como corredor.

Asociado de ventas

Un asociado de ventas es alguien que realiza los mismos servicios inmobiliarios que un corredor, pero que trabaja bajo la dirección, el control y la gestión de un corredor o propietario-desarrollador específico. Un asociado de ventas debe cumplir con requisitos de licencia adicionales para convertirse en corredor o asociado de corredor.

Asociado de corretaje

Un corredor asociado es alguien que ha obtenido una licencia de corredor pero realiza servicios inmobiliarios como asociado de ventas bajo la dirección, el control y la gestión de un corredor específico.

DISPOSICIONES GENERALES SOBRE LICENCIAS

Calificaciones generales
Divulgaciones requeridas
Motivos de la denegación

Generales calificaciones

Para calificar para una licencia de bienes raíces en Florida, una persona debe tener al menos 18 años de edad; tener un diploma de escuela secundaria o su equivalente; y ser honestos, veraces, dignos de confianza y de buen carácter. Él o ella debe tener una buena reputación de trato justo y ser competente para manejar transacciones de bienes raíces. Ser ciudadano estadounidense o residente de Florida no es un requisito para obtener la licencia, siempre y cuando la persona cumpla con todos los demás requisitos de la licencia. Sin embargo, los solicitantes deben tener un número de Seguro Social. No se requiere un número de Seguro Social o equivalente para fines fiscales, sino para garantizar que el solicitante no esté atrasado en la manutención del cónyuge o de los hijos.

Obligatorio divulgaciones

Un solicitante debe revelar cualquier alias o nombre también conocido como (alias). El solicitante también debe revelar si él o ella

> - está siendo investigado por cualquier delito o violación
> - ha sido condenado o se ha declarado culpable de nolo contendere, no contestación o culpable de cualquier delito
> - se le ha denegado la licencia o el registro para una profesión regulada
> - ha sido disciplinado o está pendiente de disciplina en cualquier jurisdicción
> - ha renunciado a una licencia o se le ha suspendido o revocado una licencia
> - ha sido culpable de cualquier conducta que sería motivo de suspensión o revocación de la licencia. (F.S. 475)

Motivos de la denegación

Un solicitante es posible que no califique para la licencia si se le ha negado una licencia, si se le ha revocado o suspendido una licencia, o si ha cometido delitos que serían motivo de revocación o suspensión de la licencia. En tales casos, cuando haya pasado un tiempo considerable desde el delito o si el solicitante ha demostrado una conducta lo suficientemente buena como para asegurarse de que no representa un peligro para el público, el FREC puede determinar que él o ella está calificado para solicitar la licencia.

Al solicitante también se le puede negar la licencia si actuó como licenciatario en la realización de actividades inmobiliarias o se presentó como licenciatario dentro de un año antes de solicitar una licencia.

A los solicitantes no se les puede negar la licencia basándose en la condena de un delito que ocurrió cinco o más años antes de la presentación de la solicitud, a menos que el delito esté relacionado con la práctica de bienes raíces o relacionado con la ausencia de buen carácter moral.

REQUISITOS DE LA SOLICITUD

Honorarios
Formulario de solicitud
Antecedentes
Omisiones en la aplicación
Aprobación de la solicitud
Apelación de denegaciones
Periodo de validez de la solicitud
Solicitudes de personas no residentes
Requisitos del curso
Exenciones educativas

Honorarios

The FREC cobra tasas por:

- ▸ solicitud de licencia
- ▸ examen
- ▸ reexaminación
- ▸ licenciamiento
- ▸ renovación de la licencia
- ▸ restablecimiento de la licencia
- ▸ actividad sin licencia
- ▸ el Fondo de Recuperación Inmobiliaria

Las tarifas de examen de licencia y las tarifas de procesamiento de huellas dactilares se pagan directamente al proveedor de pruebas. Si por alguna razón la solicitud de licencia no se procesa por completo, la tarifa de solicitud puede ser reembolsada.

Se establecen límites máximos para cada tasa en función de la estimación de los fondos que la Comisión necesita para las operaciones. En caso de un exceso en los fondos recaudados, el Departamento puede eximir las tarifas de renovación de la licencia hasta por 2 años. Si los fondos se agotan, el monto de la tarifa puede aumentarse o el FREC puede cobrar una tarifa única a cada licenciatario activo e inactivo para eliminar el déficit.

Exenciones. Florida exime de la tarifa de licencia inicial a las siguientes personas:

> ‣ ***Un miembro de las fuerzas armadas de los EE. UU.*** que sirvió en servicio activo, un cónyuge que estuvo casado con un miembro mientras estaba en servicio activo y un cónyuge sobreviviente de un miembro que murió mientras estaba en servicio activo
>
> ‣ ***Una persona de bajos ingresos*** cuyos ingresos familiares antes de impuestos son iguales o inferiores a un porcentaje específico de las pautas federales de pobreza basadas en el tamaño del hogar de la familia y comprobadas por la inscripción en un programa de asistencia pública

Estas personas deben pagar la tarifa de solicitud, la tarifa de actividad sin licencia, la tarifa del Fondo de Recuperación de Bienes Raíces, la tarifa de examen y la tarifa de procesamiento de huellas dactilares.

Florida también exime de la tarifa de licencia inicial, la tarifa de solicitud inicial y la tarifa inicial de actividad sin licencia para

> ‣ ***Un veterano militar o el cónyuge del veterano*** si él o ella solicita la licencia dentro de los 60 meses posteriores a que el veterano haya sido dado de baja honorablemente del servicio activo en cualquier rama de las fuerzas armadas de los EE. UU.

Estas personas deben pagar la tarifa de examen, la tarifa de procesamiento de huellas dactilares y la tarifa del Fondo de Recuperación de Bienes Raíces.

Formulario de solicitud

Los solicitantes de una licencia de bienes raíces de Florida deben presentar el formulario de solicitud de DBPR designado como se proporciona en el sitio web de DBPR. La solicitud debe incluir el número de seguro social del solicitante y el nombre tal como aparece en la tarjeta de seguro social del solicitante.

El solicitante también debe presentar cualquier documentación adicional requerida por el Departamento, incluyendo la documentación sobre la educación del solicitante, su historial laboral, sus antecedentes penales, su disciplina, sus huellas dactilares, etc.

Antecedentes

Los solicitantes de una licencia de bienes raíces en Florida deben someterse a una verificación de antecedentes y proporcionar sus huellas dactilares al DBPR.

Huellas. Los solicitantes pueden usar cualquier proveedor aprobado de huellas dactilares del FDLE de nivel 2 para enviar sus huellas dactilares. Al enviar las huellas dactilares, el solicitante también debe presentar el número de identificación de la agencia de origen (ORI) (que se puede encontrar en el sitio web de www.myfloridalicense.com).

Verificación de antecedentes. Al recibir las huellas dactilares del solicitante, el Departamento las enviará al Departamento de Cumplimiento de la Ley de Florida y al FBI para que las utilicen en la realización de una verificación de antecedentes penales del solicitante. Ambas agencias enviarán sus informes de antecedentes al DBPR, generalmente en un plazo de 3 a 5 días. Para permitir un tiempo de procesamiento adecuado, los solicitantes deben enviar sus huellas dactilares al menos 5 días antes de presentar la solicitud de licencia. El DBPR utilizará estos informes para determinar si el solicitante está calificado para el examen y la licencia en función de la presencia o ausencia de antecedentes penales.

Antecedentes penales. Si el informe de antecedentes indica antecedentes penales, es mejor si el solicitante ya ha proporcionado toda la información asociada al Departamento junto con la solicitud. Esto se logra respondiendo a todas las preguntas de antecedentes de la solicitud de manera completa y honesta e incluyendo documentación que proporcione detalles de cualquier investigación, condena, declaración de culpabilidad o declaración de nolo contendere con fechas, hallazgos y sanciones.

Si las sanciones ya han sido satisfechas, el solicitante debe incluir documentación que demuestre la satisfacción de cada condena.

Cualquier solicitante que se encuentre actualmente en libertad condicional como resultado de una condena también debe incluir una carta oficial del oficial de libertad condicional con respecto al estado de la libertad condicional actual. El solicitante también puede incluir al menos tres referencias de caracteres con la solicitud y otra documentación. Una carta de referencia puede ser de un miembro de la familia, pero todas las demás deben ser de otras personas que conozcan al solicitante y puedan dar fe de su carácter.

Resumen de los solicitantes. Si la verificación de antecedentes de un solicitante indica antecedentes penales, la solicitud se coloca en una lista de Resumen de Solicitantes y se envía al FREC para su revisión en su reunión mensual. Durante la revisión, el FREC determinará si el solicitante es aprobable para el examen y la licencia o si la solicitud requiere consideración e información adicionales.

Se puede encontrar información adicional sobre las huellas digitales y los proveedores aprobados en el sitio web del DBPR en www.myfloridalicense.com. Un solicitante puede solicitar un informe de antecedentes penales sobre sí mismo en el sitio web del Departamento de Cumplimiento de la Ley de Florida en www.fdle.state.fl.us.

Omisiones en la aplicación

Si un solicitante comete un error u omite información pertinente en la solicitud, el departamento de licencias debe notificar al solicitante dentro de los 30 días posteriores a la recepción de la solicitud. El aviso debe incluir cualquier información adicional necesaria y Un plazo para que el solicitante haga las correcciones y presente información adicional. Si el departamento no envía el aviso dentro de los 30 días, no puede denegar la solicitud por los errores y omisiones no corregidos.

Aprobación de

la aplicación

El Departamento debe aprobar o denegar una solicitud de licencia dentro de los 90 días posteriores a su recepción. Si el Departamento no cumple con ese plazo, la solicitud se considera aprobada por defecto. Los solicitantes que son aprobados por defecto deben notificar al Departamento por escrito su intención de confiar en la aprobación por defecto. Si la Comisión deniega la solicitud, debe notificar por escrito al solicitante la denegación y los motivos de la denegación. La notificación debe informar al solicitante de sus derechos de apelación.

Apelación de denegaciones

Si una solicitud ha sido denegada, el solicitante recibirá un Aviso de Intención de Denegación. A continuación, tiene derecho a elegir:

▶ Aceptar la denegación y perder la oportunidad de obtener la licencia

▶ petición de audiencia informal ante el FREC para presentar argumentos en contra de las razones de la denegación

▶ Petición de una audiencia formal ante un juez de derecho administrativo para revisar la orden de denegación

Un solicitante que elija solicitar una audiencia sobre la denegación debe presentar una petición ante el DRE dentro de los 21 días posteriores a la recepción de la notificación de denegación.

Período de validez de la aplicación

Aplicación inicial. La solicitud de licencia inicial sigue siendo válida durante dos años a partir de la fecha en que fue recibida por el DBPR.

Elegible para el examen. El solicitante tiene dos años después de completar el curso previo a la licencia para completar el examen de licencia. Si el solicitante no logra pasar el examen dentro de esos dos años, el trabajo del curso completado no es válido.

Aplicaciones de no residentes

Consulte la sección "Requisitos de licencia para personas no residentes" a continuación.

Requisitos del curso

El FREC requiere que los solicitantes de licencia completen cursos educativos de bienes raíces previos a la licencia. Estos se pueden tomar en un colegio o universidad acreditada, un centro de carreras o una escuela de bienes raíces registrada.

Cada hora de clase equivale a 50 minutos y cada tipo de licencia requiere un número específico de horas de clase (consulte las secciones de requisitos a continuación). Faltar más de 8 horas de clase durante el curso es un fracaso automático. Si un estudiante falta más de 8 horas debido a una enfermedad del estudiante o de su familia, puede asistir a clases de recuperación dentro de los 30 días posteriores a la fecha programada del examen de fin de curso. Las clases tomadas después de los 30 días necesitan la aprobación de la Comisión. Las clases de recuperación deben cubrir el mismo material que las clases perdidas.

Después de completar el curso, el solicitante debe aprobar un examen de fin de curso con una puntuación del 70% o superior. Un estudiante que no pase el examen puede volver a tomar una forma diferente del examen 30 días después de haber fallado. El estudiante puede volver a realizar el examen solo una vez durante el año después de suspender. Si el estudiante no aprueba el examen de fin de curso dentro del año, el estudiante debe repetir los cursos previos a la licencia.

Cuando el estudiante completa el trabajo del curso y pasa el examen de fin de curso, la escuela debe proporcionar al estudiante un certificado de finalización del curso y notificar al FREC de todos los estudiantes que completaron el curso.

Se requiere que el FREC apruebe los cursos de aprendizaje a distancia a través de transmisión por Internet u otros medios de videoconferencia como una opción a las horas de clase. Los estudiantes que toman cursos de aprendizaje a distancia deben aprobar un examen de curso cronometrado.

Los cursos previos a la licencia también deben estar disponibles por correspondencia u otros medios adecuados para los estudiantes cuyas dificultades les impidan asistir a los cursos presenciales y tener acceso a los cursos de aprendizaje a distancia.

Los estudiantes con un título de 4 años o superior están exentos de los requisitos posteriores a la licencia tanto para los asociados de ventas como para los corredores. Comenzarán de inmediato los requisitos de educación continua de 14 horas.

Un estudiante con licencia previa puede demostrar competencias mínimas aprobadas por el FREC que demuestren que el estudiante está calificado para la licencia como sustituto de tomar horas específicas en el aula.

Exenciones de educación

Personas solicitantes de licencia que están exentos del requisito de completar la educación previa a la licencia incluyen los siguientes.

▶ Un abogado activo con buena reputación con el Colegio de Abogados de Florida que esté calificado bajo la ley de licencia de bienes raíces puede obtener una licencia de asociado de ventas de bienes raíces sin completar los cursos de educación previos a la licencia. Sin embargo, los abogados deben pasar el examen de licencia.

▶ Cualquier persona que haya obtenido un título de 4 años o más en bienes raíces de una escuela de educación superior puede obtener una licencia de bienes raíces sin completar los cursos de educación previa a la licencia. Sin embargo, las personas con este título deben pasar el examen de licencia.

▸ Una persona que no es residente de la Florida con licencia en un estado que tiene un acuerdo de reconocimiento mutuo con Florida puede obtener una licencia de bienes raíces sin completar los cursos de educación previos a la licencia. Sin embargo, estas personas deben pasar un examen de licencia de 40 preguntas.

REQUISITOS DE LA LICENCIA DE ASOCIADO DE VENTAS

Requisitos generales de la licencia
Curso de prelicencia
Examen de licencia estatal

Requisitos generales de la licencia

Para aplicar para una de asociado de ventas de Florida, el solicitante debe

▸ tener un numero de Seguridad Social
▸ recibir aprobación de la solicitud de licencia
▸ pagar todas las tarifas requeridas
▸ cumplir con todos los requisitos generales de la licencia, incluyendo la edad, la educación, el carácter, competente, la presentación del historial de antecedentes y las huellas dactilares, como se discutió en una sección anterior.

Curso de prelicencia

Los solicitantes de una licencia de asociado de ventas deben completar 63 horas de clase de un curso previo a la licencia aprobado por FREC, conocido como Curso I, que se tomará en una universidad acreditada, centro profesional o escuela de bienes raíces registrada. El curso incluye los fundamentos de los principios y prácticas de bienes raíces, derecho inmobiliario y derecho de licencias, y matemáticas asociadas. Las horas requeridas consisten en 60 horas de instrucción, ya sea en el aula o a distancia, y tres horas permitidas para el examen de fin de curso.

Examen estatal de licencia

Después de completar los cursos previos a la licencia y pasar el examen de fin de curso, el solicitante tiene 2 años para tomar y pasar el examen de licencia estatal. Si el solicitante espera más de 2 años, debe volver a tomar el curso de prelicencia para ser elegible para tomar el examen de licencia.

Los solicitantes deben programar el examen directamente con el proveedor de pruebas y pagar la tarifa del examen en ese momento. Antes de tomar el examen, el solicitante debe presentar el certificado de finalización del curso previo a la licencia y dos formas de identificación, una de las cuales debe ser emitida por el gobierno e incluir una foto.

El examen se realiza en un sistema en computadora que permite a los estudiantes responder preguntas u omitir preguntas y volver a ellas más tarde. También proporciona un resumen de cuántas preguntas se han respondido, cuántas se omitieron y cuánto tiempo queda en el examen. El examen está disponible en inglés y en español. Los diccionarios de traducción de idiomas extranjeros no electrónicos están permitidos en la sala de examen, pero deben ser aprobados por el administrador del examen. No se permiten otros materiales de referencia en la sala de examen durante la examinacion.

El examen estatal incluye 100 preguntas de opción múltiple y puede incluir preguntas piloto que no se incluyen en el puntaje final de la prueba. El solicitante debe pasar el examen con una puntuación del 75% o superior. Si el solicitante es un no residente de Florida de un Estado de Reconocimiento Mutuo, él o ella debe tomar el examen de 40 preguntas designado de Leyes y Reglas y pasar con una puntuación de 30 preguntas (75%).

Tanto el examen final de la escuela como el examen estatal tienen el mismo formato básico, con el 45% de las preguntas basadas en la Ley de Bienes Raíces de Florida, el 45% de las preguntas sobre Principios y Prácticas de Bienes Raíces y el 10% de las preguntas basadas en matemáticas de bienes raíces.

Fallando el examen. Si un solicitante no pasa el examen, se le entregará un informe de examen con foto que le proporcionará su puntuación en el examen y un desglose de lo que se fallo. El informe también proporcionará instrucciones sobre cómo revisar lo que se fallo en su examen.

La solicitud de revisión del examen debe realizarse dentro de los 21 días posteriores a la realización del examen y solo se puede realizar para el examen más reciente del solicitante. El solicitante debe pagar una tarifa por la revisión y se le da la mitad del tiempo de administración del examen para la revisión. El solicitante no podrá tomar notas durante la revisión.

El solicitante puede cuestionar cualquier respuesta incorrecta y hacer que la pregunta sea revisada por un juez de Derecho Administrativo de Florida

Ya sea que el solicitante cuestione o no los resultados del examen reprobado, puede pagar una tarifa y volver a realizar el examen tantas veces como sea necesario dentro de los 2 años. No hay período de espera para volver a tomar el examen.

Emisión de licencias. El solicitante que pase el examen recibirá un informe de examen con foto que indique que el solicitante paso el examen. La puntuación del solicitante se proporcionará al DBPR, quien emitirá un número de licencia de asociado de ventas y proporcionará instrucciones para imprimir la licencia.

La licencia se emite en estado inactivo. Para activar la licencia, el asociado de ventas debe establecer una asociación con un corredor y luego activar su propia licencia imprimiendo el formulario DBPR RE 11 Sales Associate o Broker Sales Associate – Become Active y haciendo que el corredor lo firme o haciendo que el corredor agregue al asociado de ventas a la cuenta en línea del corredor.

El asociado de ventas debe tener licencia, estar asociado con un corredor o propietario/desarrollador, y activarse antes de realizar cualquier servicio inmobiliario que requiera una licencia.

El formulario RE 11 se puede encontrar en línea en http://www.myfloridalicense.com/dbpr/re/documents/DBPR_RE_11_Change_of _Status_Associates.pdf.

REQUISITOS DE LA LICENCIA DE CORREDOR

Requisitos generales de la licencia
Requisito de experiencia
Curso de prelicencia
Examen de licencia estatal

Requisitos generales de la licencia

Justo al igual que con una licencia de asociado de ventas, un solicitante de una licencia de corredor de Florida debe cumplir con ciertos requisitos generales de licencia. Para calificar para una licencia de corredor, el solicitante debe

- ▸ tener un número de Seguro Social
- ▸ presentar y recibir la aprobación de la solicitud de licencia DBPR RE-2
- ▸ Pagar todas las tarifas requeridas
- ▸ Cumplir con todas las disposiciones generales de la licencia, incluyendo la edad, la educación, el carácter, la competente, la presentación de todos los antecedentes asociados y las huellas dactilares, como se discutió en una sección anterior.

Un solicitante que haya obtenido una licencia como asociado de ventas en Florida durante los 5 años anteriores debe completar los requisitos de educación posterior a la licencia de asociado de ventas, como se discute en una próxima sección, antes de solicitar la licencia de corredor. Este requisito de educación posterior a la licencia no se aplica a los solicitantes que tienen una licencia de asociado de ventas de otro estado.

Requisito de Experiencia

Además de cumplir con los requisitos generales de licencia, el solicitante debe haber tenido una licencia de asociado de ventas activa durante al menos 2 años durante los 5 años anteriores a la solicitud de una licencia de corredor. El solicitante también debe

- ▸ haber trabajado bajo uno o más corredores de bienes raíces que tienen licencia en Florida o en cualquier otro estado, territorio o jurisdicción de los EE. UU. o en cualquier jurisdicción nacional extranjera. El tiempo bajo un propietario/desarrollador no cuenta para el requisito de experiencia.

▶ haber prestado servicios inmobiliarios como empleado asalariado de una agencia gubernamental, o

▶ haber tenido licencia en cualquier otro estado, territorio o jurisdicción de los EE. UU. o en cualquier jurisdicción nacional extranjera

Los solicitantes que hayan adquirido la experiencia requerida en una jurisdicción fuera de Florida deben presentar una certificación actual del historial de licencias de bienes raíces de la agencia de licencias de esa jurisdicción. El certificado no debe tener más de 30 días de antigüedad y debe adjuntarse a la solicitud de licencia de corredor.

Curso de prelicencia

Un asociado de ventas licenciado que solicita una licencia de corredor debe completar el Curso II de prelicencia requerido. El curso incluye 69 horas presenciales y 3 horas de examen de fin de curso. El curso cubre los fundamentos de la tasación de bienes raíces, la inversión, el financiamiento y las operaciones de corretaje y administración.

Al igual que con los cursos previos a la licencia del asociado de ventas, cada hora de clase es de 50 minutos de instrucción en vivo en el aula o de transmisión en vivo o videoconferencia. El curso se puede tomar en una universidad acreditada, un centro técnico o una escuela de bienes raíces registrada o a través del aprendizaje interactivo a distancia. Un estudiante que demuestre dificultades puede calificar para tomar el curso por correspondencia. El estudiante no debe faltar más de 8 horas de instrucción en el aula.

El examen de fin de curso incluye 95 preguntas de opción múltiple, 90 de las cuales valen 1 punto cada una y 5 de las cuales pueden cubrir estados de cuenta de cierre o cuentas de depósito en garantía y valen 2 puntos cada una. El estudiante debe pasar el examen con una puntuación del 70% o superior para completar el curso. Los estudiantes que no pasen el examen podrán volver a realizarlo una vez.

Examen estatal de licencia

Después de completar con éxito los cursos previos a la licencia de corredor y pasar el examen de fin de curso, el solicitante debe tomar y aprobar el examen de licencia estatal dentro de los 2 años posteriores a la finalización del curso. Si el solicitante espera más de 2 años, debe volver a tomar el curso de prelicencia para ser elegible para tomar el examen de licencia.

El examen para corredores se basa en el conocimiento, la comprensión y la aplicación de la ley de bienes raíces y los principios y prácticas de bienes raíces e incluye tasación, finanzas, inversiones, administración de corretaje y matemáticas de bienes raíces. El examen se divide en 45 puntos basados en leyes, 40 puntos en principios y prácticas, y 15 puntos en matemáticas inmobiliarias. El estudiante debe pasar el examen con una puntuación del 75% o superior.

Los procesos para calificar, tomar, pasar, fallar y volver a tomar el examen son los mismos que para el examen estatal de asociado de ventas. Después de pasar el examen estatal, el estudiante debe imprimir su licencia. Debido a que la licencia se emite como inactiva, la persona debe presentar un formulario de Transacciones de Corredor DBPR RE 13 completo para activar la licencia antes de operar como corredor.

Una persona que apruebe el examen del corredor pero elija continuar trabajando bajo un corredor puede registrarse como asociado de corredor y trabajar con un corredor activo de Florida.

REQUISITOS DE LA LICENCIA DE PERSONAS NO RESIDENTE

Definición de residente de Florida
Requisitos para la solicitud de no residente
Reconocimiento mutuo
La Ley de Oportunidades Ocupacionales

Residente de Florida definido

Los estatutos de Florida definen a un residente como:

1) una persona que ha residido en Florida, continuamente por un período de 4 meses o más, durante el año anterior; o

2) una persona que actualmente reside en Florida con la intención de residir continuamente en Florida por un período de 4 meses o más, a partir de la fecha en que la persona comenzó el período actual de residencia en Florida.

Requisitos de aplicación de no residente

Los solicitantes no residentes no necesitan tener una licencia en su estado de residencia para obtener la licencia de Florida. Para solicitar la licencia en Florida, el solicitante debe presentar el formulario de solicitud de DBPR correspondiente para una licencia de asociado de ventas o corredor junto con la tarifa requerida, las huellas dactilares y cualquier documentación de respaldo requerida, incluyendo una certificación del historial de licencia emitida por el estado del cual el solicitante reclama el reconocimiento mutuo.

Reconocimiento mutuo

Acuerdo de reconocimiento mutuos permite que la Florida reconozca y acepte la educación previa a la licencia y la experiencia obtenida en el otro estado como sustituto de los requisitos en el estado donde el no residente está solicitando una licencia.

El solicitante no residente debe aprobar un examen escrito sobre la ley general de bienes raíces y los códigos con énfasis en los Capítulos 455 y 475 y el Capítulo 61J2. El examen de Leyes y Reglas contiene 40 preguntas y requiere que el solicitante responda correctamente al menos 30 de esas preguntas. Solo después de pasar el examen, el solicitante recibirá una licencia de Florida. El titular de la licencia no residente es responsable de completar toda la educación continua y posterior a la licencia que se requiere de un titular de licencia de Florida.

Los licenciatarios de Florida pueden solicitar la licencia en cualquier estado que tenga un acuerdo de reconocimiento mutuo con Florida, teniendo en cuenta que cada estado puede tener diferentes requisitos para la licencia de no residente. Para solicitar una licencia de no residente, el titular de la licencia de Florida debe comunicarse con la comisión de bienes raíces del otro estado.

Reconocimiento mutuo vs. reciprocidad. Un *Acuerdo de reconocimiento mutuo* se celebra entre dos estados y establece que los estados reconocerán y aceptarán los requisitos de educación previa a la licencia de bienes raíces de cada uno al otro.

La reciprocidad es un acuerdo entre estados para permitir que los licenciatarios de un estado obtengan una licencia en el otro estado sin completar todos los requisitos de licencia del otro estado. Como cada estado recíproco tiene sus propios requisitos específicos, la mayoría no requiere que el titular de la licencia no residente pase un examen para obtener la licencia en el estado recíproco.

Florida actualmente tiene mutuo acuerdos de reconocimiento con varios estados, pero no tiene acuerdo de reciprocidad con ningun otro estado en el país

La Ley de Oportunidades Ocupacionales

Aunque Florida no tiene acuerdos de reciprocidad con otros estados, la Ley de Oportunidades Ocupacionales (Proyecto de Ley 615 de la Cámara de Representantes de Florida, según enmendado en el Capítulo 2017-135) exige que Florida proporcione licencias recíprocas para los miembros de las fuerzas armadas, sus cónyuges, sus cónyuges sobrevivientes y las personas de bajos ingresos. La Ley abarca todas las profesiones reguladas por la DBPR, incluyendo los bienes inmuebles. El propósito de la Ley es facilitar las transferencias a Florida para los miembros de las fuerzas armadas y sus cónyuges que tienen licencias en la misma profesión en otro estado.

Para calificar bajo la Ley, los miembros de las fuerzas armadas deben estar actualmente en servicio activo o haber sido dados de baja honorablemente. Los cónyuges sobrevivientes califican si el miembro de las fuerzas armadas estaba en servicio activo en el momento de la muerte. La prueba del servicio activo del miembro debe presentarse en el momento de la solicitud. Los solicitantes deben tener una licencia en regla en otro estado y deben presentar huellas dactilares para una verificación de antecedentes en el momento de la solicitud.

La Ley exime de las tarifas iniciales de la licencia, pero el solicitante debe pagar las tarifas de huellas dactilares. La Ley también exime de los requisitos para la educación previa a la licencia y el examen, pero el titular de la licencia debe cumplir con todos los requisitos de renovación de educación y tarifas. La reciprocidad está disponible hasta 2 años después de la baja del servicio activo para aquellos que califican bajo la Ley.

INFORMACIÓN DE LICENCIA; REGISTRO

Información de la licencia
Registro

**Información
de la licencia**

Identidad, información de contacto, tipo y número de licencia, fechas. Las licencias de bienes emitidas en Florida incluyen el nombre y dirección del licenciatario, tipo de licencia, fechas de emisión y vencimiento de la licencia, y el número de licencia. El número de licencia incluye un prefijo de dos letras que indica el tipo de licencia: BK para corredor, SL para asociado de ventas, BL para asociado de corredor, BO para sucursal, CQ para corporación o sociedad de responsabilidad limitada, o PR para sociedad y sociedad de responsabilidad limitada.

Evidencia prima facie de vigencia y validez. La licencia sirve como evidencia prima facie de que el individuo tiene una licencia vigente y válida.

La evidencia prima facie se define como evidencia que, a primera vista, es buena y suficiente para establecer un hecho dado o para probar un caso. A menos que se contradiga la evidencia, prueba un caso o, como en el caso de la licencia, prueba que la licencia es válida.

Como se discutió a lo largo de esta sección, la licencia de bienes raíces se obtiene al cumplir con todos los requisitos estatales, incluyendo los requisitos de educación y exámenes, someterse a verificaciones de antecedentes históricos, pagar las tarifas aplicables, cumplir con los requisitos generales de edad y carácter, etc.

Cuando la persona o entidad haya cumplido con los requisitos, el estado emitirá la licencia que permite al licenciatario realizar servicios inmobiliarios a cambio de una compensación. La licencia debe renovarse oportunamente para permitir la realización continua de actividades inmobiliarias.

Registro

Toda persona o entidad que tenga licencia debe registrarse en el FREC, pagar una tarifa de registro y presentar toda la información requerida: nombre y dirección del licenciatario, nombre y dirección comercial del corredor empleador del licenciatario asociado de ventas, estado de la licencia del asociado de ventas y su corredor empleador, y si el licenciatario es o no un funcionario, director o socio de una correduría de bienes raíces. Los registros deben renovarse cuando se renueva la licencia.

Los asociados de ventas y los asociados de corredores de Florida deben registrarse bajo el corredor empleador y solo pueden registrarse bajo un solo corredor a la vez.

Las sociedades, las sociedades de responsabilidad limitada, y las corporaciones que actúan como corredores deben registrarse. Las sociedades están obligadas a licenciar y registrar al menos a un socio como corredor activo. Las corporaciones de corretaje de bienes raíces deben otorgar licencias y registrar a sus funcionarios y directores. Los corredores también deben registrar todas las sucursales.

Si un licenciatario cambia de nombre o nombre comercial, la licencia debe volver a emitirse con el nuevo nombre y volver a registrarse. Los nombres comerciales deben figurar tanto en la licencia como en el registro.

Los licenciatarios y las empresas se registran cuando proporcionan el formulario completo correspondiente a DBPR, dando su nombre, dirección y otra información. Las personas no tienen licencia hasta que hayan completado todos los requisitos de educación y exámenes. En ese momento, recibirán su licencia.

EDUCACIÓN PARA LA RENOVACIÓN DE LA LICENCIA

Requisito de licencia posterior
Educación continua
Educación para la reactivación

Requisito de licencia posterior

Finalización del curso. Todo *Asociado de ventas* licenciatarios deben completar un curso posterior a la concesión de licencias antes de la primera renovación de la licencia, incluso si la licencia está inactiva. El curso tiene una duración de 45 horas lectivas e incluye un examen de fin de curso. El curso hace hincapié en el desarrollo de habilidades para que los titulares de licencias operen de manera efectiva y aumenten la protección pública. Cualquier licenciatario de asociado de ventas que solicite la licencia de corredor debe haber completado todos los requisitos posteriores a la licencia de asociado de ventas.

Todos los *licenciatarios de corredores* deben completar la educación posterior a la licencia, que incluye un curso de 60 horas o dos cursos de 30 horas y los exámenes relacionados. Todos los requisitos posteriores a la licencia deben cumplirse antes de la fecha de renovación de la primera licencia de corredor.

El curso debe tomarse en una universidad acreditada, un centro técnico, una escuela de bienes raíces registrada, un patrocinador aprobado por FREC o a través de un programa de aprendizaje a distancia. Un licenciatario que esté ausente de más del 10% de las horas de clase no recibirá crédito por completar el curso. El titular de la licencia debe pasar el examen de fin de curso con una puntuación del 75% o superior.

Fracaso del examen. Al no pasar el examen del curso, el titular de la licencia puede volver a realizar el examen después de fallar. Sin embargo, el titular de la licencia puede volver a tomar el examen solo una vez durante el año después de haber reprobado. Un licenciatario que no apruebe el examen dentro de ese año debe repetir el curso posterior a la licencia. Si el titular de la licencia no completa el curso posterior a la licencia y pasa el examen antes de la primera fecha de renovación de la licencia, su licencia se considerará nula y sin efecto.

Para volver a calificar para la licencia, la persona debe volver a tomar todo el curso previo a la licencia, pasar el examen de fin de curso y nuevamente pasar el examen de licencia estatal. Sin embargo, un corredor que no cumpla con los requisitos posteriores a la licencia de corredor puede recibir una licencia de asociado de ventas completando un curso de educación continua de 14 horas dentro de los 6 meses posteriores al vencimiento de la licencia de corredor.

Exención. Los licenciatarios que poseen un título de cuatro años en bienes raíces de un instituto acreditado de educación superior están exentos de los requisitos de educación posterior a la licencia.

Casos de dificultades. El FREC puede permitir una extensión de seis meses después de la primera fecha de renovación de la licencia para que un licenciatario complete los requisitos posteriores a la licencia si el licenciatario no puede cumplir con la fecha límite de finalización de la educación debido a una dificultad personal. El código administrativo FREC califica lo siguiente como dificultades:

▸ la enfermedad a largo plazo del titular de la licencia o de un pariente cercano o de una persona para la cual el titular de la licencia tiene responsabilidades de cuidado

▸ la falta de disponibilidad razonable del curso requerido

▸ las dificultades económicas o tecnológicas del titular de la licencia que interfieren sustancialmente con la capacidad de completar los requisitos de educación

▸ la incapacidad económica del titular de la licencia para cubrir los gastos básicos razonables de subsistencia

Para obtener la extensión de tiempo, el titular de la licencia debe presentar una solicitud por escrito a la Comisión explicando la base de la supuesta dificultad y presentar cualquier documentación que la Comisión requiera como respaldo y/o prueba.

Los titulares de licencias también pueden reclamar una dificultad para que se les permita completar la educación posterior a la licencia a través de correspondencia si no pueden asistir al curso presencial o no tienen acceso a los cursos de aprendizaje a distancia.

Educacion continua

Finalización del curso. Las licencias de bienes raíces de Florida se emiten por períodos de 2 años, requiriendo renovación cada 2 años. Durante el período inicial de licencia, los licenciatarios deben completar la educación posterior a la licencia según el tipo de licencia que posean. Durante ese mismo período inicial, los licenciatarios no están obligados a completar la educación continua, pero se requiere educación continua para cada período de licencia de 2 años a partir de entonces.

Durante cada período de licencia, los asociados de ventas y corredores activos e inactivos deben completar 14 horas de educación continua, incluidas al menos 3 horas de educación en Ley Básica, 3 horas de Ética Empresarial y 8 horas de educación especializada.

Los cursos de educación continua se pueden tomar en el aula, a través del aprendizaje a distancia o por correspondencia (si el titular de la licencia califica para una dificultad). La persona portadora de la licencia debe asistir al menos al 90% de cada una de las horas de clase para recibir el aviso de finalización. El DBPR puede negar la renovación de la licencia a cualquier licenciatario que no cumpla con los requisitos de educación continua. La falta de prueba de educación continua o la presentación de pruebas falsas son motivo de acción disciplinaria

Créditos del curso. Debido a que la Ley Básica cubre la ley de licencias de bienes raíces de Florida, las reglas de la Comisión y la ley de agencias y proporciona una introducción a otras leyes estatales, leyes federales e impuestos que afectan a los bienes raíces, es recomendable que el titular de la licencia tome un curso de Ley Básica de 3 horas cada año para mantenerse actualizado sobre las leyes y reglas.

Cualquier licenciatario que tome el curso cada año recibirá 3 horas de educación en Ley Básica y 3 horas de educación especializada. Los licenciatarios cuyas licencias vencen después del 30 de septiembre de 2018 también deben tomar un curso de ética empresarial de 3 horas cada período de licencia. Los licenciatarios que tomen el curso de Ética Empresarial cada año recibirán 3 horas de educación en Ética Empresarial y 3 horas de educación especializada. Las horas restantes requeridas para el total de 14 horas se pueden tomar en cursos de educación especializada, también conocidos como optativos.

Una vez durante cada período de licencia, el titular de la licencia puede recibir 3 horas de clase por asistir a una sesión de la agenda legal de FREC. Para recibir el crédito, el titular de la licencia debe notificar a la División de Bienes Raíces de la intención de asistir a la sesión. No se otorgará ningún crédito si el titular de la licencia asiste a la sesión como parte de una acción disciplinaria.

Los cursos deben completarse antes del 31 de marzo o el 30 de septiembre, según la fecha de vencimiento de la licencia. Una extensión de 6 meses después de la fecha de renovación puede estar disponible si el titular de la licencia no puede cumplir con la fecha límite de finalización de la educación debido a una dificultad personal.

Exención. Estos requisitos de educación continua no se aplican a los abogados que están al día con el Colegio de Abogados de Florida.

Educación para la reactivación

Un titular de licencia que ha estado en estado inactivo involuntario durante 12 a 24 meses puede completar un curso educativo de 28 horas prescrito por FREC para reactivar la licencia. El curso cubre el material del curso de prelicencia para asociados de ventas. El curso se puede tomar en el salón de clases, a través del aprendizaje a distancia o por correspondencia si el titular de la licencia califica para una dificultad. La finalización del curso no da derecho al titular de la licencia a reactivar la licencia hasta que haya cumplido con todos los demás requisitos.

El titular de la licencia también debe pasar el examen de fin de curso con una puntuación del 70% o superior. Los titulares de licencias deben asistir a un mínimo del 90% de las horas de instrucción para ser elegibles para tomar el examen. Los licenciatarios que no pasen el examen pueden volver a tomarlo una vez dentro de un año de haber fallado. Si el titular de la licencia no pasa el examen de reactivacion, debe volver a tomar el curso de reactivación y el examen de fin de curso.

Los titulares de licencias que cumplan con los requisitos de una dificultad pueden solicitar una extensión de 6 meses después del vencimiento de la licencia presentando la base de dificultad al FREC.

ACTIVIDADES QUE REQUIEREN LICENCIA Y EXENCIONES

Personas a las que se les exige una licencia
Personas exentas de licencia

Personas a las que se les exige una licencia

Las personas que prestan servicios inmobiliarios a cambio de una compensación o de la expectativa de una compensación deben tener licencia como asociados o corredores de ventas de bienes raíces. Como se señaló anteriormente, los servicios inmobiliarios que requieren licencia incluyen la venta, el intercambio, la compra, el alquiler, la tasación, la subasta y la publicidad de bienes inmuebles, empresas comerciales y oportunidades comerciales, y la oferta de realizar cualquiera de estos servicios. Los servicios incluyen la adquisición de vendedores, compradores, arrendadores y arrendatarios.

Personas exentas de la licencia

Las siguientes personas no están obligadas a tener una licencia de bienes raíces de Florida:

▶ Propietarios que venden, intercambian o arriendan sus propias propiedades

▶ corporaciones, sociedades, fideicomisos, empresas conjuntas u otras entidades o funcionarios, socios o directores de entidades que venden, intercambian o arriendan sus propias propiedades, a menos que un agente, empleado o contratista independiente sea empleado y pagado por la entidad sobre una base transaccional para vender, intercambiar o arrendar propiedades; sin embargo, los socios deben tener licencia si su porcentaje de ganancias de venta es mayor que su porcentaje individual de propiedad en el negocio

▶ cualquier persona que actúe como apoderado de hecho y que esté autorizada para actuar en lugar de otra persona para ejecutar contratos o traspasos

▶ cualquier abogado que desempeñe sus funciones sin ser compensado por realizar servicios inmobiliarios

▶ cualquier contador público certificado que ejerza sus funciones

▶ cualquier representante personal, síndico, fideicomisario o magistrado general o especial designado por un testamento u orden judicial

▶ cualquier fideicomisario que actúe en virtud de una escritura de fideicomiso o un contrato de fideicomiso

▶ Cualquier empleado asalariado de una comunidad de apartamentos que trabaje en una oficina de alquiler en el lugar para arrendar apartamentos por cualquier período de tiempo y que no se le pague sobre una base transaccional

▶ Cualquier inquilino de un complejo de apartamentos que reciba una tarifa de referencia de $50 o menos por referir a un nuevo inquilino a la comunidad

▶ Cualquier administrador asalariado de un condominio o complejo de apartamentos cooperativo que maneje alquileres de unidades individuales por períodos de 1 año o menos, no pagado por transacción

▶ cualquier propietario ocupante de un período de tiempo compartido que venda el período

▶ cualquier tasador con licencia o certificado que realice tareas de tasación

▶ cualquier persona o entidad a la que se le pague por alquilar o anunciar el alquiler de alojamientos transitorios, como hoteles o moteles.

▶ Cualquier agente registrado en virtud de la Ley de Bolsa y Valores que venda, compre, intercambie o alquile empresas comerciales a inversores acreditados

▶ Cualquier empleado de un promotor inmobiliario al que se le pague un salario pero no se le pague sobre una base transaccional

▶ Cualquier persona que alquile lotes en parques de casas móviles o parques de viajes recreativos

▶ cualquier persona que venda parcelas de cementerio

2 Ley de Licencia de Bienes Raíces y Calificaciones para la Licencia
Revisión instantáneas

HISTORIA Y PROPÓSITOS DE LEYES DE LICENCIA DE BIENES RAÍCES

Historia de la Ley de Licencia de Bienes Raíces en Florida

- El Capítulo 475 se aprobó en 1923 como la primera ley de
- FREC creado en 1925

Propósito de regulación

- Proteger a los consumidores
- Caveat Emptor anulada en 1985; Los vendedores deben revelar los defectos de la propiedad incluso si no se les pide

Estatutos y normas de bienes raíces importantes en Florida

- varias promulgadas para proteger a los consumidores y permitir que personas calificadas ingresen a la profesión de bienes raíces

CATEGORÍAS DE LICENCIAS

Corredor

- con licencia para realizar servicios inmobiliarios para compensación
- Servicios inmobiliarios: venta, intercambio, compra, alquiler, tasación, subasta, publicidad; contratación de vendedores, compradores, arrendadores o arrendatarios

Asociado de ventas

- Con licencia para Realizar servicios inmobiliarios bajo la dirección de un corredor

Asociado de corretaje

- La misma licencia que el corredor, pero funciona bajo la dirección del corredor

PROVISIONES GENERAL DE LICENCIA

Cualificaciones generales

- 18 años de edad, educación secundaria, buen carácter, competencia, número de Seguro Social; No es necesaria la ciudadanía estadounidense

Divulgaciones requeridas

- historia criminal o disciplinaria
- alias

Motivos de la denegación

- disciplina previa de la licencia; actividades inmobiliarias realizadas sin una licencia

REQUISITOS DE APLICACIÓN

Honorarios

- varias tasas cobradas; Algunos están exentos para los miembros de las fuerzas armadas y los veteranos, los cónyuges y los cónyuges sobrevivientes

Formulario de solicitud

- debe usar el formulario DBPR, presentar documentación adicional

Antecedentes

- someterse a la verificación de antecedentes, proporcionar huellas dactilares; proporcionar información sobre antecedentes penales

Omisiones	• El solicitante debe ser notificado en un plazo de 30 días de los errores y omisiones en la solicitud
Aprobación de la solicitud	• DBPR debe aprobar o denegar la solicitud dentro de los 90 días posteriores a la recepción; El solicitante tiene derecho a apelar negación
Apelación de denegaciones	• aceptar la negación; petición de audiencia informal o formal para desafiar la negación
Validez de la aplicación	• solicitud válida por 2 años; Curso de prelicencia válido por 2 años para el examen de licencia
Solicitudes de Personas no residentes	• detallado más tarde
Requisitos del curso	• El solicitante debe completar cursos con 8 o menos faltas, pasar el examen de fin de curso con una puntuación del 70% o volver a tomar una vez mas en un año
	• cursos que deben tomarse en la escuela, educación a distancia, correspondencia en caso de dificultades
	• Un titulo Universitario de 4 años es un sustituto del curso previo a la licencia
Exenciones educativas	• Exento: Abogados; los que tienen títulos de 4 años en bienes raíces; Aquellos con acuerdo de reconocimiento mutuo
Registros públicos	• efectuadas o recibidas de conformidad con la ley o la ordenanza en una transacción oficial

REQUISITOS DE LICENCIA DE ASOCIADO DE VENTAS

Requisitos generales	• Número de SS, aprobación de la solicitud, cuotas pagadas, edad, educación, carácter, competencia, antecedentes
Curso de prelicencia	• Curso de 60 horas, examen de 3 horas con un puntaje de aprobación del 70%
Examen estatal de licencia	• dentro de los 2 años posteriores a la finalización del curso; aprobado con 75% de puntuación; Imprimir y activar licencia
	• retomar el examen falllado ilimitadamente; puede revisar las respuestas incorrectas
	• licencia emitida en estado inactivo; El licenciatario debe asociarse con el corredor antes de realizar los servicios

REQUISITOS DE LICENCIA DE CORREDOR

Requisitos generales	• Número de SS, aprobación de la solicitud, cuotas pagadas, edad, educación, carácter, competencia, requisitos de antecedentes; Completar la educación posterior a la licencia de asociado de ventas
Requisito de experiencia	• licencia de asociado de ventas activa durante 2 años en los últimos 5 años; Trabajó bajo el mando de un corredor
Curso de prelicencia	• Curso de 69 horas y examen de 3 horas con un puntaje de aprobación del 70%
examen estatal de licencia	• dentro de los 2 años posteriores a la finalización del curso; aprobado con 75% de puntuación; Imprimir y activar licencia
	• volver a realizar el examen reprobado un número ilimitado de veces; puede revisar las respuestas incorrectas
	• emitidos como inactivos; Activar mediante la presentación del formulario

REQUISITOS DE LICENCIA PARA NO RESIDENTES

Definición de residente de Florida

- residir en FL durante 4 meses o tiene la intención de continuar residiendo durante 4 meses

Requisitos de solicitud de no residente

- tener licencia en el estado de residencia; presentar el certificado del historial de licencias; cumplir con los requisitos de solicitud de FL

Reconocimiento mutuo

- acuerdo de FL y otro estado para reconocer la educación previa a la licencia de otro estado y exigir el examen de leyes y reglas
- La reciprocidad permite a los titulares de licencias de un estado obtener la licencia de otro estado sin cumplir con todos los requisitos; FL no tiene reciprocidad con otros estados

Ley de Oportunidades Ocupacional

- licencia recíproca para militares, cónyuges, cónyuges sobrevivientes, bajos ingresos con licencia en otro estado; Curso y examen de prelicencia exentos

INFORMACIÓN DE LICENCIA; REGISTRO

Información de la licencia

- Identidad, contacto, tipo de licencia, número, fechas
- licencia sirve como evidencia prima facia de una licencia válida
- Licencia emitida después de que el solicitante cumpla con todos los requisitos

Registro

- que todos los licenciatarios se registren en el FREC; asociados de ventas y corredores asociados se registran bajo un corredor

EDUCACIÓN PARA RENOVACIÓN DE LICENCIA

Requisito de licencia posterior

- asociados de ventas: curso de 45 horas y examen de fin de curso con una puntuación de aprobación del 75%
- corredores: curso de 60 horas y examen de fin de curso con una puntuación de aprobación del 75%

Educación continua

- 14 horas cada período de licencia de 2 años para incluir 3 horas de Leyes Básica y 3 horas de Ética Empresarial

Educación para la reactivación

- El estado inactivo involuntario durante 12-24 meses puede reactivarse con un curso y examen de 28 horas con un puntaje de aprobación del 70%

ACTIVIDADES QUE REQUIEREN LICENCIA; EXENCIONES

Las personas a las que se les exige tener licencia

- cualquier persona que preste servicios inmobiliarios a cambio de una remuneración

Personas exentas de la licencia

- propietarios que venden bienes propios; apoderado de hecho o de derecho; Contador Público, fideicomisario; ciertos empleados remunerados; ocupante propietario de tiempo compartido; empleado de alojamiento transitorio, ventas de cementerios

SECCIÓN DOS: Ley de Licencia de Bienes Raíces y Calificaciones para la Licencia

Cuestionario de Sección

1. ¿Cuál de las siguientes opciones ocurrió en 1923 para proteger el bienestar público con respecto a las transacciones inmobiliarias?

   a. Se estableció la Comisión de Bienes Raíces de Florida.
   b. El Departamento de Regulación Comercial y Profesional estableció la División de Bienes Raíces.
   c. La Legislatura de Florida aprobó el Capítulo 475 de la Ley Federal como la primera ley de licencia de bienes raíces.
   d. La Comisión de Bienes Raíces de Florida estableció la primera ley de licencias.

2. Un vendedor de propiedades debe revelar los defectos en la propiedad

   a. incluso si el vendedor no tiene conocimiento de los defectos.
   b. solo si un inspector de propiedades descubre un defecto.
   c. si el defecto afecta materialmente el valor de la propiedad.
   d. según lo requerido por el caveat emptor.

3. ¿Qué estatuto de Florida se conoce como la Ley de Procedimiento Administrativo y proporciona procedimientos para que las agencias gubernamentales ejerzan su autoridad específica, incluida la elaboración de normas?

   a. Capítulo 120
   b. Capítulo 61J2
   c. Capítulo 455
   d. Capítulo 20

4. ¿Cuál de los siguientes es un requisito general para obtener una licencia de bienes raíces en Florida?

   a. Debe tener al menos 21 años de edad
   b. Debe revelar sus antecedentes penales
   c. Debe ser ciudadano de los EE. UU.
   d. Debe tener un título universitario de 4 años

5. ¿Cuál de las siguientes tarifas se puede eximir a un miembro de las fuerzas armadas de los EE. UU.?

   a. Cuota del Fondo de Recuperación de Bienes Raíces
   b. Tasa de solicitud
   c. Tarifa de procesamiento de huellas dactilares
   d. Cuota de licencia inicial

6. ¿Cuál de las siguientes afirmaciones es verdadera?

   a. Un solicitante con una condena penal eliminada no necesita revelar esa condena.
   b. Un solicitante que actualmente está en libertad condicional por una condena penal no será incluido en la lista de Resumen de Solicitantes.
   c. Las huellas dactilares de un solicitante se envían al FBI para una verificación de antecedentes penales.
   d. Si un solicitante tiene antecedentes penales, se le negará automáticamente la licencia.

7. Un solicitante debe ser aprobado o denegado dentro de _____ días de la recepción de la solicitud.

   a. 90
   b. 60
   c. 45
   d. 30

8. ¿En qué circunstancias se pueden recuperar las horas de clase previas a la licencia?

   a. Solo con la aprobación de la Comisión
   b. Si algún estudiante pierde más de 8 horas de clase
   c. Si un estudiante pierde más de 8 horas debido a una dificultad económica
   d. Si un estudiante falta más de 8 horas debido a una enfermedad

9. Abogados al día con el Colegio de Abogados de Florida

   a. debe completar la educación previa a la licencia y pasar el examen estatal.
   b. deben completar la educación previa a la licencia, pero están exentos del examen estatal.
   c. están exentos de la educación previa a la licencia, pero deben tomar el examen estatal.
   d. Debe completar la educación previa a la licencia y pasar el examen de fin de curso.

10. Los solicitantes de asociado de ventas deben

    a. Completar 72 horas de educación previa a la licencia.
    b. Pasar el examen de fin de curso con una puntuación del 90% o superior.
    c. Pasar el examen de licencia estatal con una puntuación del 75% o superior.
    d. Aprobar el examen de licencia estatal en el primer intento.

11. ¿Cuál de las siguientes afirmaciones es falsa?

    a. Los solicitantes que no pasen el examen de licencia estatal pueden volver a tomarlo solo una vez dentro de un año de haberlo fallado.
    b. Los solicitantes que no aprueben el examen de licencia estatal pueden volver a tomarlo tantas veces como sea necesario para aprobarlo dentro de los 2 años posteriores a su aprobación.
    c. A los solicitantes que aprueban el examen de licencia estatal se les emite una licencia en estado inactivo.
    d. Los solicitantes de asociado de ventas que aprueben el examen estatal deben asociarse con un corredor específico.

12. ¿Cuál de los siguientes es un requisito para una licencia de corredor pero no un requisito para una licencia de asociado de ventas?

    a. Cursos previos a la licencia
    b. Cursos posteriores a la licencia
    c. Título universitario de 4 años
    d. Requisito de experiencia de 2 años

13. Un curso de pre-licencia de corredor incluye:

    a. Los fundamentos de la tasación inmobiliaria.
    b. 75 horas lectivas.
    c. 73 horas lectivas.
    d. Horas de clase de 60 minutos.

14. Un residente de Florida es alguien que

    a. planea mudarse a Florida dentro del próximo año.
    b. nació en Florida, independientemente de dónde resida la persona ahora.
    c. ha residido en Florida continuamente durante 4 o más meses dentro del año anterior.
    d. posee una propiedad en Florida si la persona vive o no en la propiedad.

15. Florida proporciona licencias de reciprocidad para

    a. no residentes de estados con los que Florida tiene un acuerdo de reciprocidad.
    b. personal militar en servicio activo que tiene licencia en otro estado.
    c. cualquier persona de bajos ingresos de otro estado.
    d. no ciudadanos estadounidenses.

16. ¿Quién debe inscribirse en el FREC?

    a. Corporaciones que deseen convertirse en autorizado
    b. Solo asociados de ventas
    c. Solo corredores
    d. Toda persona o entidad con licencia

17. Los corredores deben completar _____ horas de educación posterior a la licencia.

    a. 60
    b. 45
    c. 30
    d. 0

18. ¿Cuándo se debe completar la educación posterior a la licencia?

    a. Durante cada período de licencia después de la renovación inicial
    b. Durante el primer período de licencia antes del vencimiento de la licencia
    c. Antes de la fecha de vencimiento de la licencia de cada período de licencia
    d. Dentro de 1 año de la licencia inicial

19. Si un licenciatario completa 3 horas de educación en Ley Básica cada año durante un período de licencia, ¿cuántas horas adicionales de educación continua debe completarse para ese período?

    a. 14 horas
    b. 11 horas
    c. 8 horas
    d. 6 horas

20. ¿Cuál de los siguientes NO es un requisito para reactivar una licencia inactiva involuntaria?

    a. Completar un curso educativo de 28 horas
    b. Aprobar un examen de fin de curso con una puntuación del 70%
    c. Tener una dificultad
    d. Asistir al menos al 90% de las horas de instrucción

3 Ley de Licencia de Bienes Raíces y Reglas de la Comisión

Departamento de Regulación Comercial y Profesional (DBPR)
División de Bienes Raíces (DRE)
La Comisión de Bienes Raíces de Florida (FREC)
Renovación y estado de la licencia
Licencias múltiples y de grupo

Objetivos de Aprendizaje

- Describir la composición, el nombramiento y las calificaciones de los miembros de la Comisión de Bienes Raíces de la Florida (FREC)
- Definir las atribuciones y deberes de la Comisión
- Describir el alcance y la función del DBPR y el DRE
- Explicar los diferentes estados de licencia
- Distinguir entre el estado de licencia activa e inactiva
- Describa las regulaciones con respecto al estado de inactividad involuntaria
- Distinga entre licencias múltiples y de grupo

Términos Clave

activo/inactivo
cancelado
dejar de estar en vigor
dirección postal actual
estado actual
licencia de grupo
inactivo involuntariamente

autoridad de licencia anulada
licencias múltiples
nulo y sin efecto
libertad condicional
promulga
inactivo voluntariamente.

DEPARTAMENTO DE REGULACIÓN EMPRESARIAL Y PROFESIONAL (DBPR)

Estructura organizativa
Definiciones
Intención legislativa
Poderes y deberes del Departamento
Exámenes de licencia

Estructura organizativa

El Departamento de Regulación Comercial y Profesional (DBPR; Departamento) es la agencia del estado de Florida responsable de otorgar licencias y regular a las empresas y profesionales, incluidos los licenciatarios de bienes raíces. La misión del DBPR es otorgar licencias de manera eficiente y regular de manera justa.

El DBPR fue creado y estructurado por los Estatutos de la Florida y se rige por el Capítulo 120, F.S. como parte de la rama ejecutiva del gobierno. El jefe del Departamento es el Secretario de Regulación Comercial y Profesional, quien es nombrado por el gobernador y confirmado por el senado estatal. La oficina principal del Departamento se encuentra en Tallahassee, Florida.

El Departamento consta de divisiones separadas para cada una de las diversas profesiones bajo su administración, incluida la División de Bienes Raíces (que se analiza en una próxima sección). Otras divisiones relevantes para el sector inmobiliario son las siguientes:

▸ **División de Profesiones**: regula los cursos de educación y los exámenes de licencia

Esta división tiene la tarea de proporcionar, contratar y aprobar servicios para todos los exámenes, incluido el desarrollo, la administración, la puntuación, la presentación de informes y la evaluación.

▸ **División de Operaciones de Servicio**: procesa las solicitudes de licencia y las tarifas relacionadas, emite licencias y notificaciones de renovación, y responde a las consultas de los titulares de licencias y del público

. El director de esta división es nombrado por el Secretario del DBPR.

▸ **División de Condominios, Tiempos Compartidos y Casas Móviles de Florida** : supervisa las comunidades residenciales de Florida, específicamente condominios, cooperativas, tiempos compartidos y parques de casas móviles.

Esta división brinda educación, resolución de quejas, mediación, arbitraje y divulgación de desarrolladores para los residentes de Florida de este tipo de viviendas. También maneja las disputas electorales de las asociaciones de propietarios y los retiros de miembros de la junta.

Definiciones

Junta – cualquier junta, comisión u otra entidad creada por estatuto dentro del DBPR que esté autorizada para ejercer funciones reguladoras o reglamentarias, como la Comisión de Bienes Raíces de la Florida.

Miembro consumidor: una persona designada para servir en una junta específica que no es, y nunca ha sido, miembro o practicante de la profesión específica regulada por la junta.

Estado inactivo involuntario: el estado de licencia que se produce cuando una licencia no se renueva al final del período de licencia.

Estado de inactividad voluntaria: el estado de licencia que se produce cuando un licenciatario solicita al DBPR que se le coloque en estado inactivo y ha pagado la tarifa correspondiente.

Profesión: cualquier actividad, ocupación o vocación que esté regulada por el DBPR a través de las Divisiones de Profesiones o Bienes Raíces.

Intención legislativa

La intención legislativa al establecer el DBPR y los estatutos relacionados es doble. En primer lugar, la legislatura quería proteger al público de las prácticas comerciales no reguladas. La legislatua tampoco quiso imponer restricciones irrazonables a las personas cualificadas que pretendían ejercer una de las profesiones reguladas. En un esfuerzo por equilibrar esos dos objetivos, la Legislatura de la Florida y el DBPR han identificado tres situaciones que requieren que se apliquen regulaciones (como se enumeran en el Capítulo 455.201).

> ▸ cuando la práctica no regulada de la profesión pueda dañar o poner en peligro la salud, la seguridad y el bienestar del público, y cuando el potencial de dicho daño sea reconocible y supere claramente cualquier impacto anticompetitivo que pueda resultar de la regulación
> ▸ cuando el público no está protegido de manera efectiva por otros medios, incluidos, entre otros, otros estatutos estatales, ordenanzas locales o legislación federal
> ▸ cuando no se dispone de medios de regulación menos restrictivos

La intención de la legislatura al establecer estas regulaciones prohibió que el DBPR creara estándares irrazonablemente restrictivos para la licencia profesional y prohibió que el DBPR o cualquier junta o comisión creara una condición económica que restringiera irrazonablemente la competencia o la creación o retención de empleos.

Poderes y deberes del departamento

Los deberes y poderes de la DBPR incluyen los siguientes:

> ▸ Adoptar reglas para la renovación de licencias
> ▸ Seleccionar investigadores que cumplan con los criterios establecidos
> ▸ investigar las quejas de los consumidores, incluida la emisión de citaciones
> ▸ emitir órdenes de cese y desistimiento a las personas que ejercen sin licencia
> ▸ Emitir citaciones a los licenciatarios

- bajo orden judicial, suspender o denegar la licencia a cualquier persona que no cumpla con una orden de manutención u otra orden legal; emitir o restablecer la licencia cuando se haya satisfecho la orden
- Exigir que todos los procedimientos relativos a la concesión de licencias o a la disciplina se registren electrónicamente
- Aprobar las solicitudes de licencia que cumplan con los requisitos establecidos

Exámenes de licenciamiento

De conformidad con el DBPR y con el asesoramiento del FREC, la División de Profesiones tiene el deber de establecer servicios para desarrollar, preparar, administrar, calificar y presentar informes, y evaluar todos los exámenes. El DBPR también trabaja con las Divisiones de Profesiones, Operaciones de Servicios y Bienes Raíces para garantizar que todos los exámenes midan de manera suficiente y confiable la capacidad de un solicitante para ejercer con éxito la profesión para la cual el solicitante está siendo evaluado.

El Departamento también proporciona los procedimientos para que un solicitante revise las preguntas respondidas incorrectamente en un examen reprobado. La revisión se realiza a expensas del solicitante.

Los registros del examen de cada solicitante deben mantenerse durante al menos 2 años. Si bien los puntajes de los exámenes deben ser confidenciales, los solicitantes pueden renunciar a la confidencialidad por escrito.

DIVISION DE BIENES RAÍCES

Estructura organizativa
Deberes

Estructura organizativa

La División de Bienes Raíces (DRE) es una división dentro del Departamento de Regulación Comercial y Profesional. El DRE está encabezado por un director que es nombrado por el Secretario del DBPR y aprobado por la mayoría del FREC. El personal de la DRE está empleado para apoyar las funciones de la FREC. El financiamiento para la regulación de bienes raíces de la DRE proviene de las tarifas y evaluaciones recaudadas por la FREC. La ley de Florida exige que las oficinas del DRE estén ubicadas en Orlando, Florida.

Tanto la Junta de Tasación de Bienes Raíces de la Florida como la Comisión de Bienes Raíces de la Florida se establecieron dentro del DRE.

Deberes

El DRE lleva a cabo las decisiones y políticas del FREC. Es responsable de examinar, otorgar licencias y regular a los licenciatarios individuales, corporaciones y escuelas en Florida. Sus deberes también incluyen el mantenimiento de registros, los servicios legales y de investigación, y otros servicios del Capítulo 455 que están relacionados con la ley de licencias de bienes raíces de Florida.

COMISIÓN DE BIENES RAÍCES DE FLORIDA

Objeto de la regulación
Normas de organización y funcionamiento interno
Estructura general
Deberes y poderes

Propósito de regulación

Al igual que con todas las leyes y estatutos de bienes raíces, el propósito del FREC es proteger al público del fraude y las prácticas incompetentes. El DRE proporciona apoyo administrativo a la Comisión para proporcionar esta protección.

Normas que rigen Organización interna y operaciónes

El Capítulo 61J2-20 de los códigos administrativos del FREC establece las normas que rigen la organización y la estructura operativa de la Comisión.

▸ Se debe establecer un panel de causa probable para determinar si existe una causa probable para acusar a un licenciatario de una violación de la ley de licencia o de las reglas de FREC. El panel debe incluir a un miembro actual de la Comisión y puede incluir a un ex miembro.

▸ Cualquier miembro de la Comisión que falte a tres reuniones consecutivas o al 50 por ciento o más de las reuniones, todas sin previo aviso, dentro de 1 año será removido de la Comisión. El puesto de ese miembro se considerará vacante.

▸ La oficina principal de la Comisión estará en Orlando, Florida.

▸ El DBPR es el relator designado para todas las órdenes emitidas por la Comisión y mantiene esas órdenes en Tallahassee, Florida.

Los miembros del público pueden notificar a la Comisión por escrito su deseo de ser escuchados sobre un tema específico y luego se les concederá 3 minutos para hablar en una reunión oficial de la Comisión.

Estructura general

composición y cualificaciones de los miembros. La Comisión está integrada por siete miembros que son nombrados por el Gobernador y confirmados por el Senado. De estos siete miembros,

▸ Cuatro deben ser corredores con licencia que hayan tenido licencias activas durante los 5 años anteriores

▸ Uno debe ser un corredor con licencia o un asociado de ventas que haya tenido una licencia activa durante los 2 años anteriores

▸ Dos no deben ser, ni haber sido nunca, corredores o asociados de ventas con licencia.

Al menos uno de los miembros debe tener 60 años o más. De los siete miembros, uno es elegido anualmente entre los miembros para actuar como presidente y un segundo para actuar como vicepresidente.

Todos los miembros son nombrados por períodos escalonados de 4 años, con no más de dos mandatos de miembros que expiran en el mismo año. Se podrá nombrar a un nuevo miembro para cubrir una vacante creada durante un período no vencido. Si bien no hay límite en el número total de años que un miembro puede servir, él o ella puede servir la parte restante del mandato no vencido de un miembro anterior y luego no más de dos mandatos consecutivos propios. Los miembros tampoco pueden ocupar ningún otro cargo público mientras presten servicio en el FREC.

Asesor legal. Si la Comisión obtiene la aprobación del Fiscal General, puede contratar a un abogado independiente para que brinde asesoramiento legal sobre un asunto específico. Un abogado que trabaja para la comisión no puede procesar un asunto específico y también proporcionar servicios legales a la comisión con respecto al mismo asunto.

Reuniones y actas. El FREC se reúne mensualmente y cada reunión suele durar 2 días y a cada Comisionado se le paga una tarifa diaria en lugar de un salario y un reembolso por los gastos comerciales de bolsillo. Debe haber una reunión anual en la que los miembros elijan un presidente y un vicepresidente. Las reuniones se llevan a cabo en las oficinas principales del DRE en Orlando. Debe haber un quórum de cuatro miembros.

Deberes y poderes

Áreas específicas de responsabilidad. El FREC tiene el poder y el deber de hacer cumplir la ley de licencias. Al hacerlo, está autorizado a

- establecer normas y reglamentos para ejecutar las disposiciones de la ley
- decidir las cuestiones de prácticas que se planteen durante los procedimientos de la Comisión
- investigar las quejas contra los licenciatarios
- certificar o negarse a certificar a los solicitantes como calificados para la licencia
- emitir, denegar, suspender o revocar licencias de bienes raíces
- mantener registros

Honorarios. La comisión tiene la autoridad para establecer las tarifas que un solicitante o licenciatario debe pagar por la solicitud, el examen, la reexaminación, la licencia inicial y la renovación de la licencia, la certificación y la recertificación, el restablecimiento, la creación de registros y el mantenimiento de registros.

A más tardar a finales de Septiembre de cada año, la Comisión debe llevar a cabo un reviso para asegurarse de que las tasas recaudadas son suficientes para cubrir todos los costos previstos y mantener un saldo en efectivo razonable. Si las tasas no son suficientes para cubrir los costos y el saldo en efectivo, la Comisión podrá aumentar las tasas correspondientes o imponer una tasa única para cubrir la deficiencia. Si las tarifas cobradas son más de lo requerido para un saldo en efectivo, la Comisión puede disminuir las tarifas apropiadas.

Reglamentación. La Comisión está facultada para dictar normas que le permitan llevar a cabo sus funciones. Dichas reglas constituyen el Capítulo 61J2 del Código Administrativo de la Florida. La Comisión ha adoptado y utiliza un sello para autentificar sus actuaciones. Las copias o escritas bajo el sello de la Comisión se consideran prueba prima facie de su existencia y sustancia, y los tribunales tienen el mandato de reconocer las reglas.

Debido a que el FREC no hace leyes, sino que elabora normas para garantizar que se cumplan las leyes, se considera que el FREC es cuasi legislativo.

Educación. La Comisión tiene el deber de prescribir o aprobar cursos de educación inmobiliaria para solicitantes, licenciatarios e instructores con respecto a los principios éticos, legales y comerciales que deben regir su conducta. Este deber incluye cursos para requisitos previos a la licencia, posteriores a la licencia y educación continua.

Para fomentar esta educación, la Comisión puede publicar y vender materiales educativos a los solicitantes, licenciatarios y miembros del público. La Comisión también tiene el deber de regular las escuelas de bienes raíces y los cursos sin crédito ofrecidos por institutos de educación superior y centros técnicos.

Disciplina. La Comisión tiene la autoridad para denegar una solicitud de licencia o renovación, para poner a un titular de licencia en período de prueba, para suspender o revocar una licencia, para administrar multas y para emitir reprimendas si determina que el solicitante o titular de la licencia ha

- sido culpable de fraude o deshonestidad
- violó un deber legal o contractual
- no rindió cuentas ni entregó la propiedad personal de otra persona
- haber sido culpable de cualquier delito relacionado con bienes raíces o un delito que implique depravación moral
- Suspendió o revocó una licencia o actuó en contra o se le negó una solicitud de licencia en cualquier jurisdicción
- de alguna manera violó cualquier ley de licencias de Florida

La Comisión está obligada a informar al Fiscal del Estado de cualquier infracción penal conocida de la ley de licencias. También debe notificar a la División de Condominios, Tiempos Compartidos y Casas Móviles de la Florida sobre cualquier acción disciplinaria tomada contra un titular de licencia.

Dado que el FREC tiene la autoridad para actuar como juez y jurado por la violación de la Ley de la Florida 475, se considera que es cuasijudicial.

En resumen, las funciones del FREC son ejecutivas, cuasi legislativas y cuasi judiciales.

RENOVACIÓN Y ESTADOS DE LA LICENCIA

Renovación de la licencia
Estados de las licencias

**Renovación
de la licencia**

Emisión y vencimiento. Las licencias se emiten por períodos de licencia de 2 años, al final de los cuales la licencia debe renovarse para evitar que se expire. Todas las licencias vencen y deben renovarse antes el 31 de Marzo o el 30 de Septiembre, dependiendo de la fecha de emisión. En consecuencia, el período inicial de licencia no será inferior a 18 meses ni superior a 24 meses. Para calcular cuándo vence la licencia inicial, agregue 2 años a la última fecha de vencimiento: 31 de Marzo o el 30 de Septiembre, antes de la fecha de emisión, y agregue 2 años.

Por ejemplo, si la licencia de asociado de ventas de John se emitió inicialmente el 28 de febrero de 2019, un período de licencia de 2 años significaría que su licencia expira a la medianoche del 27 de febrero de 2021. Sin embargo, dado que todas las licencias vencen el 31 de Marzo o el 30 de Septiembre, la licencia de John expiraría el 30 de septiembre de 2020, lo que le proporcionaría a John 19 meses de licencia inicial, cumpliendo así con el requisito de 18 a 24 meses. Una vez que John renueve su licencia por primera vez, cada período de licencia después de eso será de 24 meses (2 años), y la licencia de John expirará el 30 de Septiembre cada vez.

Educación posterior a la licencia.El titular de la licencia debe completar el curso requerido después de la licencia antes de renovar su licencia inicial. Después del período inicial de la licencia, el titular de la licencia debe completar la educación continua en cada período de licencia antes de renovar la licencia.

Renovación y estado de la licencia. El DBPR envía un aviso de renovación de la licencia al titular de la licencia al menos 90 días antes de la fecha de vencimiento de la licencia. El aviso se envía tanto a los licenciatarios activos como a los inactivos a la última dirección o dirección de correo electrónico conocida.

Despues, el titular de la licencia debe presentar una solicitud de renovación, una tarifa de renovación y un comprobante de haber completado los cursos posteriores a la licencia o los cursos de educación continua. El titular de la licencia debe indicar si desea renovar en estado activo o inactivo (que se analizará en una próxima sección). Una vez que el titular de la licencia haya cumplido con todos los requisitos de renovación, el DBPR emitirá una licencia renovada con la fecha de vencimiento correspondiente.

Si el licenciatario no renueva antes de la fecha de vencimiento, la licencia se vuelve automáticamente inactiva involuntariamente y solo se puede renovar cuando se cumplan los requisitos aplicables (se analiza en una próxima sección). La licencia se considera delincuente para el siguiente período de licencia. Al titular de la licencia no se le permite ejercer bienes raíces mientras esté en estado inactivo. Si el titular de la licencia estaba en estado activo en la fecha de vencimiento de la licencia, puede renovar la licencia dentro de los 24 meses cumpliendo con los requisitos de renovación y pagando un cargo por pago atrasado. Si el licenciatario no renueva dentro de ese período de tiempo, la licencia se anula.

Miembros de las fuerzas armadas. Los miembros en servicio activo de las fuerzas armadas de los EE. UU. que estén al día con el FREC están exentos de los requisitos de renovación de la licencia. Esta exención se extiende a 2 años después de que el miembro sea dado de baja del servicio activo. Sin embargo, si el miembro se dedica a bienes raíces con fines de lucro en el sector privado dentro de Florida mientras está en servicio activo y durante 2 años después de ser dado de baja del servicio activo, debe cumplir con todos los requisitos de renovación, pero está exento de pagar la tarifa de renovación.

El cónyuge del miembro militar o el cónyuge sobreviviente de un miembro que falleció mientras estaba en servicio activo también está exento de los requisitos de renovación de la licencia si el servicio activo del miembro está fuera de Florida. El cónyuge debe estar al día con el FREC y no estar ejerciendo en el sector privado con fines de lucro. Esta exención está vigente mientras el miembro está en servicio activo y durante 6 meses después de la baja del miembro.

Estado de la licencia

Estado activo. Las licencias de asociado de ventas o corredor se emiten inicialmente en estado inactivo. Dado que a los licenciatarios se les permite practicar bienes raíces solo si sus licencias están en estado activo, deben activar sus licencias antes de ofrecer o proporcionar servicios inmobiliarios. Sus licencias también deben estar en estado activo antes de que el licenciatario pueda aceptar comisiones u otros honorarios por un servicio inmobiliario.

Un asociado de ventas puede activar la licencia registrándose bajo un corredor empleador o haciendo que el corredor empleador active la licencia a través de la cuenta en línea del corredor. Cualquier persona que practique sin una licencia de estado activo está violando la ley de licencias y puede ser disciplinado. En cualquier momento después de la emisión de una licencia, el licenciatario puede decidir colocar la licencia activa en estado inactivo. Durante el proceso de renovación de la licencia, el licenciatario puede optar por renovar en estado activo o inactivo. Una vez más, mientras esté en estado inactivo, el titular de la licencia no puede ejercer actividades inmobiliarias.

Estado voluntario de inactividad. Hay varias maneras en que una licencia puede volverse inactiva voluntariamente: el licenciatario no activa la licencia cuando se emite inicialmente; el licenciatario elige renovar una licencia activa en estado inactivo; o un licenciatario solicita que el DBPR coloque la licencia en estado inactivo. La mayoría de las veces, los licenciatarios eligen el estado inactivo voluntario porque han decidido no ejercer los servicios de bienes raíces durante un período de tiempo.

Cuando una licencia está en estado inactivo voluntario, el titular de la licencia puede reactivarla en cualquier momento solicitándola al DBPR, pagando una tarifa de reactivación y cumpliendo con todos los requisitos posteriores a la licencia o de educación continua.

Al igual que con las licencias activas, las licencias inactivas voluntariamente deben renovarse cada dos años para seguir siendo válidas. El titular de la licencia inactiva debe solicitar la renovación en estado inactivo, completar 14 horas de educación continua por cada período de 2 años en que la licencia estuvo inactiva y pagar la tarifa de renovación.

Estado inactivo involuntario. Si el licenciatario no renueva la licencia activa o inactiva voluntariamente antes de la fecha de vencimiento, el estado de la licencia pasa automáticamente a ser inactivo involuntariamente. La licencia también se considera delincuente.

El DBPR enviará un aviso de estado inactivo involuntario al menos 90 días antes de la fecha de vencimiento de la licencia. Si la licencia de un corredor es suspendida o revocada, todos los asociados de ventas y asociados de corredor registrados bajo ese corredor se volverán automáticamente inactivos involuntariamente. Sus licencias permanecerán en ese estado hasta que el corredor se reincorpore nuevamente o hasta que se registre bajo un nuevo corredor.

Si estos licenciatarios deciden no ejercer la actividad inmobiliaria, pueden cambiar el estado de inactividad involuntaria de sus licencias a inactiva voluntaria a través de su cuenta de DBPR en línea.

Una vez en estado inactivo involuntariamente por no renovar, la licencia puede renovarse si el titular de la licencia solicita al DBPR, paga la tarifa de renovación por cada año que la licencia estuvo inactiva involuntariamente más los cargos por pagos atrasados, y completa la educación continua requerida según el período de tiempo del estado inactivo.

El titular de la licencia puede renovar como activo o inactivo voluntariamente, pero debe hacerlo dentro de los 2 años posteriores a la inactividad involuntaria. Si el licenciatario no renueva durante los 2 años, la licencia expira automáticamente y queda nula y sin efecto.

Estado de licencia nula y sin efecto. Una licencia puede quedar sin efecto bajo cualquiera de las siguientes condiciones.

- ▶ El asociado de ventas no completa la educación posterior a la licencia antes de la fecha de renovación del período inicial de licencia. Para volver a participar en actividades de bienes raíces, la persona debe volver a calificar para la licencia volviendo a tomar la educación y los exámenes previos a la licencia y aprobando el examen estatal.

- ‣ Un licenciatario en estado inactivo involuntario no renueva la licencia dentro de los 2 años posteriores a la inactividad involuntaria. El FREC puede restablecer esta licencia si la persona presenta una solicitud a la Comisión dentro de los 6 meses posteriores a la anulación y el efecto, muestra prueba de una dificultad física o financiera, completa la educación continua y paga todas las tarifas requeridas.

   Si el titular de la licencia recibe la extensión por dificultades, la licencia permanecerá nula y sin efecto hasta que la persona presente una solicitud de reincorporación, las tarifas relacionadas y la prueba de finalización de la educación de reactivación.

- ‣ Una licencia se revoca por razones disciplinarias. Las licencias revocadas nunca puede ser reintegrada y que el individuo nunca podrá volver a solicitar la licencia.

- ‣ Un licenciatario renuncia a la licencia sin relación con ninguna acción disciplinaria o investigación. El titular de la licencia debe notificar al DBPR de la intención de renunciar a la licencia.

Las licencias nulas y sin efecto son aquellas que ya no existen a menos que se reactiven bajo las condiciones permitidas anteriormente.

Informar de cambios de dirección. Un corredor debe notificar a la Comisión dentro de los 10 días de cualquier cambio de dirección comercial. Hasta que no se notifique a la Comisión el cambio de domicilio, la licencia del corredor dejará de estar en vigor. Mientras la licencia esté en ese estado, el corredor no puede participar en actividades inmobiliarias.

El aviso de cambio de dirección debe incluir los nombres de los asociados que ya no son empleados del corredor. El aviso también servirá como notificación de cambio de dirección para los asociados que aún son empleados del corredor. Estos licenciatarios pueden notificar a la Comisión de los cambios en un formulario proporcionado por la Comisión o a través de su portal en línea.

Todos los licenciatarios deben notificar al DBPR por escrito sus *direcciones postales residenciales actuales y su dirección de correo electrónico actual*. Deben notificar al Departamento dentro de los 10 días de cualquier cambio de direcciones postales residenciales. No hacerlo puede resultar en una multa disciplinaria.

Cualquier licenciatario residente de Florida que se convierta en no residente al mudarse fuera del estado debe notificar a la Comisión dentro de los 60 días posteriores al cambio de residencia. Si el titular de la licencia desea continuar ejerciendo en Florida, debe cumplir con todos los requisitos de no residente. No notificar a la Comisión y no cumplir con los requisitos es una violación de la ley de licencias y puede resultar en sanciones disciplinarias.

LICENCIAS MÚLTIPLES Y GRUPALES

Licencias múltiples. Los corredores deben tener una licencia individual separada para cada entidad o negocio al que sirven. Un corredor que presta servicios a varias entidades necesita varias licencias. El corredor debe demostrar que las múltiples licencias son necesarias para llevar a cabo el negocio de corretaje y que las licencias no serán dañinas ni perjudiciales para nadie. Cada licencia debe renovarse por separado.

La Comisión puede denegar una licencia múltiple por las mismas razones por las que puede denegar licencias individuales. Cualquier medida disciplinaria contra la licencia principal del corredor se aplicará igualmente a sus licencias múltiples. Las licencias múltiples no son transferibles a nuevas relaciones a menos que el intermediario finalice todas las relaciones actuales al mismo tiempo y, a continuación, mueva solo una licencia a una nueva relación.

Los asociados de ventas y los asociados de corretaje no son elegibles para licencias múltiples porque solo se les permite trabajar para un corredor o corretaje a la vez.

Licencias de grupo. Los propietarios/desarrolladores de propiedades están exentos de licencia. En consecuencia, emplean asociados de ventas con licencia o asociados corredores para vender sus propiedades. A veces, un propietario/desarrollador posee propiedades a través de múltiples entidades comerciales con diferentes nombres. Cuando esas entidades están conectadas (por ejemplo, subsidiarias) de modo que son propiedad o están controladas por una persona o grupo de personas, cualquier licenciatario empleado por el propietario/desarrollador puede obtener una licencia de grupo para ser elegible para vender para todas las entidades.

Recuerde que un asociado de ventas o un asociado de corredor solo puede ser empleado por un corredor o propietario/desarrollador a la vez. La licencia de grupo permite que el licenciatario sea empleado por un propietario/desarrollador, pero aún así venda propiedades para múltiples entidades, siempre y cuando todas sean propiedad o estén controladas por el propietario/desarrollador empleador.

3 Ley de Licencia de Bienes Raíces y Reglas de la Comisión
Revisión instantáneas

DEPARTAMENTO DE NEGOCIOS Y REGULACIÓN PROFESIONAL (DBPR)

Estructura organizativa
- estructurado por el Título IV de la Ley de Hacienda, Sección 20 y regido por el Capítulo 120 de la Ley de Hacienda
- encabezada por el Secretario de DBPR con oficina principal en Tallahassee
- consta de varias divisiones, incluidas las relacionadas con el sector inmobiliario

Intención legislativa
- proteger al público y no permitir restricciones irrazonables a quienes buscan ejercer
- normativa necesario cuando la práctica no reglamentada pueda perjudicar al público; cuando otros medios no protejan al público; cuando no existan regulaciones menos restrictivas

Poderes y deberes
- establecer normas para la concesión de licencias; investigar las denuncias; imponer sanciones; Aprobar la licencia

Exámenes de licencia
- preparación para exámenes y servicios establecidos por la División de Profesiones bajo DBPR, asegurando que los exámenes midan la capacidad del solicitante para practicar
- Proporciona procedimientos de revisión de exámenes
- Las puntuaciones de los exámenes son confidenciales y se conservan durante 2 años

DIVISION DE BIENES RAICES (DRE)

Estructura organizativa
- director designado por el Secretario de la DBPR; aprobado por el FREC; personal de apoyo a la FREC; oficinas en Orlando; financiado por las tasas y contribuciones del FREC; estableció el FREC

Tarea

FREC
- llevar a cabo las políticas de FREC; exámenes, licencias, regula a los licenciatarios; archivo; investigaciones

Objeto de la regulación
- Proteger al público del fraude y las prácticas incompetentes

Reglas
- establecer un panel de causa probable; destituir a los miembros de la FREC por ausencias excesivas; oficina en Orlando; Reportero de DBPR para órdenes FREC; Proporcionar tiempo para hablar en público en las reuniones

Estructura general
- 4 corredores con licencia durante los últimos 5 años; 1 corredor o asociado de ventas con licencia durante los últimos 2 años; 2 miembros del público nunca licenciados; todos nombrados por el Gobernador, confirmados por el Senado
- 1 tener 60 años o más; los miembros eligen presidente y vicepresidente; Plazos de 4 años
- puede contratar a un abogado según lo aprobado por el Fiscal General
- reuniones mensuales con una reunión anual; quórum requerido; Los miembros pagadas por día

Deberes y atribuciones
- hacer cumplir la ley de licencias; investigar las denuncias; emitir, denegar, suspender o revocar licencias; decidir cuestiones de práctica; mantener registros

| | • establecer tarifas; crear reglas; prescribir cursos de educación; disciplinar a los licenciatarios o solicitantes |

ESTADOS, TIPOS, Y RENOVACIONES DE LICENCIAS

Renovación de la licencia

• renovar por períodos de 2 años; período inicial de 18 a 24 meses; renovar el 31 de Marzo o el 30 de Septiembre; completar la educación posterior a la licencia o continua; Estado inactivo involuntario por no renovación

• Disposiciones de renovación o tarifas exentas para los miembros de las Fuerzas Armadas y los cónyuges de miembros de otros estados o miembros fallecidos

Estado de la licencia

• Activo requerido para practicar

• inactivo voluntario cuando la licencia inicial no está activada, cuando el licenciatario elige el estado en el momento de la renovación, cuando el licenciatario lo solicita; reactivar solicitando, pagando la cuota, completando educacion continua (CE); Renovar cada 2 años

• inactivo involuntario para la no renovación; reactivar solicitando, pagando la tarifa, completando CE, todo dentro de los 2 años posteriores al estado inactivo involuntario

• nulo y sin efecto por no completar el curso posterior a la licencia, por no renovar la licencia inactiva involuntaria dentro de los 2 años, por licencia revocada, por renuncia voluntaria a la licencia

• deja de estar en vigor cuando cambia la dirección de la empresa; debe informar en un plazo de 10 días

• El licenciatario debe notificar a DBPR de la dirección postal actual o el cambio de dirección dentro de los 10 días

• El titular de la licencia residente de FL que se convierte en no residente debe notificar a FREC dentro de los 60 días

Licencias múltiples y grupales

• Múltiples: los corredores que prestan servicios a varias entidades comerciales necesitan una licencia para cada entidad; Los asociados de ventas y los asociados de corretaje no son elegibles para varias licencias

• Grupo: para asociados de ventas o asociados corredores que trabajan para el propietario/desarrollador que posee propiedades a través de múltiples entidades comerciales que están conectadas y controladas por el propietario.

Sección 3: Ley de Licencia de Bienes Raíces / Reglas de la Comisión
Cuestionario de Sección

1. El DBPR se rige por

   a. F.S. Título IV, Sección 20.
   b. F.S. Capítulo 455.
   c. F.S. Capítulo 120.
   d. F.S. Capítulo 475.

2. La intención legislativa al establecer el DBPR y sus estatutos relacionados fue

   a. restringir la competencia en la profesión inmobiliaria.
   b. crear estándares restrictivos para la concesión de licencias profesionales.
   c. imponer restricciones a las personas cualificadas que quisieran ejercer la profesión inmobiliaria.
   d. proteger al público de las prácticas comerciales no reguladas.

3. ¿Cuál de las siguientes opciones NO investiga las quejas contra los licenciatarios?

   a. Comisión de Bienes Raíces de Florida
   b. División de Bienes Raíces
   c. División de Profesiones
   d. Departamento de Negocio y Regulación Profesional

4. Se conservarán registros del examen de cada solicitante

   a. durante 2 años.
   b. hasta que el solicitante pase el examen.
   c. hasta la primera renovación de la licencia del licenciatario.
   d. durante 7 años.

5. La función de la División de Bienes Raíces es

   a. cobrar las tarifas y las evaluaciones de los solicitantes de licencias.
   b. apoyar a la Comisión de Bienes Raíces de la Florida.
   c. proporcionar servicios para todos los exámenes.
   d. supervisar los procedimientos de renovación de licencias.

6. El panel de causa probable

   a. impone sanciones a los licenciatarios que hayan violado la ley de licencias.
   b. determina si un solicitante califica para la licencia.
   c. debe incluir a un miembro actual del FREC.
   d. no debe incluir a ex miembros de las FREC.

7. El FREC incluye

   a. cinco miembros que tienen licencias de bienes raíces.
   b. cuatro miembros del público en general que nunca han sido corredores con licencia.
   c. siete miembros que hayan tenido licencias de corredor durante los últimos 5 años.
   d. dos miembros que hayan tenido licencias de asociado de ventas durante los 2 años anteriores.

8. ¿Cuál de las siguientes afirmaciones es verdadera?

   a. al menos uno de los miembros de la FREC debe tener al menos 65 años de edad.
   b. el gobernador nombra anualmente al presidente y al vicepresidente de la FREC.
   c. los miembros del FREC no pueden ejercer más de dos mandatos consecutivos.
   d. todos los miembros de FREC cumplen mandatos escalonados de 2 años.

9. Si las tarifas a cobrar por el FREC son más de lo requerido para un saldo de efectivo, el FREC puede

   a. reembolsar la diferencia a las personas que pagaron las tarifas.
   b. colocar los fondos excedentes en una cuenta para los licenciatarios y solicitantes con dificultades económicas.
   c. dejar de cobrar las tarifas durante los siguientes 2 años.
   d. disminuir el monto de las tarifas apropiadas que se cobrarán.

10. Si un titular de licencia viola penalmente la ley de licencias, el FREC está obligado a

   a. denunciar la infracción al Fiscal del Estado.
   b. notificar la violación al Fiscal General.
   c. poner al titular de la licencia en período de prueba.
   d. imponer una multa civil al titular de la licencia.

11. Todas las licencias expiran

   a. el 30 de Abril o el 31 de Octubre.
   b. el 31 de Marzo o el 30 de Septiembre.
   c. 2 años después de la fecha de emisión de la licencia.
   d. el 1 de enero cada 2 años.

12. La primera licencia de asociado de ventas de Sally se emitió el 15 de Marzo de 2019. ¿Cuándo expira su licencia?

    a. Septiembre 30, 2021
    b. 15 de Marzo de 2021
    c. Septiembre 30, 2020
    d. 31 de Marzo de 2021

13. La primera licencia de asociado de ventas de Sally se emitió el 15 de marzo de 2019. ¿Qué sucede si Sally no completa su educación posterior a la licencia antes de la fecha de vencimiento de su licencia?

    a. Sally tiene 2 años adicionales para completar la educación y renovar su licencia.
    b. se le cobrará un cargo por renovación tardía.
    c. su licencia quedará inactiva involuntariamente hasta que complete la educación posterior a la licencia.
    d. la licencia de Sally quedará anulada y sin efecto.

14. Sally es miembro de la Marina de los Estados Unidos. ¿Qué debe hacer para renovar su licencia de bienes raíces?

    a. completar la educación continua y solicitar la renovación
    b. solicitar la renovación y pagar la tasa de renovación
    c. completar la educación continua, solicitar la renovación y pagar la tarifa de renovación
    d. Sally está exenta de los requisitos de renovación.

15. Si un licenciatario no renueva una licencia activa antes de la fecha de vencimiento, ¿qué sucede?

    a. la licencia se vuelve inactiva voluntariamente.
    b. la licencia se convierte en nula y sin efecto.
    c. la licencia se vuelve inactiva involuntariamente.
    d. nada, el licenciatario tiene automáticamente 2 años para renovar la licencia.

16. Si un titular de licencia comete una violación penal de la ley de licencias, el FREC debe

    a. enjuiciar penalmente al titular de la licencia.
    b. revocar inmediatamente la licencia del titular de la licencia.
    c. denunciar la infracción al Fiscal del Estado.
    d. notificar a la policía.

4 Relaciones, Deberes, y Divulgaciónes Autorizadas

Esenciales de la Agencia Inmobiliaria
Deberes Fiduciarios
Ley de Divulgación de Relaciones de Corretaje

Objetivos de Aprendizaje

- Describa qué disposiciones de la Ley de Divulgación de Relaciones de Corretaje se aplican solo a las ventas de bienes raíces residenciales y enumere los tipos de actividades inmobiliarias que están exentas de los requisitos de divulgación
- Definir transacción residencial
- Distinga entre no representación, agente único y corredor de transacciones
- Enumere y describa los deberes adeudados en las distintas relaciones autorizadas
- Compare y contraste los deberes fiduciarios adeudados en una relación de agente único y los deberes adeudados en una relación de corredor de transacciones
- Describa los procedimientos de divulgación para las distintas relaciones autorizadas
- Describa el contenido requerido y el formato de los distinto formularios de divulgación.
- Explicar el procedimiento para la transición de un agente único a un agente de transacciones
- Describir los requisitos de divulgación para transacciones no residenciales en las que el comprador y el vendedor tienen activos de $1 millón o más
- Enumere los eventos que harán que se termine una relación autorizada

Términos clave

agente	falta de representación
caveat emptor	consumidor
consentimiento para la transición	venta residencial
cliente	agente único
asociado de ventas designado	agente especial
Agente dual	ubagencia
fiduciario	corredor de transacciones
agente general	
representación limitada	

ESENCIALES DE LA AGENCIA INMOBILIARIA

Histórica perspectiva
Funciones básicas
Tipos de agencia
Creación de una relación de agencia
Terminación de una relación de agencia

Histórica perspectiva

La más primaria de las relaciones en el corretaje de bienes raíces es la que existe entre el corredor y el cliente, la relación conocida en ley como la **relación de agencia**. Las leyes que controlan la agencia surgen de dos tipos de leyes: la ley comun y la ley estatutario. La ley comun se basa en los usos habituales y en los decretos y sentencias de los tribunales. La ley estatutaria es la ley escrita por las legislaturas. Un cuerpo de leyes, generalmente llamado **ley de agencia,** define y regula los roles legales de esta relación. Las partes de la relación son las **principal** (un cliente), el **agente** (un corredor), y el **consumidor** (un tercero).

Las leyes de agencia son distintas de las leyes de contratos, aunque los dos grupos de leyes interactúan entre sí. Por ejemplo, el acuerdo de listado (un contrato) establece una relación de agencia. Por lo tanto, la relación está sujeta al derecho contractual. Sin embargo, la ley de agencia dicta cómo la relación logrará sus propósitos, independientemente de lo que establezca el contrato de cotización.

La esencia de la relación de agencia es *confianza, seguridad y buena fe mutua*. El principal confía en que el agente ejerza la máxima habilidad y cuidado en el cumplimiento de la actividad autorizada y en la promoción de los mejores intereses del principal. El agente se compromete a esforzarse de buena fe para lograr el objetivo deseado y cumplir con los deberes fiduciarios.

Es importante entender que la relación de agencia *no* requiere compensación ni cualquier forma de consideración. La compensación tampoco define una relación de agencia: una parte que no sea el principal puede compensar al agente.

Funciones básicas

En una relación de agencia, un principal (cliente) contrata a un agente como *fiduciario* para realizar un servicio deseado en nombre de la entidad principal. Como fiduciario, el agente tiene la obligación legal de cumplir con *Deberes fiduciarios* durante todo el plazo de la relación.

El **principal,** o **cliente**, es la parte que contrata al agente. El agente funciona *para* el cliente. El principal puede ser un vendedor, un comprador, un arrendador o un inquilino.

El **agente** es el fiduciario del principal, contratado para realizar el trabajo autorizado y obligado a cumplir con los deberes fiduciarios. En el corretaje de bienes raíces, el agente debe ser un corredor con licencia.

El **consumidor** o **prospecto** es un tercero en la transacción a quien el agente no representa. El agente funciona *con* un consumidor en el cumplimiento de los objetivos del cliente. Un vendedor, comprador, arrendador o inquilino puede ser un consumidor. Un tercero que es un consumidor potencial es un **prospecto**. Otro ejemplo de una relación no representativa es trabajar con un prospecto de venta por propietario (FSBO).

Tipos de agencia   De acuerdo con el nivel de autoridad delegado al agente, existen tres tipos de agencia: *universales, generales y especiales.*

Agencia universal. En una agencia universal el principal faculta al agente para realizar todas y cada una de las acciones que puedan delegarse legalmente a un representante de la agencia. El instrumento de autorización es el poder legal.

Agencia general. En una agencia general, el principal delega en el agente tareas y deberes continuos dentro de un negocio o empresa en particular. Dicha delegación podrá incluir la facultad de entrar en un contrato.

Especial, o **agencia limitada.** En virtud de un acuerdo especial de agencia, el principal delega autoridad para llevar a cabo una actividad específica, después de lo cual termina la relación de agencia. En la mayoría de los casos, El agente especial no puede obligar al mandante a un contrato. Un ejemplo de una agencia especial es la relación entre el asociado de ventas y el comprador o vendedor que el asociado representa.

En la mayoría de los casos, el corretaje de bienes raíces se basa en una agencia especial. El mandante contrata a un corredor con licencia para conseguir un comprador o vendedor listo, dispuesto y capaz. Cuando se logra el objetivo, la relación termina, aunque ciertos deberes fiduciarios sobreviven a la relación.

La creación de una relación de agencia   Una relación de agencia puede surgir de un acuerdo expreso oral o escrito entre el principal y el agente, o de las acciones de las partes por implicación.

Acuerdo de listado escrito u oral. La forma más común de crear una relación de agencia es mediante un acuerdo de listado, que puede ser oral o escrito. El acuerdo establece las distintas autorizaciones y obligaciones, así como los requisitos para la compensación. Un acuerdo de listado establece una agencia para una transacción específica y tiene un vencimiento establecido.

Agencia implícita. Una relación de agencia puede surgir por implicación, intencionalmente o no. Implicación significa que las partes actúan *como si* hubo un acuerdo. Por ejemplo, si un agente promete a un comprador hacer todo lo posible para encontrar una propiedad al precio más bajo posible, y el comprador acepta la propuesta, puede haber una relación de agencia implícita aunque no haya un acuerdo específico. Incluso si el agente no desea establecer una relación de agencia, las acciones del agente pueden interpretarse como implícitas a una relación.

Ya sea intencional o accidental, la creación de una agencia implícita obliga al agente a cumplir con deberes fiduciarios y estándares profesionales. Si no se cumplen, el agente puede ser considerado responsable.

Terminación de una relación de agencia   *Rendimiento completo* de todas las obligaciones de las partes pone fin a una relación de agencia. Además, las partes podrán dar por terminada la relación en cualquier momento con acuerdo mutuo. En tercer lugar, la relación de agencia termina automáticamente en la fecha de *expiración*, independientemente de que las obligaciones se hayan cumplido o no.

Terminación involuntaria. Una relación de agencia puede terminar en contra de los deseos de las partes por razón de:

- ▸ Muerte o incapacidad de cualquiera de las partes
- ▸ Abandono por parte del agente
- ▸ expropiación o destrucción de los bienes
- ▸ renuncia
- ▸ incumplimiento
- ▸ quiebra
- ▸ revocación de la licencia de agente

La terminación involuntaria de la relación puede crear responsabilidad legal y financiera para una parte que incumple o cancela. Por ejemplo, un cliente puede renunciar a un acuerdo, pero luego ser responsable de los gastos o la comisión del agente.

DEBERES FIDUCIARIOS

Deberes fiduciarios con el cliente
Deberes del agente con el consumidor
Deberes generales del cliente

La relación de agencia impone deberes fiduciarios en el cliente y en el agente, pero particularmente en el agente. Un agente también debe observar ciertas normas de conducta al tratar con los clientes y otras partes externas.

Deberes fiduciarios Al cliente

Habilidad, atención y diligencia. El agente es contratado para hacer un trabajo y, por lo tanto, se espera que lo haga con diligencia y competencia razonable. La competencia se define generalmente como un nivel de habilidades y conocimientos de mercadeo inmobiliario comparable a los de otros profesionales en el área.

La noción de atencion se extiende a la observancia del alcance limitado de la autoridad otorgada al agente. Un acuerdo de listado convencional no autoriza a un agente a obligar al cliente a contratar, y no permite que el agente oculte ofertas de compra, venta o arrendamiento provenientes de un cliente u otro agente. Además, dado que un cliente confía en las representaciones de un corredor, un corredor debe tener cuidado de no ofrecer asesoramiento fuera de su campo de especialización. Las violaciones de esta norma pueden exponer al agente a la responsabilidad por la práctica sin licencia de una profesión como abogado, la ingeniería o la contabilidad.

Deberes fiduciarios

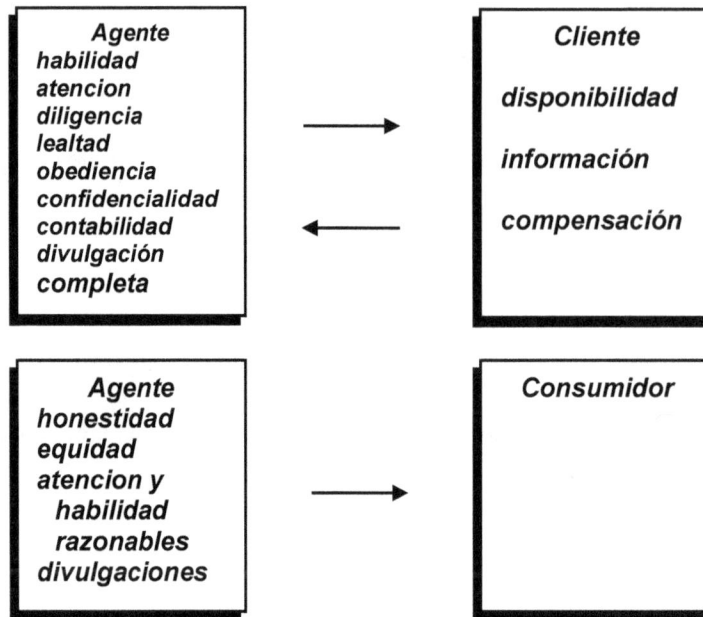

Agente *habilidad* *atencion* *diligencia* *lealtad* *obediencia* *confidencialidad* *contabilidad* *divulgación* *completa*	**Cliente** *disponibilidad* *información* *compensación*
Agente *honestidad* *equidad* *atencion y* *habilidad* *razonables* *divulgaciones*	**Consumidor**

Lealtad. El deber de lealtad requiere que el agente coloque los intereses del cliente por encima de los de todos los demás, particularmente los del agente. Este estándar es particularmente relevante cuando un agente discute los términos de la transacción con un prospecto.

Obediencia. Un agente debe cumplir con las instrucciones e instrucciones del cliente, *siempre que sean legales*. Un agente que no puede obedecer una directiva legal, por cualquier motivo, debe retirarse de la relación. Si la directiva es ilegal, el agente también debe retirarse inmediatamente.

Confidencialidad. Un agente debe mantener en confidencialidad cualquier información personal o comercial recibida del cliente durante el período de empleo. Un agente no puede revelar ninguna información que pueda dañar los intereses del cliente o su posición de negociación, o cualquier otra cosa que el cliente desee mantener en secreto.

El estándar de confidencialidad es uno de los deberes que se extiende *más allá de la terminación del listado*: en *ningún momento* en el futuro el agente puede revelar información confidencial.

Un agente debe tener cuidado en el cumplimiento de este deber: si la confidencialidad entra en conflicto con los requisitos legales del agente para revelar hechos materiales, el agente debe informar al cliente de esta obligación y hacer las divulgaciones requeridas. Si dicho conflicto no puede resolverse, el agente debe retirarse de la relación.

Contabilidad. Un agente debe salvaguardar y rendir cuentas de todo el dinero, documentos y otros bienes recibidos de un cliente o consumidor. La ley de licencias de Florida regula las obligaciones contables y las prácticas de custodia del corredor.

Divulgación completa. Un agente tiene el deber de informar al cliente de todos los hechos materiales, informes y rumores que puedan afectar los intereses del cliente en la transacción de la propiedad.

En los últimos años, el estándar de divulgación se ha elevado para exigir que un agente revele elementos que un agente *debería saber,* ya sea que el agente realmente tuviera el conocimiento o no, e independientemente de si la divulgación promueve o impide el progreso de la transacción.

El ejemplo más obvio de una divulgación de "debería haber sabido" es un defecto de propiedad, como un acondicionador de aire central que no funciona, que el agente no notó. Si el acondicionador de aire se convierte en un problema, el agente puede ser considerado responsable por no revelar un hecho material si un tribunal dictamina que un agente en esa área típicamente detectaría y reconocería un acondicionador de aire defectuoso.

No existe ninguna obligación de obtener o divulgar información relacionada con la raza, el credo, el color, la religión, el sexo o el origen nacional de un cliente: las leyes contra la discriminación consideran que dicha información es irrelevante para la transacción.

La ley de Florida requiere que un vendedor haga una divulgación por escrito sobre la condición de la propiedad a un posible comprador.

Divulgación de Hechos Materiales

Los hechos materiales críticos para la divulgación incluyen:

- la opinión del agente sobre el estado de la propiedad

- información sobre las motivaciones y las calificaciones financieras del comprador

- Discusiones entre el agente y el comprador con respecto a la posibilidad de que el agente represente al comprador en otra transacción.

- Hechos materiales adversos, incluyendo la condición de la propiedad, defectos de título, peligros ambientales y defectos de la propiedad

Deberes del agente al consumidor

La noción tradicional de *Caveat emptor*-- que el comprador tenga cuidado -- ya no se aplica inequívocamente a las transacciones inmobiliarias. Agentes tienen ciertas obligaciones con los consumidores, aunque no los representen. En general, le deben a un tercero:

- ▸ honestidad y trato justo
- ▸ atencion y habilidad razonables
- ▸ divulgación adecuada

Un agente tiene el deber de tratar de manera justa y honesta con un consumidor. Por lo tanto, un agente no puede engañar, defraudar o aprovecharse de un consumidor.

"Atencion y habilidad razonables" significa que un agente estará sujeto a los estándares de conocimiento, experiencia y ética que comúnmente mantienen otros agentes en el área.

La divulgación adecuada se refiere principalmente a la divulgación de la agencia, la condición de la propiedad y los peligros ambientales.

Un agente que no cumpla con los estándares vigentes puede ser considerado responsable por negligencia, fraude o violación de las leyes y regulaciones estatales de licencias de bienes raíces. Los agentes deben tener especial cuidado a la hora de tergiversar ni ofrecer consejos expertos inapropiados cuando trabajan con los consumidores.

Tergiversación intencional. Un agente puede defraudar intencionalmente o no a un comprador tergiversando u ocultando hechos. Mientras es aceptable promover las características de una propiedad a un comprador o las virtudes de un comprador a un vendedor, es una línea delgada que divide la promoción y la tergiversación. La tergiversación silenciosa, que consiste en no revelar intencionalmente un hecho material, es tan fraudulenta como una declaración falsa.

Tergiversación negligente. Un agente puede ser considerado responsable por no revelar hechos de los que el agente no tenía conocimiento si se puede demostrar que el agente *debería haber conocido* dichos hechos. Por ejemplo, si es un estándar común que los agentes inspeccionen la propiedad, entonces un agente puede ser considerado responsable por no revelar un techo con goteras que no fue inspeccionado.

Tergiversación de la experiencia. Un agente no debe actuar ni hablar fuera del área de especialización del agente. Un cliente puede confiar en cualquier cosa que diga un agente, y el agente será responsable. Por ejemplo, un agente representa que una propiedad se revalorizará. El comprador interpreta esto como un consejo de inversión experto y compra la propiedad. Si la propiedad no se aprecia, el comprador puede responsabilizar al agente.

Deberes generals del cliente

Las obligaciones de un cliente en una relación de agencia se refieren a lo siguiente:

Disponibilidad. En una agencia especial, el poder y la autoridad para tomar decisiones del agente son limitados. Por lo tanto, el cliente debe estar disponible para la consulta, la dirección y la toma de decisiones. De lo contrario, el agente no podrá completar el trabajo.

Información. El cliente debe proporcionar al agente una cantidad suficiente de información para completar la actividad deseada. Esto puede incluir datos de la propiedad, datos financieros y los requisitos de tiempo del cliente.

Compensación. Si un acuerdo incluye una disposición para compensar al agente y el agente actúa y realiza con el acuerdo, el cliente está obligado a compensar al agente. Sin embargo, como se indicó anteriormente, la relación de agencia no incluye necesariamente la remuneración.

LEY DE DIVULGACIÓN DE RELACIONES DE CORRETAJE

Transacciones residenciales
Avisos de divulgación
Relaciones de no representación
Relaciones de una sola agencia
Relaciones con el agente de transacciones
Transición al agente de transacciones
Asociado de ventas designado
Documentación

Transacciones residencial

En virtud de la Ley de Divulgación de Relaciones de Corretaje, todas las transacciones inmobiliarias imponen ciertos deberes y obligaciones a los licenciatarios. Sin embargo, las divulgaciones escritas se requieren solo cuando una correduría actúa como un solo agente o en una relación sin corretaje en una transacción de venta residencial.

Las operaciones de compraventa de viviendas son aquellas que involucran

- Propiedades residenciales con cuatro o menos unidades de vivienda
- Propiedades residenciales de tierra zonificadas para cuatro o menos unidades residenciales
- propiedades agrícolas de diez acres o menos

Por lo tanto, el requisito de que las divulgaciones de la agencia sean escritas excluye

- Transacciones no residenciales
- Transacciones de alquiler o arrendamiento y venta de oportunidades de negocio, a menos que incluyan una opción de

compra de una propiedad con cuatro o menos unidades residenciales

▶ subastas

▶ tasaciones

No se necesita una divulgación por escrito cuando la correduría actúa como corredor de transacciones, ya que esta relación es la predeterminada que se presume según la ley de Florida.

Avisos de divulgación

Las divulgaciones obligatorias no incluyen lenguaje sobre a quién representa el agente o sobre las opciones de representación que tienen los clientes o consumidores; simplemente revelan los deberes. Sin embargo, hay divulgaciones separadas para cada relación que incluyen el tipo de representación.

Otros avisos de divulgación incluyen "Aviso de No Relación de Corretaje" y "Consentimiento para la Transición a Corredor de Transacciones". Esta segunda divulgación incluye los deberes adeudados por el corredor de transacciones al cliente.

A continuación se describen las relaciones, los deberes y los avisos de divulgación autorizados.

Según la Ley de Divulgación de Relaciones de Corretaje de Florida, los licenciatarios pueden establecer una relación con un comprador o vendedor como corredor de transacciones o como agente único. El licenciatario también puede ayudar a un comprador o vendedor sin relación de corretaje, lo que se conoce como falta de representación. El licenciatario no puede establecer una relación de doble agencia con un comprador y un vendedor en la misma transacción. La relación establecida debe ser revelada por escrito a las partes involucradas. El licenciatario puede pasar de un tipo de relación a otro con el consentimiento del comprador y/o vendedor y con la divulgación de las obligaciones debidas al cliente o cliente en virtud de la nueva relación.

El consumidor no está obligado a entablar ninguna relación de corretaje con un licenciatario.

Relaciones de falta de representación

Un licenciatario puede celebrar un acuerdo de listado con un vendedor y recibir una comisión u otra compensación mientras no tenga una relación de corretaje con el comprador o el vendedor. En esta situación, el licenciatario no debe lealtad u otros deberes fiduciarios a ninguna de las partes, pero aún debe ciertos deberes a la parte o partes como consumidores. Esos deberes deben ser revelados por escrito antes de que el titular de la licencia muestre una propiedad. El Capítulo 475.278(4)(c) de la Ley de Hacienda exige la siguiente forma y lenguaje para la divulgación:

Un comprador o vendedor que busca deberes adicionales y un nivel diferente de asistencia necesita entablar una relación de agencia con el corredor.

Relaciones de agencia única

El agente representa a una de las partes en una transacción. El cliente puede ser vendedor o comprador..

Agencia vendedora. En la situación tradicional, un vendedor o arrendador es el cliente del agente. Un comprador o inquilino es el consumidor.

Agencia compradora. Recientemente, se ha vuelto común que un agente represente a un comprador o inquilino. En esta relación, el comprador o inquilino de la propiedad es el cliente y el dueño de la propiedad es el consumidor.

Doble agencia. Una relación de agencia se establece con una firma de corretaje y no con ningún agente dentro de la firma. Por lo tanto, existiría una agencia dual si un agente dentro de la empresa representara al vendedor mientras que otro agente de la misma empresa representara al comprador. *La doble agencia como forma de representación está prohibida en Florida, ya sea que se divulgue o no se divulgue.*

Subagencia. En una subagencia, un corredor asociado o asociado de ventas trabaja como agente de un corredor que es el agente de un comprador o vendedor. En efecto, el asociado, como agente del corredor, es el subagente del cliente. El subagente tiene las mismas obligaciones con el cliente del corredor como el corredor.

La divulgación requerida para una sola agencia es la siguiente. La divulgación debe hacerse en el momento de celebrar un acuerdo de listado o un acuerdo de representación o antes de mostrar la propiedad, lo que ocurra primero.

AVISO DE AGENTE ÚNICO

LA LEY DE FLORIDA REQUIERE QUE LOS LICENCIATARIOS DE BIENES RAÍCES QUE OPERAN COMO AGENTES INDIVIDUALES REVELEN A LOS COMPRADORES Y VENDEDORES SUS DEBERES.

1. *Como agente único, (inserte el nombre de la Entidad Inmobiliaria y sus Asociados) le debe a usted los siguientes deberes:*
2. *Tratar con honestidad y justicia;*
3. *Lealtad;*
4. *Confidencialidad;*
5. *Obediencia;*
6. *Divulgación completa;*
7. *Contabilidad de todos los fondos;*
8. *Habilidad, cuidado y diligencia en la transacción;*
9. *Presentar todas las ofertas y contraofertas de manera oportuna, a menos que una de las partes haya ordenado previamente lo contrario al licenciatario por escrito; y*
10. *Revelar todos los hechos conocidos que afectan materialmente el valor de los bienes inmuebles residenciales y que no son fácilmente observables.*

Relaciones de agente de transacciones

Florida prohíbe que ambas partes de una transacción sean representadas por la misma agencia de corretaje en una relación de doble agencia. En su lugar, la relación de agente de transacciones se creó para permitir que una sola correduría proporcionara una representación y deberes limitados tanto al vendedor como al comprador en la misma transacción. La representación limitada significa que ninguna de las partes es responsable de las acciones del licenciatario.

En una relación de corredor de transacciones, el corredor no representa a ninguna de las partes en calidad de fiduciario o como agente único. Ninguna de las partes tiene derecho a la lealtad indivisa del licenciatario. Además, debido a que el corredor no representa a ninguna de las partes como cliente, todas las partes de la transacción se consideran consumidores.

La relación de corredor de transacciones es entre el corretaje y el cliente. En consecuencia, un licenciatario dentro de la correduría puede representar tanto al vendedor como al comprador, o un licenciatario puede representar al vendedor mientras que otro licenciatario dentro de la misma correduría representa al comprador. Todos los licenciatarios de la firma están proporcionando la misma representación limitada a ambas partes. Ni el vendedor ni el comprador podrán ser representados en perjuicio de la otra parte.

La ley de Florida establece la presunción de que todos los licenciatarios están operando como corredores de transacciones a menos que el corredor y el cliente hayan celebrado un acuerdo escrito de agente único o de no representación. En consecuencia, los corredores de transacciones no están obligados a proporcionar a los clientes un aviso o divulgación de la relación con el corredor de transacciones.

Deberes de un corredor de transacciones. Al igual que con cualquier relación de agencia de Florida, el corredor debe revelar los deberes que se le deben a ambas partes.

> ▸ Tratar de manera honesta y justa
> ▸ Contabilización de todos los fondos
> ▸ Usar habilidad, cuidado y diligencia en la transacción
> ▸ Revelar todos los hechos materiales conocidos que no son fácilmente observables y que afectan el valor de la propiedad.
> ▸ Presentar todas las ofertas y contraofertas de manera oportuna, a menos que se indique lo contrario.
> ▸ proporcionar confidencialidad limitada a menos que cualquiera de las partes renuncie por escrito
> ▸ realizar cualquier tarea adicional acordada por ambas partes

El deber de confidencialidad limitada impide que el corredor o licenciatario divulgue cualquiera de la siguiente información:

> ▸ El vendedor aceptará un precio inferior al precio de venta o de lista
> ▸ El comprador pagará un precio superior al precio presentado en una oferta por escrito
> ▸ la motivación de cualquiera de las partes para vender o comprar una propiedad
> ▸ Un vendedor o comprador aceptará términos de financiamiento distintos a los ofrecidos
> ▸ cualquier otra información que una parte solicite que permanezca confidencial

Deberes no impuestos al corredor de transacciones. Dado que no hay deberes fiduciarios que obliguen al corredor de transacciones, el corredor está sujeto a estándares para tratar con consumidores en lugar de clientes. Estos incluyen la honestidad, el trato justo y el cuidado razonable. El corredor de transacciones no tiene la obligación de inspeccionar la propiedad en beneficio de una de las partes ni de verificar la exactitud de las declaraciones hechas por una de las partes.

Transición a Corredor de transacciones

Cronometraje. Una relación de agencia única puede pasar a ser una relación de agente de transacciones en cualquier momento en que el agente y el principal lo deseen. Con la transición, el licenciatario ahora proporcionará una representación limitada y podrá ayudar tanto al comprador como al vendedor sin lealtad dedicada. El licenciatario no debe representar a una de las partes en detrimento de la otra.

Procedimiento. El titular de la licencia debe obtener el consentimiento por escrito del mandante a la agencia individual antes o en el momento de celebrar un acuerdo de listado, celebrar un acuerdo de representación o mostrar una propiedad, lo que ocurra primero. Consentimiento Para cambiar la relación de agente único a transacción, se debe obtener la representación antes de que se produzca el cambio.

Formato. Cuando la divulgación de un cambio de relación forme parte de otros documentos, debe tener el mismo tamaño de letra o más grande y colocarse de manera visible con la primera oración en mayúsculas y negritas. Debe incluir sus propias iniciales o línea de firma directamente debajo del lenguaje de divulgación. La divulgación también debe incluir los deberes que el titular de la licencia le debe al mandante. El formulario de consentimiento para la transición a continuación también se puede encontrar en el Capítulo 475.278 de F.S.

CONSENTIMIENTO PARA LA TRANSICIÓN A AGENTE DE TRANSACCIONES

LA LEY DE FLORIDA PERMITE QUE LOS LICENCIATARIOS DE BIENES RAÍCES QUE REPRESENTAN A UN COMPRADOR O VENDEDOR COMO UN SOLO AGENTE CAMBIEN DE UNA RELACIÓN DE AGENTE ÚNICO A UNA RELACIÓN DE CORRETAJE DE TRANSACCIONES PARA QUE EL LICENCIATARIO AYUDE A AMBAS PARTES EN UNA TRANSACCIÓN DE BIENES RAÍCES AL PROPORCIONAR UNA FORMA LIMITADA DE REPRESENTACIÓN TANTO AL COMPRADOR COMO AL VENDEDOR. ESTE CAMBIO EN LA RELACIÓN NO PUEDE OCURRIR SIN SU CONSENTIMIENTO PREVIO POR ESCRITO.

Como corredor de transacciones, (inserte el nombre de la Firma de Bienes Raíces y sus Asociados), le proporciona una forma limitada de representación que incluye los siguientes deberes:

1. *Tratar con honestidad y justicia;*
2. *Contabilidad de todos los fondos;*
3. *Usar habilidad, cuidado y diligencia en la transacción;*
4. *Revelar todos los hechos conocidos que afectan materialmente el valor de los bienes inmuebles residenciales y que no son fácilmente observables por el comprador;*
5. *Presentar todas las ofertas y contraofertas de manera oportuna, a menos que una de las partes haya ordenado previamente lo contrario al licenciatario por escrito;*

6. *Confidencialidad limitada, a menos que una de las partes renuncie por escrito. Esta confidencialidad limitada evitará que se revele que el vendedor aceptará un precio inferior al precio de venta o de lista, que el comprador pagará un precio superior al precio presentado en una oferta por escrito, de la motivación de cualquiera de las partes para vender o comprar una propiedad, de que un vendedor o comprador aceptará condiciones de financiación distintas a las ofrecidas, o de cualquier otra información solicitada por una parte para mantener la confidencialidad; y*

7. *Cualquier deber adicional que se contraiga por este o por un acuerdo escrito por separado.*

La representación limitada significa que un comprador o vendedor no es responsable de los actos del licenciatario. Además, las partes están renunciando a sus derechos a la lealtad indivisa del licenciatario. Este aspecto de la representación limitada permite a un licenciatario facilitar una transacción inmobiliaria ayudando tanto al comprador como al vendedor, pero un licenciatario no trabajará para representar a una parte en detrimento de la otra parte cuando actúe como corredor de transacciones para ambas partes.

Estoy de acuerdo en que mi agente puede asumir el papel y los deberes de un corredor de transacciones. [debe estar rubricado o firmado]

———————————————————————

Asociado de ventas designadas

Limitaciones de transacciones no residenciales. Cuando un corredor se ocupa de una transacción no residencial en la que el comprador y el vendedor tienen activos de $1 millón o más, los clientes pueden solicitar que el corredor designe asociados de ventas para que actúen como agentes individuales para cada cliente en la misma transacción. En otras palabras, el corredor puede designar un asociado de ventas para el comprador y otro asociado de ventas para el vendedor. Cada uno de estos asociados de ventas tiene los mismos deberes para con el cliente que un solo agente, incluidas las divulgaciones.

Requisitos de divulgación. Mientras que los corredores que se ocupan de las transacciones de venta residencial deben cumplir con los requisitos de divulgación obligatorios, los que se ocupan de las transacciones no residenciales no tienen los mismos requisitos de divulgación obligatorios. El corredor no tiene que revelar los deberes a los clientes, sino los asociados de ventas designado deben revelar sus deberes de agente único.

Además, el comprador y el vendedor deben firmar divulgaciones que indiquen que sus activos cumplen con el requisito de $1 millón y que están solicitando asociados de ventas designados. La divulgación debe incluir el siguiente texto:

LA LEY DE LA FLORIDA PROHÍBE QUE UN ASOCIADO DE VENTAS DESIGNADO DIVULGUE, EXCEPTO AL CORREDOR O A LAS PERSONAS ESPECIFICADAS POR EL CORREDOR, INFORMACIÓN QUE SE HAYA HECHO CONFIDENCIAL A SOLICITUD O POR

INSTRUCCIÓN DEL CLIENTE QUE REPRESENTA EL ASOCIADO DE VENTAS DESIGNADO. SIN EMBARGO, LA LEY DE LA FLORIDA PERMITE QUE UN ASOCIADO DE VENTAS DESIGNADO DIVULGUE INFORMACIÓN QUE LA LEY PERMITA DIVULGAR O QUE EXIJA QUE SE DIVULGUE Y TAMBIÉN PERMITE QUE UN ASOCIADO DE VENTAS DESIGNADO DIVULGUE A SU CORREDOR, O A LAS PERSONAS ESPECIFICADAS POR EL CORREDOR, INFORMACIÓN CONFIDENCIAL DE UN CLIENTE CON EL FIN DE BUSCAR ASESORAMIENTO O ASISTENCIA EN BENEFICIO DEL CLIENTE CON RESPECTO A UNA TRANSACCIÓN. LA LEY DE FLORIDA REQUIERE QUE EL CORREDOR MANTENGA ESTA INFORMACIÓN CONFIDENCIAL Y NO PUEDA USAR DICHA INFORMACIÓN EN DETRIMENTO DE LA OTRA PARTE.

Funciones de un agente unico. Como agente único designado, el asociado de ventas tiene los siguientes deberes para con compradores y vendedores:

1. tratar de manera honesta y justa
2. lealtad
3. confidencialidad
4. obediencia
5. divulgación completa
6. contabilización de todos los fondos
7. habilidad, cuidado y diligencia en la transacción
8. presentar todas las ofertas y contraofertas de manera oportuna, a menos que una de las partes haya ordenado previamente lo contrario por escrito al licenciatario
9. revelar todos los hechos conocidos que afectan materialmente el valor de los bienes inmuebles residenciales y que no son fácilmente observables.

Documentación

Los corredores están obligados a mantener sus registros comerciales durante al menos 5 años a partir de la fecha de ejecución del acuerdo. Los documentos de divulgación relacionados con transacciones que resultaron en un contrato escrito de venta o compra deben conservarse durante 5 años.

Cualquier documento que haya sido objeto o haya servido como prueba en cualquier acción civil o procedimiento de apelación debe conservarse durante al menos 2 años después de la conclusión de la acción o procedimiento, pero no menos de los 5 años requeridos.

Incluso los registros relacionados con transacciones que no se cerraron deben conservarse durante 5 años.

4 Relaciones, Deberes y Divulgación Autorizados Revisión instantáneas

ESENCIALES DE LO REAL AGENCIA INMOBILIARIA

Perspectiva histórica
- el derecho de agencia surge de la ley común y de la ley estatutaria
- esencia de la relación de agencia: confianza, seguridad, buena fe mutua

Funciones básicas
- el mandante, o cliente, contrata a un agente (corredor) para encontrar un consumidor listo, dispuesto y capaz (comprador, vendedor, inquilino); Fundamentos fiduciarios del cliente-agente: confianza, buena fe

Tipos de agencia
- universal: representar en asuntos comerciales y personales; puede contratar para el mandante
- general: representar en asuntos de negocios; el agente puede contratar por para el mandante
- especial: representar en una sola transacción comercial; normalmente, el agente no puede contratar al mandante; la relación de corretaje suele ser de agencia especial

Creación de una relación de agencia
- creado por acuerdo expreso escrito u oral o como un acuerdo implícito por acciones de cualquiera de las partes

Despido de una relación de agencia
- causas: cumplimiento; expiración; mutuo acuerdo; incapacidad; abandono; o destrucción de bienes; renuncia; brecha; quiebra; revocación de la licencia

DEBERES FIDUCIARIOS

Deberes fiduciarios al cliente
- habilidad, cuidado, diligencia; lealtad; obediencia; confidencialidad; revelación; contabilidad

Deberes del agente al consumidor
- honestidad y trato justo; ejercicio de un cuidado y habilidad razonables; divulgaciones adecuadas; zonas de peligro: descripción engañosa; asesoramiento más allá de la experiencia

Deberes generales
- disponibilidad; proporcionar información; compensación

Del mandante
- Pasivos: pérdida de la cotización, compensación, licencia; demanda por daños

LEY DE DIVULGACIÓN EN RELACIÓNES DE CORRETAJE

Tipos de transacciones
- Divulgación por escrito requerida para una relación de agente único o sin corretaje en una transacción de venta residencial
- Venta residencial: propiedad con cuatro o menos unidades de vivienda o zonificada para cuatro o menos unidades de vivienda

Avisos de divulgación
- deberes, opciones de no representación
- formularios separados para cada tipo de representación
- La Ley de Divulgación de Relaciones en Corretaje de la Florida permite el corredor de transacciones, el agente único y la no representación

Relaciones de no representación	• debe revelar los deberes de cada relación
	• ninguna relación de corretaje con el comprador o el vendedor; Todavía deben algunos deberes
Relacionesde agencia única	
	• agencia de vendedor; agencia de comprador; no hay agencia doble en Florida
	• Los asociados del corredor son agentes del corredor, subagentes del cliente del corredor; Deben tener los mismos deberes para con el cliente que para el corredor
Relaciones de agente de transacciones	
	• permite al corredor representar tanto al comprador como al vendedor en la misma transacción; No hay deberes fiduciarios, pero los deberes limitados son aún adeudados y deben ser divulgados
	• relación presunta a menos que se firme otro acuerdo de agencia
	• Confidencialidad limitada: no se divulga que el vendedor bajará el precio, el comprador aumentará la oferta, cualquiera de los dos aceptará otros términos de financiamiento, la motivación de cualquiera de las partes, otra información solicitada para permanecer confidencial
Transición a corredor de transacciones	
	• Puede pasar de agente único a corredor de transacciones con el consentimiento por escrito del cliente en cualquier momento
	• Los requisitos de divulgación se aplican a las propiedades residenciales y agrícolas con exenciones
	• divulgación proporcionada antes de la ejecución del acuerdo o muestra de propiedad; para cumplir con los requisitos de tipo de letras e incluir línea de firma y deberes
Asociado de ventas designadas	
	• el comprador y el vendedor en transacciones no residenciales necesitan activos superiores a $1 millón; designar asociados de ventas separados para cada uno como un solo agente
	• Se aplican requisitos de divulgación estándar, además de la divulgación de activos por escrito y la solicitud de que los asociados de ventas designados sigan el lenguaje requerido
	• Debe ofrecer deberes estándar de agente único
Documentation	• todos los registros se conservarán durante 5 años, incluidas las divulgaciones relacionadas con los contratos escritos; registros relacionados con procedimientos judiciales que se conservarán durante 2 años dentro de los 5 años o además de los 5 años

SECCIÓN CUATRO: Relaciones Autorizadas, Deberes y Divulgación

Cuestionario de Sección

1. La esencia de la relación de agencia entre un agente y un cliente puede describirse mejor como una relación de

   a. consentimiento mutuo, consideración y aceptación.
   b. diligencia, resultados y compensación.
   c. servicio, dignidad y respeto.
   d. confianza, seguridad y buena fe.

2. En una relación de agencia, el cliente está obligado a

   a. promover los mejores intereses del agente.
   b. aceptar el consejo del agente.
   c. proporcionar información suficiente para que el agente complete las tareas del agente.
   d. mantener la confidencialidad.

3. Un cliente empodera a un agente para llevar a cabo las actividades en curso de una de sus empresas comerciales. Este es un ejemplo de

   a. agencia limitada.
   b. agencia general.
   c. agencia universal.
   d. agencia especial.

4. Un vendedor de propiedades empodera a un agente para comercializar y vender una propiedad en su nombre. Este es un ejemplo de

   a. agencia General.
   b. agencia especial.
   c. agencia universal.
   d. no hay agencia.

5. La agencia implícita surge cuando

   a. un agente acepta un listado oral.
   b. un cliente acepta un listado oral.
   c. una de las partes crea una relación de agencia fuera de un acuerdo expreso.
   d. un cliente acepta todos los términos de un acuerdo de cotización por escrito, ya sea expreso o implícito.

6. ¿Por cuál de las siguientes razones se puede terminar involuntariamente una relación de agencia?

   a. Muerte o incapacidad del agente
   b. Consentimiento mutuo
   c. Rendimiento completo
   d. Renovación de la licencia de agente

7. Una directora revela que vendería una propiedad por $375,000. Durante el período de listado, la casa se comercializa por $ 425,000. No llegan ofertas y el listado expira. Dos semanas después, el agente se queja a un consumidor de que el vendedor habría vendido por menos del precio de lista. ¿Cuál de las siguientes afirmaciones es verdadera?

   a. El agente ha violado el deber de confidencialidad.
   b. El agente ha cumplido con todos los deberes fiduciarios, incluida la confidencialidad, desde que expiró el listado.
   c. El agente está violando los deberes que se le deben a este cliente.
   d. El agente ha creado una situación de doble agencia con el cliente.

8. Un director instruye a un agente para que comercialice una propiedad solo a familias en el lado norte de la ciudad. El agente se niega a cumplir. En este caso,

   a. El agente ha violado el deber fiduciario.
   b. El agente no ha violado el deber fiduciario.
   c. El agente es responsable de incumplir los términos del la cotización.
   d. El agente debe obedecer las instrucciones para salvar el listado.

9. Un agente del propietario le muestra a un comprador un edificio de apartamentos. El comprador nota manchas de agua en el techo e informa al agente. El mejor curso de acción del agente es

   a. contratar inmediatamente para pintar el techo.
   b. contratar inmediatamente la reparación del techo.
   c. sugerir al comprador que haga una oferta de precio más bajo.
   d. informar al vendedor.

10. Un agente debe a los consumidores varias obligaciones. Estos pueden describirse mejor como *****

   a. trato justo, cuidado y honestidad.
   b. obediencia, confidencialidad y contabilidad.
   c. diligencia, cuidado y lealtad.
   d. honestidad, diligencia y habilidad.

11. Un agente no descubre marcas de inundación en las paredes del sótano de una propiedad. El agente vende la propiedad y el comprador luego demanda al agente por no mencionar el problema. En este caso, el agente

    a. puede ser culpable de tergiversación intencional.
    b. está expuesto a un cargo de tergiversación negligente.
    c. tiene poca exposición, ya que el problema no se mencionó en el formulario de divulgación firmado.
    d. no es vulnerable, ya que el problema no fue descubierto.

12. Un agente informa a un comprador que una cláusula de un contrato es un lenguaje estándar. Después de explicar la cláusula, el agente asegura al comprador que la cláusula no significa nada significativo. Si algo sale mal con la transacción, el agente podría ser responsable de

    a. violando los deberes debidos a un consumidor.
    b. malinterpretando la cláusula.
    c. tergiversación intencionada.
    d. ejercer la abogacía sin licencia.

13. Un corredor externo localiza a un vendedor para el cliente de un representante del comprador. En este caso, el corredor externo actúa como

    a. un solo agente.
    b. un agente dual.
    c. un subagente.
    d. un agente secreto.

14. El agente Bob, que trabaja para Broker Bill, obtiene un listado del propietario para arrendar un edificio. La otra agente de Bill, Sue, localiza un inquilino para el listado de Bob. Esta situación es ilegal en Florida a menos que

    a. Bob y Sue son agentes implícitos.
    b. Bob y Sue actúan como intermediarios de transacciones.
    c. Bob y Sue son agentes solteros.
    d. Sue es la subagente de Bob.

15. Un licenciatario que actúe como intermediario de transacciones

    a. no podrá representar los intereses de ninguna de las partes en detrimento de la otra parte en la transacción.
    b. no puede revelar hechos materiales a ninguna de las partes en la transacción.
    c. debe ser obediente y leal a ambas partes.
    d. debe exigir que los mandantes participen por igual en el pago de la comisión.

16. ¿Cuándo puede un licenciatario que actúa como agente único hacer la transición a una relación de corretaje de transacciones con un mandante?

    a. Solo antes de que se haya presentado una oferta
    b. Solo en el momento de firmar un acuerdo de cotización
    c. Siempre que el licenciatario y el mandante acuerden hacerlo
    d. En ningún momento; Un solo agente no puede convertirse en un corredor de transacciones.

17. ¿Qué es un asociado de ventas designado?

    a. Un asociado de ventas designado por un corredor para representar a una parte en una transacción, mientras que otro asociado del corredor es designado para representar a la otra parte
    b. Un asociado de ventas designado por un corredor para administrar una sucursal para el corredor.
    c. Un asociado de ventas que es signatario de la cuenta de depósito en garantía de un corredor.
    d. Una persona sin licencia designada por un corredor para realizar una tarea específica con licencia de forma temporal.

18. ¿Durante cuánto tiempo debe conservar un corredor los documentos y registros relacionados con una transacción?

    a. Un año
    b. Tres años
    c. Cinco años
    d. Permanentemente

19. Se debe hacer una divulgación de una sola agencia

    a. inmediatamente antes del contacto inicial con un cliente.
    b. en el momento de firmar un contrato de venta o representación o antes de mostrar un inmueble.
    c. inmediatamente antes del contacto sustantivo con cualquiera de las partes.
    d. inmediatamente después de cualquier oferta ejecutada por un comprador.

20. Un licenciatario tiene una relación de no representación con un cliente en una transacción. ¿Qué deberes fiduciarios le debe el licenciatario a esa persona?

    a. Ninguno
    b. Solo confidencialidad
    c. Lealtad y confidencialidad.
    d. Habilidad y cuidado

21. ¿Cuál tipo de relación de corretaje es ilegal en Florida?

    a. Agencia única
    b. Agente de transacciones
    c. Doble agencia
    d. Falta de representación

22. ¿Cuál deber se requiere en una relación sin representación?

   a. Revelar hechos que afecten materialmente el valor de la propiedad
   b. Usar habilidad, cuidado y diligencia en la transacción
   c. Confidencialidad limitada a menos que se renuncie por escrito
   d. Presentar todas las ofertas y contraofertas de manera oportuna

23. Los asociados de ventas designados se utilizan cuando

   a. La correduría quiere representar tanto al comprador residencial como al vendedor residencial.
   b. El comprador y el vendedor no residenciales tienen activos de $1 millón o más.
   c. Cualquier cliente solicita la designación.
   d. El corredor se encarga de cualquier venta no residencial.

24. ¿Cuál de las siguientes afirmaciones es verdadera?

   a. Los corredores de transacciones tienen deberes fiduciarios para con sus clientes.
   b. El deber de confidencialidad limitada impide que el corredor de transacciones revele hechos materiales conocidos.
   c. Los intermediarios de transacciones no tienen el deber de lealtad incondicional.
   d. Los corredores de transacciones y los agentes únicos tienen los mismos deberes para con sus clientes.

25. Se deben conservar los registros de divulgación de la relación de corretaje.

   a. hasta que la transacción se cierre.
   b. durante 2 años.
   c. durante 5 años
   d. solo si están relacionados con un procedimiento legal.

5 Actividades y Procedimientos de Intermediación Inmobiliaria

Oficinas de Corretaje
Directrices para la Publicidad
Manejo de Depósitos
Representación de la Experiencia del Licenciatario
Comisiones
Cambio de Empleador o Dirección
Licencias y Registro de Entidades Comerciales
Nombres Comerciales
Prácticas Eticas

Objetivos de aprendizaje

- Identificar los requisitos para la(s) oficina(s) de corretaje de bienes raíces y los tipos de entidades comerciales que pueden registrarse
- Explique qué determina si un refugio temporal debe registrarse como sucursal
- Enumerar los requisitos relacionados con la regulación de letreros
- Enumerar los requisitos relacionados con la regulación de la publicidad por parte de los corredores de bienes raíces
- Explique el término *de inmediato*, ya que se aplica a los depósitos de garantía
- Describa los cuatro procedimientos de conciliación disponibles para un corredor que ha recibido demandas contradictorias o que tiene una duda de buena fe sobre quién tiene derecho a los fondos en disputa
- Describa las obligaciones impuestas a un asociado de ventas que cambia de empleador y/o dirección
- Describir las regulaciones relativas a los derechos de gravamen por comisiones de ventas no pagadas
- Contrastar las características y requisitos de los distintos tipos de organizaciones empresariales

Términos clave

arbitraje	dinero en garantía
publicidad ciega	cuenta de depósito en garantía
mezclar	orden de desembolso de depósito en
demandas contradictorias	garantía (EDO)
conversión	falta de rendición de cuentas y entrega
corporación (INC)	sociedad general
depósito	duda de buena fe

interplead
kickback
compañía de responsabilidad limitada (LLC)
ociedad de responsabilidad limitada (LLP)
sociedad limitada
litigación
mediación

asociación ostensible
asistente personal
información al punto de contacto
asociación profesional (PA)
empresa individual
publicidad en grupo
nombre comercial

OFICINAS DE CORRETAJE

Requisitos de la oficina
Sucursales
Requisitos del letrero de entrada
Refugios temporales
Oficia de asociados de ventas

Requisitos de la oficina

El estatuto de Florida exige que cada corredor activo mantenga una oficina que esté ubicada en un edificio de "construcción estacionaria". La ley ordena además que solo los corredores pueden poseer y mantener una oficina. No se permite que los asociados de ventas y los asociados de corretaje tengan sus propias oficinas.

Las oficinas de los corredores deben estar registradas en el Departamento de Regulación Comercial y Profesional (DBPR). La oficina debe incluir al menos una habitación cerrada y tener espacio para realizar transacciones privadas. Además, el corredor está obligado a mantener todos los archivos y registros de bienes raíces (físicos o electrónicos) en la oficina para que estén disponibles de inmediato para su inspección por parte del FREC u otra autoridad gubernamental.

Un corredor puede tener una oficina ubicada fuera del estado de Florida si el corredor acepta por escrito cooperar con cualquier investigación realizada de acuerdo con los estatutos y reglas de Florida. El corredor también debe registrar la oficina fuera del estado con el DBPR.

Si la zonificación local lo permite, el corredor puede establecer la oficina en un lugar residencial, como la casa del corredor, siempre que se cumplan todos los requisitos de la oficina, incluida la exhibición del letrero del corredor.

De acuerdo con la ley, una oficina de corretaje se considera un alojamiento público y una instalación comercial. En consecuencia, la oficina debe cumplir con las leyes federales y estatales con respecto a la accesibilidad para las personas con discapacidades físicas o mentales. La oficina necesitará espacios de estacionamiento para discapacitados claramente marcados y rampas y puertas accesibles para sillas de ruedas. Estos requisitos también se aplican a las oficinas residenciales.

Sucursales

Si un corredor realiza negocios en un lugar que no sea la oficina principal, es posible que se le exija que registre la oficina adicional como una sucursal y pagar la cuota de inscripción requerida para cada una de esas oficinas. Todas las sucursales deben estar registradas.

Además, si el nombre o la publicidad del corredor o corretaje se muestra en una oficina que no sea la oficina principal de tal manera que induzca al público a creer que la oficina es propiedad u operada por ese mismo corredor, entonces esa oficina debe registrarse como una sucursal.

Si un corredor decide cerrar una sucursal y abrir una nueva sucursal en una ubicación diferente, el corredor debe registrar la nueva oficina y pagar la tarifa de registro de esa oficina. El registro de la sucursal cerrada no puede transferirse a la nueva sucursal. Si el corredor decide reabrir la sucursal cerrada dentro del período de licencia de esa oficina, no se requerirá ninguna tarifa adicional.

Requisitos del letrero de entrada

Todas las oficinas, ya sean principales o sucursales, deben exhibir un letrero en la entrada que pueda ser visto y leído fácilmente por cualquier persona que ingrese a la oficina. El letrero puede estar en la entrada exterior o interior de la oficina. La ley de Florida requiere que el letrero contenga el nombre del corredor y cualquier nombre comercial. Si la correduría es una sociedad o corporación, el letrero debe contener el nombre o nombre comercial de la sociedad o corporación, así como al menos uno de los corredores. Las palabras "Corredor de Bienes Raíces con Licencia" o "Lic. Corredor de Bienes Raíces" debe incluirse en el letrero de entrada de cualquier corretaje de bienes raíces o entidad comercial.

Sunshine State Realty, LLC
John Kennedy
Licensed Real Estate Broker

La ley no requiere que los nombres de los asociados de ventas o corredores se incluyan en los letreros de entrada. Si el corredor decide incluirlos, los nombres deben estar debajo del nombre del corredor con espacio entre el nombre del corredor y los nombres de los asociados. Los nombres de los asociados también deben incluir "Asociado de Ventas" o "Asociado Corredor", según corresponda.

Sunshine State Realty, LLC
John Kennedy
Lic. Real Estate Broker
Sally Kenney, Broker's Associate

Refugios temporales Los corredores a veces establecen un refugio temporal en una subdivisión que está siendo vendida por un corredor para proteger a los asociados y clientes. Si el refugio se considera temporal, los asociados no pueden ser asignados permanentemente allí y las transacciones no pueden cerrarse allí. En ese caso, no es necesario que el refugio esté registrado como una sucursal. Sin embargo, la permanencia, el uso y el tipo de actividades que se realicen en el refugio determinarán si se debe o no registrarse. Si, por ejemplo, los cierres de transacciones tienen lugar dentro del refugio, entonces debe considerarse una sucursal y registrarse como tal.

Oficia de asociado de ventas En el momento de la licencia inicial, un asociado de ventas debe estar registrado con un corredor empleador. El asociado de ventas debe trabajar bajo la dirección, el control y la gestión del corredor especificado o de un propietario-desarrollador. El asociado debe trabajar en una oficina mantenida por ese mismo corredor. El asociado de ventas puede estar registrado bajo un solo corredor a la vez y no puede operar como corredor ni operar para ningún otro corredor que no sea el corredor empleado registrado del asociado.

DIRECTRICES PARA LA PUBLICIDAD

Prohibiciones
Redacción de los anuncios
Publicidad en Internet
Leyes de solicitación telefónica
Leyes de telemercadeo de Florida

Prohibiciones **Publicidad falsa o engañosa.** La ley de Florida prohíbe a los licenciatarios colocar o hacer que se coloque cualquier anuncio de bienes o servicios que sea fraudulento, falso, engañoso, engañoso o exagerado. Esto incluye anuncios escritos, así como anuncios en televisión o radio que se utilizan para inducir la venta, compra o alquiler de bienes inmuebles.

Penalizaciones. La publicidad falsa, engañosa, fraudulenta o engañosa puede dar lugar a multas administrativas y a la suspensión de la licencia.

Publicidad a ciegas. La ley de Florida requiere que todos los anuncios incluyan el nombre de la correduría con licencia para que cualquier persona razonable sepa que el anuncio es de un licenciatario de bienes raíces. El apodo del corredor puede incluirse en la publicidad siempre que también se incluya su nombre legal registrado. El nombre personal del corredor también puede incluirse en el anuncio, siempre y cuando se incluya el apellido del corredor tal como está registrado en el DBPR. Los anuncios que no incluyen el nombre de la correduría se consideran publicidad ciega y están prohibidos.

Asociados de ventas que anuncian o realizan negocios en nombre propio. Los servicios de corretaje incluyen publicidad. En consecuencia, cualquier persona que coloque anuncios debe ser un corredor. Los asociados de ventas pueden crear o colocar anuncios solo bajo la supervisión y en nombre de su corredor empleador. Los asociados de ventas no pueden anunciarse en su propio nombre. Cualquier forma de publicidad creada por un asociado de ventas debe incluir el nombre de la correduría con licencia.

Los asociados de ventas y los asociados del corredor pueden vender su propia propiedad bajo su propio nombre con el permiso de su corredor. Si venden con su propio nombre y número de teléfono, no es necesario que muestren el nombre de la correduría en el anuncio. Sin embargo, los asociados deben revelar a cualquier persona a la que le vayan a mostrar la propiedad que son agentes de bienes raíces con licencia.

Publicidad en grupo. Los grupos dentro de una firma de corretaje pueden anunciarse solo bajo la supervisión del corredor y en nombre de la firma de corretaje. Ciertas palabras, a saber, "corretaje", "bienes raíces" y similares, no están permitidas porque pueden crear confusión para el público. El nombre del grupo debe estar en un tipo de letra que no sea más grande que la utilizada para el nombre o el logotipo del corredor registrado. El nombre del grupo también debe estar adyacente al nombre de la correduría. Por ejemplo, el nombre del equipo no puede estar en la parte superior de la página y el nombre de la agencia en la parte inferior de la página. Ambos deben estar en la parte superior o inferior de la página.

Redacción de Anuncios

Además de incluir el nombre de la correduría, los anuncios de bienes raíces deben estar redactados de manera que cualquier persona razonable sepa que el anunciante es un licenciatario de bienes raíces. No pueden estar redactados de una manera que haga creer al público que el anuncio es de alguien que no sea un licenciatario de bienes raíces.

Los anuncios deben estar redactados de manera que quede claro a los compradores o inquilinos que responden a quién llaman cuando responden al anuncio. Considere los siguientes conjuntos de textos publicitarios:

> "Casa estilo rancho de tres dormitorios y 2 baños en un buen vecindario. 350,000 dólares. Póngase en contacto con John Kennedy Sunshine State Realty (816) 259-7802".

En este caso, no está claro a quién contactaría el comprador: a John Kennedy o a Sunshine State Realty. Considere una versión más clara:

> "3 dormitorios, 2 baños. Casa estilo rancho en buen vecindario. 350,000 dólares. Sunshine State Realty. Comuníquese con John Kennedy, celular (816) 259-7802".

En este anuncio, queda claro que John Kennedy está asociado con la empresa inmobiliaria Sunshine State y que cuando se llame al número, John Kennedy contestará el teléfono.

Publicidad en Internet

Al igual que con cualquier otra forma de publicidad, el nombre de la correduría debe aparecer dentro de un anuncio en Internet. La regla administrativa de Florida requiere que el nombre se coloque adyacente, inmediatamente encima o inmediatamente debajo de la información del punto de contacto. Una vez más, esto evita la publicidad ciega y cualquier sanción relacionada.

Información del punto de contacto. La información sobre cómo ponerse en contacto con la firma de corretaje o con el licenciatario individual se denomina "información de punto de contacto". Dicha información de contacto incluye la dirección postal, la dirección física, la dirección de correo electrónico, el número de teléfono y el número de teléfono de fax (fax).

Leyes de solicitación Teléfonica

Ley de Protección al Consumidor Telefónico. La TCPA (Ley de Protección al Consumidor Telefónico) se refiere a la reglamentación de las llamadas telefónicas no solicitadas. Las reglas incluyen lo siguiente:

- Se prohíbe a los solicitores telefónicos utilizar una voz artificial o pregrabada en una línea residencial sin el consentimiento expreso previo.
- Se prohíben las llamadas automáticas (llamadas pregrabadas) de vendedores telefónicos o cobradores de deudas sin el consentimiento expreso previo del consumidor.
- Los solicitores estan prohibido utilizar un fax o una computadora para enviar anuncios no solicitados.
- Los solicitores estan prohibido usar un marcador automático para enviar mensajes de texto a teléfonos celulares sin el consentimiento expreso previo del consumidor.
- Se prohíben las llamadas después de las 9 p.m. y antes de las 8 a.m. en la zona horaria del consumidor.
- Los solicitores telefónicos deben identificarse, en nombre de quién llaman y cómo pueden ser contactados
- Los vendedores telefónicos deben cumplir con cualquier solicitud de no llamar realizada durante la llamada de solicitud
- los consumidores pueden colocar sus números de teléfono residencial e inalámbrico en una lista nacional de No Llamar que es mantenida por la Comisión Federal de Comercio (FTC, por sus siglas en inglés) y que prohíbe futuras solicitudes de vendedores telefónicos.
- La información sobre el registro nacional se puede encontrar en línea en https://www.consumer.ftc.gov/articles/0108-national-do-not-call-registry o https://www.donotcall.gov/.

- Las llamadas automáticas deben proporcionar una función de exclusión automatizada durante la llamada.
- Los consumidores pueden demandar a las compañías que violan la ley basado en cada llamada.

Exenciones de la Ley.
- Llamadas de cobro de deudas con consentimiento expreso (no escrito) y sin ningún tipo de publicidad.
- Llamadas de organizaciones sin fines de lucro, organizaciones políticas y organizaciones de atención médica.
- Ciertas llamadas de circunstancias apremiantes, como advertencias de fraude o violación cibernética.
- Cobradores de deudas federales hasta tres veces al mes.
- Un licenciatario de bienes raíces que tiene un comprador real para una propiedad anunciada "en venta por el propietario" solo para negociar una venta o para organizar una visita para un cliente actual.
- Un licenciatario de bienes raíces con una relación comercial establecida con un cliente, incluso si el número del cliente está en la lista nacional de no llamar. Aquí, uno puede llamar hasta 18 meses después de que comenzó la relación.
- Un licenciatario de bienes raíces que ha aceptado una consulta comercial o una solicitud de un cliente en los últimos 3 meses.

Ley CAN-SPAM. La Ley CAN-SPAM (Ley de Control del Asalto de Pornografía y Mercadeo No Solicitado de 2003) complementa la Ley de Protección al Consumidor Telefónico (TCPA) cubriendo las solicitudes a través del correo electrónico. Eso

- Prohíbe el envío de "mensajes comerciales" de correo electrónico no deseados a dispositivos inalámbricos
- Requiere autorización previa expresa
- requiere dar una opción de "exclusión" para terminar los mensajes del remitente

Ley de Prevención de Fax Basura. Tanto la Ley de Prevención del Fax Basura como la Comisión Federal de Comunicaciones (FCC, por sus siglas en inglés) cubren el uso del fax como medio para las solicitudes. Está prohibido enviar anuncios no solicitados por fax a máquinas de fax residenciales o comerciales a menos que el consumidor lo autorice previamente y expreso. Tanto los faxes solicitados como los no solicitados deben incluir lo siguiente:

- la fecha y hora en que se envió el fax
- el nombre registrado de la empresa remitente
- el número de teléfono de la empresa remitente o el número de teléfono de la máquina de fax remitente
- Una opción de exclusión voluntaria en faxes no solicitados

Leyes de telemercadeo en Florida

Las leyes de telemercadeo del estado de Florida se aplican a las empresas ubicadas dentro de Florida y a aquellas fuera del estado que llaman a residentes de Florida. Las leyes incluyen la Ley de Telemercadeo de Florida y la Ley de Ventas Telefónicas de Florida. Son administrados por el Departamento de Agricultura y Asuntos del Consumidor de Florida (FDACS) y la Procuradora General, quienes investigan y evalúan las sanciones contra los infractores. Las sanciones por infracciones se basan en cada llamada. La multa máxima es de $10,000 por llamada. Las leyes incluyen lo siguiente:

▶ Los solicitantes telefónicos deben obtener una licencia de la División de Servicios al Consumidor de Florida antes de operar en Florida.

▶ Los solicitantes deben restringir sus llamadas de 8 a.m. a 9 p.m.

▶ Los solicitantes no pueden bloquear el identificador de llamadas.

▶ Los solicitantes no pueden aceptar solo pagos con tarjeta de crédito.

▶ El solicitante tiene 30 segundos para declarar su verdadero nombre, el nombre de la compañía que representa el vendedor telefónico y los bienes o servicios que se venden.

▶ Los solicitantes deben informar a los consumidores sobre su derecho a cancelar cualquier acuerdo de compra de los bienes o servicios que se ofrecen.

Florida tiene su propia lista de no llamar que prohíbe a los vendedores telefónicos llamar a teléfonos residenciales, teléfonos celulares o dispositivos de búsqueda. El FDACS está obligado a fusionar todos los listados de Florida dentro de la lista nacional de no llamar con la lista de no llamar de Florida. Se puede encontrar información adicional y el registro en línea en https://www.fdacs.gov/Consumer-Resources/Florida-Do-Not-Call.

Exenciones de las leyes de Florida. Los siguientes están exentos de las leyes de telemercadeo de Florida en algunos casos:

▶ Profesionales de seguros con licencia
▶ Organizaciones religiosas y sin fines de lucro
▶ Organizaciones políticas
▶ Ciertos periódicos
▶ Ciertos bancos

Los licenciatarios de bienes raíces también están exentos cuando llaman a un vendedor de propiedades en respuesta a un letrero de jardín u otro anuncio colocado por el vendedor. Sin embargo, un licenciatario no está exento si el vendedor es un anunciante "en venta por el propietario" que ha colocado su número de teléfono en la lista nacional de no llamar.

Se requiere que los corredores desarrollen procedimientos escritos para las políticas de llamadas de solicitud. Deben obtener las listas de no llamar y capacitar a sus empleados y contratistas independientes sobre el uso y mantenimiento de las listas. Las listas deben revisarse periódicamente en busca de nuevas adiciones para que los licenciatarios puedan eliminar esas adiciones de sus propias listas de convocatorias. La revisión de la lista nacional es fundamental, ya que la ley federal no exime a los licenciatarios de bienes raíces. Si un número está en la lista nacional, esté o no en la lista estatal, los licenciatarios de bienes raíces no deben llamar a ese número.

MANEJO DE DEPÓSITOS

Requisitos de depósito en garantía
Gestión de cuentas de depósito en garantía

Requisitos de cuenta de depósito en garantía

Definición de cuenta de depósito en garantía. Una cuenta de depósito en garantía, también conocida como cuenta fiduciaria, es una cuenta en un banco, cooperativa de crédito o asociación de ahorros y préstamos dentro de Florida que se establece para mantener fondos hasta que llegue el momento de desembolsarlos para un propósito particular. La cuenta es mantenida por un tercero para una transacción y retiene dinero, como el dinero en garantía de un comprador de propiedad, hasta que la propiedad se transfiere al cierre. Las compañías de títulos con poderes fiduciarios y abogados también se pueden utilizar para mantener fondos en custodia.

Las cuentas de depósito en garantía se pueden utilizar para mantener los depósitos de la propiedad de alquiler y los pagos de alquiler; Sin embargo, aunque no es obligatorio, los fondos de ventas y los fondos de alquiler deben mantenerse en cuentas de depósito en garantía separadas. Los fondos depositados en la cuenta de depósito en garantía incluyen dinero en efectivo, cheques, giros postales, giros, bienes personales o artículos de valor.

La ley de Florida exige que la cuenta contenga solo fondos de terceros sin fondos personales del licenciatario mezclados. Sin embargo, la ley también permite que el corredor deposite fondos personales o de corretaje en cada cuenta de depósito en garantía para ser utilizados para las tarifas de mantenimiento de la cuenta. Por lo tanto, el corredor puede depositar $1,000 en cada cuenta de depósito en garantía de ventas y $5,000 en cada cuenta de depósito en garantía de administración de propiedades.

El dinero del depósito en garantía debe mantenerse en la cuenta de depósito en garantía del corredor hasta que se haya cerrado la transacción o se haya llevado a cabo uno de los procedimientos de liquidación adecuados. (Véase lo siguiente **Sección de procedimientos de liquidación**)

Si un corredor utiliza fondos fiduciarios en la cuenta por cualquier razón personal, la actividad constituye una *conversión ilegal*. Uno de los deberes que se le deben a cualquier cliente es rendir cuentas de todos los fondos. La gestión aceptable de fondos fiduciarios requiere que el cliente o consumidor esté informado de dónde está el dinero en todo momento.

Requisitos de entrega de fondos de los asociados de ventas. Si un comprador de propiedades da dinero en garantía o cualquier otro depósito a un asociado de ventas en relación con una transacción de bienes raíces, el asociado de ventas está obligado a entregar el dinero a su corredor empleador a más tardar al final del siguiente día hábil, sin contar los sábados, domingos o feriados legales. El mismo tiempo se requiere para los depósitos de alquiler.

Por ejemplo, la compradora Susan le da al asociado de ventas John un cheque de garantía el lunes por la mañana. John debe entregar el cheque al corredor Justin antes del final del día del martes. Digamos que el martes es feriado legal. Eso significa que John tiene que entregar el cheque a Justin antes de que termine el día el miércoles.

Definición de "inmediatamente" para un corredor. Las reglas administrativas de la Florida establecen que los corredores que reciben cualquier forma de fondos de sus asociados de ventas relacionados con una transacción de bienes raíces deben depositar inmediatamente esos fondos en una cuenta de depósito en garantía. La norma define "inmediatamente" como a más tardar al final del tercer día hábil siguiente a la recepción del artículo a depositar, sin que se consideren días hábiles los sábados, domingos y feriados legales. Los tres días hábiles comienzan cuando el asociado de ventas recibe los fondos, no cuando el corredor los recibe del asociado de ventas.

Así es como funciona esto: si los fondos se reciben el lunes, el martes es el primer día hábil "después de recibir el artículo que se va a depositar". El miércoles es el segundo día hábil siguiente a la recepción del depósito; y el jueves es el tercer día hábil, cuyo final es la fecha límite para depositar los fondos en la cuenta de depósito en garantía.

Por lo tanto, dado el ejemplo anterior, si el asociado John recibe el cheque de garantía de Susan el lunes y se lo entrega al corredor Justin el martes, Justin debe depositar el cheque en su cuenta de depósito en garantía a más tardar al final del día del jueves. Si el martes es feriado y John le entrega el cheque a Justin el miércoles, Justin tiene que depositar los fondos en su cuenta de depósito en garantía al final del día del viernes.

Requisitos si se deposita con una compañía de títulos o un abogado. Los fondos relacionados con una transacción de bienes raíces pueden depositarse o colocarse en custodia con una compañía de títulos o un abogado. Cuando esto sucede, el nombre, la dirección y el número de teléfono de la empresa o abogado deben ser anotados en el contrato de venta por el licenciatario que preparó el contrato. Todos los requisitos de depósito para la cuenta de depósito en garantía del corredor también se aplican a los depósitos realizados con una compañía de títulos o un abogado.

Cuando los fondos deben depositarse, el corredor del titular de la licencia tiene 10 días hábiles para solicitar por escrito que la compañía de títulos o el abogado proporcionen una verificación por escrito de que los fondos fueron recibidos y depositados. Despues, dentro de los 10 días hábiles posteriores a esa solicitud, el corredor debe proporcionar al corredor del vendedor una copia de la verificación por escrito de que los fondos fueron recibidos y depositados o un aviso por escrito de que el corredor no recibió la verificación de los fondos y el depósito. Esta verificación no es necesaria si la compañía de títulos o el abogado fueron nominados por escrito por el vendedor o el agente del vendedor. Si el vendedor no está representado por un corredor, el corredor del comprador debe notificar directamente al vendedor.

Si los fondos han sido depositados en custodia con una compañía de títulos o un abogado, no existe un estatuto de Florida que regule esas cuentas. En consecuencia, el FREC no intervendrá para resolver ningún conflicto sobre el desembolso de los fondos si la transacción no se cierra. Para resolver la disputa, las partes deberán recurrir al tribunal correspondiente y asumir los gastos de hacerlo.

Administración de cuentas de depósito en garantía

Firmante de la cuenta de depósito en garantía. Las reglas administrativas de Florida requieren que el corredor sea el firmante de todas las cuentas de depósito en garantía. Si hay más de un licenciatario de corredor dentro de la correduría, entonces cualquiera de esos licenciatarios puede ser el signatario designado.

Mantenimiento de la cuenta de depósito en garantía. El corredor es responsable de conciliar las cuentas cada mes y de garantizar que las cuentas cumplan con las leyes de Florida. El corredor también debe hacer una declaración mensual por escrito que compare la responsabilidad total del corredor con los saldos bancarios de todas las cuentas de depósito en garantía.

El estado de cuenta debe incluir la fecha en que se completó la conciliación de la cuenta, la fecha utilizada para conciliar los saldos, el nombre del banco y la cuenta, el número de cuenta, el saldo y la fecha de la cuenta, los depósitos en tránsito, los cheques pendientes y una lista detallada de la responsabilidad fiduciaria del corredor.

El corredor debe mantener registros de todos los depósitos, el origen de los fondos y cada cuenta y proporcionar esos registros y acuerdos relacionados con la transacción al DBPR cuando se le solicite. Los registros deben conservarse durante al menos 5 años.

Requisitos para la distribución de intereses. El corredor puede mantener los fondos de depósito en garantía en una cuenta asegurada que devenga intereses en una instalación bancaria ubicada dentro de Florida. Todas las partes asociadas con la transacción en particular deben acordar por escrito el uso de una cuenta que devenga intereses. También deben acordar a quién y cuándo se desembolsarán los intereses.

Requisitos para demandas contradictorias de fondos de depósito en garantía. Cuando una transacción de bienes raíces no se cierra, el dinero en garantía y cualquier otro fondo relacionado debe desembolsarse a la parte correspondiente. Si las partes de la transacción no se ponen de acuerdo sobre quién debe recibir los fondos y ambas partes exigen los fondos, el corredor debe notificar al FREC del conflicto dentro de los 15 días hábiles posteriores a la última demanda recibida de los fondos. El corredor debe usar el Aviso de Disputa de Depósito en Garantía/formulario de Duda de Buena Fe (Notice of Escrow Dispute/Good Faith Doubt) que se encuentra en línea en

http://www.myfloridalicense.com/dbpr/re/documents/EDO_Notice.pdf.

El corredor también debe proceder con un procedimiento de liquidación (ver más abajo) dentro de los 30 días hábiles posteriores a la última demanda y notificar al FREC sobre el procedimiento que se está utilizando para resolver el conflicto. Los plazos de notificación para el conflicto y el procedimiento de solución comienzan el mismo día.

Por ejemplo, si el corredor recibió la última solicitud de fondos de depósito en garantía el 1 de Junio, los 15 días hábiles para notificar al FREC del conflicto comienzan el 1 de Junio; y los 30 días hábiles para notificar al FREC el procedimiento de liquidación también comienzan el 1 de Julio.

Procedimiento y situaciones de duda de buena fe. El término "buena fe" se utiliza para describir un motivo sincero u honesto sin ninguna malicia o intención de defraudar a otra persona. Las personas celebran contratos, como los contratos de compraventa de bienes raíces, con la presunción de buena fe de que las partes serán honestas y justas y no afectarán negativamente el derecho de la otra parte a beneficiarse del contrato. Cuando una de las partes parece no comportarse de buena fe, el comportamiento crea dudas sobre la buena fe de esa parte. Si esa duda es sincera y honesta, se denomina duda de buena fe.

Si un corredor tiene dudas de buena fe sobre quién tiene derecho a los fondos retenidos en la cuenta de depósito en garantía del corredor, primero debe consultar el contrato de venta para obtener las instrucciones de depósito en garantía. Si el contrato no aclara la duda, el corredor debe notificar al FREC dentro de los 15 días hábiles posteriores a tener dicha duda, utilizando el formulario de Aviso de Disputa de Depósito en Garantía/Duda de Buena Fe. El corredor puede tener una duda de buena fe basada en cualquiera de muchas situaciones.

Por ejemplo, una de las partes indica que no planea cumplir con el cronograma y los términos de cierre, pero no proporciona al corredor instrucciones para el desembolso de los fondos fiduciarios o proporciona instrucciones que no coinciden con las del contrato de venta.

Otro ejemplo sería que la transacción se cierra y las partes proporcionan instrucciones diferentes para el desembolso de los fondos.

Otra situación que genera dudas de buena fe para el corredor sería si la transacción no se cierra y una de las partes no responde a la solicitud del corredor de instrucciones de desembolso, lo que requiere que el corredor envíe un aviso a esa parte de que los fondos se liberarán a la otra parte si no responde en una fecha determinada.

Una vez que el corredor desarrolla dudas de buena fe, debe proceder con un procedimiento de liquidación (ver más abajo) dentro de los 30 días hábiles posteriores a tener dicha duda. La determinación de la duda de buena fe se basa en los hechos de cada caso presentado ante el FREC.

Procedimientos de liquidación. Cuando surja la necesidad de resolver un conflicto de depósito en garantía o una duda de buena fe, el corredor puede utilizar cualquiera de los cuatro procedimientos de liquidación:

> ▸ *mediación:* un procedimiento informal de resolución de conflictos que es llevado a cabo por un tercero calificado.
>
> La intención es reunir a las partes y, con la guía del mediador, hacer que las partes lleguen a una resolución de mutuo acuerdo. La mediación puede utilizarse para resolver el conflicto si todas las partes asociadas dan su consentimiento por escrito. Una vez que se llega a un acuerdo, se pone por escrito y es firmado por ambas partes. Entonces se convierte en un contrato vinculante.
>
> Si todas las partes no dan su consentimiento a la mediación o si el conflicto no se resuelve en mediación dentro de los 90 días posteriores a la última demanda, el corredor debe emplear uno de los otros procedimientos de conciliación. Todas las declaraciones hechas durante la mediación son confidenciales y no pueden ser utilizadas en ningún otro procedimiento.

> ▸ *Arbitraje:* un proceso llevado a cabo por uno o más (generalmente tres) árbitros externos que actúan como jueces.
>
> Por lo general, cada parte elige un árbitro y luego esos dos seleccionan un tercero. Los árbitros escuchan pruebas, toman decisiones y emiten opiniones escritas. Las decisiones de los árbitros son vinculantes. Las partes en conflicto deben acordar por escrito ir a arbitraje y deben aceptar cumplir con la decisión final de los árbitros.

> ▸ *Litigio:* un procedimiento legal que cualquiera de las partes puede utilizar si las partes no están de acuerdo con la mediación o el arbitraje.

En este caso, una de las partes presentaría una demanda para que el conflicto se escuche en los tribunales para llegar a una resolución. Sin embargo, debido a que la mediación es tan exitosa y económica, los tribunales de Florida requieren que la mayoría de las demandas sean mediadas antes de que un tribunal escuche el caso. El litigio puede involucrar cualquiera de los siguientes procedimientos:

- *Acción de interpelación* – Un medio para que el corredor que posee los fondos de depósito en garantía se retire de la disputa sobre el desembolso de los fondos

    Los fondos se colocan en el depósito del tribunal, y se deja en manos del tribunal determinar quién debe recibir los fondos. Esto también elimina al corredor de cualquier responsabilidad potencial como resultado del desembolso final. Los contratos a menudo incluyen disposiciones para que los costos de la acción de interpelación se paguen con los fondos de depósito en garantía o para que el perdedor del caso pague los honorarios del abogado de la otra parte.

- *Sentencia declarativa* – cuando el corredor reclama parte de los fondos de depósito en garantía

    El corredor solicitaría una reparación declaratoria o una sentencia para que el tribunal decida los derechos de cada parte sobre los fondos de depósito en garantía.

▸ ***Orden de Desembolso de Depósito en Garantía (EDO)*** – una determinación hecha por el FREC en cuanto a quién tiene derecho a los fondos de depósito en garantía

Si los fondos están en poder del bróker, él o ella puede solicitar que el FREC emita un EDO. Si se deniega el EDO, el corredor debe emplear uno de los otros procedimientos de liquidación y notificar al FREC cual procedimiento se utilizará. Si los fondos están en manos de un abogado o una compañía de títulos, el FREC no emitirá un EDO.

A pesar de que el corredor está empleando uno de los procedimientos de conciliación, cualquiera de las partes puede optar por presentar una demanda civil para resolver el asunto. Si el corredor ha solicitado una EDO pero las partes resuelven el asunto por otro medio antes de que se emita la EDO, el corredor debe notificar al FREC de la liquidación dentro de los 10 días hábiles.

Si el corredor sigue los procedimientos de notificación y liquidación dentro de los plazos requeridos y sigue la orden o sentencia resultante, no se puede presentar ninguna queja administrativa contra el corredor por no contabilizar, entregar o mantener la propiedad en custodia.

Excepciones a los procedimientos de notificación y liquidación. No todas las situaciones relacionadas con el desembolso de fondos de depósito en garantía requieren que el corredor notifique o emplee cualquiera de los procedimientos de liquidación. El estatuto y la regla administrativa de Florida permiten tres excepciones específicas:

▶ Si el comprador de un condominio residencial le da al corredor un aviso de cancelación del contrato de venta por escrito de acuerdo con la ley de condominios de Florida, el corredor puede liberar los fondos en garantía al comprador sin notificar al FREC ni emplear ninguno de los procedimientos de liquidación.

▶ Si un comprador de bienes raíces en buena fe no cumple con las disposiciones de financiamiento dentro del contrato de venta, el corredor puede liberar los fondos en custodia al comprador sin notificar al FREC ni emplear ninguno de los procedimientos de liquidación.

▶ Si un corredor recibe un depósito de garantía como resultado de un contrato de venta residencial del Departamento de Vivienda y Desarrollo Urbano (HUD, por sus siglas en inglés) para la venta de una propiedad propiedad de HUD, el corredor no está obligado a seguir los procedimientos de notificación o liquidación. Más bien, el corredor debe seguir el Acuerdo de Cumplimiento de HUD, los Requisitos de Participación del Corredor y la Ley de HUD de 1968 (24 C.F.R. s. 291.135) en lo que respecta al desembolso adecuado de los depósitos de garantía.

REPRESENTACIÓN DE LA EXPERIENCIA DEL LICENCIATARIO

Ofrecer una opinión de título
Ofrecer una representación de valor
Tergiversación del valor
Ejercicio no autorizado de la ley

Ofrecer una opinión de título

En Florida, los licenciatarios de bienes raíces son vistos como expertos en el campo de los bienes raíces. En consecuencia, sus clientes confían en ellos para que les proporcionen opiniones expertas. Sin embargo, hay algunas opiniones que los licenciatarios no están calificados o autorizados a proporcionar. Por ejemplo, una opinión de título debe ser proporcionada por un abogado y no por un licenciatario de bienes raíces. El abogado usará el resumen del título para dar una opinión sobre la condición y comerciabilidad del título de la propiedad. De hecho, es una opinión y no una garantía o prueba de un título claro.

Según la ley de Florida, nadie con una licencia de bienes raíces puede dar una opinión sobre el título de bienes raíces. En cambio, se requiere que un licenciatario de Florida aconseje al comprador de la propiedad que consulte con un abogado o una compañía de títulos para obtener una opinión sobre el título y / o comprar un seguro de título. Los licenciatarios pueden obtener la opinión de un abogado y luego proporcionar información sobre el título al comprador.

Si un agente de bienes raíces da una opinión de título, esto puede considerarse como la práctica de la ley. El agente puede ser acusado de un delito grave de tercer grado por ejercer la abogacía sin licencia.

Ofreciendo una representación de valor

Hay varias formas de obtener una opinión sobre el valor de una propiedad. Los licenciatarios de bienes raíces están calificados y autorizados para realizar análisis comparativos de mercado, opiniones de precios de corredores y opiniones de valor y luego proporcionar la información resultante a sus compradores y vendedores. No pueden representar ninguno de estos métodos como una tasación, que es realizada solo por un tasador con licencia o certificado.

Las opiniones de valor no están sujetos a regulación ni están obligados a seguir ninguna norma profesional específica. Como resultado, los licenciatarios que están motivados para obtener un listado pueden ser inducidos a distorsionar el valor estimado o el precio de la propiedad. Sin embargo, los licenciatarios deben cumplir con su deber de trato honesto y justo con sus clientes y representar el valor con la mayor precisión posible, sin exageraciones ni tergiversaciones.

Tergiversación de valor

Una vez más, los licenciatarios tienen el deber de tratar de manera honesta y justa a sus clientes. Están obligados a revelar todos los hechos conocidos que afecten materialmente el valor de la propiedad, incluso cuando los hechos no sean fácilmente observables. La omisión de un hecho material puede dar lugar a que se tergiverse el valor de la propiedad. Otras formas en que se puede tergiversar el valor son las siguientes:

> ▸ Listar un valor más bajo para la propiedad con el fin de obtener una venta rápida
> ▸ Sobrevalorar la propiedad, lo que hace que el comprador pague demasiado
> ▸ tergiversar las propiedades comparables para inducir a un comprador a ofrecer más de lo justificado
> ▸ tergiversar los metros cuadrados de la propiedad

Tergiversar el valor de la propiedad puede constituir fraude, incumplimiento de contrato o abuso de confianza y puede dar lugar a demandas y medidas disciplinarias contra el titular de la licencia. Cuando un comprador o vendedor se ve perjudicado debido a la tergiversación del valor, su único recurso real es presentar una demanda para rescindir la transacción o buscar la recuperación financiera de los daños.

La parte perjudicada puede demandar a la otra parte, al titular de la licencia y a la agencia de corretaje que emplea al titular de la licencia. Incluso si la tergiversación fue un error, la ley de Florida permite que la(s) parte(s) infractora(s) sea(n) responsable(s) por tergiversación negligente.

Ejercicio de la ley no autorizado

La Corte Suprema de Florida estableció el programa de Práctica de la Ley Sin Licencia (UPL, por sus siglas en inglés) para proteger al público contra los daños causados por personas que ejercen la abogacía sin un título y licencia de abogado. El Colegio de Abogados de Florida investigará y emprenderá acciones legales contra cualquier persona que ejerza la abogacía sin una licencia para hacerlo. El ejercicio de la abogacía sin licencia es un delito grave de tercer grado en Florida, castigable con hasta 5 años de libertad condicional, hasta 5 años de prisión, hasta $5,000 en multas y restitución pagada a la(s) víctima(s).

Ejercer la abogacía en Florida implica brindar asesoramiento que requiere el conocimiento legal de alguien que tenga licencia para ejercer la abogacía. La ley de bienes raíces es compleja, lo que facilita que personas inocentes resulten lastimadas por licenciatarios que brindan consejos cuando no están educados y autorizados para hacerlo.

Si bien los licenciatarios deben estar familiarizados con las leyes de bienes raíces, en ningún momento se le permite brindar asesoramiento legal. Es común que los clientes hagan preguntas legales a los licenciatarios, pero responder esas preguntas podría resultar en que el licenciatario sea considerado responsable si las respuestas son incorrectas.

Además, al completar contratos, como un contrato de compra, los licenciatarios no deben hacer adiciones o modificaciones al contrato en sí. Hacerlo se considera el ejercicio de la abogacía sin licencia.

COMISIONES

Prohibiciones
Sobornos
causa de adquisición

Prohibiciones

Fijación de precios. Cuando dos o más corredores se reúnen y acuerdan cobrar la misma comisión fija de porcentaje o tarifa por sus servicios, esto se llama fijación de precios. La fijación de precios es contraria a la ley y da lugar a monopolios en los que se restringe la competencia. Las leyes antimonopolio fomentan y protegen la competencia y pueden imponer sanciones penales a los fijadores de precios. Cada corredor debe establecer su propia tasa de comisión por separado de otros corredores.

Asociado de ventas que contrata directamente con el cliente. Los asociados de ventas trabajan bajo el empleo y la supervisión de un corredor. Se les prohíbe contratar directamente con el mandante o ser pagados directamente por el mandante. Cualquier comisión que reciba el asociado de ventas debe provenir directamente del corredor empleador en función del acuerdo de comisión que el asociado tiene con el corredor y no directamente del cliente.

Asociado de ventas demandando al cliente por comisión. Debido a que todos los contratos son entre el cliente y el corredor, solo el corredor puede demandar a un cliente por una comisión no pagada. Si el corredor ha sido pagado por el cliente pero no paga al asociado de ventas, el asociado puede demandar al corredor por la compensación no pagada, pero no puede demandar al cliente directamente.

Compartir una comisión con una persona sin licencia. Las comisiones se pagan por los servicios prestados en la venta o compra de propiedades. La prestación de servicios inmobiliarios requiere una licencia inmobiliaria. Por lo tanto, solo los corredores de bienes raíces con licencia y los asociados de ventas pueden proporcionar dichos servicios. En consecuencia, compartir una comisión con una persona sin licencia es una violación de la ley de licencias. La única excepción permitida por el FREC es compartir la comisión con una de las partes de la transacción, como el comprador o el vendedor, siempre y cuando se divulgue por escrito a todas las partes de la transacción.

Pagar a una persona sin licencia por realizar servicios inmobiliarios. Una vez más, la prestación de servicios inmobiliarios requiere una licencia inmobiliaria. Al igual que está prohibido compartir una comisión con una persona sin licencia, también lo está pagar a una persona sin licencia para que realice servicios inmobiliarios. Pagar a una persona sin licencia por estos servicios es una violación de la ley de licencias.

Sobornos

Condiciones. Según la Ley de Procedimientos de Liquidación de Bienes Raíces (RESPA, por sus siglas en inglés), es ilegal que un licenciatario de bienes raíces acepte un soborno o reembolso de cualquier empresa que brinde un servicio utilizado para cerrar una transacción de bienes raíces, como un topógrafo, tasador, inspector de propiedades, compañía de títulos, prestamista hipotecario, etc. Un soborno puede tomar la forma de favores, publicidad, dinero, regalos u otros artículos de valor entregados al licenciatario o corredor a cambio de enviar clientes al proveedor de servicios en particular.

El licenciatario puede utilizar estos proveedores de servicios y pagarles por los servicios que realmente realizan. Sin embargo, el licenciatario no debe aceptar nada a cambio del proveedor de servicios por utilizar un proveedor en particular.

El licenciatario tampoco puede dar ni aceptar ninguna parte, división o porcentaje de cualquier tarifa que se le pague al proveedor de servicios por el servicio. Los corredores pueden tener acuerdos comerciales afiliados con ciertos proveedores de servicios, pero deben tener cuidado de que el acuerdo no incluya ningún soborno o reembolso ilegal.

Sin embargo, bajo ciertas condiciones, los sobornos son legales:

> ► Todas las partes de la transacción deben estar plenamente informadas del soborno
>
> ► el soborno no debe estar prohibido por ninguna otra ley, como RESPA
>
> ► Se puede pagar una tarifa de referencia o de búsqueda (no más de $50) a un inquilino en un complejo de apartamentos por presentar a un posible inquilino a la compañía de administración de propiedades o al propietario del complejo con el fin de alquilar o arrendar un apartamento
>
> ► Como se mencionó anteriormente, se permite compartir una comisión con un comprador o vendedor sin licencia como reembolso siempre que todas las partes de la transacción sean informadas por escrito
>
> ► un corredor con licencia en Florida puede pagar una tarifa de referencia o compartir una comisión con un corredor con licencia o registrado en un estado extranjero, siempre y cuando el corredor extranjero no viole ninguna ley de Florida

Causa de adquisición

El principal elemento de cumplimiento para el cliente es el pago de una compensación, si el acuerdo lo requiere. La compensación de un corredor se gana y se paga cuando el corredor se ha desempeñado de acuerdo con el acuerdo. El monto y la estructura de la compensación, las posibles disputas sobre quién ha ganado la compensación y la responsabilidad del cliente por múltiples comisiones son otros asuntos que debe abordar un acuerdo de listado.

A menudo surgen disputas sobre si a un agente se le debe una comisión. Muchas de estas disputas involucran listados abiertos en los que numerosos agentes están trabajando para encontrar clientes para el cliente, y ninguno tiene un reclamo claro sobre una comisión. En otros casos, un cliente puede alegar que lo ha encontrado solo y, por lo tanto, que no tiene responsabilidad en el pago de una comisión. También hay situaciones en las que los corredores y subagentes que cooperan y trabajan bajo una cotización exclusiva disputan sobre cuál o cuáles merecen una parte de la comisión del corredor de cotización.

El concepto que decide tales disputas es que la parte que fue la " causa de adquisición " en la determinación del cliente tiene derecho a la comisión o parte de la comisión. Los dos principales determinantes de la causa de adquisición son:

> ► Ser el primero en encontrar al cliente
> ► siendo quien induce al cliente a completar la transacción

Por ejemplo, el Agente A y el Agente B tienen cada uno un listado abierto con un propietario. El corredor A le muestra a Joe la propiedad el lunes. El corredor B le muestra a Joe la misma propiedad el viernes, y luego Joe compra la propiedad. Es probable que se considere que el corredor A es la causa de adquisición en virtud de haber introducido primero a Joe en la propiedad.

La causa de procuración puede ser difícil de entender. Es la causa número uno de disputas que se presentan ante las normas profesionales de las asociaciones locales y las juntas de arbitraje. La causa de procuración se atribuye a "la persona que inicia la cadena de eventos que conduce a la venta de la propiedad". Se considera que dicha parte tiene causa de procuración. Por lo general, actividades como la celebración de una jornada de puertas abiertas o la respuesta a una llamada sobre una propiedad no constituyen una causa de procuración.

CAMBIO DE EMPLEADOR O DOMICILIO

Notificación FREC
Prohibiciones durante el cambio
Cambio de domicilio

Notificación FREC

Si un asociado de ventas o corredor asociado cambia de empleado de corredores, debe notificar al FREC del cambio dentro de los 10 días posteriores al cambio. El licenciatario debe utilizar el formulario de Cambio de Estatus para Asociados de Ventas o Asociados de Ventas de Corredores (DBPR RE 11) del FREC que se encuentra en línea en

https://www.myfloridalicense.com/CheckListDetail.asp?SID=&xactCode=9001 &clientCode=2501&XACT_DEFN_ID=1065.

Si el licenciatario opta por utilizar el formulario imprimible, debe ser firmado por el nuevo agente empleador y presentado al FREC. En lugar de utilizar el formulario imprimible, el nuevo corredor empleador puede agregar al licenciatario a su propia licencia a través de la cuenta en línea del corredor. La licencia del licenciatario deja de estar en vigor hasta que se emita una nueva licencia bajo el nuevo corredor.

Asociado de ventas cambio de corredor

Violación de la obligación de confidencialidad. Cuando un licenciatario cambia de corredor empleador, sigue estando sujeto al deber de confidencialidad con los clientes de la transacción y con el corredor que lo empleó anteriormente. Ese deber no termina con el fin de la relación laboral con un corredor.

Duplicidad de registros. Cuando un licenciatario cambia de corredor empleador, no puede duplicar los registros para llevar las copias al nuevo corredor empleador. Hacerlo es un abuso de confianza y una violación de la ley de licencias, incluso si los registros fueron originados por el titular de la licencia.

Mudanzas de registros de la oficina del corredor anterior. Cuando un licenciatario cambia de corredor empleador, no puede retirar los registros de la oficina del corredor anterior. Hacerlo constituye un robo y es punible como tal.

Cambio de domicilio

La ley de licencias de Florida requiere que todos los licenciatarios envíen su dirección postal actual al FREC. Si un licenciatario cambia de dirección postal, debe notificar al FREC dentro de los 10 días posteriores al cambio. El titular de la licencia debe utilizar el formulario de Cambios Demográficos para Personas de Bienes Raíces (DBPR RE 10) que se encuentra en línea en

http://www.myfloridalicense.com/dbpr/re/documents/DBPR_RE_10_Demograph
ic_Changes_and_Dup_Lic_Individuals.pdf.

Cambio de domicilio comercial del corredor. Si un corredor cambia de
dirección comercial, el corredor debe notificar al FREC dentro de los 10 días
posteriores al cambio. El corredor debe utilizar el formulario requerido que se
encuentra en línea en

http://www.myfloridalicense.com/dbpr/re/documents/DBPR_RE_12_Company_
Transactions.pdf

e incluir los nombres de todos los asociados de ventas y asociados de corretaje
que permanecen empleados por el corredor y aquellos que ya no son empleados
por el corredor. El formulario sirve para notificar al FREC sobre el cambio de
dirección comercial para los asociados restantes. Las licencias de corredor y
asociados de ventas dejan de estar vigentes hasta que se emitan nuevas licencias
para la nueva dirección.

LICENCIAS Y REGISTRO DE ENTIDADES COMERCIALES

Puede registrarse como corretaje
No puede registrarse como corretaje

**Puede registrarse
como corretaje**

Empresa individual. Un negocio o corretaje que es propiedad de un individuo se
denomina empresa unipersonal. Un corredor con licencia puede formar una
empresa unipersonal presentándola ante el Departamento de Estado de Florida
(FDOS) y registrándose en el DBPR. El corredor único es responsable de todas
las actividades comerciales y de los empleados.

Sociedad general. Dos o más personas pueden formar una sociedad general y
participar en las actividades comerciales, las finanzas y las ganancias de la
sociedad. La sociedad debe estar registrada en el DBPR. Al menos un socio debe
ser un corredor con licencia, y todos los socios que tratan con el público para
realizar servicios inmobiliarios deben tener licencias de corredor válidas y
vigentes. Cada socio corredor activo es responsable de asegurarse de que cada
socio que debe estar registrado y con licencia esté realmente registrado y con
licencia.

Si el único corredor con licencia muere o se retira de la sociedad, se debe
designar otro corredor con licencia dentro de los 14 días o se cancelará el registro
de la sociedad y todas las licencias dentro de la sociedad se colocarán en estado
inactivo involuntario. No se pueden realizar nuevos negocios de corretaje durante
esos 14 días hasta que se designe al nuevo corredor con licencia. El FREC debe
ser notificado inmediatamente de la muerte o remoción del corredor con licencia
y qué pasos se tomaron para llenar la vacante.

Sociedad limitada. Las sociedades limitadas se crean mediante la presentación ante el FDOS y deben registrarse en el DBPR. Deben incluir al menos un socio general, y todos los socios generales deben registrarse en el DBPR. Al menos un socio general debe ser un corredor con licencia. Todos los socios generales que tratan con el público para realizar servicios de bienes raíces también deben ser corredores con licencia. La sociedad limitada también debe incluir al menos un socio limitado que debe invertir dinero en efectivo o propiedades, pero no servicios. Los socios limitados no son responsables de las deudas de la sociedad a menos que sus nombres formen parte del nombre de la sociedad o participen en la gestión del negocio.

Las asociaciones ostensibles están prohibidas porque en realidad no son sociedades. En cambio, ocurren cuando dos o más personas engañan a otras actuando como si realmente existiera una sociedad comercial. Por ejemplo, si dos corredores no asociados trabajan en la misma oficina pero no tienen letreros separados, están dando la apariencia de una sociedad comercial cuando no existe.

Corporación con fines de lucro. Una corporación es creada por una o más personas que presentan artículos de incorporación ante el FDOS y que son los propietarios y accionistas de la corporación. Las sociedades pueden ser nacionales o extranjeras. Las corporaciones nacionales están constituidas en Florida y realizan negocios dentro de Florida. Las corporaciones extranjeras, por otro lado, están constituidas fuera de Florida pero realizan negocios dentro de Florida. La corporación es administrada por una junta directiva elegida por los propietarios/accionistas.

Para convertirse en una agencia de corretaje de bienes raíces, la corporación debe registrarse en el DBPR como una entidad de corretaje mediante la presentación de una solicitud de corporación de corretaje. Se requiere que la corporación tenga al menos uno de los funcionarios o directores con licencia como corredor activo. La corporación puede tener corredores con licencia, sin licencia e inactivos que actúen como funcionarios o directores, pero todos los que brindan servicios de bienes raíces al público deben ser corredores activos con licencia. La corporación también debe registrar a todos los funcionarios y directores sin licencia para fines de identificación. La solicitud de sociedad de corretaje incluye una sección para este fin.

Si la correduría no tiene al menos un corredor activo con licencia registrado, el registro de la corporación se cancelará automáticamente hasta que la licencia y el registro se consideren vigentes.

Los asociados de ventas y los asociados corredores no pueden ser funcionarios o directores dentro de una corporación, pero pueden ser accionistas.

Corporación sin fines de lucro. Las corporaciones sin fines de lucro de Florida se crean mediante la presentación de una solicitud de Corporaciones sin fines de lucro de Florida. Se debe incluir el propósito específico de la corporación, así como si la corporación buscará o no el estatus de exención de impuestos federales 501 (c) (3). La corporación está obligada a presentar un informe anual para mantener su estado activo. La falta de presentación del informe dará lugar a la disolución administrativa de la corporación.

La corporación puede tener una o más clases de miembros o ningún miembro, pero debe tener al menos tres directores. A diferencia de las corporaciones con fines de lucro, estas corporaciones tienen prohibido pagar dividendos o cualquier parte de sus ingresos o ganancias a los miembros, directores o funcionarios de la corporación.

Compañía de responsabilidad limitada (LLC). Las LLC son entidades legales separadas y distintas en las que los propietarios no son personalmente responsables de las deudas y responsabilidades de la entidad. Permite a los propietarios separar sus tratos comerciales de sus asuntos personales. Al igual que otras entidades comerciales, una LLC debe presentarse ante el FDOS.

Una LLC puede ser gravada como una entidad de transferencia, como una empresa unipersonal o una sociedad, o como una corporación regular. Con la transferencia, los propietarios pagan impuestos solo una vez sobre las ganancias, mientras que los ingresos de una corporación regular se gravan dos veces: una vez sobre sus ingresos netos y luego nuevamente sobre la distribución de ganancias a los accionistas.

Las LLC se pueden convertir en corporaciones si los propietarios así lo desean.

Sociedad de responsabilidad limitada (LLP). Una LLP es una entidad comercial que requiere un acuerdo de asociación por escrito entre los socios. A diferencia de las sociedades limitadas, todos los socios de una LLP pueden participar en la gestión del negocio sin que ningún socio tenga control explícito. Se pueden agregar nuevos socios y eliminar otros de acuerdo con las disposiciones del acuerdo de asociación. La responsabilidad se divide entre los socios en el sentido de que cada socio es responsable de sus propios actos y los de los empleados del socio, y ningún socio es responsable de los errores o actos de otro socio. Los socios no son responsables de las deudas contraídas por otro socio.

La LLP es una entidad de transferencia en la que los socios reciben ganancias libres de impuestos y luego pagan sus propios impuestos. Al igual que con otras entidades, una LLP debe estar registrada en el FDOS.

Los asociados de ventas y los asociados de corretaje estan prohibido ser funcionarios, miembros, gerentes o directores en una corporación de corretaje de bienes raíces o socios generales en una sociedad limitada o general de corretaje.

Los asociados de corredores o asociados de ventas tienen licencia como individuos, pero pueden obtener una licencia como corporación profesional, compañía de responsabilidad limitada o compañía profesional de responsabilidad limitada si el titular de la licencia presenta la autorización del Departamento de Estado al FREC.

El nombre del nuevo corredor debe colocarse en el negocio a través del Departamento de Estado de Florida (FDOS). Debido a que este proceso lleva tiempo, FREC ahora permite que se nombre y registre a un corredor temporal en DBPR dentro de los 14 días. Este corredor temporal puede permanecer en su lugar durante 60 días. Dentro de ese plazo, un nuevo corredor debe estar registrado en el FDOS y DBPR.

No se puede registrar como corretaje

Corporación unica. Una corporación única está formada por una persona que ocupa un cargo incorporado y puede consistir en un solo miembro a la vez. Este miembro suele ser un obispo u otro funcionario de la Iglesia. Si bien la corporación es típicamente una organización eclesiástica, también puede ser una organización política.

El propósito de la entidad es asegurar la continuidad de la propiedad de los bienes que han sido dedicados en beneficio de una organización religiosa en particular. Un miembro tiene el título de la propiedad, pero no es dueño personal de la propiedad. Si uno de los miembros fallece o es destituido, el título de propiedad se transmite a un sucesor y no a los herederos del miembro anterior.

Las corporaciónes única no son reconocidas en todos los estados, y aunque la Corte Suprema de Florida los reconoce, no pueden registrarse como corredores de bienes raíces.

Empresa conjunta. Este acuerdo comercial se forma cuando dos o más personas o entidades se unen para llevar a cabo una sola actividad comercial o un número designado de actividades. El acuerdo no es permanente y requiere que las personas participantes tengan control conjunto y compartan las ganancias y pérdidas. Según la ley de Florida, cada socio debe los deberes de cuidado y lealtad a la empresa y a los demás socios.

En una empresa conjunta de bienes raíces, cada individuo debe ser un corredor activo con licencia. En consecuencia, la empresa no está registrada como entidad en el FDOS porque no existe un acuerdo escrito y los corredores autorizados ya están registrados.

Confianza empresarial. Una confianza empresarial generalmente se establece cuando los activos y la propiedad de una corporación comercial se confían a un fideicomisario designado. Luego, el fideicomisario administra la operación y los activos de la empresa para el beneficio y la ganancia de los beneficiarios.

Una confianza empresarial de bienes raíces se utiliza para transacciones que involucran la propiedad propia del fideicomiso. Cada individuo invierte en la entidad para que el fideicomiso pueda comprar, desarrollar y/o vender propiedades. El título de cualquier propiedad comprada se presenta a nombre del fideicomisario, pero la propiedad no pertenece al fideicomisario. Todos los bienes y activos pertenecen al propio fideicomiso.

Si bien todos los participantes en el fideicomiso que realizan servicios de bienes raíces deben tener licencia y estar registrados, el fideicomiso en sí no se registra en el DBPR como corredor de bienes raíces.

Asociación cooperativa. Una asociación cooperativa es una organización empresarial formada, poseida y operada por sus miembros para su beneficio mutuo. La asociación puede comprar o vender su propia propiedad, pero no está registrada como corredor de bienes raíces. Cada miembro es un accionista que tiene la misma propiedad y control de la asociación, y cada accionista tiene un voto. Los beneficios obtenidos por la asociación se dividen entre los accionistas.

Asociación no incorporada. Una asociación no incorporada es un grupo de personas que forman la asociación con un propósito común no comercial y para crear una relación legalmente vinculante entre ellos. Las asociaciones son fáciles de formar y extremadamente flexibles. Pueden ser, por ejemplo, un pequeño grupo vecinal o una organización nacional.

Debido a que no están incorporados, no se les permite poseer propiedades a su propio nombre ni entrar en contratos. En consecuencia, no pueden registrarse como corredor de bienes raíces.

NOMBRES COMERCIALES

nombre legal de la empresa. También pueden registrarse con un nombre comercial, un nombre ficticio que no sea su propio nombre que el corredor desea utilizar para el corretaje. El nombre comercial debe aparecer en la licencia y el registro del corredor y debe ser único de cualquier otro negocio o nombre comercial.

El corredor solo puede registrarse con un nombre comercial y debe tener una nueva licencia emitida si cambia el nombre comercial. El nombre comercial registrado debe aparecer en todos los letreros y publicidad de la correduría.

Registro de LLC y uso de nombre comercial. DBPR permite que los asociados de ventas y los asociados de corretaje se registren como compañías de responsabilidad limitada (LLC) o como asociaciones profesionales (PA) con el FDOS. No les permite utilizar un nombre comercial o un nombre ficticio. Deben registrarse con sus nombres reales y que solo se muestre el nombre real en la licencia. Por ejemplo, John Kennedy, puede formar una LLC y obtener la licencia como John Kennedy, LLC. Este es el nombre con el que debe operar y que debe aparecer en todos los documentos oficiales. Todo el dinero debe ir a una cuenta con este nombre.

Se recomienda que los asociados de ventas y los asociados de corredores hablen con un Contador Público Certificado (CPA) o un abogado para asegurarse de que comprenden todas las consecuencias y requisitos de esta forma de registro..

Visualización de nombres. Las reglas administrativas de FREC prohíben a los licenciatarios usar o exhibir cualquier nombre, insignia o designación de una asociación u organización de bienes raíces a menos que estén autorizados para hacerlo.

PRÁCTICAS ÉTICAS

Códigos de ética
Revelación
Fraude y negligencia
Cooperación de corretaje
Asistentes personales

Códigos de ética

La industria de bienes raíces ha desarrollado un código de estándares profesionales y ética como guía para atender las necesidades de bienes raíces de los consumidores. Este código profesional ha surgido de tres fuentes primarias:

- ▶ legislación federal y estatal
- ▶ regulación estatal de licencias de bienes raíces
- ▶ autorregulación de la industria a través de asociaciones e institutos comerciales

La legislación federal se centra principalmente en las leyes contra la discriminación y las prácticas de comercio justo. Las leyes estatales y las regulaciones de licencias se centran en los requisitos de agencia y divulgación y en la regulación de ciertas prácticas de corretaje dentro de la jurisdicción estatal. Los grupos comerciales de bienes raíces se enfocan en estándares profesionales de conducta en todas las facetas del negocio.

Al observar la ética y los estándares profesionales, los licenciatarios servirán mejor a los clientes, fomentarán una imagen profesional en la comunidad y evitarán sanciones regulatorias y demandas legales.

La ética profesional de hoy en día no solo es importante para la carrera profesional, sino que también es un imperativo legal. Las prácticas sin éticas, como la tergiversación de hechos materiales, el fraude y la negligencia culpable, están prohibidas y son punibles en todos los aspectos de la práctica inmobiliaria.

Revelación

Las divulgaciones adecuadas son una parte integral del comportamiento ético. De conformidad con las leyes aplicables y para promover el respeto por la profesión de bienes raíces, los licenciatarios deben tener cuidado de divulgar

- ▶ que el agente va a recibir una compensación de más de una parte en una transacción

> ‣ defectos de propiedad si son razonablemente evidentes; Sin embargo, no existe la obligación de revelar un defecto que se requiera experiencia técnica para descubrirlo
> ‣ cualquier interés que el agente tenga en una propiedad listada si el agente representa a una parte relacionada con la propiedad
> ‣ cualquier ganancia obtenida con el dinero de un cliente
> ‣ la identidad del agente en los anuncios
> ‣ la representación del agente de ambas partes en una transacción
> ‣ la existencia de ofertas aceptadas
> ‣ identidad del corredor y de la empresa en la publicidad según lo exige la ley estatal

Fraude y negligencia

Fraude. Fraude es una tergiversación de un hecho material que se utiliza para inducir a alguien a hacer algo, como firmar un contrato. *Fraude real* ocurre cuando una persona engaña intencionalmente a otra persona al tergiversar un hecho material que induce a la persona a confiar en el hecho. *Fraude negativo* es omitir intencionalmente la divulgación de un hecho material.

For a cause of action for fraud to be initiated, the following elements must exist:

> ‣ El licenciatario debe haber tergiversado un hecho importante o no debe haber revelado el hecho importante.
> ‣ El titular de la licencia debe haber sabido o debería haber sabido que estaba tergiversando el hecho o que debería haber revelado el hecho.
> ‣ El comprador u otra parte a la que el licenciatario tergiversó el hecho se basó en lo que dijo el licenciatario.
> ‣ El comprador u otra parte a la que el licenciatario tergiversó el hecho o no reveló el hecho resultó perjudicado como resultado de la tergiversación u omisión.

Negligencia culposa. La negligencia culpable ocurre cuando una persona, como un corredor de bienes raíces, no realiza sus deberes y responsabilidades requeridas como el corredor sabe que debe hacerlo. No es necesario que el incumplimiento sea intencional para ser considerado negligente. Es más bien un desprecio de los deberes y las consecuencias de no cumplirlos. Recuerde que los tres deberes fundamentales de los corredores son la habilidad, el cuidado y la diligencia. La falta de realización de actividades inmobiliarias con habilidad, cuidado y diligencia puede ser declarada negligencia culpable. En Florida, la negligencia culpable no solo no es ética, sino que también es un delito menor de segundo grado.

Cooperación de corretaje

La conducta profesional excluye el menosprecio de los competidores. Los profesionales inmobiliarios también

> ‣ renuncia a la búsqueda de una ventaja injusta
> ‣ arbitrar en lugar de litigar disputas
> ‣ respetar las relaciones de agencia de los demás
> ‣ cumplir con los estándares aceptados de prácticas de co-corretaje

Asistentes Personales

A los asociados de ventas se les permite tener asistentes personales si así lo desean. Deben discutir esto con su corredor antes de contratar a un asistente personal. El asistente personal puede ser una persona con licencia o sin licencia.

Un asistente personal sin licencia puede ayudar a un agente a crear anuncios, hacer mandados, ingresar información en la computadora, etc. FREC y Florida Realtors® tienen una lista de las tareas que los asistentes sin licencia pueden realizar en sus respectivos sitios web. Los asistentes personales sin licencia no pueden ser contratados como contratistas independientes, pero deben ser tratados como empleados.

Tanto el corredor como el licenciatario pueden pagar al asistente personal. Quienquiera que pague al asistente debe retener los impuestos estatales y federales requeridos. Esta parte también es responsable de enviar fondos al gobierno de acuerdo con la ley federal de empleo.

Un asistente personal **con licencia** puede realizar todos los servicios inmobiliarios en nombre del licenciatario. Si un asistente personal recibe un salario o un pago por hora, el licenciatario o el corredor pueden pagarlo. Cualquier comisión debe ser pagada al corredor. El asistente personal debe estar registrado a nombre del corredor en DBPR.

5 Actividades y Procedimientos de Corretaje de Bienes Raíces
Revisión instantáneas

OFICINAS DE CORRETAJE

Requisitos de la oficina
- por Florida, cada corredor debe tener una oficina en un edificio con construcción estacionaria; oficina que se registrará en el DBPR; incluir una sala cerrada y un espacio para reuniones privadas; registros que deben mantenerse en la oficina; sólo los corredores pueden tener oficinas; puede tener una oficina fuera de Florida o en la residencia del corredor; debe cumplir con la ADA

Sucursales
- cualquier oficina además de la oficina principal; debe estar registrado; Nuevas oficinas se deben registrar

Requisitos de letrero en la entrada
- letrero que se exhibirá en la entrada de la oficina; debe contener el nombre del corredor y el nombre comercial con "Corredor de bienes raíces con licencia" incluido; Los nombres de los asociados de ventas no son obligatorios, pero deben estar debajo del nombre del corredor

Refugios temporales
- para proteger a los asociados y clientes; no puede ser una asignación permanente; Sin cierres de transacciones

Oficia de asociados de ventas
- los asociados de ventas deben estar registrados bajo un corredor y trabajar en la oficina del corredor; Registrado bajo un solo corredor a la vez

DIRECTRICES PARA PUBLICIDAD

Prohibiciones
- publicidad falsa o engañosa; publicidad a ciegas; Asociado de ventas que anuncia o realiza negocios bajo su propio nombre
- los licenciatarios pueden vender sus propios bienes fuera de la correduría; puede anunciarse en nombre propio con el permiso del corredor; debe revelar su propiedad y su licencia
- la publicidad de los grupos dentro de una firma de corretaje se realizará bajo la supervisión y el nombre del corridor
- debe quedar claro que el anunciante es un licenciatario de bienes raíces; El nombre del grupo debe estar junto al nombre de la empresa

Redacción de Anuncios
- debe dejar claro que el anunciante es un licenciatario de bienes raíces

Publicidad en Internet
- debe dejar claro que el anunciante es un licenciatario de bienes raíces

Solicitud telefónica Leyes
- Ley de Protección al Consumidor Telefónico: no se permiten llamadas no solicitadas, no se permiten llamadas automáticas; se requiere la opción de exclusión; Restricciones de hora del día
- Las exenciones incluyen organizaciones sin fines de lucro, organizaciones políticas, cobradores de deudas federales, licenciatarios de bienes raíces con comprador para "venta por el propietario", con una relación comercial establecida, con una consulta comercial en los últimos 3 meses
- Ley CAN-SPAM: no se permite el envío de correos electrónicos no solicitados con mensajes comerciales y sin consentimiento previo
- Ley de prevención de faxes no deseados: no se permiten faxes no solicitados; todos los faxes deben incluir la fecha y la hora, el nombre de la empresa y el número de teléfono; Faxes no solicitados debe incluir la opción de exclusión voluntaria

Telemercadeo de Florida Leyes laws

- Ley de Telemercadeo de Florida y Ley de Ventas Telefónicas de Florida: los representantes necesitan licencia; restricciones de hora del día; sin bloqueo del identificador de llamadas; pagos no limitados a tarjetas de crédito; la persona que llama tiene 30 segundos para identificarse; proporcionar información sobre el derecho de cancelación
- la lista de no llamar de Florida para fusionarse con la lista nacional; las exenciones incluyen organizaciones sin fines de lucro, políticas y religiosas y profesionales de seguros con licencia; también incluye a los licenciatarios de bienes raíces que llaman sobre el letrero de jardín colocado por el vendedor, a menos que el vendedor esté en la lista nacional de no llamar

MANEJO DE DEPÓSITOS

Requisitos Depósito en cuenta de depósito en garantía

- cuenta bancaria utilizada para retener fondos pertenecientes a terceros hasta el momento del desembolso; No se mezclan los fondos de los corredores con los fondos de terceros
- los fondos se entregarán al corredor al final del siguiente día hábil; Que el corredor deposite los fondos inmediatamente, a más tardar al final del tercer día hábil siguiente a la recepción de los fondos.
- Depósito en garantía con abogado o compañía de títulos: los mismos requisitos de depósito que para el corredor; el licenciatario debe anotar el nombre, la dirección y el teléfono en el contrato de venta; El corredor solicitará un comprobante de depósito dentro de los 10 días hábiles posteriores a la fecha de vencimiento y proporcionará un comprobante al vendedor dentro de los 10 días hábiles posteriores a la solicitud.

Gestión de Cuentas del depósito en garantía

- el corredor será signatario de la cuenta de depósito en garantía; corredor debe conciliar la cuenta mensualmente y mantener registros; cuenta puede devengar intereses y las partes acuerdan el receptor de intereses
- demandas contradictorias para que los fondos de depósito en garantía se informen al FREC dentro de los 15 días hábiles; que el corredor inicie el procedimiento de liquidación en un plazo de 30 días hábiles; La duda de buena fe del corredor da lugar a la notificación al FREC y al inicio del procedimiento de liquidación
- Los procedimientos de conciliación incluyen mediación, arbitraje, litigio con acción de interposición o sentencia declaratoria, orden de desembolso de depósito en garantía; 3 excepciones a los procedimientos de liquidación

REPRESENTANDO EXPERIENCIA DEL LICENCIATARIO

Opinión de título

- Se prohíbe ofrecer una opinión de título que no esté escrita por un abogado

Representación del valor

- puede ofrecer una opinión de valor derivada de BPO o CMA; no representar como tasación

Misrepresentation of value

- constituye fraude, incumplimiento de contrato o abuso de confianza, lo que resulta en demandas y medidas disciplinarias

Práctica no autorizada de la ley

- Delito grave de tercer grado punible con libertad condicional, tiempo en prisión, multas y restitución

COMISIONES

Prohibiciones

- fijación de precios, asociado de ventas que contrata directamente con el cliente, asociado de ventas demandar al cliente por comisión, compartir la comisión con una persona sin licencia, pagar a una persona sin licencia por realizar servicios inmobiliarios

Sobornos	• Prohibida la aceptación de favores, publicidad, dinero, regalos, etc. para referir clientes a ciertos negocios a menos que todas las partes estén informadas, ninguna otra ley lo prohíbe, pagar una tarifa de referencia al inquilino para otro posible inquilino, compartir la comisión con un corredor extranjero
Causa de procuración	• La compensación del corredor se gana y es pagadera cuando el corredor ha realizado de acuerdo con el acuerdo; dos determinantes: primero encontrar al cliente, induciendo al cliente a completar la transacción; Procurar una causa atribuible a la parte que inicia una cadena de eventos que conducen a una venta.

CAMBIO DE EMPLEADOR O DIRECCIÓN

Notificación FREC	• notificar a FREC dentro de los 10 días posteriores al cambio; La licencia no está en vigor hasta que se emita una nueva licencia
Asociado de ventas Cambio de corredor	• violar la confidencialidad, duplicar registros, eliminar registros de la oficina del corredor
Cambio de domicilio	• notificar a FREC dentro de los 10 días posteriores al cambio; corredor debe incluir los nombres de los asociados que aún están empleados y los que se han ido; Las licencias no están vigentes hasta que se emita una nueva licencia

ENTIDAD COMERCIAL LICENCIAS Y REGISTRO

Pueden registrarse como corredor	• empresa unipersonal, sociedad general, sociedad limitada, corporación con fines de lucro, corporación sin fines de lucro, LLC, LLP
	• Se prohíben las asociaciones ostensibles
No pueden registrarse como corredor	• corporación única, empresa conjunta, fideicomiso comercial, asociación cooperativa, asociaciones no incorporadas
NOMBRES COMERCIALES	• nombre ficticio utilizado como nombre comercial; Debe estar registrado y aparecer en la licencia, letreros y publicidad
	• Asociados de ventas prohibidos de usar un nombre comercial
	• El titular de la licencia debe estar autorizado para mostrar el nombre, la insignia o la designación de una asociación

PRÁCTICAS ÉTICAS

Códigos de ética	• los códigos establecen normas de conducta autorreguladas que abarcan todas las facetas de la profesión; servir a los clientes, consumidores y al público; evitar sanciones y responsabilidades; Cubrir prácticas como el desempeño laboral, los deberes para con los clientes, las divulgaciones, no discriminación, las relaciones profesionales
Revelación	• revelación: partes compensadoras; defectos de propiedad; el interés del agente en la propiedad; uso de los fondos de los clientes; identidad del agente en publicidad
Fraude y negligencia	• fraude: fraude real es cuando la tergiversación de un hecho material es intencional; Fraude negativo es cuando la falta de divulgación de hechos materiales es intencional
	• Negligencia culpable: cuando las tareas no se realizan como se requiere, ya sea intencional o no
Cooperación en corretaje	• conducta profesional: ausencia de ventaja injusta; arbitrar disputas; respetar las relaciones; Seguir las prácticas aceptadas

Asistentes Personales

- Licenciatarios puede contratar asistentes con o sin licencia que pueden ser pagados por salario o, si tienen licencia, por comisión pagada por el corredor; los deberes son administrativos si no tienen licencia y deben cumplir con las regulaciones de FREC si tienen licencia

SECCIÓN CINCO: Actividades y Procedimientos de Intermediación de Bienes Raíces

Cuestionario de Sección

1. Dos empresas inmobiliarias acuerdan unir sus recursos para el desarrollo y venta de un complejo de apartamentos, por lo que las ganancias se repartirán a partes iguales. Este es un ejemplo de

    a. una asociación cooperativa.
    b. un fideicomiso de inversión en bienes raíces.
    c. una sociedad en comandita simple.
    d. una empresa conjunta.

2. La publicidad inmobiliaria es una actividad regulada. Una restricción importante en la colocación de anuncios es

    a. Un corredor solo puede colocar anuncios ciegos en publicaciones aprobadas.
    b. Un corredor debe tener toda la publicidad aprobada por la agencia reguladora estatal correspondiente.
    c. La publicidad no debe ser engañosa.
    d. Los agentes de ventas solo pueden anunciarse en su propio nombre.

3. Las tres principales firmas de corretaje en un mercado acuerdan cobrar a los clientes la misma tasa de comisión, independientemente de las condiciones del mercado. Este es un ejemplo de

    a. líneas rojas.
    b. Fijación de precios.
    c. asignación de mercados.
    d. dirección.

4   ¿Cuál de los siguiente ¿NO es un requisito exigido por el estado para la oficina de un corredor?

    a. Ubicado en un edificio con construcción estacionaria
    b. Oficinas cerradas separadas para cada corredor y asociado
    c. Ubicado dentro del estado de Florida
    d. Accesible para personas discapacitadas

5. ¿ Cuál de las siguientes afirmaciones es verdadera?

    a. Solo la oficina principal del corredor debe estar registrada.
    b. Las sucursales cerradas no pueden reabrirse.
    c. Los nombres de los asociados de ventas deben aparecer en todos los letreros de la oficina.
    d. El registro de una sucursal cerrada no puede transferirse a una nueva sucursal.

6. La publicidad que no incluya el nombre con licencia del corredor es

    a. apropiado para letreros.
    b. considerado fraude.
    c. considerada publicidad ciega.
    d. apropiado para la publicidad en Internet.

7. Si un asociado de ventas acepta un cheque como pago de garantía de un comprador de una propiedad, ¿qué debe hacer el asociado con el cheque?

    a. Cámbialo y espera a que se liquide en el banco antes de depositar los fondos en una cuenta de depósito en garantía.
    b. Deposite el cheque en la cuenta de depósito en garantía de la correduría dentro de las 48 horas.
    c. Entregue el cheque al corredor empleador al final del siguiente día hábil.
    d. Entregue el cheque al corredor empleador antes del final del tercer día hábil siguiente a la recepción del cheque.

8. Los corredores deben depositar fondos de terceros inmediatamente. ¿Cómo define Florida "inmediatamente

    a. El mismo día que el bróker recibió los fondos
    b. A más tardar al final del tercer día hábil siguiente a la recepción de los fondos
    c. A más tardar al final del siguiente día hábil siguiente a la recepción de los fondos
    d. Dentro de las 24 horas posteriores a la recepción de los fondos

9. Si un corredor decide utilizar una cuenta que devenga intereses para fondos en garantía, debe

    a. obtener el acuerdo por escrito de todas las partes involucradas.
    b. desembolsar los intereses en cantidades iguales a todas las partes involucradas cada mes.
    c. retirar los intereses de la cuenta de depósito en garantía mensualmente y depositarlos en su cuenta comercial.
    d. a los corredores no se les permite usar cuentas de depósito en garantía que devengan intereses.

10. Si las partes de una transacción no están de acuerdo sobre el desembolso de los fondos de depósito en garantía, el corredor debe notificar al FREC.

    a. dentro de los 15 días hábiles siguientes a la última solicitud.
    b. dentro de los 30 días hábiles siguientes a la última solicitud.
    c. al final del siguiente día hábil.
    d. a más tardar al final del tercer día hábil siguiente a la última solicitud.

11. Un procedimiento de resolución de conflictos de depósito en garantía que coloca los fondos en depositario de un tribunal y retira al corredor de la disputa se llama

    a. arbitraje.
    b. orden de desembolso de depósito en garantía.
    c. acción interpeladora.
    d. mediación.

12. Si el comprador de una propiedad no cumple con las disposiciones de financiamiento del contrato de venta, ¿qué puede hacer el corredor con los fondos de depósito en garantía?

    a. Notificar al FREC en un plazo de 10 días
    b. Inició un procedimiento de liquidación en un plazo de 30 días
    c. Liberar los fondos de depósito en garantía al comprador sin notificar al FREC
    d. Liberar los fondos de depósito en garantía al vendedor dentro de los 15 días hábiles

13. ¿Qué puede suceder si un licenciatario paga salarios por hora a un asistente personal?
    a. La licencia del titular de la licencia puede ser suspendida o revocada.
    b. El titular de la licencia puede enfrentarse a penas de prisión.
    c. El corredor puede enfrentar cargos penales.
    d. Esto es legal.

14. ¿En qué circunstancias puede un licenciatario ofrecer una opinión de título?

    a. Cuando el licenciatario desarrolla la opinión del título con la ayuda de su corredor empleador.
    b. Cuando el licenciatario obtiene la opinión del título de un abogado y transmite la información al cliente
    c. Cuando el licenciatario utiliza el resumen del título completado por la compañía de títulos para desarrollar la opinión del título
    d. Cuando el cliente no desea consultar a un abogado

15. En Florida, el ejercicio de la abogacía sin licencia es un

    a. delito menor de tercer grado.
    b. delito grave de primer grado.
    c. violación civil.
    d. delito grave de tercer grado.

16. Sarah es una asociada de ventas que se encargó de la venta de la propiedad de John. John pagó la comisión al agente que empleaba a Sarah, Stan, pero Stan nunca le pagó a Sarah su parte de la comisión. ¿Qué puede hacer Sara?

    a. Demandar a John por no pagarle directamente a Sarah.
    b. Demandar a Stan por no pagarle a Sarah su parte de la comisión.
    c. Denunciar a Stan al FREC por una violación de la ley de licencias.
    d. Nada, los asociados de ventas no pueden demandar.

17. Si un licenciatario cambia de corredor de empleo, debe notificar al FREC del cambio

    a. inmediatamente.
    b. dentro de los 30 días posteriores al cambio.
    c. dentro de los 10 días posteriores al cambio.
    d. no es necesario notificar al FREC de un cambio de corredor empleador.

18. ¿Cuál de las siguientes entidades pueden registrarse como corretaje:

    a. Suela corporativa
    b. Fideicomiso empresarial
    c. Asociación no incorporada.
    d. Sociedad de responsabilidad limitada

19. Cuál de las siguientes afirmaciones es verdadera?

    a. A los asociados de ventas no se les permite usar un nombre comercial.
    b. Los nombres comerciales no están incluidos en la licencia del corredor.
    c. Un corredor no necesita que se le emita una nueva licencia si cambia su nombre comercial.
    d. Una vez registrado, un corredor esta prohibido cambiar de nombre comercial.

20. Una asociación no incorporada

    a. puede registrarse como corretaje de bienes raíces.
    b. es una relación jurídicamente vinculante entre sus miembros.
    c. es complicado de formar.
    d. puede ser propietario de bienes a su nombre.

21. En una empresa conjunta,

    a. El arreglo es permanente.
    b. Se requiere un acuerdo por escrito.
    c. Los miembros participantes deben tener el control conjunto.
    d. Solo el socio mayoritario tiene el deber de cuidado y lealtad..

22. Una LLC es una

    a. corporación legal limitada.
    b. compañía de responsabilidad limitada.
    c. empresa de responsabilidad legal.
    d. corporación de responsabilidad limitada.

23. ¿Cuál de las siguientes entidades puede presentar el estatus de exención de impuestos federales 501(c)(3)?

    a. Sociedad de responsabilidad limitada
    b. Aparente asociación
    c. Empresa individual
    d. Corporación sin fines de lucro

24. ¿Qué tipo de entidad comercial está prohibida?

    a. Corporación con fines de lucro
    b. Sociedad comanditaria
    c. Aparente asociación
    d. Único de la corporación

25. ¿Cuál de los siguientes no puede registrarse como corretaje?

    a. Asociación cooperativa
    b. Sociedad de responsabilidad limitada
    c. Corporación sin fines de lucro
    d. Sociedad colectiva

26. Si un licenciatario cambia de un corredor empleador a otro, el licenciatario

    a. todavía debe el deber de confidencialidad al antiguo corredor y a los mandantes.
    b. no tiene más deberes con el antiguo corredor.
    c. debe toda la gama de deberes a ambos corredores.
    d. puede ser puesto en libertad condicional.

27. Los licenciatarios que cambian de corredor de empleo tienen prohibido

    a. incluir el nombre comercial del ex corredor en un currículum.
    b. actuando como corredor cooperante con el corredor anterior.
    c. realizar cualquier acto con licencia bajo el nuevo corredor durante seis meses.
    d. eliminar los registros de la oficina del corredor anterior.

6 Violaciones de la Ley de Licencias, Sanciones y Procedimientos

Definiciones
Procedimiento Disciplinario
Reunión de la Comisión
Infracciones y Sanciones
Fondo de Recuperación de Bienes Raíces

Objetivos de aprendizaje

- Explicar los procedimientos involucrados en la denuncia de violaciones, la investigación de quejas y la realización de audiencias
- Enumerar las causas por las que se denegará una solicitud de licencia
- Distinguir las acciones que harían que una licencia esté sujeta a suspensión o revocación
- Identificar a las personas que serían elegibles y el procedimiento para solicitar el reembolso del Fondo de Recuperación de Bienes Raíces
- Identificar a las personas que no están calificadas para presentar un reclamo del Fondo de Recuperación de Bienes Raíces
- Describa los límites monetarios impuestos por ley al Fondo de Recuperación de Bienes Raíces
- Distinguir entre las diversas sanciones que puede dictar un tribunal de justicia

Términos clave

abuso de confianza
cita
queja
ocultamiento
negligencia culpable
queja formal o administrativa
fraude
jurídicamente suficiente
tergiversación

bajeza moral
aviso de incumplimiento
causa probable
orden recomendada
estipulación
citación
sumaria/ orden de suspensión de emergencia
renuncia voluntaria por revocación definitiva

DEFINICIONES

Queja administrativa: un resumen inicial por escrito de las alegaciones de violación de la ley de licencias presentadas contra un titular de licencia

Abuso de confianza: incumplimiento de las promesas u obligaciones contraídas con otra persona, ya sea intencional o negligente.

Mezcla: mezclar fondos que pertenecen a una parte con los fondos de otra parte; depositar los fondos personales o comerciales de un licenciatario en la misma cuenta de depósito en garantía que contiene los fondos de los clientes.

Ocultación: la falta de divulgación de hechos materiales o información según lo exige la ley; un acto que impide o dificulta el descubrimiento de hechos que podrían afectar la decisión de seguir adelante con un contrato.

Conversión: el uso, alteración o destrucción por parte de una parte de la propiedad o los fondos de otra parte para los propios fines de la primera parte; el uso personal de un cliente o de los fondos de un cliente por parte de un licenciatario.

Negligencia culpable: acciones o falta de acciones que afectan negativa o dañinamente a otros; no considerar los posibles resultados de las propias acciones.

Queja formal: una queja administrativa que enumera todos los cargos contra un titular de licencia y que se presenta cuando el Panel de Causa Probable determina que existe una causa probable para el enjuiciamiento por parte del DBPR

Audiencia formal: una audiencia elegida por un infractor cuando hay hechos controvertidos después de que se ha determinado que existe una causa probable; se lleva a cabo ante un juez de derecho administrativo y permite que el infractor presente su versión del caso

Fraude: el engaño deliberado con el propósito de obtener ganancias personales injustas o ilegales; el uso de una acción deshonesta para privar a otra persona de su dinero, propiedad o derecho legal.

Buena fe: una creencia, motivo o intención sincera de tratar honestamente con los demás sin malicia o ventaja injusta.

Audiencia informal: una audiencia elegida por un infractor cuando no hay hechos controvertidos después de que se ha determinado que existe una causa probable; se lleva a cabo durante una reunión regular del FREC

Hecho material: información significativa o esencial que puede afectar el valor de una propiedad y/o la voluntad de una persona de celebrar un contrato o transacción.

Tergiversación: una parte proporciona una declaración falsa o engañosa que puede afectar la decisión de la otra parte de celebrar un contrato o transacción.

Depravación moral: un tipo de acto o comportamiento que se considera vil o depravado y que va en contra de las normas morales aceptadas y/o insulta la moralidad general; por ejemplo, asesinato, robo, falsificación e incendio provocado.

Nolo contendere o **no contestación**: una declaración hecha por un acusado en un caso penal que acepta la condena sin admitir culpabilidad.

Causa probable: una base razonable o evidencia concreta para indicar que se puede haber cometido un delito.

Suspensión sumaria: una orden de suspensión de emergencia emitida cuando el público está en peligro inmediato por las acciones de un titular de licencia

---

PROCEDIMIENTO DISCIPLINARIO

La denuncia
Investigación de DBPR
Panel de causa probable
Queja formal/administrativa
Estipulación
Renuncia voluntaria

La denuncia

Cualquier persona que crea que un licenciatario, solicitante o persona sin licencia ha violado la ley de licencias de bienes raíces de Florida puede presentar una queja ante el Departamento de Regulación Comercial y Profesional (DBPR). La denuncia debe ser por escrito, firmada por el denunciante y legalmente suficiente. Es decir, la queja debe incluir los hechos definitivos que demuestren una violación de los estatutos de Florida y/o las reglas administrativas del FREC. El DBPR puede requerir documentación de respaldo para determinar la suficiencia legal.

Una queja administrativa que alegue una violación por parte de un corredor, corredor asociado o asociado de ventas debe presentarse dentro de los 5 años posteriores a que ocurrió la violación o después de que la violación fue descubierta o debería haber sido descubierta. Si la queja se presenta ante el DBPR o el FREC contra un asociado de ventas, el corredor que emplea al asociado será notificado de la queja por escrito. Sin embargo, el aviso no se enviará hasta 10 días después de que el Panel de Causa Probable haya encontrado causa probable o hasta que el titular de la licencia renuncie a su privilegio de confidencialidad, lo que ocurra primero.

Investigar si se justifica. Si el DBPR determina que las acusaciones constituirían una violación, el Departamento iniciará una investigación y enviará una copia de la queja al titular de la licencia infractor o al abogado del titular de la licencia. El DBPR también notificará al denunciante si se encontró causa probable y el estado de la investigación y los procedimientos administrativos. Si la denuncia es el resultado de un acto criminal por parte del infractor, el Departamento no está obligado a notificar a nadie de la investigación. Además, si quienes llevan a cabo la investigación acuerdan por escrito que las notificaciones afectarían negativamente a la investigación, la notificación podrá ser denegada.

Si la queja es por una infracción menor por primera vez, el DBPR puede simplemente emitir un aviso de incumplimiento al infractor. Sin embargo, si el DBPR cree que el público está en peligro inmediato por las acciones del infractor, el secretario del Departamento puede emitir una suspensión sumaria.

Investigación de DBPR

El Departamento de Regulación Comercial y Profesional (DBPR, por sus siglas en inglés) puede investigar lo siguiente:

- una queja anónima, siempre y cuando la queja sea por escrito y legalmente suficiente y si la presunta violación es sustancial y el departamento cree que las acusaciones son verdaderas
- una queja de un informante confidencial, siempre y cuando la queja sea por escrito y legalmente suficiente y si la presunta violación es sustancial y el departamento cree que las acusaciones son verdaderas
- una queja de que el demandante original retira o trata de disuadir al DBPR de investigar o enjuiciar
- la propia creencia razonable del DBPR o del FREC de que un licenciatario o grupo de licenciatarios ha violado un estatuto o regla de la Florida

Después de que el Departamento haya iniciado una investigación y haya notificado al titular de la licencia o al abogado del titular de la licencia, el titular de la licencia tiene 20 días para presentar una respuesta por escrito. La respuesta se envía al Panel de Causa Probable para su consideración.

Cuando el Departamento complete la investigación, presentará un informe de investigación al Panel, completo con los hallazgos de la investigación y las recomendaciones de causa probable. Sin embargo, si el Departamento determina que no hay pruebas suficientes para respaldar las alegaciones, puede presentar un informe al Panel, desestimar el caso y notificar al sujeto de la queja.

Panel de Causa probable

Con base en el volumen de casos a manejar, el FREC puede proporcionar múltiples paneles de causa probable. Cada panel estará compuesto por al menos dos miembros que cumplan con los siguientes requisitos:

- uno o más pueden ser ex miembros de la Comisión
- uno debe ser miembro actual de la Comisión
- uno debe ser un consumidor miembro anterior o actual de la Comisión
- uno debe ser un miembro profesional de la Comisión anterior o actual que tenga una licencia de bienes raíces válida activa

Los miembros del Panel cumplen diferentes mandatos o repiten el servicio según lo determine el FREC

El único propósito del Panel es determinar si existe causa probable para cualquier queja investigada por el DBPR. La determinación se hace por mayoría de votos de los miembros del Panel. Para tomar una determinación informada, el Panel puede solicitar información adicional de investigación al DBPR dentro de los 15 días posteriores a la recepción del informe de investigación de un caso. El Panel debe entonces tomar su determinación de causa probable dentro de los 30 días posteriores a la recepción de un informe final de investigación. El secretario del Departamento puede proporcionar una extensión a los plazos de 15 y 30 días.

Si el Panel determina que no hay causa probable, puede desestimar el caso con o sin una Carta de Orientación que sugiera qué acción debe tomar el sujeto de la queja. Si el Panel no determina la causa probable o no emite una carta de orientación dentro de los 30 días, el DBPR tomará una determinación de una forma u otra dentro de los próximos 10 días. Si el Panel o el DBPR encuentran causa probable, se presentará una queja formal contra el infractor, y se notificará al corredor que lo emplea y al denunciante.

Los procedimientos de causa probable son confidenciales y no están abiertos al público. Tampoco están abiertos a los miembros del FREC que no sean miembros del Panel, porque esos miembros deben ser objetivos en caso de que vayan a participar en una audiencia informal sobre el asunto.

Queja formal/ administrativa

La presentación de una queja formal dará lugar a que la queja sea procesada por el DBPR. Sin embargo, si el Departamento cree que el Panel fue defectuoso o descuidado en la búsqueda de causa probable, el Departamento puede decidir no enjuiciar.

La queja formal se enviará al infractor por correo postal, correo certificado o correo electrónico. Es responsabilidad del titular de la licencia asegurarse de que el Departamento tenga un registro de la dirección postal actual, la dirección de correo electrónico y el lugar de práctica del titular de la licencia. La queja formal enumera los cargos y proporciona al infractor una elección de derechos, que es una elección de la forma en que el infractor desea responder. El infractor puede elegir

- a no disputar las alegaciones de hecho y a solicitar una audiencia informal
- disputar las alegaciones de hecho y solicitar una audiencia formal, o
- a no disputar las alegaciones de hecho y a renunciar al derecho a ser oído

El titular de la licencia infractor debe presentar su Elección de Derechos dentro de los 21 días a partir de la fecha en que se recibió y recibir un aviso de al menos 14 días de la fecha de una audiencia. Si no responde dentro del plazo requerido, el titular de la licencia renuncia al derecho a elegir. En consecuencia, el caso será escuchado en una audiencia informal ante el FREC.

Estipulación	En lugar de asistir a una audiencia cuando el titular de la licencia no disputa los hechos, puede acordar reunirse con la División de Bienes Raíces para discutir un acuerdo que ponga fin al caso. El acuerdo, llamado estipulación, tendrá en cuenta los hechos del caso y las sanciones que ambas partes puedan acordar, si las hubiera. La estipulación debe ser aprobada por el FREC antes de que entre en vigor. Si el FREC rechaza los términos de la estipulación, puede hacer recomendaciones para cambios en las sanciones que considere más apropiados para su aprobación.
Renuncia voluntaria	Otra decisión que el titular de la licencia infractor puede tomar para evitar pasar por una audiencia de queja es una renuncia voluntaria a la revocación permanente de su licencia. Al hacerlo, se revocará permanentemente la licencia y se prohibirá que el licenciatario vuelva a ejercer bienes raíces. La renuncia sustituirá a las posibles sanciones que se hayan considerado oportunas como resultado de una audiencia. La renuncia debe ser aprobada por la FREC, quien notificará al infractor su aprobación a través de una orden final.

REUNIÓN DE LA COMISIÓN

Audiencia informal
Audiencia formal
Orden final emitida por el FREC
Revisión judicial

	Si ni un acuerdo de estipulación ni una renuncia voluntaria para la revocación permanente son aceptables para el titular de la licencia infractora, entonces el caso de queja debe ser escuchado en una audiencia informal o formal.
Audiencia informal	Si el titular de la licencia decide no disputar las alegaciones presentadas en una queja formal, puede solicitar una audiencia informal ante el FREC. La audiencia se lleva a cabo durante una reunión del FREC. El titular de la licencia puede presentar su versión del caso y hacer que un abogado y/o testigos asistan en su nombre. Solo aquellos miembros del FREC que no sirvieron en el Panel de Causa Probable pueden asistir a la audiencia.
	Después de escuchar el caso, la Comisión determinará la culpabilidad o inocencia del titular de la licencia e impondrá la sanción apropiada, si la hubiere. La Comisión enviará una notificación formal al titular de la licencia en forma de una orden final. Si surge alguna disputa durante la audiencia informal, la audiencia se dará por terminada y el caso se trasladará a una audiencia formal.
Audiencia formal	Se puede llevar a cabo una audiencia formal en cualquiera de dos situaciones: el titular de la licencia infractor disputa las acusaciones y solicita una audiencia formal, o las disputas que surgen durante una audiencia informal dan como resultado que el caso se escuche en una audiencia formal. La audiencia es similar a la forma en que se juzga un caso en un tribunal civil o penal y cada parte presenta hechos y testigos.

Al igual que en una audiencia informal, el titular de la licencia puede tener un abogado y/o testigos a su favor. Si es necesario, los testigos pueden ser citados por el juez.

Después de que se escuche el caso, el juez emitirá una orden recomendada al FREC y proporcionará una copia al titular de la licencia. La orden contendrá los hallazgos, conclusiones y sanciones recomendadas por el juez, si las hubiera. Las partes registradas en el caso pueden presentar excepciones por escrito a la orden recomendada por el juez que identifiquen claramente la base legal de la excepción.

Orden Final emitida por el FREC

Después de recibir la orden recomendada por el juez de la audiencia formal, la Comisión revisará toda la información de las audiencias informales y formales, así como cualquier estipulación, renuncia voluntaria y excepción para determinar si se ha establecido la culpabilidad y si se justifica la disciplina. La Comisión puede rechazar, modificar o aceptar la orden recomendada como la orden final.

Si se considera que las sanciones están justificadas, la Comisión puede imponer multas, suspensión de la licencia o revocación de la licencia para bloquear permanentemente al infractor de la práctica de bienes raíces en Florida. En cualquier momento del proceso de queja de que las acciones del infractor se consideran peligrosas para el público, el Secretario del DBPR puede emitir una suspensión sumaria de la licencia del infractor.

Después de que la Comisión haya revisado el caso y se haya pronunciado sobre la culpabilidad o inocencia y la disciplina, emitirá una orden final dentro de los 90 días siguientes a la recepción de la orden recomendada. La orden final incluirá una decisión sobre cada excepción presentada anteriormente.

Luego, la Comisión enviará una copia de la orden final a todas las partes del caso y les informará sobre el proceso para apelar el fallo. También se debe enviar una copia de la orden final al DRE dentro de los 15 días posteriores a la presentación de la orden ante el secretario. La orden final se puede utilizar como evidencia prima facie en cualquier caso civil resultante relacionado con la demanda y la decisión final.

Revisión judicial

Un titular de licencia que no esté de acuerdo con la orden final puede presentar una apelación ante el DBPR y el Tribunal de Apelaciones de Distrito dentro de los 30 días posteriores a la recepción de la orden. El titular de la licencia también puede presentar una suspensión de la ejecución para detener la ejecución de la orden final hasta que se complete la apelación. Cuando se presenta la solicitud de suspensión, el tribunal emite una orden de sustitución que anula la orden final de la Comisión y permite que el titular de la licencia continúe ejerciendo los servicios de bienes raíces hasta que se complete la apelación.

Durante la apelación, si el tribunal determina que la Comisión cometió un error material, el tribunal requerirá una acción correctiva por parte de la Comisión. Sin embargo, al no haber constatación de error por parte de la FREC y sin otros motivos legítimos para modificar o desestimar la orden final, el tribunal debe encontrar apoyo a la orden final del FREC. Si el tribunal falla a favor del titular de la licencia, los derechos del titular de la licencia deben ser restaurados. El tribunal podrá conceder al licenciatario honorarios de abogado y judiciales.

INFRACCIONES Y SANCIONES

Autoridad FREC
Infracciones y sanciones
Sanciones emitidas por los tribunales de justicia

Autoridad FREC   La Comisión tiene la autoridad para establecer pautas para las sanciones que se impondrán a un licenciatario que viole las leyes de bienes raíces de la Florida, específicamente el Capítulo 455 y el Capítulo 475, así como el Código Administrativo de FREC. Debido a que la jurisdicción de la Comisión se limita a la práctica de bienes raíces en Florida, solo puede imponer sanciones administrativas relacionadas con esa práctica. Las sanciones penales y civiles deben provenir de los tribunales. La restitución a una parte perjudicada es un asunto civil y, por lo tanto, la FREC no puede otorgarla.

El FREC está autorizado a realizar las siguientes actuaciones:

> ▶ **negar una solicitud de licencia**
>
> Los motivos para la denegación de la solicitud o licencia incluyen errores en la solicitud, incumplimiento de los requisitos de la solicitud o de la licencia, falta de pago de las tarifas aplicables, falta de carácter requerido, actos que justificarían la suspensión o revocación de una licencia, ser sorprendido haciendo trampa en el examen de licencia.

> ▶ **negarse a renovar una licencia**
>
> Los motivos para negarse a renovar una licencia existente son muy similares a los de la denegación de la solicitud de licencia

> ▶ **reprimenda**
>
> manera similar a un aviso de incumplimiento, se puede emitir una carta de reprimenda a un licenciatario que ha violado la ley o el código de bienes raíces.

▶ **emitir un aviso de incumplimiento**

Según lo establecido por la Comisión, las violaciones de ciertos estatutos y reglas se consideran violaciones menores

Estas leyes son aquellas que no resultan en daños económicos o físicos o afectan negativamente la salud, la seguridad o el bienestar del público o crean una amenaza de daño.

Las personas que infrinjan estas leyes por primera vez pueden recibir un aviso de incumplimiento que identifica la ley violada y contiene instrucciones sobre cómo y cuándo corregir la infracción. La ley les da a estos infractores 14 días para corregir la infracción. Si no se corrige la infracción, el titular de la licencia puede recibir una citación o ser sancionado con más medidas disciplinarias.

El Código Administrativo 61J2-24.003 contiene la lista de estos estatutos y reglas y se puede encontrar en línea en

http://www.myfloridalicense.com/DBPR/servop/testing/documents/Printable_LawBook.pdf

▶ **imponer una multa administrativa**

Las multas oscilan entre $100 y $5,000 por infracción para ciertas infracciones.

▶ **imponer libertad condicional**

Ademas de otras sanciones disciplinarias, la Comisión puede poner a un titular de licencia en libertad condicional. La Comisión designará el plazo y las condiciones que considere apropiados.

Las condiciones estándar de prueba pueden incluir requerir que el titular de la licencia complete un curso previo o posterior a la licencia, que complete con éxito el examen administrado por el estado y/o que sea entrevistado periódicamente por un investigador del DBPR.

A los corredores en período de prueba se les puede asignar su licencia en un estado de asociado de corredor o se les puede exigir que presenten informes sobre el estado de la cuenta de depósito en garantía ante la Comisión o con un investigador del DBPR a intervalos prescritos.

▶ **emitir citas**

Las citaciones se emiten por infracciones específicas que no representan una amenaza sustancial para la salud, la seguridad y el bienestar públicos. Los investigadores del DBPR y el FREC pueden emitir una citación máxima de $500. Las citaciones deben pagarse o disputarse en un plazo de 30 días. Si se disputa el asunto, se enviará para una audiencia formal ante un juez de derecho administrativo.

> ► **suspender una licencia**
>
> Basado en pautas disciplinarias y sanciones asociadas, una licencia puede ser suspendida por violaciones de la ley y el código por hasta 10 años.

> ► **revocar una licencia**
>
> Basado en pautas disciplinarias y sanciones asociadas, esta sanción tiene la intención de eliminar permanentemente al infractor de la práctica de bienes raíces; sin embargo, el lenguaje adicional en la ley establece que el FREC puede aprobar una solicitud de un licenciatario previamente revocado si "*debido al transcurso del tiempo y la buena conducta y reputación posteriores, u otra razón que se considere suficiente, a juicio de la Comisión no se pondrá en peligro el interés del público y de los inversores*".
>
> Independientemente de este lenguaje en la ley, el FREC mantiene su política de no otorgar licencias a los licenciatarios previamente revocados.

> ► **revocar sin perjuicio**
>
> Si la licencia fue expedida por error o inadvertencia de la Comisión, podrá ser revocada o cancelada sin perjuicio de una solicitud posterior de la misma persona.

> ► **mediación**
>
> Las violaciones que son de naturaleza económica e involucran disputas están sujetas a ser remitidas a mediación para su resolución.
>
> Tales violaciones incluyen: la falta de mantenimiento de una oficina o letrero de entrada por parte de un corredor, la falta de registro de una sucursal y la falta de pago a un licenciatario de la cantidad de comisión designada en una sentencia civil.

Infracciones y sanciones

Código Administrativo de la Florida Contiene una lista exhaustiva de acciones que constituyen violaciones de la ley de bienes raíces y las sanciones por la primera y posteriores violaciones. La lista se puede encontrar en línea en:

http://www.myfloridalicense.com/DBPR/servop/testing/documents/Printable_LawBook.pdf.

Los siguientes son ejemplos de infracciones y sanciones asociadas de esa lista.

Violación	Primera infracción	Violaciones posteriores
Fraude, tergiversación y trato deshonesto	multa administrativa y suspensión de 30 días hasta revocación	multa administrativa y suspensión de 6 meses hasta revocación
Publicidad falsa, engañosa o engañosa	multa administrativa y suspensión de 30 a 90 días	multa administrativa y suspensión de 90 días hasta la revocación
Negligencia culpable o abuso de confianza	multa administrativa y suspensión de 30 días hasta revocación	multa administrativa y suspensión de 6 meses hasta revocación
No depositar, como corredor, dinero en una cuenta de depósito en garantía inmediatamente después de recibirlo hasta que el desembolso esté debidamente autorizado; como asociado de ventas, para depositar cualquier dinero en custodia con su empleador registrado	multa administrativa y suspensión de 30 días hasta la revocación	Multa administrativa y suspensión hasta la revocación
No informar por escrito a la Comisión dentro de los 30 días posteriores a que el titular de la licencia sea condenado o declarado culpable, o presentó una declaración de nolo contendere o culpable, independientemente de la adjudicación, un delito en cualquier jurisdicción.	Multa administrativa y suspensión hasta la revocación	Multa administrativa y suspensión hasta la revocación
Cobro, por parte de un asociado de ventas, de cualquier dinero en relación con cualquier transacción de corretaje de bienes raíces, excepto a nombre del empleador	Multa administrativa y suspensión hasta la revocación	Multa administrativa y suspensión hasta la revocación
Emitir una opinión de que el título de propiedad vendida es bueno o comerciable cuando no se	multa administrativa y suspensión de 30 días hasta la revocación	Multa administrativa y suspensión hasta la revocación

basa en la opinión de un abogado con licencia		

Por lo general, estas sanciones se imponen durante una audiencia informal o formal. El orden de las sanciones por infracciones, que van de menor a mayor, es la reprimenda, la multa, la libertad condicional, la suspensión y la revocación o denegación. Cualquiera de estas sanciones puede ser acumulable.

Las sanciones son las enumeradas, a menos que se puedan demostrar circunstancias agravantes o atenuantes durante una audiencia, en cuyo caso, la Comisión puede desviarse de las pautas de sanciones enumeradas en el Código Administrativo.

Las violaciones adicionales y los motivos de disciplina se encuentran en el Capítulo 455.227 que se encuentra en línea en http://www.flsenate.gov/Laws/Statutes/2019/Chapter455/All.

Los siguientes son ejemplos de violaciones que pueden resultar en la emisión de una *citación*. La lista completa se encuentra en 61J2-24.002 F.A.C. en línea en http://www.myfloridalicense.com/DBPR/servop/testing/documents/Printable_La wBook.pdf.

Artículo 475.25(1)(q), F.S.	no dio la divulgación o notificación apropiada en el momento apropiado bajo las disposiciones de la Sección 475.2755 o 475.278, F.S. (Solo se puede dar una citación por una violación por primera vez).
Sección 475.25(1)(r), F.S.	no incluyó la información requerida en un acuerdo de listado; no entregó una copia a un cliente dentro de las 24 horas; contiene una cláusula de autorrenovación
Sección 475.4511(2), F.S.	Publicitó información falsa, inexacta, engañosa o exagerada
Regla 61J2-10.025, F.A.C.	se anuncia de una manera en la que una persona razonable no sabría que está tratando con un licenciatario o corredor de bienes raíces; no incluyó el nombre registrado de la firma de corretaje en el anuncio; no utilizó el apellido del licenciatario tal como estaba registrado en la Comisión en un anuncio
Regla 61J2-10.038, F.A.C	no notificó oportunamente al DBPR de la dirección postal actual o cualquier cambio en la dirección postal actual
Subsección 61J2-14.012(2), F.A.C.	No se pudo conciliar adecuadamente una cuenta de depósito en garantía cuando la cuenta se equilibra.

Sanciones emitidas por Tribunal de Justicia

Sanciones civiles. Las sanciones civiles son un castigo monetario por violar un estatuto o código administrativo y se imponen como restitución por mala conducta. La sanción puede ser una multa, un recargo o una compensación impuesta para hacer cumplir las regulaciones y/o recuperar los fondos adeudados. Las sanciones civiles no son el resultado de un pleito privado entre dos particulares. Esas demandas resultan en daños civiles, no en sanciones. Los tribunales imponen sanciones civiles por infracciones tales como la emisión de cheques sin fondos, la práctica de bienes raíces sin licencia, la presentación de una denuncia falsa contra un licenciatario, la falta de pago de una multa impuesta, etc.

Sanciones penales. Las sanciones penales son el resultado de violaciones de las leyes locales, estatales o federales que prohíben ciertas conductas. La sanción puede ser una multa, un arresto o tiempo en la cárcel. Estas penas son impuestas por los tribunales penales. Ni el FREC ni el DBPR están facultados para imponer sanciones penales. Sin embargo, el DBPR está obligado a remitir asuntos penales a la oficina de la Procuradora General de Florida. Los delitos penales se dividen en clases separadas:

> ‣ **Un delito menor de primer grado** resulta en una multa de hasta $1,000 y/o hasta 1 año de cárcel; delitos como no proporcionar información precisa y actual sobre el alquiler a cambio de una tarifa son delitos menores de primer grado

> ‣ **un delito menor de segundo grado** resulta en una multa de hasta $500 y/o hasta 60 días de cárcel; delitos como publicidad engañosa, presentación de declaraciones falsas al FREC u otras violaciones del Capítulo 475 F.S. son delitos menores de segundo grado

> ‣ **delito grave de tercer grado** resulta en una pena de multa de hasta $5,000 y/o 5 años de cárcel; delitos como robar o copiar el examen de licencia estatal, hacer declaraciones engañosas en una solicitud de licencia y practicar bienes raíces sin una licencia válida son delitos graves de tercer grado

Cualquier titular de licencia que se declare *culpable o nolo contendere* o sea declarado culpable de un delito menor o delito grave debe notificar a la Comisión dentro de los 30 días posteriores a la declaración de culpabilidad o condena. La falta de presentación de la declaración de culpabilidad o la condena puede dar lugar a que el titular de la licencia sea sancionado.

Los titulares de licencias que informan deben usar el Documento de Autoinforme Penal de Florida, que se puede encontrar en línea en

http://www.myfloridalicense.com/dbpr/pro/documents/Criminal%20Self%20Reporting_05.2019.pdf

FONDO DE RECUPERACIÓN INMOBILIARIA

Transacciones de corretaje
Personas no calificadas para presentar reclamos
Pago por reclamos
Límite de fondos y tarifas

**Transacciones
de corretaje**

El propósito del Fondo de Recuperación de Bienes Raíces de Florida es reembolsar a las personas o entidades comerciales por los daños monetarios causados por las acciones de un licenciatario de bienes raíces en relación con una transacción de bienes raíces. Los pagos del Fondo serán aprobados por el FREC si:

▶ El titular de la licencia tenía una licencia de bienes raíces vigente, válida y activa en el momento en que se cometió el acto

▶ El licenciatario no era el vendedor, comprador, arrendador o inquilino ni un funcionario, director, socio ni miembro de una entidad comercial que fuera el vendedor, comprador, arrendador o inquilino en la transacción

▶ el licenciatario actuaba únicamente como licenciatario de bienes raíces en la transacción; y

▶ el acto fue una violación del Capítulo 475 F.S

Además, el reclamante perjudicado tendrá derecho a un reembolso monetario del Fondo si:

▶ el demandante ha presentado una demanda en un tribunal civil y ha obtenido una sentencia definitiva contra el titular de la licencia por sus acciones durante el curso de una transacción inmobiliaria

▶ el reclamante ha notificado al FREC las acciones del licenciatario

▶ la reclamación de recuperación se realiza dentro de los 2 años siguientes a la fecha de la acción o a la fecha en que se descubrió la acción

▶ la reclamación de recuperación no se presenta más de 4 años después de la fecha en que se cometió la supuesta acción

▶ el demandante obtiene un mandamiento de ejecución de la sentencia y ejecuta una declaración jurada que demuestre que el demandante ha hecho un esfuerzo concertado para encontrar suficientes bienes muebles o inmuebles pertenecientes al titular de la licencia que podrían utilizarse para satisfacer la sentencia; y

▶ el demandante ejecuta una declaración jurada que demuestra que la sentencia definitiva no está en apelación o que ha concluido una apelación

Además, un licenciatario de bienes raíces es elegible para un reembolso monetario del Fondo si el licenciatario:

> - fue el comprador, vendedor, arrendador o inquilino en la transacción como consumidor y no como licenciatario que manejó la transacción; y
> - sufre daños monetarios como resultado de actos cometidos por el licenciatario/agente que maneja la transacción

Personas no cualificadas para hacer una reclamación

Un individuo o entidad commercial no tiene derecho a presentar una reclamación de pago del Fondo si:

> - el reclamante es el cónyuge del titular de la licencia infractor o un representante personal del cónyuge
> - el reclamante es un corredor o asociado de ventas con licencia que actuó como agente único o corredor de transacciones en la transacción en cuestión.
> - la reclamación se basa en una transacción en la que el licenciatario infractor poseía o controlaba la propiedad en la transacción en cuestión o en la que el licenciatario no actuaba como corredor o asociado de ventas
> - la reclamación se basa en una transacción en la que el corredor o asociado de ventas infractor no tenía una licencia vigente y válida; y/o
> - la sentencia es contra una corporación de corretaje de bienes raíces, sociedad, LLC o LLP

Además, aquellos que buscan daños punitivos en lugar de daños compensatorios no son elegibles para el pago del Fondo.

Pago por reclamos

Una parte lesionada que cumpla con todos los requisitos de elegibilidad puede solicitar al FREC un pago de reembolso del Fondo. Los estatutos de Florida limitan cada pago al monto menor de la sentencia no satisfecha o $50,000. Las reclamaciones múltiples de pagos basadas en la misma transacción se limitan a un total de $50,000, independientemente de la cantidad de reclamaciones, reclamantes o parcelas de tierra involucradas. Las reclamaciones múltiples contra cualquier licenciatario están limitadas a un total de $150,000.

La licencia de un licenciatario cuyas acciones hayan dado lugar a un reembolso a un reclamante queda suspendida desde la fecha del pago hasta que el licenciatario haya reembolsado con intereses la cantidad total pagada por el Fondo.

Los estatutos limitan los pagos a daños compensatorios o reales y no pagan daños triples, costos judiciales, honorarios de abogados o intereses a menos que el reclamante sea un licenciatario al que el tribunal le ordene pagar daños monetarios como resultado de una orden de desembolso de depósito en garantía (EDO) emitida por el FREC. En ese caso, se pueden pagar al titular de la licencia el triple de los daños, los costos judiciales, los honorarios de abogados y los intereses. Una vez más, el pago se limita al monto de la sentencia contra el titular de la licencia o $50,000, lo que sea menor.

**Límite de fondos
y tarifas**

El Fondo de Recuperación de Bienes Raíces de la Florida se financia con las tarifas que se cobran a los licenciatarios. Se cobra una tarifa de $ 3.50 por año para licencias de corredor nuevas y de renovación. Se cobra una tarifa de $1.50 por año para las licencias de asociado de ventas nuevas y de renovación. Todo el dinero recaudado por las multas disciplinarias también se deposita en el Fondo.

Si el saldo del Fondo alcanza $1 millón, se deja de cobrar la tarifa especial para licencias nuevas y renovadas. Una vez que el saldo alcance los $500,000 como resultado de los pagos realizados, se volverán a cobrar las tarifas.

6 Violaciones de la Ley de Licencias, Sanciones y Procedimientos
Revisión Instantánea

PROCEDIMIENTO DISCIPLINARIO

Queja
- por escrito, firmada y legalmente suficiente; presentada dentro de los 5 años posteriores a la infracción; DBPR inicia investigación, puede emitir un aviso de incumplimiento

Investigación de DBPR
- investiga quejas anónimas, confidenciales, de informantes retirados y de DBPR o FREC

Panel de causa probable
- al menos 2 miembros de FREC que cumplan con los requisitos; determina si existe una causa probable; puede desestimar el caso o emitir una carta de orientación cuando no exista una causa probable
- causa probable encontrada – Denuncia formal presentada

Queja formal/administrativa
- procesado por DBPR; infractor notificado y se le da Elección de Derechos sobre cómo proceder

Estipulación
- acuerdo para poner fin al caso cuando el titular de la licencia no impugne la acusación; aprobado por FREC

Renuncia voluntaria
- el licenciatario se compromete a renunciar permanentemente a la licencia; aprobado por FREC

REUNIÓN DE LA COMISIÓN

Audiencia formal/informal
- el licenciatario no disputa las acusaciones; FREC celebra audiencia, FREC determina culpabilidad o inocencia
- si surge una disputa, el caso se envía a una audiencia formal

Audiencias formales
- escuchado por un juez de derecho administrativo que es miembro del Colegio de Abogados de Florida durante 5 años; juez dicta orden recomendada a FREC

Orden final emitida por FREC
- FREC revisa la orden recomendada y emite la orden final y las sanciones si se justifican

Revisión judicial
- el titular de la licencia puede estar en desacuerdo con la orden final y solicitar una apelación; También puede solicitar la suspensión de la ejecución hasta que se complete la apelación

VIOLACIONES & PENAS

Autoridad FREC
- FREC está facultado para denegar la solicitud de licencia; denegar la renovación de la licencia; reprender al titular de la licencia; emitir un aviso de incumplimiento; imponer multas, libertad condicional y citaciones; suspender la licencia; revocar la licencia; revocar sin perjuicio; ordenar la mediación

Infracciones y penalties
- lista de infracciones contenidas en el F.A.C. F.A.C. 61J2-24.001 y Capitulo 455.227; sanciones impuestas durante las audiencias; circunstancias agravantes o atenuantes alteran la pena impuesta
- violaciones que resulten en citaciones encontradas en 61J2-24.002 F.A.C

Sanciones por los tribunales de justicia
- civil – monetario solamente; Penal – Delitos Menores y Delitos Graves

FONDO DE RECUPERACIÓN

**Transacciones
de corretaje**
- Pagos aprobados si se cumplen los requisitos del titular de la licencia y del reclamante

**No calificado para
hacer reclamo**
- el cónyuge infractor del titular de la licencia; agente único o corredor de transacciones; propiedad del licenciatario; sin licencia vigente; Sin daños punitivos

Pago de reclamos
- limitado a menos de la sentencia total o $50,000 por cada reclamo; $150,000 en total por licenciatario; El titular de la licencia debe reembolsar el Fondo

**Límites y comisiones
de los fondos**
- financiados por las tasas cobradas por las licencias nuevas y renovadas y por las multas disciplinarias

SECCIÓN SEIS: Violaciones de la Ley de Licencias, Sanciones y Procedimientos

Revisión de instantáneas

1. Se debe presentar una queja administrativa contra un corredor _____ después de que haya ocurrido la infracción o después de que se haya descubierto la infracción.

    a. 2 años
    b. ser el final de la jornada al día siguiente
    c. no más de 4 años
    d. en un plazo de 5 años

2. ¿Bajo qué circunstancias el DBPR no puede notificar al licenciatario infractor de una investigación?

    a. Si el delincuente es un peligro para el público
    b. Si el Panel de Causa Probable encuentra causa probable
    c. Si el delito es un acto criminal
    d. Si el infractor es un corredor que emplea a asociados de ventas

3. ¿Cuándo puede el DBPR emitir un aviso de incumplimiento a un licenciatario?

    a. Cuando la queja es por una infracción menor por primera vez
    b. Cuando el titular de la licencia impugna las alegaciones de una queja
    c. Cuando la denuncia es por un delito menor en primer grado
    d. Cuando el FREC ordena al DBPR que emita el aviso

4. Cuándo se emite una suspensión sumaria?

    a. Cuando hay múltiples infracciones por parte del mismo licenciatario
    b. Cuando la queja es el resultado de que el titular de la licencia cometa un delito grave
    c. Cuando el DBPR cree que el titular de la licencia representa un peligro inmediato para el público
    d. Cuando una investigación da como resultado un hallazgo de causa probable

5. Cuando el DBPR inicia una investigación y notifica al licenciatario infractor, el licenciatario puede responder a la queja dentro de

    a. 24 horas.
    b. 10 días.
    c. 20 días.
    d. 30 días.

6. ¿Cuántos miembros actuales de la Comisión deben participar en un Panel de Causa Probable?

    a. Ninguno
    b. 1
    c. 2
    d. 3 o más

7. El Panel de Causa Probable debe hacer su determinación de causa probable dentro de los _____ días posteriores a la recepción del informe final de investigación.

    a. 10
    b. 15
    c. 20
    d. 30

8. ¿Cuándo se emite una carta de orientación?

    a. Cuando la infracción es una infracción menor por primera vez
    b. Cuando no se determina una causa probable
    c. Cuando el DBPR cree que el titular de la licencia infractor es un peligro para el público
    d. Cuando el DBPR completa su investigación

9. ¿Qué sucede a continuación si se encuentra una causa probable para una queja?

    a. Se emite una carta de orientación.
    b. La denuncia se entrega al fiscal del estado.
    c. Se presentará una denuncia formal contra el infractor.
    d. El licenciatario infractor es suspendido.

10. ¿Qué derecho se otorga al titular de la licencia infractor a través del aviso de elección de derechos?

    a. Disputar las acusaciones y solicitar una audiencia informal
    b. No impugne las acusaciones y solicite una audiencia formal
    c. Impugnar las alegaciones, pero plea nolo contendere
    d. No impugne las acusaciones y renuncie al derecho a una audiencia

11. Un acuerdo de estipulación debe ser aprobado por el

    a. FREC.
    b. DBPR.
    c. DRE.
    d. Corredor empleador.

12. Si un licenciatario infractor opta por renunciar voluntariamente a su licencia para la revocación permanente, ¿qué sanciones se incluyen en esa elección?

    a. Cualquier multa impuesta
    b. Restitución al demandante
    c. Las sanciones impuestas por el FREC durante su procedimiento de aprobación
    d. Ninguno

13. Si una licencia de bienes raíces se emite por error,

    a. La licencia puede ser revocada sin perjuicio.
    b. El titular de la licencia debe volver a tomar el examen estatal.
    c. La licencia debe ser cancelada.
    d. El licenciatario puede pagar una tarifa para validar la licencia.

14. Para ser elegible para el reembolso monetario del Fondo de Recuperación de Bienes Raíces de la Florida, se debe presentar un reclamo dentro de los _____ posteriores a la fecha de la acción.

    a. 1 año
    b. 2 años
    c. 3 años
    d. 5 años

15. Bajo ninguna circunstancia el Fondo de Recuperación paga _____ daños y perjuicios.

    a. compensatorio
    b. real
    c. punitivo
    d. triple

16. La conversión es el acto de

    a. Mezclar los fondos de depósito en garantía con los fondos operativos del corredor.
    b. apropiarse de los depósitos de los clientes o clientes para su uso en el negocio de la agencia.
    c. Convertir una oferta en un contrato vinculante.
    d. Convertir los fondos de depósito en garantía en fondos de capital en una propiedad al cierre.

17. La mezcla es la práctica de

    a. Combinación de fondos de depósito en garantía en varias propiedades en una cuenta de depósito en garantía.
    b. Mezclarse socialmente con los prospectos en jornadas de puertas abiertas u otras funciones de marketing.
    c. apropiarse de los depósitos de los clientes o clientes para su uso en el negocio de la agencia.
    d. Mezclar los fondos de depósito en garantía con los fondos operativos del corredor.

7 Leyes Federales y Estatales Relacionadas con Bienes Raíces

Objetivos de Vivienda Justa
Leyes Federales de Vivienda Justa y Otras Leyes
Leyes de Vivienda Justa y Propietarios e Inquilinos de Florida

Objetivos de aprendizaje

- Explique la importancia del caso judicial Jones vs. Mayer
- Enumere los bienes inmuebles incluidos en las diferentes leyes de vivienda justa
- Reconocer a los grupos protegidos por la Ley de Vivienda Justa de 1968
- Enumere la propiedad exenta de la Ley de Vivienda Justa de 1968 y las clases protegidas
- Enumere las dos clasificaciones protegidas agregadas a la Enmienda de Vivienda Justa de 1988
- Describir los tipos de actos discriminatorios que están prohibidos por la Ley de Vivienda Justa de 1968
- Describir el proceso de HUD para manejar una queja bajo la Ley de Vivienda Justa de 1968
- Describir los objetivos y las principales disposiciones de la Ley de Estadounidenses con Discapacidades
- Describir las principales disposiciones de la Ley de Propietarios e Inquilinos Residenciales de la Florida
- Describir las principales disposiciones de la Ley de Divulgación de Ventas de Tierras Interestatales

Términos clave

Coaccion inmobilaria (blockbusting)	alojamiento público
Estado familiar	línea roja (redlining)
Estado de discapacidad	guiando (steering)
Informe de la propiedad	terrenos subdivididos

OBJETIVOS DE VIVIENDA JUSTA

Los gobiernos federal y estatal han promulgado leyes que prohíben la discriminación en el mercado nacional de la vivienda. El objetivo de estas **Leyes de Vivienda Justa, o leyes de igualdad de oportunidades en materia de vivienda,** es dar a todas las personas en el país igualdad de oportunidades para vivir donde deseen, siempre que puedan permitírselo, sin impedimentos de discriminación en la compra, venta, alquiler o financiamiento de propiedades.

Leyes Estatales de Vivienda Justa. Si bien los estados han promulgado leyes de vivienda justa que generalmente reflejan las disposiciones de la ley nacional, cada estado puede tener ligeras modificaciones de la ley nacional. Por esa razón, corresponde a los estudiantes de bienes raíces de Florida aprender las leyes de Florida y, en particular, tener en cuenta dónde difieren estas leyes de las leyes nacionales de vivienda justa.

Vivienda Justa y Zonificación Local. La Ley de Vivienda Justa prohíbe una amplia gama de prácticas que discriminan a las personas por motivos de raza, color, religión, sexo, origen nacional, estado familiar y discapacidad. La Ley no prevalece sobre las leyes locales de zonificación. Sin embargo, la Ley se aplica a los municipios y otras entidades gubernamentales locales y les prohíbe tomar decisiones sobre la zonificación o el uso de la tierra o implementar políticas de uso de la tierra que excluyan o discriminen a las personas protegidas, incluidas las personas con discapacidades.

LEYES FEDERALES DE VIVIENDA JUSTA Y OTRAS LEYES

Ley de Derechos Civiles de 1866
Ley de Derechos Civiles de 1964
Ley de Derechos Civiles de 1968
Formas de discriminación ilegal
Exenciones del Título VIII
Jones v. Mayer
Cartel de Igualdad de Oportunidades en la Vivienda
Enmiendas a la Ley de Vivienda Justa de 1988
Exenciones de vivienda justa
Discriminación por parte del cliente
Infracciones y aplicación de la ley
Leyes de financiamiento justo
Ley de Estadounidenses con Discapacidades de 1990
Ley de Divulgación Completa de la Venta Interestatal de Tierras

---

Derechos civiles
Ley de 1866

El estatuto original de vivienda justa, la Ley de Derechos Civiles de 1866, prohíbe la discriminación en materia de vivienda *basado en la raza*. La prohibición se refiere a la venta, el alquiler, la herencia y la transmisión de bienes inmuebles. Esta ley sigue en vigor y no hay excepciones a las prohibiciones de discriminación de la ley.

Orden Ejecutiva 11063. Si bien la Ley de Derechos Civiles de 1866 prohibía la discriminación, solo se aplicaba marginalmente. En 1962, el Presidente emitió la Orden Ejecutiva 11063 para *evitar la discriminación en las propiedades* *residenciales financiadas por préstamos de la FHA y el VA*. La orden facilitó la aplicación de la vivienda justa cuando había fondos federales involucrados.

Ley de Derechos Civiles de 1964

La Ley de Derechos Civiles de 1964 abordó la segregación en las escuelas, los lugares públicos y el lugar de trabajo. El Título II prohibía la discriminación por motivos de raza, color, religión y origen nacional en lugares de alojamiento público dedicados al comercio interestatal. El Título III prohibía a los gobiernos estatales y locales negar el acceso a las instalaciones públicas basadas en las mismas clases protegidas.

La Ley de Derechos Civiles de 1964 fue enmendada en 1988 para incluir **estado de discapacidad** y **estado familiar** como clases protegidas.

Ley de Derechos Civiles de 1968

Título VIII (Ley de Vivienda Justa). El Título VIII de la Ley de Derechos Civiles de 1968, conocida hoy como la Ley de Vivienda Justa, prohíbe la discriminación en la vivienda *basado en la raza, el color, la religión o el origen nacional*. En 1988, **estado de discapacidad** y **estado familiar** se agregaron a la Ley de Vivienda Justa. La Oficina de Vivienda Justa e Igualdad (The Office of Fair Housing and Equal Opportunity - FHEO) administra y hace cumplir el Título VIII bajo la supervisión del Departamento de Vivienda y Desarrollo Urbano (HUD, por sus siglas en inglés).

Formas de discriminación ilegal

La Ley de Vivienda Justa prohíbe específicamente las siguientes actividades de intermediación y financiamiento residencial.

Tergiversación discriminatoria. Un agente no puede ocultar propiedades disponibles, declarar que no están a la venta o alquilar, o cambiar los términos de venta con el propósito de discriminar. Por ejemplo, un agente no puede informar a un comprador minoritario de que el vendedor ha decidido recientemente no trasladar la financiación de la segunda hipoteca cuando, de hecho, el propietario no ha tomado tal decisión.

Publicidad discriminatoria. Un agente no puede anunciar propiedades residenciales de tal manera que restrinja su disponibilidad a cualquier posible comprador o inquilino.

Prestación de servicios desiguales. Un agente no puede alterar el tipo o la calidad de los servicios de corretaje a ninguna de las partes en función de la raza, el color, el sexo, el origen nacional o la religión. Por ejemplo, si es costumbre que un agente muestre a un cliente la última publicación de MLS, el agente no puede negarse a mostrársela a ninguna de las partes. Del mismo modo, si es costumbre mostrar inmediatamente a los compradores calificados posibles propiedades, un agente no puede alterar esa práctica con fines de discriminación.

Guiando. Guiando (steering) es la práctica de guiar directa o indirectamentea los clientes hacia o lejos de los hogares y vecindarios. En un sentido amplio, el entrepuente se produce cuando un agente describe una zona de forma subjetiva con el fin de animar o desanimar a un comprador sobre la adecuación de la zona.

Por ejemplo, un agente le dice al comprador A que un vecindario es extremadamente atractivo y que las familias deseables se mudan a esta area todas las semanas. Al día siguiente, el agente le dice al comprador B que el mismo vecindario se está deteriorando y que los valores están comenzando a caer. El agente ha desviado descaradamente *al comprador B* de la zona y al comprador A *hacia* ella.

Coaccion Inmobilaria. Coaccion inmobilaria (blockbusting) es la práctica de inducir a los propietarios de un área a vender o alquilar para evitar un cambio inminente en la composición étnica o social del vecindario que hará que los valores bajen.

Por ejemplo, el agente Smith les dice a los dueños del vecindario que varias familias minoritarias se están mudando y que traerán a sus parientes el próximo año. Smith informa a los propietarios que, en previsión de una disminución del valor, varias familias ya han hecho planes para mudarse.

Restringir/denegar la participación en la MLS. Es discriminatorio restringir la participación en cualquier servicio de listado múltiple en función de la raza, la religión, el origen nacional, el color o el sexo.

Líneas rojas. Líneas rojas (redlining) es la práctica de financiamiento residencial de negarse a otorgar préstamos sobre propiedades en un vecindario determinado, independientemente de las calificaciones del deudor hipotecario. En efecto, el prestamista traza una línea roja alrededor de un área en el mapa y niega todo financiamiento a los solicitantes dentro del área cercada.

Exenciones del Título VIII

La Ley de Vivienda Justa permite exenciones bajo algunas circunstancias específicas. Estos son:

- ▸ una vivienda unifamiliar de propiedad privada en la que no se utiliza ningún intermediario ni publicidad discriminatoria, con ciertas condiciones adicionales
- ▸ alquiler de un apartamento en un edificio de 1 a 4 unidades donde el propietario también sea un ocupante, siempre que la publicidad no sea discriminatoria
- ▸ propiedad de clubes privados y arrendadas de forma no comercial a los socios
- ▸ propiedad de organizaciones religiosas y arrendadas sin fines comerciales a los miembros, siempre que los requisitos de membresía no sean discriminatorios

Jones v. Mayer

En 1968, la Corte Suprema dictaminó en el caso *Jones v. Mayer* que toda discriminación en la venta o alquiler de propiedades residenciales basada en la raza está prohibida por las disposiciones de la Ley de Derechos Civiles de 1866. Por lo tanto, si bien la Ley Federal de Vivienda Justa exime ciertos tipos de discriminación, cualquier persona que se sienta víctima de la discriminación *Basado en la raza* pueden interponer recursos legales en virtud de la ley de 1866.

Igualdad de Oportunidades en Cartel de Vivienda

En 1972, el Departamento de Vivienda y Desarrollo Urbano (HUD, por sus siglas en inglés) instituyó el requisito de que los corredores exhibieran un cartel estándar de HUD. El cartel afirma el cumplimiento del corredor con las leyes de vivienda justa en la venta, alquiler, publicidad y financiamiento de propiedades residenciales. La falta de exhibición del cartel puede interpretarse como discriminación.

Enmiendas en Vivienda Justa Ley de 1988

Las enmiendas a las leyes federales de vivienda justa prohíben la discriminación basada en el sexo y la discriminación contra las personas discapacitadas y las familias con niños.

Vivienda justa Exenciones

Las leyes federales de vivienda justa no prohíben la discriminación por edad y situación familiar en las siguientes circunstancias:

- en viviendas de retiro designadas por el gobierno
- en una comunidad de retiro si todos los residentes tienen 62 años de edad o más
- en una comunidad de retiro, si el 80 % de las viviendas tienen una persona de 55 años o más, siempre que existan servicios para residentes de edad avanzada;
- en viviendas residenciales de cuatro unidades o menos, y casas unifamiliares si son vendidas o alquiladas por propietarios que no tienen más de tres casas

Discriminación por parte del cliente

Las leyes de vivienda justa se aplican tanto a los vendedores de viviendas como a los agentes, con la excepción de las exenciones citadas anteriormente. Si un agente acepta el acto discriminatorio de un cliente, el agente es igualmente responsable de la violación de las leyes de vivienda justa. Por lo tanto, es imperativo evitar la complicidad con la discriminación del cliente. Además, un agente debe retirarse de cualquier relación en la que se produzca discriminación con el cliente.

Ejemplos de discriminación potencial de clientes son:

- Rechazar una oferta de precio completo de una de las partes
- Retirar la propiedad del mercado para eludir una posible compra por una de las partes
- aceptar una oferta de una de las partes que sea inferior a una de las otra parte

Violaciones y Aplicación de la ley

Las personas que sientan que han sido discriminadas bajo las leyes federales de vivienda justa pueden presentar una queja ante la Oficina de Vivienda Justa e Igualdad de Oportunidades (FHEO) dentro de HUD, o pueden presentar una demanda en un tribunal federal o estatal.

Presentar una queja de FHEO. Las quejas que aleguen violaciones de vivienda justa deben presentarse ante la Oficina de Vivienda Justa e Igualdad de Oportunidades dentro de un año de la violación. Despues, HUD inicia una investigación en conjunto con las autoridades federales o locales encargadas de hacer cumplir la ley.

Si HUD decide que la queja merece una acción adicional, intentará resolver el asunto fuera de los tribunales en un proceso conocido como conciliación. Si los esfuerzos para resolver el problema fracasan, la parte agraviada puede presentar una demanda en un tribunal estatal o federal.

Presentación de demandas. Además de o en lugar de presentar una queja ante HUD, una de las partes puede presentar una demanda en un tribunal estatal o federal dentro de los dos años posteriores a la presunta violación.

Penas. Si se confirma la discriminación en los tribunales, se puede ordenar al demandado que deje de ejercer su negocio. Por ejemplo, un constructor de viviendas discriminatorio puede verse impedido de vender propiedades disponibles a los compradores. Además, el demandante puede ser compensado por daños que incluyen humillación, sufrimiento y dolor. Además, la parte lesionada puede buscar una reparación equitativa, incluso obligar a la parte culpable a completar una acción denegada, como vender o alquilar la propiedad. Por último, los tribunales pueden imponer sanciones civiles a los infractores primerizos o reincidentes.

Leyes de financiamiento justo

Paralelamente, se han promulgado leyes contra la discriminación y de protección del consumidor en el ámbito de la financiación hipotecaria para promover la igualdad de oportunidades en materia de vivienda..

Ley de Igualdad de Oportunidades de Crédito (ECOA, por sus siglas en inglés). Promulgada en 1974, la Ley de Igualdad de Oportunidades de Crédito requiere que los prestamistas sean justos e imparciales al determinar quién califica para un préstamo. Un prestamista no puede discriminar por motivos de raza, color, religión, origen nacional, sexo, estado civil o edad. La ley también requiere que los prestamistas informen a los posibles prestatarios a los que se les niega el crédito de las razones de la denegación.

Ley de Divulgación de Hipotecas de Vivienda. Esta ley requiere que los prestamistas involucrados con préstamos garantizados o asegurados por el gobierno federal ejerzan imparcialidad y no discriminación en la distribución geográfica de su cartera de préstamos. En otras palabras, la ley está diseñada para prohibir la línea roja. Se aplica en parte exigiendo a los prestamistas que informen a las autoridades dónde han colocado sus préstamos.

Cartel de Igualdad de Oportunidades en la Vivienda

U. S. Department of Housing and Urban Development

EQUAL HOUSING OPPORTUNITY

We Do Business in Accordance With the Federal Fair Housing Law

(The Fair Housing Amendments Act of 1988)

It is illegal to Discriminate Against Any Person Because of Race, Color, Religion, Sex, Handicap, Familial Status, or National Origin

- In the sale or rental of housing or residential lots
- In the provision of real estate brokerage services
- In advertising the sale or rental of housing
- In the appraisal of housing
- In the financing of housing
- Blockbusting is also illegal

Anyone who feels he or she has been discriminated against may file a complaint of housing discrimination:
1-800-669-9777 (Toll Free)
1-800-927-9275 (TTY)
www.hud.gov/fairhousing

U.S. Department of Housing and Urban Development
Assistant Secretary for Fair Housing and Equal Opportunity
Washington, D.C. 20410

Previous editions are obsolete   form HUD-928.1 (6-2011)

Ley de Estadounidenses Con Discapacidades de 1990

Propósito. La Ley de Estadounidenses con Discapacidades (ADA, por sus siglas en inglés), que se convirtió en ley en 1990, es una ley de derechos civiles que prohíbe la discriminación contra las personas con discapacidades en todas las áreas de la vida pública, incluido el empleo, la educación, el transporte y las instalaciones abiertas al público en general. El propósito de la ley es garantizar que las personas con discapacidades tengan los mismos derechos y oportunidades que todos los demás.

La Ley de Estadounidenses con Discapacidades Enmiendas La Ley (ADAAA) entró en vigor el 1 de enero de 2009. Entre otras cosas, la ADAAA aclaró que una discapacidad es "un impedimento físico o mental que limite sustancialmente una o más actividades importantes de la vida". Esta definición se aplica a todos los títulos de la ADA y cubre a los empleadores privados con 15 o más empleados, los gobiernos estatales y locales, las agencias de empleo, los sindicatos, los agentes del empleador, los comités laborales de administración conjunta y las entidades privadas consideradas lugares de alojamiento público. Ejemplos de esto último incluyen hoteles, restaurantes, tiendas minoristas, consultorios médicos, campos de golf, escuelas privadas, guarderías, clubes de salud, estadios deportivos y cines.

Componentes. La ley consta de cinco partes.

▸ El Título I (Empleo) se refiere a la igualdad de oportunidades en el empleo. La Comisión para la Igualdad de Oportunidades en el Empleo de los Estados Unidos aplica esta ley.

▸ El Título II (Gobierno Estatal y Local) se refiere a la no discriminación en los servicios de los gobiernos estatales y locales. Es aplicada por el Departamento de Justicia de los Estados Unidos.

▸ El Título III (Establecimientos públicos) se refiere a la no discriminación en los establecimientos públicos y comerciales. Es aplicada por el Departamento de Justicia de los Estados Unidos.

▸ El Título IV (Telecomunicaciones) se refiere a las adaptaciones en las telecomunicaciones y la mensajería de servicio público. Es aplicada por la Comisión Federal de Comunicaciones.

▸ El Título V (Varios) se refiere a una variedad de situaciones generales, incluida la forma en que la ADA afecta a otras leyes, proveedores de seguros y abogados.

Es más probable que los profesionales de bienes raíces se encuentren con los Títulos I y III y deben familiarizarse con ellos. Al asesorar a los clientes, se aconseja a los licenciatarios que busquen asesoramiento legal calificado.

Requisitos. La ley exige a los propietarios, en determinadas circunstancias, que modifiquen las viviendas y las instalaciones para que las personas discapacitadas puedan acceder a ellas sin obstáculos.

La ADA también requiere que los empleados discapacitados y los miembros del público tengan acceso equivalente al que se proporciona a aquellos que no están discapacitados.

▸ Los empleadores con al menos quince empleados deben seguir prácticas no discriminatorias de empleo y contratación.

▸ Se deben hacer adaptaciones razonables para permitir que los empleados discapacitados realicen las funciones esenciales de sus trabajos.

- Es posible que sea necesario realizar modificaciones en los componentes físicos de un edificio para proporcionar el acceso requerido a los inquilinos y sus clientes, como ensanchar las puertas, cambiar los herrajes de las puertas, cambiar la forma en que se abren las puertas, instalar rampas, bajar los teléfonos y teclados montados en la pared, suministrar señalización en Braille y proporcionar señales auditivas.

- Las barreras existentes deben eliminarse cuando la eliminación sea "fácilmente alcanzable", es decir, cuando el costo no sea prohibitivo. Las nuevas construcciones y remodelaciones deben cumplir con un estándar más alto.

- Si un edificio o instalación no cumple con los requisitos, el arrendador debe determinar si la reestructuración o remodelación o algún otro tipo de alojamiento es lo más práctico.

Penas. Las violaciones de los requisitos de la ADA pueden dar lugar a citaciones, restricciones de licencias comerciales, multas y medidas cautelares que requieren la remediación de las condiciones infractoras. Los dueños de negocios también pueden ser considerados responsables de los daños por lesiones personales a un demandante lesionado.

Ley de Divulgación Completa de Ventas Interestatales de Terrenos

La Ley de Divulgación Completa de Ventas Interestatales de Tierras (ILSA) es una ley federal aprobada por el Congreso en 1968. El propósito de la Ley es proteger a los consumidores de la tergiversación por parte de un desarrollador de hechos materiales sobre una propiedad que se compra sin ser vista a través del comercio interestatal o el correo.

La Ley prohíbe el fraude y la tergiversación. También exige disposiciones específicas en los contratos de compra y arrendamiento. Una de esas disposiciones es el derecho del comprador a cancelar. Además, requiere que el desarrollador de una subdivisión que contenga 100 o más lotes registre la propiedad mediante la presentación de una Declaración de Registro ante HUD y que proporcione un informe de divulgación de la propiedad a un comprador antes de que se firme el contrato. La Declaración y el informe de divulgación incluyen el estado del título de la propiedad, las características físicas de la propiedad, la disponibilidad de carreteras y servicios públicos, y la información actual sobre la propiedad.

La Ley prohíbe específicamente que un desarrollador o agente utilice el comercio interestatal o el correo para arrendar o vender cualquier lote sin cumplir con estos requisitos. En la Ley se incluyen disposiciones antifraude aplicables a las subdivisiones con 25 o más lotes.

Una vez que el comprador recibe el informe, puede cancelar el contrato en cualquier momento antes de la medianoche del séptimo día después de la firma del contrato. Si el comprador no recibe el informe antes de firmar el contrato, puede emprender acciones legales dentro de los 2 años posteriores a la firma del contrato para que se revoque el contrato.

Si la subdivisión contiene menos de 25 lotes, está exenta de las disposiciones de la Ley. Si el terreno ya está desarrollado, está exento de la Ley. Las transacciones que no involucran a un desarrollador o agente en la venta o arrendamiento de un lote en una subdivisión también están exentas.

Otras exenciones incluyen lotes de cementerios, ventas a constructores, terrenos vendidos por cualquier agencia gubernamental y terrenos zonificados para el desarrollo industrial o comercial.

ILSA es administrada por la Oficina de Protección Financiera del Consumidor y aplicada por HUD. Las violaciones de ILSA están sujetas a sanciones penales, daños civiles y sanciones monetarias, y/o suspensión del registro del desarrollador.

LEYES DE VIVIENDA JUSTA Y DE PROPIETARIOS E INQUILINOS DE FLORIDA

Ley de Vivienda Justa de Florida
Ley de Implementación de Accesibilidad para Estadounidenses con Discapacidades de Florida
Ley de Propietarios e Inquilinos Residenciales de Florida

Ley de Vivienda Justa de Florida

Como se mencionó anteriormente, la Ley de Vivienda Justa es una ley federal que prohíbe la discriminación en la vivienda basada en siete clases protegidas. Junto con esa ley federal, el Título XLIV del Estatuto de la Florida, Capítulo 760, Sección 20, conocido como la Ley de Vivienda Justa de la Florida, protege esas mismas siete clases: raza, color, religión, sexo, origen nacional, discapacidad y estado familiar. El estado civil, la edad y la ocupación no están cubiertos.

Los siguientes actos son discriminatorios y están prohibidos por la Ley de Vivienda Justa de Florida:

- A un posible inquilino se le dice por teléfono que un apartamento se alquila por un precio determinado y que actualmente está disponible, pero luego, cuando se encuentra con el propietario cara a cara, se le dice que el precio del alquiler es más alto o que el apartamento ya no está disponible cuando todavía está disponible.
- Una asociación de condominios se niega a proporcionar estacionamiento para discapacitados a una persona con discapacidad.
- Un arrendador hace cumplir una política de no animales cuando el posible inquilino tiene un perro de servicio.
- Un propietario se niega a vender una propiedad a un miembro de cualquiera de las clases protegidas.

▸ Un licenciatario de bienes raíces alienta a un comprador a comprar una casa en particular porque está ubicada en una comunidad religiosa específica.

▸ Un arrendador se niega a alquilar a una mujer soltera que está embarazada.

En Florida, alguien que cree que ha sido víctima de discriminación en la vivienda puede presentar una queja ante la Comisión de Relaciones Humanas de Florida y/o HUD dentro de 1 año de la supuesta discriminación. Además, él o ella puede presentar una demanda civil dentro de los 2 años posteriores a la supuesta discriminación. Si el tribunal falla a favor del demandante, se puede imponer una multa de hasta $10,000 a un infractor por primera vez o hasta $25,000 a un infractor reincidente dentro de los 5 años anteriores.

Ley de Implementación de Accesibilidad para Estadounidenses con Discapacidades de Florida

La **Ley de Implementación de Accesibilidad para Estadounidenses con Discapacidades de Florida** se estableció para incorporar los requisitos de accesibilidad de la Ley de Estadounidenses con Discapacidades (ADA, por sus siglas en inglés) en la ley de Florida. El estatuto adopta los Estándares de Diseño Accesible de la ADA e incorpora los estándares en el Código de Accesibilidad de Florida para la Construcción de Edificios.

La Ley también ordena que todos los nuevos edificios, estructuras e instalaciones residenciales en el estado deben proporcionar al menos un baño a nivel del suelo con una apertura de puerta de al menos 29 pulgadas y con lavabos accesibles para sillas de ruedas, y que se deben eliminar todas las barreras en las puertas comunes o de emergencia.

La Ley cubre varios otros problemas de accesibilidad, como el estacionamiento, la remodelación y conversión de edificios, los requisitos de pasamanos en los baños de hoteles y moteles, y la accesibilidad a los niveles por encima de la planta baja.

Ley de Propietarios e Inquilinos Residenciales de Florida

Visión general. La Ley de Propietarios e Inquilinos Residenciales de Florida Se aplica al alquiler de una unidad residencial y proporciona regulaciones para todos los aspectos de las ocupaciones de alquiler. No se aplica a los contratos de alquiler con opción a compra en los que se han pagado los fondos necesarios. Tampoco se aplica a la ocupación transitoria en un alojamiento público o a la ocupación en una unidad cooperativa o unidad de condominio.

En virtud de la Ley, las disposiciones desmesuradas (injustas o unilaterales) de un contrato de alquiler no son aplicables. Si un contrato de alquiler no especifica la duración del arrendamiento, entonces **se** determina que la duración es la duración de la residencia entre los pagos del alquiler. Por ejemplo, si el pago del alquiler vence cada mes, entonces el arrendamiento es por un mes a la vez.

Depósitos y anticipos de alquiler. Los arrendadores pueden exigir un depósito de seguridad y pagos de alquiler por adelantado (generalmente el último mes de alquiler). En Florida, no hay límite en la cantidad de depósito que los propietarios pueden cobrar, pero deben cumplir con la Ley en la forma en que manejan los depósitos y los pagos anticipados de alquiler.

Para pagos que no sean el primer mes de alquiler, el arrendador debe cumplir con uno de los siguientes:

> ▶ mantener los fondos en un depósito en garantía o cuenta bancaria separada que no devenga intereses dentro de la Florida para el beneficio del inquilino, sin mezclarlos con los propios fondos del arrendador, sin comprometer los fondos como garantía de una deuda y sin usar los fondos hasta que realmente se deban al arrendador

> ▶ mantener los fondos en un depósito en garantía o cuenta bancaria separada que devenga intereses dentro de la Florida para el beneficio del inquilino, y el propietario elige pagarle al inquilino al menos el 75% de la tasa de interés anual pagadera en la cuenta o el 5% de interés simple cada año; Una vez más, sin mezclarse con los propios fondos del arrendador, sin pignorar los fondos como garantía de una deuda, y sin usar los fondos hasta que realmente se deban al arrendador

> ▶ junto con una compañía de fianzas con licencia de Florida, ejecutar y pagar una fianza de garantía con el secretario del tribunal de circuito en el mismo condado donde se encuentra la propiedad de alquiler por un monto igual a los fondos totales recaudados o $50,000, lo que sea menor; y pagar al inquilino un interés simple del 5% cada año

Ya sea en el contrato de arrendamiento o dentro de los 30 días posteriores a la recepción del depósito de garantía y el alquiler por adelantado, el propietario debe notificar por escrito al inquilino el alquiler por adelantado o el depósito de garantía.

Si el arrendador cambia el lugar donde se retienen los fondos después de que se envía el aviso, debe notificar al inquilino por escrito dentro de los 30 días posteriores al cambio. El aviso debe

1) ser entregado en persona o enviado por correo al inquilino
2) Incluya el nombre y la dirección del banco donde se guardan los fondos o indique que se ha depositado una fianza
3) indicar si el inquilino tiene derecho a intereses, y
4) contener la siguiente divulgación:

Su contrato de arrendamiento requiere el pago de ciertos depósitos. El arrendador puede transferir los alquileres por adelantado a la cuenta del arrendador a medida que vencen y sin previo aviso. Cuando se mude, debe darle al arrendador su nueva dirección para que el arrendador pueda enviarle avisos sobre su depósito. El arrendador debe enviarle un aviso por correo, dentro de los 30 días posteriores a su mudanza, de la intención del arrendador de imponer un reclamo contra el depósito. Si no responde al arrendador expresando su objeción al reclamo dentro de los 15 días posteriores a la recepción del aviso del arrendador, el arrendador cobrará el reclamo y deberá enviarle por correo el depósito restante, si lo hubiera.

Si el arrendador no le envía el aviso a tiempo, el arrendador debe devolverle el depósito, pero luego puede presentar una demanda por daños. Si no se opone a tiempo a un reclamo, el arrendador puede cobrar del depósito, pero más tarde usted puede presentar una demanda reclamando un reembolso.

Debe intentar resolver informalmente cualquier disputa antes de presentar una demanda. Por lo general, la parte a cuyo favor se dicta una sentencia recibirá los costos y honorarios de abogados pagaderos por la parte perdedora.

Esta divulgación es básica. Consulte la Parte II del Capítulo 83 de los Estatutos de la Florida para determinar sus derechos y obligaciones legales.

Este requisito de notificación y divulgación se aplica solo a los propietarios de cinco o más unidades de vivienda.

Obligación del arrendador de mantener las instalaciones. Los propietarios están obligados a cumplir con los códigos de construcción, vivienda y salud en el mantenimiento de la propiedad de alquiler. Si no existe ninguno de estos códigos, el arrendador está obligado a mantener las instalaciones en buen estado y mantener los sistemas como la plomería y la calefacción en condiciones de funcionamiento.

La Ley establece específicamente que los mosquiteros de las ventanas deben instalarse y mantenerse en buen estado, las plagas deben ser exterminadas y la basura debe eliminarse con recipientes exteriores provistos. El arrendador también debe instalar detectores de humo en viviendas unifamiliares o dúplex de alquiler.

El arrendador puede cobrarle al inquilino por la recolección de basura, agua, combustible o servicios públicos si están incluidos en el contrato de arrendamiento. El arrendador no es responsable de las condiciones causadas por negligencia o actos ilícitos del inquilino, los miembros de la familia o los invitados.

Obligaciones del inquilino. El inquilino está obligado a cumplir con los códigos de construcción, vivienda y salud aplicables. El inquilino debe mantener las instalaciones limpias e higiénicas, incluida la eliminación de basura, la limpieza de los accesorios de plomería y la operación de los sistemas de la vivienda de manera razonable. Los inquilinos también están obligados a comportarse de manera que no molesten a los vecinos y se abstengan de dañar o quitar cualquier parte del local que pertenezca al propietario.

Acceso del arrendador a las instalaciones. La ley permite que el arrendador ingrese a la unidad de alquiler de vez en cuando para inspecciones, reparaciones, alteraciones, prestación de servicios o mostrar la unidad a posibles inquilinos o compradores. El arrendador está obligado a avisar al inquilino con al menos 12 horas de antelación a la entrada para las reparaciones y sólo puede entrar entre las 7:30 a.m. y las 8:00 p.m. El arrendador puede ingresar a las instalaciones por cualquiera de las razones anteriores solo con el consentimiento del inquilino, si el inquilino niega su consentimiento injustificadamente o en caso de emergencia.

Si el alquiler del inquilino está al día y el inquilino notifica al arrendador de una ausencia prevista de la unidad, el arrendador no puede entrar a la unidad excepto con el permiso del inquilino o por una emergencia.

Desalojo de locales. Un inquilino que planea desalojar el local de alquiler debe darle al propietario un aviso por escrito de 7 días que incluya una dirección donde se pueda localizar al inquilino.

Cuando el contrato de arrendamiento termina y el inquilino desocupa la propiedad, el arrendador está obligado a devolver el depósito de garantía y pagar los intereses devengados dentro de los 15 días. Sin embargo, si el arrendador tiene la intención de imponer un reclamo sobre el depósito, se debe enviar un aviso por escrito de la intención y el motivo del reclamo a la última dirección postal conocida del inquilino por correo certificado dentro de los 30 días posteriores a que el inquilino desocupe las instalaciones.

Si no envía el aviso dentro de los 30 días, el arrendador perderá el derecho de imponer un reclamo sobre el depósito. El arrendador tiene prohibido solicitar una compensación contra el depósito, pero puede presentar una acción legal por daños y perjuicios después de que se devuelva el depósito.

Si el arrendador impone un reclamo sobre el depósito y cumple con los requisitos de notificación, el arrendador puede deducir el monto de la reclamación del depósito total y luego devolver el saldo al inquilino dentro de los 30 días posteriores a la notificación de intención. El inquilino puede presentar una objeción a la reclamación dentro de los 15 días posteriores a la recepción del aviso de intención. Si el inquilino no cumple con el plazo para presentar una objeción, aún puede reclamar daños y perjuicios en una acción legal separada.

Rescisión de los contratos de alquiler por parte del inquilino. El inquilino puede rescindir el contrato de alquiler si el arrendador no mantiene las instalaciones según lo exige la ley o no cumple con las disposiciones del contrato de alquiler. Para hacerlo, el inquilino debe entregar un aviso por escrito de 7 días al propietario especificando el incumplimiento y declarando la intención de rescindir. Si el arrendador no corrige el incumplimiento dentro de los 7 días, el inquilino puede rescindir el contrato de alquiler.

Sin embargo, si los problemas de incumplimiento están fuera del control del arrendador y el inquilino no quiere rescindir, la ley permite lo siguiente:

- ▶ Si el problema de incumplimiento hace que la unidad sea inhabitable, el inquilino puede desalojar y no ser responsable de pagar el alquiler mientras la unidad esté inhabitable.
- ▶ Si la unidad es habitable con el problema de incumplimiento y el inquilino permanece en la unidad, el alquiler debe reducirse mientras

la unidad no cumple. La reducción se efectuará en una cantidad proporcional a la pérdida de valor del alquiler causada por el incumplimiento.

Rescisión de los contratos de alquiler por parte del arrendador. El arrendador puede rescindir el contrato de alquiler si el inquilino no cumple con las obligaciones del inquilino o no cumple con las disposiciones del contrato. Al igual que cuando el inquilino rescinde el acuerdo, el arrendador debe entregar un aviso por escrito de 7 días al inquilino especificando el incumplimiento y declarando la intención de rescindirlo. Si el inquilino no corrige el incumplimiento dentro de los 7 días, el arrendador puede rescindir el contrato de alquiler.

Sin embargo, si el incumplimiento del inquilino es tal que no se le debe dar la oportunidad de corregirlo o si el incumplimiento ha sido previamente objeto de un aviso por escrito dentro de los últimos 12 meses, el propietario puede rescindir sin darle tiempo al inquilino para corregir el problema. Para hacerlo, el arrendador debe entregar un aviso por escrito al inquilino que especifique el incumplimiento y establezca la intención del arrendador de rescindir el acuerdo. El inquilino tiene 7 días a partir de la fecha de la notificación para desalojar la vivienda de alquiler.

Si el incumplimiento del inquilino es la falta de pago de la renta, el arrendador debe notificar por escrito al inquilino el requisito de pagar la renta o desalojar las instalaciones dentro de los 3 días hábiles. Si el inquilino sigue sin pagar el alquiler después de los 3 días, el arrendador puede rescindir el contrato de alquiler. El aviso debe indicar la cantidad de alquiler que está atrasada y que debe enviarse por correo, entregarse o dejarse en la unidad de alquiler. Si el inquilino desaloja la propiedad, el arrendador debe seguir los procedimientos para notificar al inquilino de la devolución de todo o parte del depósito de garantía. Si el inquilino no desaloja la propiedad, el propietario tendrá que iniciar un desalojo.

Procedimiento de desalojo. Un arrendador que necesita sacar a un inquilino de la unidad de alquiler debe seguir el procedimiento exigido por el estatuto de Florida.

▸ Después de entregar al inquilino un aviso para desalojar las instalaciones, el arrendador debe darle al inquilino 3 días hábiles para desalojar por no pagar el alquiler o 7 días para desalojar por otros problemas de incumplimiento.

▸ Si el inquilino no desaloja en el plazo permitido, el arrendador, el abogado del arrendador o el agente del arrendador deben presentar una queja en el tribunal local del condado que describa la unidad de alquiler y la razón por la que debe recuperarse. El departamento del sheriff local entrega una copia de la demanda al inquilino.

▸ Si el inquilino presenta una respuesta a la demanda, el secretario de la corte le notificará al inquilino que tiene 5 días hábiles para pagar el alquiler en el registro de la corte.

▸ Si el inquilino no responde a la notificación de la corte dentro de los 5 días hábiles, el arrendador tiene derecho a un fallo por incumplimiento inmediato para el desalojo del inquilino sin más aviso o audiencia.

- ▸ Después de que se haya emitido el fallo a favor del arrendador, el secretario emitirá una orden al sheriff instruyéndole que publique un aviso de 24 horas en las instalaciones y luego entregue la posesión de la unidad al arrendador.

- ▸ Después de que el alguacil firme la orden de posesión, el arrendador o el agente del arrendador puede retirar los bienes personales del inquilino que quedan en las instalaciones. El arrendador puede hacer que el sheriff esté a la espera para mantener la paz mientras se cambian las cerraduras y se retiran los artículos personales. El inquilino no puede responsabilizar al sheriff, al arrendador o al agente del arrendador por cualquier pérdida o daño a la propiedad después de que se retire.

Si el desalojo es el resultado de la falta de pago de la renta y la corte falla a favor del arrendador, la corte dictará un fallo monetario contra el inquilino que incluye el monto de la renta adeudada y puede incluir los honorarios y costos de los abogados. Hasta que se pague todo el dinero adeudado, el arrendador tendrá un gravamen sobre toda la propiedad del inquilino, excepto las camas, la ropa de cama y la ropa de vestir (F.S. 83.09).

7 Leyes federales/estatales relacionadas con bienes raíces Revisión de instantáneas

OBJETIVOS DE VIVIENDA JUSTA

- promulgada para crear igualdad de oportunidades y acceso a la vivienda y a la financiación de la vivienda
- las leyes del estado generalmente reflejan las leyes federales de vivienda justa; las leyes federales no se adelantan a las leyes locales de zonificación, pero les prohíben discriminar

VIVIENDA JUSTA FEDERAL Y OTRAS LEYES

Ley de Derechos Civiles de 1866

- prohibición de la segregación en las escuelas
- prohibición de la discriminación por motivos de raza, color, religión u origen nacional en lugares públicos
- prohibió a los gobiernos estatales y locales negar el acceso a las instalaciones públicas

Ley de Derechos Civiles de 1964

- Título VIII (Ley de Vivienda Justa): no discriminación en la vivienda *basado en la raza, el color, religión, origen nacional, estado de discapacidad y familia (añadido en 1988)*
- ciertas excepciones permitidas

Ley de Derechos Civiles de 1968

- Título VIII (Ley de Vivienda Justa): no discriminación en la vivienda *basado en la raza, el color, religión, origen nacional, estado de discapacidad y familia (añadido en 1988)*
- ciertas excepciones permitidas

Formas de discriminación ilegal

- tergiversación, publicidad y financiamiento discriminatorios; la desigualdad en los servicios; guiando (steering); coaccion inmobilaria (blockbusting); restringir el acceso al mercado; linea roja (redlining)

Exenciones del Título VIII

- unifamiliares de propiedad privada sin intermediario y sin publicidad discriminatoria; edificio de apartamentos de 1 a 4 unidades donde el propietario es residente y no hay publicidad discriminatoria; instalaciones de clubes privados arrendadas a socios; Instalaciones propiedad de organizaciones religiosas para los miembros y sin discriminación

Jones v. Mayer

- No hay discriminación racial, sin excepción

Cartel de Igualdad de Oportunidades en la Vivienda

- debe ser exhibido por los corredores

Enmiendas a la Ley de 1988 en Vivienda Justa

- no se permite discriminación *en función del sexo o en contra de los discapacitados o de las familias con hijos*

Discriminación por parte del cliente

- agente responsable del cumplimiento de actos discriminatorios del cliente.

Violaciones y aplicación

- presentar una queja ante el HUD, demandar en los tribunales o ambos; puede obtener medidas cautelares, daños y perjuicios; los infractores están sujetos a enjuiciamiento

Leyes de financiamiento justo

- Ley de Igualdad de Oportunidades de Crédito: no hay discriminación en el financiamiento de la vivienda por motivos de raza, color, religión, sexo, estado civil, edad; Ley de Divulgación de Hipotecas de Vivienda: no hay líneas rojas

Ley de Estadounidenses con Discapacidades de 1990

- No discriminación contra las personas con discapacidad; se aplica al empleo, la educación, el transporte, las instalaciones públicas; acceso equivalente
- Los Títulos I (empleo) y III (alojamiento público) son los más comunes para los agentes de bienes raíces

Ley de Divulgación Completa en Ventas de Terrenos Interestatales

- Protege a los consumidores cuando compran propiedades sin haberlo visto a través del comercio interestatal
- requiere que se registre la subdivisión de 100 o más lotes y que los compradores reciban un informe de propiedad; Menos de 25 lotes están exentos

VIVIENDA JUSTA DE FLORIDA Y LEYES ARRENDADOR-INQUILINO

Ley de Vivienda Justa de Florida

- prohíbe la discriminación en la vivienda basada en siete clases protegidas
- las víctimas de discriminación pueden presentar una denuncia en el plazo de 1 año o una demanda civil en un plazo de 2 años, imponiendo multas a los infractores

Ley de Implementación para Estadounidenses de Florida Con Accesibilidad para Discapacitados

- incorpora estándares federales de accesibilidad en el código de FL con requisitos para nuevos edificios residenciales

Ley de Arrendadores e Inquilinos Residencial en Florida

- se aplica a unidades residenciales de alquiler, no a unidades de alquiler con opción a compra ni a alojamientos públicos
- establece los requisitos para cobrar y mantener depósitos de garantía y alquiler por adelantado
- incluye las obligaciones del arrendador de mantener las instalaciones en buen estado
- incluye las obligaciones del inquilino de cumplir con los códigos aplicables y mantener limpia la unidad
- designa cuándo los propietarios pueden ingresar a las instalaciones para reparaciones y emergencias, etc.
- proporciona mandatos para avisos sobre el inquilino que desocupa la unidad y cómo manejar el depósito de seguridad y las reclamaciones
- incluye procesos para la rescisión del contrato de alquiler por parte del inquilino o arrendador
- proporciona procedimientos para cobrar el alquiler atrasado y desalojar a los inquilinos que no cumplen

SECCIÓN SIETE: Leyes federales/estatales relativas a bienes raíces

Cuestionario de Sección

1. El tema principal de las leyes federales de vivienda justa es

   a. asegurar que todos los estadounidenses tengan una oportunidad justa de ser propietarios de una vivienda.
   b. prohibir la discriminación en las transacciones de vivienda.
   c. asegurar que las transacciones de vivienda se negocien de manera justa.
   d. prohibir que los agentes traten injustamente con los clientes y consumidores.

2. Es ilegal discriminar en la venta de una casa por motivos de raza, color, religión u origen nacional. Esto se prevé a través de

   a. la Ley de Derechos Civiles de 1866.
   b. Orden Ejecutiva 11063.
   c. la Ley de Derechos Civiles de 1968.
   d. la Ley de Enmiendas a la Vivienda Justa de 1988.

3. ¿Cuál de las siguientes leyes o resoluciones amplió la discriminación para incluir el género, la condición de discapacitado y la situación familiar?

   a. Orden Ejecutiva 11063
   b. la Ley de Derechos Civiles de 1968
   c. la Ley de Enmiendas a la Vivienda Justa de 1988
   d. Jones v Mayer

4. Un agente informa a numerosas familias en un vecindario que varias familias minoritarias están planeando mudarse al área inmediata, y que la tendencia podría tener efectos adversos en el valor de la propiedad. Esta actividad es

   a. coaccion inmobiliaria (blockbusting).
   b. líneas rojas (redlining) legales pero no profesionales.
   c. tergiversación discriminatoria.
   d. tergiversación negligente.

5. A una familia minoritaria le gustaría comprar una casa en un determinado rango de precios. El agente le muestra a la familia todas las propiedades disponibles en un vecindario de familias con antecedentes similares. El agente no mencionó una serie de casas en el rango de precios de la familia en otros vecindarios. Este agente podría ser responsable de

   a. coaccion inmobiliaria (blockbusting).
   b. prestación de servicios desiguales.
   c. guiando (teering)
   d. nada; sus servicios eran legales y aceptables.

6. A un agente no le gusta un comprador minoritario en particular, y es muy corto con la persona, negándose a entablar una larga conversación o mostrarle propiedades. Un segundo partido minoritario visita la oficina al día siguiente. El agente es muy comunicativo y le muestra a la persona cinco posibles propiedades. Este agente podría ser responsable de

   a. prestación de servicios desiguales.
   b. guiando (steering).
   c. tergiversación.
   d. nada; Ambas partes son minorías, por lo que no se produce discriminación.

7. Siguiendo la recomendación del cliente, un agente oculta la disponibilidad de una propiedad a una mujer de una minoría empleada pero embarazada y soltera. Este agente podría ser responsable de

   a. tergiversación discriminatoria.
   b. guiando (steering)
   c. violando el deber fiduciario.
   d. nada: un agente puede mostrar o no mostrar cualquier propiedad a su discreción.

8. Un complejo de condominios prohíbe la propiedad de cualquier unidad por parte de personas menores de 55 años. La asociación afirma que ha hecho la prohibición correctamente. ¿Cuál de las siguientes afirmaciones es verdadera?

    a. Están violando la Ley de Derechos Civiles de 1866.
    b. Están violando la Ley de Enmiendas a la Vivienda Justa de 1988.
    c. Son culpables de discriminación por edad.
    d. La prohibición puede ser legal.

9. Un propietario de repente retira una propiedad del mercado después de escuchar del agente por teléfono que el agente había recibido una oferta de precio completo de una parte minoritaria. Luego, el agente informa al oferente que la casa ha sido retirada del mercado y no está disponible. ¿Qué partido o partidos, si los hay, han violado las leyes de vivienda justa?

    a. Solo el agente
    b. Solo el propietario
    c. El agente y el propietario
    d. Ni agente ni propietario

10. Las partes de la Ley de Estadounidenses con Discapacidades que más refiere a los agentes de bienes raíces son las que tratan de:

    a. telecomunicaciones y seguros.
    b. instalaciones públicas y empleo.
    c. gobierno estatal y local.
    d. agencia y servicio público.

11. La Ley de Divulgación Completa de Ventas de Terrenos Interestatales requiere que los desarrolladores proporcionen a los compradores de terrenos un informe de divulgación de la propiedad. Una vez que el comprador recibe el informe, puede cancelar el contrato de compra

    a. al final de las operaciones del tercer día después de la recepción del informe.
    b. dentro de los 5 días siguientes a la firma del contrato.
    c. en cualquier momento antes de la medianoche del séptimo día después de la firma del contrato.
    d. al final del día hábil en el quinto día hábil después de recibir el informe

12. ¿Cuál de los siguiente actos se considera discriminatorio?

    a. El licenciatario Lou muestra a una familia con niños una casa muy cerca de una escuela.
    b. Joe es dueño de un edificio de apartamentos y acaba de entrevistar a un posible inquilino por teléfono. Cuando el inquilino llegó para firmar el contrato de arrendamiento, Joe se dio cuenta de que la persona era hispana. En consecuencia, Joe se negó a alquilar a este individuo.
    c. Una asociación de condominios mueve los espacios de estacionamiento designados para algunos residentes para hacer espacio para designar estacionamiento para discapacitados para un residente discapacitado.
    d. Lou está mostrando una casa a una familia judía y señala la sinagoga al final de la calle.

13. ¿Cuál de los siguientes no es un requisito en la Florida de la Ley de Implementación de Accesibilidad de Americanos con Discapacidades?

    a. Permitir que un perro de servicio viva en un edificio de apartamentos sin mascotas
    b. Instalación de una rampa en la entrada de un edificio de apartamentos donde vive un inquilino en silla de ruedas
    c. Ensanchamiento de las puertas del baño a 29 pulgadas en un nuevo edificio de apartamentos
    d. Proporcionar estacionamiento para discapacitados en el estacionamiento de un edificio de apartamentos

14. Si un contrato de arrendamiento no indica dónde se debe retener el depósito de seguridad, el propietario debe proporcionar esa información al inquilino.

    a. antes de firmar el contrato de arrendamiento.
    b. dentro de los 15 días hábiles posteriores a la firma del contrato de arrendamiento.
    c. dentro de los 30 días posteriores a la recepción del depósito.
    d. Esa información debe estar en el contrato de arrendamiento.

15. Un arrendador tiene _____ notificar a un inquilino desalojado sobre un reclamo contra el depósito de seguridad del inquilino.

    a. 7 días
    b. 15 días
    c. 30 días
    d. 45 días

8 Derechos de Propiedad: Propiedades y Arrendamientos; Condominios, Cooperativas, CDD, Asociaciones de Propietarios y Tiempo Compartido

Terrenos, Bienes Raíces y Bienes Inmuebles
Bienes inmuebles versus bienes muebles
Derechos básicos de propiedad
Intereses y propiedades en la tierra
Propiedades de dominio absolute
Formas de tener propiedad
Propiedades en arrendamiento
Cooperativas
Condominios
Tiempo compartido
Comunidades de propietarios (HOA)
Distritos de Desarrollo Comunitario (CDD)

Objetivos de aprendizaje

- Defina *los bienes inmuebles* con base en la definición del Capítulo 475, FS.
- Enumerar y explicar los componentes físicos de los bienes inmuebles
- Explique las cuatro pruebas que utilizan los tribunales para determinar si un artículo es un accesorio
- Distinguir entre bienes muebles e inmuebles
- Describa el conjunto de derechos asociados con la propiedad de bienes inmuebles
- Enumerar los principales tipos de propiedades (arrendamientos) y describir sus características.
- Describir las características asociadas con la ley de vivienda familiar de Florida
- Distinguir entre cooperativas, condominios y tiempos compartidos y describir los cuatro documentos principales asociados con los condominios

Términos clave

condominio	tenencia conjunta	hombre restante
cooperativa	tierra	derecho de supervivencia
declaración	propiedades en arrendamiento	propiedad separada
propiedad durante años	patrimonio vitalicio	arrendamiento por sufrimiento
propiedad exenta	propiedad personal	Arrendamiento a voluntad
propiedad tarifa simple	arrendamiento de propiedad	arrendamiento por totalidades
fixture	Folleto	arrendamiento en común
freehold estate	bienes inmueble	tiempo compart
caserío	bienes inmuebles	

TERRENOS, BIENES INMUEBLES E INMUEBLES

Definición de propiedad inmobiliaria
Componentes de bienes inmuebles

Bien inmueble definición

Una definición simple de bienes raíces es que es aire, agua, tierra y todo lo que está adherido a la tierra. Los bienes raíces en los Estados Unidos pueden ser propiedad privada de individuos y entidades privadas o públicamente de entidades gubernamentales. Los derechos de propiedad privada en este país no son absolutos. El gobierno puede imponer impuestos y restricciones a los derechos de propiedad privada, y puede eliminar la propiedad privada por completo. Además, otros particulares pueden ejercer sus derechos e intereses sobre los bienes inmuebles de uno. Un banco, por ejemplo, puede quedarse con una propiedad si el propietario no paga una hipoteca. Un vecino puede reclamar el derecho a caminar por su propiedad, le guste o no al propietario, siempre que lo haya hecho durante un cierto número de años.

Al intentar definir los bienes inmuebles, es esencial comprender *qué derechos e intereses tienen las partes en una parcela de bienes inmuebles*. Y para entender los derechos e intereses inmobiliarios, primero hay que reconocer las distinciones entre:

- ▶ Terrenos e inmuebles
- ▶ bienes raíces y propiedades
- ▶ bienes inmuebles y bienes muebles

Componentes de Bien inmueble

Tierra. El concepto jurídico de la tierra abarca

- ▶ la superficie de la tierra
- ▶ todo lo que está debajo de la superficie de la tierra se extiende hacia abajo hasta su centro
- ▶ todas las *cosas naturales* permanentemente adheridas a la tierra
- ▶ el aire sobre la superficie de la tierra que se extiende hacia afuera hasta el infinito.

La tierra, por lo tanto, incluye los minerales debajo de la superficie de la tierra, el agua sobre o debajo de la superficie de la tierra y el aire sobre la superficie. Además, la tierra incluye todas las plantas adheridas al suelo o en el suelo, como los árboles y el césped. Una **parcela**, o **tramo**, de tierra es una porción de tierra delineada por límites.

Características físicas del terreno. La tierra tiene tres características físicas únicas: *inmovilidad, indestructibilidad y heterogeneidad*.

La tierra es inmóvil, ya que una parcela de tierra no se puede mover de un sitio a otro. En otras palabras, la ubicación geográfica de una extensión de tierra es fija y no se puede cambiar. Se pueden transportar porciones de la tierra, como carbón extraído, tierra o plantas cortadas. Sin embargo, tan pronto como dichos elementos se separan de la tierra, ya no se consideran tierra.

La tierra es indestructible en el sentido de que uno tendría que remover un segmento del planeta hasta el núcleo para destruirlo. Incluso entonces, la porción que se extiende hacia arriba hasta el infinito permanecería. Por la misma razón, la tierra se considera permanente.

La tierra no es homogénea, ya que no hay dos parcelas de tierra exactamente iguales. Es cierto que dos parcelas adyacentes pueden ser muy similares y tener el mismo valor económico. Sin embargo, son inherentemente diferentes porque cada parcela tiene una ubicación única.

Bien inmueble. El concepto jurídico de los bienes inmuebles Abarca:

> ▸ tierra
>
> ▸ todas las *estructuras hechas por el hombre* que están "permanentemente" adheridas a la tierra

Por lo tanto, los bienes raíces incluyen, además de la tierra, cosas como cercas, calles, edificios, pozos, alcantarillas, aceras y muelles. Tales estructuras hechas por el hombre adheridas a la tierra se llaman **mejoras**. La frase "adherido permanentemente" se refiere principalmente a la intención de uno al adjuntar el artículo. Obviamente, muy pocas estructuras hechas por el hombre, si es que hay alguna, pueden estar permanentemente unidas a la tierra en el sentido literal. Pero si una persona construye una casa con la intención de crear una vivienda permanente, la casa se considera un bien inmueble. Por el contrario, si un campista fija una tienda de campaña al terreno con la intención de trasladarla a otro campamento en una semana, la tienda no se consideraría un bien inmueble.

El Concepto Jurídico de Tierra y Bienes Inmuebles

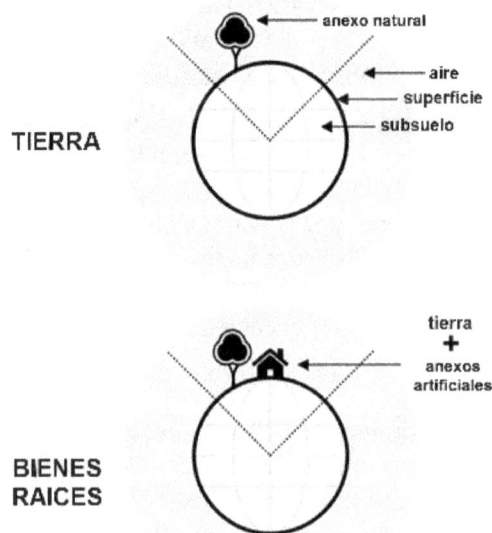

REAL VS. PROPIEDAD PERSONAL

Elementos esenciales de la propiedad
Accesorios
Criterios de diferenciación
Accesorios comerciales
Emblemas
Viviendas construidas en fábrica
Conversión

Elementos esenciales de la propiedad

En el entendimiento común, la propiedad es algo que pertenece a alguien. Un automóvil es propiedad de Bill Brown si Bill Brown es el propietario del automóvil. Si el artículo no es de su propiedad, no es propiedad. Por ejemplo, si un automóvil se abandona y se deja oxidar en el desierto, el automóvil ya no es propiedad, ya que nadie reclama la propiedad. Del mismo modo, el planeta Júpiter no es propiedad, ya que nadie lo posee.

Desde un punto de vista más técnico, la propiedad no es solo el artículo que se posee, sino también un *conjunto de derechos sobre el bien del que disfruta el propietario*. Estos derechos se conocen comúnmente como el "conjunto de derechos" (bundle of rights), que se explica más adelante.

Al poseer una propiedad, uno tiene derecho a poseerla y usarla como lo permite la ley. El propietario tiene derecho a transferir la propiedad del artículo (vender, alquilar, donar, ceder o heredar). El propietario también puede gravar el artículo hipotecando como garantía de la deuda. Por último, el propietario tiene derecho a excluir a otros del uso del artículo. En el ejemplo del coche, cuando Bill Brown compró el coche, el coche se convirtió en su propiedad: él era el dueño del coche en sí. Al mismo tiempo, también adquirió los derechos legales para transferir, usar, gravar, excluir y poseer el automóvil.

Clasificación de la propiedad. Nuestro ordenamiento jurídico reconoce dos tipos de propiedad: *bien inmueble* y *Propiedad personal*. **Bien inmueble** es la propiedad de un bien inmueble y el conjunto de derechos asociados con la propiedad del bien inmueble. **Propiedad personal** es la propiedad de cualquier cosa que no sea un bien inmueble, y los derechos asociados con la propiedad del bien personal. Los artículos de propiedad personal también se denominan **Bienes muebles** o **Personalidad**.

Nota: dado que todos los bienes raíces en los Estados Unidos son propiedad de alguna persona, organización privada o entidad gubernamental, todos los bienes raíces en el país son bienes inmuebles. Teniendo en cuenta este hecho, este texto seguirá la práctica habitual de utilizar los dos términos indistintamente y como sinónimos.

Propiedad tangible versus intangible. Los bienes muebles e inmuebles pueden clasificarse además como bienes **tangibles** o **intangibles** . Los bienes tangibles son físicos, visibles y materiales. La propiedad intangible es abstracta, no tiene existencia física en sí misma, excepto como evidencia del interés de propiedad de uno.

Propiedad tangible vs. propiedad intangible

	Tangible	Intangible
Bien inmueble	Todos los tipos	
Propiedad personal	barco, coche, joyería	certificado de acciones, contrato, patente

Todos los bienes inmuebles, por su naturaleza física, son bienes tangibles. Los bienes personales pueden ser tangibles o intangibles. Los barcos, las joyas, las monedas, los electrodomésticos, las computadoras y las obras de arte son ejemplos de bienes personales tangibles. Las acciones, los derechos de autor, los bonos, las marcas comerciales, las patentes, las franquicias y los acuerdos de cotización son ejemplos de propiedad personal intangible.

Accesorios

Al transmitir bienes inmuebles, es de vital importancia reconocer las distinciones entre los bienes muebles y los bienes inmuebles que se van a transmitir. La confusión puede surgir porque los elementos de propiedad *pueden ser bienes muebles o inmuebles, dependiendo de las circunstancias.*

El criterio principal para distinguir los bienes inmuebles de los personales es si el bien está permanentemente adherido al terreno o a estructuras adheridas al terreno. Por ejemplo, un árbol que crece en el jardín de uno es un bien inmueble. Sin embargo, cuando el propietario corta el árbol, se convierte en propiedad personal. Del mismo modo, una bomba de piscina en un estante en el garaje del propietario es propiedad personal. Cuando se instala con el resto de la piscina, se convierte en un bien inmueble.

Si bien el criterio de " fijación" es fundamental para distinguir entre bienes muebles e inmuebles, hay otras pruebas que deben aplicarse. Además, la regla de vinculación está sujeta a excepciones.

Un artículo de propiedad personal que se ha convertido en un bien inmueble por su vinculación a un bien inmueble se denomina accesorio. Ejemplos típicos son candelabros, inodoros, bombas de agua, fosas sépticas y persianas.
El propietario de un bien inmueble es inherentemente propietario de todos los accesorios que pertenecen al bien inmueble. Cuando el propietario vende el bien inmueble, el comprador adquiere los derechos de todos los accesorios. Los accesorios no incluidos en la venta deben detallarse y excluirse en el contrato de venta.

Diferenciación

En el caso de que el criterio de fijacion sea insuficiente para determinar si un bien es real o personal, un tribunal puede aplicar uno o varios de los siguientes criterios adicionales.

Intención. La intención original de uno puede anular la prueba de movilidad para determinar si un artículo es un accesorio o no. Si alguien adjuntó un artículo a un bien inmueble, pero tenía la intención de quitarlo después de un período de tiempo, el artículo puede considerarse propiedad personal. Si una persona tenía la intención de que un artículo fuera un accesorio, aunque el artículo sea fácilmente removible, el artículo puede considerarse un accesorio.

Por ejemplo, un inquilino de un apartamento instala un sistema de alarma, con la intención de eliminar el sistema al vencimiento del contrato de arrendamiento. En este caso, el sistema de alarma se consideraría propiedad personal.

Adaptación. Si un artículo se adapta de manera única a la propiedad, o si la propiedad está diseñada a medida para acomodar el artículo, puede considerarse un bien inmueble, ya sea que el artículo sea fácilmente removible o no. Las llaves de la casa, un compactador de basura y una pantalla de puerta extraíble son ejemplos.

Funcionalidad. Si un elemento es vital para el funcionamiento del edificio, puede considerarse un accesorio, aunque tal vez sea fácilmente desmontable. Los aires acondicionados de ventana y los paneles solares desmontables son posibles ejemplos.

Relación de las partes. Si un inquilino instala un accesorio para llevar a cabo negocios, el accesorio puede considerarse un accesorio comercial, que es la propiedad personal del inquilino.

Provisiones de contratos de compraventa o arrendamiento. En una transacción de venta o arrendamiento, la inclusión de un artículo en el contrato como un artículo de propiedad personal o un accesorio anula todas las demás consideraciones. A menos que se indique lo contrario como excepciones, todos los accesorios están incluidos en la venta. Por ejemplo, si un contrato de venta estipula que la alfombra no está incluida en la venta, se convierte en un artículo de propiedad personal. Si no se menciona la alfombra, va con la propiedad, ya que está pegada al suelo del edificio.

Accesorios comerciales

Accesorio comercials, o **accesorios mobiliarios,** son elementos de la propiedad de un inquilino *Propiedad personal* que el inquilino se ha adherido temporalmente a la propiedad inmueble de un arrendador para llevar a cabo negocios. Los accesorios comerciales pueden separarse y retirarse antes o después de la entrega de los locales arrendados. En caso de que el inquilino no retire un accesorio comercial, puede convertirse en propiedad del arrendador a través de *accesión*. A partir de entonces, el accesorio se considera un bien inmueble.

Ejemplos de accesorios comerciales incluyen los congeladores de alimentos de una tienda de comestibles, los percheros de ropa de un comerciante, el bar del propietario de una taberna, las máquinas de ordeño de una lechería y la imprenta de una imprenta.

Emblemas

Las plantas en crecimiento, incluidos los cultivos agrícolas, pueden ser bienes inmuebles o bienes personales. Las plantas y los cultivos que crecen de forma natural sin requerir el trabajo o la maquinaria de nadie se consideran bienes inmuebles.

Las plantas y los cultivos que requieren intervención y mano de obra humana se denominan **emblemáticos**. Los emblemas, a pesar de su apego a la tierra, se consideran propiedad personal. Si un emblema es propiedad de un agricultor arrendatario, el arrendatario tiene derecho a la cosecha ya sea que el contrato de arrendamiento del arrendatario esté activo o vencido. Si el arrendatario cultivó la cosecha, es de su propiedad personal y el propietario no puede tomarla.

Vivienda Construida en fábrica

Viviendas construidas en fábrica consiste en unidades de vivienda construidas fuera del sitio y transportadas y ensambladas en un sitio de construcción. La categoría también incluye viviendas fácilmente movibles del tipo que se puede reubicar de un lugar a otro, una vez conocido por el término **casa rodante**. La Ley Nacional de Normas de Seguridad y Construcción de Viviendas Prefabricadas de 1976 definió los tipos de viviendas construidas en fábrica y retiró la designación de casas móviles. **Viviendas prefabricadas** es una casa construida en fábrica que cumple con los estándares de HUD. Las viviendas construidas en fábrica pueden considerarse bienes inmuebles o bienes personales, dependiendo de si están fijadas permanentemente a un terreno que es propiedad o arrendadas a largo plazo por el propietario de la vivienda, según la ley de Florida. Los profesionales de bienes raíces deben comprender las leyes locales antes de vender cualquier tipo de vivienda construida en fábrica.

Conversión

La clasificación de un bien como inmueble o personal no es necesariamente fija. La clasificación puede ser modificada por el proceso de conversión. **Ruptura (Severance)** es la conversión de bienes inmuebles en bienes muebles separándolos de los bienes inmuebles, por ejemplo, cortando un árbol, separando una puerta de un cobertizo o quitando una antena de un techo. **Fijar o adjuntar**, es el acto de convertir la propiedad personal en propiedad inmueble al unirla a los bienes inmuebles, como ensamblar una pila de ladrillos en un pozo de barbacoa o construir un muelle para botes con tablones de madera.

Bienes Inmuebles vs. Bienes Muebles

Bien inmueble	Propiedad personal
tierra Accesorios conversiones mediante la colocación	Accesorios comerciales Emblemas Conversiones por despido

DERECHOS BÁSICOS DE PROPIEDAD

Paquete de derechos
Derechos separables
Derechos de agua

Paquete de derechos

Derechos de propiedad real consisten en el conjunto de derechos asociado con la propiedad de una parcela de bienes inmuebles. El más importante de estos derechos es el *Derecho de posesión*.

El *derecho a usar* una propiedad se refiere al derecho a usarla de ciertas maneras, como la minería, el cultivo, el paisajismo, la demolición y la construcción en la propiedad. El derecho está sujeto a las limitaciones de la zonificación local y a la legalidad del uso. El derecho de uso de una persona no puede infringir los derechos de otros a usar y disfrutar de su propiedad. Por ejemplo, a un propietario se le puede restringir la construcción de un estanque grande en su propiedad si, de hecho, el estanque representaría un peligro de inundación y drenaje para el vecino de al lado.

El *derecho a transferir intereses* en la propiedad incluye el derecho a vender, legar, arrendar, donar o ceder intereses de propiedad. Un propietario puede transferir ciertos derechos individuales a la propiedad sin transferir la propiedad total. Además, se puede transferir la propiedad conservando los intereses individuales. Por ejemplo, una persona puede vender derechos mineros sin vender el derecho de posesión. Por otro lado, el propietario puede transmitir todos los derechos sobre la propiedad, excepto los derechos mineros.

Si bien todos los derechos son transferibles, el propietario solo puede transferir lo que el propietario posee. Un vendedor de propiedades, por ejemplo, no puede vender derechos de agua si no hay derechos de agua adjuntos a la propiedad.

El *derecho a gravar la propiedad* significa esencialmente el derecho a hipotecar la propiedad como garantía de la deuda. Puede haber restricciones a este derecho, como el derecho de un cónyuge a limitar el grado en que una vivienda puede ser hipotecada.

El *derecho a excluir* le da al dueño de la propiedad el derecho legal de mantener a otros fuera de la propiedad y de enjuiciar a los intrusos.

El conjunto de derechos

Derechos separables

El conjunto de derechos de propiedad inmobiliaria también se aplica por separado a los componentes individuales de los bienes inmuebles: el aire, la superficie y el subsuelo. Un propietario puede, por ejemplo, transferir derechos de subsuelo sin transferir derechos aéreos. Del mismo modo, un propietario puede alquilar espacio aéreo sin gravar los derechos de superficie o subsuelo. Esto puede ocurrir en una ciudad en la que los propietarios de edificios contiguo quieren construir una pasarela sobre el lote de un tercer propietario. Dichos propietarios tendrían que adquirir los derechos aéreos de la pasarela. Si la ciudad quiere construir un metro a través del subsuelo del propietario, la ciudad tiene que obtener los derechos del subsuelo para hacerlo.

Un contrato de arrendamiento ordinario es un ejemplo común de la transferencia de una parte del conjunto de derechos de una persona. El propietario renuncia al derecho a poseer porciones de la superficie, tal vez un edificio, a cambio de una renta. El inquilino disfruta de los derechos de posesión y uso del edificio durante el plazo del contrato de arrendamiento, después de lo cual estos derechos revierten al propietario. Durante el plazo del contrato de arrendamiento, el inquilino no tiene derechos sobre el subsuelo o el espacio aéreo de la propiedad que no sea el que ocupa el edificio. Además, el arrendatario no goza de ninguno de los otros derechos del conjunto de derechos: no puede gravar la propiedad ni transferirla. Hasta cierto punto, el inquilino puede excluir a personas de la propiedad, pero no puede excluir al propietario legal.

Derechos de superficie. Los derechos de superficie se aplican a los bienes inmuebles contenidos dentro de los límites de la superficie de la parcela. Esto incluye el suelo, todas las cosas naturales fijadas al suelo y todas las mejoras. Los derechos de superficie también incluyen los derechos de agua.

Derechos aéreos. Derechos aéreos Se aplican al espacio por encima de los límites de la superficie de la parcela, delineados por líneas verticales imaginarias extendidas hasta el infinito. Desde el advenimiento de la aviación, los derechos aéreos se han restringido para permitir que las aeronaves sobrevuelen la propiedad de uno, siempre que los sobrevuelos no interfieran con el uso y disfrute de la propiedad por parte del propietario. La cuestión de la violación de los derechos aéreos en beneficio del transporte aéreo es una batalla continua entre las aerolíneas, los aeropuertos y los propietarios cercanos.

Derechos del subsuelo. Los derechos del subsuelo se aplican a la tierra debajo de la superficie de la parcela inmobiliaria que se extiende desde sus límites superficiales hacia abajo hasta el centro de la tierra. Los derechos subsuperficiales notables son los derechos para extraer depósitos de minerales y gas y agua subterránea de la capa freática.

Derechos de agua

Derechos de agua Básicamente se refieren a los derechos de propiedad y uso del agua que se encuentra en lagos, arroyos, ríos y el océano. Además, determinan dónde se pueden fijar los límites de las parcelas con respecto a los cuerpos de agua adyacentes. ¿De qué derechos de agua goza el propietario de un inmueble que contiene o colinda con un cuerpo de agua? La respuesta depende de tres variables:

- ▸ si el Estado controla el agua
- ▸ si el agua se está moviendo
- ▸ si el agua es navegable

Doctrina de la apropiación previa. Dado que el agua es un recurso necesario para la supervivencia, algunos estados, particularmente aquellos donde el agua es escasa, han adoptado la posición legal de que el estado posee y controla todos los cuerpos de agua. Llamada la Doctrina de la Apropiación Previa, esta posición requiere que los propietarios obtengan permisos para el uso del agua. Florida no opera bajo esta doctrina en sí, sino bajo las doctrinas de ley comun de *Derechos del litoral* y *Derechos ribereños*, modificado por el concepto de Asignación Previa de "primero en el tiempo, primero en el derecho" y codificado en la Ley de Recursos Hídricos de la Florida.

Derechos litorales. Derechos litorales se refieren a las propiedades que colindan con masas de agua que no se mueven, como lagos y mares. Los propietarios de propiedades colindantes con un cuerpo de agua navegable e inmóvil disfrutan del derecho de uso litoral, pero no son propietarios del agua ni de la tierra debajo del agua. La propiedad se extiende hasta la marca de agua alta del cuerpo de agua.

Derechos del litoral

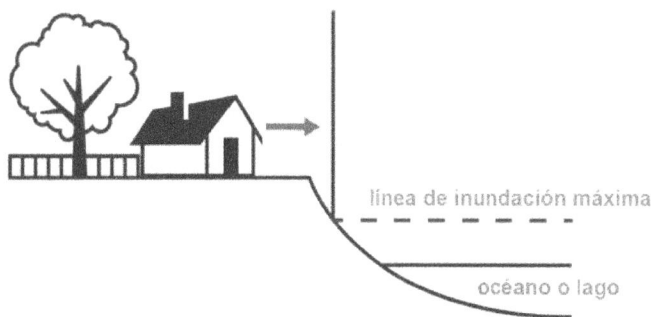

océanos, mares y lagos

La premisa jurídica que subyace a la definición de los derechos litorales es que un lago o mar es un *cuerpo de agua navegable, por lo tanto, propiedad pública* del Estado. Por el contrario, un cuerpo de agua contenido en su totalidad dentro de los límites de la propiedad de un propietario no es navegable. En tal caso, el propietario sería propietario del agua, así como de los derechos de uso ilimitados.

Los derechos litorales se adhieren a la propiedad. Cuando se vende la propiedad, los derechos litorales se transfieren con la propiedad al nuevo propietario.

Derechos ribereños. Derechos ribereños se refieren a propiedades colindantes con aguas en movimiento, como arroyos y ríos. Si una propiedad colinda con un arroyo o río, los derechos ribereños del propietario están determinados por si el agua *es navegable o no navegable.* Si la propiedad colinda con un arroyo no navegable, el propietario disfruta del uso irrestricto del agua y *es dueño de la tierra debajo del arroyo hasta el punto medio del arroyo.* Si la vía navegable en cuestión es navegable, la vía navegable se considera una servidumbre pública. En tal caso, la propiedad del propietario se extiende *a la orilla del agua* a diferencia del punto medio de la vía fluvial. El Estado es dueño de la tierra bajo el agua.

Derechos ribereños

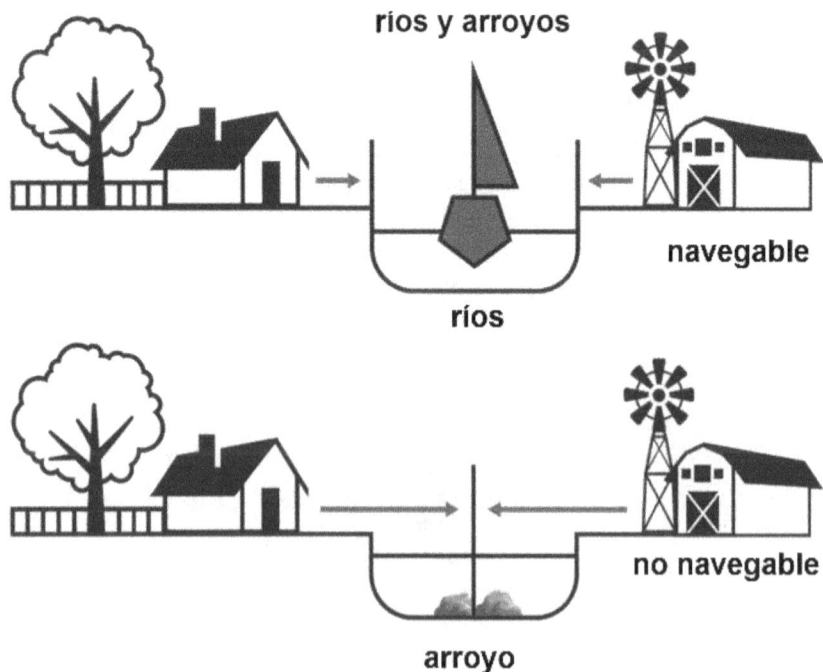

ríos y arroyos

navegable

ríos

no navegable

arroyo

Los derechos ribereños de uso del agua corriente están sujetos a las condiciones de que:

> ▸ El uso es razonable y no infringe los derechos ribereños de otros propietarios de aguas abajo
> ▸ El uso no contamina el agua
> ▸ El uso no impide ni altera el curso del flujo de agua.

Al igual que los derechos litorales, los derechos ribereños se adhieren a la propiedad.

Procesos que afectan a los derechos y la propiedad del agua. A través de procesos naturales, el agua se mueve y la tierra crece y se reduce, posiblemente cambiando los derechos de propiedad. Entre estos procesos cabe destacar

> ▸ **Acreción: el** proceso por el cual la tierra aumenta debido a la acumulación de roca, suelo y arena transportada por el agua.
>
> ▸ **aluvión** - tierra que resulta de la acreción, como en la desembocadura de un río; el propietario es propietario del material depositado
> ▸ **erosión** : pérdida de tierras por la acción del viento y el agua; el propietario puede perder tierras
> ▸ **Relicción** : el descubrimiento de tierra submarina por el retroceso del agua; la tierra nueva generalmente pertenece al propietario del área previamente cubierta

---

INTERESES Y PROPIEDADES EN LA TIERRA

Intereses
Propiedad en tierras

Intereses

Un interés en el sector inmobiliario es *Titularidad de cualquier combinación del conjunto de derechos* a los bienes inmuebles, incluidos los derechos a

> ▸ poseer
> ▸ uso
> ▸ transferencia
> ▸ gravar
> ▸ excluir

Intereses indivisos. Un interés indiviso es el interés de un propietario en una propiedad en la que dos o más partes comparten la propiedad. Los términos

" indiviso " e "indivisible" significan que el interés del propietario está en una parte fraccionaria de todo el patrimonio, no en una parte física de la propiedad inmueble en sí. Si dos copropietarios tienen un interés indivisible e igual, uno de ellos no puede reclamar la mitad norte de la propiedad para su uso exclusivo.

Algunos ejemplos de intereses son:

▶ Un propietario que disfruta del conjunto completo de derechos

▶ un inquilino que goza temporalmente del derecho de uso y exclusión

▶ un prestamista que goza del derecho de gravar la propiedad durante la vigencia de un préstamo hipotecario

▶ un reparador que grava la propiedad cuando el propietario no paga los servicios

▶ Un comprador que impide que un propietario venda la propiedad a otra parte bajo los términos del contrato de venta

▶ una empresa minera que posee temporalmente el derecho a extraer minerales del subsuelo de la propiedad

▶ Un municipio local que tiene el derecho de controlar cómo un propietario usa la propiedad

▶ una empresa de servicios públicos que reclama el acceso a la propiedad de acuerdo con una servidumbre

Los intereses difieren según

▶ cuánto tiempo puede disfrutar una persona del interés

▶ a qué parte de la tierra, el aire o el subsuelo se aplica el interés

▶ si el interés es público o privado

▶ si el interés incluye la propiedad legal de la propiedad

Intereses en Bienes Raíces

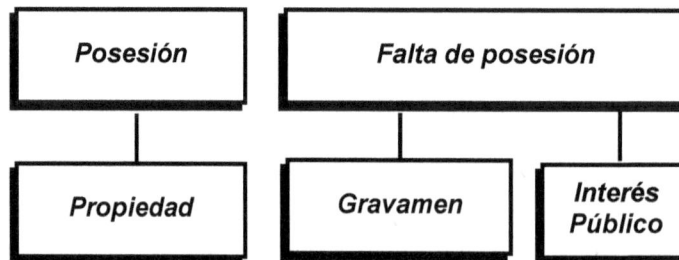

Los intereses se distinguen principalmente por si incluyen la posesión. Si el titular del interés goza del derecho de posesión, se considera que la parte tiene una **propiedad en la tierra** o, familiarmente, una herencia. Si un titular de interés privado no tiene derecho a poseer, el interés es un **gravamen.** Si el titular del interés no es privado, como una entidad gubernamental, y no tiene derecho a poseerlo, el interés es alguna forma de interés *público*

Un gravamen permite a una parte no propietaria restringir el conjunto de derechos del propietario. Los gravámenes fiscales, las hipotecas, las servidumbres y las invasiones son ejemplos.

Las entidades públicas pueden ser propietarias o arrendadoras de bienes inmuebles, en cuyo caso gozan de un patrimonio inmobiliario. Sin embargo, las entidades gubernamentales también tienen intereses no posesorios en bienes raíces que actúan para controlar el uso de la tierra para el bien público dentro de la jurisdicción de la entidad. El principal ejemplo de interés público es **el poder de policía**, o el derecho del gobierno local o del condado a **zonificar**. Otro ejemplo de interés público es el derecho a adquirir la propiedad a través de la facultad de expropiación.

Propiedad en tierras Una propiedad en la tierra es un interés que incluye el derecho de posesión. Dependiendo de la cantidad de tiempo que uno puede disfrutar del derecho a poseer el patrimonio, las relaciones de las partes propietarias del patrimonio y los intereses específicos que se tienen en el patrimonio, un patrimonio es un dominio absoluto o un patrimonio arrendado.

Propiedad en Tierras

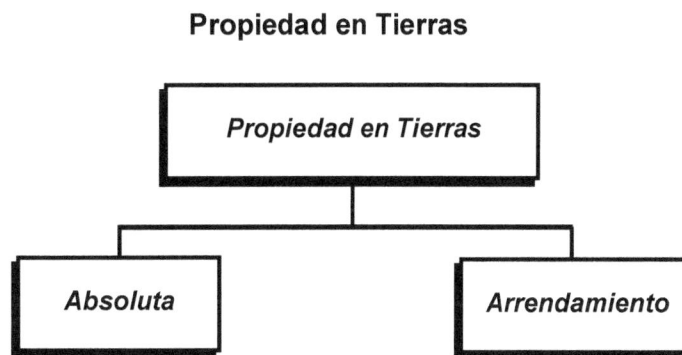

En un **Propiedad absoluta**, no se puede determinar la duración de los derechos del titular: los derechos pueden durar toda la vida, menos de una vida o generaciones más allá de la vida del propietario.

Una **Propiedad arrendada** se distingue por su duración específica, representada por el plazo del arrendamiento.

La propiedad de una propiedad absoluta se equipara comúnmente con la propiedad, mientras que una propiedad arrendada no se considera así porque los derechos del arrendatario son temporales.

Tanto las propiedades arrendadas como las de dominio absoluto se denominan **arrendamientos**. El propietario de la propiedad absoluta es el inquilino de **propiedad absoluta**, y el inquilino, o arrendatario, es el **inquilino arrendado**.

ESTADOS DE DOMINIO ABSOLUTO

Propiedad tarifa simple
Bienes vitalicios
Bienes vitalicios convencionales
Bienes vitalicios legales

Los dominio absoluto difieren principalmente según la duración de los derechos del titular y lo que sucede con la herencia cuando el propietario muere. Un patrimonio de propiedad absoluta de duración potencialmente ilimitada es un patrimonio de honorarios simples: un patrimonio limitado a la vida del propietario es un patrimonio vitalicio.

Propiedad de Dominio Absoluto

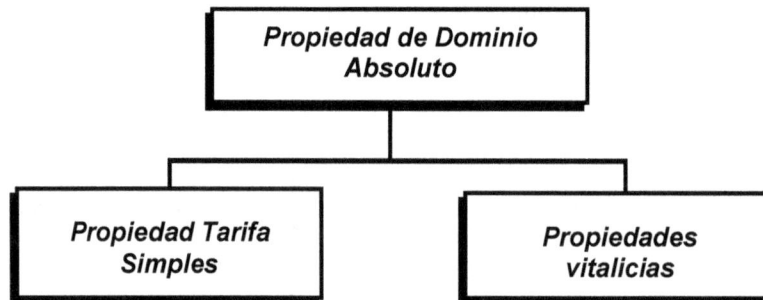

```
          ┌──────────────────────────┐
          │  Propiedad de Dominio    │
          │        Absoluto          │
          └──────────────────────────┘
                       │
         ┌─────────────┴─────────────┐
┌──────────────────┐        ┌──────────────────┐
│ Propiedad Tarifa │        │   Propiedades    │
│     Simples      │        │    vitalicias    │
└──────────────────┘        └──────────────────┘
```

Propiedad Tarifa Simple

La **tarifa simple (fee simple)** el dominio absoluto es el *la forma más alta de participación en la propiedad* que se puede adquirir en bienes raíces. Incluye el conjunto completo de derechos, y el arrendamiento es ilimitado, con ciertas excepciones que se indican a continuación. El interés simple de la tarifa también se denomina "interés de la tarifa" o, simplemente, la "tarifa". El propietario del interés simple de la tarifa se denomina **inquilino de cuota.**

Las tarifa simples, como todas las tarifas, siguen estando sujetas a restricciones gubernamentales e intereses privados.

Hay dos formas de propiedad simple: **absoluta** y **anulable**.

Propiedad Tarifa Simple

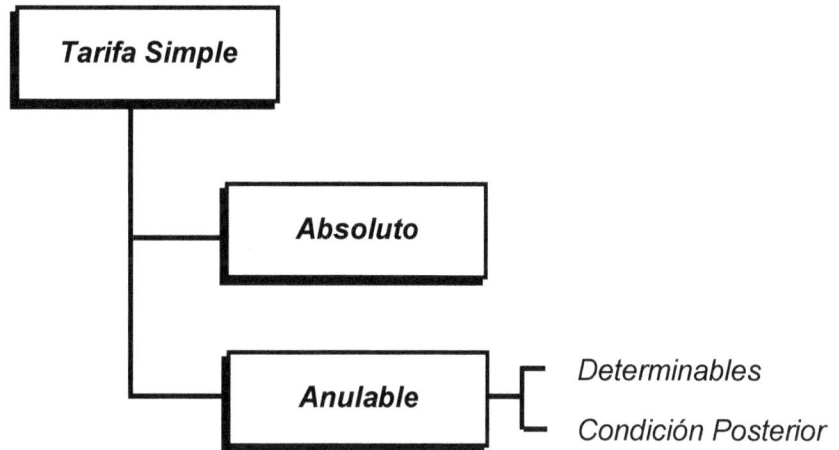

Tarifa Simple Absoluta. La cuota de patrimonio absoluto simple es una herencia perpetua que no está *condicionada por usos estipulados o restringidos.* También puede transmitirse libremente a los herederos. Por estas razones, la propiedad tarifa simple absoluto es el bien inmueble más deseable que se puede obtener en bienes raíces residenciales. También es el más común.

Tarifa simple anulable. El patrimonio de cuota anulable es perpetuo, siempre que el uso *se ajusta a las condiciones establecidas.* Las características esenciales son:

▸ La propiedad debe ser utilizada para un propósito determinado o bajo ciertas condiciones
▸ Si el uso cambia o si se dan condiciones prohibidas, la propiedad revierte al anterior otorgante de la herencia.

Los dos tipos de cuota simple anulable son **determinables** y **condicionados subsecuentemente**.

Determinable. La escritura de la propiedad determinable establece las limitaciones de uso. Si se violan las restricciones, la herencia vuelve automáticamente al otorgante o a los herederos.

Condición posterior. Si se viola alguna condición, el propietario anterior puede recuperar la propiedad. Sin embargo, la reversión de la herencia no es automática: el otorgante debe volver a tomar posesión física dentro de un plazo determinado.

Bienes vitalicio

Bienes vitalicio (life estate) es un patrimonio de dominio absoluto que tiene una duración limitada a la vida del propietario u otra persona nombrada. A la muerte del propietario u otra persona nombrada, *La herencia pasa al propietario original o a otra parte nombrada.* El titular de un patrimonio vitalicio se denomina **Inquilino vitalicio (life tenant)**.

Las características distintivas del patrimonio vitalicio son:

- El propietario goza de plenos derechos de propiedad durante el período de sucesión
- Los tenedores de la participación futura poseen una participación de reversión o una participación remanente
- 4 se puede crear el patrimonio por acuerdo entre particulares, o puede ser creada por ley en circunstancias prescritas.

Remanente. Si un patrimonio vitalicio nombra a un tercero para que reciba el título de la propiedad al terminar el patrimonio vitalicio, la parte disfruta de un interés futuro llamado remanente intereses o un patrimonio remanente. El titular de una participación remanente se denomina **hombre restante (remainderman)**.

Reversión. Si no se establece un remanente de patrimonio, el patrimonio vuelve al propietario original o a los herederos del propietario. En esta situación, el propietario original conserva un interés de reversión o patrimonio.

Los dos tipos de sucesiones vitalicias son **la convencional** y la **legal**.

Propiedades vitalicias

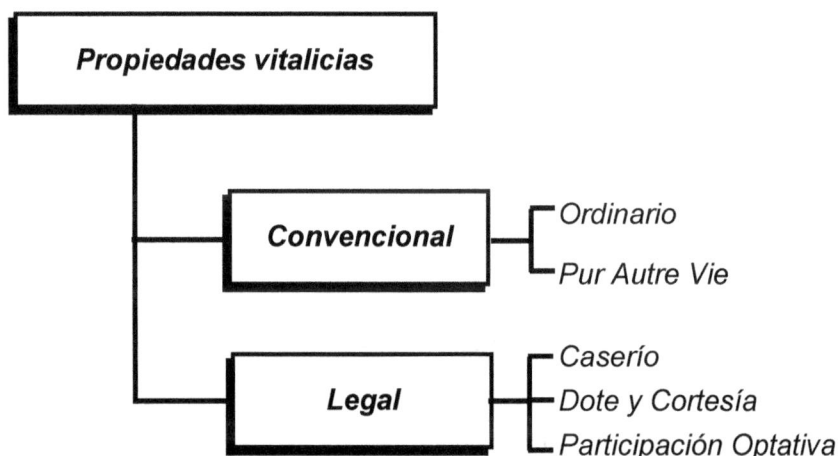

Convencional
Patrimonio vitalicio

Un patrimonio vitalicio convencional se crea mediante una concesión de un propietario simple al concesionario, el inquilino vitalicio. Tras la extinción de la herencia, los derechos pasan a un remanente o revierten al propietario anterior.

Durante el período de sucesión vitalicia, el propietario goza de todos los derechos de propiedad, siempre que no infrinja los derechos de los titulares de intereses remanentes o de reversión, por ejemplo, dañando la propiedad o poniendo en peligro su valor. En caso de que se produzcan tales acciones, los titulares de los intereses futuros pueden emprender acciones legales contra los propietarios.

Los dos tipos de sucesión vitalicia convencional son **la ordinaria** y la **pur autre vie**.

Propiedades Vitalicias Covencionales

	Patrimonio Vitalicio Ordinario	Por otra vida
Con reversión	Duración: Vida del propietario revierte al otorgante	Duración: La vida de otro revierte al otorgante
Con resto	Duración: Vida del propietario revierte a otro	Duración: La vida de otro revierte a otro

Patrimonio vitalicio ordinario. Un patrimonio vitalicio ordinario *termina con la muerte del propietario del patrimonio vitalicio* y puede pasar a los propietarios originales o a sus herederos (reversión) o a un tercero nombrado (remanente).

Por ejemplo, John King concede una herencia vitalicia en una propiedad a Mary Brown, para que perdure durante toda la vida de Mary. Juan establece que cuando María muera, la propiedad volverá a él.

Pur autre vie. El patrimonio vitalicio dura durante la vida de una tercera persona, después de lo cual la propiedad pasa del titular del inquilino al otorgante original (reversión) o a un tercero (remanente).

Por ejemplo, Yvonne le otorga una herencia vitalicia a Ryan, para que perdure durante toda la vida del esposo de Yvonne, Steve. Tras la muerte de Steve, Yvonne establece que su madre, Rose, recibirá la propiedad.

Partrimonio legal vitalicio

Un patrimonio legal vitalicio es *Creado por la ley* en lugar de ser creado por un acuerdo de propietarios. El enfoque de un patrimonio legal vitalicio es definir y proteger los derechos de propiedad de los miembros de la familia sobrevivientes después de la muerte del esposo o la esposa.

Las principals formas de sucesión legal son la **Vivienda familiar, la dote y la cortesía, y participación optativa**.

vivienda familiar. Una vivienda familiar es la residencia principal de una persona. Las leyes de vivienda familiar de Florida protegen a los miembros de la familia contra la pérdida de sus hogares a manos de acreedores generales que intentan cobrar sus deudas.

Las leyes de vivienda familiar establecen que:

▶ La totalidad o parte de la vivienda de una persona *está exenta de* una venta forzosa ejecutada para el cobro de deudas generales (gravámenes judiciales). Los distintos estados ponen diferentes límites a esta exención.

▶ Las deudas tributarias, las deudas de financiamiento del vendedor, las deudas por mejoras en el hogar y las deudas hipotecarias no están *exentas*

▶ el interés de la vivienda familiar no puede ser transmitido por uno de los cónyuges; Ambos cónyuges deben firmar la escritura de transferencia de la propiedad familiar

▶ La exención y las restricciones de la vivienda familiar *perduran durante toda la vida* del jefe de familia y se transmiten a los hijos menores de edad.

▶ Los intereses de vivienda en una *propiedad se extinguen* si la propiedad se vende o se abandona

La exención de ciertas deudas por vivienda familiar no debe confundirse con la exención del *impuesto sobre la propiedad familiar*, que exime de impuestos a una parte del valor de la propiedad.

Dote y cortesía. Dote (Dower) es el interés patrimonial vitalicio de la esposa en los bienes del marido. Cuando el esposo muere, la esposa puede reclamar partes de los bienes del difunto. Cortesía (Curtesy) es el mismo derecho del que goza el marido sobre los bienes de la mujer fallecida. Los bienes adquiridos en virtud de las leyes de dote son propiedad del cónyuge supérstite durante toda su vida.

Para transferir la propiedad dentro de los estados de dote y cortesía, el esposo (o la esposa) debe obtener una liberación de los intereses de la dote del otro cónyuge para transmitir un título claro a otra parte. Si ambas partes firman la transmisión, el derecho de dote se extingue automáticamente.

En Florida, las leyes de participación electiva han suplantado la dote y la cortesía, y no hay reconocimiento de la propiedad comunitaria.

Participación optativa. Permite al cónyuge sobreviviente hacer un reclamo mínimo sobre los bienes muebles e inmuebles del cónyuge fallecido en lugar de las disposiciones para dichos bienes en el testamento del difunto.

Por ejemplo, si el testamento de un marido excluye a la esposa de cualquier herencia de bienes, la esposa puede, a la muerte del marido, hacer la reclamación de la parte electiva.

La ley de acciones electivas de la Florida establece que:

▶ El cónyuge sobreviviente tiene derecho a un porcentaje de los bienes del cónyuge fallecido, excepto los bienes familiares y los bienes que el difunto poseía exclusivamente

- El cónyuge sobreviviente debe solicitar la parte electiva dentro de un período de tiempo limitado
- Si el cónyuge no presenta la solicitud, el patrimonio se transfiere de acuerdo con el testamento o las leyes de descendencia del estado
- El derecho de participación electiva pertenece únicamente al cónyuge supérstite y no es transferible.

FORMAS DE MANTENER LA PROPIEDAD

Propiedad Individual
Copropiedad

Propiedad individual Si *Un solo partido es propietario* en tarifa simple propiedad o el patrimonio vitalicio, la propiedad es una **propiedad individual (tenancy in severalty)** . Los sinónimos son: **Propiedad exclusiva**, **propiedad en varios** y **Patrimonio en varios**.

El patrimonio de un inquilino fallecido en varios pasa a los herederos por sucesión

Copropiedad Si más de una persona, o una entidad legal como una corporación, posee un patrimonio en tierra, el patrimonio se mantiene en alguna forma de copropiedad. Los copropietarios también se denominan **Coinquilinos**.

Tenencia en común. El arrendamiento en común, también conocido como el **bienes en común,** es la forma más común de copropiedad cuando los propietarios no están casados. Las características definitorias son:

- **dos o más propietarios**

  Cualquier número de personas puede ser coarrendatario en una sola propiedad.

- **derechos idénticos**

  coarrendatarios comparten un interés indivisible en la propiedad, es decir, todos tienen los mismos derechos a poseer y usar la propiedad sujeta a los derechos de los demás coarrendatarios. Ningún coarrendatario puede reclamar ser propietario de ninguna parte física de la propiedad exclusivamente. Comparten lo que se llama posesión indivisa o unidad de posesión.

- **intereses de propiedad individual**

  todos los arrendatarios en común tienen una propiedad distinta y separable de sus respectivos intereses. Los coarrendatarios pueden vender, gravar o transferir sus intereses sin obstrucción o consentimiento de los otros propietarios. (Sin embargo, un coinquilino no puede gravar toda la propiedad).

▶ **acciones de propiedad elegibles**

Los inquilinos en común determinan entre sí qué parte de la propiedad poseerá cada parte. Por ejemplo, tres coinquilinos pueden poseer el 40%, 35% y 25% de participación en una propiedad, respectivamente. A falta de acciones de propiedad declaradas, se supone que cada una tiene una participación igual a la de las demás.

▶ **sin supervivencia**

patrimonio de un coarrendatario fallecido pasa por sucesión a los herederos y legatarios del difunto en lugar de a los otros inquilinos en común. Cualquier número de herederos puede compartir la propiedad del arrendamiento testamentario.

▶ **No hay unidad de tiempo**

No es necesario que los inquilinos en común adquieran sus intereses al mismo tiempo. Un nuevo coinquilino puede entrar en un arrendamiento preexistente en común.

El siguiente anexo ilustra cómo los inquilinos en común pueden transferir intereses de propiedad a otras partes mediante venta o testamento.

Tenencia en común

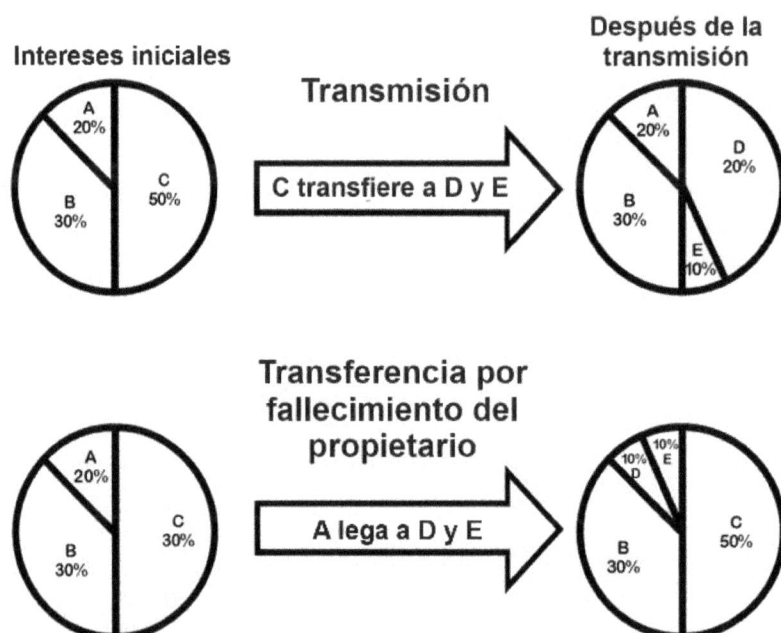

La exposición muestra a tres propietarios de una propiedad como inquilinos en común: A posee el 20%, B posee el 30% y C posee el 50%. C decide vender 4/5 de su participación a D y 1/5 a E. La participación de D en la herencia será del 40% (4/5 multiplicado por 50%), y la de E será del 10% (1/5 multiplicado por 50%). Ambos nuevos inquilinos son inquilinos en común con A y B. Tenga en cuenta que cualquier propietario puede vender cualquier parte de su participación a otros propietarios o terceros.

La segunda parte de la exposición muestra cómo, cuando la copropietaria A fallece, puede legar su participación del 20% de la propiedad a los herederos D y E a partes iguales. En tal caso, cada uno de los herederos adquiriría una participación del 10% en la propiedad como arrendatarios en común con B y C.

Tenencia conjunta. En una tenencia conjunta, dos o más personas poseen colectivamente una propiedad como si fueran una sola persona. Los derechos y los intereses son indivisibles e iguales: cada uno tiene un interés común en la totalidad de la propiedad que no puede dividirse. Los copropietarios solo pueden transmitir sus intereses a terceros como intereses de inquilinos en común. No se puede transmitir un interés de copropietario.

Las características y requisitos que definen la tenencia conjunta son:

▶ **unidad de propiedad**

Mientras que los inquilinos en común tienen un título separado de sus intereses individuales, los copropietarios juntos tienen un solo título de propiedad.

▶ **propiedad igualitaria**

Los copropietarios poseen partes iguales en la propiedad, sin excepción. Si hay cuatro coinquilinos, cada uno posee el 25% de la propiedad. Si hay diez coinquilinos, cada uno posee el 10%.

▶ **Transferencia de intereses**

Un copropietario puede transferir su interés en la propiedad a un tercero, pero solo como un arrendamiento en interés común. Quien adquiere el interés es copropietario del inmueble como arrendatario en común con los demás coarrendatarios en cojunta. El resto de los copropietarios siguen siendo propietarios de una participación indivisa en la propiedad, menos la parte del nuevo coinquilino.

▶ **Supervivencia**

En una tenencia conjunta, los copropietarios disfrutan de derechos de supervivencia: si un copropietario fallece, todos los intereses y derechos pasan a los copropietarios supervivientes libres de cualquier reclamación de acreedores o herederos. En Florida, la supervivencia debe indicarse expresamente en la escritura que se efectuará en el momento de la transferencia.

Cuando solo sobrevive un copropietario, el interés del sobreviviente se convierte en un patrimonio en varios y se termina la tenencia conjunta. La herencia será legalizada a la muerte del propietario.

La característica de supervivencia de la tenencia conjunta presenta una ventaja para la tenencia en común, en el sentido de que los intereses se transmiten sin procedimientos de sucesión. Por otro lado, los copropietarios renuncian a cualquier capacidad de legar sus intereses a partes ajenas al arrendamiento.

Tenencia conjunta

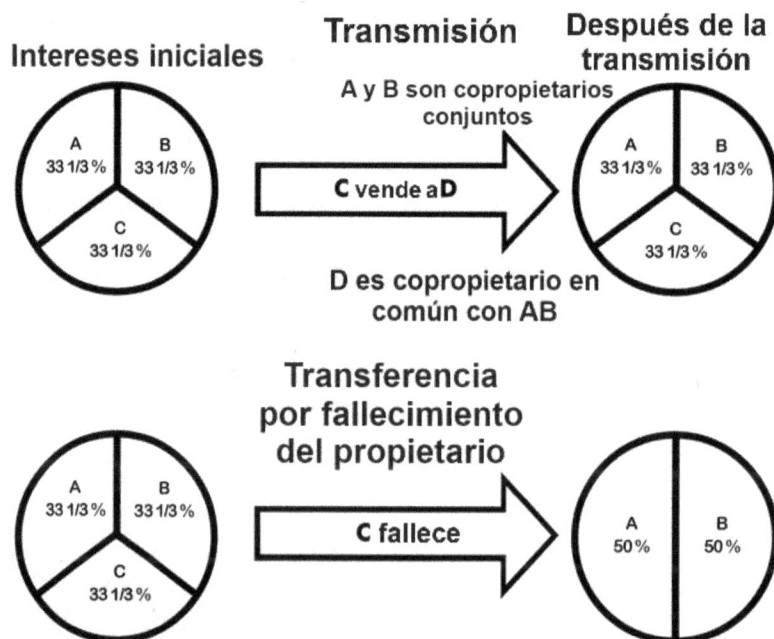

La exposición muestra a tres partes, A, B y C, que adquirieron una propiedad como copropietarios. Por definición, cada uno posee un tercio de las acciones. Si C vende a D, A y B se convierten automáticamente en copropietarios de dos tercios de la propiedad. D se convierte en arrendataria en común con A y B. El interés de D pasará a sus herederos a su muerte.

Si C muere, A y B reciben partes iguales de la herencia de C, lo que hace que las partes restantes sean iguales al 50%. Si B muere, A adquiere toda la propiedad y se convierte en el único propietario. Este evento pone fin a la herencia de la tenencia conjunta y se convierte en una propiedad en varios.

Creación de tenencia conjunta. Para crear una tenencia conjunta, todos los propietarios deben adquirir la propiedad al mismo tiempo, usar la misma escritura, adquirir los mismos intereses y compartir los mismos derechos de posesión. A estas se les conoce como las **cuatro unidades**.

> ▸ **unidad de tiempo**

Todas las partes deben adquirir la participación conjunta al mismo tiempo

> ▸ **unidad de título**

Todas las partes deben adquirir la propiedad en la misma escritura

> ▸ **unidad de intereses**

Todas las partes deben recibir iguales intereses indivivisos

> ▸ **unidad de posesión**

Todas las partes deben recibir los mismos derechos de posesión

En Florida, el traspaso debe nombrar a las partes como copropietarios con derechos de supervivencia. De lo contrario, y en ausencia de una intención clara de las partes, la herencia se considerará un arrendamiento en común. Además, una tenencia conjunta solo puede crearse por acuerdo entre las partes, y no por ministerio de la ley.

Rescisión por demanda de partición. La demanda de partición puede poner fin a una tenencia conjunta o a una tenencia en común. La ejecución hipotecaria y la bancarrota también pueden poner fin a estos patrimonios.

Una demanda de partición es una vía legal para un propietario que quiere disponer de sus intereses en contra de los deseos de otros copropietarios. La demanda solicita al tribunal que divida o **partición** la propiedad físicamente, de acuerdo con los respectivos derechos e intereses del propietario. Si esto no es razonablemente factible, el tribunal puede ordenar la venta de los bienes, tras lo cual los intereses se liquidan y distribuyen proporcionalmente.

Tenencia por la totalidad. Arrendamiento por la totalidad es una forma de propiedad tradicionalmente reservada a los **marido y mujer,** aunque ahora está disponible para cónyuges del mismo sexo legalmente casados en Florida. Cuenta con supervivencia, igualdad de intereses y exposición limitada a la ejecución hipotecaria.

> ▸ **supervivencia**

A la muerte del esposo o la esposa, el interés del difunto pasa automáticamente al otro cónyuge.

> ▸ **Interés igual e indiviso**

Cada cónyuge es dueño de la propiedad como si hubiera un solo dueño. Los intereses fraccionarios no pueden transferirse a terceros.

Todo el interés puede ser transmitido, pero solo con el consentimiento y las firmas de ambas partes.

> ▶ **No hay ejecución hipotecaria para deudas individuales**

El patrimonio está sujeto a ejecución hipotecaria solo para deudas contraídas conjuntamente.

> ▶ **terminación**

El patrimonio puede terminarse por divorcio, muerte, mutuo acuerdo y sentencias por deudas conjuntas.

INMUEBLES ARRENDADOS

Arrendamiento por años
Arrendamiento de un período a otro
Arrendamiento a voluntad
Arrendamiento en sufrimiento

Un inmueble arrendado, o **Arrendamiento**, surge de la ejecución de un contrato de arrendamiento por parte de un **arrendador, o propietario**-- a un **arrendatario o inquilino**. Dado que los inquilinos no son propietarios, un inmueble arrendado es técnicamente un artículo de propiedad personal del inquilino.

Los arrendatarios tienen derecho a poseer y utilizar el local arrendado durante el plazo del contrato de arrendamiento en la forma prescrita en el contrato de arrendamiento. También tienen derechos restringidos a la exclusión.

Arrendamiento por años

La propiedad arrendada por años es una propiedad arrendada por un período de tiempo definido, con una fecha de inicio y una fecha de finalización. El arrendamiento por años puede durar por cualquier período de tiempo. Al final del plazo, contrato de arrendamiento termina automáticamente, sin necesidad de preaviso.

Por ejemplo, un arrendador le otorga a un inquilino un contrato de arrendamiento de tres años. Después de los tres años, el contrato de arrendamiento termina y el arrendador puede recuperar la posesión de las instalaciones, renovar el contrato de arrendamiento o arrendar a otra persona.

Arrendamiento de un período a otro

En un arrendamiento de un período a otro, también llamado **Tenencia periódica**, el período de arrendamiento se renueva automáticamente por un período de tiempo indefinido, sujeto al pago oportuno del alquiler. Al final de un período de arrendamiento, si el arrendador acepta otro pago regular de alquiler, se considera que el arrendamiento se renueva por otro período.

Por ejemplo, un contrato de arrendamiento de dos años expira y el arrendador otorga un contrato de arrendamiento de seis meses que se renueva automáticamente, siempre que el alquiler mensual se reciba a tiempo. Al final de los seis meses, el inquilino paga y el propietario acepta otro pago mensual de alquiler. La aceptación de la renta prorroga automáticamente el contrato de arrendamiento por otros seis meses.

La forma más común de arrendamiento periódico es el contrato de arrendamiento de mes a mes, que puede existir sin ningún acuerdo por escrito.

Cualquiera de las partes puede rescindir un arrendamiento periódico notificando debidamente a la otra parte. La notificación adecuada está definida por la ley estatal.

Arrendamiento a voluntad

El arrendamiento a voluntad no tiene una fecha de vencimiento definida y, por lo tanto, no tiene un ciclo de "renovación". El arrendador y el inquilino acuerdan que el arrendamiento no tendrá una fecha de terminación específica, siempre que el alquiler se pague a tiempo y se cumplan otras condiciones del contrato de arrendamiento.

Por ejemplo, un hijo alquila una casa a su padre y a su madre "para siempre", o hasta que quieran mudarse.

La sucesión a voluntad se termina por notificación adecuada o por la muerte de cualquiera de las partes.

Arrendamiento en sufrimiento

En un arrendamiento en sufrimiento, un inquilino ocupa las instalaciones sin el consentimiento del arrendador u otro acuerdo legal con el arrendador. Por lo general, un arrendamiento de este tipo involucra a un inquilino que no desaloja al vencimiento del contrato de arrendamiento, continuando la ocupación sin ningún derecho a hacerlo.

Por ejemplo, un inquilino viola las disposiciones de un contrato de arrendamiento y es desalojado. El inquilino protesta y se niega a irse a pesar de la orden de desalojo.

COOPERATIVAS

Intereses, derechos y obligaciones
Organización y gestión
Divulgaciones cooperativas

En una cooperativa, o co-op, uno es dueño de **Acciones** en una corporación sin fines de lucro o asociación cooperativa, que a su vez adquiere y posee un edificio de apartamentos como su activo principal. Junto con estas acciones, el accionista adquiere un **arrendamiento propietario** para ocupar una de las unidades de apartamentos.

El número de acciones compradas refleja el valor de la unidad de apartamento en relación con el valor total de la propiedad. La relación entre el valor de la unidad y el valor total también establece qué parte de los gastos de la propiedad debe pagar el propietario.

La Cooperativa

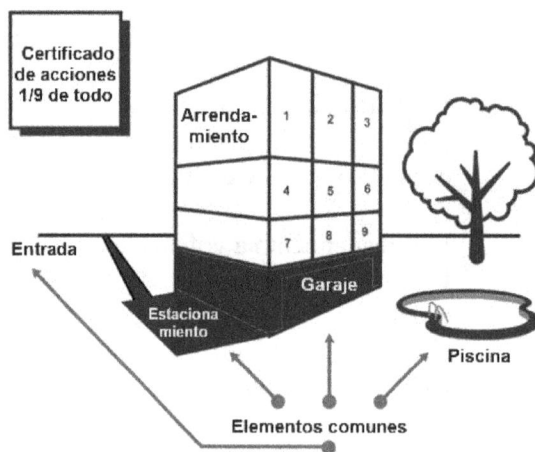

La exposición muestra un edificio de apartamentos de nueve unidades. Una corporación cooperativa compra el edificio por 900,000 dólares. Las nueve unidades son de igual tamaño, por lo que la corporación decide que cada apartamento representa un valor de $100,000, o 1/9 del total. El comprador de la cooperativa paga a la corporación $100,000 y recibe 1/9 de las acciones de la corporación. El accionista también recibe un contrato de arrendamiento de propiedad para el apartamento 1. El accionista ahora es responsable de la parte prorrateada de la unidad de apartamentos de los gastos de la corporación, o el 11.11%.

Intereses, derechos y obligaciones

Interés de la asociación cooperativa. La entidad corporativa de la asociación cooperativa es la única parte de la cooperativa con un interés inmobiliario. El interés de la asociación es un interés indiviso en toda la propiedad. No hay participación en la propiedad de unidades individuales, como ocurre con un condominio.

Interés de los accionistas. Al poseer acciones y un contrato de arrendamiento, el interés del propietario de una unidad cooperativa es *la propiedad personal* que está sujeta al control de la corporación. A diferencia de la propiedad en condominio, el propietario de la cooperativa no posee una unidad ni un interés indiviso en los elementos comunes.

Arrendamiento de propiedad. El arrendamiento cooperativo se denomina arrendamiento de propiedad porque el inquilino es dueño (propietario) de la corporación propietaria de la propiedad. El contrato de arrendamiento no tiene renta fija o establecida. En cambio, el propietario-arrendatario es responsable de la parte proporcional de la unidad de los gastos de la corporación para apoyar a la cooperativa. Los propietarios de las unidades pagan cuotas mensuales. El contrato de arrendamiento de propiedad no tiene un plazo establecido y permanece en vigor durante el período de propiedad del propietario. Cuando se vende la unidad, el contrato de arrendamiento se asigna al nuevo propietario..

Responsabilidad por gastos. El hecho de que los accionistas individuales no paguen las evaluaciones mensuales de gastos puede destruir la inversión de todos los demás propietarios de la cooperativa si la cooperativa no puede pagar las facturas por otros medios.

Dado que la corporación posee un interés indiviso en la propiedad, las deudas y obligaciones financieras se aplican a la propiedad en su conjunto, no a unidades individuales. En caso de que la corporación no cumpla con sus obligaciones, los acreedores y los acreedores hipotecarios pueden ejecutar la hipoteca de *toda la propiedad.* Una ejecución hipotecaria completa pondría fin al contrato de arrendamiento de propiedad de los accionistas y llevaría a la bancarrota a la corporación propietaria. Compare esta situación con la de un condominio, en el que la falta de pago de una persona pone en peligro solo la unidad de esa persona, no toda la propiedad.

Transferencias. El interés de la cooperativa se transfiere mediante la cesión de los certificados de acciones y el arrendamiento al comprador.

Organización y Administración

Un promotor crea una cooperativa mediante la formación de la asociación cooperativa, que posteriormente compra la propiedad. Los artículos de incorporación, los estatutos y otros documentos legales de la asociación establecen políticas, reglas y restricciones operativas.

Los accionistas eligen un consejo de administración. La junta asume la responsabilidad de mantener y operar la cooperativa, al igual que una junta de condominio. Sin embargo, las asociaciones cooperativas también controlan el uso y la propiedad de las unidades de apartamentos individuales, ya que son los propietarios legales. El poder de voto de un accionista es proporcional al número de acciones que posee.

Cooperativa Divulgaciones

La Ley de Cooperativas. F.S. Capítulo 719 (la Ley de Cooperativas) exige a los promotores que comuniquen a los posibles compradores cooperativos en el contrato de venta o arrendamiento el derecho a rescindir el contrato. La divulgación debe hacerse en un tipo "visible" e incluir un lenguaje que otorgue al comprador el derecho de cancelar el contrato por escrito dentro de los 15 días posteriores a la firma del contrato. El comprador también puede rescindir el contrato en un plazo de 15 días si el contrato ha sido modificado de tal manera que la oferta se altera sustancialmente o se modifica de forma adversa para el comprador. No se puede renunciar a este derecho de cancelación. La divulgación también debe incluir el lenguaje de que el presupuesto proporcionado al comprador contiene estimaciones que, si no coinciden con los costos reales, no constituyen cambios adversos a la oferta.

La Ley requiere que los que no sean desarrolladores que vendan sus acciones en la asociación divulguen el derecho del comprador a cancelar por escrito dentro de los 3 días hábiles posteriores a la firma del contrato. Esta divulgación también debe incluir el lenguaje de que se le han proporcionado al comprador copias actualizadas de los documentos que rigen las asociaciones: los Artículos de Incorporación, los Estatutos, las Reglas de la Asociación y una hoja de preguntas y respuestas antes de firmar el contrato.

Si las parcelas de la cooperativa se venden o arriendan antes de la finalización de la construcción, el desarrollador debe divulgar una copia de los planos y especificaciones para la finalización de la unidad y las áreas comunes. Todos los contratos y divulgaciones deben contener un lenguaje que indique que no se puede confiar en las representaciones orales.

CONDOMINIOS

Espacio interior y elementos comunes
Intereses y derechos
Creación de condominios
Organización y administración
Responsabilidades del propietario

Un condominio es una forma híbrida de propiedades residenciales o comerciales de unidades múltiples. Combina la propiedad de una comisión de interés simple en el **espacio intereor** dentro de una unidad con la propiedad de una parte indivisa, como arrendatario en común, de la totalidad de **elementos comunes** de la propiedad , como vestíbulos, piscinas y pasillos.

Una unidad de condominio **es** una unidad de espacio interior junto con el interés asociado en los elementos comunes.

Espacio interior y Elementos comunes
El aspecto único del condominio es su interés en el espacio contenido dentro de las paredes exteriores, los pisos y el techo de la unidad de construcción. Este espacio aéreo puede incluir paredes internas que no son esenciales para el soporte estructural del edificio.

Los elementos comunes son todas las partes de la propiedad que son necesarias para la existencia, operación y mantenimiento de las unidades de condominio. Los elementos comunes incluyen:

- ▶ la tierra (si no está arrendada)
- ▶ componentes estructurales del edificio, como las ventanas exteriores, el techo y la fundación
- ▶ sistemas operativos físicos que soportan todas las unidades, como plomería, energía eléctrica, instalaciones de comunicaciones y aire acondicionado central
- ▶ Instalaciones recreativas
- ▶ Áreas de edificios y terrenos de uso que no sera exclusivo, como escaleras, ascensores, pasillos y lavaderos

El Condominio

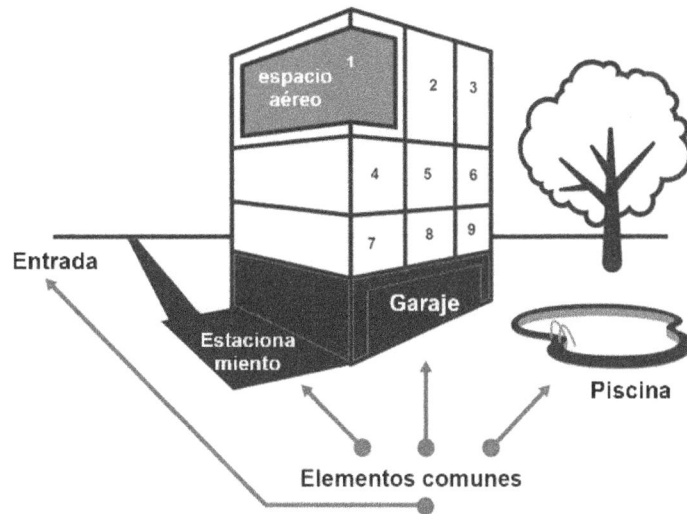

Un comprador que compra la Unidad #1 del condominio ilustrado obtiene un interés simple en el espacio interior del apartamento 1 y un arrendamiento de interés común en su parte prorrateada de los elementos comunes. Si todas las unidades del edificio tienen la misma participación en la propiedad, el comprador poseería una participación indivisible de una novena parte en los elementos comunes: piscina, estacionamiento, garaje, piscina, estructura del edificio, árbol, etc.

Intereses y derechos

La unidad de condominio puede ser de propiedad conjunta, en varios, en fideicomiso o de cualquier otra manera permitida por la ley estatal. Los propietarios de las unidades tienen un interés exclusivo en sus apartamentos individuales y son copropietarios de elementos comunes con otros propietarios de unidades como inquilinos en común.

Posesión, uso y exclusión. Los propietarios de las unidades poseen exclusivamente el espacio de su apartamento, pero deben compartir las áreas comunes con otros propietarios. Los documentos legales de la propiedad pueden crear excepciones. Por ejemplo, es posible que se requiera que los propietarios de unidades se unan y paguen tarifas por el uso de un club de salud.

Los propietarios de unidades como grupo pueden excluir a los no propietarios de partes del área común, por ejemplo, excluyendo a las partes no invitadas de ingresar al edificio en sí.

Transferencia y gravamen. Las unidades de condominio pueden venderse individualmente, hipotecarse o gravarse de otra manera sin la interferencia de otros propietarios de unidades. Como entidad distinta, la unidad de condominio también puede ser embargada y liquidada. Un propietario no puede vender intereses en el apartamento por separado de los intereses en los elementos comunes.

La reventa de una participación unitaria puede implicar limitaciones, como la aprobación previa de un comprador por parte de la asociación de condominios.

Las unidades de condominio se evalúan y gravan individualmente. La evaluación se refiere al valor del interés exclusivo en el apartamento, así como a la parte proporcional de los elementos comunes de la unidad.

Creación de Condominio

Las propiedades de condominio se crean mediante la ejecución y el registro de una declaración de condominio y una **escritura maestra**. La declaración debe ser legalmente correcta en forma y fondo de acuerdo con las leyes locales. La parte que crea la declaración se denomina **desarrollador**. El condominio puede incluir la propiedad del terreno o excluirlo si el terreno es arrendado.

Disposiciones de la declaración. Es posible que se requiera que la declaración de condominio incluya:

- ▸ una descripción legal y/o el nombre de la propiedad
- ▸ encuesta de tierras, de los elementos comunes y de todas las unidades
- ▸ mapas catastrales de terrenos y edificios, y planos de planta con identificadores de todas las unidades de condominio
- ▸ disposiciones para servidumbres de áreas comunes
- ▸ una identificación de la participación de cada unidad en la propiedad total
- ▸ planes de organización para la creación de la asociación de condominios, incluidos sus estatutos
- ▸ derechos de voto, condición de miembro y responsabilidad por los gastos de los propietarios individuales
- ▸ pactos y restricciones con respecto al uso y transferencia de unidades

Organización y Administración

Organización. Las declaraciones de condominio suelen prever la creación de un **asociación de propietarios** para hacer cumplir los estatutos y administrar la propiedad en general. La asociación suele estar encabezada por una junta directiva. La junta directiva de la asociación organiza cómo se administrará la propiedad y quién la administrará. Puede nombrar agentes de gestión, contratar gerentes residentes y crear comités de supervisión. La junta también supervisa las finanzas de la propiedad y la administración de políticas.

Administracion. Las propiedades en condominio tienen amplios requisitos de administración, que incluyen mantenimiento, ventas y arrendamiento, contabilidad, servicios al propietario, saneamiento, seguridad, recolección de basura, etc. La asociación contrata a empresas de gestión profesional, gerentes residentes, agentes de ventas y alquileres, personal de mantenimiento especializado y contratistas de servicios externos para cumplir con estas funciones.

**Responsabilidades
de propietario**

Unidades individuales. Las responsabilidades del propietario relacionadas con el apartamento incluyen:

- ▸ mantenimiento de los sistemas internos
- ▸ mantenimiento de la condición de la propiedad
- ▸ asegurar el contenido de la unidad

Evaluaciones de áreas comunes. Los propietarios de las unidades asumen los costos de todos los demás gastos de la propiedad, como el mantenimiento, el seguro, los honorarios de administración, los suministros, los honorarios legales y las reparaciones. Un presupuesto operativo anual totaliza estos gastos y los transfiere como **evaluaciones** a los propietarios de las unidades, generalmente mensualmente.

En caso de que un propietario no pague las cuotas periódicas, la junta de condominio puede iniciar una acción judicial para ejecutar la propiedad y pagar los montos adeudados.

La parte prorrateada de la propiedad de la unidad, tal como se define en la declaración, determina el monto de la tasación del propietario de una unidad. Por ejemplo, si una unidad representa una participación del 2% del valor de la propiedad, la evaluación del propietario de esa unidad será del 2% de los gastos del área común de la propiedad.

**Divulgaciones
de condominio**

La Ley de Condominios. El Capítulo 718 de F.S. (la Ley de Condominios) requiere que los desarrolladores que venden unidades de condominio proporcionen al comprador copias de los documentos rectores (Declaración, Artículos de Incorporación, Estatutos, Reglas de la Asociación y hoja de preguntas frecuentes) y que el comprador firme un recibo de los documentos. El desarrollador también debe incluir una divulgación con el contrato de venta que proporcione al comprador 15 días después de firmar el contrato y recibir los materiales requeridos para presentar un aviso de cancelación por escrito. El comprador también puede cancelar dentro de los 15 días posteriores a la recepción de una modificación del contrato que sea adversa para el comprador. La divulgación también debe incluir el lenguaje de que el presupuesto proporcionado al comprador contiene estimaciones que, si no coinciden con los costos reales, no constituyen cambios adversos a la oferta.

La Ley requiere que los propietarios de unidades de condominio que están revendiendo sus unidades proporcionen al comprador copias de los documentos rectores, el informe financiero de fin de año actual, la hoja de preguntas frecuentes y un formulario de gobierno. La División de Condominios, Tiempos Compartidos y Casas Móviles de Florida creó el formulario de gobierno como una descripción educativa informal del gobierno de los condominios. Incluye temas como el papel y las responsabilidades de la junta, los derechos de los propietarios, los recursos disponibles para los propietarios y más. Los vendedores querrán que el comprador firme un recibo que confirme que ha recibido todos los documentos requeridos. La Ley también requiere que el vendedor incluya una divulgación con el contrato de venta que le brinde al comprador el derecho de cancelar por escrito dentro de los 3 días hábiles posteriores a la firma del contrato.

Si los condominios se venden antes de la finalización de la construcción, el desarrollador debe divulgar una copia de los planos y especificaciones para la finalización de las unidades y áreas comunes. Todos los contratos y divulgaciones deben contener un lenguaje que indique que no se puede confiar en las representaciones orales y que no se puede renunciar al derecho de cancelación.

TIEMPO COMPARTIDO

Arrendamiento de uso compartido
Dominio absoluto de uso compartido
Divulgaciones de tiempo compartido

La propiedad de tiempo compartido es una propiedad cuyos propietarios o inquilinos acuerdan usar la propiedad de manera periódica y no superpuesta. Este tipo de propiedad comúnmente se refiere a propiedades vacacionales y turísticas. Los acuerdos de tiempo compartido prevén una distribución equitativa de los gastos de la propiedad entre los propietarios.

Arrendamiento de tiempo compartido

En un contrato de arrendamiento por tiempo compartido, el inquilino se compromete a alquilar la propiedad de forma programada o bajo cualquier sistema de reserva preestablecido, de acuerdo con los términos del contrato de arrendamiento. Por lo general, el uso programado se denomina en semanas o meses durante la duración del arrendamiento, un número específico de años.

Dominio absoluto de tiempo compartido

En un tiempo compartido de propiedad absoluta, o **propiedad de intervalo**, los inquilinos en común poseen intereses invisos en la propiedad. Los prorrateos de gastos y las reglas que rigen el uso del intervalo se establecen por acuerdo separado cuando se adquiere el patrimonio.

Por ejemplo, los Blackburn quieren unas vacaciones mensuales en Colorado una vez al año. Encuentran un condominio de tiempo compartido que necesita un duodécimo comprador. El mes disponible es mayo, lo que le conviene a los Blackburns. El precio total del condominio es de $240,000 y los gastos anuales se estiman en $9,600. Los Blackburn compran una doceava parte de los intereses con los otros inquilinos en común pagando su parte del precio, 20,000 dólares. También están obligados a pagar una doceava parte de los gastos cada año, o $800. Tienen uso de la propiedad durante una doceava parte del año, en el mes de mayo.

Por lo general, los propietarios de intervalo deben renunciar al derecho de partición, lo que permitiría a un propietario forzar la venta de toda la propiedad.

Regulación

El desarrollo y la venta de propiedades de tiempo compartido se han visto sometidos a una mayor regulación en los últimos años. Los desarrolladores y corredores se enfrentan a estrictos requisitos de divulgación con respecto a los costos y riesgos de propiedad. Otras leyes prevén un período de reflexión después de la firma de un contrato de venta por turno de tiempo compartido y exigen el registro de la publicidad.

En Florida, cualquier persona que venda planes de tiempo compartido debe tener una licencia de bienes raíces a menos que esté específicamente exenta. Los propietarios que ocupen el tiempo compartido para su propio uso están exentos de licencia. Los propietarios/desarrolladores que venden tiempos compartidos pueden emplear a personas sin licencia para vender los tiempos compartidos, siempre y cuando a esas personas no se les pague una comisión por las ventas y no se les pague en función de transacciones individuales.

Si un plan de tiempo compartido se encuentra en Florida pero se ofrece a la venta fuera del estado pero dentro de los Estados Unidos, la oferta o venta no está sujeta a las disposiciones de las leyes de tiempo compartido de Florida. Si el plan de tiempo compartido se encuentra en Florida pero se ofrece a la venta fuera de los Estados Unidos, la oferta no está sujeta a las disposiciones de las leyes de tiempo compartido de Florida, siempre y cuando el desarrollador presente el plan de tiempo compartido ante la División de Condominios, Tiempos Compartidos y Casas Móviles de Florida para su aprobación o el desarrollador pague una tarifa de registro de exención y presente la información requerida a la División para su aprobación.

Si un tiempo compartido se encuentra fuera de Florida pero se ofrece a la venta en Florida, la oferta o venta está sujeta solo a ciertas leyes de tiempo compartido, como se especifica en el Capítulo 721.03(1)(c) de la Ley de Florida.

Divulgaciones de tiempo compartido

La Ley y Reglas de Planes de Vacaciones y Tiempo Compartido de Florida 61J2-23.001, F.A.C. F.S. Capítulo 721 (la Ley de Planes de Vacaciones y Tiempo Compartido de la Florida) y la Regla 61J2-23.001 0f del Código Administrativo de la Florida requieren que se incluyan varias divulgaciones cuando se venden tiempos compartidos.

Divulgaciones del acuerdo de listado. Los acuerdos de listado con los corredores deben ser por escrito y proporcionarse al cliente en el momento de la firma. El acuerdo debe incluir las siguientes divulgaciones:

> ▸ *NO HAY GARANTÍA DE QUE SU PERÍODO DE TIEMPO COMPARTIDO PUEDA VENDERSE A UN PRECIO EN PARTICULAR O DENTRO DE UN PERÍODO DE TIEMPO EN PARTICULAR.*

Esta divulgación debe incluirse en un tipo visible y ubicarse directamente encima de la línea de firma del propietario del período de tiempo compartido. La declaración también debe incluirse en cualquier material publicitario escrito que se utilice para solicitar acuerdos de cotización.

 ▸ una divulgación completa y clara de los honorarios, comisiones y otros costos o compensaciones que se pagarán o recibirán por el corredor

 ▸ la duración del acuerdo, con una declaración sobre la capacidad de cualquiera de las partes para extender la vigencia del acuerdo y una descripción de las condiciones bajo las cuales se puede extender el acuerdo y a qué costo;

 ▸ Una descripción de los servicios que prestará el corredor y las obligaciones de cada una de las partes de la transacción de reventa, incluidos los costos y obligaciones de notificar a la entidad administradora del plan y a cualquier compañía de intercambio.

 ▸ Si el corredor tiene derechos exclusivos de obtener un comprador durante el plazo del acuerdo, a quién y cuándo se desembolsarán los ingresos de la venta, bajo qué condiciones cualquiera de las partes puede rescindir el acuerdo y el monto de la comisión o compensación adeudada al corredor al momento de la terminación del acuerdo antes del cierre de la reventa.

 ▸ si el corredor o cualquier otra persona puede usar el período de tiempo compartido en cuestión, una descripción de dichos derechos de uso y a quién se pagarán los alquileres o las ganancias del uso

 ▸ la existencia de juicios o litigios pendientes contra el corredor debido a o alegando una violación de los estatutos de bienes raíces de Florida o fraude al consumidor

Divulgaciones de contratos de reventa. Se considera una violación de las leyes de licencias de bienes raíces de Florida si un licenciatario ejecuta cualquier contrato o acuerdo de compra sin cumplir con las disposiciones requeridas. El contrato o acuerdo debe incluir las siguientes divulgaciones, para lo cual el corredor puede basarse en la información escrita proporcionada por la entidad gestora:

 ▸ una explicación de la forma de propiedad de tiempo compartido que se compra y una descripción legalmente suficiente del período de tiempo compartido que se compra;

 ▸ el nombre y la dirección de la entidad administradora del plan;

 ▸ En letra visible y situada directamente encima de la línea de firma del propietario del período de tiempo compartido, la declaración:

NO HAY GARANTÍA DE QUE SU PERÍODO DE TIEMPO COMPARTIDO PUEDA VENDERSE A UN PRECIO EN PARTICULAR O DENTRO DE UN PERÍODO DE TIEMPO EN PARTICULAR.

- En letra de al menos 10 puntos, todo en mayúsculas y directamente encima de la línea de la firma del comprador, la declaración:

  LA EVALUACIÓN DEL AÑO EN CURSO PARA GASTOS COMUNES ASIGNABLES AL PERÍODO DE TIEMPO COMPARTIDO QUE ESTÁ COMPRANDO ES ___. ESTA CUOTA, QUE PUEDE SER AUMENTADA DE VEZ EN CUANDO POR LA ENTIDAD ADMINISTRADORA DEL PLAN DE TIEMPO COMPARTIDO, ES PAGADERA EN SU TOTALIDAD CADA AÑO EN O ANTES DEL ___. ESTA EVALUACIÓN (INCLUYE/NO INCLUYE) LOS IMPUESTOS INMOBILIARIOS AD VALOREM ANUALES, QUE (SON/NO) FACTURADOS Y RECAUDADOS POR SEPARADO.

- Si los impuestos ad valorem sobre bienes inmuebles no se incluyen en la evaluación del año en curso para gastos comunes, la declaración:

  LA EVALUACIÓN ANUAL MÁS RECIENTE PARA LOS IMPUESTOS AD VALOREM SOBRE BIENES RAÍCES PARA EL PERÍODO DE TIEMPO COMPARTIDO QUE ESTÁ COMPRANDO ES ___.) CADA PROPIETARIO ES PERSONALMENTE RESPONSABLE DEL PAGO DE SUS CUOTAS PARA GASTOS COMUNES, Y LA FALTA DE PAGO OPORTUNO DE ESTAS CUOTAS PUEDE RESULTAR EN LA RESTRICCIÓN O PÉRDIDA DE SUS DERECHOS DE USO Y/O PROPIEDAD.

- Si se transmite una propiedad de tiempo compartido, en letra visible, la declaración:

  A los efectos de la evaluación ad valorem, los impuestos y las evaluaciones especiales, la entidad administradora se considerará al contribuyente como su agente de conformidad con la sección 192.037 de los Estatutos de la Florida.

- los términos y condiciones de la compra y el cierre, incluidos los costos de cierre y las obligaciones de seguro de título del vendedor y/o del comprador

- la existencia de cualquier membresía obligatoria del programa de intercambio incluida en el plan;

Divulgación para el tiempo compartido de Florida que se ofrece a la venta fuera de Florida. La siguiente declaración de divulgación es obligatoria dentro del contrato de compraventa en letra visible ubicada directamente encima de la línea de firma del comprador.

La oferta de este plan de tiempo compartido fuera de los límites jurisdiccionales de los Estados Unidos de América está exenta de regulación bajo la ley de Florida, y cualquier compra de este tipo no está protegida por el Estado de Florida. Sin embargo, la administración y operación de cualquier alojamiento o instalación ubicada en Florida está sujeta a la ley de Florida y puede dar lugar a acciones de cumplimiento independientemente de la ubicación de cualquier oferta.

Divulgación del derecho de cancelación. Todos los acuerdos de compra de tiempo compartido deben incluir una divulgación de que los compradores tienen derecho a cancelar sin penalización u obligación dentro de los 10 días calendario posteriores a la fecha de firma del contrato o la fecha en que el comprador recibió todos los documentos requeridos, lo que ocurra más tarde. El comprador debe notificar al vendedor de la cancelación por escrito. El cierre de la transacción no puede tener lugar antes de la expiración del período de cancelación de 10 días. No se puede renunciar a este derecho de cancelación.

ASOCIACIONES DE PROPIETARIOS (HOA)

Definición
Divulgaciones

Definition

F.S. Capítulo 720, la Ley de Asociaciones de Propietarios, define un asociación de propietarios de viviendas como una corporación de Florida responsable de la operación de una comunidad o una subdivisión de casas móviles en la que la membresía con derecho a voto está compuesta por propietarios de parcelas o sus agentes, o una combinación de los mismos, y en la que la membresía es una condición obligatoria de la propiedad de parcelas, y que está autorizada a imponer gravámenes que, si no se pagan, puede convertirse en un gravamen sobre la parcela. El término "asociación de propietarios" no incluye un distrito de desarrollo comunitario u otro distrito fiscal especial similar creado de conformidad con la ley.

La asociación debe estar incorporada con los documentos rectores registrados en los registros oficiales del condado local. La asociación incluye funcionarios y directores que tienen una relación fiduciaria con los miembros (propietarios). Los propietarios de parcelas de tierra deben formar parte de la membresía de la comunidad y constituir la membresía con derecho a voto. Cualquier cuota de membresía o evaluación no pagada puede resultar en un gravamen sobre la parcela.

Divulgaciones

Cualquier desarrollador o miembro que venda una parcela en una asociación de propietarios debe proporcionar al comprador el siguiente resumen de divulgación:

RESUMEN DE DIVULGACIÓN
PARA
(NOMBRE DE LA COMUNIDAD)

1.   *Como comprador de una propiedad en esta comunidad, estará obligado a ser miembro de una comunidad de propietarios.*
2. *Ha habido o habrá convenios restrictivos registrados que rigen el uso y la ocupación de las propiedades en esta comunidad.*
3. *Estará obligado a pagar cuotas a la asociación. Las evaluaciones pueden estar sujetas a cambios periódicos. Si corresponde, el monto actual es de $____ por____. También estará obligado a pagar las cuotas especiales impuestas por la asociación. Dichas evaluaciones especiales pueden estar sujetas a cambios. Si corresponde, el monto actual es de $____ por____.*
4.   *Es posible que esté obligado a pagar contribuciones especiales al municipio, condado o distrito especial respectivo. Todas las evaluaciones están sujetas a cambios periódicos.*
5. *Su falta de pago de gravámenes especiales o gravámenes cobrados por una asociación de propietarios obligatoria podría resultar en un gravamen sobre su propiedad.*
6. *Puede existir la obligación de pagar el alquiler o las tasas de uso de la tierra para las instalaciones recreativas u otras instalaciones de uso común como una obligación de membresía en la asociación de propietarios. Si corresponde, el monto actual es de $____ por____.*
7. *El desarrollador puede tener derecho a modificar los pactos restrictivos sin la aprobación de los miembros de la asociación o de los propietarios de las parcelas.*
8. *Las declaraciones contenidas en este formulario de divulgación son solo de naturaleza resumida y, como posible comprador, debe consultar los convenios y los documentos que rigen la asociación antes de comprar una propiedad.*
9. *Estos documentos son asuntos de registro público y se pueden obtener de la oficina de registro en el condado donde se encuentra la propiedad, o no están registrados y se pueden obtener del desarrollador.*

FECHA: *COMPRADOR:*

El contrato o acuerdo también debe incluir en un lenguaje prominente una declaración de que el comprador no debe ejecutar el contrato hasta que se haya recibido y leído el resumen de divulgación. El contrato también debe indicar que el comprador puede cancelar el contrato con un aviso por escrito dentro de los 3 días posteriores a la recepción del resumen y antes del cierre. Este derecho se aplica cuando el resumen de divulgación no se proporcionó antes de la ejecución del contrato. No se puede renunciar a este derecho de cancelación.

DISTRITOS DE DESARROLLO COMUNITARIO (DDC)
(Community Development District, CDD abreviación en ingles)
(Véanse también las DDC en la sección "Divulgaciones" de la Sección 11)

Definición
Divulgaciones

Definición

F.S. Capítulo 190 (la Ley de Distritos de Desarrollo Comunitario de 1980) define un Distrito de Desarrollo Comunitario como una unidad local de gobierno con fines especiales creado para atender las necesidades específicas a largo plazo de su comunidad. El propósito de un DDC es la prestación de servicios de desarrollo comunitario urbano.

Las DDC tienen la autoridad para planificar, financiar, construir, operar y mantener la infraestructura y los servicios de toda la comunidad específicamente para el beneficio de sus residentes. Las DDC deben cumplir con la Ley en lo que respecta a la formación, los poderes, el órgano de gobierno, el funcionamiento, la duración, la responsabilidad, los requisitos de divulgación y la terminación.

Las responsabilidades de un DDC dentro de una comunidad pueden incluir servicios tales como el manejo de aguas pluviales, el suministro de agua potable y de riego, el manejo de alcantarillado y aguas residuales, y el alumbrado público. La financiación de estos servicios se obtiene a través de una evaluación de impuestos DDC sobre los propietarios de viviendas que se utiliza para reembolsar los bonos emitidos por el desarrollador para financiar la construcción de la infraestructura. Las evaluaciones de impuestos de DDC son independientes de cualquier impuesto a la propiedad de la ciudad o el condado.

Divulgaciones

Los contratos para la venta inicial de una parcela de bienes inmuebles o una unidad residencial dentro del CDD deben incluir la siguiente divulgación:

EL ***DISTRITO DE DESARROLLO COMUNITARIO (NOMBRE DEL DISTRITO)*** PUEDE IMPONER Y RECAUDAR IMPUESTOS O GRAVÁMENES, O AMBOS IMPUESTOS Y GRAVÁMENES, SOBRE ESTA PROPIEDAD. ESTOS IMPUESTOS Y GRAVÁMENES PAGAN LOS COSTOS DE CONSTRUCCIÓN, OPERACIÓN Y MANTENIMIENTO DE CIERTAS INSTALACIONES Y SERVICIOS PÚBLICOS DEL DISTRITO Y SON ESTABLECIDOS ANUALMENTE POR LA JUNTA DE GOBIERNO DEL DISTRITO. ESTOS IMPUESTOS Y GRAVÁMENES SE SUMAN A LOS IMPUESTOS Y GRAVÁMENES DEL CONDADO Y OTROS GOBIERNOS LOCALES Y A TODOS LOS DEMÁS IMPUESTOS Y GRAVÁMENES PREVISTOS POR LA LEY.

Esta divulgación debe imprimirse en negrita y en letra visible que sea más grande que la letra del texto restante dentro del contrato.

8 Derechos de Propiedad, Patrimonios y Arrendamientos; Condominios, Cooperativas, CDD, HOAs, Tiempo compartido

Revisión instantáneas

TERRENOS, BIENES INMUEBLES E INMUEBLES

Definición de propiedad inmobiliaria
- el aire, el agua, la tierra y todo lo que está adherido a la tierra
- la Constitución garantiza la propiedad privada de los bienes inmuebles; derechos de propiedad no absolutos; otros pueden ejercer reclamaciones contra la propiedad de uno

Bien inmueble Componentes
- **land**: surface, all natural things attached to it, subsurface, and air above the surface; unique aspects: immobile, indestructible, heterogeneous
- **real estate**: land plus all permanently attached man-made structures, called improvements

PROPIEDAD REAL VS PERSONAL

Definiciones de propiedades
- algo que es propiedad de alguien y los derechos de propiedad asociados
- el conjunto de derechos: posesión, uso, transferencia, exclusión y gravamen
- la propiedad es reales o personales, tangibles o intangibles

Accesorios
- un artículo puede ser bienes muebles o inmuebles, según el criterio de " adjunto " y otras circunstancias
- bienes inmuebles convertidos de bienes muebles por adjunto a bienes inmuebles

Criterios de diferenciación
- intención; adaptación; funcionalidad; relación de las partes; disposiciones contractuales

Accesorios comerciales
- bienes muebles temporalmente vinculados a bienes inmuebles con el fin de llevar a cabo negocios; para ser eliminado en algún momento

Emblemas
- plantas o cultivos considerados propiedad personal, ya que la intervención humana es necesaria para la siembra, la cosecha

Viviendas construidas en fábrica
- viviendas preconstruidas fuera del sitio; incluye casas móviles; real o personal según el apego a la tierra

Conversión
- la transformación de bienes inmuebles en bienes muebles a través de la separación, o de bienes muebles en bienes inmuebles a través de la fijación

DERECHOS BÁSICO EN PROPIEDAD

Paquete de derechos
- el conjunto de derechos: posesión, uso, transferencia, exclusión y gravamen

Derechos separables
- cualquiera de los conjuntos de derechos, aplicados al espacio aéreo (derechos aéreos), de superficie (derechos de superficie) y subsuelo (derechos de subsuelo)

Derechos de agua
- doctrina de la apropiación previa: el Estado controla el uso del agua; concede permisos de uso; Florida reconoce derechos litorales y ribereños
- derechos litorales: colindantes con los propietarios de tierras hasta la marca de la marea alta; puede usar, pero el estado es dueño de la tierra subyacente

- derechos ribereños: si son navegables, los propietarios colindantes poseen tierras hasta la orilla del agua; puede utilizar, pero el Estado es propietario de la tierra subyacente; Si no es navegable, el propietario posee la tierra hasta el punto medio de la vía fluvial
- los derechos pueden verse afectados por procesos naturales que cambian la tierra: acreción, aluvión, erosión, relicción

INTERESES Y PROPIEDADES EN LA TIERRA

Intereses

- cualquier combinación de paquetes de derechos
- haciendas, gravámenes, poderes de policía

Fincas en tierras

- incluir el derecho de posesión; también llamados arrendamientos
- arrendamientos: de duración limitada
- dominio absoluto: la duración no es necesariamente limitada

PROPIEDADES DE DOMINIO ABSOLUTO

- implica "propiedad" en contraste con el arrendamiento

Propiedad tarifa simple

- la forma más común de patrimonio; no limitado por la vida de uno
- tarifa simple absoluta: forma más alta de participación en la propiedad
- anulable: puede revertir al propietario anterior por violación de las condiciones

Patrimonio vitalicio

- el patrimonio pasa a otro en caso de fallecimiento de una de las partes nombradas
- remanente: interés de una parte nombrada en recibir la herencia después de la muerte del titular
- reversión: interés del propietario anterior en recibir la herencia después de la muerte del titular

Patrimonio vitalicio convencional

- interés de propiedad total, limitado a la vida del inquilino vitalicio u otra parte nombrada
- creados por acuerdos entre las partes
- ordinario: a la muerte del inquilino vitalicio, pasa al remanente o propietario anterior
- por otra vida: a la muerte de otro; pasa a un remanente o al propietario anterior

Patrimonio vitalicio legal

- creación automática de patrimonio por ministerio de la ley
- diseñado para proteger a los familiares sobrevivientes
- vivienda familiar (homestead): derechos a la residencia principal
- las leyes protegen la vivienda familiar de ciertos acreedores
- dote y cortesía: un interés vitalicio de un viudo (a) en el bien inmueble; suplantada por la acción electiva
- parte electiva: derecho a reclamar los bienes del cónyuge fallecido en lugar de un acuerdo de testamento

FORMAS DE SOSTENER PROPIEDAD

Arrendamiento en varios

- propiedad exclusiva de un patrimonio de dominio absoluto

Copropiedad

- propiedad de dos o más propietarios
- **tenencia en común:** los coarrendatarios disfrutan de un interés indiviso de propiedad individual; cualquier participación en la propiedad posible; No hay supervivencia
- **tenencia conjunta:** intereses iguales e indivisos, de propiedad conjunta, con supervivencia; requiere cuatro unidades para crearse: tiempo, título, interés, posesión; La supervivencia debe declararse en escritura
- **arrendamiento por la totalidad:** Intereses iguales e indivisos de propiedad conjunta del marido y la mujer

INMUEBLES ARRENDADOS

INMUEBLES ARRENDADOS	• propiedades alquilada con duración limitada
Arrendamiento por años	• duración específica, declarada, por arrendamiento
Arrendamiento de un período a otro	• el plazo del contrato de arrendamiento se renueva automáticamente al aceptar el alquiler mensual o periódico
Arrendamiento a voluntad	• arrendamiento por tiempo indefinido sujeto al pago de la renta; Cancelable con previo aviso
Arrendamiento en sufrimiento	• Arrendamiento en contra de la voluntad del arrendador y sin acuerdo
COOPERATIVAS	
Intereses, derechos y obligaciones	• propiedad de acciones en la sociedad propietaria, más el arrendamiento propietario de una unidad; La corporación tiene propiedad exclusiva e indivisa
Organización y administración	• desarrollador forma la asociación ; compra propiedades; incorpora; junta directiva responsable del mantenimiento y operación
Divulgaciones cooperativas	• 15-día y 3 días de derecho a cancelar sin renuncia permitida • planos y especificaciones para completar parcelas inacabadas
CONDOMINIOS	
Espacio aéreo y elementos comúnes	• propiedad absoluta de una unidad más un interés indiviso en los elementos communes como inquilino en común con otros propietarios
Intereses y derechos	• puede ser vendida, gravada o embargada sin afectar a otros propietarios de unidades
Creación de condominios	• creación: por declaración del desarrollador
Organización y administración	• la asociación de propietarios y la junta directiva determinan la gestión y contratan a los gerentes
Responsabilidades del propietario	• Mantener el interior, asegurar el contenido, pagar las evaluaciones de las áreas comunes
Divulgaciones de condominio	• derecho de cancelación de 15 días y 3 días sin renuncia permitida • los montos en dólares del presupuesto son estimaciones • planos y especificaciones para completar parcelas inacabadas • no se puede confiar en las representaciones orales • proporcionar los materiales requerido
TIEMPO COMPARTIDO	• un arrendamiento o participación en la propiedad de un bien con el propósito de uso periódico por parte de propietarios o inquilinos en forma programada
Regulación del tiempo compartido	• vendedores de planes de tiempo compartido deben ser licenciatarios de bienes raíces a menos que estén exentos • algunos tiempos compartidos no están sujetos a las leyes de tiempo compartido de Florida

**Divulgaciones de
tiempo compartido**

- divulgaciones del acuerdo de cotización: no hay precio de venta garantizado; compensación, servicios y derechos de los corredores; plazo y extensión; derechos de uso del corredor; sentencias existentes
- divulgaciones de reventa: forma de propiedad; no hay precio de venta garantizado; las cuotas del año en curso; liquidación del impuesto ad valorem; condiciones de cierre; programa de intercambio
- venta ofrecida fuera de Florida exenta de la ley de Florida
- derecho de cancelación de 10 días sin renuncia permitida
- las ventas en Florida requieren licencia; exentos los propietarios ocupantes; los empleados desarrolladores están exentos si no se les paga por transacción
- los tiempos compartidos de Florida ofrecidos fuera del estado no están sujetos a las leyes de tiempo compartido de Florida
- los tiempos compartidos de fuera del estado que se ofrecen en Florida están sujetos a las leyes de tiempo compartido de Florida

**ASOCIACIONES
DE LOS PROPIETARIOS**

- corporación responsable para la operación de un parque comunitario o de casas móviles con membresía de propietario
- resumen de divulgaciones obligatorio
- derecho de 3 días a cancelar y no se permite ninguna renuncia

**DISTRITOS DE
DESARROLLO
COMUNITARIO**

- Propósito especial creado por gobierno para brindar servicios de desarrollo comunitario urbano
- divulgaciones de impuestos y tasación

SECCIÓN OCTAVA: Derechos de Propiedad, Patrimonios y Arrendamientos

Cuestionario de sección

1. La principal distinción entre los conceptos jurídicos de bienes inmuebles y bienes inmuebles es que:

   a. Los bienes inmuebles incluyen la propiedad de un conjunto de derechos.
   b. Los bienes inmuebles incluyen mejoras.
   c. Los bienes inmuebles son físicos, no abstractos.
   d. Los bienes raíces pueden ser poseídos.

2. ¿Cuál de los siguientes se incluye en el conjunto de derechos inherentes a la propiedad?

   a. Heredar
   b. Gravar
   c. Transferir
   d. Votar

3. ¿Cuál de los siguientes es un ejemplo de propiedad intangible?

   a. Bien inmueble
   b. Propiedad personal
   c. Arte
   d. Acciónes

4. El derecho de uso de bienes inmuebles está limitado por:

   a. el derecho de los demás a usar y disfrutar de sus bienes.
   b. la policía.
   c. impuestos y subordinación.
   d. Título 12 del Código Civil de los Estados Unidos.

5. Los derechos de superficie, los derechos aéreos y los derechos de subsuelo son

   a. inviolable.
   b. no relacionado.
   c. separable.
   d. intransferible.

6. ¿Cuál de los siguientes términos se refiere a los derechos de una propiedad que colinda con un arroyo o río?

   a. Alodial
   b. Aluvión
   c. Litoral
   d. Ribereños

7. ¿Qué parte de una vía navegable posee el propietario de una propiedad colindante?

   a. A la marca de agua baja
   b. A la mitad de la vía fluvial
   c. A la marca de agua alta
   d. Ninguno

8. ¿Qué es la "Doctrina de la Apropiación Previa"?

   a. Una ordenanza de zonificación preventiva
   b. El derecho del gobierno a confiscar tierras y mejoras
   c. Una doctrina que otorga al Estado el control del uso del agua y del suministro de agua
   d. Un impuesto inmobiliario aplicado a los propietarios de derechos de agua

9. ¿Cuál de los siguientes se considera bien inmueble?

   a. Un árbol que crece en una parcela de tierra
   b. Un árbol que ha sido cortado y yace en una parcela de tierra
   c. Un tractor utilizado para cortar el césped en una parcela de tierra
   d. Un cobertizo prefabricado aún no ensamblado en una parcela de tierra

10. La prueba primordial de si un artículo es un accesorio o una propiedad personal es

    a. cuánto tiempo ha estado unido a la propiedad inmueble.
    b. su definición como uno u otro en un contrato de compraventa o arrendamiento.
    c. lo esencial que es para el funcionamiento de la propiedad.
    d. cómo fue tratado en transacciones anteriores.

11. ¿Qué es un emblema?

    a. Un equipo fijado a la tierra
    b. Un derecho limitado de uso de la propiedad personal
    c. Un letrero que indica el límite de una propiedad
    d. Una planta o cultivo que se considera propiedad personal

12. ¿A través de qué procesos se puede convertir un artículo de inmueble a un bien mueble y viceversa?

    a. Ensamblaje y trazado
    b. Solicitud y disolución
    c. Fijación y separación
    d. Personales y solidarios

13. Un tendero instala temporalmente refrigeradores especiales para frutas y verduras en una tienda de comestibles arrendada para evitar que se echen a perder. ¿Cuáles de los siguientes se considerarían los refrigeradores?

    a. Accesorios comerciales que son bienes inmuebles
    b. Accesorios comerciales que son propiedad personal
    c. Accesorios permanentes que son bienes inmuebles
    d. Accesorios permanentes que son propiedad

14. Bajo la doctrina de los derechos litorales, un propietario reclama la propiedad de toda la tierra debajo de un lago donde hay otros tres propietarios colindantes. ¿Cuál de las siguientes afirmaciones es verdadera?

    a. La reclamación del propietario no es válida, porque el Estado es propietario de la tierra subyacente.
    b. La reclamación del propietario no es válida, porque el terreno subyacente se comparte a partes iguales con los demás propietarios.
    c. La reclamación del propietario no es válida, porque sólo puede ser propietario de un terreno subyacente en medio del lago.
    d. La reclamación del propietario es válida, porque el lago es navegable.

15. Un interés en bienes raíces se define mejor como la propiedad de

    a. el conjunto completo de derechos sobre bienes inmuebles.
    b. una finca.
    c. uno o más del conjunto de derechos sobre bienes inmuebles.
    d. el derecho a la posesión y uso de bienes inmuebles.

16. Los gravámenes y las poderes policiales son

    a. intereses que no incluyen la posesión.
    b. formas limitadas de un patrimonio.
    c. no relacionados con los intereses.
    d. tipos de intereses públicos.

17. ¿Qué distingue a una propiedad de dominio absoluto de una propiedad arrendada?

    a. Un dominio absoluto incluye el derecho a disponer o usar.
    b. Un arrendamiento dura solo por un período de tiempo específico.
    c. Un dominio absoluto no puede ser deviable.
    d. Un arrendamiento está sujeto a restricciones gubernamentales.

18. La forma más alta de participación en la propiedad que se puede adquirir en bienes raíces es la

    a. dote y cortesía.
    b. propiedad vitalicio convencional.
    c. tasa destructiva de bienes simples.
    d. cuota absoluta de bienes simples.

19. La característica distintiva de un dominio simple de cuota defactible es que

    a. puede transmitirse a los herederos.
    b. no tiene restricciones de uso.
    c. la herencia puede revertir a un otorgante o herederos si cambia el uso prescrito.
    d. es de duración ilimitada.

20. A la muerte del propietario, una propiedad vitalicio pasa a

    a. el propietario original u otra persona nombrada.
    b. los herederos del propietario.
    c. el Estado.
    d. el cónyuge del propietario.

21. ¿Cómo se crea una propiedad vitalicio convencional?

    a. Sucede automáticamente cuando se transfiere el título, a menos que se reclame específicamente una tarifa simple.
    b. Un propietario con tarifa simple otorga la propiedad vitalicio a un inquilino vitalicio.
    c. Se crea por acción judicial.
    d. Se crea por un período legal de posesión adversa.

22. ¿Qué distingue a un propiedad vitalicio por otra vida (pur autre vie) de un patrimonio vitalicio ordinario?

    a. La herencia por otra vida (pur autre vie) sólo dura toda la vida del otorgante.
    b. La herencia por otra vida (pur autre vie) sólo dura toda la vida del concesionario.
    c. La herencia por otra vida (pur autre vie) dura sólo durante la vida de una persona que no sea el concesionario.
    d. La herencia por otra vida (pur autre vie) no puede revertir al otorgante.

23. ¿Cuál de los siguientes propiedad vitalicios es creado por alguien que no sea el propietario?

    a. Propiedad vitalicia convencional
    b. Propiedad vitalicio ordinario
    c. Propiedad vitalicio legal
    d. Bienes gananciales, vitalicios.

24. ¿Cuál de las siguientes afirmaciones es verdadera para una vivienda familiar?

    a. Un interés de vivienda familiar no puede ser transmitido por uno de los cónyuges.
    b. Un interés de vivienda no puede transmitirse a los hijos del jefe de familia.
    c. Un interés de vivienda es una forma de propiedad vitalicia convencional.
    d. Una vivienda familiar es una residencia principal o secundaria ocupada por una familia.

25. Dote se refiere a

   a. tenencia conjunta de marido y mujer.
   b. el interés patrimonial vitalicio de una esposa en los bienes de su esposo.
   c. el interés de la esposa en la propiedad.
   d. el interés patrimonial vitalicio de un hijo en la vivienda de sus padres.

26. ¿Cuál de las siguientes opciones es un ejemplo del concepto legal de participación electiva?

   a. Un cónyuge sobreviviente coloca un gravamen sobre los bienes de un deudor.
   b. Una viuda que fue excluida de un testamento reclama una parte de la residencia principal de la pareja.
   c. Un cónyuge que pierde su casa debido a la deuda de juego de su esposo demanda en la corte para obtener la exención de la deuda.
   d. Un viudo cuyo cónyuge murió sin testamento presenta una demanda para cambiar las disposiciones del testamento.

27. Un contrato de arrendamiento de un año de una casa ha expirado, pero el inquilino continúa enviando cheques de alquiler mensuales al propietario, y el propietario los acepta. ¿Qué tipo de arrendamiento existe?

   a. Arrendamiento por años
   b. Arrendamiento de un período a otro
   c. Arrendamiento a voluntad
   d. Arrendamiento en sufrimiento

28. Cuando una sola persona o entidad es propietaria de una propiedad o de un propiedad vitalicias en un bien inmueble, el tipo de propiedad es

   a. arrendamiento en varios.
   b. arrendamiento por la totalidad.
   c. Tarifa absoluta simple.
   d. Honorarios legales simples.

29. Tres personas tienen derechos idénticos pero participaciones desiguales en una propiedad, comparten un interés indivisible y pueden vender o transferir su interés sin el consentimiento de los demás. Este tipo de propiedad es

   a. tenencia conjunta.
   b. propiedad igualitaria.
   c. tenencia en común.
   d. patrimonio en varios.

30. ¿Cuáles de las siguientes condiciones incluyen las "cuatro unidades" requeridas para crear una tenencia conjunta?

   a. Las partes deben adquirir sus respectivos intereses al mismo tiempo.
   b. Las partes deben estar legalmente casadas en el momento de adquirir el interés.
   c. Las partes deben ser miembros de la familia.
   d. Las Partes deben contar con recursos financieros conjuntos.

31. A diferencia de los tenentes en común, los copropietarios

   a. poseen porciones distintas de la propiedad física.
   b. no pueden eredar su interés a una parte ajena al arrendamiento.
   c. pueden poseer partes desiguales de la propiedad.
   d. no pueden vender su participación a terceros.

32. Las características distintivas de una propiedad en condominio son:

   a. Propiedad de una participación en una asociación propietaria del apartamento de uno.
   b. Tenencia de interés común en espacio aéreo y áreas comunes de la propiedad.
   c. Tarifa simple de propiedad del espacio aéreo en una unidad y una parte indivisa de las áreas comunes de toda la propiedad.
   d. Tarifa simple de propiedad de una parte prorrateada de la totalidad de la propiedad.

33. ¿Quién es el propietario de la propiedad en una propiedad de tiempo compartido?

   a. La propiedad es compartida por el desarrollador y el corredor.
   b. La propiedad es propiedad de inquilinos en común o de un propietario absoluto que arrienda en régimen de tiempo compartido.
   c. Un fideicomiso de inversión en bienes raíces tiene una tarifa de bienes raíces.
   d. Un socio general tiene una cuota, el interés simple y los patrimonios de intervalo son propiedad de socios comanditarios.

34. ¿Cuál de las siguientes afirmaciones es verdadera para una cooperativa?

   a. Una cooperativa puede responsabilizar a un propietario por los gastos operativos no pagados de otros propietarios.
   b. Los propietarios tienen un dominio absoluto en el espacio aéreo de sus respectivos apartamentos.
   c. Los propietarios pueden conservar sus apartamentos incluso si venden sus acciones en la cooperativa.
   d. Se garantiza que el contrato de arrendamiento de propiedad tendrá una tasa fija de alquiler durante la vigencia del contrato de arrendamiento.

35. Una diferencia entre una propiedad cooperativa y una propiedad en condominio es que

 a. Un incumplimiento por parte del propietario de una cooperativa puede causar una ejecución hipotecaria de toda la propiedad en lugar de una sola unidad, como ocurre con un condominio.
 b. El dueño del condominio debe pagar los gastos y tambien el alquiler.
 c. El propietario de la cooperativa posee acciones y una participación inmobiliaria de dominio absoluto, mientras que el propietario del condominio simplemente posee bienes inmuebles.
 d. El propietario del condominio es propietario de los elementos comunes y del espacio aéreo, mientras que el propietario de la cooperativa solo es propietario del apartamento.

36. ¿Qué requisito de divulgación es consistente para condominios, cooperativas y asociaciones de propietarios?

 a. Estimaciones presupuestarias
 b. Derecho a cancelar
 c. Membresía en el programa de intercambio
 d. Sin precio de venta garantizado

37. ¿Qué tipo de venta permite un derecho de cancelación de 10 días?

 a. Comunidad de Propietarios
 b. Condominio
 c. Cooperativa
 d. Multipropiedad

38. ¿Qué venta requiere que se proporcione un formulario de gobernanza a los compradores?

 a. Reventa de condominios
 b. Ventas de tiempo compartido
 c. Ventas iniciales de la cooperativa
 d. Ventas de unidades de HOA

39. ¿Qué venta Requiere ¿Un resumen de divulgación?

 a. DDC
 b. Asociación de Propietarios
 c. Multipropiedad
 d. Cooperativa

9 Título, Escrituras y Restricciones de Propiedad

El concepto de título
Traslado por Enajenación Voluntaria
Traslado por Enajenación Involuntaria
Aviso de Título
Protección de Titulo
Escrituras
Limitaciones y Restricciones Gubernamental
Limitaciones y Restricciones Privadas

Objetivos de Aprendizaje

- Diferenciar entre enajenación voluntaria e involuntaria
- Explique los diversos métodos para adquirir el título de propiedad de bienes inmuebles y describa las condiciones necesarias para adquirir bienes inmuebles por posesión adversa
- Distinguir entre notificación real y notificación implícita
- Distinguir entre un resumen de título y una cadena de título
- Explicar los diferentes tipos de seguro de título
- Describir las partes de una escritura y los requisitos de una escritura válida
- Enumere y describa los cuatro tipos de escrituras estatutarias y los requisitos legales para las escrituras
- Enumere y describa los diversos tipos de restricciones gubernamentales y privadas a la propiedad de bienes inmuebles.
- Distinguir entre los distintos tipos de arrendamientos y gravámenes

Términos clave

resumen del título	privación de propiedad
reconocimiento	más garantías
aviso real	scritura de garantía general
posesión adversa	beneficiario
alienación	cláusula de concesión
asignación	otorgante
cadena de títulos	arrendamiento bruto
condenación	arrendamiento de terrenos
gravamen de construcción	cláusula de habendum
aviso constructivo	intestado
escritura	derecho de retención
restricción de escrituras	arrendamiento neto
servidumbre	arrendamiento porcentual
expropiación	poder policial
invasión	disfrute tranquilo

EL CONCEPTO DE TÍTULO

Titularidad de un conjunto de derechos
Título legal y equitativo
Transferencia de título

**La propiedad
de un Paquete
de derechos**

El conjunto de derechos es el conjunto de privilegios legales que comprenden el concepto jurídico de propiedad. Estos derechos se confieren al comprador de un bien inmueble cuando se transfiere el título de la propiedad. El paquete incluye todo lo que el nuevo propietario puede hacer con la propiedad dentro de los límites de las leyes aplicables:

> ▶ **Posesión:** el derecho fundamental de la propiedad, que permite al propietario estar físicamente en la propiedad y elegir quién más puede o no estar en la propiedad; este derecho puede perderse si no se pagan el préstamo hipotecario, los impuestos sobre la propiedad o las cuotas de la asociación de propietarios

> ▶ **Disfrute tranquilo**: el derecho del propietario a usar la propiedad para cualquier actividad legal sin interferencias.

> ▶ **Control**: el derecho del propietario a hacer lo que quiera con la propiedad dentro de los códigos de zonificación locales y otras leyes o convenios; este derecho incluye lo que está debajo y encima de la propiedad.

> ▶ **Exclusión**: el derecho del propietario a limitar quién puede ingresar a la propiedad con algunas excepciones, como servidumbres y garantías.

> ▶ **Disposición**: el derecho a transferir la propiedad (vender, arrendar o regalar) de la totalidad o una sección de la propiedad a otra persona, temporal o permanentemente; este derecho se realiza plenamente solo cuando la propiedad es propiedad absoluta sin hipotecas ni gravámenes

**Título legales y
equitativo**

Poseer el título de propiedad de un bien inmueble comúnmente implica poseer el conjunto completo de derechos que se adjuntan a la propiedad, incluido el derecho a la posesión. Más exactamente, alguien que posee todos los intereses de propiedad posee **Título legal** a la propiedad. El título legal es distinto de **Título equitativo**, que es el interés o *Derecho a obtener título legal* a una propiedad de acuerdo con un contrato de venta o hipoteca entre el propietario legal y un comprador o acreedor. Durante el período de tiempo contractual en el que la propiedad del título legal depende del contrato, el comprador o prestamista posee un título equitativo de la propiedad.

Por ejemplo, un comprador celebra un contrato de escritura para comprar una casa. El vendedor presta la mayor parte del precio de compra al comprador por un plazo de tres años. El comprador toma posesión de la propiedad y realiza los pagos del préstamo. Durante este período, el vendedor conserva el título legal y el comprador posee el título equitativo. Si el comprador cumple con los términos del acuerdo durante el período de tres años, el comprador tiene un contrato ejecutable para obtener el título legal.

Otro ejemplo común es una transacción de préstamo hipotecario que le da al prestamista el derecho de ejecutar una ejecución hipotecaria estricta, que transfiere el título legal al prestamista en caso de incumplimiento. Con este derecho contractual, el prestamista tiene un título equitativo sobre la propiedad.

En la práctica, los términos "título" y "título legal" a menudo se usan indistintamente.

Transferencia de título

Transferencia de título de propiedad de bienes inmuebles, también llamada **alienación**, se produce tanto de forma voluntaria como involuntaria. Cuando la transferencia utiliza un instrumento escrito, la transferencia se denomina **transporte**.

Transferencia de Título de Bienes Raíces

Voluntario	Involuntario
Subvención pública escritura voluntades	descendencia y distribución privación de propiedad ejecución hipotecaria, expropiación, posesión adversa, impedimento

Enajenación voluntaria. Enajenación voluntaria es una transferencia de título no forzada por venta o donación de un propietario a otra parte. Si el cedente es una entidad gubernamental y el destinatario es un particular, la transmisión es una **Subvención pública**. Si el cedente es un particular, la transmisión es una **Subvención privada**.

Un propietario vivo hace una concesión privada por medio de una **escritura de traspaso**, o **escritura**. Una concesión privada que se produce cuando el propietario fallece es una **transferencia por testamento**.

Enajenación involuntaria. Enajenación involuntaria es una transferencia de título de propiedad inmueble sin el consentimiento del propietario. La enajenación involuntaria se produce principalmente por los procesos de descendencia y distribución, privación de propiedad (escheat), ejecución hipotecaria, expropiación, posesión adversa y impedimento (estoppel).

TRASLADO POR ENAJENACIÓN VOLUNTARIA

Escritura
Voluntades

Escritura

Partes. Una escritura es un instrumento legal utilizado por un propietario, el **Otorgante**, para transferir voluntariamente la titularidad de un bien inmueble a otra parte, el **Donatario**.

Una escritura se utiliza cuando un título se transfiere voluntariamente mediante la venta o donación del dueño de la propiedad a otra parte. El dueño de la propiedad debe estar vivo para esta transferencia. Por ejemplo, si el propietario vende el inmueble, la transferencia se realiza con una escritura. Si el propietario dona la propiedad a una organización benéfica, la transferencia se realiza con una escritura.

Entrega y aceptación. La ejecución de una escritura válida en sí misma no transmite título. Es necesario que la escritura sea *entregada y aceptada por el concesionario* para que se apruebe el título. Para que tenga validez legal, la entrega de la escritura requiere que el otorgante

> ▸ ser *competente* en el momento de la entrega
> ▸ *tienen la intención de entregar* la escritura, más allá del acto de hacer la entrega física

La validez de la aceptación del concesionario solo requiere que el concesionario tenga posesión física de la escritura o registre la escritura.

Una vez aceptado, el título pasa al concesionario. La escritura ha cumplido su propósito legal y no se puede volver a utilizar para transferir la propiedad. Si el concesionario pierde la escritura, no hay ningún efecto sobre el título del concesionario sobre la propiedad. El otorgante, por ejemplo, no puede reclamar la propiedad alegando que el concesionario ha perdido la escritura después de que fue entregada y aceptada. Tampoco puede el concesionario devolver la propiedad mediante la devolución de la escritura. Para ello, el concesionario tendría que firmar una nueva escritura.

Transferencias voluntarias en Florida. El procedimiento general para transferir el título en Florida consta de los siguientes pasos. Las escrituras se analizan más adelante en esta sección.

- ▶ Localice la escritura actual que incluya la descripción legal de la propiedad y el nombre exacto del otorgante actual
- ▶ Preparar la nueva escritura para incluir toda la información requerida
- ▶ firmar y notarizar la escritura; La escritura debe estar firmada por el otorgante, cualquier cónyuge con derechos de propiedad familiar y dos testigos; También debe estar notariado
- ▶ presentar la escritura ante el secretario del condado en el condado donde se encuentra la propiedad; La presentación puede incluir tarifas de registro o impuestos de sello documental

Las escrituras se tratan con mayor detalle más adelante en esta sección.

Voluntades

Partes en un testamento. Un testamento, o más propiamente, un **Últimas Voluntades y Testamento**, es un instrumento legal para la transferencia voluntaria de bienes muebles e inmuebles después de la muerte del propietario. Describe cómo el hacedor del testamento, llamado el **testador o devisor ,** quiere que se distribuya la propiedad. Un beneficiario de un testamento se denomina **heredero o legatario .** La propiedad transferida por el testamento es el **legado**. "Legado", "" y "legatario" se refieren más específicamente a las transferencias de bienes inmuebles, mientras que "legado" y "beneficiario" a veces se limitan a las transferencias de bienes personales.

Un testamento entra en vigor solo después de la muerte del testador. Es un **instrumento de enmienda**, lo que significa que se puede cambiar en cualquier momento durante la vida del fabricante.

Comúnmente, el testador nombra a un **ejecutor** o **representante personal**, para supervisar la liquidación de la herencia. Si se trata de un menor de edad, el testador puede identificar a un **guardián** para manejar los asuntos legales en nombre del menor.

Tipos de testamento. Un testamento generalmente toma una de las siguientes formas:

- ▶ **presenciado**

  por escrito y atestiguado por dos personas

- ▶ **holográfico**

  de puño y letra del testador, fechada y firmada

- ▶ **aprobado**

  en formularios preimpresos que cumplan con los requisitos de la ley estatal

▶ **nuncupativo**

hecha oralmente y escrita por un testigo; generalmente *no es válida* para la transferencia de bienes inmuebles

Validez. La ley estatal establece requisitos para un testamento válido. La ley de Florida requiere que:

▶ que el testador sea mayor de edad y mentalmente competente
▶ el testamento será firmado
▶ el cumplimiento del testamento será atestiguado y firmado por los testigos
▶ el testamento se llevará a cabo voluntariamente, sin coacción ni coerción

Legalizar. Un procedimiento judicial llamado **legalizar** generalmente liquida el patrimonio de un difunto, ya sea que la persona haya fallecido **testado** (haber dejado un testamento válido) o **intestado** (sin haberlo hecho). Los bienes inmuebles pueden estar exentos de sucesión si se mantienen en un fideicomiso de tierras. Se produce la sucesión de bienes inmuebles *bajo la jurisdicción de los tribunales del estado donde se encuentran los bienes, independientemente de dónde residía el difunto.*

Los objetivos del tribunal testamentario son:

▶ validar el testamento, si lo existe
▶ identificar y liquidar todas las reclamaciones y deudas pendientes contra el patrimonio
▶ Distribuir el resto de la herencia a los herederos legítimos Si el testamento no nombra un ejecutor, el tribunal nombrará a un **administrador** para que cumpla esta función

Transferencia del patrimonio de un difunto por sucesión testamentaria

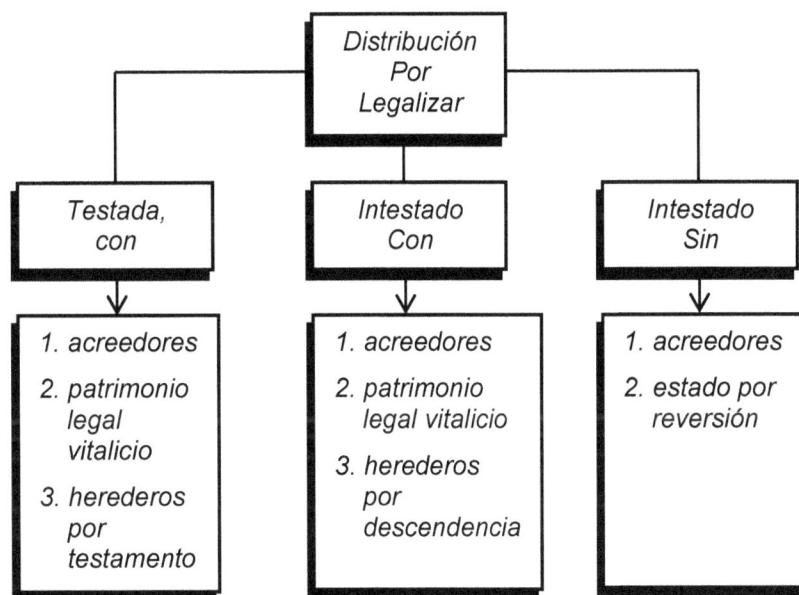

```
                    ┌──────────────┐
                    │ Distribución │
                    │     Por      │
                    │  Legalizar   │
                    └──────────────┘
        ┌──────────────────┼──────────────────┐
        ▼                  ▼                  ▼
  ┌───────────┐      ┌───────────┐      ┌───────────┐
  │ Testada,  │      │ Intestado │      │ Intestado │
  │   con     │      │    Con    │      │    Sin    │
  └───────────┘      └───────────┘      └───────────┘
        ▼                  ▼                  ▼
```

Testada, con	Intestado Con	Intestado Sin
1. acreedores	1. acreedores	1. acreedores
2. patrimonio legal vitalicio	2. patrimonio legal vitalicio	2. estado por reversión
3. herederos por testamento	3. herederos por descendencia	

La exposición muestra tres posibles canales de deliberación testamentaria, dependiendo de si hay testamento y herederos.

Procedimiento de testado. Si el difunto falleció con un testamento válido, el tribunal escucha las reclamaciones de los acreedores prendarios y los acreedores y determina su validez. Los primeros en la fila son los gravámenes superiores: los de los impuestos sobre bienes inmuebles, los impuestos de tasación, los impuestos federales sobre el patrimonio y los impuestos estatales sobre la herencia. Si los activos líquidos de la masa son insuficientes para pagar todas las obligaciones, el tribunal puede ordenar la venta de bienes muebles o inmuebles para satisfacer las obligaciones.

El tribunal también debe escuchar y satisfacer las reclamaciones legales de bienes vitalicios, incluidas las de dote, cortesía, vivienda familiar y participación electiva. Estos intereses pueden prevalecer aunque el testamento no los prevea.

Una vez que se han satisfecho todas las reclamaciones, el saldo de los activos de la herencia pasa a los herederos legítimos *libres de todos los gravámenes y deudas*.

Procedimiento intestado con los herederos. Si el difunto murió sin un testamento válido, el patrimonio pasa a los herederos legítimos de acuerdo con las leyes estatales de **descendencia y distribución**, o **sucesión**. Las leyes de descendencia estipulan quiénes heredan y qué parte reciben, sin tener en cuenta los deseos de los herederos o las intenciones del difunto.

Por ejemplo, John Astor muere intestado, dejando esposa y cuatro hijos. Según la ley de Florida, el cónyuge sobreviviente recibe todo el patrimonio siempre y cuando los cuatro hijos sean descendientes tanto del difunto como del cónyuge sobreviviente y no haya otros hijos de ninguno de los cónyuges.

Procedimiento intestado sin herederos. Si un difunto intestado no tiene herederos, el patrimonio **se transfiere,** o revierte, al estado después de que se hayan validado y liquidado todas las reclamaciones y deudas.

TRASLADO POR ENAJENACIÓN INVOLUNTARIA

Leyes de la descendencia
Privación de propiedad (escheat)
Ejecución hipotecaria
Expropiación
Posesión adversa

La enajenación involuntaria ocurre cuando un titular muere sin un testamento válido. También ocurre en otras circunstancias especiales. La ley estatal regula todas las formas de enajenación involuntaria, ya sea que dicha transferencia ocurra por las leyes de descendencia, abandono, ejecución hipotecaria, dominio eminente, posesión adversa o impedimento.

Leyes de la descendencia

Los estatutos estatales de descendencia y distribución identifican a los herederos y las respectivas partes de la herencia que recibirán.

Privación de propiedad

En ausencia de herederos, el título se transfiere al estado por reversión. La propiedad que ha sido abandonada por un período legal también puede ser transferida al estado.

Ejecución hipotecaria

El dueño de una propiedad que no cumple con las obligaciones del préstamo o no paga impuestos puede perder una propiedad a través de una ejecución hipotecaria.

Expropiación

En muchos casos, la adquisición pública de bienes es una transacción voluntaria entre la entidad gubernamental y el propietario privado. Sin embargo, si la parte privada no está dispuesta a vender, el gobierno puede comprar la propiedad de todos modos. El poder para hacer esto se llama **expropiación.**

Expropiación permite que una entidad gubernamental compre una propiedad tarifa simple, arrendamiento o derecho de servidumbre en bienes inmuebles de propiedad privada para el **bien público** y para **uso público**, independientemente del deseo del propietario de vender o transferir cualquier interés. A cambio de los intereses, el gobierno debe pagar al propietario una "compensación justa".

Para adquirir un inmueble, la entidad pública inicia una demanda de expropiación. La transferencia del título extingue todos los arrendamientos, gravámenes y otros gravámenes existentes sobre la propiedad. Los inquilinos afectados por la venta de expropiación pueden o no recibir una compensación, dependiendo de los términos de su acuerdo con el propietario.

Las entidades públicas que tienen el poder de expropiación incluyen:

- todos los niveles de gobierno
- distritos públicos (escuelas, etc.)
- servicios públicos
- corporaciones de servicios públicos (compañías eléctricas, etc.)
- agencias de vivienda pública y reurbanización
- otras agencias gubernamentales

Para adquirir una propiedad, la entidad pública primero debe adoptar una resolución formal para adquirir la propiedad, llamada "resolución de necesidad". La resolución debe adoptarse en una audiencia formal en la que el propietario puede expresar su opinión. Una vez adoptado, la agencia gubernamental puede iniciar una demanda de expropiación en los tribunales. Posteriormente, se compra la propiedad y se transfiere el título a cambio de una justa compensación. La transferencia del título extingue todos los arrendamientos, gravámenes y otros gravámenes existentes sobre la propiedad. Los inquilinos afectados por la venta de expropiación pueden o no recibir una compensación, dependiendo de los términos de su acuerdo con el propietario.

Para proceder con la expropiación, la agencia gubernamental debe demostrar que el proyecto es necesario, que la propiedad es necesaria para el proyecto y que la ubicación ofrece el mayor beneficio público con el menor detrimento.

Dado que un procedimiento de expropiación es generalmente una adquisición involuntaria, el procedimiento de expropiación debe ajustarse al debido proceso legal para garantizar que no viole los derechos de propiedad individuales. Además, la entidad pública debe justificar su uso del dominio eminente en los tribunales demostrando la validez del uso público previsto y el "bien público" o "propósito público" resultante al que finalmente se sirve.

La cuestión del dominio eminente frente a los derechos de propiedad individual ha sido objeto de escrutinio recientemente a la luz de un fallo de la Corte Suprema de 2005 que afirmó los derechos de los gobiernos estatales y locales a utilizar el poder del dominio eminente para el redesarrollo y la revitalización urbana. El fallo permitía que los particulares pudieran emprender un proyecto con fines de lucro sin ninguna garantía pública de que el proyecto se completaría satisfactoriamente. El fallo puso en tela de juicio la cuestión del "uso público", ya que el uso de la remodelación bien podría ser privado e incluso una empresa privada con fines de lucro. El argumento ganador fue que el "propósito público" se cumple cuando la reurbanización crea puestos de trabajo muy necesarios en una zona urbana deprimida. Como resultado de esta decisión, muchos consideran que el poder de expropiación y la definición de bien público están en conflicto con los derechos constitucionales de la propiedad privada. Pueden esperarse interpretaciones nuevas y diferentes del derecho público a preferir la propiedad privada mediante el dominio eminente.

Posesión adversa

Las leyes de Florida permiten que el propietario de un bien inmueble pierda el título legal a un **poseedor adverso**. Un poseedor adverso es alguien que entra, ocupa y usa la propiedad de otra persona sin el conocimiento o consentimiento del propietario, o con el conocimiento de un propietario que no toma ninguna medida durante un período de tiempo legal.

Para reclamar el título legal, el poseedor adverso debe:

- ser capaz de mostrar un **reclamo de derecho** o **color del título** como motivo de la posesión
- tienen **una posesión notoria**, que es la posesión sin ocultamiento
- mantener un reclamo consistente de posesión hostil, **que es un reclamo de propiedad y posesión, independientemente de los reclamos o consentimiento del propietario;**
- ocupar la propiedad de forma continua durante siete o más años consecutivos sin el consentimiento del propietario;
- Pagar impuestos

Un **reclamo de derecho** se basa en que el poseedor adverso ocupe y mantenga la propiedad como si él o ella fuera el propietario legal. **El color del título** se produce cuando un concesionario ha obtenido un título defectuoso, o ha recibido el título por medios defectuosos, pero ocupa la propiedad como si él o ella fuera el propietario legal. Un tribunal puede sostener que un reclamo de derecho o un reclamo de título de color es una razón válida para la posesión.

La posesión notoria y la **posesión hostil** dan un aviso constructivo al público, incluido el propietario legal, de que una parte que no es el propietario legal está ocupando y reclamando ser propietario de la propiedad. Es posible que dicha notificación prevalezca sobre la notificación por inscripción como prueba dominante de la propiedad legal, siempre que el poseedor haya ocupado la propiedad de forma continua durante el período de tiempo legal.

En Florida, el poseedor debe haber pagado impuestos durante todo el período de posesión para obtener el título. Sin embargo, si el poseedor ha pagado una renta de cualquier tipo, la reclamación de propiedad puede ser refutada.

Evitar la posesión adversa. Un propietario puede evitar el peligro de enajenación involuntaria por posesión adversa *inspeccionando periódicamente la propiedad dentro de los plazos legales* y desalojando a cualquier intruso que se encuentre. El propietario también puede demandar para silenciar el título, lo que eliminaría la amenaza del reclamo adverso del poseedor al título legal.

AVISO A LA TITULARIDAD LEGAL

Aviso real
Aviso constructivo

En cualquier sistema legal que permita la propiedad privada de bienes inmuebles, siempre habrá disputas sobre quién es realmente el propietario de una parcela de bienes raíces en particular. Por ejemplo, un propietario puede "vender" su propiedad a tres partes no relacionadas. La primera parte compra la propiedad en la fecha más temprana, la segunda parte paga el precio más alto y la tercera parte recibe la mejor escritura, una escritura de garantía. ¿Quién posee el título legal de la propiedad?

La propiedad del título legal es una función de la prueba. Un tribunal generalmente dictaminará que la persona que tiene la preponderancia de la evidencia de propiedad es el propietario de la propiedad. En el ejemplo, si los dos primeros compradores no recibieron una escritura mientras que el tercero sí, el tercero puede tener la mejor evidencia y ser considerado el titular legal. Sin embargo, ¿qué pasaría si el primer comprador se hubiera mudado a la casa y la hubiera ocupado durante seis meses antes de que el propietario original vendiera la propiedad al segundo y tercer comprador? ¿Y qué pasa si el segundo comprador, después de buscar en los registros de títulos, informa que el vendedor nunca fue realmente dueño de la propiedad y, por lo tanto, no pudo venderla legalmente a nadie? Ahora bien, ¿quién es el dueño de la propiedad?

La ilustración subraya la dificultad de probar el título de propiedad de bienes inmuebles: no hay una prueba absoluta e irrefutable de que una parte tenga un título legal. Nuestro sistema legal ha desarrollado dos formas de evidencia de título, notificación real y notificación implícita, para ayudar en la determinación.

Aviso real

El término "aviso" es sinónimo de "conocimiento". Una persona que ha recibido el aviso *real* tiene *Conocimiento real* de algo. Recibir un aviso real significa aprender algo a través de la experiencia directa o la comunicación. Al probar la propiedad de bienes raíces, una persona proporciona un aviso real mediante la producción de evidencia directa, como mostrar un testamento válido. Otra parte recibe una notificación real al ver evidencia directa, como revisar la escritura, leer los registros del título o visitar físicamente la propiedad para ver quién está en posesión. Por lo tanto, si Mary Pierce conduce a una propiedad y ve directamente que John Doe está en posesión de la casa, Mary ha recibido una notificación real del reclamo de propiedad de John Doe. Sus conocimientos se obtienen a través de la experiencia directa.

Aviso constructivo

Aviso constructivo, o **aviso legal**, es el conocimiento de un hecho de que una persona *podría o debería haber obtenido*. El método más importante para impartir una notificación implícita es mediante el registro de documentos de propiedad en registros públicos, específicamente, *registros de título*. Dado que los registros públicos están abiertos a todos, la ley generalmente presume que cuando se registra evidencia de propiedad, el público en general *ha recibido una notificación implícita* de propiedad. De la misma manera, la ley presume que el propietario del registro es de hecho el propietario legal. Por lo tanto, si John Doe registra la escritura de traspaso, ha impartido, y Mary Pierce ha recibido, un aviso constructivo de propiedad. La posesión de la propiedad también puede interpretarse como una notificación implícita, ya que un tribunal puede dictaminar que Mary *debería haber visitado la propiedad* para determinar si estaba ocupada.

Una combinación de notificación real e implícita generalmente proporciona la evidencia más indiscutible de la propiedad de bienes inmuebles.

PROTECCIÓN DE LA TITULARIDAD

Registros de título
Evidencia de título
Compañías de títulos
Cadena de títulos
Resumen del título
Opinión de título
Seguro de título

Registros de títulos   El Capítulo 119.011 (12) identifica los registros públicos como "todos los documentos, papeles, cartas, mapas, libros, cintas, fotografías, películas, grabaciones de sonido, software de procesamiento de datos u otro material, independientemente de la forma física, las características o los medios de transmisión, realizados o recibidos de conformidad con la ley u ordenanza o en relación con la transacción de asuntos oficiales por parte de cualquier agencia".

Las leyes estatales exigen el registro de todos los documentos que afectan los derechos e intereses en bienes raíces en los registros públicos de bienes raíces del condado donde se encuentra la propiedad. Estos registros públicos, o **Registro de títulos**, contiene un historial de cada parcela de bienes raíces en el condado, incluidos los nombres de los propietarios anteriores, gravámenes, servidumbres y otros gravámenes que se han registrado.

Escrituras, hipotecas, gravámenes, servidumbres y contratos de venta son algunos de los documentos que deben registrarse. Otros registros públicos que afectan el título de bienes raíces son los registros de matrimonio, sucesiones e impuestos.

Por lo general, la Oficina del Registrador del Condado u otra oficina con un nombre similar mantiene los registros de títulos.

Los registros de títulos sirven para varios propósitos, uno de los cuales es evitar disputas de propiedad. Otros propósitos importantes son:

> ▶ **aviso público**
>
> Los registros de títulos protegen al público al dar a todas las partes interesadas **un aviso constructivo de la** condición del título legal de una propiedad: quién es el propietario de la propiedad, quién mantiene las reclamaciones y gravámenes contra la propiedad.

> ▸ **protección del comprador**
>
> Los registros de títulos protegen al comprador al revelar si una propiedad tiene un **título comercializable**, uno libre de gravámenes indeseables. El comprador es legalmente responsable de conocer la condición del título, ya que es un asunto de dominio público. El registro de una transacción también protege al comprador al reemplazar la escritura como prueba de propiedad.
>
> ▸ **protección de acreedores prendarios**
>
> Los registros de títulos protegen al acreedor prendario al notificar al público que el gravamen existe y que puede ser la base para una acción de ejecución hipotecaria. El registro también establece la prioridad del gravamen.

Evidencia de título

Título comercializable. Dado que el valor de una propiedad es tan bueno como la comerciabilidad de su título, la evidencia que respalda el estado del título es un tema importante. Para demostrar un título comercializable a un comprador, un vendedor debe demostrar que el título está libre de

- ▸ dudas sobre la identidad del propietario actual
- ▸ defectos, como una descripción legal errónea
- ▸ reclamaciones que podrían afectar al valor
- ▸ gravámenes no revelados o inaceptables

Las cuatro formas principales de evidencia que el propietario puede utilizar para respaldar estas garantías son:

- ▸ un certificado Torrens (no aplicable a Florida)
- ▸ una póliza de seguro de título
- ▸ opinión de un abogado sobre el resumen del título
- ▸ un certificado de título

Certificado de título. Un certificado de título es un resumen de la condición del título a la fecha del certificado, basado en una búsqueda de registros públicos por parte de un abstractor o analista de títulos. El certificado no garantiza un título claro contra defectos, gravámenes no registrados o invasiones.

Compañías de títulos

Una compañía de títulos realiza una **Búsqueda de títulos** para determinar si el título de una propiedad en particular es legítimo. La compañía examinará los registros de propiedad para asegurarse de que la persona que afirma ser propietario de la propiedad realmente la posea legalmente. La empresa busca a cualquier otra persona que pueda reclamar la propiedad total o parcial. Busca rupturas no registradas en la cadena de títulos. También busca hipotecas pendientes, gravámenes, sentencias, impuestos no pagados, restricciones, servidumbres, arrendamientos o cualquier otro problema que pueda afectar la propiedad. A veces, las compañías de títulos requieren que se realice una inspección de la propiedad. La empresa puede preparar un informe sobre lo que encontró, conocido como un resumen del título, y luego proporcionar una carta de opinión sobre el título con respecto a la validez del título.

Las compañías de títulos pueden mantener una cuenta de depósito en garantía relacionada con la transferencia de la propiedad, manejar el cierre de la transacción y presentar el nuevo título después del cierre. La compañía de títulos también puede emitir pólizas de seguro de título, pero completaría la búsqueda antes de emitir una póliza. Si la búsqueda no descubre ningún defecto no asegurable, la compañía emite un compromiso de asegurar. El compromiso recapitula la descripción de la propiedad, el interés a asegurar, los nombres de las partes aseguradas y las excepciones a la cobertura.

Cadena de títulos

Cadena de títulos se refiere a la sucesión de los propietarios *de registro* que se remonta a la concesión original del título del Estado a un particular. Si hay una conexión perdida en la cronología de los propietarios, o si hubo una escritura de propiedad defectuoso, se dice que la cadena se rompió, lo que resultó en un **Título nublado** a la propiedad. Para quitar la nube, es posible que el propietario tenga que iniciar un **pleito a título silencioso**, que borra el registro de título de cualquier reclamación no registrada.

Resumen del título

Un resumen del título es un resumen escrito y cronológico de los registros de títulos de la propiedad y otros registros públicos que afectan los derechos e intereses en la propiedad. Incluye la cadena de títulos de la propiedad y todos los gravámenes pasados y gravámenes registrados actualmente, por fecha de presentación. Un resumidor de títulos o un analista de compañías de títulos lleva a cabo la búsqueda de títulos de los registros públicos necesarios para producir un resumen. Las aseguradoras y los prestamistas generalmente requieren la búsqueda para identificar defectos en el título y determinar el estado actual de los gravámenes.

Una **planta de título** es un conjunto duplicado de registros de una propiedad copiado de registros públicos y mantenido por una empresa privada, como una compañía de títulos.

Opinión de título

Opinión del abogado. La opinión de un abogado sobre el resumen declara que el abogado ha examinado un resumen del título y da su opinión sobre la condición y comerciabilidad del título. Por lo general, una opinión no es una prueba o garantía de un título claro. Además, no ofrece ninguna protección en caso de que el título resulte ser defectuoso.

Seguro de título

La póliza de un seguro de título es comúnmente aceptada como la mejor evidencia de título comercializable. Una póliza de seguro de título indemniza al titular de la póliza contra las pérdidas que surjan de defectos en el título asegurado. A diferencia de otros tipos de seguros que se basan en problemas que pueden ocurrir en el futuro, el seguro de título se basa en la prevención de pérdidas al evitar que ocurran problemas de título.

Los tipos de póliza comunes son la póliza del prestamista y la póliza del propietario, que protegen los intereses de los respectivos asegurados en la propiedad.

Póliza del propietario. Una póliza de propietario se emite por el valor inicial o apreciado de la propiedad y protege al comprador de defectos inesperados o desconocidos con el título. Se paga en un solo pago de prima. Una póliza de propietario puede tener cobertura *estándar* o *cobertura extendida*. La cobertura estándar protege contra defectos de título, como otorgantes incompetentes, escrituras inválidas, documentos de transacciones fraudulentas y defectos en la cadena de títulos. La cobertura extendida protege contra responsabilidades que pueden no ser de registro público, incluido el fraude, las reclamaciones de propiedad no registradas, los errores de registro no intencionales y los gravámenes no registrados. La cobertura extendida también puede proteger contra poseedores adversos, disputas de límites y servidumbres prescriptivas. Ni la cobertura estándar ni la extendida aseguran contra defectos expresamente excluidos por la póliza o defectos de los que el propietario podría haber tenido conocimiento pero no reveló. Esta póliza no es transferible.

La Asociación Americana de Títulos de Propiedad (ALTA, por sus siglas en inglés) es la póliza de seguro de título estandarizada que se utiliza en Florida. La información sobre ambos tipos de pólizas, así como un ejemplo de póliza del propietario, incluidas las condiciones y exclusiones, se puede encontrar en www.homeclosing101.org.

Póliza del prestamista. La póliza de un prestamista se emite por el saldo financiado del préstamo hipotecario y protege al prestamista de defectos en el título. Si una propiedad se vende por $100,000 y el comprador paga $20,000 como pago de entrada, se financiará el resto del precio de compra, o $80,000. Por lo tanto, un prestamista que tiene una hipoteca de $80,000 sobre una propiedad obtendrá protección por valor de $80,000 contra la posibilidad de que el gravamen del prestamista no se pueda cumplir. La prima es un pago único y la póliza es transferible a otro prestamista si se vende el préstamo.

ESCRITURAS

Elementos esenciales de la escritura
Cláusulas de escritura
Tipos de escritura estatutaria
Escrituras de propósito especial

Elementos esenciales de la escritura

Partes. Una escritura es un instrumento jurídico utilizado por un propietario, el **otorgante**, para transferir voluntariamente la titularidad de un bien inmueble a otra parte, el **beneficiario**.

Una escritura se utiliza cuando un título se transfiere voluntariamente del otorgante al beneficiario mediante venta o donación. El dueño de la propiedad debe estar vivo para esta transferencia. Por ejemplo, si el propietario vende el inmueble, la transferencia se realiza con una escritura. Si el propietario dona la propiedad a una organización benéfica, la transferencia se realiza con una escritura.

Componentes. Las escrituras consisten de el otorgante, el concesionario, la contraprestación, las palabras de transmisión (cláusula de otorgamiento), el interés o el patrimonio que se transmite (cláusula de habendum), las restricciones de escritura, las excepciones y reservas, los accesorios, la descripción legal, la entrega y aceptación voluntarias, las firmas del otorgante y dos testigos.

Requisitos para su validez. La ley de Florida requiere que una escritura cumpla con lo siguiente para su validez:

- ▶ estar por escrito

- ▶ estar firmada por el cedente

    La escritura debe estar firmada por el cedente (propietario actual) del inmueble o por el agente o representante debidamente autorizado del cedente.

- ▶ firmada en presencia de dos testigos

    La escritura debe firmarse en presencia de dos testigos, quienes también deben firmar la escritura.

- ▶ Incluya un espacio para el número de identificación del paquete

    La escritura debe incluir un espacio para el número de identificación de la parcela con el número completado antes de archivar. La ley especifica que el número de identificación de la parcela no es una descripción legal y no puede utilizarse como sustituto de la descripción. Además, un número de identificación de parcela incorrecto en la escritura no invalida la escritura.

Grabación. Florida requiere que cualquier traspaso o transferencia de bienes inmuebles se registre de acuerdo con la ley. Para inscribir legalmente la escritura, se deben cumplir los siguientes requisitos:

- ▶ La escritura debe incluir el nombre, la dirección y la firma de los otorgantes y el nombre y la dirección de los concesionarios.

- ▶ La escritura debe incluir el nombre, la dirección y la firma de la persona física que preparó la escritura.

- ▶ La escritura debe incluir el nombre y la firma de cada testigo.

- ▶ La escritura debe estar debidamente notariada.

Cláusulas de escritura

La escritura debe incluir un espacio en blanco cuadrado de tres pulgadas en la esquina superior derecha de la primera página y un espacio en blanco cuadrado de una pulgada por tres pulgadas en la esquina superior derecha de cada página subsiguiente para uso del secretario del tribunal.

Cláusulas de traspaso y *pacto* o *garantía, Cláusulas* establecen todas las disposiciones necesarias del traspaso.

Cláusulas de traspaso. Las cláusulas de traspaso describen los detalles de la transferencia. Las principales cláusulas de traspaso son:

▸ **Cláusula de concesión , o cláusula de premisas --** *La única cláusula requerida*; contiene las intenciones de traspaso; nombra a las partes; describe la propiedad; indica consideración nominal

▸ **Cláusula de habendum:** describe el tipo de patrimonio que se transfiere (tarifa simple, vida, etc.)

▸ **Cláusula Reddendum, o cláusula de reserva:** recita restricciones y limitaciones a la propiedad que se transfiere, por ejemplo, restricciones de escritura, gravámenes, servidumbres, invasiones, etc.

▸ **Cláusula de tenendum:** identifica la propiedad que se transfiere además de la tierra

Cláusulas de pacto o garantía. Las cláusulas de pacto presentan las garantías del otorgante al beneficiario. Una escritura de traspaso generalmente contiene uno o más de los siguientes convenios, según el tipo de escritura.

▸ **Garantía de seisin:** asegura que el otorgante es propietario de la propiedad que se va a transmitir y tiene derecho a hacerlo

▸ **Garantía de disfrute tranquilo:** asegura que el beneficiario no será molestado por disputas de títulos por terceros

▸ **Orden de garantía adicional:** asegura que el otorgante ayudará a resolver cualquier problema de título que se descubra más adelante

▸ **Garantía para siempre; garantía de título --** asegura que el concesionario recibirá un buen título, y que el otorgante ayudará a defender cualquier reclamo en contrario

▸ **Orden de gravámenes:** asegura que no hay gravámenes sobre la propiedad, excepto los expresamente nombrados

> ▸ **Garantía contra los actos del otorgante:** establece la seguridad de un fideicomisario, que actúa como otorgante en nombre del propietario, de que no se ha hecho nada para perjudicar el título durante el período fiduciario

Tipos de leyes de escritura

Una escritura de traspaso puede ofrecer una variedad de garantías y transmitir una variedad de intereses. Las escrituras más comunes son las escrituras estatutarias, en las que los pactos están definidos en la ley y no es necesario que se establezcan completamente en la escritura. Los tipos más destacados son los siguientes.

Escritura de compraventa. En una escritura de compraventa, el otorgante se compromete a que el título es válido, pero puede o no garantizar contra gravámenes o prometer defenderse contra reclamos de otras partes. Si hay una garantia de defensa, la escritura es una garantía completa de negociación y escritura de venta.

El pacto general de una escritura de compraventa es: *"Soy dueño, pero no defenderé".*

Escritura de garantía general. La escritura de garantía general o **escritura de garantía** para abreviar, es la escritura más utilizada. Contiene las más completas garantías posibles de buen título y protección para el beneficiario. La escritura es técnicamente una escritura de negociación y venta en la que el otorgante promete defenderse contra todos y cada uno de los reclamos sobre el título.

El pacto general de la garantía es: *"Soy dueño y defenderé".*

Escritura de garantía especial. En una escritura de garantía especial, el otorgante. garantiza solo contra defectos de título o gravámenes no anotados en la escritura que puedan haber ocurrido durante el período de propiedad o fideicomiso del otorgante. La escritura no protege al concesionario contra reclamos anteriores al período de propiedad del propietario. Las escrituras de garantía especial suelen ser utilizadas por fideicomisarios y otorgantes que adquirieron la propiedad a través de una venta de impuestos.

El pacto general de la garantía especial es: *"Soy dueño y me defenderé solo de mis actos".*

Escritura de renuncia. La escritura de renuncia transfiere intereses reales y potenciales en una propiedad, ya sea que se sepa que existe un interés o no. El otorgante no reclama ningún interés en la propiedad que se transfiere y no ofrece garantías para proteger al concesionario.

Por lo general, la renuncia se usa para limpiar el título en lugar de transmitirlo. Cuando exista la posibilidad de que errores anteriores en las escrituras u otros documentos **nube** (gravamen) el título, las partes pertinentes ejecutan una escritura de renuncia para transmitir "todos y cada uno" de los intereses al concesionario.

Si una parte responsable de gravar el título se niega a renunciar a reclamar el interés, el propietario puede presentar un **Pleito de título silencioso.** Esto requiere que el acreedor prendario pruebe la validez de un interés. Si el demandado no puede hacerlo, el tribunal elimina la nube por decreto.

El pacto general de renuncia es: *"Puedo o no poseer, y no defenderé".*

Escrituras de propósito especial

Una escritura de propósito especial es aquella que se adapta a los requisitos de partes, propiedades y propósitos específicos. Los principales tipos son:

▸ **Escritura de representante personal:** utilizada por un albacea para transmitir el patrimonio de un difunto; también llamada escritura de albacea

▸ **Escritura del Guardián --** utilizado por un tutor designado por el tribunal para transferir bienes de menores de edad o personas mentalmente incompetentes

▸ **Escritura del Comité:** se utiliza por orden judicial cuando el otorgante es mentalmente incompetente; el tribunal designa a un comprometido para manejar los diversos asuntos de las partes, incluida la transmisión. Todos los miembros del comité deben firmar la escritura.

▸ **Escritura de impuestos --** Se utiliza para transmitir bienes vendidos en una venta de impuestos debido a que el propietario no paga los impuestos sobre la propiedad.

LIMITACIONES Y RESTRICCIONES GUBERNAMENTAL DE PROPIEDAD

**Poder de policía
Expropiación
Impuestos**

Poder de policía

A través de las constituciones de los Estados Unidos y de los estados, cada gobierno estatal tiene el derecho de regular el comportamiento o la propiedad de una persona para proteger la salud, la seguridad, el bienestar y la moral de la comunidad. El gobierno puede aplicar las restricciones necesarias para regular el uso de bienes inmuebles.

Algunos ejemplos de estas regulaciones son la zonificación, los códigos de construcción, la planificación urbana, las normas sanitarias y los controles de alquileres.

Los gobiernos de los condados, las ciudades y los locales pueden ejercer el poder de policía según lo delegado por el gobierno estatal.

Ejemplos del uso del poder policial incluyen inspecciones de ciertos trabajos de construcción por violaciones del código de construcción, preservación de estructuras históricas para cumplir con las leyes de zonificación y restricción del uso de la tierra para cumplir con las regulaciones de planificación urbana.

A diferencia de la expropiación, los propietarios no suelen ser compensados cuando el gobierno toma posesión de parte o la totalidad de la tierra del propietario. El poder policial es el poder más amplio del gobierno para limitar los derechos de los propietarios.

Expropiación

Como se mencionó anteriormente, Las entidades gubernamentales tienen el poder de expropiación para comprar una propiedad, arrendamiento o derecho de servidumbre en bienes inmuebles de propiedad privada para el bien público y para uso público, independientemente del deseo del propietario de vender o transferir cualquier interés. A cambio de los intereses, el gobierno debe pagar al propietario una "compensación justa".

Taxation

Si bien no existe un impuesto estatal sobre ingreso en Florida, los propietarios de viviendas pagan impuestos cuando alquilan su propiedad, cuando venden la propiedad y cuando simplemente son propietarios de la propiedad. Los propietarios con propiedades de alquiler pueden pagar impuestos sobre las ganancias netas de los ingresos por alquiler y se les puede cobrar el impuesto sobre las ventas en alquileres a corto plazo. A los propietarios que venden su propiedad y obtienen una ganancia se les puede cobrar un impuesto sobre las ganancias de capital sobre esa ganancia. Además, los gobiernos locales cobran a los propietarios un impuesto anual sobre la propiedad basado en el valor de la propiedad. Los impuestos a la propiedad ayudan a financiar las escuelas públicas y la infraestructura municipal, incluidas las carreteras y los servicios de emergencia. Los propietarios pueden enfrentar una ejecución hipotecaria si no pagan sus impuestos sobre la propiedad.

LIMITACIONES Y RESTRICCIONES PRIVADA DE LA PROPIEDAD

Gravámenes
Restricciones de escrituras
Servidumbres
Usurpaciones
Licencias
Arrendamientos
Gravámenes

Gravámenes

Un gravamen es un interés y un derecho a un bien inmueble que limita el interés de dominio absoluto del propietario legal. En efecto, un gravamen es el derecho de otra persona a usar o tomar posesión de la propiedad de un propietario legal, o a impedir que el propietario legal disfrute del conjunto completo de derechos en el patrimonio.

Un gravamen no incluye el derecho de posesión y, por lo tanto, es un interés menor que el interés de dominio absoluto del propietario. Por esa razón, los gravámenes no se consideran patrimonios. Sin embargo, un gravamen puede llevar a la pérdida de la propiedad de la propiedad por parte del propietario.

Las servidumbres y gravámenes son los tipos más comunes de gravamen. Una servidumbre, como una servidumbre de servicios públicos, permite que otros usen la propiedad, independientemente de los deseos del propietario. Un gravamen, como un gravamen fiscal, se puede colocar sobre el título de la propiedad, restringiendo así la capacidad del propietario para transferir el título claro a otra parte.

Los dos tipos generales de gravámenes son los que afectan el uso de la propiedad y los que afectan la propiedad legal, el valor y la transferencia.

Tipos generales de gravámenes

Restricciones sobre el uso del propietario por parte de otros derechos de uso	Restricciones a la propiedad, el valor y la transferencia
Servidumbres Usurpaciones Licencias Restricciones de escrituras	Gravámenes Condiciones de la escritura

Restricciones de escrituras

Una restricción de escritura es una limitación impuesta al uso de una propiedad por parte de un comprador por estipulación en la escritura de traspaso o en el plano catastral de subdivisión registrado.

Una restricción de escritura puede aplicarse a una sola propiedad o a toda una subdivisión. Un desarrollador puede imponer restricciones a todas las propiedades dentro de un **plano catastral de subdivisión registrado**. Por lo tanto, las reventas posteriores de propiedades dentro de la subdivisión están sujetas a los convenios y condiciones del plano catastral.

Un particular que quiera controlar la calidad y los estándares de una propiedad puede establecer una restricción de escritura. Las restricciones de escritura tienen prioridad sobre las ordenanzas de zonificación si son más restrictivas.

Por lo general, las restricciones de escritura se aplican a:

- el uso de la tierra
- el tamaño y el tipo de estructuras que se pueden colocar en la propiedad;
- costos mínimos de las estructuras
- estándares de ingeniería, arquitectónicos y estéticos, como retranqueos o estándares específicos de construcción

Las restricciones de escritura en una subdivisión, por ejemplo, pueden incluir un tamaño mínimo para la estructura residencial, requisitos de retranqueo para la casa y prohibiciones contra estructuras secundarias como cobertizos o cabañas.

Las restricciones de escritura son pactos o condiciones. Una **condición** solo se puede crear dentro de una transferencia de propiedad. Si una condición se viola más tarde, una demanda puede obligar al propietario a perder la propiedad al propietario anterior. Un **pacto** puede crearse de mutuo acuerdo. Si se incumple un pacto, una orden judicial puede obligar al cumplimiento o al pago de una indemnización.

Servidumbres

Una **servidumbre** es un interés en un bien inmueble que le da al titular el derecho de usar partes de los bienes inmuebles del propietario legal de una manera definida. Los derechos de servidumbre pueden aplicarse a la superficie, el subsuelo o el espacio aéreo de una propiedad, pero se debe definir el área afectada.

El receptor del derecho de servidumbre es la parte beneficiada**; el otorgante del derecho de servidumbre es la** parte gravada**.**

Las características esenciales de las servidumbres incluyen las siguientes:

- ▶ Una servidumbre debe involucrar al propietario del terreno sobre el cual corre la servidumbre y a otra parte no propietaria. *Uno no puede ser dueño de una servidumbre sobre su propia propiedad.*

- ▶ Una servidumbre se refiere a un área física específica dentro de los límites de la propiedad

- ▶ Una servidumbre puede ser **afirmativa, permitiendo un uso, como un derecho de paso, o** negativa, **prohibiendo** un uso, como una servidumbre de espacio aéreo que prohíbe a un propietario obstruir la vista al mar de otro

Los dos tipos básicos de servidumbre son la accesoria y la bruta.

Servidumbre accesoria. Una servidumbre accesoria otorga al dueño de una propiedad el derecho de uso de partes de un *Propiedad colindante* a propiedad de otro. El inmueble que goza del derecho de uso se denomina **vivienda dominante o dominio dominante**. La propiedad que contiene la servidumbre física en sí misma es la **dominio sirviente**, ya que debe servir al uso de servidumbre.

El término "accesoria" significa "apegarse a". Un accesorio de servidumbre se adhiere a la propiedad y se transfiere con ella, a menos que se indique específicamente lo contrario en los documentos de la transacción. Más específicamente, la servidumbre se adhiere como un interés beneficioso a la propiedad dominante y como un gravamen a la propiedad sirviente. La servidumbre accesoria pasa entonces a formar parte del conjunto de derechos de la propiedad dominante y de la obligación, o gravamen, de la propiedad sirviente.

Transferencia. Los derechos y obligaciones de servidumbre se transfieren automáticamente con la propiedad al transferir la propiedad dominante o la propiedad sirviente, ya sea que se mencione en la escritura o no. Por ejemplo, Juan le otorga a María el derecho de compartir su camino de entrada en cualquier momento durante un período de cinco años, y la concesión está debidamente registrada. Si María vende su propiedad en dos años, el derecho de servidumbre se transfiere al comprador como parte de la propiedad.

Uso no exclusivo. La propiedad sirviente, así como la propiedad dominante, pueden usar el área de servidumbre, siempre que el uso no obstruya injustificadamente el uso dominante.

Servidumbres accesorias

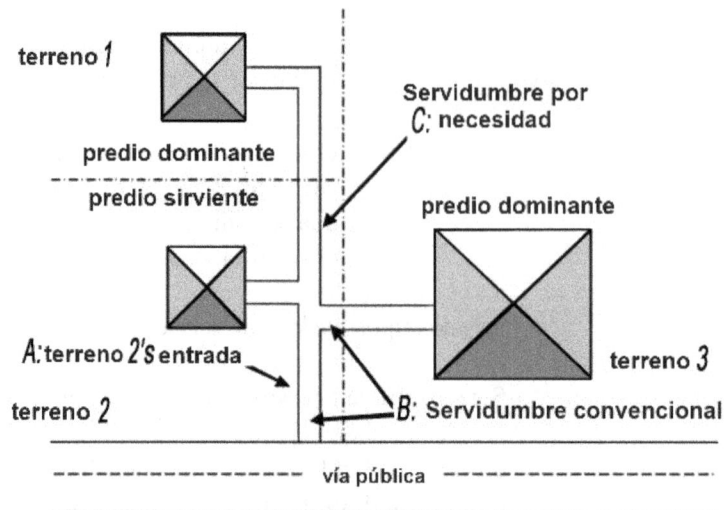

La exposición muestra un anexo de servidumbre convencional. El camino de entrada marcado como A pertenece a la parcela # 2. Un anexo de servidumbre, marcado como B, permite que la parcela #3 use el camino de entrada de #2. La parcela #3 es la vivienda dominante, y la #2 es la vivienda sirviente.

Servidumbre por necesidad. Una servidumbre por necesidad es una servidumbre accesoria otorgada por un tribunal de justicia al dueño de una propiedad debido a una circunstancia de necesidad, más comúnmente la necesidad de acceso a una propiedad. Puesto que la propiedad no puede ser *sin acceso legal a la vía pública*, un tribunal otorgará al propietario de una propiedad sin salida una servidumbre por necesidad sobre una propiedad contigua que tenga acceso a una vía pública. La parte sin lacceso se convierte en el predio dominante, y la propiedad que contiene la servidumbre es la sirviente.

En la exhibición, la parcela #1, que no tiene salida, posee una servidumbre por necesidad, marcada con la C, a través de la parcela #2.

Servidumbre pared medianera. Una pared medianera es un muro común compartido por dos estructuras separadas a lo largo de los límites de una propiedad.

Los acuerdos de medianeras generalmente prevén la propiedad separada de la mitad de la pared por cada propietario, o al menos una fracción del ancho de la pared. Además, el acuerdo otorga una servidumbre negativa a cada propietario en la pared del otro. Esto es para evitar el uso ilimitado de la pared, en particular un uso destructivo que pondría en peligro el edificio del propietario de la propiedad adyacente. El acuerdo también establece responsabilidades y obligaciones para el mantenimiento y reparación la pared.

Por ejemplo, Helen y Troy son vecinos adyacentes en un complejo de viviendas urbanas que tienen paredes medianeras en los límites de la propiedad. Ambos están de acuerdo en que son propietarios por separado de la parte de la pared medianera de su propiedad. También se otorgan mutuamente una servidumbre anexa en la parte de la muralla que poseen. La servidumbre restringe cualquier uso la pared que pueda perjudicar su estado. También acuerdan dividir cualquier reparación o mantenimiento en partes iguales.

Otras estructuras que están sujetas a acuerdos de partes son las cercas comunes, las entradas de vehículos y los pasillos.

Servidumbre en bruto. Una servidumbre en bruto es un *Derecho personal* que una de las partes concede a otra el uso de los bienes inmuebles del otorgante. El derecho *no se adjunta* a la propiedad del otorgante. Se trata de una sola propiedad y, en consecuencia, no beneficia a ninguna propiedad del propietario de la servidumbre. *No hay propiedades dominantes o sirvientes en una servidumbre en bruto*. Una servidumbre en bruto puede ser personal o comercial.

Servidumbres en bruto

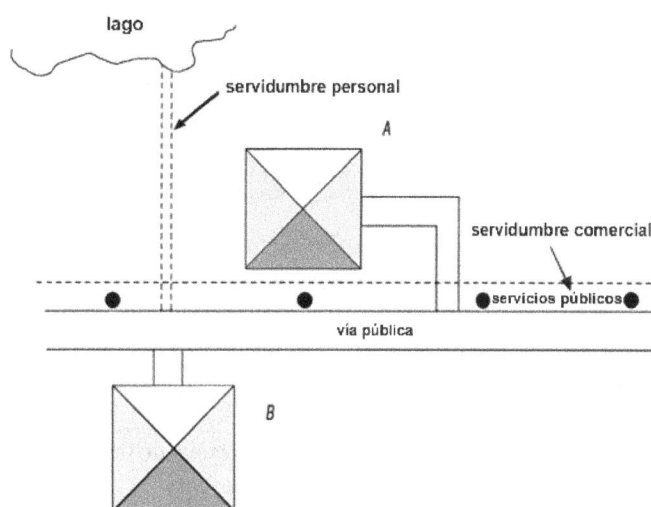

- ▸ **personal --** Se otorga una servidumbre personal en bruto durante toda la vida del concesionario. El derecho es irrevocable durante este período, pero termina con la muerte del concesionario. No puede ser vendida, asignada, transferida o legada. Una servidumbre personal bruta difiere de una licencia en que el otorgante de una licencia puede revocar el derecho de uso.

  La exhibición muestra que el propietario de una propiedad frente a la playa (A) ha concedido a un vecino (B) del otro lado de la calle el derecho a cruzar la propiedad de A para llegar a la playa.

- ▸ **comercial --** Una servidumbre comercial en bruto se otorga a una entidad comercial en lugar de a una parte privada. La duración de la servidumbre comercial no está ligada a la vida de nadie. El derecho puede ser cedido, transferido o querido.

Ejemplos de servidumbres comerciales brutas incluyen:

- el derecho de paso de una marina a una rampa para botes
- el derecho de paso de una empresa de servicios públicos a través de la propiedad de los propietarios de un lote para instalar y mantener líneas telefónicas (como se ilustra en la exhibición)

Creación de servidumbres.   Una servidumbre puede ser creada por: *la acción voluntaria, por ministerio de la ley necesaria o prescriptiva,* y *por el poder gubernamental de expropiación.*

- ▶ **voluntario**: el propietario de una propiedad puede crear una servidumbre voluntaria por concesión expresa en un contrato de venta, o como un derecho reservado expresado en una escritura

- ▶ **necesidad:** el decreto judicial crea una servidumbre por necesidad para proporcionar acceso a una propiedad sin salida

Servidumbre por prescripción. Si alguien usa la propiedad de otra persona como servidumbre sin permiso durante un período de tiempo legal y bajo ciertas condiciones, una orden judicial puede otorgar al usuario el derecho de servidumbre por **receta**, *independientemente de los deseos del propietario.*

Para que se otorgue una orden de servidumbre prescriptiva, deben darse las siguientes circunstancias:

- ▶ **uso adverso y hostil:** el uso ha estado ocurriendo sin permiso o licencia

- ▶ **uso abierto y notorio:** el propietario conoce o se presume que ha sabido del uso

- ▶ **uso continuo:** **el** uso ha sido generalmente ininterrumpido durante el período de prescripción legal

Por ejemplo, una subdivisión posee una carretera de acceso, que también es utilizada por otros vecindarios para acceder a una tienda de comestibles. Un día, el fraccionamiento bloquea la carretera, alegando que nunca ha otorgado permiso a los vecinos para usar la carretera. Si los vecinos han estado usando el camino durante el período prescrito, pueden demandar una servidumbre por prescripción, ya que se puede suponer que los propietarios de la subdivisión conocían el uso.

Expropiación. Las entidades gubernamentales pueden crear servidumbres a través del ejercicio del dominio eminente, en el que expropian una parte de una propiedad y hacen que se venda "por el bien común". Un ejemplo típico es la expropiación de tierras privadas por parte de una ciudad para crear un nuevo sistema de alcantarillado municipal.

Terminación de la servidumbre. Las servidumbres terminan por:

- *liberación expresa del derecho* por parte del titular de la servidumbre
- *fusión,* como cuando un predio dominante adquiere el inmueble sirviente, o viceversa
- *abandono deliberado* por parte de la vivienda dominante
- *condena a través de la expropiación*
- *cambio o cese de la finalidad* de la servidumbre
- *destrucción de una* estructura de servidumbre, como una cerca medianera
- *falta de uso* de una servidumbre por prescripción

Usurpaciones

Una usurpación es la intrusión física no autorizada de los bienes inmuebles de un propietario en los de otro.

Ejemplos de usurpaciones son:

- una rama de árbol que se extiende hacia la propiedad del vecino, violando su espacio aéreo
- un camino de entrada que se extiende más allá de la línea del lote hacia el terreno del vecino
- una cerca construida más allá del límite de la propiedad

Las usurpaciones causan infracciones en los derechos del propietario intruso y pueden disminuir el valor de la propiedad, particularmente cuando la propiedad se va a vender.

Las invasiones a menudo no aparecen en los registros de título de una propiedad. Es posible que se requiera una encuesta para detectar o demostrar la existencia de una invasión.

Un propietario puede demandar para que se elimine una usurpación o para obtener una compensación por daños y perjuicios. Si un propietario usurpado no toma ninguna medida correctiva durante un número prescrito de años, la invasión puede convertirse en una servidumbre por prescripción.

Licencias

Una licencia, al igual que una servidumbre personal en bruto, es un derecho personal que el dueño de una propiedad otorga a otro para usar la propiedad para un propósito específico. Las licencias no son transferibles y no se adhieren a la tierra. Cesan por el fallecimiento de cualquiera de las partes, o por la venta de los bienes.

A diferencia de una servidumbre personal en bruto, una licencia es revocable en cualquier momento. Las licencias a menudo se otorgan de manera informal, como una declaración verbal de permiso.

Un agricultor que concede permiso a un vecino para cruzar su tierra para alcanzar y pescar en su estanque es un ejemplo de licencia.

Arrendamientos

Arrendamiento bruto. Un arrendamiento bruto, o arrendamiento de **servicio completo** , requiere que el arrendador pague los gastos operativos de la propiedad, incluidos los servicios públicos, las reparaciones y el mantenimiento, mientras que el inquilino solo paga el alquiler. Los niveles de alquiler en un arrendamiento bruto son más altos que en un arrendamiento neto, ya que el arrendador recupera los gastos en forma de alquiler adicional.

Los arrendamientos brutos son comunes para las propiedades industriales y de oficinas. Los arrendamientos residenciales suelen ser arrendamientos brutos, con la excepción de que los inquilinos suelen pagar los gastos de servicios públicos.

Arrendamiento neto. Un arrendamiento neto requiere que un inquilino debe pagar los servicios públicos, las reparaciones internas y una parte proporcional de los impuestos, el seguro y los gastos operativos, además del alquiler. En efecto, el arrendador "transfiere" los gastos reales de la propiedad al inquilino en lugar de cobrar un nivel de alquiler más alto. Los arrendamientos netos varían en cuanto a los gastos exactos de los que es responsable el inquilino. La forma extrema de arrendamiento neto requiere que los inquilinos cubran todos los gastos, incluidas las reparaciones importantes y los impuestos sobre la propiedad.

Los arrendamientos netos son comunes para propiedades industriales y de oficinas. A veces también se utilizan para viviendas unifamiliares.

En la práctica, los términos arrendamiento neto y bruto pueden inducir a error: algunos arrendamientos brutos todavía requieren que los inquilinos paguen algunos gastos, como los servicios públicos y las reparaciones. Del mismo modo, algunos contratos de arrendamiento netos requieren que el arrendador pague ciertos gastos. Los inquilinos y propietarios prudentes consideran todas las obligaciones de gastos en relación con el nivel de alquiler que se cobrará.

Porcentaje de arrendamiento. El contrato de arrendamiento permite al arrendador compartir los ingresos generados por el uso de la propiedad. Un inquilino paga **porcentaje de renta**, o una cantidad de alquiler equivalente a un porcentaje de las ventas brutas del inquilino. El porcentaje de renta puede ser:

- ▸ un porcentaje fijo de los ingresos brutos sin un alquiler mínimo
- ▸ un alquiler mínimo fijo más un porcentaje adicional de las ventas brutas
- ▸ un porcentaje de renta o renta mínima, lo que sea mayor

Los arrendamientos porcentuales se utilizan solo para propiedades comerciales.

Variable/índice. Un arrendamiento variable es un acuerdo para que el inquilino pague aumentos de alquiler específicos en fechas establecidas en el futuro. Los aumentos pueden basarse en una tasa de interés variable, un Índice de Precios al Consumidor (CPI – Consumer Price Index), un porcentaje de las ventas o algún otro factor variable. El contrato de arrendamiento debe indicar cómo se calcularán los aumentos de alquiler. Un contrato de arrendamiento índice generalmente calcula los aumentos de alquiler en función del CPI, de modo que un aumento en el CPI resultará en un aumento correspondiente en el pago del alquiler.

Arrendamiento residencial. Un arrendamiento residencial puede ser un arrendamiento neto o un arrendamiento bruto. Por lo general, es una forma de arrendamiento bruto en la que el propietario paga todos los gastos de la propiedad, excepto los servicios públicos y el agua del inquilino. Dado que los contratos de arrendamiento residencial tienden a ser a corto plazo, no se puede esperar que los inquilinos paguen por reparaciones y mejoras importantes. El arrendador, más bien, absorbe estos gastos y recupera los desembolsos a través de un alquiler más alto.

Los arrendamientos residenciales difieren de los arrendamientos comerciales y otros tipos de arrendamientos en que:

> ▶ Los plazos de arrendamiento son más cortos, normalmente uno o dos años
> ▶ Las cláusulas de arrendamiento son bastante estándar de una propiedad a otra, con el fin de reflejar el cumplimiento de las leyes locales de relaciones entre propietarios e inquilinos
> ▶ Las cláusulas de arrendamiento generalmente no son negociables, particularmente en complejos de apartamentos más grandes donde los propietarios quieren contratos de arrendamiento uniformes para todos los residentes

Arrendamiento comercial. Un arrendamiento comercial puede ser un arrendamiento neto, bruto o porcentual, si el inquilino es un negocio minorista. Como regla general, un arrendamiento comercial es una propuesta comercial importante y compleja. Puede implicar cientos de miles de dólares para mejorar la propiedad según las especificaciones del inquilino. Dado que los plazos de arrendamiento suelen ser largos, las obligaciones totales de alquiler para el inquilino pueden ser fácilmente de millones de dólares.

Algunas características importantes de los arrendamientos comerciales son:

> ▶ A largo plazo, hasta 25 años
> ▶ Requerir mejoras en los inquilinos para satisfacer necesidades de uso particulares
> ▶ Prácticamente todas las cláusulas de arrendamiento son negociables debido a la magnitud financiera de la transacción
> ▶ El incumplimiento puede tener graves consecuencias financieras; Por lo tanto, las cláusulas de arrendamiento deben expresar todos los puntos de acuerdo y ser muy precisas

Arrendamiento de terrenos. Un contrato de arrendamiento de terrenoo **Arrendamiento de tierras**, se refiere a la porción de tierra de un bien inmueble. El propietario concede al arrendatario un derecho de arrendamiento sobre el terreno solamente, a cambio de una renta.

Los arrendamientos de terrenos se utilizan principalmente en tres circunstancias:

> ▸ Un propietario desea arrendar tierras en bruto a un interés agrícola o minero
>
> ▸ La propiedad no mejorada se va a desarrollar y el propietario quiere conservar la propiedad de la tierra, o el desarrollador o los futuros usuarios de la propiedad no quieren ser propietarios de la tierra
>
> ▸ El propietario de una propiedad mejorada desea vender un interés en las mejoras mientras conserva la propiedad de la tierra subyacente

En los dos últimos casos, un arrendamiento de terreno ofrece a los propietarios, desarrolladores y usuarios diversas ventajas de financiamiento, apreciación e impuestos. Por ejemplo, un arrendador de terrenos puede aprovechar el aumento de valor del terreno debido a las nuevas mejoras desarrolladas en él, sin incurrir en los riesgos de desarrollar y poseer las mejoras. Los arrendamientos de tierras ejecutados con fines de desarrollo o para separar la propiedad de la tierra de la propiedad de las mejoras son arrendamientos inherentemente a largo plazo, que a menudo oscilan entre treinta y cincuenta años.

Arrendamiento de propiedad. Un arrendamiento de propiedad transmite un interés de arrendamiento al propietario de una cooperativa. El contrato de arrendamiento de propiedad no estipula una renta, ya que la renta es igual a la parte que le corresponde al propietario de los gastos periódicos de toda la cooperativa. Tampoco se especifica el plazo del arrendamiento, ya que coincide con el período de propiedad del arrendatario de la cooperativa: cuando se vende una participación, el arrendamiento propietario de la unidad del vendedor se cede al nuevo comprador.

Arrendamiento de derechos. La práctica de arrendar derechos de propiedad distintos de los derechos de ocupación y posesión exclusivos se da con mayor frecuencia en el arrendamiento de derechos de agua, derechos aéreos y derechos mineros.

Por ejemplo, el propietario de un terreno que tiene yacimientos de carbón podría arrendar los derechos mineros a una empresa minera, lo que le daría a la empresa minera el derecho limitado a extraer el carbón. El arrendamiento de derechos puede ser muy específico, indicando cuánto de un mineral u otro recurso se puede extraer, cómo se pueden ejercer los derechos, durante qué período de tiempo y en qué partes de la propiedad. Los derechos del arrendatario no incluyen los intereses comunes de arrendamiento, como la ocupación, la exclusión, el disfrute tranquilo o la posesión de las instalaciones arrendadas.

Otro ejemplo de arrendamiento de derechos es cuando un ferrocarril quiere erigir un puente sobre una vía propiedad de un municipio. El ferrocarril debe obtener un acuerdo de derechos aéreos de algún tipo, ya sea una servidumbre, una compra o un arrendamiento, antes de que pueda construir el puente.

Venta sujeta a arrendamiento. A veces, cuando se vende una propiedad, el contrato incluye una cláusula de "sujeto a". Si la propiedad ha sido una propiedad de alquiler antes de la venta, es posible que el vendedor quiera asegurarse de que el inquilino esté protegido y se le permita continuar arrendando la propiedad bajo el nuevo propietario. En tales casos, el vendedor puede incluir una cláusula o declaración de "sujeto a arrendamiento" en el contrato. Al firmar el contrato, el comprador ha acordado comprar la propiedad con un contrato de arrendamiento que permanece vigente tal como estaba antes de la venta.

Subarriendo y cesión. El subarriendo es la transmisión por parte de un inquilino, el **Subarrendador**, de un *porción* del derecho de arrendamiento a otra parte, el **Subarrendatario**, a través de la ejecución de un **subarrendar**. El subarriendo detalla todos los derechos y obligaciones del subarrendador y subarrendatario, incluido el pago de la renta al subarrendador. El subarrendador permanece *Responsable principal* para el contrato de arrendamiento original con el arrendador. El subarrendatario es *responsable* sólo al subarrendador.

Por ejemplo, un subarrendador subarrienda una parte de las instalaciones ocupadas por una parte del plazo restante. El subarrendatario paga la renta del subarrendamiento al subarrendador, quien a su vez paga la renta del arrendamiento al arrendador.

Una asignación del arrendamiento es una transferencia de la *Totalidad de los intereses de arrendamiento* por parte de un inquilino, el **cedente**, a un tercero, el **cesionario**. No hay un segundo arrendamiento, y el cedente no conserva ningún derecho residual de ocupación u otros derechos de arrendamiento, a menos que se indique expresamente en el acuerdo de cesión. El cesionario pasa a ser el principal responsable del arrendamiento y la renta, y el cedente, el arrendatario original, sigue siendo el responsable secundario. El cesionario paga el alquiler directamente al arrendador.

Todos los contratos de arrendamiento aclaran los derechos y restricciones del inquilino con respecto al subarrendamiento y la asignación del interés de arrendamiento. Por lo general, el arrendador no puede prohibir ninguno de los dos actos, pero el inquilino debe obtener la aprobación por escrito del arrendador. La razón de este requisito es que el arrendador tiene un interés financiero en la solvencia de cualquier posible inquilino.

Gravámenes

Características del gravamen. Un gravamen es una **reclamación** de un acreedor contra bienes muebles o inmuebles como garantía de una deuda del dueño de la propiedad. Si el propietario incumple, el gravamen le da al acreedor el derecho de forzar la venta de la propiedad para satisfacer la deuda.

Por ejemplo, un propietario pide prestado $5,000 para pagar un techo nuevo. El prestamista financia el préstamo a cambio del pagaré del prestatario para pagar el préstamo. Al mismo tiempo, el prestamista coloca un gravamen sobre la propiedad por $5,000 como garantía de la deuda. Si el prestatario incumple, el gravamen permite al prestamista forzar la venta de la casa para satisfacer la deuda.

El ejemplo ilustra que un gravamen restringe la propiedad libre y clara al asegurar la propiedad embargada como **garantía** de una deuda. Si el propietario vende la propiedad, el acreedor prendario tiene derecho a la parte de los ingresos de las ventas necesaria para pagar la deuda. Además, un propietario moroso puede perder la propiedad por completo si el acreedor ejecuta la hipoteca.

Además de restringir el conjunto de derechos del propietario, un gravamen registrado reduce efectivamente el capital del propietario en la propiedad en la medida del monto del gravamen.

El acreedor que coloca un gravamen sobre una propiedad se llama **Lienor**, y el deudor propietario del bien es el **lienee**.

Los gravámenes tienen las siguientes características legales:

> ▸ **Un gravamen no transmite la propiedad, con una excepción**
>
> Un embargante generalmente tiene un interés equitativo en la propiedad, pero no la propiedad legal. La excepción es un **Gravamen hipotecario** en una propiedad en un estado de teoría de título (Florida es un estado de teoría de gravamen). En los estados de teoría del título, la transacción hipotecaria transmite el título legal al prestamista, quien lo mantiene hasta que se satisfacen las obligaciones hipotecarias. Durante el período del préstamo hipotecario, el prestatario tiene un título equitativo de la propiedad.

> ▸ **Un gravamen se adjunta a la propiedad**
>
> Si se transfiere la propiedad, el *nuevo propietario adquiere el gravamen que garantiza el pago de la deuda.* Además, el acreedor puede emprender una acción de ejecución hipotecaria contra el nuevo propietario para la satisfacción de la deuda.

▶ **Una propiedad puede estar sujeta a múltiples gravámenes**

Puede haber numerosos gravámenes contra una propiedad en particular. Cuantos más gravámenes se registren contra la propiedad, menos segura será la garantía para un acreedor, ya que el valor total de todos los gravámenes puede acercarse o exceder el valor total de la propiedad.

▶ **Un gravamen termina con el pago de la deuda y el registro de documentos**

El pago de la deuda y el registro de los documentos de satisfacción apropiados normalmente terminan un gravamen. Si se produce un incumplimiento, una demanda de sentencia o ejecución hipotecaria hace cumplir el gravamen. Estas acciones obligan a la venta del inmueble.

Los gravámenes pueden ser voluntarios o involuntarios, generales o específicos, y superiores o inferiores.

Gravamen voluntario o involuntario. El dueño de una propiedad puede crear un **voluntario** derecho de retención para pedir dinero prestado o algún otro activo garantizado por una hipoteca. Un **involuntario** derecho de retención es un proceso legal que se coloca contra una propiedad independientemente de los deseos del propietario.

Si la ley estatutaria impone un gravamen involuntario, el gravamen es un **Gravamen legal.** Un gravamen fiscal sobre bienes raíces es un ejemplo común. Si la acción judicial impone un gravamen involuntario, el gravamen es un **Gravamen equitativo.** Un ejemplo es un gravamen judicial colocado sobre una propiedad como garantía de un fallo monetario.

Gravamen general o específico. Un gravamen general es uno de ellos *colocados contra todos y cada uno de los bienes muebles e inmuebles* propiedades de un deudor en particular. Un ejemplo es un gravamen por impuesto de sucesiones que se aplica a todos los bienes que posee el heredero. **Un gravamen específico** *se adjunta a un solo elemento* de bienes muebles o inmuebles, y no afecta a otras propiedades del deudor. Un gravamen hipotecario convencional es un ejemplo, donde la propiedad es el único activo adjunto por el gravamen.

Prioridad de gravamen. La categoría de superior, o **mayor**, gravámenes se sitúan por encima de la categoría de inferiores, o **menor**, gravámenes, lo que significa que los gravámenes superiores recibiran el primer pago de los ingresos de una ejecución hipotecaria. La categoría superior incluye gravámenes por impuesto sobre bienes inmuebles, gravámenes especiales e impuesto de sucesiones. Otros gravámenes, incluidos los gravámenes del impuesto sobre ingresos, son inferiores.

Dentro de las categorías superior e inferior, una clasificación de prioridad de gravamen determina la orden de los créditos de los gravámenes sobre la garantía subyacente a la deuda. El gravamen de mayor rango es el primero en recibir los ingresos del valor ejecutado y liquidado. El gravamen con la prioridad más baja es el último en la fila. El propietario recibe los ingresos de la venta que quedan después de que todos los embargantes reciban lo que les corresponde.

La prioridad del gravamen es de suma importancia para el acreedor, ya que establece el nivel de riesgo en la recuperación de los activos prestados en caso de incumplimiento.

Dos factores determinan principalmente la prioridad del gravamen:

- ▶ La categorización del gravamen como superior o inferior
- ▶ la fecha de registro del gravamen

Prioridad de los gravámenes inmobiliarios

Gravámenes superiores en orden de rango
1. Gravámenes del impuesto sobre bienes inmuebles 2. Gravámenes de evaluación especial 3. Gravámenes del impuesto federal sobre el patrimonio 4. Gravámenes del impuesto estatal sobre sucesiones

Gravámenes menores: prioridad por fecha de registro
Gravámenes por impuestos federales sobre ingresos Gravámenes estatales sobre el impuesto sobre ingresos corporativo Gravámenes fiscales estatales intangibles Gravámenes judiciales Gravámenes hipotecarios Gravámenes del vendedor Gravámenes mecánicos (prioridad por fecha en que se realizó el trabajo)

Gravámenes superiores. Todos los gravámenes superiores tienen prioridad sobre todos los gravámenes menores, independientemente de la fecha de registro, ya que se consideran asuntos de registro público que no requieren más notificación implícita. Por lo tanto, un gravamen fiscal sobre bienes raíces (superior) registrado el 15 de junio tiene prioridad sobre un gravamen fiscal sobre la renta (menor) registrado el 1 de junio.

Los gravámenes superiores incluyen gravámenes fiscales sobre bienes raíces, gravámenes de evaluación especial y gravámenes de herencia federales y estatales.

▶ **Gravamen fiscal sobre bienes raíces**

La autoridad fiscal legal local coloca anualmente un gravamen fiscal sobre bienes raíces, también llamado gravamen fiscal ad valorem, contra las propiedades como garantía para el pago del impuesto anual sobre la propiedad. El monto de un gravamen en particular se basa en el valor de tasación de la propiedad gravada y la tasa impositiva local.

▶ **Gravamen de evaluación especial**

Las entidades gubernamentales locales colocan gravámenes de tasación sobre ciertas propiedades para garantizar el pago de proyectos de mejora locales, como nuevas carreteras, escuelas, alcantarillado o bibliotecas. Un gravamen de tasación se aplica solo a las propiedades que se espera que se beneficien de la mejora municipal.

▶ **Gravámenes del impuesto de sucesiones federales y estatales**

Los gravámenes del impuesto de sucesiones surgen de los impuestos adeudados por el patrimonio de un difunto. El monto del gravamen se determina a través de la sucesión y se adhiere tanto a bienes muebles como inmuebles.

Gravámenes menores. Un gravamen menor es automáticamente inferior, o **subordinado**, a un gravamen superior. Entre los gravámenes menores, la fecha de registro determina la prioridad. La regla es: *Cuanto más temprano sea la fecha de registro del gravamen, mayor será su prioridad.* Por ejemplo, si se registra un gravamen judicial contra una propiedad el viernes, y un gravamen hipotecario se registra el martes siguiente, el gravamen judicial tiene prioridad y debe satisfacerse en una ejecución hipotecaria antes del gravamen hipotecario. El gravamen del mecánico (ver más abajo) es una excepción a la regla de registro. Su prioridad data del momento en que se iniciaron los trabajos o se entregaron los materiales por primera vez a la propiedad, y no desde el momento en que se registraron.

Los gravámenes menores incluyen otros gravámenes fiscales, gravámenes judiciales, gravámenes hipotecarios y de escrituras fiduciarias, gravámenes de proveedores, gravámenes de servicios públicos municipales y gravámenes de mecánicos.

▶ **Otros gravámenes fiscales**

Todos los embargos fiscales aparte de los del impuesto ad

valorem, la evaluación y el impuesto sobre el patrimonio son gravámenes menores. Entre ellos se encuentran:

- **gravamen del impuesto federal sobre los ingresos --** colocados en los bienes muebles e inmuebles de un contribuyente por falta de pago de impuestos sobre los ingresos

- **Gravamen estatal del impuesto sobre la ingresos de las empresas:** presentado contra la propiedad de la empresa por falta de pago de impuestos

- **Gravamen fiscal estatal intangible --** Presentado por falta de pago de impuestos sobre bienes intangibles

- **Gravamen del Impuesto de Franquicia de Corporaciones Estatales --** para garantizar el cobro de tarifas para hacer negocios dentro de un estado

▶ **Gravamen judicial**

Un gravamen judicial se adhiere a bienes muebles e inmuebles como resultado de una sentencia monetaria emitida por un tribunal a favor de un acreedor. El acreedor podrá obtener un **Mandamiento de ejecución** para forzar la venta de los bienes embargados y cobrar la deuda. Después de pagar la deuda con el producto de la venta, el deudor puede obtener una **Satisfacción de la sentencia** para borrar los registros de título de otros bienes inmuebles que permanecen sin vender.

Durante el curso de una demanda, el acreedor demandante puede obtener una **orden de embargo** para evitar que el deudor venda u oculte bienes. En tal caso, debe haber una clara probabilidad de que la deuda sea válida y de que el demandado haya intentado vender u ocultar bienes.

Ciertas propiedades están exentas de gravámenes judiciales, como la propiedad familiar y las propiedades de tenencia conjunta.

▶ **Gravamen de hipoteca y escritura de fideicomiso**

En los estados de teoría de gravámenes (como Florida), las hipotecas y las escrituras fiduciarias garantizan los préstamos realizados sobre bienes inmuebles. En estos estados, el prestamista registra un gravamen tan pronto como sea posible después de desembolsar los fondos para establecer la prioridad del gravamen.

▸ **Gravamen del proveedor**

Gravamen de un proveedor, también llamado **Gravamen del vendedor**, garantiza una hipoteca de dinero de compra, un préstamo del vendedor a un comprador para financiar la venta de una propiedad.

▸ **Gravamen de servicios públicos municipales**

Un municipio puede imponer un gravamen a los servicios públicos contra la propiedad inmueble de un residente por falta de pago de facturas de servicios públicos.

▸ **Gravamen del mecánico**

Un gravamen mecánico asegura los costos de mano de obra, materiales y suministros incurridos en la reparación o construcción de mejoras de bienes inmuebles. Si el dueño de una propiedad no paga el trabajo realizado o los materiales suministrados, un trabajador o proveedor puede presentar un gravamen para forzar la venta de la propiedad y cobrar la deuda.

Cualquier persona que realice un trabajo aprobado puede colocar un gravamen mecánico sobre la propiedad en la medida de los costos directos incurridos. Tenga en cuenta que los subcontratistas no pagados pueden registrar gravámenes mecánicos *si se le ha pagado o no al contratista general*. Por lo tanto, es posible que un propietario tenga que pagar dos veces una factura para eliminar el gravamen del mecánico si el contratista general no paga a los subcontratistas. El embargante del mecánico debe hacer cumplir el gravamen dentro de un cierto período de tiempo, o el gravamen expira.

A diferencia de otros gravámenes menores, la prioridad del gravamen de un mecánico *data desde el momento en que se inició o terminó la obra*. Por ejemplo, un carpintero termina un trabajo el 15 de mayo. El propietario se niega a pagarle al carpintero a pesar de los dos meses de esfuerzo de cobro del carpintero. Finalmente, el 1 de agosto, el carpintero coloca un gravamen mecánico sobre la propiedad. La fecha de vigencia del gravamen a los efectos de la prioridad del gravamen es el 15 de mayo, no el 1 de agosto.

El siguiente ejemplo ilustra cómo funciona la prioridad de gravamen en el pago de deudas garantizadas. Un propietario tiene una hipoteca ejecutada en una segunda hipoteca contratada en 2018 por $25,000. La primera hipoteca, tomada en 2016, tiene un saldo de $150,000. Los impuestos inmobiliarios no pagados para el año en curso son de $1,000. Hay un gravamen mecánico de $3,000 sobre la propiedad por el trabajo realizado en 2017. La casa se vende por $183,000.

Los ingresos se distribuyen en el siguiente orden:

1. $1,000 de impuestos inmobiliarios
2. Primera hipoteca de $150,000
3. Gravamen mecánico de $3,000
4. Segunda hipoteca de $25,000
5. Saldo de $4,000 para el propietario

Tenga en cuenta la posición riesgosa del titular de la segunda hipoteca: la propiedad tenía que venderse por al menos $179,000 para que el prestamista recuperara los $25,000.

Subordinación. Un embargante puede cambiar la prioridad de un gravamen menor al aceptar voluntariamente subordinar, o rebajar, la posición del gravamen en la jerarquía. Este cambio a menudo es necesario cuando se trabaja con un prestamista hipotecario que no originará un préstamo hipotecario a menos que sea superior a todos los demás gravámenes menores sobre la propiedad. El prestamista puede requerir que el prestatario obtenga acuerdos de otros titulares de gravámenes para subordinar sus gravámenes a la nueva hipoteca.

Por ejemplo, los tipos de interés bajan del 8% al 6,5% en las primeras hipotecas de las viviendas habituales. Un propietario quiere refinanciar su hipoteca, pero también tiene un préstamo con garantía hipotecaria por separado sobre la casa. Dado que el prestamista de la primera hipoteca no aceptará una prioridad de gravamen inferior a la de un préstamo con garantía hipotecaria, el propietario debe persuadir al prestamista con garantía hipotecaria para que subordine el gravamen sobre el valor de la vivienda al nuevo gravamen de la primera hipoteca.

9 Título, Escrituras y Restricciones de Propiedad Revisión de instantáneas

CONCEPTO DE TÍTULO

Propiedad en un paquete de derechos

- definidos como los privilegios legales otorgados a un comprador en el momento de la compra
- incluye la posesión, el disfrute tranquilo, el control, la exclusión, la disposición

Título legal y equitativo

- título Jurídico: Titularidad del conjunto de derechos
- título equitativo: Un derecho condicional al título legal sujeto a los acuerdos del propietario con compradores y acreedores.

Transferencia de título

- voluntaria por concesión, escritura o testamento
- involuntaria por descendencia, expropiación, privación de propiedad, ejecución hipotecaria, posesión adversa, impedimento

TRANSFERENCIA POR ALIENACIÓN VOLUNTARIA

Escrituras

- instrumento de transmisión voluntaria del otorgante al concesionario
- el título legal se transfiere tras la entrega intencional del otorgante competente y la aceptación del concesionario
- **en Florida:** localizar la escritura actual; preparar una nueva escritura; otorgante, cónyuge, testigos, firmas notariales; Presentar ante el Secretario del Condado

Voluntades

- ultimas Voluntades: Transmisión voluntaria a los herederos después de la muerte
- hacedor: Legatario o testador; heredero: legatario; Patrimonio: Idear
- tipos: Testigos; holográfico; aprobado; Nuncupativo
- validez: Adulto; competente; indica "última voluntad y testamento"; fichado; presenciado; voluntario
- sucesión: si se testa, la herencia pasa a los herederos; si es intestado, a los sucesores por descendencia; Si es intestado sin herederos, el patrimonio se transfiere al estado
- proceso de sucesión testada: validar el testamento; validar, liquidar siniestros y pagar impuestos; Transferir el saldo de la herencia a los herederos

TRANSFERENCIA POR ALIENACIÓN INVOLUNTARIA

Leyes de la descendencia

- los estatuto estatales determinan los herederos y las acciones

Privación de propiedad

- transferencias de título al estado

Ejecución hipotecaria

- título perdido por confiscación

Expropiación

- título perdido para el bien común del público

Posesión adversa

- título tomado por reivindicación de derecho o color de título; posesión continua, notoria y hostil; Debe pagar impuestos

AVISO DE TÍTULO
Aviso real
- cómo se evidencia la propiedad ante el público
- notificación real: conocimiento adquirido o impartido directamente a través de pruebas demostrables, por ejemplo, presentar o inspeccionar una escritura, visitar a una parte en posesión

Aviso constructivo
- aviso implícito: conocimiento que uno podría o debería haber obtenido, según lo presumido por la ley; impartido por registro en registros públicos "para que todos lo vean"

PROTECCIÓN DE LA TITULARIDAD

Registros de título
- todos los instrumentos que afecten a la titularidad deben ser registrados
- dar aviso público; proteger a los propietarios; Proteger las reclamaciones de los acreedores prendarios

Evidencia de título
- necesario para demostrar el título comercializable, así como quién es el propietario
- formas de prueba: seguro de título; opinión del abogado sobre el resumen; Certificados de título

Compañías de títulos
- realiza la búsqueda de títulos para determinar la legitimidad del título
- puede requerir una inspección de la propiedad; Prepara el resumen del título y la carta de opinión del título
- puede mantener una cuenta de depósito en garantía, manejar el cierre de transacciones y presentar un nuevo título; puede emitir un seguro de título

Cadena de títulos
- sucesivos propietarios de la propiedad desde la concesión original hasta el propietario actual
- resumen del título: Cronología de los propietarios inscritos, transferencias, gravámenes

Resumen del título
- resumen cronológico escrito de los registros de títulos; Contiene cadena de títulos, documentos que podrían nublar el título

Opinión del título
- escrito por un abogado; Opinión sobre la comerciabilidad del título

Seguro de título
- Mejor evidencia de título comercializable
- **Póliza del propietario** – cubre el valor apreciado de la propiedad contra defectos de título; cobertura estándar o extendida; No transferible
- **Póliza del prestamista** – cubre el saldo del préstamo hipotecario financiado contra defectos de título; es transferible si el préstamo se vende a otro prestamista

ESCRITURAS

Elementos esenciales de la escritura
- partes: otorgante, concesionario
- componentes: Partes, Contraprestación, Cláusula de otorgamiento, Cláusula de habendum, Restricciones, Inclusiones, Excepciones, Reservas, Accesorios, Descripción, Entrega y Aceptación, Firmas, Testigos
- Florida requisitos de validez: por escrito, firmado por el cedente, dos testigos, espacio para el número de identificación de la parcela
- grabación requerido en Florida; incluir la información y la firma del otorgante; información del concesionario; persona física que elaboró la escritura; Testigos; Notarial; Espacio designado para uso del secretario

Cláusulas de escritura
- cláusula de premisas: concesión
- cláusula de habendum: tipo de herencia
- cláusula Reddendum: Restricciones
- cláusula Tenendum: Otros bienes incluidos
- garantías: seizen; disfrute tranquilo; más garantías; para siempre; Gravámenes; Actos del otorgante

Tipos de escritura estatutaria
- escritura de compraventa: "Poseo pero no defenderé"
- garantía general: "Soy dueño y defenderé"
- garantía especial: "Soy dueño y me garantizo a mí mismo solamente"
- renuncia: "Puedo o no poseer, y no defenderé"

Escrituras de propósito especial
- utilizados para diferentes propósitos, para transmitir ciertos intereses o por ciertas partes
- Escritura de propiedad vitalicia para dividir la propiedad entre el otorgante actual y los futuros propietarios

LIMITACIONES/ RESTRICCIONES DEL GOBIERNO EN PROPIEDADES

Poder policial
- el derecho del gobierno a regular el uso de la propiedad y a tomar posesión de la propiedad; Limita los derechos de los propietarios

Expropiación
- la facultad de tomar propiedad privada para uso público; debe indemnizar al propietario

Impuestos
- en Florida no hay impuesto sobre ingresos; gravado sobre las ganancias netas de los ingresos de propiedades de alquiler y el impuesto sobre las ventas de alquileres a corto plazo; impuesto sobre las ganancias de capital sobre las ganancias de la venta de propiedades; Impuesto anual sobre la propiedad basado en el valor de la propiedad

LIMITACIONES/ RESTRICCIONES PRIVADA EN PROPIEDADES

Gravámenes
- intereses no posesorios que limiten los derechos del propietario legal; servidumbres, invasiones, licencias, restricciones de escrituras, derecho de retención, condiciones de escrituras

Restricciones de escrituras
- condiciones y pactos impuestos a una propiedad por escritura o plano de subdivisión

Servidumbres
- el derecho a usar partes de la propiedad de otra persona
- servidumbre accesoria: derecho de la propiedad dominante a usar o restringir la propiedad sirviente adyacente; se adhiere a los bienes inmuebles
- Servidumbre por necesidad: otorgada por necesidad, por ejemplo, a propietarios sin litoral
- pared medianera: servidumbre negativa en una estructura compartida
- servidumbre en bruto: un derecho de uso de la propiedad que no se adjunta al bien inmueble
- servidumbre personal en bruto: no revocable ni transferible; termina con la muerte del titular de la servidumbre
- servidumbre comercial en bruto: otorgada a empresas; Transferibles
- creación de servidumbre por concesión voluntaria, decreto judicial por necesidad o prescripción, expropiación

- creación de servidumbres por prescripción: se puede obtener a través de un uso continuo, abierto y adverso durante un período
- terminación de la servidumbre: liberación; fusión; abandono; condenación; cambio de propósito; destrucción; falta de uso

Usurpaciones

- intrusiones de bienes inmuebles en propiedades colindantes; pueden convertirse en servidumbres

Licencias

- derechos personales de uso de una propiedad; no adherir; intransferible; revocable

Arrendamientos

- instrumento de traspaso de arrendamiento; Contrato de pactos y obligaciones
- El arrendador concede el uso temporal y exclusivo a cambio de la renta y la reversión
- tipo de arrendamiento basado en la responsabilidad de gastos; cómo se paga el alquiler; tipo de propiedad; Derechos arrendados
- arrendamiento bruto: el arrendador paga los gastos; El inquilino paga alquiler más alto
- arrendamiento neto: el inquilino paga algunos o todos los gastos; El alquiler es menor
- arrendamiento por porcentaje: el arrendador recibe el alquiler mínimo más el porcentaje de las ventas del minorista
- Arrendamiento variable/índice: El inquilino paga un alquiler específico con aumentos en fechas establecidas
- Arrendamiento residencial: híbrido de arrendamiento bruto; corto plazo; Los términos uniformes reflejan los estándares entre propietarios e inquilinos
- arrendamiento comercial: a más largo plazo; implica mejoras en los inquilinos; Términos de arrendamiento complejos y negociables
- Arrendamiento de terreno: El arrendador posee y arrienda terrenos, pero no posee mejoras
- arrendamiento propietario: para propietarios de unidades cooperativas; plazo indefinido; Asignado al nuevo propietario de la unidad en venta
- arrendamiento de derechos: cesión de derechos de arrendamiento para uso limitado; Ejemplos: derechos de aire, minerales, agua
- venta sujeta a arrendamiento: La propiedad se vende con el requisite de mantener el contrato de arrendamiento actual del inquilino
- subarrendamiento y cesión: transferencia de una parte del arrendamiento a otra (subarriendo); Transferencia de la totalidad del arrendamiento (cesión)

Gravámenes

- Créditos que se adhieran a bienes muebles e inmuebles como garantía de una deuda
- Tipos de gravámenes: voluntarios e involuntarios; generales y específicos; Superior y Junior
- Prioridad de gravamen: orden de rango de los reclamos establecido por clasificación de gravamen y fecha de registro; Determina a quién se le paga primero si Lienee incumple
- Gravámenes superiores: rango sobre gravámenes menores; no clasificados por fecha de registro; Impuesto sobre bienes inmuebles y gravámenes e impuestos de sucesiones
- Gravámenes menores: Clasificación por fecha de registro: Sentencia; gravámenes hipotecarios, de proveedores, de servicios públicos, mecánicos, otros gravámenes fiscales; La prioridad de gravamen del mecánico "se remonta" a cuando comenzó el trabajo

SECCIÓN NOVENA: Título, Escrituras y Restricciones de Propiedad

Cuestionario de sección

1. ¿Cuál de las siguientes opciones describe mejor el concepto de "título legal" de bienes raíces?"

   a. Titularidad del conjunto de derechos sobre bienes inmuebles
   b. El derecho de un comprador o prestamista a obtener la propiedad bajo ciertas circunstancias
   c. Posesión de una escritura
   d. Prueba absoluta de la propiedad de los bienes inmuebles

2. Una persona reclama la propiedad de una parcela de bienes raíces a un posible comprador, afirmando que ha vivido en la propiedad durante cinco años y que nadie la ha molestado. El demandante también muestra al comprador una copia de la escritura. La base legal de esta reclamación se conoce como

   a. Aviso prescriptivo.
   b. Aviso constructivo.
   c. aviso hostil.
   d. notificación real.

3. La notificación implícita de la propiedad de una parcela de bienes raíces se demuestra principalmente a través de

   a. Inspección directa para ver quién está en posesión.
   b. Seguro de título.
   c. Registros de títulos.
   d. un permiso de construcción.

4. Un propietario transfiere el título de una propiedad a un comprador a cambio de una contraprestación. Este es un ejemplo de

   a. Enajenación voluntaria.
   b. privación de propiedad.
   c. hipotecación.
   d. preclusión.

5. Para que una escritura transmita el título, es necesario que la escritura sea

   a. en un formulario estándar.
   b. certificado por el otorgante.
   c. aceptada por el concesionario.
   d. firmada por el concesionario.

6. La única cláusula requerida en una escritura de traspaso es aquella que

   a. establece restricciones y limitaciones a la herencia que se transmite.
   b. indica las partes y el tipo de patrimonio que se transmite.
   c. declara que el otorgante no ha hecho nada para menoscabar el título de propiedad de la propiedad que se transmite.
   d. establece la intención del otorgante, nombra a las partes, describe los bienes e indica una contraprestación.

7. El propósito de una cláusula de pacto en una escritura de traspaso es

   a. Declarar la seguridad o garantía del otorgante al concesionario de que cierta condición o hecho relacionado con la propiedad es verdadera.
   b. Indique la promesa del concesionario de usar la propiedad de una manera prescrita.
   c. garantizar que el otorgante nunca ha gravado el título.
   d. Describa la contraprestación que el concesionario promete dar a cambio del título.

8. El tipo de escritura estatutaria que contiene la protección más completa para el concesionario es una

   a. Escritura del tutor.
   b. Escritura de garantía especial.
   c. Escritura de garantía general.
   d. Escritura de renuncia.

9. Una persona desea transferir todos y cada uno de los intereses en una propiedad a otra sin hacer ninguna garantía en cuanto a gravámenes, gravámenes o cualquier otro defecto de título en la propiedad. Lo más probable es que esta parte utilice ¿cuál de los siguientes tipos de escrituras?

   a. Una escritura del alguacil
   b. Una escritura de garantía especial
   c. Una escritura de partición
   d. Una escritura de renuncia

10. Si una persona fallece sin herederos o parientes legales y no ha dejado un testamento válido, ¿qué sucede con los bienes inmuebles que son propiedad de esa persona?

    a. Es tomado por el estado de acuerdo con el proceso llamado escheat.

    b. Se vuelve a transmitir al propietario anterior en la cadena de títulos.

    c. Es tomado por la compañía de seguros de título de acuerdo con el proceso llamado enajenación involuntaria.

    d. Se entrega al mejor postor en una subasta pública.

11. Justo antes de fallecer, una persona le dice a dos testigos que le gustaría que su patrimonio pasara a su esposo. Un testigo graba la declaración y firma con su nombre. Este es un ejemplo de

    a. Un testamento ológrafo ejecutable.

    b. un testamento ológrafo inejecutable.

    c. Un testamento nuncupativo ejecutable.

    d. Un testamento nuncupativo inejecutable.

12. Si una persona que tiene varios herederos fallece intestada, los bienes

    a. pasan a los herederos por las leyes de descendencia y distribución.

    b. privación de propiedad al Estado.

    c. pasar al cónyuge supérstite a través de la participación electiva.

    d. pasar a los herederos supervivientes según lo dispuesto en el testamento.

13. El dueño de una propiedad puede evitar el peligro de perder el título por posesión adversa

    a. registrar la prueba de propiedad en los registros de títulos del condado.

    b. inspeccionar la propiedad y desalojar a los intrusos encontrados.

    c. alegando posesión hostil y notoria.

    d. presentar un reclamo de derecho ante el registrador del condado.

14. Un ermitaño vive en secreto en una cueva en una propiedad de 200 acres. Después de veinte años, la persona reclama la posesión de la propiedad. Es probable que esta afirmación sea

    a. sostenido a través de la posesión adversa.

    b. debido a la duración de la posesión.

    c. declinado a través de la doctrina de la apropiación previa.

    d. se negó porque la posesión era secreta.

15. El propósito fundamental de los instrumentos de grabación que afectan a los bienes inmuebles es

    a. acreditar la propiedad del inmueble.

    b. evitar la posesión adversa.

    c. dar aviso constructivo de los derechos e intereses de uno en la propiedad.

    d. reúnir todos los documentos relevantes en un solo lugar.

16. ¿Qué es la "cadena de títulos"?

    a. la lista de todas las partes que alguna vez han sido propietarias de bienes inmuebles.

    b. el conjunto de derechos vinculados a la titularidad inscrita de una parcela.

    c. cronología de los sucesivos propietarios registrados de una parcela de bienes inmuebles.

    d. transmisión involuntaria del título por normas legales de descendencia.

17. Para ser comercializable, el título debe ser

    a. registrado en Torrens.

    b. libre de defectos y gravámenes no revelados.

    c. abstraído por un abogado.

    d. garantizado por un certificado de título.

18. ¿Cuál de las siguientes afirmaciones es comúnmente aceptada como la mejor evidencia de comerciabilidad?

    a. escritura firmada.

    b. certificado de título.

    c. seguro de título.

    d. opinión del abogado.

19. Las servidumbres y las invasiones son tipos de

    a. derecho de retención.

    b. restricción de escrituras.

    c. gravamen.

    d. pertenencia.

20. Una servidumbre afirmativa otorga a la parte beneficiada

    a. el derecho a poseer una porción definida de los bienes inmuebles de otra persona.

    b. el derecho a impedir que el propietario de un bien inmueble lo utilice de una manera definida.

    c. el derecho a un uso definido de una parte de la propiedad inmueble de otro.

    d. el derecho a recibir una parte de cualquier ingreso generado por los bienes inmuebles de otra persona.

21. Hay dos propiedades contiguas. Una servidumbre permite a la propiedad A utilizar el camino de acceso que pertenece a la propiedad B. En esta situación, se dice que la propiedad A es ¿cuál de las siguientes en relación con la propiedad B?

    a. Patrimonio subordinado
    b. Patrimonio sirviente
    c. Inquilino senior
    d. Vivienda dominante

22. ¿Cuál de las siguientes opciones describe una situación en la que se puede crear una servidumbre en contra de los deseos del dueño de la propiedad?

    a. La propiedad se ha utilizado continuamente como servidumbre con el conocimiento pero sin el permiso del propietario durante un período de tiempo.
    b. El propietario de una propiedad contigua le pide al dueño de la propiedad una servidumbre, se le niega y luego usa la propiedad de todos modos sin el conocimiento del propietario.
    c. El propietario de una propiedad contigua decide que necesita ensanchar su camino de entrada compartiendo el camino de entrada de su vecino y demanda en la corte para crear una servidumbre por necesidad.
    d. El propietario de una propiedad colindante otorga una servidumbre a un tercero que incluye una servidumbre sobre la primera propiedad.

23. ¿Cuál es el peligro principal de permitir una usurpación?

    a. Una usurpación otorga automáticamente una servidumbre a la parte beneficiaria.
    b. La parte usurpada puede ser responsable de impuestos adicionales sobre bienes raíces para cubrir el área que está siendo invadida por la propiedad vecina.
    c. Con el tiempo, la usurpación puede convertirse en una servidumbre por prescripción que daña el valor de mercado de la propiedad.
    d. Una usurpación crea un gravamen.

24. El dueño de una propiedad que está vendiendo su terreno quiere controlar cómo se usa en el futuro. Podría lograr su objetivo por medio de

    a. una orden judicial.
    b. una restricción de escritura.
    c. una servidumbre.
    d. un fideicomiso de tierras.

25. ¿Qué distingue a un derecho de retención de otros tipos de gravamen?

    a. Se trata de una reclamación monetaria contra el valor de una propiedad.
    b. Reduce el valor de una propiedad.
    c. Es creado voluntariamente por el dueño de la propiedad.
    d. Se adhiere a la propiedad en lugar de al propietario de la propiedad.

26. Un determinado inmueble tiene los siguientes gravámenes registrados: un gravamen hipotecario que data de hace tres años; un gravamen mecánico que data de hace dos años; un gravamen fiscal sobre bienes raíces para el año en curso; y un segundo gravamen hipotecario que data del año en curso. En caso de ejecución hipotecaria, ¿cuál de estos gravámenes se pagará primero?

    a. Gravamen de primera hipoteca
    b. Gravamen del mecánico
    c. Gravamen fiscal sobre bienes inmuebles
    d. Segundo gravamen hipotecario

27. La prioridad del gravamen de los gravámenes menores puede ser cambiada por el acuerdo de un embargante para

    a. Perdonar partes de la deuda.
    b. Asignar la nota.
    c. ejecución hipotecaria del pagaré.
    d. subordinar.

28. Entre los gravámenes menores, el orden de prelación se establece generalmente de acuerdo con

    a. la fecha de registro.
    b. el monto.
    c. la orden de desembolso.
    d. acuerdo especial entre gravámenes.

29. ¿Qué se entiende por un estado de "teoría de gravámenes"?

    a. Un estado en el que los gravámenes tienen prioridad sobre otros gravámenes
    b. Un estado en el que un deudor hipotecario retiene el título de la propiedad cuando se crea un gravamen hipotecario
    c. Un estado en el que el titular de un gravamen hipotecario recibe el título de la propiedad hipotecada hasta que se satisfaga la deuda
    d. Un estado en el que los gravámenes existen en teoría, pero no en la práctica

30. Un propietario ha contratado a un contratista para que construya una ampliación de una habitación. El trabajo se ha completado y se ha pagado al contratista por todo el trabajo y los materiales, pero no paga al aserradero por una carga de madera. ¿Qué problema potencial puede experimentar el propietario de la vivienda?

    a. El contratista puede imponer un gravamen mecánico por la cantidad de madera contra los bienes inmuebles del propietario.
    b. El aserradero puede imponer un gravamen del vendedor contra el contratista y el propietario por el monto de la madera.
    c. El aserradero puede imponer un gravamen mecánico por el monto de la madera contra los bienes inmuebles del propietario.
    d. El propietario no tiene ninguna responsabilidad porque se le pagó al contratista por la madera.

31. Un estudio de la propiedad revela que un nuevo camino de entrada se extiende un pie hacia la propiedad de un vecino. Este es un ejemplo de

    a. una servidumbre accesoria.
    b. una invasión.
    c. una servidumbre por prescripción.
    d. una servidumbre medianera.

32. El dueño de una propiedad tiene una servidumbre adjunta en su propiedad. Cuando la propiedad se vende a otra parte, la servidumbre

    a. termina.
    b. transfiere con la propiedad.
    c. transfiere con el propietario a una nueva propiedad.
    d. se convierte en un gravamen sobre la propiedad.

33. Una cerca de ladrillo se extiende a ambos lados de la línea de propiedad de dos vecinos. Los vecinos se comprometen a no dañarlo de ninguna manera. Este es un ejemplo de

    a. una pared medianera.
    b. una invasión.
    c. un elemento comercial.
    d. una restricción de escritura.

34. El dueño de una propiedad le permite a Betty Luanne cruzar su propiedad como un atajo a su autobús escolar. Un día muere el dueño de la propiedad. ¿Qué derecho se le dio a Betty, y qué pasará en el futuro?

    a. Una servidumbre personal en bruto, que continúa después de la muerte del propietario
    b. Una servidumbre por prescripción, que continúa después de la muerte del propietario
    c. Una licencia, que continúa después de la muerte del propietario
    d. Una licencia, que termina con la muerte del propietario

35. Un tribunal dicta una sentencia que autoriza que se coloque un gravamen contra la casa, el automóvil y las pertenencias personales del demandado. Este es un ejemplo de un

    a. Gravamen judicial específico.
    b. Gravamen de juicio general.
    c. Gravamen por sentencia voluntaria.
    d. Gravamen de juicio superior.

36. Si se vende una propiedad arrendada, el vendedor puede proteger al inquilino y asegurarle al comprador que la propiedad puede seguir siendo alquilada por

    a. incluyendo una cláusula de "venta sujeta a arrendamiento" en el contrato.
    b. adjuntar una copia del contrato de arrendamiento al contrato de compraventa.
    c. renovar el contrato de arrendamiento justo antes de completar la venta.
    d. obtener del comprador un pagaré a tal efecto.

37. ¿Cuál es una diferencia importante entre un subarrendamiento y una cesión de arrendamiento?

    a. En una cesión, la responsabilidad del arrendamiento original se transfiere completamente al cesionario.
    b. En un subarrendamiento, el inquilino original conserva la responsabilidad principal del cumplimiento del contrato de arrendamiento original.
    c. Un subarrendamiento no transmite ninguno de los intereses del arrendamiento.
    d. Un subarrendamiento transmite la totalidad del interés de arrendamiento.

38. ¿Cuál de los siguientes tipos de arrendamiento transmite derechos distintos a los derechos de uso y ocupación exclusivos de toda la propiedad?

    un. Un contrato de arrendamiento de derechos
    b. Un porcentaje de arrendamiento
    c. Un arrendamiento bruto
    d. Un arrendamiento neto

39. Un propietario arrienda una propiedad a una empresa a cambio de una renta. El inquilino también debe pagar todos los gastos operativos. Este es un ejemplo de un

    a. arrendamiento de propiedad.
    b. arrendamiento de porcentaje.
    c. arrendamiento bruto.
    d. arrendamiento neto.

40. El arrendamiento de porcentaje es utilizado con mayor frecuencia por

    a. arrendadores industriales.
    b. arrendadores minoristas.
    c. arrendadores residenciales.
    d. arrendadores de oficinas.

41. Cuál de las siguientes opciones resume los términos generales de un contrato de arrendamiento de terreno?

    a. El arrendador vende el terreno a otro y luego lo vuelve a arrendar.
    b. Un inquilino compra el terreno del propietario y luego arrienda las mejoras.
    c. El arrendador arrienda la planta baja del edificio a un inquilino comercial.
    d. El inquilino arrienda el terreno al arrendador y es dueño de las mejoras.

42. ¿Cuál de las siguientes afirmaciones es verdadera?

    a. Las transferencias de propiedad en Florida no necesitan ser registradas.
    b. Cuando se transfiere una escritura, el concesionario debe firmar la escritura.
    c. Si una escritura incluye la descripción legal, no es necesario un número de identificación de parcela.
    d. Una escritura puede ser válida con un número de identificación de parcela incorrecto.

10 Descripciones Legales

Propósitos y Métodos de las Descripciones Legales
Método de Medidas y Límites
Sistema de Encuestas Gubernamentales (Rectangulares)
Método de Lote y Bloque (Parcela Registrada)
Descripción de la Elevación
Número de parcela del evaluador
Preparación y Uso de Encuestas

Objetivos de Aprendizaje

- Describir el propósito de las descripciones legales
- Comprender el papel y las responsabilidades del licenciatario en lo que respecta a las descripciones legales.
- Explicar y distinguir entre los tres tipos de descripciones legales
- Describir el proceso de creación de una descripción legal utilizando el método de medidas y límites
- Localizar un municipio por línea y rango de municipio
- Localizar una sección particular dentro de un municipio.
- Comprender cómo subdividir una sección
- Calcular el número de acres de una parcela en función de la descripción legal y conviértalo a pies cuadrados
- Explicar el uso de los números de parcela del evaluador
- Aplicar las medidas asociadas a comprobaciones, municipios y secciones

Términos clave

línea de base	meridiano principal
comprobar	rango
sistema de encuestas gubernamentales	sección
descripción legal	encuesta
lote y bloque	nivel
medidas y límites	municipio
monumento	línea de municipio
punto de inicio	

PROPOSITOS Y MÉTODOS DE LAS DESCRIPCIONES LEGALES

Definición y usos
Métodos

Definición y usos

Hay muchas formas comunes de describir las propiedades: dirección (100 Main Street), nombre (Palacio de Buckingham) y descripción general ("los cuarenta acres del sur"). Tales descripciones informales no son aceptables para su uso en registros públicos o, en términos generales, en un tribunal de justicia porque carecen de permanencia e información suficiente para que un topografo localice la propiedad.

Incluso si un documento legal o un registro público se refiere a una dirección, la referencia siempre está respaldada por una descripción legal.

Una descripción legal de bienes inmuebles es aquel que *localiza e identifica con precisión los límites de la parcela en cuestión en un grado aceptable para los tribunales de justicia del estado donde se encuentra la propiedad.*.

El criterio general para una descripción legal es que por sí sola proporcione datos suficientes para que un topógrafo localice la parcela. Una descripción legal identifica la propiedad como única y distinta de todas las demás propiedades.

La descripción legal proporciona precisión y coherencia a lo largo del tiempo. Los sistemas de descripción legal, en teoría, facilitan las transferencias de propiedad y evitan las controversias fronterizas y los problemas con la cadena de titularidad.

Se requiere una descripción legal para:

- ▶ grabación pública
- ▶ crear una escritura válida de traspaso o arrendamiento
- ▶ completar los documentos de la hipoteca
- ▶ ejecución y registro de otros documentos legales

Además, una descripción legal proporciona una base para las decisiones judiciales sobre invasiones y servidumbres.

Métodos

Los tres métodos aceptados para describir legalmente las parcelas de bienes raíces son:

- ▶ medidas y límites
- ▶ sistema de encuesta rectangular o método de encuesta gubernamental

▶ método de plano catastral registrado, o método de lote y bloque

Dado que el método de medidas y límites precedió al inicio del sistema de encuesta rectangular, los estados más antiguos de la costa este generalmente emplean descripciones de medidas y límites. Los estados del Medio Oeste y el Oeste utilizan predominantemente el sistema de encuesta rectangular. Algunos estados, como Florida, combinan métodos.

MÉTODO DE MEDIDAS Y LÍMITES

Una descripción de medidas y límites identifica los límites de una parcela de bienes inmuebles utilizando puntos de referencia, distancias y ángulos. La descripción siempre identifica un área *encerrada* comenzando en un punto de origen, llamado **punto de comienzo (POB)** o Lugar de Nacimiento, y volviendo al Lugar de Nacimiento (POB) al final de la descripción. Una descripción de medidas y límites *debe volver al lugar de origen (POB) para que sea válido.*

El término "medidas" se refiere a la distancia y la dirección, y el término "límites" se refiere a puntos de referencia fijos, o **Monumentos** y **Señales**, que pueden ser naturales y artificiales. Los monumentos naturales incluyen árboles, rocas, ríos y lagos. Los puntos de referencia artificiales suelen ser estacas de topógrafo.

Florida utiliza la descripción de medidas y límites para describir las propiedades dentro del sistema topográfico rectangular.

Una descripción de medidas y límites comienza con una identificación de la ciudad, el condado y el estado donde se encuentra la propiedad. A continuación, identifica el POB y describe la distancia y la dirección desde el POB hasta el primer monumento, y luego a los monumentos posteriores que *definen el perímetro cerrado de la propiedad.*

Descripción de medidas y límites

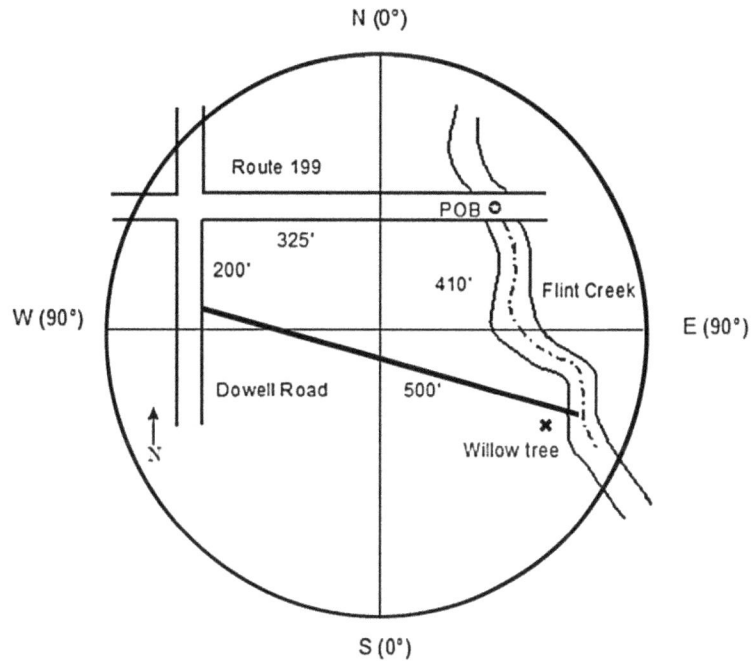

Una parcela de tierra ubicada en el condado de Bucks, Pensilvania, que tiene la siguiente descripción: comenzando en la intersección de la línea sur de la Ruta 199 y el centro de Flint Creek, desde allí hacia el sureste a lo largo del hilo central de Flint Creek 410 pies, más o menos, al punto de referencia del sauce, desde allí hacia el norte 65 grados oeste 500 pies, más o menos hasta la línea este de Dowell Road, desde allí hacia el norte 2 grados al este 200 pies, más o menos, a lo largo de la línea este de Dowell Road hasta la línea sur de la Ruta 199, desde allí al norte 90 grados al este 325 pies, más o menos, a lo largo de la línea sur de la Ruta 199 hasta el punto de inicio.

La cuadrícula de la encuesta
Secciones del municipio
Fracciones de una sección
Conversión de fracciones de sección a acres

El gobierno federal desarrolló el **sistema** the **rectangular topográfico rectangular** o **método de encuesta del gobierno**, para simplificar y estandarizar las descripciones de las propiedades en sustitución del engorroso y a menudo inexacto método de medidas y límites. El sistema se modificó aún más para facilitar la transferencia de grandes cantidades de propiedades del gobierno en tierras occidentales a particulares.

Para instituir el sistema, se inspeccionaron todas las tierras afectadas utilizando líneas de latitud (este-oeste) y longitud (norte-sur). El objetivo era crear cuadrículas uniformes de cuadrados, llamados municipios, que tendrían el mismo tamaño y se les daría una referencia numérica para su identificación.

El sistema de levantamiento rectangular funciona bien para describir propiedades que tienen forma cuadrada o rectangular, ya que se pueden describir como fracciones de secciones. Sin embargo, para una forma irregular, como un triángulo, el sistema rectangular es inadecuado como método de descripción legal. La descripción completa debe incluir una descripción de medidas y límites o de lote y bloque.

La cuadrícula de la encuesta

La siguiente muestra una parte del sistema de encuesta rectangular.

muestra de encuesta de la cuadrícula: Florida

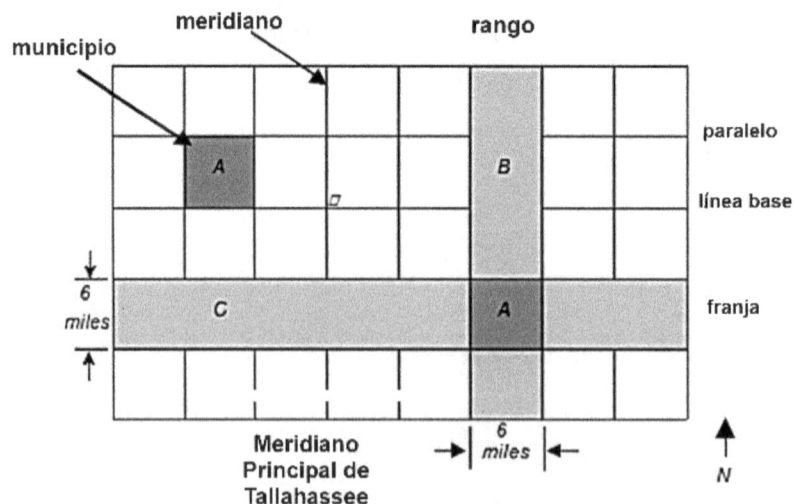

Meridiano. Las líneas longitudinales norte-sur de la cuadrícula topográfica son **Meridianos (meridian)**. El **meridiano principal de Tallahassee** es el único meridiano designado para identificar los municipios en la "jurisdicción" geográfica del meridiano principal. Hay 37 meridianos principales en la encuesta nacional. En la exhibición, el meridiano principal es el meridiano principal de Tallahassee.

Paralelo. Las líneas latitudinales este-oeste se denominan **paralelos (parallel).** La **base paralela** o **línea de base** es la línea designada para identificar los municipios. Hay un paralelo de base para cada meridiano principal.

Líneas de corrección. Debido a que la Tierra es curva, los meridianos (incluidas todas las líneas de rango y las líneas de sección norte-sur) convergen hacia un punto común en el polo norte. El uso de meridianos sin corrección daría como resultado que el extremo norte de cada municipio (y sección) fuera más estrecho que su extremo sur. Para mantener un patrón de levantamiento rectangular en la curvatura de la tierra, es necesario realizar ajustes cada 24 millas mediante un desplazamiento longitudinal de los paralelos estándar. Las líneas ajustadas, llamadas **línea de corrección** o líneas paralelas estándar, restauran los meridianos a su espaciado original, lo que resulta en un ligero desplazamiento hacia el este o hacia el oeste entre cada fila de cuadriláteros o cada cuarta línea de municipio.

Rango. El área norte-sur entre meridianos consecutivos se denomina **rango.** El área etiquetada como "B" en la exhibición es un rango. Un rango se identifica por su relación con el meridiano principal. Todos los rangos tienen seis millas de ancho.

El meridiano principal divide todos los rangos en rangos del este y rangos del oeste. Un rango al oeste del meridiano principal se identifica con una "R" para el rango, un número que representa su posición ordinal desde el meridiano principal y una "W" que representa que está al oeste del meridiano principal. Por ejemplo, el tercer rango al oeste del meridiano principal se denotaría "R3W". Un rango al este del meridiano principal se designa "E" en lugar de "W". Por lo tanto, el quinto rango al este del meridiano principal se identificaría como "R5E".

Nivel. El área este-oeste entre dos paralelos se denomina **nivel**, o un **Franja del municipio.** El área marcada con "C" en la exhibición es un nivel. Un nivel se identifica por su relación con el paralelo de base. Todos los niveles tienen seis millas de ancho.

La línea base principal en un área de encuesta que divide los niveles en niveles norte y niveles sur. Un nivel se identifica con una "T", un número que representa su posición ordinal desde la línea de base y una "N" o "S" para el norte o el sur, respectivamente, de la línea de base. Por lo tanto, el octavo nivel al norte de la línea de base se identificaría como "T8N".

Municipio. Un municipio es el área encerrada por la intersección de dos meridianos consecutivos y dos paralelos consecutivos, como ilustra el cuadrado sombreado marcado con la letra "A" en la exposición. Dado que los paralelos y meridianos están separados por seis millas, un municipio es un cuadrado con seis millas a cada lado. Su área es, por lo tanto, de 36 millas cuadradas.

Los municipios individuales se identifican por su *La identificación de nivel y rango en conjunto, con la designación de nivel nombrada en primer lugar.* Por ejemplo, un municipio de dos niveles al sur de la base y tres rangos al este del meridiano principal se denotarían como "T2S, R3E".

Secciones de Un municipio

El sistema topográfico rectangular divide un municipio en treinta y seis cuadrados llamados **Secciones**. Cada lado de una sección tiene una milla de longitud. Por lo tanto, el área de una sección es de una milla cuadrada, o 640 acres. Como se ilustra en la siguiente exhibición, las secciones de un municipio se numeran secuencialmente comenzando con la Sección 1 en la esquina noreste, continuando de este a oeste a través de la fila superior, continuando de oeste a este a través de la siguiente fila inferior, y así sucesivamente, alternativamente, terminando con la Sección 36 en la esquina sureste.

Secciones de un municipio

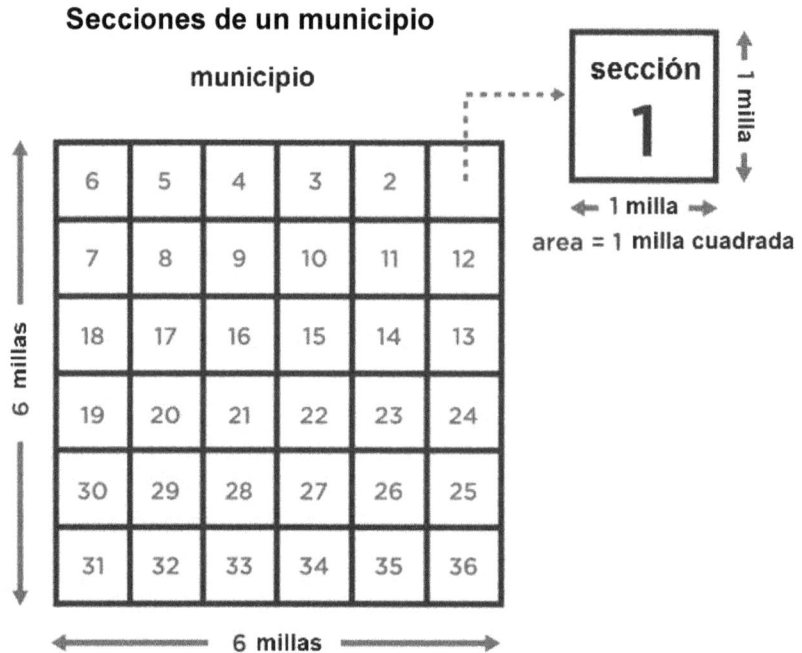

municipio

6	5	4	3	2	
7	8	9	10	11	12
18	17	16	15	14	13
19	20	21	22	23	24
30	29	28	27	26	25
31	32	33	34	35	36

6 millas

6 millas

sección 1

1 milla

← 1 milla →

area = 1 milla cuadrada

Fracciones de una sección

Una sección de un municipio se puede dividir en fracciones, como muestra la siguiente exhibición.

Fracciones de Secciones y Superficie en Acres

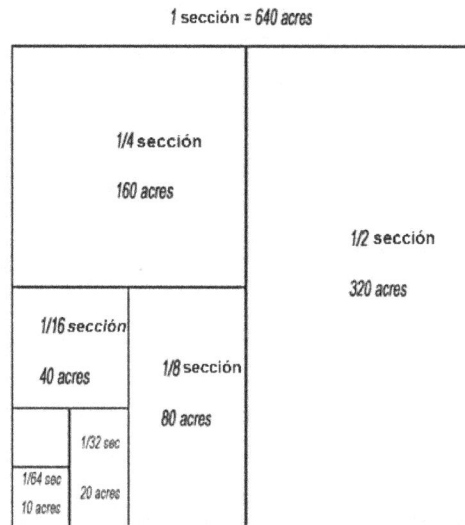

1 sección = 640 acres

1/4 sección
160 acres

1/2 sección
320 acres

1/16 sección
40 acres

1/8 sección
80 acres

1/32 sec

1/64 sec
10 acres

20 acres

Describir una fracción de sección. Una fracción de una sección está descrita legalmente por indicando su tamaño y ubicación dentro de cuartos o mitades sucesivamente más grandes de la sección. En otras palabras, la descripción procede de la unidad más pequeña a la más grande.

Descripción de fracciones de secciones

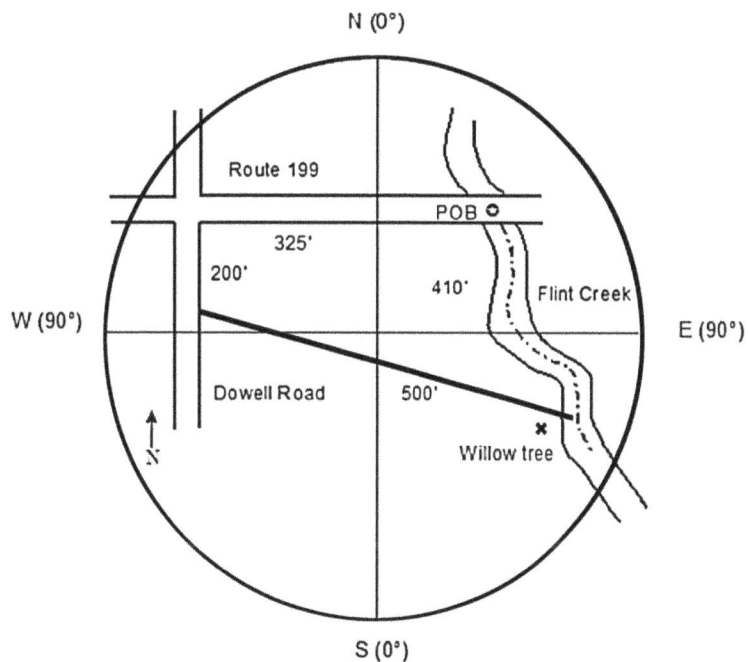

N (0°)

Route 199

POB ⊙

325'

200'

410'   Flint Creek

W (90°)   E (90°)

Dowell Road   500'

✗
Willow tree

S (0°)

En la exhibición, el área marcada con "A" es un cuarto de la Sección 8, ubicada en la esquina sureste de la sección. Su descripción legal indica en primero su ubicación (SE) en la siguiente unidad más grande, en este caso, la sección. En segundo lugar, la descripción indica la porción fraccionaria (1/4) de la siguiente unidad más grande. En tercer lugar, la descripción identifica la siguiente unidad más grande, la Sección 8, y termina. Por lo tanto, la descripción es:

El SE 1/4 de la Sección 8

El área marcada con "B" consiste en la mitad occidental del cuarto noroeste de la sección. Su descripción legal es:

$$\frac{640}{4} = 160 \ acres$$

El W 1/2 del NW 1/4 de la Sección 8

$$\frac{640}{(2x4)} = 80 \ acres$$

El área C consiste en la mitad oriental del cuarto noreste del cuarto noreste de la sección. Su descripción legal es:

$$\frac{640}{(2x4x4)} = 20 \ acres$$

El E 1/2 del NE 1/4 del NE 1/4 del NE 1/4 de la Sección 8

En resumen, el método para describir una fracción de una sección es:

(1) Proceda *de* la unidad más pequeña a la más grande, terminando con la sección.

(2) Primero nombra la *ubicación* de la unidad dentro de la siguiente unidad más grande, luego su fracción de la siguiente unidad más grande.

(3) *Repita* el paso (2) hasta llegar a la sección en sí. Indique el número de sección.

Conversión de fracciones de sección a acres. El tamaño en acres de una subsección de un municipio es una fracción de 640 acres, ya que hay 640 acres en una sección.

Por ejemplo, el SW 1/4 de una sección es un cuarto de sección. Por lo tanto, su superficie es una cuarta parte de 640, o 160 acres. Yendo más allá, el E 1/2 del SW 1/4 es la mitad de ese cuarto, o 80 acres. El E 1/2 del SW 1/4 del SW 1/4 es de 20 acres.

Un método rápido para calcular la superficie de una parcela a partir de su descripción legal es el siguiente:

(1) *Multiplica los denominadores* de las descripciones fraccionarias.

(2) Divide 640 por el número resultante.

Aplicando este método a las descripciones anteriores, obtenemos:

SW 1/4 de una sección:

E 1/2 del SW 1/4 de una sección:

E 1/2 del SW 1/4 del SW 1/4 de una sección:

MÉTODO DE LOTE Y BLOQUE (PLANO CATASTRAL REGISTRADO)

Mapa catastral de subdivisión
Formato de descripción

Mapa catastral
De subdivisión

El método de plano catastral registrado, también llamado **Sistema de lotes y bloques**, se utiliza para describir propiedades residenciales, comerciales e industrials en *subdivisiones*.

Bajo este sistema, las extensiones de tierra se subdividen en lotes. Todo el grupo de lotes se incluyen en la subdivisión. En una subdivisión grande, los lotes se pueden agrupar en **Bloques** para facilitar la referencia. Se encuesta toda la subdivisión para especificar el tamaño y la ubicación de cada lote y bloque. A continuación, el topógrafo incorpora los datos de la encuesta en un **plano de la encuesta** o **mapa catastral de subdivisión**, que debe cumplir con las normas y ordenanzas topográficas locales.

Si las autoridades locales lo aceptan, el mapa catastral de la subdivisión se registra en el condado donde se encuentra la subdivisión. Los números de lote y bloques registrados de una parcela de subdivisión, junto con su referencia de sección, municipio y meridiano, se convierten en la descripción legal de la propiedad. La exposición muestra un ejemplo de mapa catastral de subdivisión.

Mapa catastral de subdivisión

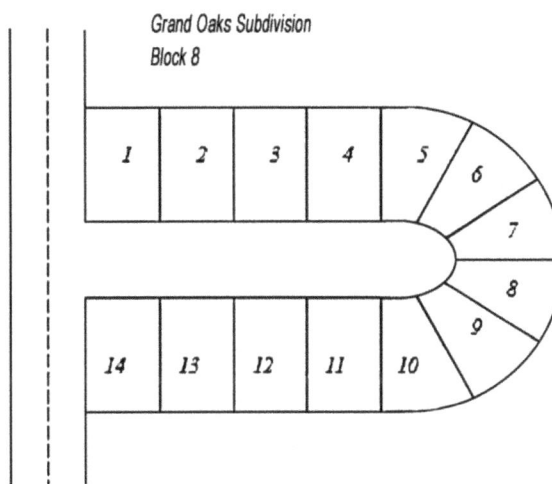

Grand Oaks Subdivision
Block 8

Formato de descripción

La descripción de una propiedad catastral registrada presenta primero el número de lote o la letra de la propiedad, luego el identificador de bloque y el nombre de la subdivisión. Tenga en cuenta que esto es solo una parte de la descripción legal completa, que debe describir la ubicación de la subdivisión dentro de una sección, un municipio, un condado y un estado. Por ejemplo, si la subdivisión en la prueba está situada en el cuarto sureste de la Sección 35 del Municipio T28S, R19E, del Meridiano Principal de Tallahassee, la descripción legal del lote marcado con "7" sería:

> "Lote 7, Bloque 8 de la Subdivisión Grand Oaks del SE 1/4 de la Sección 35, Municipio T28S, R19E del Meridiano Principal de Tallahassee en el Condado de Pinellas, Florida".

DESCRIPCIÓN DE LA ELEVACIÓN

Para describir la propiedad ubicada por encima o por debajo de la superficie de la tierra, como los derechos aéreos de un condominio, un topógrafo debe conocer la elevación de la propiedad. Puntos de referencia de elevación estándar, denominados **datos de referencia (datums)**, se han establecido en todo el país. El dato de referencia original fue definido por el Servicio Geológico de los Estados Unidos como el nivel medio del mar en el puerto de Nueva York. Un topógrafo utiliza un dato de referencia como punto de elevación oficial para describir la altura o profundidad de una propiedad. Si, por ejemplo, el dato de referencia de un área es un punto a 100 pies sobre el nivel del mar, todos los levantamientos en el área indicarán la elevación como una distancia por encima o por debajo de los 100 pies sobre el nivel del mar.

En muchos casos, no es práctico para un topógrafo confiar en un solo dato de referencia para toda un área de topografía. Para simplificar las cosas, los topógrafos han identificado marcadores de elevación locales, llamados **puntos de referencia (benchmarks),** para proporcionar elevaciones de referencia para propiedades cercanas. Una vez que se registra un punto de referencia, proporciona un punto de referencia válido para inspeccionar otras elevaciones en el área inmediata.

NÚMERO DE PARCELA DEL TASADOR

Usos del número de parcela
Mapas fiscales
Mapas catastrales grabados
Rollo de evaluación

Usos del número de la parcela

Los tasadores de impuestos del condado en Florida asignan un número de parcela de tasador (APN) a parcelas de tierra en sus condados. El número se utiliza para identificar la identificación de la propiedad y realizar un seguimiento de la propiedad a efectos del impuesto sobre la propiedad. Cada condado o jurisdicción tiene sus propios códigos de formato APN, según la ubicación de la propiedad. El número puede incluir información como el tipo de propiedad, el tipo y la ubicación dentro de un mapa catastral. El APN también se utiliza en la preparación de mapas fiscales. Los propietarios pueden encontrar su APN en la factura anual de impuestos, en los documentos de propiedad de la propiedad y en la oficina de su tasador de impuestos local.

Mapas fiscales

Un mapa de impuestos es un mapa de propósito especial, dibujado a escala y que muestra todas las parcelas de tierra dentro de una ciudad, pueblo o aldea. Los mapas fiscales se utilizan para localizar parcelas y proporcionar la información necesaria para la evaluación de la propiedad. El mapa de una parcela incluye el tamaño, la forma, las dimensiones y la superficie de la parcela. El tasador puede utilizar el mapa fiscal para registrar y analizar las transferencias de propiedad y para registrar las características que afectan a la valoración de la propiedad, utilizando así el mapa en la evaluación de la propiedad para la recaudación de impuestos y en la preparación de una lista de tasación. El mapa también se utiliza en el desarrollo de un Sistema de Información Geográfica (GIS).

Mapas catastrales grabados

Los mapas catastrales muestran los límites de la propiedad e incluyen el nombre del propietario, la dirección postal, los datos de ventas, las valoraciones, la información del edificio y la dirección del sitio. Los mapas catastrales registrados contribuyen a la generación de los mapas fiscales necesarios para crear listas de evaluación. Cada condado de Florida elige a un tasador de propiedades para evaluar la propiedad dentro del condado para la tributación.

Rollo de evaluación

Un rollo de evaluación es un registro de cada parcela de tierra en una jurisdicción fiscal. Es preparado por el tasador fiscal con la ayuda del mapa fiscal y se certifica al recaudador de impuestos. El rollo se utiliza para determinar los impuestos sobre la propiedad. Se actualiza anualmente y es revisado por el Departamento de Ingresos de Florida para garantizar que la base imponible establecida sea equitativa, uniforme y cumpla con la ley de Florida. El rollo incluye lo siguiente:

> ▶ Una lista de todas las parcelas de tierra en el condado por número de parcela
> ▶ los nombres y direcciones registrados de los propietarios
> ▶ el valor de tasación del terreno y de las estructuras

PREPARACIÓN Y USO DE ENCUESTAS

Mecánica
Aplicaciones

Mecánica

La topografía o encuesta es la técnica y la ciencia de determinar las posiciones tridimensionales de los puntos en la superficie de la Tierra y las distancias y ángulos entre los puntos. Los topógrafos deben cumplir con los formatos de informes y los elementos individuales requeridos por el estado. Los estatutos de la Florida establecen estándares mínimos para las encuestas, y los topógrafos profesionales encuentran que las encuestas de la Asociación Americana de Títulos de Propiedad (ALTA) no solo cumplen con esos estándares al mostrar las líneas de límites correctas y todas las estructuras existentes en la propiedad, sino que lo hacen con gran detalle.

Para realizar una encuesta, el agrimensor visita la propiedad y registra toda la información aplicable, como las mejoras en el terreno. Además de revisar los registros y planos catastrales archivados en la oficina del registrador del condado, el agrimensor toma una determinación independiente sobre el terreno y sus límites mediante el uso de Sistemas de Posicionamiento Global (GPS), Dibujo Asistido por Computadora (CAD), Sistemas Topográficos Robóticos (RSS) y Escaneo Láser. Luego, el topógrafo prepara informes, mapas y parcelas relacionados para los clientes y las agencias gubernamentales según sea necesario.

Aplicaciones

Las encuestas proporcionan datos para las industrias de ingeniería, los proyectos de construcción y la elaboración de mapas. Entre otros usos, se utilizan para

> ▸ Definir los límites de la propiedad legalmente reconocidos y resolver disputas sobre los límites de la propiedad, así como prepararse para las mejoras que pueden estar cerca de los límites de una propiedad vecina
> ▸ Verifique las descripciones y ubicaciones de las mejoras en el terreno, como edificios, cercas y entradas de vehículos, y la distancia entre las mejoras y las líneas fronterizas
> ▸ Identificar discrepancias entre los instrumentos grabados y el suelo
> ▸ identificar elevaciones en el terreno; Las agencias gubernamentales de Florida, incluidos los departamentos de construcción de la ciudad, a menudo requieren una inspección específica antes de otorgar permisos de construcción y permitir que comience la construcción
> ▸ verificar que ciertas entidades, como un arroyo o un árbol, estén dentro de los límites de la propiedad
> ▸ localizar todos los servicios públicos de la propiedad, incluidos los desagües subterráneos, los sistemas de alcantarillado, los cables de alimentación y los postes y el cableado de los servicios públicos sobre el suelo; Florida tiene requisitos específicos para la

colocación de servicios públicos residenciales debido a las características ambientales únicas del estado.

- localizar servidumbres obvias y ocultas y caminos de acceso a las servidumbres
- localizar las invasiones de líneas fronterizas y los derechos de paso
- identificar los requisitos de retranqueo
- identificar una zonificación específica, como una zona de inundación.

10 Descripción Legal
Revisión Instantáneas

PROPÓSITOS Y MÉTODOS DE DESCRIPCIÓN LEGAL

Definición y usos
- la descripción legal es lo suficientemente precisa, aceptable en los tribunales de justicia
- facilita las transferencias; evita disputas; utilizado en contratos legales

Métodos
- medidas y límites; sistema de encuesta rectangular o encuesta gubernamental; Plano catastral registrado o lote y bloque

MEDIDAS Y LÍMITES MÉTODO
- describe el perímetro de la propiedad por puntos de referencia, monumentos, distancias, ángulos
- desde el punto de inicio (POB), describe el perímetro y regresa al POB; Utilizable dentro de un sistema de topografía rectangular

SISTEMA DE ENCUESTAS (RECTANGULAR) GOBERNATAL

La cuadrícula de la encuesta
- Meridianos: líneas norte-sur separadas por seis millas
- Paralelos: líneas este-oeste separadas por seis millas
- Líneas de corrección – Se han ajustado las líneas que restauran los meridianos guía al espaciado original para mantener un patrón de levantamiento rectangular en la curvatura de la Tierra.
- Rangos: franjas norte-sur de área entre meridianos; Niveles: franjas de área este-oeste entre paralelos; Municipios: El área que representa la intersección de un rango y un nivel, que consiste en cuadrados de tierra de seis millas por seis millas.

Secciones de un municipio
- 36 secciones por municipio, cada una de una milla cuadrada (1 milla a cada lado)

Fracciones de una sección
- 1 sección = 640 acres; fracciones de secciones descritas por tamaño y ubicación dentro de cuartos de sección progresivamente más grandes
- convertir fracciones de sección a acres: multiplicar los denominadores de las fracciones de sección; divida el producto en 640

LOTE Y BLOQUE (PLANO REGISTRADO) MÉTODO
- o sistema de lotes y bloques; utilizado en las subdivisiones encuestadas

Mapa catastral de subdivisión
- plano catastral de la parcela subdividida; descriptor legal si se aprueba y registra

Formato de descripción
- los lotes dentro de la subdivisión se identifican por la referencia del lote y la referencia de bloque: "Lote 7 Bloque B de la Subdivisión de Grand Oaks"

DESCRIBIR ELEVACIÓN
- datos de referencia (datum): un punto de referencia de elevación estándar; punto de referencia: marcador de elevación inspeccionado y registrado oficialmente

**PARCELA DEL TASADOR
NÚMERO**

**Uses of the parcel
number**

- asignadas a parcelas de tierra para identificar la propiedad y la titularidad para los mapas fiscales y de impuestos.
- se utiliza para localizar parcelas e incluir el tamaño, la forma, las dimensiones y la superficie de la parcela

Mapas fiscales

- Se utiliza para evaluar la valoración de la propiedad para la recaudación de impuestos y la lista de evaluación

**Mapas catastrales
grabados**

- Los mapas catastrales muestran los límites e incluyen el nombre del propietario, la dirección postal, la fecha de venta, las valoraciones, la información del edificio y la dirección del sitio
- Se utiliza para generar mapas de impuestos para crear listas de evaluación

Rollo de evaluación

- registro de cada parcela de tierra en una jurisdicción fiscal para determinar los impuestos sobre la propiedad
- actualizado anualmente

**PREPARACIÓN Y USO
DE ENCUESTAS**

Mecánica

- topógrafo para cumplir con el formato de informe estatal y los elementos individuales requeridos
- el topógrafo visita la propiedad y registra la información necesaria; también revisa los registros y planos catastrales presentados ante la Oficina del Registrador del Condado

Aplicaciones

- proyectos de construcción, elaboración de mapas e industrias de ingeniería
- definir límites, localizar mejoras, identificar discrepancias entre los instrumentos registrados y el terreno real; identificar elevaciones y características; localizar servicios públicos, servidumbres, invasiones; identificar los requisitos de retranqueo y las zonas de inundación

SECCIÓN DÉCIMA: Descripción legal

Cuestionario de sección

1. ¿Cuál es el propósito principal que subyace a las descripciones legales de bienes inmuebles?

   a. Crear un estándar coherente e inmutable para la localización de la propiedad.
   b. Eliminar todas las posibles disputas fronterizas.
   c. Para cumplir con las leyes federales.
   d. Para eliminar las engorrosas descripciones de medidas y límites.

2. ¿Cuál de las siguientes es una característica distintiva de las descripciones de medidas y límites?

   a. Utilizan meridianos y líneas de base.
   b. Identifican un área cerrada, que comienza y termina en el mismo punto.
   c. Usan el numero de lote y la cuadra , como la dirección de la calle.
   d. Incorporan la elevación en las descripciones.

3. Cierta descripción legal contiene la frase "... hacia el sureste a lo largo de Happ Road hasta el punto de referencia de piedra..." ¿Qué tipo de descripción es esta?

   a. El plano catastral de la encuesta
   b. Cuadrícula gubernamental
   c. Medidas y límites
   d. Levantamiento rectangular

4. La abreviatura POB significa

   a. perímetro de límites.
   b. punto de comienzo.
   c. punto de límites.
   d. plano de la frontera.

5. ¿Cuáles son las dimensiones aproximadas de un municipio en el sistema topográfico rectangular?

   a . Treinta y seis millas de lado
   b . Veinticinco millas cuadradas.
   c . Depende del estado.
   d . Seis millas por seis millas

6. El área que corre de norte a sur entre los meridianos es un

   a . rango.
   b . municipio.
   c . tira.
   d . nivel.

7. El área que corre de este a oeste entre las líneas de base es un

   a . rango.
   b . nivel.
   c . parámetro.
   d . paralelo.

8. ¿Cuántas secciones hay en un municipio?

   a. Uno
   b. Seis
   c. Doce
   d. Treinta y seis

9. ¿Cuántos acres contiene una sección?

   a. 640
   b. 320
   c. 160
   d. 40

10. ¿Cuántos acres hay en el S ½ del NW ¼ de la Sección 3?

    a. 20 acres
    b. 40 acres
    c. 80 acres
    d. 160 acres

11. Si una parcela no tiene un número de lote y de manzana y es demasiado irregular para ser descrita como una fracción de una sección, la descripción legal

    a. es la dirección de la calle.
    b. incluirá una descripción de medidas y límites.
    c. utilizará una estimación de la fracción seccional.
    d. creará un número de referencia especial.

12. La descripción legal de una parcela en una subdivisión que ha sido registrada con números de lote y manzana en un plano topográfico es

    a. el número de lote y bloque, con referencias de sección, municipio y meridiano.
    b. La descripción de la encuesta rectangular estándar.
    c. El mapa catastral de subdivisión.
    d. el número de lote y de manzana.

13. Un dato de referencia es un punto utilizado para las descripciones legales de

    a. propiedades agrícolas y ganaderas.
    b. propiedades que se extienden a ambos lados de los límites estatales.
    c. propiedades situadas por encima o por debajo de la superficie terrestre.
    d. propiedades de forma irregular.

14. ¿Cuál es el propósito de líneas de corrección en las encuestas?

    a. Para corregir los errores que se producen de forma natural durante cualquier encuesta
    b. Permitir que los meridianos verdaderos converjan en un punto común
    c. Para mantener un patrón topográfico rectangular en la curvatura de la Tierra
    d. Para restaurar las líneas de sección este-oeste a su espaciado original

15. Un rollo de evaluación Incluye

    a. Características especiales de la propiedad.
    b. el valor de la propiedad.
    c. datos de ventas.
    d. La dirección del sitio de la propiedad .

16. ¿Cuál de las siguientes afirmaciones es falsa?

    a. Al prepararse para una encuesta, el topografo debe cumplir con los formatos de informes estatales.
    b. Los topógrafos deben cumplir con los estándares mínimos de Florida para las encuestas.
    c. Las encuestas se utilizan en la creación de mapas con fines fiscales.
    d. Los topógrafos se basan estrictamente en los registros y planos catastrales presentados en la oficina del registrador del condado .

11 Contratos Inmobiliarios

Elementos Esenciales del Contrato
Clasificaciones de los Contratos
Creación de Contratos
Rescisión del Contrato
Contratos de Empleo (Listado)
Contratos de Venta
Contratos de Opción
Contratos de Venta a Plazos

Objetivos de Aprendizaje

- Enumerar y describir los elementos esenciales de un contrato
- Distinguir entre contratos formales, condicionales, bilaterales, unilaterales, implícitos, expresos, ejecutorios y ejecutados
- Describir las distintas formas en que se termina una oferta
- Describir los distintos métodos de rescisión de un contrato
- Explicar los recursos por incumplimiento de un contrato
- Describa el efecto del Estatuto de Fraudes y el Estatuto de Limitaciones
- Describir los elementos de una opción
- Diferenciar entre los distintos tipos de listados
- Explicar y describir las diversas divulgaciones requeridas en un contrato de bienes raíces
- Reconocer lo que constituye fraude
- Reconocer lo que constituye negligencia culpable

Términos clave

asignación
apoderado
contrato bilateral
competente
contrato
listado de agencia exclusiva
listado de derecho de venta exclusivo
fraude
daños liquidados
encuentro de las mentes
listado neto

novación
listado abierto
contrato de opción
Estatuto de Fraudes
Estatuto de Limitaciones
inejecutable
contrato unilateral
contrato válido
contrato nulo
contrato anulable

ELEMENTOS ESENCIALES DEL CONTRATO

Definición de un contrato
Preparación de contratos
Estado legal de los contratos
Criterios de validez
Validez de un contrato de traspaso
Limitaciones de aplicación
UETA y contratación electrónica

Definición de un contrato

Un **contrato** es un acuerdo entre dos o más partes que, en un "encuentro de mentes", se han comprometido a realizar o abstenerse de realizar algún acto. Un *válido* contrato es aquel que es *legalmente ejecutable* en virtud del cumplimiento de determinados requisitos del derecho contractual. Si un contrato no cumple con los requisitos, no es válido y las partes no pueden recurrir a un tribunal de justicia para hacer cumplir sus disposiciones.

Obsérvese que un contrato no es una forma jurídica o un conjunto de palabras prescritas en un documento, sino más bien el acuerdo intangible que se hizo en "el encuentro de las mentes" de las partes del contrato.

Los contratos inmobiliarios son los acuerdos legales que subyacen a la transferencia y financiación de bienes inmuebles, así como al negocio de intermediación inmobiliaria. Los contratos de compraventa y arrendamiento y los acuerdos de opción se utilizan para transferir intereses inmobiliarios de una parte a otra. Los contratos hipotecarios y los contratos de promesa forman parte de la financiación inmobiliaria. Los contratos de cotización y representación establecen relaciones con los clientes y prevén una compensación.

Para trabajar con contratos inmobiliarios, es imperativo primero comprender los conceptos básicos que se aplican a todos los contratos en general. Estos conceptos proporcionan una base para comprender los detalles de los tipos particulares de contratos inmobiliarios.

Preparación de contratos

La preparación de contratos y otros instrumentos jurídicos es el ejercicio de la abogacía y la actividad exclusiva de los abogados. Los licenciatarios de bienes raíces, a menos que también sean abogados, pueden perder sus licencias para preparar dichos documentos. El delito se conoce como el ejercicio no autorizado de la abogacía.

La autoridad de los licenciatarios de bienes raíces para preparar contratos. Debido a que los licenciatarios de bienes raíces deben trabajar con contratos tales como acuerdos de listado, acuerdos de corretaje de compradores, contratos de compra y venta y contratos de opción como parte de su curso normal de negocios, han recibido dispensas especiales para ayudar a compradores y vendedores con la redacción de estos contratos en la medida en que puedan llenar los espacios en blanco en formularios estandarizados preparados por abogados.

Estado legal de los contratos

En términos de validez y aplicabilidad, un tribunal puede interpretar el estado legal de un contrato de una de estas cuatro maneras:

- ▸ válido
- ▸ válido pero inaplicable
- ▸ inválido
- ▸ anulable

Válido. Un contrato válido es aquel que cumple con los requisitos legales para su validez. Estos requisitos se explican en la siguiente sección.

Un contrato válido que conste por escrito es ejecutable dentro de un período de tiempo legal. Un contrato válido que se hace verbalmente también es generalmente ejecutable dentro de un período legal, con las excepciones que se indican a continuación.

Válido pero inaplicable. Las leyes estatales declaran que algunos contratos son ejecutables solo si están por escrito. Estas leyes se aplican en particular a la transferencia de intereses en bienes inmuebles. Por lo tanto, si bien un contrato verbal puede cumplir con los requisitos de validez, si se rige por las leyes que exigen un contrato escrito, las partes no tendrán recursos legales para exigir el cumplimiento. Un contrato verbal de arrendamiento a largo plazo y un contrato verbal de compraventa de bienes raíces son ejemplos de contratos que pueden ser válidos pero no ejecutables.

Tenga en cuenta que dichos contratos, si son válidos, siguen siéndolo aunque no sean ejecutables. Esto significa que si las partes ejecutan y cumplen plenamente el contrato, el resultado no puede ser alterado.

Inválido. Un contrato inválido o contrato nulo es un acuerdo que no cumple con las pruebas de validez y, por lo tanto, no es un contrato en absoluto. Si un contrato es nulo, ninguna de las partes puede hacerlo cumplir.

Por ejemplo, un contrato que no incluye contraprestación es nulo. Del mismo modo, un contrato para extorsionar a una empresa es nulo. Los contratos e instrumentos nulos también se describen como "nulos y sin efecto".

Anulable. Un contrato anulable es aquel que inicialmente parece ser válido, pero está sujeto a rescisión por una de las partes del contrato que se considera que ha actuado bajo algún tipo de discapacidad. Sólo la parte que alega la incapacidad puede rescindir el efecto jurídico del contrato.

Por ejemplo, una parte que fue víctima de coacción, coerción o fraude en la creación de un contrato, y puede probarlo, puede rechazar el contrato. Sin embargo, la desafirmación debe ocurrir dentro de un plazo legal para que el acto de rescisión sea válido. Del mismo modo, si la parte que tiene motivos para rechazar el contrato opta por cumplirlo, el contrato ya no es anulable sino válido.

Un contrato anulable difiere de un contrato nulo en que este último no requiere un acto de desafirmación para hacerlo inaplicable.

Criterios de validez   Un contrato es válido solo si cumple con todos los siguientes criterios.

Requisitos de validez del contrato

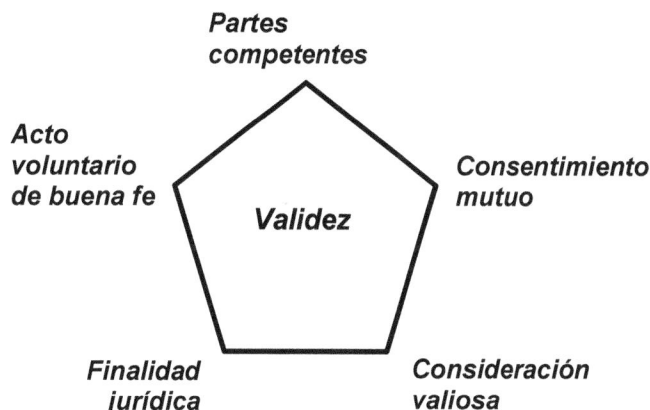

Partes competentes. Las partes de un contrato deben tener capacidad para contratar, y debe haber al menos dos de esas partes. Por lo tanto, el propietario de un arrendamiento vitalicio no puede ceder su interés a sí mismo en forma de una cuota simple, ya que esto involucraría solo a una de las partes. La capacidad para contratar viene determinada por tres factores:

▸ Mayoría de edad
▸ Competencia mental
▸ Autoridad legítima

En Florida, un menor puede contraer, pero el contrato será anulable y el menor puede negar el contrato.

Para ser mentalmente competente, una parte debe tener una comprensión suficiente de la importancia y las consecuencias de un contrato. La competencia en este contexto es separada y distinta de la cordura. Las partes incompetentes, o las partes de "mente enferma", no pueden celebrar contratos ejecutables. La incompetencia de una parte puede ser declarada por un tribunal de justicia o por otros medios. En algunas áreas, los delincuentes convictos pueden ser considerados incompetentes, dependiendo de la naturaleza del delito.

Durante el período de incompetencia de una persona, un tribunal puede nombrar un tutor que puede actuar en nombre de la parte incompetente con la aprobación del tribunal.

Si la parte contratante representa a otra persona o entidad comercial, el representante debe tener la *autoridad legal* para contratar. Si representa a otra persona, la parte debe tener un poder notarial de buena fe. Si la parte contratante representa a una corporación, la persona debe tener el poder y la aprobación apropiados para actuar, tal como se conferiría en una resolución debidamente ejecutada de la Junta Directiva. Si la entidad contratante es una sociedad colectiva, cualquier socio puede contratar válidamente la sociedad.

En una sociedad limitada, solo los socios generales pueden ser partes de un contrato.

Consentimiento mutuo. Consentimiento mutuo, también conocido como *Oferta y aceptación* y *encuentro de las mentes,* requiere que un contrato implique una oferta clara y definida y una aceptación intencional y sin reservas de la oferta. En efecto, las partes deben aceptar los términos sin equívocos. Un tribunal puede anular un contrato cuando la aceptación de los términos por cualquiera de las partes fue parcial, accidental o vaga.

Consideración valiosa. Un contrato debe contener un intercambio bidireccional de una contraprestación valiosa como compensación por el desempeño de la otra parte. El intercambio de contraprestaciones debe ser bidireccional. El contrato no es válido ni ejecutable si solo una de las partes proporciona una contraprestación.

La contraprestación valiosa puede ser algo de valor tangible, como dinero o algo que una parte promete hacer o no hacer. Por ejemplo, un constructor de viviendas puede prometer construir una casa para una parte como contraprestación por recibir dinero del comprador de la vivienda. O bien, un propietario puede acordar no vender una propiedad como contraprestación por el dinero de la opción de un desarrollador. Además, la contraprestación valiosa puede ser algo intangible a lo que una parte debe renunciar, como la ocupación de la casa por parte de un propietario a cambio de un alquiler. En efecto, la contraprestación es el precio que una parte debe pagar para obtener el cumplimiento de la otra parte.

La contraprestación valiosa puede contrastarse con la buena consideración, o "amor y afecto", que no califica como contraprestación en un contrato válido. La buena consideración es algo de valor cuestionable, como el amor de un niño por su madre. Una buena consideración descalifica un contrato porque, si bien el amor o el afecto de uno es ciertamente valioso para la otra parte, no es algo que se ofrezca específicamente a cambio de otra cosa. Sin embargo, una buena contraprestación puede servir como una contraprestación nominal en la transferencia de un interés de propiedad inmobiliaria como donación.

En algunos casos, lo que se promete como contraprestación valiosa también debe considerarse *una* contraprestación suficiente. Una contraprestación muy insuficiente, como $50,000 por una propiedad de $2 millones, puede invalidar un contrato sobre la base de que el acuerdo es un regalo en lugar de un contrato. En otros casos en los que existe un desequilibrio extremo en las contraprestaciones intercambiadas, un contrato puede ser invalidado como una violación de la negociación de buena fe.

Consideración

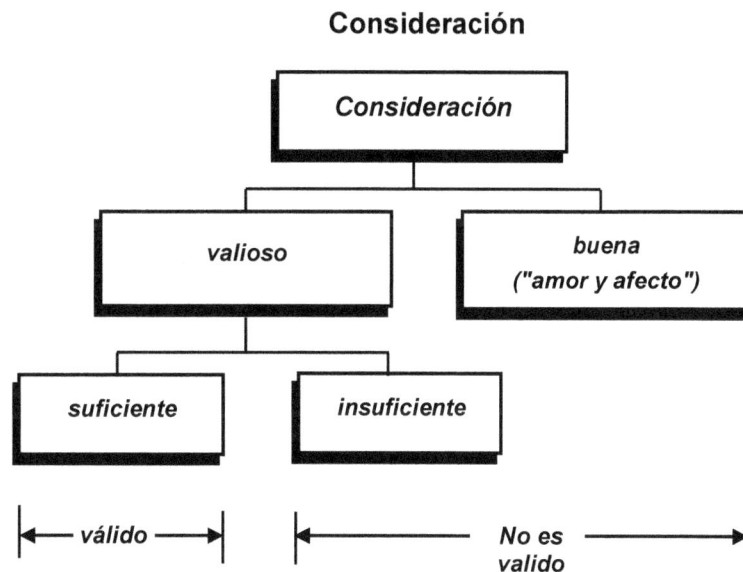

Finalidad jurídica. El contenido, la promesa o la intención de un contrato deben ser legales. Un contrato que proponga un acto ilegal es nulo.

Acto voluntario y de buena fe. Las partes deben crear el contrato de buena fe como un acto libre y voluntario. Por lo tanto, un contrato es anulable si una de las partes actuó bajo coacción, coerción, fraude o tergiversación.

Por ejemplo, si un vendedor de propiedades induce a un comprador a comprar una casa basándose en garantías de que el techo es nuevo, el comprador puede rescindir el acuerdo si el techo resulta tener veinte años y goteando.

Validez de un contrato de traspaso

Además de cumplir con los requisitos anteriores, un contrato que transmita un interés en bienes raíces debe:

- ▶ estar por escrito
- ▶ contener una descripción legal de la propiedad
- ▶ estar firmada por una o más de las partes

Un contrato de arrendamiento que tiene un plazo de un año o menos es una excepción. Dichos contratos de arrendamiento no tienen que ser por escrito para ser ejecutables.

Limitaciones de aplicación

Ciertos contratos que no cumplen con los requisitos de validez son anulables si una parte perjudicada toma las medidas adecuadas. Sin embargo, la ejecución de los contratos anulables está limitada por **Plazos de prescripción.** Algunos otros contratos que son válidos pueden no ser ejecutables debido a la **Estatuto de fraudes**.

Prescripción. El plazo de prescripción restringe el período de tiempo durante el cual una parte perjudicada en un contrato tiene derecho a rescindir o rechazar el contrato. Una de las partes de un contrato anulable debe actuar dentro del plazo legal.

Estatuto de fraudes. El estatuto de los fraudes requiere que ciertos contratos *debe constar por escrito* para que sea ejecutable. Los contratos inmobiliarios que transmiten un interés en bienes inmuebles entran en esta categoría, con la excepción de que un contrato de arrendamiento de un año de duración o menos puede ser verbal. Todos los demás contratos de compra, venta, intercambio o arrendamiento de bienes inmuebles deben constar por escrito para que sean ejecutables. Además *Acuerdos de listado* por un plazo superior a un año debe constar por escrito.

El estatuto de fraudes se refiere a la aplicabilidad de un contrato, no a su validez. Una vez que las partes de un contrato verbal válido lo han ejecutado y realizado, incluso si el contrato era inaplicable, una de las partes no puede utilizar el Estatuto de Fraudes para rescindir el contrato.

Por ejemplo, un corredor y un vendedor tienen un acuerdo verbal. Siguiendo los términos del acuerdo, el corredor encuentra un comprador y el vendedor paga la comisión. Ahora han ejecutado el contrato, y el vendedor no puede obligar más tarde al corredor a devolver la comisión basándose en el estatuto de fraudes.

UETA y electrónica contratación

La contratación electrónica a través de correo electrónico y fax facilita enormemente la realización de las transacciones. Los clientes, prestamistas, agentes de títulos, inspectores, corredores y otros participantes en una transacción pueden compartir rápidamente documentación e información. La contratación electrónica es posible gracias a la Ley Uniforme de Transacciones Electrónicas (UETA) y la Ley de Firmas Electrónicas en el Comercio Global y Nacional (E-Sign), que son leyes federales. La UETA, que se ha incorporado a la ley de Florida, establece que los registros y las firmas electrónicas son legales y deben ser aceptados. E-Sign hace que los contratos, registros y firmas sean legalmente exigibles, independientemente del medio, incluso cuando no se acepta UETA.

CLASIFICACIONES DE LOS CONTRATOS

Oral vs. escrito
Expreso vs. implícito
Unilateral vs. bilateral
Ejecutado vs. ejecutorio

Oral vs. escrito

Un contrato puede ser por escrito o puede ser oral **(parol)**. Ciertos contratos verbales son válidos y ejecutable, otros no lo son, aunque sean válidos. Por ejemplo, Florida requiere que los acuerdos de listado de plazos superiores a un año, los contratos de venta, los contratos de opción, las escrituras e instrumentos hipotecarios, y los arrendamientos que excedan un año estén por escrito para ser ejecutables.

Expréso vs. implícito

Un **Contrato expreso** es aquel en el que todos los términos y pactos del acuerdo han sido manifiestamente declarados y acordados por todas las partes, ya sea verbalmente o por escrito.

Un **Contrato implícito** es un acuerdo no declarado o no intencional que puede considerarse que existe cuando las *acciones de cualquiera de las partes* sugeren la existencia de un acuerdo.

Un ejemplo común de un contrato implícito es un acuerdo de agencia implícita. En la agencia implícita, un agente que no tiene un contrato con un comprador realiza actos en nombre del comprador, como negociar un precio que es menor que el precio de venta. Al hacerlo, es posible que el agente haya creado un contrato implícito con el comprador, aunque no sea intencionado. Si el comprador compensa al agente por los esfuerzos de negociación, la existencia de un acuerdo de agencia implícito se vuelve aún menos discutible.

Bilateral vs. unilateral

Un **Contrato bilateral** es aquella en la que ambas partes prometen cumplir con sus respectivas partes de un acuerdo a cambio del cumplimiento por parte de la otra parte.

Un ejemplo de un contrato bilateral es un listado exclusivo: el corredor promete ejercer la debida diligencia en los esfuerzos por vender una propiedad, y el vendedor promete compensar al corredor cuando y si la propiedad se vende.

En un **Contrato unilateral**, solo una de las partes promete hacer algo, siempre que la otra parte haga algo. Esta última parte no está obligada a realizar ningún acto, pero la parte promitente debe cumplir la promesa si la otra parte decide realizarlo.

Una opción es un ejemplo de contrato unilateral: en una opción de compra, la parte que ofrece la opción se compromete a vender una propiedad si el titular de la opción decide ejercer la opción. Si bien el comprador potencial no tiene que comprar, el propietario debe vender si se ejerce la opción.

Ejecutado vs. Ejecutorio

Un **Contrato ejecutado** es uno que se ha completamente realizado y cumplido: ninguna de las partes tiene ninguna otra obligación. Un contrato de arrendamiento completado y vencido es un contrato ejecutado: el arrendador puede recuperar la posesión de la propiedad y el inquilino ya no tiene la obligación de pagar el alquiler.

Un **Contrato ejecutorio** es uno en el que la ejecución aún no se ha completado. Un contrato de venta antes del cierre es ejecutorio: si bien las partes han acordado comprar y vender, el comprador aún no ha pagado al vendedor y el vendedor aún no ha escriturado la propiedad al comprador.

CREACIÓN DE CONTRATOS

Oferta y aceptación
Contraoferta
Revocación de una oferta
Rescisión de una oferta
Cesión de un contrato
Preparación del contrato

Oferta y aceptación   El consentimiento mutuo requerido para un contrato válido se alcanza mediante el proceso de oferta y aceptación : El **oferente** propone los términos del contrato en una oferta al **destinatario de la oferta**. Si el destinatario de la oferta acepta todos los términos sin modificaciones, la oferta se convierte en un contrato. El momento exacto en el que la oferta se convierte en contrato es cuando el destinatario notifica al oferente la aceptación.

Oferta, Contraoferta y Aceptación

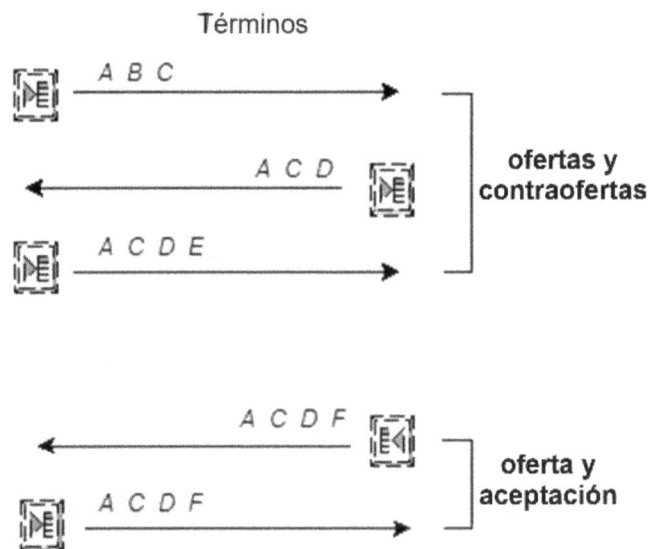

Términos

ofertas y contraofertas

oferta y aceptación

Oferta. Una oferta expresa la intención del oferente de entrar en un contrato con un destinatario ofertado para cumplir con los términos del acuerdo a cambio del cumplimiento del destinatario ofertado. En un contrato de compraventa o arrendamiento de bienes inmuebles, la oferta debe contener claramente todos los términos previstos del contrato por escrito y ser comunicada al destinatario de la oferta.

Si una oferta contiene una fecha de vencimiento y la frase "el tiempo es esencial", la oferta vence exactamente a la hora especificada. En ausencia de un período de tiempo establecido, el destinatario de la oferta tiene un tiempo "razonable" para aceptar una oferta.

Aceptación. Una oferta le da al destinatario de la oferta el poder de aceptarla. Para que una aceptación sea válida, el destinatario de la oferta debe aceptar de forma manifiesta e inequívoca todos los términos de la oferta sin cambios, y así indicarlo firmando la oferta, preferiblemente con una fecha de firma. A continuación, se debe comunicar la aceptación al oferente. Si la comunicación de aceptación es por correo, la oferta se considera comunicada tan pronto como se coloca en el correo.

Contraoferta

Al cambiar cualquiera de los términos de una oferta, el destinatario de la oferta crea una contraoferta y la oferta original es nula. En este punto, el destinatario de la oferta se convierte en el oferente y el nuevo destinatario obtiene el derecho de aceptación. Si se acepta, la contraoferta se convierte en un contrato válido siempre que se cumplan todos los demás requisitos.

Por ejemplo, un vendedor cambia la fecha de vencimiento de la oferta de un comprador por un día, firma la oferta y se la devuelve al comprador. La única enmienda extingue la oferta del comprador, y el comprador ya no está obligado por ningún acuerdo. La oferta modificada del vendedor es una contraoferta que ahora otorga al comprador el derecho de aceptación. Si el comprador acepta la contraoferta, la contraoferta se convierte en un contrato vinculante.

Revocación de una oferta

Una oferta puede ser revocada, o retirada, en cualquier momento antes de que el destinatario de la oferta haya comunicado su aceptación. La revocación extingue la oferta y el derecho del destinatario a aceptarla.

Por ejemplo, un comprador ha ofrecido comprar una casa por el precio de lista. Tres horas más tarde, la muerte de un familiar cambia radicalmente los planes del comprador. Inmediatamente llama al vendedor y revoca la oferta, afirmando que ya no está interesada en la casa. Dado que el vendedor no había comunicado la aceptación de la oferta al comprador, la oferta se cancela legalmente.

Si el destinatario de la oferta ha pagado una contraprestación al oferente para dejar una oferta abierta, y el oferente acepta, se ha creado una opción que cancela el derecho del oferente a revocar la oferta durante el período de la opción.

Rescisión de Una oferta

Cualquiera de las siguientes acciones o circunstancias puede cancelar una oferta:

- ▸ Aceptación: el destinatario de la oferta acepta la oferta, convirtiéndola en un contrato
- ▸ Rechazo: el destinatario de la oferta rechaza la oferta
- ▸ Revocación: el oferente retira la oferta antes de su aceptación
- ▸ Transcurso de tiempo: la oferta caduca
- ▸ Contraoferta: el destinatario modifica la oferta
- ▸ Muerte o demencia de cualquiera de las partes

Cesión de un contrato

Un contrato de bienes raíces que no sea un contrato personal de servicios puede ser cedido a otra parte, a menos que los términos del acuerdo prohíban específicamente la cesión.

Los acuerdos de listado, por ejemplo, no son asignables, ya que son acuerdos de servicio personal entre el agente y el principal. Los contratos de venta, sin embargo, son cedibles, porque implican la compra de bienes inmuebles en lugar de un servicio personal.

Preparación de contratos

Recuerde que los corredores y asociados no pueden redactar contratos, pero pueden usar formularios estándar promulgados y completar los espacios en blanco en el formulario.

Como regla general, un corredor o asociado que completa contratos de bienes raíces está participando en la práctica no autorizada de la ley a menos que el corredor sea parte del acuerdo, como en un acuerdo de listado o contrato de venta. Los corredores y asociados no pueden completar arrendamientos, hipotecas, contratos de escritura o pagarés de los que no sean parte.

Los licenciatarios deben ser plenamente conscientes de lo que están legalmente autorizados a hacer y no hacer en la preparación e interpretación de contratos para los clientes. Además de ejercer la abogacía sin licencia, se exponen a demandas de clientes que confiaron en un contrato como legalmente aceptable.

TERMINACIÓN DEL CONTRATO

Formas de terminación del contrato
Incumplimiento del contrato

Formas de terminación del contrato

Terminación de un contrato, también llamado **cancelación** y **descargar**, puede ocurrir por cualquiera de las siguientes causas.

Rendimiento. Un contrato termina cuando las partes lo ejecutan en su totalidad. También puede rescindirse por:

- ▸ cumplimiento parcial, si las partes así lo acuerdan
- ▸ cumplimiento suficiente, si un tribunal determina que una de las partes ha cumplido suficientemente el contrato, aunque no en toda la extensión de todas las disposiciones

Inviabilidad. Un contrato válido puede ser cancelado si no es posible cumplirlo. Ciertos contratos de servicios personales, por ejemplo, dependen de las capacidades únicas de una persona que no pueden ser sustituidas por otra. Si dicha persona fallece o queda suficientemente incapacitada, el contrato es cancelable.

Acuerdo mutuo. Las partes de un contrato pueden acordar rescindir el contrato o renunciar a él. Si las partes desean crear un nuevo contrato que sustituya al contrato cancelado, deberán cumplir con los requisitos de validez del nuevo contrato. Dicha sustitución se denomina **novación**.

Rescisión del período de enfriamiento. La rescisión es el acto de anular un contrato. En Florida, a las partes de ciertos contratos se les permite una cantidad de tiempo legal (generalmente tres días) después de celebrar un contrato, o "período de enfriamiento", para rescindir el contrato sin causa. No es necesario indicar ninguna razón para la cancelación, y la parte que cancela no incurre en ninguna responsabilidad por el cumplimiento.

Por ejemplo, considere al comprador desprevenido de un lote en un nuevo desarrollo turístico. Estos compradores suelen ser objeto de tácticas de venta dura que conducen a un contrato de venta completo y a un depósito. El período de enfriamiento legal le da al comprador la oportunidad de reconsiderar la inversión en ausencia del vendedor persistente.

Revocación. La revocación es la cancelación del contrato por una de las partes sin el consentimiento de la otra. Por ejemplo, un vendedor puede revocar un listado para retirar la propiedad del mercado. Si bien todas las partes tienen el *poder* de revocar, es posible que no tengan un derecho defendible. A falta de motivos justificados, la revocación no podrá eximir a la parte revocadora de las obligaciones contractuales.

Por ejemplo, un vendedor que revoca un listado sin motivos puede estar obligado a pagar una comisión si el corredor encontró un comprador, o reembolsar los gastos de mercadeo del corredor si no se encontró comprador.

Abandono. Abandono ocurre cuando las partes no cumplen con las obligaciones contractuales. Esta situación puede permitir a las partes cancelar el contrato.

Lapso de tiempo. Si un contrato contiene una disposición y una fecha de vencimiento, el contrato vence automáticamente en fin de plazo.

Nulidad del contrato. Si un contrato es nulo, se extingue sin necesidad de desafirmación. Un contrato anulable puede ser cancelado por ministerio de la ley o por rescisión.

Incumplimiento de contrato

Un incumplimiento de contrato es un incumplimiento de acuerdo con los términos del acuerdo. También se llama **predeterminado**, un incumplimiento de contrato otorga a la parte perjudicada el derecho a emprender acciones legales.

La parte perjudicada podrá optar por los siguientes recursos legales:

- rescisión
- decomiso
- demanda por daños y perjuicios
- demanda para un rendimiento específico

Rescisión. Una parte perjudicada puede rescindir el contrato. Esto cancela el contrato y devuelve a las partes a su condición anterior al contrato, incluido el reembolso de cualquier dinero ya transferido.

Decomiso. Un decomiso requiere que la parte infractora renuncie a algo, de acuerdo con los términos del contrato. Por ejemplo, un comprador que incumple un contrato de venta puede tener que renunciar al depósito de garantía.

Demanda por daños y perjuicios. Una parte perjudicada puede demandar por daños monetarios en un tribunal civil. La demanda debe iniciarse dentro del plazo permitido por el plazo de prescripción. Cuando en un contrato se establece el importe total adeudado a una parte perjudicada en caso de incumplimiento, la indemnización se conoce como **Indemnización por daños y perjuicios**. Si el contrato no especifica el monto, la parte perjudicada puede demandar ante los tribunales por **Daños y perjuicios no liquidados**.

Demanda para un rendimiento específico. Una demanda de cumplimiento específico es un intento de obligar a la parte incumplidora a cumplir con los términos del contrato. Las demandas de cumplimiento específico ocurren cuando es difícil identificar los daños debido a las circunstancias únicas de la propiedad inmueble en cuestión. El caso más común es un contrato de venta o arrendamiento incumplido en el que el comprador o el vendedor quieren que el tribunal obligue a la parte incumplidora a seguir adelante con la transacción, incluso cuando el incumplidor preferiría pagar una indemnización por daños y perjuicios.

CONTRATOS DE TRABAJO (LISTADO)

Fundamentos en el derecho de agencia
Tipos de acuerdos de listado
Cláusulas de venta de derechos exclusivos de venta
Cláusulas exclusivas de agencia compradora

Fundamentos en el derecho de agencia

Un acuerdo de listado, el documento que pone a un agente o corredor en el negocio, es un acuerdo de agencia de bienes raíces legalmente exigible entre un corredor de bienes raíces y un cliente, que autoriza al corredor a realizar un servicio establecido a cambio de una compensación. La característica única de un contrato de cotización es que se rige tanto por el derecho de agencia como por el derecho contractual.

Los pilares de la ley de agencia en el contexto de un acuerdo de cotización (listado) son:

- ▶ definición de las funciones de las partes implicadas
- ▶ deberes fiduciarios del agente
- ▶ ambito de autoridad del agente

Partes. Las partes principales del contrato son el **corredor de cotización** y el **cliente**. El cliente puede ser comprador, vendedor, arrendador o inquilino en la transacción propuesta. Legalmente, el corredor es el agente del cliente. La parte principal en el otro lado de la transacción es un **consumidor** o un consumidor potencial, llamado **prospecto**. Un corredor o asociado que ayuda al corredor de listado a encontrar un cliente es un **agente** del corredor de listado y un **subagente** del cliente. Un corredor que representa a la parte del otro lado de la transacción es un agente de esa parte y no un agente del corredor de cotizacion.

Deberes fiduciarios. Un acuerdo de cotización establece una relación de agencia entre el agente y el cliente que compromete al agente a cumplir con todos los deberes fiduciarios con el cliente en el cumplimiento del acuerdo.

Alcance de la autoridad. Habitualmente, un listado es un acuerdo de *agencia especial* o *de agencia limitada*. La agencia especial *limita* el alcance de la autoridad del corredor a actividades específicas, generalmente aquellas que generan clientes y catalizan la transacción. Un acuerdo de agencia especial generalmente *no* autoriza a un corredor a obligar al cliente a un contrato como parte principal, a menos que el acuerdo otorgue expresamente dicha autorización o el cliente haya otorgado un poder notarial al corredor. Por ejemplo, un corredor de venta no puede decirle a un comprador que el vendedor aceptará una oferta independientemente de sus términos. Decirle al oferente que la oferta *es* aceptada sería un incumplimiento aún más grave del acuerdo.

Según la ley de agencia, un cliente es responsable de las acciones que realice el corredor que estén dentro del alcance de la autoridad otorgada por el acuerdo de cotización. Un cliente *no es responsable* de los actos del corredor que vayan más allá del alcance declarado o implícito de la autoridad.

Por lo tanto, en el ejemplo anterior, el vendedor no sería responsable de las declaraciones del corredor de que la oferta sería aceptada o fue aceptada, ya que el corredor no tenía autoridad para hacer tales declaraciones. Un corredor que excede el alcance de la autoridad en el acuerdo de cotización corre el riesgo de perder la compensación y tal vez responsabilidades aún mayores.

Tipos acuerdos de listado

Un corredor puede representar a cualquier parte principal de una transacción: vendedor, arrendador, comprador, inquilino. Un **Listado de propietarios** autoriza a un corredor a representar a un propietario o arrendador. Hay tres tipos principales de acuerdos de listado de propietarios: *Derecho exclusivo de venta (o arrendamiento)*; *Agencia exclusiva*; y *Listado abierto*. Otro tipo de listado, que rara vez se usa hoy en día, pero que es legal en Florida, es un *listado neto*. Los tres primeros formularios difieren en su declaración de las condiciones bajo las cuales se pagará al corredor. La cotización neta es una variación de cuánto se le pagará al corredor. Un contrato de listado en Florida puede ser escrito, oral o implícito. Si el plazo es superior a un año, debe estar escrito.

Derecho exclusivo de venta (o arrendamiento). El derecho exclusivo de venta, también llamado autorización exclusiva de venta y, simplemente, el exclusivo, es el acuerdo de propietario más utilizado. Según los términos de este listado, un vendedor contrata exclusivamente a un solo corredor para conseguir un comprador o efectuar una transacción de venta. Si se adquiere un comprador durante el período de cotización, el corredor tiene derecho a una comisión, *independientemente de quién esté adquiriendo la causa*. Por lo tanto, si alguien - el propietario, otro corredor- vende la propiedad, el propietario debe pagar al corredor del listado la comisión contratada.

El derecho exclusivo de arrendamiento es un contrato similar para una transacción de arrendamiento. Según los términos de este listado, el propietario o arrendador debe pagar una comisión al corredor de listado si alguien consigue un inquilino para el local nombrado.

La cotización exclusiva le da al corredor de cotización la mayor garantía de recibir una compensación por los esfuerzos de mercadeo.

Un listado exclusivo con derecho a vender debe tener una fecha de vencimiento si está por escrito.

Agencia exclusiva. Una agencia exclusiva autoriza a un solo corredor a vender la propiedad y ganar una comisión, pero *deja al propietario el derecho de vender la propiedad sin la ayuda del corredor*, en cuyo caso no se adeudará ninguna comisión. Por lo tanto, si alguna parte que no sea el propietario está procurando una causa en una venta completa de la propiedad, incluido otro corredor, el corredor contratado ha ganado la comisión. Este acuerdo también se puede utilizar en una transacción de arrendamiento: si una parte que no sea el propietario adquiere al inquilino, el propietario debe compensar al corredor del listado.

Un listado de agencia exclusiva por escrito debe tener una fecha de vencimiento.

Listado abierto. Un listado abierto, o, simplemente, abierto, es una *autorización no exclusiva* para vender o arrendar una propiedad. El propietario puede ofrecer dichos acuerdos a cualquier número de corredores en el mercado. Con una cotización abierta, el corredor que es el primero en actuar bajo los términos de la cotización es la única parte con derecho a una comisión. Por lo general, el desempeño consiste en ser la causa de la adquisición en la búsqueda de un cliente listo, dispuesto y capaz. Si la transacción se realiza sin un intermediario de contratación, no se pagan comisiones.

Los listados abiertos son raros en el corretaje residencial. Los corredores generalmente se alejan de ellos porque no ofrecen ninguna garantía de compensación por los esfuerzos de mercadeo. Además, los listados abiertos causan disputas por comisiones. Para evitar tales disputas, un corredor tiene que registrar prospectos con el propietario para proporcionar evidencia de la causa de adquisición en caso de que se produzca una transacción.

Un acuerdo de **agencia compradora** o **de representación de inquilinos** autoriza a un corredor a representar a un comprador o inquilino. La forma más utilizada es un acuerdo *de derecho exclusivo de representación*, el equivalente a un derecho exclusivo de venta. Sin embargo, los tipos de agencia exclusiva y los tipos de acuerdo abiertos también se pueden utilizar para asegurar una relación en este lado de una transacción.

Los acuerdos de agencia de compradores e inquilinos crean una relación fiduciaria con el comprador o inquilino, al igual que los listados de vendedores crean una relación fiduciaria con el vendedor. Por lo general, los acuerdos de representación de compradores e inquilinos están sujetos a las mismas leyes y regulaciones que se aplican a los listados de propietarios. Así:

> ▶ Un acuerdo de representación puede ser exclusivo, de agencia exclusiva o de listado abierto. Al igual que con los listados de propietarios, el acuerdo más utilizado es el exclusivo. En este acuerdo, el comprador se compromete a trabajar únicamente con el representante del comprador en la adquisición de una propiedad.

En el momento de la formación de la relación, el agente comprador tiene el deber de explicar cómo funcionan las relaciones entre el comprador o la agencia del inquilino. Esto culmina con un acuerdo firmado donde el mandante entiende y acepta estas circunstancias. Durante el plazo del listado, los deberes principales del comprador o agente inquilino son localizar diligentemente una propiedad que cumpla con los requisitos del principal.

Listado neto. Un listado neto es aquella en la que un propietario establece una cantidad mínima aceptable que se recibirá de la transacción y permite que el corredor mantenga cualquier cantidad recibida en exceso como comisión, suponiendo que el corredor haya ganado una comisión de acuerdo con los otros términos del acuerdo. El "neto" del propietario puede o no tener en cuenta los costos de cierre.

Por ejemplo, un vendedor requiere $75,000 por una propiedad. Un corredor vende la propiedad por $83,000 y recibe la diferencia, $8,000, como comisión.

Los listados netos generalmente se consideran poco profesionales hoy en día. El argumento en contra de la cotización neta es que crea un conflicto de intereses para el corredor. Al corredor le interesa animar al propietario a poner el precio aceptable más bajo posible en el listado, independientemente del valor de mercado. Por lo tanto, el agente viola el deber fiduciario al no colocar los intereses del cliente por encima de los del agente.

Los listados netos son legales en Florida siempre y cuando el corredor no tergiverse el valor de la propiedad para el vendedor en beneficio del corredor. Por ejemplo, si el valor de mercado probable de una propiedad es de $300,000, sería una violación que un corredor hiciera creer al vendedor que el valor es de $275,000 con el fin de retener cualquier monto de venta superior a $275,000 en lugar de cualquier monto de venta superior a $300,000. Para evitar esta tergiversación, el vendedor y el corredor trabajan juntos para determinar un precio de listado. Luego, el corredor retiene cualquier cantidad de venta por encima del precio de cotización acordado menos los costos.

Tipos de Listados

Derecho Exclusivo	$ ➡ Corredor	**SI se adquiere el consumidor**
Agencia Exclusivo	$ ➡ Corredor	**SI se adquiere el consumidor y el cliente no adquiere el consumidor**
Abierto	$ ➡ Corredor	**Si el corredor adquiere el**
Neto	$ ➡ Corredor	**SI al cliente se le debe una comisión, recibe ingresos por encima del mínimo del vendedor**
"Listado Múltiple"	$ ➡ Corredor	**Autorización para ingresar listados en el servicio de listados**

Contrato de corredor de transacciones. Recuerde de una sección anterior que en una relación de corredor de transacciones en Florida, el corredor no representa a ninguna de las partes en calidad de fiduciario o como agente único. Ninguna de las partes tiene derecho a la lealtad indivisa del licenciatario. La relación de corredor de transacciones es entre el corretaje y el cliente. La ley de Florida establece la presunción de que todos los licenciatarios están operando como corredores de transacciones a menos que el corredor y el cliente hayan celebrado un acuerdo escrito de agente único o de no representación.

Listado múltiple. Un listado múltiple no es un contrato de listado distinto, sino más bien una disposición en un listado exclusivo que autoriza al corredor a colocar el listado en un servicio de listado múltiple.

Un **servicio de listado múltiple** (MLS, por sus siglas en inglés) es una organización de corredores miembros que acuerdan cooperar en la venta de propiedades listadas por otros corredores a cambio de una parte de la comisión resultante del corredor. Los miembros del servicio se comprometen a introducir todos los listados exclusivos en la cadena de distribución de listados para que cada miembro esté informado de inmediato de los nuevos listados a medida que salgan al mercado.

La mayoría de los consumidores esperan que los corredores hagan uso de un servicio de listado múltiple en la comercialización y localización de propiedades. Sin embargo, trabajar con un MLS requiere que el acuerdo de listado o representación contenga las disposiciones necesarias para permitir que el licenciatario coloque el listado en un servicio de listado múltiple y para garantizar que todas las partes entiendan y estén de acuerdo con las políticas y procedimientos relevantes.

El acuerdo de listado utilizado por los miembros de un servicio de listado múltiple divulga los procedimientos y políticas relevantes para que todas las partes principales del acuerdo estén al tanto de la puesta en común del listado. Un corredor que trabaja en una transacción listada en el MLS tiene todos los deberes y responsabilidades inherentes a las leyes de agencia como agente fiduciario del cliente. El acuerdo de cotización establece deberes específicos.

Cláusulas de venta de derechos exclusivos de venta

Un listado escrito, particularmente un listado exclusivo, es un contrato formal que contiene la totalidad de todos los acuerdos entre las partes. Si se omite un acuerdo, se supone que no existe. Se supone que existe un acuerdo que se incluye y, por lo general, es ejecutable. Si un acuerdo escrito contiene errores, probablemente no sea válido o ejecutable. Por estas razones, es extremadamente importante que un acuerdo de listado sea preciso, libre de errores y completo.

Los diferentes tipos de acuerdos pueden contener una variedad de cláusulas obligatorias. Por lo general, un acuerdo de listado por escrito requiere, como mínimo:

- Nombres de todos los propietarios
- Dirección o descripción legal de la propiedad listada
- Precio de listado
- Fecha de caducidad
- Condiciones de la comisión
- Autoridad otorgada

Las siguientes descripciones de las cláusulas se encuentran en un acuerdo típico de venta exclusiva de derechos de venta.

Partes y autorización. El acuerdo debe nombrar a todos los propietarios legales de la propiedad, o representantes debidamente autorizados de los propietarios, como parte cliente. También debe nombrar al corredor.

Una cláusula de autorización establece la naturaleza de lo que el corredor puede hacer, es decir, el tipo de listado. Tenga en cuenta que la frase "derecho a vender" es un nombre inapropiado. Un corredor no puede vender legalmente la propiedad sin el poder notarial adecuado. El derecho habitual es efectuar una venta o encontrar un comprador.

Bien inmueble. Un acuerdo de venta por escrito debe incluir una descripción de la propiedad. La descripción del bien inmueble puede incluir una dirección.

Es fundamental identificar tanto los bienes inmuebles como los bienes muebles que están a la venta y que están incluidos en el precio de venta.

Accesorios. Los acuerdos típicos enumeran qué accesorios se incluyen específicamente en la venta y "todas las demás cosas adjuntas o fijadas a la propiedad" en general. A continuación, el vendedor debe introducir qué artículos quedan excluidos de la venta.

Propiedad personal. El acuerdo de venta debe incluir todos los bienes personales que se incluirán en la transacción y el precio de venta.

Precio de listado. Una cláusula generalmente establece el precio bruto de la propiedad y posiblemente los términos de financiamiento que el propietario aceptará, particularmente si se trata de financiamiento del vendedor o asunción del préstamo del vendedor.

El precio de venta es el precio de venta del vendedor por la propiedad. Este puede o no ser el precio que el vendedor acepte en última instancia. No es necesario obtener el precio de cotización completo para que el corredor gane una comisión. La cláusula de precio de venta también puede indicar el acuerdo del vendedor de pagar los costos de cierre habituales.

Plazo de cotización. En Florida, los listados escritos deben tener una fecha de finalización específica. El hecho de no nombrar una fecha de terminación en un listado por escrito es motivo de revocación de la licencia de bienes raíces. Cualquier disposición para la renovación del plazo de inclusión en la lista debe ser muy específica. Las renovaciones automáticas son ilegales.

Para proteger al corredor, algunos listados contienen una disposición para extender el período de listado en caso de que ocurra un vencimiento durante el período en el que está pendiente un contrato de venta.

Deberes del agente. Esta cláusula especifica las responsabilidades del corredor y la autorización para llevar a cabo ciertas actividades. Por lo general, estos incluyen actividades de mercadeo, actividades de servicio de listado múltiple, acceso y exhibiciones de propiedades, autoridad para permitir el acceso de otras partes, permiso para inspeccionar documentos de financiamiento hipotecario existentes y autoridad para aceptar depósitos. Por lo general, la cláusula prohíbe específicamente que el corredor ejecute cualquier contrato en nombre del propietario.

Compensación del corredor. Una cláusula identificará la tarifa del corredor y las condiciones necesarias para que se gane la tarifa. Por ejemplo, puede indicar que se gana una comisión si se adquiere un comprador, se ejecuta un contrato o el vendedor transfiere voluntariamente la propiedad por cualquier precio durante el período de listado.

Por lo general, una cláusula de honorarios prevé medidas correctivas en caso de incumplimiento por parte del comprador o del vendedor. En efecto, si el vendedor incumple el listado sin motivos después de que se haya adquirido un comprador, la comisión es pagadera. Si el propietario no puede vender la propiedad por razones fuera de su control, el propietario no es responsable de una comisión. Si el comprador incumple un contrato de venta, el vendedor suele reclamar el depósito de garantía del comprador como indemnización por daños y perjuicios.

Causa de procuración. La causa de procuración es el concepto de compensación que identifica quién ha ganado una comisión o compensación como resultado de sus esfuerzos en una transacción determinada. Específicamente, la causa de adquisición es atribuible a la parte que pone en marcha una cadena de eventos que conduce ininterrumpidamente a una venta. De acuerdo con los términos de ciertos listados, las comisiones generalmente no son pagaderas a menos que el agente de listado pueda alegar ser el causante de la contratación.

Periodo de protección. Muchos listados incluyen una cláusula de protección que establece que, durante un cierto período después del vencimiento, el propietario es responsable de la comisión si la propiedad se vende a una parte que el corredor adquirió, a menos que el vendedor haya puesto la propiedad en venta con otro corredor.

Listado múltiple. Esta disposición obtiene el consentimiento del vendedor para colocar el listado en un servicio de anuncios múltiples y la autorización para difundir información sobre el listado a los miembros.

Cooperación con otros agentes. Esta cláusula requiere que el vendedor acuerde o se niegue a cooperar con los subagentes o agentes compradores en la venta de la propiedad, bajo qué términos, y si el vendedor acepta compensar a estas partes. Los acuerdos recientes estipulan que los subagentes y los agentes compradores deben revelar sus relaciones al comprador en el momento del contacto inicial y, posteriormente, por escrito. También puede haber una advertencia al vendedor para que no revele información confidencial a un corredor comprador en la medida en que este agente esté obligado a revelar toda la información relevante al comprador.

No discriminación. La mayoría de los listados exclusivos contienen una afirmación de que el agente llevará a cabo todos los asuntos de conformidad con las leyes estatales y federales de vivienda justa y no discriminación.

Otras divulgaciones por el agente. Además de la agencia, se pueden incluir otras divulgaciones para cubrir cualquier interés directo o indirecto que el corredor tenga en la transacción y la compensación especial que el corredor pueda estar recibiendo de otras partes relacionadas con la transacción.

Declaraciones y promesas del vendedor. En esta cláusula, el propietario declara que él o ella es dueño de la propiedad de la manera indicada en el listado, y es legalmente capaz de entregar un título simple y comercializable. La cláusula puede requerir además que el propietario garantice que él o ella

- no está representado por otra parte y no pondrá la propiedad en venta en otro lugar durante el período de listado
- no arrendará la propiedad durante el período de listado sin aprobación
- se compromete a proporcionar la información necesaria
- referirá a todos los prospectos directamente al corredor sin previa negociación directa
- ha revisado un modelo de contrato de "Oferta de Compra y Venta"
- hará que la propiedad esté presentable y disponible para mostrarla en momentos razonables con previa notificación del agente.

Divulgación de la condición de la propiedad del vendedor. El formulario de listado puede requerir que el vendedor revele la condición de la propiedad a los posibles compradores. La ley de Florida puede permitir que los compradores cancelen un contrato de venta si no han recibido la divulgación de la condición de la propiedad del vendedor antes del cierre o la ocupación u otra fecha límite. Además, el listado puede incluir entre los deberes del vendedor el requisito de completar y proporcionar al agente un anexo de peligro de pintura con plomo. Se puede adjuntar una copia del aviso requerido a los compradores al acuerdo de venta como parte del acuerdo.

Título y escritura del vendedor. Por lo general, una disposición requiere que el propietario prometa entregar un título bueno y comercializable, un seguro de título y transmitir la propiedad mediante una escritura de garantía general a un comprador. Sin este pacto, el corredor no tiene la seguridad de que se producirá una transacción y, a su vez, de que se le pagará por conseguir un comprador.

Seguro contra riesgos de inundación. Esta cláusula requiere que el vendedor revele si él o ella está obligado a mantener o mantiene actualmente un seguro contra inundaciones en la propiedad.

Limitación de responsabilidad. A menudo hay una cláusula que requiere que el propietario indemnice al corredor contra la responsabilidad resultante de accidentes, pérdidas y tergiversación del propietario durante el período de cotización. En la práctica, las cláusulas de responsabilidad e indemnización no necesariamente eximen de responsabilidad a un corredor.

Autorización de depósito en garantía. El vendedor autoriza a los oficiales de custodia a desembolsar los fondos de la comisión ganada al corredor según las instrucciones del corredor.

Requisitos del IRS; retención de vendedores extranjeros. Una cláusula puede indicar que el vendedor cumplirá con los requisitos del IRS para proporcionar información relacionada con los impuestos. Esto asegura que un vendedor que es un extranjero entienda que un comprador deberá retener un porcentaje del precio de venta para el IRS.

Otras disposiciones relativas a la cotización. Un listado exclusivo también puede prever:

- *Mediación*: En caso de disputa, el propietario acepta arbitrar las diferencias antes de presentar una demanda
- *Honorarios de abogados*: La parte perdedora en una demanda debe pagar los costos judiciales y los honorarios de abogados
- *Acuse de recibo*: el propietario reconoce haber leído y entendido el acuerdo
- *Acuerdo completo*: el listado no se puede cambiar sin un acuerdo por escrito; el listado establece todos los acuerdos realizados
- *Efecto vinculante*: la inclusión en la lista es vinculante y exigible
- *Cláusula de salvaguarda*: Si una parte del acuerdo es inválida o inaplicable, el resto del acuerdo sigue siendo válido según permitido por la ley

Avisos al propietario. Algunos acuerdos de publicación incluyen avisos para el vendedor en relación con:

- ▶ *Negociabilidad* de tarifas: La tarifa del corredor es el resultado de negociaciones con el vendedor
- ▶ *Leyes de Vivienda Justa*: El corredor y el vendedor deben cumplir con las leyes de discriminación
- ▶ *Cajas de llaves; Seguridad*: El vendedor debe tomar medidas prudentes para proteger la propiedad personal y eliminar los artículos peligrosos que podrían causar lesiones
- ▶ *Descargo de responsabilidad de asesoramiento legal*: El corredor no puede brindar asesoramiento legal

Firmas. Todos los propietarios y el corredor deben firmar el listado e indicar la fecha de la firma.

Cláusulas exclusivas de agencia compradora

El acuerdo de agencia compradora exclusiva es muy similar al acuerdo de derecho exclusivo de venta, las únicas diferencias significativas son los objetivos del agente y el hecho de que el principal es el comprador en lugar del vendedor. La excepción notable es la forma en que se le paga al agente, como se discutió anteriormente.

Las cláusulas que son prácticamente idénticas al derecho exclusivo de venta son:

- ▶ la identidad del mandante y la actividad autorizada del agente;
- ▶ la descripción del inmueble deseado en cuanto a ubicación, precio, tamaño, etc.
- ▶ la duración del contrato y su rescisión automática
- ▶ el acuerdo del comprador de trabajar exclusivamente a través del agente
- ▶ los deberes del agente para localizar una propiedad adecuada de acuerdo con las especificaciones del comprador
- ▶ la cláusula de no discriminación
- ▶ firmas de las partes

Las siguientes cláusulas distinguen el contrato de agencia compradora del contrato de derecho exclusivo de venta.

Representación de exclusividad por parte del comprador. En este caso, el comprador afirma que no está representado por otro agente. Además, el comprador reconoce una comprensión de la relación de agencia.

Compensación de los agentes. Esta cláusula establece cómo se le pagará al agente, ya sea por anticipo o comisión, quién pagará la comisión y lo que el comprador le debe al agente en caso de que el vendedor no participe en la compensación del agente. En segundo lugar, la cláusula establece las circunstancias en las que el agente ha ganado la comisión. Esto incluye encontrar una propiedad durante el plazo del acuerdo o que el comprador contrate la compra de una propiedad mostrada por el agente dentro de un período de tiempo estipulado después del vencimiento. Además, la cláusula establece que se pagará al agente en caso de que el comprador incumpla un contrato de compraventa.

Otros compradores lo reconocieron. En esta disposición, el comprador reconoce que el agente está trabajando con otros compradores que pueden estar compitiendo por cualquier propiedad que el agente le muestre al comprador.

CONTRATOS DE COMPRAVENTA

Características legales
Creación del contrato
Depósito en garantía
Contingencias contractuales
Incumplimiento
Disposiciones contractuales

Un contrato de compraventa de inmuebles es un acuerdo vinculante y ejecutable en el que un comprador, el **(vendee)**, se compromete a comprar una parcela de bienes inmuebles identificada, y un vendedor, el **(vendor)**, se compromete a venderlo bajo ciertos términos y condiciones. Es el documento que está en el centro de la transacción.

La transferencia convencional de la propiedad inmobiliaria se realiza en tres etapas. En primer lugar, está el período de negociación en el que los compradores y vendedores intercambian ofertas en un esfuerzo por acordar todos los términos de transferencia que aparecerán en el contrato de venta. En segundo lugar, cuando ambas partes han aceptado todos los términos, la oferta se convierte en un contrato de venta vinculante y la transacción entra en la etapa previa al cierre, durante la cual cada parte hace arreglos para completar la venta de acuerdo con los términos del contrato de venta. El tercero es el cierre de la transacción, cuando el vendedor transfiere el título al comprador, el comprador paga el precio de compra y se completan todos los documentos necesarios. En esta etapa, el contrato de venta ha cumplido su propósito y termina.

Otros nombres para el contrato de venta son *acuerdo de venta, contrato de compra, contrato de compraventa y contrato de arras.*

Características legales

Contrato ejecutivo. Un contrato de compraventa es *Ejecutorio:* Los signatarios aún no han cumplido sus respectivas obligaciones y promesas. Al cierre, el contrato de venta se cumple en su totalidad y ya no existe como un acuerdo vinculante.

Firmas. Todos los propietarios de la propiedad deben firmar el contrato de compraventa. Si los vendedores están casados, ambos cónyuges deben firmar para asegurarse de que ambos cónyuges liberen los derechos de propiedad, dote y cortesía al comprador al momento del cierre. El no hacerlo no invalida el contrato, pero puede dar lugar a la existencia de un título gravado y a disputas legales.

Criterios de aplicabilidad. Para ser ejecutable, un contrato de compraventa debe:

- ser válidamente creado (consentimiento mutuo, contraprestación, finalidad jurídica, partes competentes, acto voluntario)

- ▸ estar por escrito
- ▸ identificar a las partes principales
- ▸ identificar claramente la propiedad, preferiblemente por descripción legal
- ▸ contener un precio de compra
- ▸ ser firmada por las partes principales

Forma escrita vs. oral. Un contrato de compraventa de bienes inmuebles solo es ejecutable si se hace por escrito. Un comprador o vendedor no puede demandar para obligar al otro a cumplir con un contrato verbal de compraventa, incluso si el contrato es válido.

Asignación. Cualquiera de las partes de una transacción de venta puede ceder el contrato de venta a otra parte, sujeto a las disposiciones y condiciones contenidas en el acuerdo.

Quién puede completar. Un corredor o agente puede ayudar al comprador y al vendedor a completar una oferta de compra, siempre que el corredor represente fielmente al cliente y no cobre una tarifa separada por la asistencia. Es aconsejable que un corredor utilice un formulario de contrato estándar promulgado por una agencia estatal o una junta de bienes raíces, ya que dichos formularios contienen un lenguaje generalmente aceptado. Esto libera al corredor de los peligros de crear un nuevo lenguaje contractual, que puede interpretarse como una práctica de la ley para la cual el corredor no tiene licencia.

Creación de contratos

Oferta y aceptación. Un contrato de compraventa se crea mediante la aceptación plena e inequívoca de una oferta. La oferta y la aceptación pueden provenir del comprador o del vendedor. El destinatario de la oferta debe aceptar la oferta sin realizar ningún cambio. Un cambio finaliza la oferta y crea una nueva oferta o contraoferta. Un oferente puede revocar una oferta por cualquier motivo antes de la comunicación de la aceptación por parte del destinatario de la oferta.

Título equitativo. Un contrato de venta le da al comprador un interés en la propiedad que se llama título equitativo *Propiedad en capital*. Si el vendedor incumple y el comprador puede demostrar un cumplimiento de buena fe, el comprador puede demandar por cumplimiento específico, es decir, para obligar al vendedor a transferir el título legal mediante el pago del precio del contrato.

Depósito en garantía

El depósito de garantía del comprador cumple con los requisitos de consideración para un contrato de venta válido.. Además, proporciona una posible compensación por daños y perjuicios al vendedor si el comprador no cumple. El importe de la fianza varía según la costumbre local. Cabe señalar que el depósito en garantia no es la única forma de contraprestación que satisface el requisito.

El contrato de venta proporciona las instrucciones de *depósito en garantía* para el manejo y desembolso de los fondos de depósito en garantía. El depósito de garantía se coloca en una cuenta fiduciaria de terceros o en un depósito en garantía. Un agente de custodia con licencia empleado por una compañía de títulos, una institución financiera o una compañía de corretaje generalmente administra el depósito en garantía. Un corredor individual también puede servir como agente de custodia.

El titular del depósito en garantía actúa como un fiduciario imparcial para el comprador y el vendedor. Si el comprador cumple con el contrato de venta, el depósito se aplica al precio de compra.

Existen reglas estrictas que rigen el manejo de los depósitos de garantía, especialmente si un corredor es el agente de custodia. Por ejemplo, la ley de Florida indica al corredor cuándo depositar los fondos, cómo contabilizarlos y cómo mantenerlos separados de los fondos propios del corredor.

Contingencias contractuales

Un contrato de compraventa a menudo contiene contingencias. Una contingencia es una condición que debe cumplirse antes de que el contrato sea ejecutable.

La contingencia más común se refiere a la financiación. Un comprador hace una oferta supeditada a la obtención de financiamiento para la propiedad bajo ciertos términos en o antes de una fecha determinada. Si no puede asegurar el compromiso de préstamo especificado antes de la fecha límite, el comprador puede cancelar el contrato y recuperar el depósito. Un compromiso de préstamo adecuado y oportuno elimina la contingencia, y el comprador debe proceder con la compra.

Es posible que tanto los compradores como los vendedores abusen de las contingencias para dejarse una forma conveniente de cancelar sin incumplir. Para evitar problemas, el enunciado de una contingencia debe

- sér explícito y claro
- tener una fecha de caducidad
- exigir expresamente diligencia en el esfuerzo por cumplir el requisite

Una contingencia demasiado amplia, vaga, o de duración excesiva puede invalidar todo el contrato por insuficiencia de acuerdo mutuo.

Incumplimiento

Un contrato de compraventa es bilateral, ya que ambas partes se comprometen a cumplir. Como resultado, cualquiera de las partes puede incumplir al no realizar. Tenga en cuenta que el incumplimiento de una de las partes de una contingencia no constituye un incumplimiento, sino que da derecho a las partes a cancelar el contrato.

Incumplimiento del comprador. Si un comprador no cumple con los términos de un contrato de venta, el incumplimiento da derecho al vendedor a un recurso legal por daños y perjuicios. En la mayoría de los casos, el propio contrato estipula los recursos del vendedor. El remedio habitual es la pérdida del depósito del comprador en concepto de **indemnización por daños y perjuicios**, siempre que el depósito no supere en gran medida los daños reales del vendedor. También es costumbre disponer que el vendedor y el corredor compartan los daños y perjuicios. Sin embargo, el corredor no puede recibir una indemnización por daños y perjuicios que exceda lo que habría sido la comisión sobre el precio total de cotización.

Si el contrato no prevé la indemnización por daños y perjuicios, el vendedor puede demandar por daños y perjuicios, cancelación o cumplimiento específico.

Incumplimiento del vendedor. Si un vendedor incumple, el comprador puede demandar por cumplimiento específico, daños y perjuicios o cancelación.

Los contratos de venta pueden variar significativamente en duración y minuciosidad.. También varían según el tipo de transacción de venta que describen. Algunas de las variedades son:

> ▸ Contrato de Compraventa Residencial
> ▸ Contrato Comercial de Compraventa
> ▸ Contrato de Venta de Ejecución Hipotecaria
> ▸ Contrato de Compraventa de Nueva Construcción
> ▸ Contrato de Compraventa de Terrenos
> ▸ Acuerdo de Intercambio

Como la transacción de venta más común es una venta residencial, un Contrato de Venta Residencial es el tipo con el que un licenciatario debe familiarizarse primero. Un contrato típico de compraventa de vivienda contiene disposiciones del siguiente tipo.

Partes, contraprestación y bienes. Una o más cláusulas identificarán a las partes, la propiedad y la contraprestación básica, que es la venta de la propiedad a cambio de un precio de compra.

Debe haber al menos dos partes en un contrato de compraventa: uno no puede transmitirse la propiedad a sí mismo. Todas las partes deben estar identificadas, ser mayores de edad y tener capacidad para contratar.

La cláusula de propiedad también identifica los accesorios y los bienes muebles incluidos en la venta. A menos que se excluya expresamente, los artículos comúnmente interpretados como accesorios están *incluidos* en la venta. Del mismo modo, los artículos comúnmente considerados propiedad personal no están *incluidos* a menos que se incluyan expresamente.

Descripción legal. Una descripción legal debe ser suficiente para que un topógrafo competente identifique la propiedad.

Precio y condiciones. Una cláusula establece el precio final y detalla cómo se realizará la compra. De particular interés para el vendedor es el pago inicial del comprador, ya que cuanto mayor sea el capital del comprador, más probable será que el comprador pueda obtener financiamiento. Además, un depósito grande representa el compromiso del comprador de completar la venta.

Si se trata de financiamiento del vendedor, el contrato de venta establece los términos del acuerdo: el monto y el tipo de préstamo, la tasa y el plazo, y cómo se pagará el préstamo.

Es importante que todas las partes verifiquen que el depósito de garantía, el pago inicial, los fondos del préstamo y otros fondos prometidos del comprador sean iguales al precio de compra establecido en el contrato.

Aprobación del préstamo. Una cláusula de contingencia de financiación establece en qué condiciones el comprador puede rescindir el contrato sin incumplimiento y recibir el reembolso de las arras. Si el comprador no puede asegurar el financiamiento declarado antes de la fecha límite, las partes pueden acordar extender la contingencia firmando junto a las fechas cambiadas.

Depósito de garantía. Una cláusula especifica cómo el comprador pagará el depósito de garantía. Puede permitir que el comprador lo pague en cuotas. Esta opción permite al comprador conservar la propiedad brevemente mientras obtiene los fondos de depósito adicionales. Por ejemplo, un comprador que quiere comprar una casa hace un depósito inicial de $200, que será seguido en veinticuatro horas con $2,000 adicionales. El contrato de venta incluye el acuse de recibo del depósito por parte del vendedor.

Depósito. Una cláusula de depósito en garantía prevé la custodia y el desembolso del depósito de garantía, y libera al agente de depósito en garantía de ciertas responsabilidades en el desempeño de las funciones de depósito en garantía.

Fechas de cierre y posesión. El contrato establece cuándo se transferirá el título, así como cuándo el comprador tomará posesión física. Habitualmente, la posesión se produce en la fecha en que se registra la escritura, a menos que el comprador haya acordado otros arreglos.

La cláusula de cierre generalmente describe lo que debe ocurrir en el cierre para evitar el incumplimiento. Un vendedor debe proporcionar un título claro y comercializable. Un comprador debe producir fondos de compra. El incumplimiento de cualquiera de los requisitos previos al cierre establecidos en el contrato de venta es un incumplimiento y motivo para que la parte agraviada busque un recurso.

Interés transmitido; tipo de escritura. Una o más disposiciones establecerán qué tipo de escritura utilizará el vendedor para transmitir la propiedad y a qué condiciones estará sujeta la escritura. Entre las condiciones comunes "sujetas a" se encuentran las servidumbres, las membresías de asociaciones, los gravámenes, las hipotecas, los gravámenes y las evaluaciones especiales. Por lo general, el vendedor transmite una tarifa de interés simple por medio de una escritura de garantía general.

Evidencia de título. El vendedor se compromete a presentar la mejor evidencia posible de ser dueño de la propiedad. Esto es comúnmente en forma de seguro de título.

Costos de cierre. El contrato identifica qué costos de cierre pagará cada parte. Por lo general, el vendedor paga los costos relacionados con el título y la propiedad, y el comprador paga los costos relacionados con el financiamiento. Los costos anuales, como los impuestos y el seguro, se prorratean entre las partes. Tenga en cuenta que quién paga un costo de cierre en particular es un elemento para la negociación.

Daños y destrucción. Una cláusula estipula las obligaciones de las partes en caso de que la propiedad sea dañada o destruida. Las partes pueden negociar alternativas, incluida la obligación del vendedor de reparar, la obligación del comprador de comprar si se realizan reparaciones y la opción de que cualquiera de las partes cancele.

Incumplimiento. Una cláusula de incumplimiento identifica los remedios para el incumplimiento. Por lo general, un comprador puede demandar por daños y perjuicios, cumplimiento específico o cancelación. Un vendedor puede hacer lo mismo o reclamar el depósito de garantía como indemnización por daños y perjuicios.

Representación y comisión del corredor. El corredor revela las relaciones de agencia aplicables en la transacción y nombra a la parte que debe pagar la comisión de corretaje.

Declaraciones del vendedor. El vendedor garantiza que no habrá gravámenes sobre la propiedad que no puedan liquidarse y extinguirse al cierre. Además, el vendedor garantiza que todas las declaraciones son verdaderas y, si se determina lo contrario, el comprador puede cancelar el contrato y reclamar el depósito.

Un contrato de compraventa puede contener numerosas cláusulas adicionales, dependiendo de la complejidad de la transacción. Las siguientes son algunas disposiciones adicionales comunes.

Inspecciones. Las partes acuerdan realizar inspecciones y medidas correctivas basadas en los hallazgos.

Divulgación de la asociación de propietarios. El vendedor revela la existencia de una asociación y las obligaciones que impone.

Encuesta. Las partes acuerdan realizar una encuesta para satisfacer los requisitos de financiamiento.

Riesgos ambientales. El vendedor notifica al comprador que puede haber peligros que podrían afectar el uso y el valor de la propiedad.

Cumplimiento de las leyes. El vendedor garantiza que no hay violaciones no reveladas del código de construcción o de zonificación.

Cláusula de vencimiento en la venta. Las partes declaran su entendimiento de que los préstamos que sobrevivan al cierre pueden ser declarados vencidos por el prestamista. Ambas partes acuerdan eximir de responsabilidad a la otra parte por las consecuencias de una aceleración.

Divulgación de la financiación del vendedor. Las partes acuerdan cumplir con las leyes de divulgación estatales y locales aplicables con respecto a la financiación del vendedor.

Propiedad de alquiler; derechos de los inquilinos. El comprador reconoce los derechos de los inquilinos después del cierre.

Condición de financiamiento de la FHA o VA. Una contingencia permite al comprador cancelar el contrato si el precio excede las estimaciones de la FHA o VA del valor de la propiedad.

Llanura aluvial; seguro contra inundaciones. El vendedor revela que la propiedad se encuentra en una llanura aluvial y que debe tener un seguro contra inundaciones si el comprador utiliza ciertos prestamistas para financiar.

Tasaciones de condominios. El vendedor revela las cuotas que el propietario debe pagar.

Retención de vendedor extranjero. El vendedor reconoce que el comprador debe retener el 15% del precio de compra al cierre si el vendedor es una persona o entidad extranjera y enviar el monto retenido al Servicio de Impuestos Internos. Se aplican ciertas limitaciones y exenciones. **Tax deferred exchange.** For income properties only, buyer and seller disclose their intentions to participate in an exchange and agree to cooperate in completing necessary procedures.

Impuesto diferido de cambio. Solo para las propiedades de renta, el comprador y el vendedor revelan sus intenciones de participar en un intercambio y acuerdan cooperar para completar los procedimientos necesarios.

Fusión de acuerdos. El comprador y el vendedor declaran que no hay otros acuerdos
entre las partes que no estén expresadas en el contrato.

Avisos. Las partes acuerdan cómo se notificarán mutuamente y qué considerarán como es la entrega de notificación.

El tiempo es esencial. Las partes acuerdan que pueden modificar las fechas y los plazos solo si ambas dan su aprobación por escrito.

Transmisión por fax. Las partes acuerdan aceptar la transmisión por fax de la oferta, siempre que se acuse recibo y se entreguen posteriormente copias originales del contrato.

Supervivencia. Las partes siguen siendo responsables de la veracidad de las declaraciones y garantías después del cierre.

Resolución de conflictos. Las partes acuerdan resolver las disputas a través del arbitraje en lugar de los procedimientos judiciales.

Informe C.L.U.E.. CLUE (Comprehensive Loss Underwriting Exchange) es una base de datos de historial de reclamaciones utilizada por las compañías de seguros para suscribir o calificar pólizas de seguro. Un Informe de Divulgación del Vendedor de Viviendas de CLUE muestra un historial de pérdidas de seguro de cinco años para una propiedad específica. Entre otras cosas, describe los tipos de pérdidas y los montos pagados. Muchos compradores de viviendas ahora requieren que los vendedores proporcionen un Informe CLUE (que solo el dueño de la propiedad o una aseguradora pueden solicitar) como una contingencia adjunta a la oferta de compra. Un informe que muestre una pérdida debido a daños por agua y moho, por ejemplo, podría llevar a un comprador a decidir no hacer una oferta debido a la posible dificultad de obtener un seguro. Por otro lado, un informe que no muestre ninguna pérdida de seguro en los cinco años anteriores es una indicación de que la disponibilidad y el precio del seguro de propietario de vivienda no representarán un obstáculo para la transacción de compra, y también que la propiedad no ha experimentado daños o reparaciones significativas durante ese período de tiempo.

Adiciones. Las adendas al contrato de venta se convierten en componentes vinculantes del acuerdo general. El apéndice más común es la divulgación de la condición de la propiedad del vendedor. Ejemplos de otras adiciones son:

divulgación de la agencia	amianto / materiales peligrosos
indemnización por daños y perjuicios	divulgación de radón
divulgación de llanuras aluviales	contrato de arrendamiento del inquilino

Disposiciones contractuales

Para garantizar que un vendedor cumpla con todos los requisitos de divulgación de Florida al vender una propiedad, Florida Realtors® proporciona el formulario de divulgación de bienes raíces de vendedores en línea en http://www.unlimitedmls.com/forms/Property-Disclosure-Form.pdf. El formulario le da al comprador la oportunidad de evaluar la propiedad en detalle antes de firmar un contrato de compra. A continuación se presentan las divulgaciones requerido por las leyes de Florida:

Radón. Este es el peligro más fácil de detectar y mitigar. Es un gas inodoro, incoloro, insípido y radiactivo que se crea en el suelo donde existen uranio y radio. La exposición prolongada al radón puede causar cáncer de pulmón. Puede ingresar a la casa a través de grietas, huecos o cavidades, incluidos los espacios de arrastre y las aberturas alrededor de las tuberías. Se puede detectar fácilmente mediante una prueba de radón, por lo que las inspecciones de viviendas deben incluir esta prueba.

El estatuto de Florida requiere que los profesionales de bienes raíces divulguen los peligros del gas radón por escrito e incluyan el siguiente lenguaje requerido:

GAS RADÓN: El radón es un gas radiactivo natural que, cuando se ha acumulado en un edificio en cantidades suficientes, puede presentar riesgos para la salud de las personas que están expuestas a él con el tiempo. Se han encontrado niveles de radón que exceden las pautas federales y estatales en edificios de Florida. Se puede obtener información adicional sobre el radón y las pruebas de radón en el departamento de salud de su condado.

Divulgación de la eficiencia energética. La Ley de Calificación de Eficiencia Energética de Edificios de Florida proporciona un sistema de clasificación de eficiencia energética uniforme en todo el estado para edificios residenciales, públicos y comerciales nuevos y existentes. La Ley exige que los vendedores proporcionen un folleto informativo al comprador antes o en el momento de la celebración de un contrato de compraventa.

El folleto le permite al comprador saber que existe una opción para una calificación de eficiencia energética en el edificio e incluye información sobre la clase del edificio, así como analizar la calificación de eficiencia energética del edificio, métodos para mejorar la calificación del edificio y un aviso a los compradores residenciales de que la calificación puede calificarlos para una hipoteca de eficiencia energética de un prestamista.

Pintura con base de plomo. Este peligro no se puede absorber a través de la piel, pero se vuelve peligroso cuando se ingiere o inhala. Se puede encontrar en la mayoría de las casas construidas antes de 1978 y puede estar presente en el aire, el agua potable, los alimentos, el suelo contaminado, la pintura deteriorada y el polvo de la pintura. Los niños son particularmente susceptibles porque se sabe que los niños pequeños comen trozos de pintura, lo que permite que el plomo ingrese a su torrente sanguíneo. Se requiere que los compradores e inquilinos de vivienda reciban el folleto de la Comisión de Seguridad de Productos del Consumidor de EPA-HUD-US, "Proteja a su familia del plomo en su hogar" y deben ser informados si hay pintura a base de plomo en el hogar. Los compradores pueden realizar una evaluación de riesgos antes de comprar la casa.

Comunidad de propietarios (HOA, por sus siglas en inglés). La ley de Florida requiere que los propietarios de bienes inmuebles sujetos a una asociación de propietarios proporcionen a los compradores potenciales un revelación del hecho previo a la celebración del contrato. La forma de la revelación debe estar sustancialmente en la forma identificada en el estatuto. El El estatuto exige la divulgación de la membresía obligatoria de la HOA y las evaluaciones y tarifas asociadas. Si no se proporciona esta divulgación, la venta puede ser anulada.

Un paquete típico de divulgación de la HOA también incluye

> ▸ declaraciones
> ▸ articulos de incorporación
> ▸ reglamento
> ▸ artículos de organización
> ▸ acuerdos operativos
> ▸ reglas y regulaciones
> ▸ acuerdos de medianeras
> ▸ acta de la asamblea anual de propietarios
> ▸ actas de las reuniones de directores o gerentes
> ▸ documentos financieros: Balance General, Ingresos y Egresos, Presupuesto, Estudio de Reservas, Cuotas Impagadas, Informe de Auditoría, Lista de Honorarios y Cargos
> ▸ lista de pólizas de seguro
> ▸ lista de evaluaciones por tipo de unidad

El vendedor es responsable de hacer las divulgaciones, pero el comprador debe ejercer la debida diligencia en la lectura y comprensión de las mismas. La responsabilidad del agente es asegurarse de que se hagan las divulgaciones.

Seguro contra inundaciones. La ley de Divulgación de Peligros Naturales requiere que los vendedores revelen si la propiedad está ubicada en una zona de inundación y si se requerirá un seguro contra inundaciones. Si bien no existe un lenguaje obligatorio para la divulgación, debe notificar al comprador que un prestamista hipotecario puede requerir un seguro contra inundaciones y que el

Programa Nacional de Seguros contra Inundaciones proporciona un seguro contra inundaciones con primas basadas en el riesgo de inundación donde se encuentra la propiedad. También debe indicar que el comprador no debe basarse en los montos de las primas pagadas por el vendedor como una indicación de la prima que pagará el comprador.

Impuesto a la propiedad. El estatuto de Florida 689.261 requiere la inclusión de un resumen de divulgación de impuestos sobre la propiedad con el formulario de divulgación estándar, insertado en el contrato o como un documento separado. El estatuto ordena el lenguaje:

Los compradores no deben basarse en los impuestos actuales sobre la propiedad del vendedor como la cantidad de impuestos sobre la propiedad que el comprador puede estar obligado a pagar en el año posterior a la compra. Un cambio de propiedad o mejoras en la propiedad desencadena reevaluaciones de la propiedad que podrían resultar en impuestos a la propiedad más altos. Si tiene alguna pregunta sobre la valoración, comuníquese con la oficina del tasador de propiedades del condado para obtener información.

Violación del código de construcción. En Florida, si el dueño de una propiedad ha sido citado por una violación del código y vende la propiedad antes de que la citación se resuelva en la corte, el propietario debe divulgar la citación por escrito al comprador y proporcionarle al comprador una copia de todos los materiales relacionados, notificar al nuevo propietario del requisito de cumplir con el código, y notificar al funcionario encargado de hacer cumplir el código de la transferencia de propiedad.

Sustancias peligrosas conocidas en la propiedad. Florida requiere que el vendedor revele cualquier contaminación ambiental conocida o peligros en la propiedad, como combustible subterráneo o tanque de combustible para calefacción que se sabe que tiene fugas.

Declaración de Divulgación de Transferencia (TDS, por *sus siglas en inglés):* la ley de Florida requiere que los vendedores proporcionen a los compradores una declaración por escrito que revele artículos como electrodomésticos, defectos estructurales y modificaciones, posibles servidumbres, problemas del vecindario y otros hechos materiales que puedan afectar la decisión del comprador de cerrar la transacción.

Zonas de inundación. Si la propiedad está ubicada cerca de una presa, el vendedor debe revelar que la propiedad está sujeta a posibles inundaciones en caso de una falla de la presa.

Zonas de gravedad de muy alto riesgo de incendio. Un vendedor de Florida también debe revelar si la propiedad se encuentra en un área donde los propietarios pueden estar obligados a realizar tareas de mantenimiento específicas para la prevención de incendios.

Zonas de incendios forestales. El vendedor debe revelar si la propiedad se encuentra en un área en la que el estado tiene la responsabilidad de la extinción de incendios.

Propiedad costera. Si la propiedad está ubicada cerca de la costa, el estatuto de Florida requiere la divulgación de la posible erosión costera y que la propiedad está sujeta a limitaciones de construcción federales, estatales y locales. Se debe proporcionar una declaración jurada o estudio que indique la ubicación de la línea de control de construcción costera.

Divulgación del Distrito de Desarrollo Comunitario (CDD, por sus siglas en ingles). El estatuto de Florida requiere que cada contrato para la venta inicial de una parcela de tierra o una unidad residencial dentro de un distrito de desarrollo comunitario incluya la siguiente divulgación inmediatamente encima de la firma del comprador en un tipo de letra en negrita más grande y más visible que el resto del texto del contrato:

El distrito de desarrollo comunitario (nombre del distrito) puede imponer y recaudar impuestos o gravámenes, o ambos impuestos y gravámenes, sobre esta propiedad. Estos impuestos y gravámenes pagan los costos de construcción, operación y mantenimiento de ciertas instalaciones y servicios públicos del distrito y son establecidos anualmente por la junta directiva del distrito. Estos impuestos y gravámenes se suman a los impuestos y gravámenes del condado y otros gobiernos locales y a todos los demás impuestos y gravámenes previstos por la ley.

Ley de Megan. Se requiere que los contratos de compra y arrendamiento incluyan un aviso de que una base de datos de delincuentes sexuales está disponible para su revisión pública para conocer la proximidad de los delincuentes sexuales registrados.

Defectos materiales afectando el valor de la propiedad

Durante muchos años, la regla utilizada en las ventas de propiedades fue caveat emptor, conocida como "que el comprador tenga cuidado". La esencia de esta regla era que el vendedor no tenía la obligación de informar a los compradores sobre cualquier defecto en la propiedad que afectara su valor, sin importar cuán grave pudiera ser el defecto. Si el comprador preguntaba, el vendedor no podía mentir; Pero si el comprador no preguntaba, entonces el vendedor no lo decía.

Johnson v. Davis. Esta práctica cambió en 1985 debido al caso *Johnson v. Davis* en el que la Corte Suprema de Florida dictaminó que "cuando el vendedor de una casa conoce hechos que afectan materialmente el valor de la propiedad [que] no son fácilmente observables y no son conocidos por el comprador, el vendedor tiene el deber de divulgarlos al comprador". Los vendedores ahora deben revelar el defecto o proporcionar la siguiente declaración:

"El Vendedor no tiene conocimiento de ningún hecho que afecte materialmente el valor de la Propiedad Inmueble que no sea fácilmente observable y que no haya sido revelado al Comprador."

Esta divulgación se conoce como el deber de *divulgación de* Johnson v. Davis.

Como resultado de este caso, los compradores de propiedades residenciales no están obligados a probar fraude o negligencia cuando buscan reparación por daños resultantes de que el vendedor no revele los defectos. Los compradores solo necesitan probar que el vendedor conocía un defecto material latente y no lo reveló y, por lo tanto, el comprador sufrió daños. Los defectos latentes son aquellos que no son visibles, obvios o fácilmente observables. Los compradores no están obligados a buscar defectos ocultos. El *Johnson v. Davis* caso llegó a la conclusión de que "Uno no debería ser capaz de pararse detrás del escudo impermeable de caveat emptor y aprovecharse de la ignorancia de otro."

Disposición "tal cual". Los contratos de compra estándar incluyen términos que requieren que los vendedores realicen ciertos tipos de reparaciones a la propiedad hasta una cantidad específica en dólares. Sin embargo, los contratos "tal cual" permiten al comprador ver la propiedad a través de una inspección sin obligaciones de reparación para el vendedor. Durante el período de inspección de 15 días, si el comprador no está de acuerdo con que el vendedor no repare los defectos descubiertos, el comprador puede cancelar el contrato sin penalización. Un comprador que firma el contrato "tal cual" renuncia a cualquier reclamo contra el vendedor y el agente del vendedor por cualquier defecto que existiera en el momento del cierre, pero que no se descubrió hasta después del cierre.

Sin embargo, el contrato "tal cual" no está exento del requisito de divulgación de *Johnson v. Davis* . El vendedor no solo debe revelar cualquier defecto conocido, sino que también debe incluir un lenguaje adicional en el contrato que indique que, aparte del deber de divulgar, el vendedor *"no extiende ni pretende ninguna garantía y no hace ninguna representación de ningún tipo, ya sea expresa o implícita, en cuanto a la condición física o la historia de la propiedad."*

Deber de divulgación del titular de la licencia. Un agente tiene el deber de informar al cliente de todos los hechos materiales, informes y rumores que podrían afectar los intereses del cliente en la transacción de la propiedad. Un hecho material es aquel que podría afectar el valor o la deseabilidad de la propiedad para un comprador si el comprador lo supiera. Los hechos materiales incluyen:

> ▸ la opinión del agente sobre el estado de la propiedad
> ▸ hechos adversos sobre la condición de la propiedad, defectos del título, peligros ambientales y defectos de la propiedad

En los últimos años, el estándar de divulgación se ha elevado para exigir que un agente revele elementos que un agente en ejercicio *debería saber,* ya sea que el agente realmente tuviera el conocimiento o no, e independientemente de si la divulgación promueve o impide el progreso de la transacción.

Los hechos que no se consideran materiales y, por lo tanto, no suelen estar sujetos a la divulgación obligatoria, incluyen elementos como la estigmatización de la propiedad (por ejemplo, que haya ocurrido un delito o una muerte en la propiedad) y la presencia de delincuentes sexuales registrados en el vecindario (de acuerdo con la Ley de Megan, la legislación federal que requiere que los delincuentes condenados se registren en el estado de residencia; en Florida, los agentes deben proporcionar información de registro a los compradores).

El agente puede ser considerado responsable por no revelar un hecho material si un tribunal dictamina que el agente típico en esa área detectaría y reconocería la condición adversa. No existe ninguna obligación de obtener o divulgar información que no sea relevante para la transacción, como los estigmas de propiedad.

Un agente que ve un problema, como un posible problema estructural o mecánico debe aconsejar al vendedor que busque el asesoramiento de un experto. Las señales de alerta pueden afectar seriamente el valor de la propiedad y/o el costo de la remediación. Además de la condición de la propiedad en sí, pueden incluir cosas tales como

- preocupaciones medioambientales
- anomalías en la propiedad, como lotes de gran tamaño o formas peculiares
- problemas vecinales
- construcción deficiente
- señales de inundación
- plano de planta deficiente
- características de la propiedad adyacente

CONTRATOS DE OPCIÓN

Características esenciales
Requisitos del contrato
Disposiciones comunes
Aspectos legales

Características esenciales

Una opción de compra es un contrato ejecutable en el que un vendedor potencial concede a un comprador potencial, el **Beneficiario de la opción**, el derecho a comprar una propiedad antes de un tiempo determinado por un precio y términos establecidos. A cambio del derecho de opción, el titular de la opción paga al vendedor una contraprestación valiosa.

Por ejemplo, un comprador quiere comprar una propiedad por $150,000, pero necesita vender un barco para aumentar el pago inicial. El barco tardará dos o tres meses en venderse. Para acomodar al comprador, el vendedor le ofrece al comprador la opción de comprar la propiedad en cualquier momento antes de la medianoche del día, es decir, noventa días a partir de la fecha de firma de la opción. El comprador paga al vendedor $1,000 por la opción. Si el comprador ejerce la opción, el vendedor aplicará los $1,000 al depósito de garantía y al pago inicial posterior. Si el titular de la opción deja que la opción expire, el vendedor se queda con los $1,000. Ambas partes aceptan el acuerdo completando un contrato de venta como complemento a la opción y luego ejecutando el acuerdo de opción en sí.

Una opción de compra no obliga al titular *de* la opción a comprar la propiedad. Sin embargo, el vendedor debe cumplir con los términos del contrato si el comprador ejerce la opción. Por lo tanto, una opción es un *acuerdo unilateral*. El ejercicio de la opción crea un contrato de compraventa bilateral en el que ambas partes están obligadas a cumplir. Una opción no utilizada termina en la fecha de vencimiento.

Un beneficiario puede usar una opción para evitar la venta de una propiedad a otra parte mientras busca recaudar fondos para la compra. Un inquilino con una **opción de arrendamiento con opción a compra** puede acumular fondos para el pago inicial mientras paga el alquiler al propietario. Por ejemplo, un propietario puede arrendar un condominio a un inquilino con opción de compra. Si el inquilino toma la opción, el arrendador acepta aplicar $100 del alquiler mensual pagado antes de la fecha de la opción al precio de compra. El inquilino paga al arrendador la suma nominal de $200 por la opción.

Las opciones también pueden facilitar la adquisición de propiedades comerciales. El período de opción le da al comprador tiempo para investigar la zonificación, la planificación del espacio, los permisos de construcción, los impactos ambientales y otros problemas de viabilidad antes de la compra sin perder la propiedad a manos de otra parte mientras tanto.

Requisitos del Contrato

Para ser válida y exigible, una opción de compra debe:

▶ Incluir una contraprestación real y no reembolsable

La opción debe requerir que el titular de la opción pague una contraprestación específica *que sea independiente del precio de compra*. La contraprestación no podrá ser reembolsada si no se ejerce la opción. Si se ejerce la opción, la contraprestación podrá aplicarse al precio de compra. Si la opción es una opción de arrendamiento, partes del alquiler pueden calificar como contraprestación separada.

▶ Incluir el precio y las condiciones de la venta

El precio y los términos de la transacción potencial deben expresarse claramente y no pueden cambiar durante el período de la opción. Es práctica habitual que las partes completen y adjunten un contrato de venta a la opción como satisfacción de este requisito.

▶ tiener una fecha de caducidad

La opción debe caducar automáticamente al final de un período específico.

▶ estar por escrito

Dado que se trata de una posible transferencia de bienes raíces, el estatuto de fraudes de Florida requiere que la opción sea por escrito.

▶ Incluir una descripción legal

> ▸ Cumplir con los requisitos generales de validez del contrato

Los conceptos básicos incluyen las partes competentes, la promesa de cumplimiento del optante y la firma del optante. Tenga en cuenta que no es necesario que el destinatario de la opción firme la opción.

Disposiciones comunes

Más allá de los elementos requeridos, es común que una opción incluya disposiciones que abarquen:

> ▸ cómo entregar el aviso de elección

Una cláusula aclara cómo hacer la elección de la opción, exactamente cuándo debe completarse la elección y cualquier término adicional requerido, como un depósito de garantía.

> ▸ términos de decomiso

Una cláusula establece que el optador tiene derecho a la contraprestación si expira el plazo de la opción.

> ▸ garantías de condición de propiedad y título

El optador garantiza que la propiedad se mantendrá en ciertas condiciones, y que el título será comercializable y asegurable.

> ▸ cómo se acreditará la contraprestación de la opción

Una cláusula establece cómo el optor aplicará la contraprestación de la opción al precio de compra.

Aspectos legales

Interés equitativo. El titular de la opción disfruta de un interés equitativo en la propiedad porque la opción crea el derecho a obtener un título legal. Sin embargo, la opción no transmite en sí misma un interés en bienes inmuebles, solo un derecho a hacer algo regido por el derecho contractual.

Grabación. Una opción debe ser registrada, porque el interés equitativo que crea puede afectar la comerciabilidad del título.

Asignación. Una opción de compra es cedible a menos que el contrato prohíba expresamente la cesión.

11 Revisión Instantánea de los Contratos Inmobiliarios

ELEMENTOS ESENCIALES DEL CONTRATO

Definición de contrato
- promesas mutuas basadas en el "encuentro de las mentes" para hacer o abstenerse de hacer algo; potencialmente ejecutable si se crea válidamente

Creación del contrato
- solo los abogados pueden preparar legalmente; Los licenciatarios de bienes raíces pueden completar formularios estándar para acuerdos de corretaje de listados y compradores, contratos de venta y opción

Régimen jurídico de los contratos
- Válido: cumple con los criterios
- nulo: no cumple con los criterios
- anulable: no válido si se rechaza
- Válidos pero inaplicables: ciertos contratos verbales

Criterios de validez
- partes competentes; consentimiento mutuo; consideración valiosa; finalidad jurídica; Acto voluntario y de buena fe

Validez de un contrato de traspaso
- debe constar por escrito; contener una descripción legal; estar firmada por una o más partes

Limitaciones de aplicación
- Estatuto de Fraudes: Debe ser escrito para que sea ejecutable
- Plazo de prescripción: debe actuar dentro del plazo

UETA y contratación electrónica
- Ley federal: los registros y firmas electrónicas son legales y deben ser aceptados; exigible independientemente del medio

CLASIFICACIONES DE CONTRATOS
- oral o escrito; expreso o implícito; unilaterales o bilaterales; ejecutado o ejecutoriado

CREACIÓN DE CONTRATOS

Oferta y aceptación
- La oferta válida y la aceptación válida crean un contrato
- La oferta se convierte en contrato en el momento de la comunicación de la aceptación por parte del destinatario de la oferta al oferente

Contraoferta
- cualquier oferta en respuesta a una oferta o cualquier oferta original alterada; Anula la oferta original

Revocación de una oferta
- El oferente podrá revocar la oferta antes de la comunicación de la aceptación por parte del destinatario

Terminación de una oferta
- aceptación; rechazo; revocación; expiración; contraoferta; Muerte o locura

Cesión de un contrato
- asignable a menos que esté expresamente prohibido o sea un servicio personal

Preparación de contratos
- restringido a menos que tenga licencia como abogado o como parte del contrato

TERMINACIÓN DEL CONTRATO

Formas de terminación de contrato

- rendimiento; inviabilidad; mutuo acuerdo; rescisión del período de enfriamiento; revocación; abandono; lapso de tiempo; nulidad del contrato; Incumplimiento de contrato

Incumplimiento de contrato

- Incumplimiento sin causa
- Recursos legales: rescisión; confiscación; demanda por daños y perjuicios; Rendimiento específico

CONTRATOS DE TRABAJO

Fundaciones en ley de agencia

- listado: contrato de trabajo ejecutable del corredor con el cliente que establece una relación de agencia especial para adquirir un cliente
- partes: corredor de listado y cliente; subagentes del corredor; consumidores y prospectos
- deberes fiduciarios: lealtad; obediencia; revelación; cuidado; diligencia; contabilidad
- alcance de la autoridad: los listados son de agencia especial o limitada, no acuerdos de agencia general; el corredor no puede contratar para el cliente a menos que esté específicamente autorizado; los clientes son responsables únicamente de los actos del corredor dentro del ámbito de la autoridad

Tipos de acuerdos de listados

- **Listado de propietarios**: autorización para vender o arrendar;
- **Derecho exclusivo de venta (o arrendamiento)--** más prevalente; entregada a un corredor; por lo general, debe ser escrito; debe caducar; el corredor obtiene una comisión si la propiedad se transfiere durante el período
- **Agencia exclusiva--** exclusivo excepto propietario; oral o escrito; debe caducar; El corredor obtiene una comisión a menos que el propietario venda
- ▶ **Listado de compradores o inquilinos**: autorización para representar al comprador o inquilino; listados abiertos o exclusivos con compradores o inquilinos para representar sus intereses compensación en la forma estipulada por acuerdo; puede ser pagado por el vendedor o el arrendador al momento del cierre; pagadero si el comprador incumple; el agente tiene deberes fiduciarios y de divulgación
- **Listado abierto--** no exclusivo; oral o escrito; no hay vencimiento establecido; la causa de procuración obtiene comisión; Sin comisión si el cliente adquiere al consumidor
- **Listado neto--** todos los ingresos de la venta por encima del precio mínimo del vendedor van al corredor; desalentado, si no ilegal; legal en Florida
- **Acuerdos de Corredor de Transacciones--** no agencia; sin deberes fiduciarios; agente no trabaja en interés o en beneficio de ninguna de las partes
- **Listado múltiple--** colocados en la MLS; los propietarios dan su consentimiento a las reglas y disposiciones de la MLS

CONTRATOS DE COMPRAVENTA

Características legales

- vinculante, contrato bilateral de compraventa; ejecutable; ejecutoria, o por cumplir; expira al cierre; debe constar por escrito; contienen consideraciones valiosas; identificar la propiedad; estar firmada por todos; Ser un contrato válido

Creación de contratos

- por la aceptación incondicional de una oferta; otorga al comprador un título equitativo, el poder de obligar a un cumplimiento específico

Depósito en garantía	• asegura la validez del contrato y el interés equitativo del comprador; varía en cantidad; Depósito controlado por la parte desinteresada que debe actuar de acuerdo con las instrucciones del depósito en garantía
Contingencias contractuales	• condiciones que deben cumplirse para que el contrato sea ejecutable
Incumplimiento	• el comprador puede demandar por cancelación y daños y perjuicios o por cumplimiento específico; El vendedor puede reclamar el depósito como indemnización por daños y perjuicios, o puede demandar por cancelación, otros daños o por cumplimiento específico
Disposiciones contractuales	• partes, consideración, descripción legal, precio y términos, aprobación del préstamo, depósito en garantía, fechas de cierre y posesión, interés transmitido, tipo de escritura, evidencia de título, garantía de condición de la propiedad, costos de cierre, daño y destrucción, incumplimiento, representación del corredor, comisión, declaraciones del vendedor
	• inspecciones, divulgación de la asociación de propietarios, encuesta, peligros ambientales, cumplimiento de las leyes, vencimiento en la venta, divulgación de financiamiento del vendedor, derechos del inquilino de la propiedad de alquiler, condición de financiamiento de la FHA o VA, llanura de inundación y seguro contra inundaciones, evaluaciones de condominios, retención de vendedores extranjeros, intercambio de impuestos diferidos, fusión de acuerdos, avisos, tiempo de la esencia, transmisión de fax, supervivencia, resolución de disputas, anexos
Divulgaciones requeridas	• Florida requiere varias divulgaciones: eficiencia energética, sustancias peligrosas conocidas, declaración de divulgación de transferencia, seguro contra inundaciones, zonas de inundación, zonas de alto riesgo de incendio, áreas de incendios forestales, incendios forestales, propiedad costera, asociaciones de propietarios, condominios y cooperativas, distrito de desarrollo comunitario, impuesto a la propiedad, violación del código de construcción, ley de Megan, radón
Defectos materiales afectando el valor de la propiedad	• a partir de 1985, Caveat Emptor ya no se utiliza; Los vendedores están obligados a revelar todos los defectos conocidos, sean o no observables
	• **Johnson vs. Davis:** todos los defectos conocidos deben ser revelados, incluso aquellos que no se observan fácilmente; Los compradores no necesitan probar fraude o negligencia, solo la falta de divulgación
	• Disposición tal cual: los compradores compran sin la obligación del vendedor de reparar los defectos; los vendedores aún deben revelar todos los defectos conocidos; Los compradores pueden cancelar dentro del período de inspección de 15 días
	• el licenciatario tiene el deber de revelar todos los hechos materiales; debe informar al vendedor de los problemas de bandera roja detectados; puede incluir preocupaciones ambientales, tamaño y forma de la propiedad, vecindario, calidad de la construcción, inundaciones, plano de planta, propiedad adyacente

CONTRATOS DE OPCIÓN

Características esenciales	• el vendedor da opción al destinatario de la opción; Contrato unilateral: el vendedor debe cumplir; el comprador no tiene por qué hacerlo; Si se ejerce la opción, la opción se convierte en un contrato de venta bilateral

Requisitos del contrato	• debe incluir: contraprestación no reembolsable por el derecho de opción; precio y condiciones de la venta; fecha de vencimiento del período de opción; descripción legal; debe estar por escrito y cumplir con los requisitos de validez del contrato
Disposiciones comunes	• disposiciones especiales: cómo ejercer la opción; términos de pérdida de dinero de opción; Cómo se aplicará el dinero de la opción al precio de compra
Aspectos legales	• crea un interés equitativo; es asignable; debe ser grabado

SECCIÓN UNDÉCIMA: Contratos Inmobiliarios

Cuestionario de sección

1. Una característica legal importante de un contrato es

   a. Representa un "encuentro de las mentes".
   b. Debe utilizar una redacción precisa en un documento.
   c. no es anulable.
   d. Solo puede ser creado por un abogado.

2. De acuerdo con el derecho contractual, todo contrato válido es también

   a. vacío.
   b. ejecutable.
   c. ejecutable o inaplicable.
   d. evitable.

3. El tutor de una parte mentalmente incompetente celebra un contrato verbal con otra parte para comprar un accesorio comercial. Este contrato

   a. no cumple con los requisitos de validez.
   b. es posiblemente válida y ejecutable.
   c. debe estar por escrito para que sea válido.
   d. es válida pero inaplicable.

4. Un posible comprador de vivienda presenta una oferta firmada para comprar una casa con la condición de que el vendedor pague los puntos de financiamiento al cierre. El vendedor no está de acuerdo, tacha la cláusula de puntos, luego firma y devuelve el documento al comprador. En este punto, suponiendo que todos los demás elementos de validez del contrato estén en orden, el estado de la oferta es

   a. una oferta aceptada, por lo tanto, un contrato válido.
   b. Un contrato inválido.
   c. una contraoferta.
   d. Una oferta no válida.

5. Como parte de un contrato de construcción entre un contratista y un comprador, el contratista se compromete a completar la construcción antes del 20 de noviembre. Esta promesa puede interpretarse como

   a. competencia por parte del contratista.
   b. consentimiento mutuo.
   c. buena fe.
   d. consideración valiosa.

6. Un inversionista sin escrúpulos completa un contrato con un comprador para vender una propiedad que el inversionista no posee. El contrato de compraventa de esta transacción

   a. es anulable.
   b. debe constar por escrito.
   c. es nulo.
   d. es ilegal, pero potencialmente ejecutable.

7. Un propietario anima a un agente a persuadir agresivamente a un comprador para que compre su casa inflando en exceso las tasas de apreciación históricas. El agente y el vendedor están de acuerdo en que una apreciación anual del 25% funcionaría, a pesar de que esta cifra es cuatro veces las tasas reales. El tono tiene éxito y el vendedor acepta la oferta resultante del comprador. Este contrato es

   a. exigible.
   b. anulable.
   c. vacío.
   d. válido.

8. El estatuto de limitaciones requiere que las partes de un contrato que hayan sido dañadas o que cuestionen las disposiciones del contrato

   a. debe actuar dentro de un plazo legal.
   b. deben seleccionar un curso de acción específico y limitado para recuperar sus pérdidas.
   c. debe arbitrar antes de emprender una acción judicial.
   d. deben esperar un período legal antes de que puedan emprender acciones legales.

9. El propósito del Estatuto de Fraudes es

   a. invalidar ciertos contratos verbales.
   b. Exigir que ciertos contratos relacionados con la transmisión se hagan por escrito.
   c. Anular los contratos de arrendamiento verbales y de listado.
   d. Eliminar el fraude en los contratos inmobiliarios.

10. Un vendedor acepta inmediatamente la oferta del comprador, pero espera ocho días antes de devolver el documento aceptado al comprador. ¿Cuál de las siguientes afirmaciones es verdadera?

    a. El comprador está vinculado al contrato desde que fue aceptado inmediatamente.
    b. El comprador no tiene ninguna obligación con el vendedor.
    c. El comprador no podrá rescindir la oferta vencida.
    d. El vendedor puede demandar por cumplimiento específico.

11. Un comprador acepta todos los términos de la oferta del vendedor, excepto el precio. El comprador baja el precio en $1,000, firma el formulario y lo devuelve por correo al vendedor. En este punto, la oferta del vendedor

    a. es nulo.
    b. se convierte en un contrato ejecutatorio.
    c. se convierte en una contraoferta.
    d. ha sido aceptada.

12. Un comprador envía una oferta a un vendedor. Dos horas más tarde, el comprador encuentra una casa mejor, llama al primer vendedor y retira la oferta. ¿Cuál de las siguientes afirmaciones es verdadera?

    a. el comprador no podrá revocar la oferta en un periodo de tiempo tan corto.
    b. el primer vendedor puede demandar al comprador por cumplimiento específico.
    c. si el vendedor aceptó la oferta, el comprador debe cumplir.
    d. la oferta original se extingue legalmente.

13. Contratos inmobiliarios que no son contratos de servicios personales

    a. pueden ser asignados.
    b. no son asignables.
    c. debe constar por escrito.
    d. están exentos del estatuto de fraudes.

14. ¿Cuál de los siguientes contratos debe constar por escrito para ser ejecutable?

    a. un contrato de libertad condicional.
    b. un contrato de arrendamiento de seis meses.
    c. un contrato de arrendamiento de dos años.
    d. un contrato en ejecución.

15. Un buen ejemplo de contrato unilateral es

    a. una opción de compra.
    b. un acuerdo de listado.
    c. un acuerdo de servicios personales.
    d. un contrato de compraventa.

16. Un contrato se rescinde siempre que

    a. hay un período de enfriamiento.
    b. ambas partes lo han firmado.
    c. se realiza.
    d. las partes acuerdan sus respectivas promesas.

17. Un contrato puede rescindirse de forma defendible sin daños y perjuicios si:

    a. es abandonado por una de las partes.
    b. es imposible de realizar.
    c. se considera válido.
    d. ambas partes incumplen sus términos.

18. A landlord suddenly terminates a tenant's lease in violation of the lease terms. The tenant takes action to compel the landlord to comply with the violated terms. This is an example of a suit for

    a. rescission.
    b. specific performance.
    c. damages.
    d. forfeiture.

19. El tipo de listado que asegura a un corredor una compensación por la contratación de un cliente, independientemente de la parte contratante, es un

    a. acuerdo exclusivo de derecho de venta.
    b. contrato de agencia exclusiva.
    c. listado abierto.
    d. listado neto.

20. Un propietario se compromete a pagar a un corredor por conseguir un inquilino a menos que sea el propietario quien encuentre al inquilino. Este es un ejemplo de un

    a. acuerdo exclusivo de derecho de venta.
    b. contrato de agencia exclusiva.
    c. listado abierto.
    d. listado neto.

21. Un arrendador promete compensar a un corredor por conseguir un inquilino, siempre que el corredor sea la causa de la contratación. Este es un ejemplo de un

    a. acuerdo exclusivo de derecho de venta.
    b. contrato de agencia exclusiva.
    c. listado abierto.
    d. listado neto.

22. El dueño de una propiedad se compromete a pagar una comisión a un corredor, siempre que el propietario reciba una cantidad mínima de ingresos de la venta al cierre. Este es un ejemplo de un

    a. acuerdo exclusivo de derecho de venta.
    b. contrato de agencia exclusiva.
    c. listado abierto.
    d. listado neto.

23. La diferencia más significativa entre un acuerdo de representación del propietario y un acuerdo de representación del comprador es

    a. el cliente.
    b. el importe de la comisión.
    c. solicitudes de ley de agencias.
    d. solicitudes de derecho contractual.

24. ¿Qué autoridad le da una autorización de listado múltiple a un corredor?

    a. Para publicar la propiedad del propietario en un servicio de listado múltiples
    b. Vender varias propiedades para el propietario a la vez
    c. Vender o arrendar el inmueble
    d. Delegar las responsabilidades de listado a otros agentes

25. Una cláusula de "período de protección" en una lista exclusiva establece que:

    a. El propietario está protegido de todas las responsabilidades que surjan de las acciones del agente realizadas dentro del alcance de sus deberes.
    b. El agente tiene derecho a una comisión si el propietario vende o arrienda a una parte dentro de un cierto tiempo después del vencimiento del listado.
    c. Los agentes tienen derecho a extender el plazo de un acuerdo de cotización si una transacción es inminente.
    d. Un propietario no es responsable de una comisión si un cliente potencial se retrasa en completar una oferta aceptable.

26. Varios compradores están compitiendo por la última casa disponible en una nueva subdivisión deseable. Un comprador llama al propietario-desarrollador directamente por teléfono y ofrece $ 10,000 por encima del precio de lista. El promotor acepta la oferta. Llegados a este punto,

    a. Las partes tienen un contrato de venta válido y ejecutable sobre la casa.
    b. Las partes han completado un contrato verbal y ejecutatorio.
    c. Las partes no podrán rescindir su contrato.
    d. El promotor no pudo considerar otras ofertas por la propiedad.

27. Un propietario completa un contrato para vender su propiedad. Antes del cierre, el vendedor tiene problemas financieros y cede el contrato a su acreedor principal. El comprador se queja por temor a que la propiedad se pierda. ¿Cuál de las siguientes afirmaciones es verdadera?

    a. El comprador puede demandar al cesionario para que no se autorice la cesión ilegal.
    b. El comprador puede emprender acciones legales contra el cedente.
    c. El cedente ha completado una acción legal.
    d. Se anula el contrato de compraventa.

28. Durante el período de ejecución de un contrato de venta, el comprador adquiere un derecho de propiedad equitativo sobre la propiedad. Esto significa que

    a. El comprador puede obligar al vendedor a transferir la propiedad.
    b. Ambas partes son propietarias de la propiedad por igual.
    c. Si no se cumplen las contingencias del contrato, el comprador asume la titularidad legal.
    d. El comprador posee capital en la propiedad en cuestión en la medida de los fondos depositados en custodia.

29. El propósito de una cuenta de depósito en garantía es

    a. Confíe el dinero del depósito a un fiduciario imparcial.
    b. Permitir que los mandantes accedan a los fondos en custodia sin interferencia de la otra parte.
    c. Asegúrese de que el corredor reciba su comisión.
    d. impedir que el comprador retire la oferta.

30. Un contrato de venta contiene una contingencia de financiamiento indefinida: si el comprador no puede obtener financiamiento, el trato se cancela. Seis meses después, el comprador sigue sin poder conseguir financiación. ¿Cuál de las siguientes afirmaciones es verdadera?

    a. El vendedor puede rescindir el contrato, ya que puede ser declarado inválido.
    b. El comprador puede continuar indefinidamente buscando financiamiento, y la propiedad del vendedor debe permanecer fuera del mercado.
    c. El vendedor debe devolver el depósito del comprador.
    d. El vendedor puede obligar a un prestamista a comprometerse con un préstamo bajo las leyes de financiamiento justo.

31. En caso de incumplimiento por parte del comprador, una disposición para la indemnización por daños y perjuicios en un contrato de venta permite al vendedor

    a. Demandar al comprador por el pago inicial anticipado.
    b. obligar al comprador a renunciar a la titularidad equitativa.
    c. Demandar al comprador por todos los activos líquidos perdidos como resultado del incumplimiento.
    d. Reclamar el deposito como reparación por el incumplimiento del comprador.

32. Una cláusula de vencimiento en la venta en un contrato de venta advierte a las partes de que

    a. El precio total de la propiedad se debe pagar al vendedor al momento del cierre.
    b. Todos los préstamos que sobrevivan al cierre serán pagaderos de inmediato.
    c. Todas las deudas del vendedor deben ser canceladas antes o después del cierre.
    d. Los préstamos de terceros que sobrevivan al cierre pueden ser acelerados por el prestamista.

33. Un contrato de compraventa puede tratar específicamente la responsabilidad de retención de impuestos si el vendedor es extranjero. ¿Cuál es esta responsabilidad?

    a. El comprador debe retener el 15% del precio de compra al cierre para el pago del impuesto sobre las ganancias de capital del vendedor.
    b. El comprador debe retener el 15% del precio de compra al cierre para el pago del impuesto sobre las ganancias de capital del comprador.
    c. El vendedor debe retener el 15% de los fondos del comprador como depósito en el impuesto sobre las ganancias de capital del comprador.
    d. El vendedor debe retener el 15% del precio de venta para pagar el impuesto sobre las ganancias de capital del vendedor.

34. Una característica legal importante de un acuerdo de opción de compra es que

    a. El comprador potencial, el beneficiario de la opción, está obligado a comprar la propiedad una vez que se complete el acuerdo de opción.
    b. El vendedor debe actuar si el destinatario de la opción toma la opción, pero el destinatario de la opción no tiene la obligación de hacerlo.
    c. El contrato puede ejecutarse sin costo alguno para el beneficiario de la opción.
    d. Es un acuerdo bilateral.

35. Un inquilino tiene un acuerdo de opción de compra con el arrendador que vence el 30 de junio. El 1 de julio, el inquilino llama frenéticamente al propietario para que ejerza la opción, ofreciéndole la disculpa de que estaba ocupado con una muerte en la familia. ¿Cuál de las siguientes afirmaciones es verdadera?

    a. Dado que las opciones contienen períodos de gracia, el arrendador debe vender.
    b. El inquilino pierde el derecho a comprar, pero puede reclamar al arrendador el dinero pagado por la opción.
    c. El arrendador no tiene que vender, pero debe renovar la opción.
    d. La opción ha expirado y el inquilino no tiene derecho a reclamar el dinero pagado por la opción.

36. Un inquilino ejerce una opción de compra de un condominio. El arrendador está de acuerdo, pero aumenta el precio acordado en $3,000, alegando dificultades financieras. Sin embargo, el arrendador ofrece al inquilino dos meses de alquiler gratuito antes del cierre como compensación. ¿Cuál de las siguientes afirmaciones es verdadera?

    a. El inquilino puede forzar la venta en los términos originales.
    b. El arrendador ha emprendido una acción totalmente legal que el inquilino debe cumplir.
    c. La opción es nula y el titular de la opción puede reclamar cualquier dinero de la opción pagado.
    d. El arrendador debe ofrecer suficiente alquiler gratuito para igualar el aumento de precio de $3,000.

37. ¿Cuál de las siguientes afirmaciones es verdadera con respecto a la naturaleza jurídica de los contratos de opción?

    a. No son asignables.
    b. Son exigibles, ya sean escritas u orales.
    c. Le dan al beneficiario de la opción un interés equitativo en la propiedad.
    d. Deben registrarse para que sean válidos.

38. Un arrendador promete compensar a un corredor por conseguir un inquilino, siempre que el corredor sea la causa de la contratación. Este es un ejemplo de un

    a. Acuerdo exclusivo de derecho de venta.
    b. Contrato de agencia exclusiva.
    c. Listado abierto.
    d. listado neto.

39. ¿Cuál de las siguientes NO es una divulgación obligatoria al vender una propiedad en Florida?

    a. Divulgación del seguro contra inundaciones
    b. Divulgación de la Ley de Molly
    c. Divulgación de la violación del código de construcción
    d. Divulgación del impuesto sobre la propiedad

40. Qué práctica de ventas de propiedades cambió como resultado de la *Johnson v. Davis*?

    a. Disposición tal cual
    b. Disposiciones contractuales estandarizadas
    c. Caveat emptor
    d. Divulgación del impuesto sobre la propiedad

12 Hipotecas Residenciales

Conceptos Hipotecarios
Disposiciones legales esenciales de las hipotecas
Características comunes de las hipotecas
Compra de Propiedad Hipotecada
Incumplimiento y ejecución hipotecaria

Objetivos de aprendizaje

- Distinguir entre la teoría del título y la teoría del gravamen
- Describa los elementos esenciales del instrumento hipotecario y del pagaré
- Describa las diversas características de una hipoteca, incluido el pago inicial, la relación préstamo-a-valor, valor líquido de la vivienda, los intereses, el servicio del préstamo, la cuenta de depósito en garantía, el PITI, los puntos de descuento y la tarifa de originación del préstamo
- Explicar la cesión de una hipoteca y el propósito de un certificado de impedimento
- Explique el proceso de ejecución hipotecaria y distinga entre ejecución hipotecaria judicial y no judicial.
- Describa los derechos del deudor hipotecario y del acreedor hipotecario en una ejecución hipotecaria
- Calcular la relación préstamo-a-valor
- Explicar el uso de los puntos de descuento y calcular el rendimiento aproximado de un préstamo
- Distinguir entre los diversos métodos de compra de bienes hipotecados

Términos clave

cláusula de aceleración	teoría de gravámenes
presunción	litispendencia
hipoteca general	préstamos para el desarrollo de tierras
reducción	comisión de originación de préstamos
contrato de escritura (contrato de tierra)	servicio de préstamos
cláusula de anulación	relación préstamo-a-valor
escritura en lugar de ejecución hipotecaria	hipoteca
puntos de descuento	acreedor hipotecario
cláusula de vencimiento en la venta	deudor hipotecario
equidad (valor líquido de la vivienda)	nota
Equidad de redención	contrato de novación
plica	cláusula de liberación parcial
certificado de impedimento	PITI
hipotecación	cláusula de pago anticipado
interés	multa por pago anticipado

CONCEPTOS HIPOTECARIOS

Ley hipotecaria
Instrumentos de préstamo
Flujo de la operación hipotecaria
Prioridad hipotecaria

Ley hipotecaria

Hipoteca. Es común utilizar dinero prestado para comprar bienes raíces. Cuando un prestatario da un pagaré en el que promete devolver el dinero prestado y ejecuta una hipoteca sobre el bien inmueble para el que se pide prestado el dinero como garantía, el método de financiación se denomina financiación hipotecaria. El término "financiamiento hipotecario" también se aplica a los préstamos inmobiliarios garantizados por una escritura de fideicomiso. El proceso de obtener un préstamo mediante la pignoración de una propiedad sin renunciar a la propiedad del inmueble se llama **Hipotecación**.

Teoría del gravamen vs. teoría del título. Los estados difieren en su interpretación de quién es el propietario de la propiedad hipotecada. Se denominan a los que consideran la hipoteca como un gravamen que el acreedor hipotecario (prestamista) tiene sobre el inmueble del deudor hipotecario (prestatario) se llaman estados de **Teoría de gravámenes**. Se denominan a los que consideran el documento de hipoteca como una transmisión de la propiedad del deudor hipotecario al acreedor hipotecario se llaman estados de **teoría del título**. Algunos estados interpretan la propiedad hipotecada desde un punto de vista que combina aspectos tanto de la teoría del título como de la teoría del gravamen. Florida se considera un estado de teoría de gravámenes.

Instrumentos de préstamo

Un acuerdo de financiamiento de hipoteca o escritura fiduciaria válida requiere

- una *nota* como prueba de la deuda
- la *escritura de hipoteca o fideicomiso* como prueba de la prenda de garantía

Pagaré. Además de ejecutar una hipoteca o escritura de fideicomiso, el prestatario firma un pagaré por la cantidad prestada. El monto del préstamo suele ser la diferencia entre el precio de compra y el pago inicial. Un pagaré crea una responsabilidad personal para que el prestatario pague el préstamo.

Un prestatario que ejecuta un pagaré es el **fabricante** o **pagador** de la nota. El prestamista es el **beneficiario**. Para que se ejecute correctamente, todas las partes que tengan un interés en el inmueble debe firmar la nota. La nota establece:

- el monto del préstamo
- el plazo del préstamo
- la forma y el momento del reembolso;
- 4 la tasa de interés a pagar
- la promesa de pago del prestatario

El pagaré también puede indicar que es pagadero al portador, si se usa con una escritura de fideicomiso, o al acreedor hipotecario, si se usa con una hipoteca.

Otros elementos del documento de hipoteca o escritura fiduciaria pueden repetirse en el pagaré, especialmente:

- ▶ el derecho a pagar por adelantado el saldo del préstamo
- ▶ cargos por retraso en el pago
- ▶ condiciones para el incumplimiento
- ▶ notificaciones y subsanaciones para el incumplimiento
- ▶ otros cargos

Un pagaré es un **Instrumento negociable**, lo que significa que el beneficiario puede *asignar* a un tercero. El cesionario tendría entonces derecho a recibir los pagos periódicos del prestatario.

Fannie Mae / Freddie Mac Pagaré Uniforme de Tasa Fija de la Florida. (Véase también "Fannie Mae", capítulo 13 bajo "Mercado Hipotecario Secundario") Este es un formulario de pagaré estandarizado adaptado a la Florida que fue creado y adoptado a través de los esfuerzos conjuntos de los compradores y comerciantes del mercado hipotecario secundario más grandes del país. El Pagaré Uniforme de Tasa Fija de la Florida contiene todas las disposiciones necesarias para su fácil aceptación como instrumento financiero negociable. Para ver el formulario, consulte https://singlefamily.fanniemae.com/media/11241/display.

Las características esenciales y el contenido de esta nota son los siguientes:

- ▶ la tasa de interés es fija y permanece constante durante la vida del préstamo
- ▶ el monto de la deuda (capital más intereses); método de amortización (mensual); plazo del préstamo; disposiciones sobre incumplimiento y pago atrasado para proteger al prestamista

Instrumento hipotecario. Una hipoteca es un documento legal que establece la promesa del prestatario al prestamista. El documento de hipoteca compromete el interés de propiedad del prestatario en el bien inmueble en cuestión como garantía contra el cumplimiento de la obligación de deuda en un proceso denominado **Hipotecación**.

Un prestatario que ejecuta una hipoteca es un **deudor hipotecario**. El prestamista nombrado en la hipoteca es el **acreedor hipotecario**. En una escritura de fideicomiso, el prestatario es el **fideicomitente** y el prestamista es **el beneficiario**. El documento de hipoteca o fideicomiso identifica la propiedad que se entrega como garantía, dando tanto su descripción legal como su dirección postal. El documento contiene gran parte de la misma información que la nota, incluyendo:

- ▶ el monto de la deuda
- ▶ el plazo del préstamo
- ▶ forma y calendario de los pagos

Por lo general, el documento no proporciona detalles sobre el monto del pago, la tasa de interés o los cargos.

Satisfacción de hipoteca. La cláusula de liberación, también conocida como **cláusula de anulación**, puede especificar que el acreedor hipotecario ejecutará una **satisfacción de la hipoteca** (también conocido como **liberación de la hipoteca** y **cancelación de la hipoteca**) al deudor hipotecario. En el caso de una escritura de fideicomiso, el prestamista como beneficiario solicita al fideicomisario que ejecute un **escritura de liberación** o **escritura de retransmisión** al prestatario como fideicomitente. La escritura de liberación o satisfacción debe registrarse según sea necesario en los registros del condado para demostrar que el acreedor hipotecario/fideicomisario ha extinguido todos los gravámenes contra la propiedad.

Flujo de transacción de una hipoteca

Flujo de una transacción hipotecaria

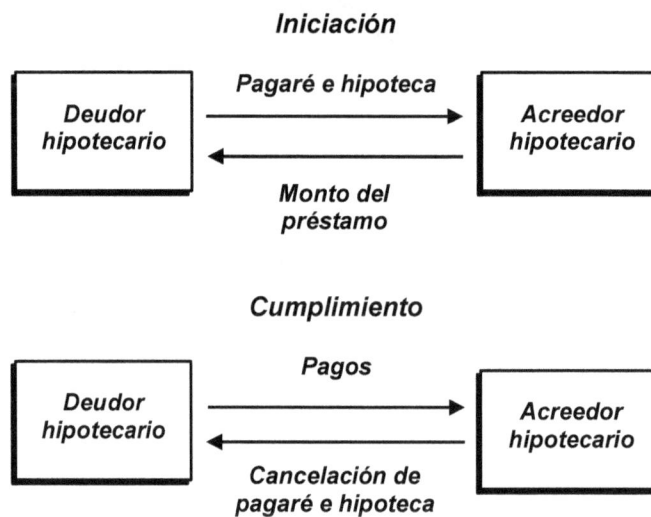

Iniciación

Cumplimiento

Prioridad hipotecaria

Primeras hipotecas vs. hipotecas junior. Como se discutió en la Sección 9 bajo "Gravámenes", prioridad de gravamen determina el orden de los créditos de los gravámenes sobre la garantía subyacente a la deuda. El gravamen de mayor rango es el primero en recibir los ingresos del valor ejecutado y liquidado. El gravamen con la prioridad más baja es el último en la fila. El propietario recibe los ingresos de la venta que quedan después de que todos los embargantes reciban lo que les corresponde.

La prioridad del gravamen es de suma importancia para el acreedor, ya que establece el nivel de riesgo en la recuperación de los activos prestados en caso de incumplimiento. La fecha de grabación determina la prioridad. La regla es: *cuanto más temprano sea la fecha de registro del gravamen, mayor será su prioridad.*

Acuerdos de subordinación. Un embargante puede cambiar la prioridad de un gravamen aceptando voluntariamente subordinar, o rebajar, la posición del gravamen en la jerarquía. Este cambio a menudo es necesario cuando un prestamista hipotecario no originará un préstamo hipotecario a menos que sea superior a todos los demás gravámenes menores sobre la propiedad. El prestamista puede requerir que el prestatario obtenga acuerdos de otros titulares de gravámenes para subordinar sus gravámenes a la nueva hipoteca.

DISPOSICIONES LEGALES ESENCIALES DE LAS HIPOTECAS

Disposiciones primarias
Otras disposiciones

Disposiciones primarias

Promete pagar. El prestatario debe realizar los pagos a tiempo de acuerdo con los términos del pagaré.

Impuestos y seguros de propiedad. A menos que el prestamista renuncie o lo prohíba la ley, el prestatario debe hacer pagos mensuales para cubrir los impuestos y el seguro de propiedad o riesgo. Si corresponde, el prestatario también debe pagar las cuotas del seguro contra inundaciones y del seguro hipotecario.

Los pagos periódicos de impuestos y seguros se mantienen en un fondo de reserva llamado **cuenta de depósito en garantía**. La Ley de Procedimientos de Liquidación de Bienes Raíces (RESPA, por sus siglas en inglés) limita la cantidad de fondos que el prestamista puede requerir y retener para este propósito.

El pago mensual del prestatario al prestamista por concepto de capital e intereses se denomina **pago de P&I** (capital e intereses). La cantidad que también incluye el pago del depósito en garantía se denomina **PITI** (capital, intereses, impuestos, seguro).

Mantenimiento y pacto de buena reparación (ocupación, conservación, mantenimiento y protección del inmueble). El prestatario debe tomar y mantener la ocupación de la propiedad como residencia principal del prestatario de acuerdo con los requisitos del prestamista. El prestatario no debe usar o descuidar la propiedad de tal manera que perjudique el gravamen del prestamista sobre la propiedad. Esto podría incluir el uso de la propiedad para fines ilegales, la creación de desechos peligrosos en la propiedad o la destrucción de las mejoras.

Otras disposiciones

Pago adelantado. El prestatario puede pagar el préstamo, en su totalidad o en parte, antes del vencimiento del préstamo y sin penalización. En Florida, se asume que esta disposición es cierta a menos que una cláusula indique específicamente lo contrario.

Aceleración. El requisito de devolver el préstamo antes de la fecha prevista se llama **aceleración**.

Derecho a la reincorporación. Si el prestamista mantiene al prestatario en incumplimiento de pago según los términos de la hipoteca y procede a hacer valer sus derechos en virtud del documento, por ejemplo, mediante la ejecución hipotecaria, el prestatario tiene derecho a restablecer su interés mediante la realización de ciertas acciones. Por lo general, esto significa pagar los pagos atrasados de la hipoteca y cualquier otro gasto en el que el prestamista pueda haber incurrido para proteger sus derechos. La cláusula, también conocida como **cláusula de rescate**, le da al prestatario un período de tiempo para cumplir con las obligaciones y evitar que el prestamista fuerce la venta de la propiedad.

Vencimiento a la venta. Si el prestatario vende o transfiere su interés en la propiedad sin la aprobación del prestamista, el prestamista puede exigir el reembolso inmediato y completo del saldo del préstamo. Se trata de una clausula de **alienación**, también conocida como una clausula de **Vencimiento a la venta**. Permite al prestamista evitar la asunción de la hipoteca por parte de un comprador si el prestatario vende la propiedad.

Liberación (anulación). El prestamista se compromete a entregar la hipoteca o el documento de fideicomiso al prestatario cuando el prestatario haya pagado el préstamo y todas las demás sumas garantizadas por el documento. La escritura de liberación o satisfacción debe registrarse según sea necesario en los registros del condado para demostrar que el acreedor hipotecario/fideicomisario ha extinguido todos los gravámenes contra la propiedad.

Aplicación de pagos. El importe de cada pago se aplica a varios conceptos por orden de prioridad. A menos que la ley local disponga lo contrario, esta orden es: 1) cargos por pago anticipado; 2) depósito en garantía; 3) intereses; 4) principal; 5) Cargos por pagos atrasados.

Cargos y gravámenes. El prestatario es responsable de pagar cualquier cargo, gravamen u otros gastos que puedan tener prioridad sobre la hipoteca o el instrumento de fideicomiso.

Seguro de Riesgos o de Propiedad. El prestatario debe mantener la propiedad asegurada según lo requiera el prestamista. El producto del seguro, en caso de un reclamo, se aplica primero a la restauración de la propiedad o, si eso no es posible, al pago de la deuda.

Protección de los derechos del prestamista sobre la propiedad. El prestamista puede tomar las medidas que considere necesarias para proteger sus derechos sobre la propiedad si las acciones del prestatario los amenazan. Los costos de estas acciones se cobrarían al prestatario y se convertirían en parte del pago mensual.

Seguro Hipotecario. El prestamista puede exigir al prestatario que obtenga *seguro hipotecario privado, o PMI*. El seguro hipotecario protege al prestamista contra la pérdida de una parte del préstamo (normalmente entre el 20 y el 25%) en caso de impago del prestatario. El seguro hipotecario privado generalmente se aplica a los préstamos que no están respaldados por la Administración Federal de Vivienda (FHA, por sus siglas en inglés) o la Administración de Veteranos (VA, por sus siglas en inglés) y que tienen un pago inicial de menos del 20% del valor de la propiedad.

Inspección. Con la debida notificación, el prestamista puede inspeccionar la propiedad si hay motivos razonables para temer daños a su gravamen.

Condena. Si la propiedad está expropiada o expropiada por dominio eminente, el prestamista declara un reclamo sobre cualquier ganancias resultante.

Prestatario no liberado; Indulgencia por parte del prestamista, no una renuncia. El prestamista se reserva el derecho de tomar medidas futuras contra el prestatario por incumplimiento, incluso si el prestamista decide no tomar medidas inmediatas. Si el prestamista acepta cambiar los términos del préstamo, no libera al prestatario de la responsabilidad original.

CARACTERÍSTICAS COMUNES DE LAS HIPOTECAS

Principal
Entrada
Relación préstamo-a-valor; equidad
Interés
Servicio
Cuenta de depósito en garantía
Puntos de descuento
Tarifa de originación
Compromiso de compra de hipoteca
Término
Pago
Cesión de hipotecas

Principal

El monto de capital prestado, sobre el cual se calculan los pagos de intereses, es el préstamo original **principal**. En un préstamo amortizable, parte del capital se paga periódicamente junto con los intereses, de modo que el saldo del capital disminuye a lo largo de la vida del préstamo. En cualquier momento durante la vida de un préstamo hipotecario, el capital restante no pagado se denomina **saldo del préstamo** o **saldo restante**.

Entrada

La diferencia entre el precio de compra de una propiedad y la cantidad financiada por un préstamo es la cantidad de efectivo que el comprador debe presentar en el momento de la compra. Esta cantidad es el pago inicial. El monto en efectivo prometido y depositado en garantía en el momento de la oferta se aplica al pago inicial al cierre.

**Relación
préstamo-a-valor
& equidad**

Por lo general, los prestamistas prestan solo una parte del valor de una propiedad como protección contra pérdidas. La relación entre el monto del préstamo y el valor de la propiedad, expresado como porcentaje, se denomina **relación préstamo-a-valor, o LTV**. Si la relación préstamo-a-valor del prestamista es del 80%, el prestamista prestará solo $80,000 por cada $100,000 del valor de tasación de una vivienda. La diferencia entre el valor de la propiedad y el endeudamiento del prestatario se denomina **equidad**. Si el LTV de un préstamo es del 80%, entonces la equidad es 100% - 80%, o el 20%. En cualquier momento dado después de la originación del préstamo, la equidad del comprador es el (valor de mercado actual menos el saldo del préstamo.)

Interés

Interés es un cargo por el uso del dinero del prestamista. Los intereses pueden pagarse en *avance* al comienzo del período de pago, o en *atrasos* al final del período de pago, de acuerdo con los términos del pagaré. Por lo general, los intereses hipotecarios se pagan a mes vencido. La **tasa de interés** es un porcentaje que se aplica al capital para determinar el monto de los intereses adeudados. La tasa puede ser *fijo* por el plazo del préstamo, o puede ser *variable*, de acuerdo con los términos de la nota. Un préstamo con una tasa de interés fija se denomina préstamo de tasa fija; Un préstamo con una tasa de interés variable se denomina comúnmente préstamo de tasa ajustable.

Debido a que la tasa de interés de un préstamo hipotecario no refleja el costo total del préstamo para el prestatario, la ley federal requiere que un prestamista en una propiedad residencial calcule y divulgue un **tasa porcentual anual (APR)** Eso incluye otros cargos financieros además de la tasa de interés básica en el cálculo.

Florida tiene leyes contra **usura**, que es el cobro de tasas de interés excesivas sobre los préstamos. Las leyes prescriben las tasas máximas que se pueden cobrar en préstamos de diferentes montos.

Servicio

El servicio de préstamos implica la recopilación y el mantenimiento de registros de los pagos del préstamo y el suministro de documentación del préstamo al prestatario. El prestamista originador puede proporcionar el servicio y cobrar un porcentaje del monto del préstamo por el servicio, o puede transferir la responsabilidad a otro prestamista o entidad de servicios financieros.

**Cuenta de depósito
en garantía**

Los prestamistas hipotecarios generalmente requieren que los prestatarios paguen el impuesto a la propiedad y el seguro contra riesgos en cuotas mensuales de 1/12 del monto anual. Estos pagos periodicos se mantienen en un fondo de reserva llamado **cuenta de depósito en garantía** y se paga a la parte correspondiente según corresponda. La Ley de Procedimientos de Liquidación de Bienes Raíces (RESPA, por sus siglas en inglés) limita la cantidad de fondos que el prestamista puede requerir y retener para este propósito.

El pago mensual del prestatario al prestamista por concepto de capital e intereses se denomina **pago de P&I** (capital e intereses). La cantidad que también incluye el pago del depósito en garantía se denomina **PITI** (capital, intereses, impuestos, seguro.)

Puntos de descuento

Desde el punto de vista de un prestamista o inversionista, la cantidad prestada en un préstamo hipotecario es la inversión de capital del prestamista, y el interés pagado por el prestatario es el rendimiento obtenido por el capital invertido. A menudo se da el caso de que un prestamista necesita obtener un rendimiento mayor que el que proporciona la tasa de interés por sí sola. Por ejemplo, un prestamista puede requerir un rendimiento adicional en un préstamo VA de bajo interés que tiene una tasa de interés máxima. En tal caso, el prestamista cobra por adelantado **puntos de descuento** para compensar la diferencia entre la tasa de interés del préstamo y el rendimiento requerido. Esto aumenta efectivamente el rendimiento del préstamo para el prestamista.

Un punto de descuento es *el uno por ciento del monto del préstamo*. Por lo tanto, un punto en un préstamo de $100,000 equivale a $1,000. El prestamista cobra esto como *intereses pagados por adelantado* al cierre al financiar solo el monto nominal del préstamo menos los puntos de descuento. Sin embargo, el prestatario debe pagar el monto total del préstamo, junto con los intereses calculados sobre el monto total.

Por lo general, se estima que el valor de un punto de descuento para un prestamista equivale a aumentar la tasa de interés del préstamo un 1/8%. Por lo tanto, un prestamista tiene que cobrar ocho puntos para aumentar el rendimiento un 1%. Si un prestamista necesita ganar el 7% de un préstamo ofrecido al 6.5%, el número de puntos necesarios se calcularía de la siguiente manera:

$$7.0\% - 6.5\% = .5\%$$
$$.5\% \times 8 \text{ (puntos por 1\%)} = 4 \text{ puntos}$$

En un préstamo de $100,000, los 4 puntos le costarían al prestatario:

$$100,000 \times .04 = \$4,000.$$

El prestatario recibiría efectivamente del prestamista $96,000 y adeudaría capital e intereses basados en $100,000. Por razones fiscales, generalmente es aconsejable que el prestatario reciba el monto total del préstamo del prestamista y pague los puntos en un cheque que es separado del utilizado para otros costos de cierre. Como intereses pagados por adelantado, los puntos pagados de esta manera pueden ser deducibles en la declaración de impuestos del prestatario en el año de la compra. El prestatario debe buscar el asesoramiento de un asesor fiscal sobre este asunto.

Tarifa de originación

Los prestamistas a menudo cobran a los prestatarios una **comisión de originación de préstamos** para cubrir los costos de procesamiento de la solicitud de préstamo y la obtención de información de respaldo, como informes crediticios. La tarifa suele estar en el rango del 1-2% del monto del préstamo.

Compromiso de compra de hipoteca

Un **compromiso de compra de hipoteca** ofrece hacer un préstamo que "sacará" el préstamo de otro prestamista, es decir, lo pagará y lo reemplazará. El préstamo para pedir se utiliza con mayor frecuencia para retirar un préstamo para la construcción. El prestamista se compromete a pagar el préstamo de construcción a corto plazo mediante la emisión de un préstamo permanente a largo plazo.

Término

El plazo del préstamo es el período de tiempo durante el cual se debe pagar el préstamo. Un "préstamo a 30 años" es un préstamo cuyo saldo debe pagarse en su totalidad al final de treinta años. Un "préstamo global a cinco años" es un préstamo cuyo saldo debe pagarse al final de cinco años, aunque sus pagos pueden calcularse en un plazo de otra duración, como quince o treinta años. Un préstamo de este tipo también se describe a veces como un préstamo a 30 años con una "llamada" de cinco años.

Pagos

El plazo del préstamo, el monto del préstamo y la tasa de interés se combinan para determinar el monto del pago periódico. Cuando se conocen estas tres cantidades, es posible identificar el pago periódico a partir de una tabla hipotecaria o con una calculadora financiera. Por lo general, los pagos de la hipoteca se realizan mensualmente. En un préstamo amortizable, una parte del pago se destina a pagar el saldo del préstamo por adelantado y una parte se destina al pago de intereses atrasados.

Por ejemplo, Mary y Jerry King piden prestados $400,000 para financiar la compra de una casa. El préstamo tiene un plazo de treinta años a una tasa de interés del 5% y se está amortizando. El pago mensual de este préstamo será de $2,147. Por el primer pago a fin de mes, los Kings deben intereses sobre $400,000 por el período mensual. Al 5%, esto equivale a $1,666.67. Dado que su pago es de $2,147 y el cargo por intereses es de $1,666.67, la diferencia, que es de $480.33, se aplica a un pago anticipado de capital. Al mes siguiente, los Kings pagarán intereses sobre el nuevo saldo del préstamo, más pequeño, de $399,519.67 ($400,000.00 − $480.33).

Si un prestatario paga más que el monto del pago programado, el exceso se acredita al reembolso del capital, que se reduce por el monto del pago en exceso. El monto mínimo de pago requerido permanece constante durante la vida del préstamo, pero el plazo del préstamo se puede reducir por este medio, lo que también reduce el monto total de los intereses pagados durante la vida del préstamo.

Cesión de hipotecas

El titular de los derechos e intereses sobre un inmueble puede, por lo general, transferirlos a otro mediante contrato. Este derecho de cesión se aplica generalmente a las hipotecas. El cesionario asume la responsabilidad principal y el cedente sigue siendo responsable subsidiario de cualquier obligación contractual, a menos que un acuerdo de novación libere al cedente de responsabilidad.

En el caso de un inmueble hipotecado, el instrumento hipotecario y el pagaré se transmiten mediante una **cesión de hipoteca**, pero es la cesión del pagaré la que realmente transmite al cesionario los derechos sobre el inmueble hipotecado. El deudor hipotecario original ahora debe hacer los pagos del préstamo al cesionario.

Preclusión. El cedente de la hipoteca proporciona a la parte que adquiere la hipoteca cedida un **certificado de preclusión** que indique el saldo del préstamo, la tasa de interés y la fecha de pago más reciente para garantizar que no se puedan hacer afirmaciones contrarias sobre estos factores más adelante.

COMPRA DE INMUEBLES HIPOTECADOS

Sujeto a la hipoteca
Hipoteca de dinero para compra
Envolturas
Suposiciones
Contratos de escritura

Cuando un comprador paga en efectivo por una propiedad al momento del cierre, cualquier hipoteca existente sobre la propiedad se paga con los ingresos de la venta y los intereses del vendedor se transfieren al comprador. El dinero en efectivo puede ser totalmente del comprador, o parte de él puede ser el producto de un nuevo préstamo hipotecario realizado por el comprador. Sin embargo, existen otras formas para que el comprador compre una propiedad hipotecada, a saber:

- ▶ sujeto a la hipoteca existente
- ▶ con una hipoteca envolvente
- ▶ por asunción de la hipoteca existente
- ▶ por contrato de escritura

Sujeto a la hipoteca

Al comprar una propiedad sujeta a la hipoteca existente, el comprador toma el título y realiza los pagos del préstamo al acreedor hipotecario (prestamista), mientras que el vendedor (deudor hipotecario original) sigue siendo personalmente responsable de los pagos del préstamo. En el caso de que el comprador incumpla, el prestamista puede forzar una venta por ejecución hipotecaria y demandar al vendedor (no al comprador) por cualquier deficiencia si el producto de la venta no satisface la deuda.

Hipotecas de dinero para compra

Con una hipoteca de dinero para compra, el prestatario otorga una hipoteca y un pagaré al vendedor para financiar parte o la totalidad del precio de compra de la propiedad. En este caso, se dice que el vendedor "recupera" una nota, o "lleva papel", sobre la propiedad. Las hipotecas de dinero de compra pueden ser gravámenes senior o junior.

Envolturas

En un acuerdo envolvente de préstamo, el vendedor recibe una hipoteca junior del comprador y utiliza los pagos del comprador para realizar los pagos de la primera hipoteca original. Una envoltura permite al comprador obtener financiación con una inversión mínima en efectivo. También permite potencialmente que el vendedor se beneficie de cualquier diferencia entre una tasa de interés más baja en el en el préstamo senior y una tasa más alta en el préstamo envolvente. Una envoltura es posible solo si el acreedor hipotecario principal lo permite.

Suposiciones

Con una asunción hipotecaria, el comprador adquiere el título de propiedad de una propiedad hipotecada y, al firmar un nuevo pagaré con el prestamista, asume la responsabilidad personal de los términos y pagos de la hipoteca. El comprador es ahora el principal responsable, pero el deudor hipotecario original sigue siendo responsable secundario en virtud del pagaré original. Por lo tanto, si el comprador incumple, el prestamista puede demandar tanto al comprador como al vendedor por cualquier deficiencia en los ingresos de una venta por ejecución hipotecaria para satisfacer la deuda. Un acuerdo de novación, firmado por el vendedor, el comprador y el prestamista, puede eximir al vendedor de cualquier responsabilidad adicional después de la venta.

Contratos de escritura

Un contrato de escritura (contrato de compraventa a plazos, contrato de venta condicional, contrato de escritura) permite al comprador de una propiedad diferir el pago de una parte o la totalidad del precio de compra durante un período específico. Durante el período, el vendedor tiene el título legal, mientras que el comprador tiene el título equitativo. El comprador toma posesión de la propiedad, realiza pagos de capital e intereses al vendedor y mantiene la propiedad. Al final del período, el comprador paga al vendedor el resto del precio total de compra y el vendedor transmite el título legal al comprador.

Un contrato de escritura sirve para varios propósitos para un vendedor. En primer lugar, facilita una venta que de otro modo sería imposible. En segundo lugar, puede otorgar al vendedor ciertos beneficios fiscales. Dado que el vendedor no está sujeto al impuesto sobre las ganancias de capital hasta que se recibe el precio de compra, la venta a plazos reduce la obligación tributaria del vendedor en el año de la venta. También puede haber una reducción en los costos de cierre. Entre las desventajas para el vendedor figuran las siguientes: el comprador puede crear gravámenes durante el contrato o causar controversias y litigios sobre el contrato;

Para el comprador, el contrato de escritura hace posible una compra en la que puede faltar el crédito y los fondos adecuados para el pago inicial y la calificación del préstamo. Las desventajas para el comprador incluyen: es posible que el vendedor no pueda entregar el título negociable al final del período del contrato, pero el comprador debe realizar los pagos de todos modos; o el vendedor puede nublar el título con gravámenes; o el vendedor puede no haber aplicado los pagos del comprador a los pagos necesarios del préstamo del vendedor.

Desarrollo de tierra Y Préstamos para la construcción

Resumen de los préstamos para el desarrollo de tierras. Un préstamo para el desarrollo de tierras se llama así por su propósito: ayudar a financiar la construcción de mejoras de infraestructura en una extensión de tierra. Estos incluirían calles, bordillos, alcantarillas, topografías y paisajismo.

Descripción general de los préstamos para la construcción. Los préstamos para la construcción se utilizan para ayudar a financiar mejoras en un sitio específico dentro de un desarrollo más grande. Dichas mejoras incluirían el edificio, los caminos de entrada, el paisajismo, etc. Aquí, los incrementos del monto total del préstamo se desembolsan a medida que se completan partes de las mejoras. Se cobran intereses sobre estas partes del préstamo a medida que se desembolsan al comprador. Cuando se completan las mejoras, el prestatario obtiene financiamiento permanente y se paga el préstamo para la construcción.

Préstamos generales. Un préstamo general es aquel en el que el promotor hipoteca otras propiedades como garantía para una financiación adicional. El préstamo general se retira cuando la propiedad hipotecada, generalmente lotes, se vende a los compradores. En términos más simples, es el camino del desarrollador para completar un desarrollo escalonado: el desarrollador utiliza lotes terminados como garantía para financiar lotes nuevos. El ciclo se completa cuando un comprador compra el lote garantizado con sus mejoras de infraestructura completadas, y el desarrollador utiliza los fondos para pagar los incrementos del préstamo general y/o financiar nuevos lotes.

Compromiso de compra de hipoteca. El compromiso es una promesa de otorgar un préstamo "permanente" a más largo plazo sobre determinadas partes de la construcción terminada en el desarrollo, si no para todo el desarrollo en sí. El mejor ejemplo aquí es cuando un prestamista permanente se compromete a otorgar a un comprador de vivienda un préstamo a largo plazo para una casa nueva terminada. El comprador de vivienda obtiene el préstamo para obtener y paga toda la deuda de construcción acumulada en la propiedad. El compromiso de compra de hipoteca facilita la obtención de la financiación de la construcción en primer lugar, ya que el prestamista de la construcción sabe que podrá completar el ciclo de desarrollo.

Reducciones. Las recompras son una forma de asistencia del desarrollador al comprador para ayudar al comprador a calificar para un préstamo determinado. En una recompra, el prestatario paga por adelantado partes de los intereses al prestamista. Esto reduce efectivamente la tasa de interés para el prestatario, que ahora logra una situación de financiamiento más asequible para los suscriptores de préstamos. Ahora se pueden cumplir los ratios de calificación, ya que los pagos son más asequibles. La reducción de la tasa suele ser para el período inicial del préstamo.

INCUMPLIMIENTO Y EJECUCIÓN HIPOTECARIA

Aplicación
Ejecución hipotecaria
Escritura en lugar de ejecución hipotecaria
Venta corta

Aplicación

Todos los gravámenes se pueden hacer cumplir mediante la venta u otra transferencia de título de la propiedad garantizada, ya sea por acción judicial, por ministerio de la ley o a través de poderes otorgados en el contrato de préstamo original. El procedimiento de ejecución se denomina ejecución hipotecaria.

La ley estatal rige el proceso de la ejecución hipotecaria. En términos generales, una venta estatutaria u ordenada por un tribunal hace cumplir un gravamen general, incluido un gravamen judicial. Una demanda o disposición de préstamo que autoriza la venta o transferencia directa de la propiedad embargada hace cumplir un gravamen específico, como una hipoteca. Los gravámenes del impuesto sobre bienes inmuebles se ejecutan a través de **ventas de ejecuciones**

hipotecarias o **ventas sobre los impuesto**.

El prestatario moroso también puede ofrecer al prestamista una **escritura en lugar de ejecución hipotecaria** para evitar el proceso de ejecución hipotecaria, pero el prestamista no tiene que aceptarlo. Por último, existe la opción de una **venta corta**, que también evita la ejecución hipotecaria, pero debe ser aceptada por el prestamista y el prestatario.

Ejecución hipotecaria

Hay tres tipos de procesos de ejecución hipotecaria que hacen cumplir los gravámenes hipotecarios:

- ▶ Ejecución hipotecaria judicial
- ▶ Ejecución hipotecaria no judicial
- ▶ Ejecución hipotecaria estricta

Procesos de Ejecución Hipotecaria

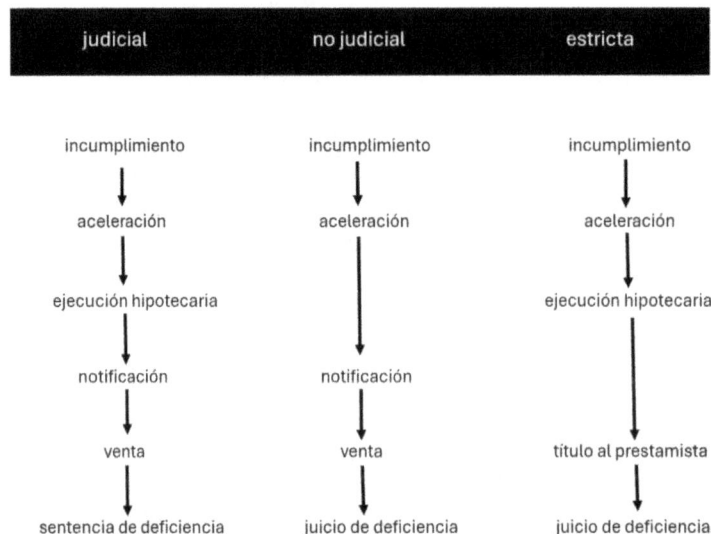

judicial	no judicial	estricta
incumplimiento	incumplimiento	incumplimiento
aceleración	aceleración	aceleración
ejecución hipotecaria		ejecución hipotecaria
notificación	notificación	
venta	venta	título al prestamista
sentencia de deficiencia	juicio de deficiencia	juicio de deficiencia

Ejecución hipotecaria judicial. Ejecución hipotecaria judicial ocurre en estados (como Florida) que utilizan un documento hipotecario bipartita (prestatario y prestamista) que no contiene una disposición de "poder de venta". A falta de esta disposición, un prestamista debe presentar una **Demanda de ejecución hipotecaria** y emprender un procedimiento judicial para hacer cumplir el gravamen. .

- ▶ **aceleración y presentación**

  Si un prestatario no ha cumplido con las obligaciones del préstamo a pesar de la notificación adecuada y los períodos de gracia aplicables, el prestamista puede **acelerar** el préstamo o declarar que el saldo del préstamo y todas las demás sumas adeudadas del préstamo son pagaderas de inmediato.

Si el prestatario no paga el préstamo en su totalidad, el prestamista presenta una demanda de ejecución hipotecaria, nombrando al prestatario como demandado. La demanda le pide al tribunal:

- poner fin a los intereses del demandado en la propiedad
- ordenar la venta pública de los bienes al mejor postor
- ordenar que las ganancias se aplique a la deuda

▸ **litispendencia**

En la demanda de ejecución hipotecaria, un **litispendencia** da aviso público de que la propiedad hipotecada pronto podría tener una sentencia dictada contra ella. Este aviso permite que otros acreedores prendarios se unan a la demanda contra el demandado.

▸ **mandamiento de ejecución**

si el demandado no cumple con las demandas durante un período prescrito, el tribunal ordena la terminación de los intereses de todas y cada una de las partes en la propiedad y ordena que se venda la propiedad. La **orden de ejecución del tribunal** autoriza a un funcionario, como el sheriff del condado, a confiscar y vender la propiedad embargada.

▸ **venta pública y producto de la venta**

Después de la notificación pública de la venta, la propiedad se subasta al mejor postor. El nuevo propietario recibe el título libre de todos los gravámenes anteriores, ya sea que se haya pagado o no a los acreedores prendarios. Las ganancias de la venta se aplica al pago de gravámenes de acuerdo con la prioridad. Después del pago de los impuestos sobre bienes inmuebles, las reclamaciones de los acreedores prendarios y los costos de la venta, los fondos restantes van al deudor hipotecario (prestatario).

▸ **demanda por deficiencia**

Si la venta no produce fondos suficientes para cubrir los montos adeudados, el acreedor hipotecario puede solicitar al tribunal una sentencia por deficiencia. Esto permite al prestamista embargar y ejecutar un gravamen judicial sobre otros bienes muebles o inmuebles que posea el prestatario.

▸ **derecho de redención**

El derecho de redención del prestatario, también llamado equidad de redención, es el derecho a *Reclamar una propiedad* que ha sido embargado mediante el pago de los montos adeudados a los acreedores, incluidos los intereses y los costos. Redención es posible dentro de un **Período de redención**. Florida permite la redención en cualquier momento hasta que concluya la venta por ejecución hipotecaria.

Ejecución hipotecaria no judicial. Cuando Hay una disposición de "poder de venta" en el documento de escritura de hipoteca o fideicomiso, una ejecución hipotecaria no judicial puede forzar la venta de la propiedad embargada *sin una demanda de ejecución hipotecaria*. La cláusula de "poder de venta" en efecto permite al acreedor hipotecario ordenar una venta pública sin decreto judicial.

▸ **proceso de ejecución hipotecaria**

En caso de incumplimiento, el acreedor hipotecario registra y notifica al prestatario y a otros acreedores prendarios. Después del período adecuado, se publica un "aviso de venta", se lleva a cabo la venta y se extinguen todos los gravámenes. El mejor postor recibe entonces el título libre de gravámenes de la propiedad.

▸ **demanda por deficiencia**

El prestamista no obtiene una sentencia por deficiencia o gravamen en una acción de ejecución hipotecaria no judicial. En cambio, el prestamista debe presentar una nueva demanda por deficiencia contra el prestatario.

▸ **Restablecimiento y redención**

Durante los períodos de notificación de incumplimiento y notificación de venta, el prestatario puede pagar al prestamista y dar por terminado el procedimiento. Los derechos de restablecimiento y redención en Florida terminan con la conclusión de la venta por ejecución hipotecaria. No existe derecho de redención en la ejecución hipotecaria no judicial.

Ejecución hipotecaria estricta. Ejecución hipotecaria estricta es un procedimiento judicial que otorga al prestamista el título directamente, por orden judicial, en lugar de dar ganancias en efectivo de una venta pública.

En caso de incumplimiento, el prestamista notifica oficialmente al prestatario. Después de un período prescrito, el prestamista presenta una demanda ante el tribunal, tras lo cual el tribunal establece un período dentro del cual la parte incumplidora debe reembolsar las cantidades adeudadas. Si el incumplidor no devuelve los fondos, el tribunal ordena la transferencia del título legal completo al prestamista.

Escritura en lugar de ejecución hipotecaria

Un prestatario moroso que se enfrenta a una ejecución hipotecaria puede evitar las acciones judiciales y los costos al escriturar voluntariamente la propiedad al acreedor hipotecario. Esto se logra con una escritura en lugar de una ejecución hipotecaria que transfiere el título legal al acreedor prendario. La transferencia, sin embargo, no pone fin a ningún gravamen existente sobre la propiedad.

Venta corta

Un **Venta corta** ocurre cuando el dueño de una propiedad debe más que el valor de reventa y el pago del préstamo y acepta dejar que el prestamista la venda a cambio de la liberación del gravamen. El prestamista puede o no estar de acuerdo en aceptar el precio deficiente como satisfacción y puede exigir al vendedor que pague la deficiencia por medio de un juicio de deficiencia. También puede haber consecuencias fiscales para el vendedor. Para evitar la deficiencia, el vendedor debe asegurarse de que los acuerdos incluyan una liberación completa de la deuda subyacente y una declaración de que se satisfizo en su totalidad.

Después de recuperar la propiedad a través de una ejecución hipotecaria o una venta corta, la propiedad pasa a ser "propiedad del banco". **La indulgencia** o **modificación del préstamo** permite al prestatario evitar acciones legales y mantener la propiedad bajo un nuevo acuerdo con el prestamista.

Las partes de una venta corta son el comprador y el vendedor. El prestamista es un tercero que debe aprobar la venta. Por lo general, el proceso es el siguiente.

Procedimiento de venta corta

1. El prestatario o los agentes del prestatario se comunican con el prestamista para discutir la opción de venta corta.
2. Si está dispuesto, el prestamista establece los términos requeridos de la venta corta.
3. El agente de bienes raíces proporciona al prestamista una Opinión de Precio del Corredor (BPO).
4. El agente pone la propiedad a la venta al precio que cubrirá la hipoteca.
5. El agente coloca una nota en el Servicio de Listado Múltiple (MLS, por sus siglas en inglés) indicando que el prestamista considerará una venta corta.
6. Un comprador envía una oferta.
7. El propietario está de acuerdo con el contrato
8. El prestamista aprueba la venta corta.
9. La transacción se cierra.
10. Es posible que se produzca una acción del prestamista para recuperar la deficiencia.

Ejecución hipotecaria de propiedad de ingresos

Características sobresalientes. Al igual que con las propiedades residenciales, los instrumentos de préstamo prever el incumplimiento y el recurso en caso de que el prestatario no cumpla con sus obligaciones – principalmente los pagos de préstamos. Un vehículo principal para efectuar una propiedad de renta en la ejecución hipotecaria es la cláusula de administración judicial.

Cláusula de administración judicial. Una cláusula de administración judicial permite al prestamista designar a un administrador judicial para hacer cumplir las disposiciones de recurso en caso de incumplimiento del prestatario. Específicamente, el administrador está autorizado a cobrar los ingresos directamente de la propiedad y aplicar dichos fondos al pago de los fondos del préstamo moroso.

12 Hipotecas Residenciales
Revisión instantáneas

CONCEPTOS HIPOTECARIOS

Derecho hipotecario

- hipoteca: Financiamiento hipotecario: uso de dinero prestado garantizado por una hipoteca para financiar la compra de bienes inmuebles
- Teoría del gravamen: el acreedor hipotecario tiene un gravamen contra el título; Teoría del título: la hipoteca transmite el título al acreedor hipotecario; Florida es un estado de teoría de gravámenes

Instrumentos de préstamo

- pagaré: instrumento legal ejecutado por el prestatario en el que se indica el monto de la deuda, el plazo del préstamo, el método y el momento del reembolso, la tasa de interés, la promesa de pago; puede repetir otras disposiciones del documento hipotecario o de la escritura fiduciaria; Instrumento negociable cedible a un tercero
- instrumento hipotecario: Compromete el inmueble como garantía del préstamo
- mecánica hipotecaria: el prestatario entrega al prestamista el pagaré y la hipoteca; el prestamista otorga fondos al prestatario y registra un gravamen
- **Fannie Mae / Freddie Mac Uniform Florida Pagaré de tasa fija** – formulario utilizado para estandarizar el lenguaje de los préstamos hipotecarios a tasa fija emitidos en Florida; Véase https://singlefamily.fanniemae.com/media/11241/display
- satisfacción de la hipoteca – liberación de gravamen emitida por el prestamista al cumplir con las obligaciones del préstamo por parte de los prestatarios; Se utiliza para verificar el título claro en los documentos de título

Prioridad hipotecaria

- Las primeras hipotecas se cancelan antes que las segundas hipotecas o las hipotecas secundarias
- El acreedor prendario puede cambiar la prioridad por medio de un acuerdo de subordinación que cambia la prioridad del gravamen

LEGAL ESENCIAL DISPOSICIONES DE HIPOTECAS

Disposiciones primarias

- promesa de pagar el capital y los intereses, los impuestos y el seguro, el depósito en garantía, el pacto de buena reparación

Otras disposiciones

- puede incluir, pago anticipado, aceleración, derecho a restablecer, vencimiento en la venta, liberación, aplicación de pagos, cargos y gravámenes, seguro, derechos del prestamista, seguro hipotecario privado, inspección y otras condiciones de cumplimiento

HIPOTECA COMÚN FUNCIONES

Principal

- capital original: monto del capital prestado sobre el cual se calculan los pagos de intereses

Entrada

- diferencia entre el precio de compra y el monto del préstamo

Relación préstamo-valor

- el monto del préstamo dividido por el valor de la propiedad; porcentaje del valor que financiará un prestamista

Interés

- cobrar por el uso de dinero; Tasa fija o variable

336 Principios de Práctica Inmobiliaria en Florida

- la tasa porcentual anual (APR, por sus siglas en inglés) incluye intereses y todos los demás cargos financieros; El prestamista debe divulgar sobre las propiedades residenciales

Servicio
- cobro de pagos; mantenimiento de registros; documentación; puede ser realizada por el prestamista original o transferida a otra entidad

Cuenta de depósito en garantía
- fondo de reserva mantenido en una cuenta especial por el prestamista para los pagos periódicos de capital, intereses, impuestos y seguros

Puntos de descuento
- punto = uno por ciento del monto del préstamo, cobrado por el prestamista en el momento de la originación para obtener el rendimiento requerido

Tarifa de originación
- Tarifa cobrada por el prestamista para cubrir los costos de procesamiento de la solicitud de préstamo

Compromiso de compra de hipoteca
- la oferta del prestamista de otorgar un préstamo que retira otro préstamo y lo reemplaza

Término
- plazo para el reembolso de los intereses y el principal

Pagos
- pagos periódicos programados que cubren intereses, capital, impuestos y seguros

Cesión de hipotecas
- el acreedor hipotecario original transfiere el instrumento hipotecario y el pagaré a otro mediante cesión de hipoteca; El deudor hipotecario original ahora realiza pagos al nuevo acreedor hipotecario

- preclusión: Uso de un certificado de impedimento que contenga detalles del contrato hipotecario para evitar reclamaciones contrarias

ADQUISITIVO
PROPIEDAD HIPOTECADA

Sujeto a la hipoteca
- el comprador toma el título y realiza los pagos del préstamo al acreedor hipotecario original; El deudor hipotecario original (vendedor) sigue siendo responsable del préstamo

Hipotecas de dinero para compra
- el vendedor actúa como prestamista, toma la hipoteca y el pagaré del comprador, quien realiza los pagos al vendedor

Envolturas
- el vendedor recibe una hipoteca junior del comprador, utiliza los pagos del comprador para continuar con los pagos al prestamista original

Suposiciones
- el comprador adquiere el título, hace un nuevo pagaré al prestamista, asume la responsabilidad principal del préstamo; El deudor hipotecario original (vendedor) conserva la responsabilidad secundaria a menos que el pagaré de novación libere al vendedor

Contratos de escritura
- el vendedor tiene el título legal, mientras que el comprador tiene el título equitativo, toma posesión y realiza pagos al vendedor; Título legal transferido cuando se paga el precio de venta total

Desarrollo de la tierra y préstamos para la construcción
- préstamos utilizados para financiar nuevos desarrollos inmobiliarios, incluidos préstamos para el desarrollo de tierras; Préstamos para la construcción, préstamos generales, reducciones y préstamos compromiso de compra

INCUMPLIMIENTO

Ejecución
- ejecución de gravamen hipotecario mediante venta de ejecución hipotecaria fiscal, escritura en lugar de ejecución hipotecaria o venta corta

Ejecución hipotecaria

- Ejecución de gravámenes mediante liquidación o transferencia de bienes gravados mediante ejecución hipotecaria judicial, no judicial o estricta
- judicial: demanda y venta pública ordenada judicialmente; sentencias por deficiencia, derechos de rescate; utilizado en Florida
- no judicial: "poder de venta" otorgado al prestamista; sin demanda; sin juicio de deficiencia; Sin período de canje después de la venta
- Estricto: El tribunal ordena la transferencia legal del título directamente al prestamista sin venta pública

Escritura en lugar de Ejecución hipotecaria

- El prestatario incumplido escrituras de propiedad al prestamista para evitar la ejecución hipotecaria

Venta corta

- el prestatario y el prestamista acuerdan vender la propiedad por menos del saldo del préstamo; El prestamista puede exigir al vendedor que compense la deficiencia

Propiedad de ingresos ejecución hipotecaria

- Recurso para la propiedad de ingresos impagados donde el prestamista designa a un administrador judicial para cobrar directamente los fondos generados por el negocio. Llamada cláusula de administración judicial

SECCIÓN DOCE: Hipotecas Residenciales
Cuestionario de sección

1. Un propietario pide dinero prestado a un prestamista y le da al prestamista una hipoteca sobre la propiedad como garantía del préstamo. El propietario conserva el título de la propiedad. Este es un ejemplo de

    a. intermediación.
    b. confiscación.
    c. hipotecación.
    d. subordinación.

2. ¿Cuál de las siguientes opciones expresa mejor la mecánica de una transacción de préstamo hipotecario?

    a. el prestatario le da al prestamista un pagaré y una hipoteca a cambio de los fondos del préstamo.
    b. el prestamista le da al prestatario una hipoteca y recibe un pagaré a cambio de los fondos del préstamo.
    c. el prestatario recibe un pagaré a cambio de una hipoteca del prestamista.
    d. el prestamista le da al prestatario un pagaré, fondos del préstamo y una hipoteca.

3. Un prestamista presta dinero a un propietario y toma el título legal de la propiedad como garantía durante el período de liquidación. Están en un

    a. estado de la teoría del título.
    b. estado de la teoría del gravamen.
    c. que el estado permite fideicomisos de tierras.
    d. estado en el que la hipoteca es ilegal.

4. Un prestamista que cobra una tasa de interés que excede los límites legales es culpable de

    a. líneas rojas.
    b. usura.
    c. toma de ganancias.
    d. nada; No hay límites legales a las tasas de interés.

5. Un prestamista está cobrando 3 puntos en un préstamo de $500,000. Por lo tanto, el prestatario debe pagar al prestamista un anticipo de

    a. $1,500.
    b. $3,000.
    c. $15,000.
    d. $30,000.

6. Una característica distintiva de un pagaré es que

    a. no es asignable.
    b. debe ir acompañado de una hipoteca.
    c. es un instrumento negociable.
    d. es posible que no se pague por adelantado.

7. Cuando se cumplen los términos del préstamo hipotecario, el acreedor hipotecario

    a. puede retener cualquier excedente en la cuenta de depósito en garantía.
    b. puede inspeccionar la propiedad antes de devolver el título legal.
    c. puede tener derecho a cobrar al prestatario una pequeña comisión por cerrar el préstamo.
    d. es posible que se le solicite que ejecute un documento de liberación de hipoteca.

8. El proceso de hacer cumplir un gravamen forzando la venta de la propiedad del embargado se llama

    a. ejecución.
    b. archivo adjunto.
    c. ejecución hipotecaria.
    d. subordinación.

9. Una diferencia importante entre una ejecución hipotecaria judicial y una ejecución hipotecaria no judicial es

    a. No hay derecho a redimir la propiedad en una ejecución hipotecaria no judicial.
    b. Una ejecución hipotecaria judicial obliga a la venta de la propiedad.
    c. Una ejecución hipotecaria no judicial garantiza que todos los gravámenes se paguen en orden de prioridad.
    d. El embargante recibe el título directamente en una ejecución hipotecaria no judicial.

10. Un prestatario moroso puede evitar la ejecución hipotecaria dándole al acreedor hipotecario

    a. un pagaré.
    b. una escritura en lugar de una ejecución hipotecaria.
    c. un aviso de canje.
    d. una litispendencia.

11. La persona que ejecuta una hipoteca se denomina

    a. ejecutor.
    b. fideicomitente.
    c. deudor hipotecario.
    d. acreedor hipotecario.

12. ¿Por qué es importante la prioridad hipotecaria para un prestamista hipotecario?

    a. Establece el nivel de riesgo del prestamista.
    b. Determina la importancia del préstamo en la cartera del prestamista.
    c. Le asegura al prestatario que el prestamista prestará toda su atención al servicio del préstamo.
    d. Hace innecesario el registro del préstamo, ahorrando así dinero al prestamista.

13 Tipos de hipotecas y fuentes de financiación

Calificar para un Préstamo
Hipotecas Convencionales
Tipos de Hipotecas Comunes
Hipotecas Personalizadas
Programa FHA asegurado por el gobierno
Programa de Garantía de Préstamos del VA
Fuentes Primarias de Financiamiento de Vivienda
Mercado Secundario de Hipotecas
Fraude Hipotecario
Leyes Justas de Crédito y Préstamos

Objetivos de aprendizaje

- Describir la mecánica de una hipoteca de tasa ajustable y los componentes de una hipoteca ARM
- Describir las características de una hipoteca amortizada y amortizar una hipoteca con plan de pago nivelado cuando se le da el monto principal, la tasa de interés y el monto del pago mensual
- Distinguir entre los distintos tipos de hipotecas
- Describir las características de las hipotecas de la FHA y los programas comunes de préstamos de la FHA
- Identificar la característica de garantía de los préstamos hipotecarios del VA y las características de los programas de préstamos del VA
- Explicar el proceso de calificación para un préstamo y cómo calcular los índices de calificación
- Distinguir entre las principales fuentes de financiamiento de la vivienda
- Describir el papel del mercado secundario de hipotecas y conocer las características de las principales agencias activas en el mercado secundario
- Describa las principales disposiciones de las leyes federales con respecto a los procedimientos justos de crédito y préstamo.
- Reconozca y evite el fraude hipotecario.

Términos clave

hipoteca de tasa ajustable (ARM)	prima de seguro hipotecario (MIP)
hipoteca amortizada	corredor hipotecario
pago global	fraude hipotecario
hipoteca quincenal	originador de préstamos hipotecarios (MLO)
préstamo conforme	amortización negativa
préstamo hipotecario convencional	préstamo no conforme
desintermediación	préstamo no convencional
hipoteca de conversión del valor neto de	paquete hipotecario
la vivienda (HECM)	hipoteca parcialmente amortizada/globo
préstamo con garantía hipotecaria	límite de pago
índice	límite periódico
intermediación	hipoteca de dinero para compra
plan de pago nivelado	hipoteca inversa (HECM)
límite de por vida	tasa de teaser
margen	

CALIFICAR PARA UN PRÉSTAMO

Ley de Igualdad de Oportunidades de Crédito
Proceso de solicitud de préstamo
Suscripción de préstamos
Calificación del comprador
Compromiso de préstamo

Para calificar para un préstamo hipotecario, un prestatario debe cumplir con los requisitos del prestamista en términos de *ingresos, deudas, efectivo y patrimonio neto*. Además, un prestatario debe demostrar suficiente *solvencia crediticia* para ser un riesgo aceptable.

Ley de Igualdad de Oportunidades de Crédito

La Ley de Igualdad de Oportunidades de Crédito (ECOA) requiere que un prestamista evalúe a un solicitante de préstamo sobre la base de los propios ingresos y calificación crediticia de ese solicitante, a menos que el solicitante solicite la inclusión de los ingresos y la calificación crediticia de otro en la solicitud. Además, la ECOA ha prohibido una serie de prácticas en la suscripción de préstamos hipotecarios. En consecuencia, un prestamista no puede:

▶ descontar o ignorar los ingresos del trabajo a tiempo parcial, el cónyuge, la manutención de los hijos, la pensión alimenticia o la manutención por separado. Además, el oficial de préstamos no puede preguntar si alguno de los ingresos del solicitante se deriva de estas fuentes.

▶ Supongamos que los ingresos de un determinado tipo de persona se reducirán debido a una interrupción del empleo debido a la maternidad o la crianza de los hijos. El oficial de préstamos no puede preguntar sobre los planes o el comportamiento del solicitante con respecto a la maternidad o el control de la natalidad.

▶ Denegar un préstamo únicamente por el hecho de que la garantía esté situada en una zona geográfica determinada.

▶ Hacer a los solicitantes cualquier pregunta sobre su edad, sexo, religión, raza u origen nacional, excepto cuando la ley lo exija.

▶ Requerir que un cónyuge firme cualquier documento a menos que los ingresos del cónyuge se incluyan en el ingreso calificado, o a menos que el cónyuge acepte estar obligado contractualmente, o que el estado requiera la firma para algún propósito, como la compensación de un título nublado.

Si un prestamista rechaza una solicitud de préstamo, u ofrece un préstamo bajo términos diferentes a los solicitados por un solicitante, el prestamista debe darle al solicitante una notificación por escrito que proporcione razones específicas para la acción.

Requisitos del prestatario. El prestamista debe basarse en ocho tipos de información para determinar que el prestatario tiene la capacidad de pagar el préstamo:

1. ingresos o activos corrientes (excluyendo el valor de la propiedad hipotecada)
2. situación laboral actual
3. historial crediticio
4. pago mensual de la hipoteca
5. pagos mensuales que se realizan en otros préstamos sobre la misma propiedad
6. pagos mensuales para otros gastos relacionados con la hipoteca
7. otras deudas
8. pagos mensuales de la deuda en comparación con los ingresos mensuales (relación deuda-ingreso)

El prestamista no puede usar una tasa temporalmente baja (tasa introductoria o "teaser") para determinar la calificación. Para una hipoteca de tasa ajustable (ARM, por sus siglas en inglés), la tasa más alta el prestatario podría tener que pagar es generalmente utilizado.

Los requisitos de "capacidad de pago" se relajan en ciertas circunstancias en las que el prestatario intenta refinanciar de un préstamo más riesgoso (como un préstamo de solo intereses) a uno menos riesgoso (como un préstamo hipotecario de tasa fija).

Hipoteca calificada. Una hipoteca calificada es aquella que cumple con los requisitos de "capacidad de pago", tiene ciertas características requeridas y no se le permite tener otras. Hay excepciones a estas reglas para ciertos tipos de pequeños prestamistas. La emisión de una hipoteca calificada le da al prestamista ciertas protecciones legales en caso de que el prestatario no pague el préstamo.

Proceso de solicitud de préstamo

El proceso de iniciar un préstamo hipotecario comienza cuando un prestatario completa una solicitud de préstamo y la envía a un prestamista para que la evalúen los aseguradores del prestamista.

Formas. La mayoría de los prestamistas utilizan alguna versión de la "Solicitud Uniforme de Préstamos Residenciales" promulgada por Fannie Mae. Este formulario solicita al prestatario que proporcione información sobre la propiedad y el prestatario. El formulario estándar incluye el monto del préstamo solicitado, basado en una estimación de la compra, refinanciamiento u otra transacción subyacente.

Información requerida por el prestamista. La solicitud debe incluir documentación de respaldo de la información indicada en el siguiente anexo.

Información sobre la propiedad y el prestatario

Información de la propiedad	antigüedad y año de construcción	año de adquisición saldo actual del préstamo
Información del prestatario	edad historial laboral activos	educación ingresos y gastos mensuales deudas
Documentación de respaldo	informe de tasación contrato de compra de	Reporte de Crédito verificación de negresos y empleo

Finalización. La solicitud debe estar completa para que el prestamista la considere. El formulario debe estar firmado y fechado por el solicitante o solicitantes y entregado a la institución crediticia. El **inicio** del proceso de solicitud se produce cuando el prestamista recibe el paquete de solicitud completo del solicitante. La ley federal requiere que el prestamista acepte todas las solicitudes y notifique a los solicitantes sobre la disposición de la solicitud. Si el prestamista rechaza la solicitud de préstamo debido a información fraudulenta en el formulario de solicitud, el prestatario no tiene derecho a un reembolso de la tarifa de solicitud.

Suscripción de préstamos

La suscripción de préstamos es el proceso de evaluar el riesgo del prestamista al otorgar un préstamo. La suscripción de hipotecas incluye:

▶ evaluar la capacidad del prestatario para pagar el préstamo
▶ tasar el valor de la propiedad ofrecida como garantía
▶ determinación de las condiciones del préstamo

Riesgo. Un prestamista asume una serie de riesgos al prestar dinero. Los principales riesgos son que el prestatario no pague el préstamo y que el prestatario dañe el valor de la propiedad como garantía. Además, el prestamista corre el riesgo de que, en caso de ejecución hipotecaria, los ingresos de la venta de la propiedad sean insuficientes para cubrir la pérdida del prestamista.

Calificación. Un prestamista evalúa los riesgos examinando, o *calificativo*, tanto prestatario como propiedad. Al calificar a un prestatario, un suscriptor sopesa la capacidad del prestatario para pagar el préstamo. Esto requiere un análisis de si los ingresos, los recursos en efectivo, la solvencia, el patrimonio neto y la estabilidad laboral del prestatario cumplen con los estándares del prestamista.

Al calificar una propiedad, un asegurador evalúa la capacidad del valor de la propiedad para cubrir posibles pérdidas. En esta evaluación, un prestamista requiere que el valor de tasación de la propiedad sea más que adecuado para cubrir el préstamo contemplado y
costos. Para protegerse aún más contra pérdidas, un prestamista generalmente prestará solo una parte del valor de la propiedad. La relación entre el monto del préstamo y el valor de la propiedad, expresado como porcentaje, se denomina **Relación préstamo-valor, o LTV**. Si la relación préstamo-valor del prestatario es del 80%, el prestamista prestará solo $320,000 en una casa tasada en

$400,000. La diferencia entre lo que el prestamista prestará y lo que el prestatario debe pagar por la propiedad es la cantidad que el prestatario debe proporcionar en efectivo como pago inicial.

Incluso si el prestatario y la propiedad califican, un prestamista puede, bajo ciertas circunstancias, buscar una mayor protección contra el riesgo al exigir que el prestatario obtenga un seguro hipotecario privado. Este suele ser el caso de los préstamos que requieren un pago inicial relativamente pequeño, lo que lleva a una alta relación préstamo-valor.

Calificando el comprador

Evaluación crediticia y calificación crediticia. Un prestamista debe obtener un informe de crédito por escrito en cualquier solicitante que presente una solicitud de préstamo completa. El informe de crédito contendrá el historial del solicitante con respecto a:

- deudas pendientes
- comportamiento de pago (puntualidad, problemas de cobro)
- información legal de registro público (demandas, sentencias, bancarrotas, divorcios, ejecuciones hipotecarias, embargos, recuperaciones, incumplimientos)

Es probable que los problemas con el comportamiento de pago y las acciones legales hagan que un prestamista deniegue la solicitud, a menos que el solicitante pueda proporcionar una explicación aceptable de las circunstancias atenuantes y temporales que causaron el problema

Si un prestamista niega un préstamo sobre la base de un informe de crédito, el prestamista debe revelar por escrito que el solicitante tiene derecho a una declaración de razón de cualquier acreedor responsable del informe negativo.

Desde 1995, la Corporación Federal de Préstamos Hipotecarios para la Vivienda y la Asociación Hipotecaria Nacional Federal han estado alentando a los prestamistas a usar *Calificación crediticia* para evaluar a los solicitantes de préstamos. **Calificación crediticia** es un método computarizado para asignar un valor numérico al crédito de un solicitante. El puntaje de crédito es una predicción estadística de la probabilidad de que un prestatario no pague un préstamo.

Ratios de calificación. Los prestamistas quieren estar seguros de que el prestatario tiene los medios adecuados para realizar todos los pagos periódicos necesarios del préstamo, además de otros gastos y deudas de vivienda, como los pagos de tarjetas de crédito y los pagos del automóvil. La mayoría de los prestamistas utilizan dos proporciones para estimar la capacidad de un solicitante para cumplir con una obligación de préstamo: una *relación de ingresos, o una relación de gastos de vivienda,* y una *relación de deuda, o una relación de vivienda más deuda o una relación de obligaciones totales.* También tienen en cuenta la estabilidad de los ingresos del solicitante. Tenga en cuenta que los índices de ingresos y deuda en la discusión a continuación no reflejan necesariamente los últimos índices utilizados por la FHA, el VA u otros prestamistas. Busque actualizaciones en los sitios web de esas agencias.

▶ **relación de ingresos**

La relación de ingresos , o índice de gastos de vivienda, establece la capacidad de endeudamiento limitando el porcentaje del ingreso bruto que un prestatario puede gastar en costos de vivienda. Los costos de vivienda incluyen el capital, los intereses, los impuestos y el seguro del propietario de la vivienda, y pueden incluir evaluaciones mensuales, seguro hipotecario y servicios públicos. La fórmula de la relación de ingresos es:

relación de ingresos

$$\frac{gasto\ mensual\ de\ vivienda}{ingreso\ bruto} = relación\ de\ ingresos$$

Para identificar el gasto máximo mensual de vivienda que permite una relación de ingresos, modifique la fórmula de la siguiente manera:

ingresos brutos x relación de ingresos = gastos mensuales de vivienda

La mayoría de los prestamistas convencionales exigen que esta proporción no sea *superior al 25-28%.* En otras palabras, los gastos totales de vivienda de un prestatario no pueden exceder el 28% de los ingresos brutos. Para un préstamo respaldado por la FHA, la proporción es del 31%. Los préstamos garantizados por el VA no utilizan esta proporción de calificación.

Por ejemplo, si una pareja tiene un ingreso bruto mensual combinado de $12,000 y el índice de ingresos máximo de un prestamista es del 28%, el gasto mensual de vivienda de la pareja no puede exceder $3,360:

$$\$12,000 \times 28\% = \$3,360$$

▶ **índice de endeudamiento**

El índice de endeudamiento considera todas las obligaciones mensuales de la relación de ingresos *más cualquier pago mensual adicional que el solicitante deba hacer por otras deudas.* El prestamista se fijará específicamente en los pagos mensuales mínimos adeudados por las deudas de crédito renovable y otros préstamos al consumo. La fórmula del ratio de endeudamiento es:

Indice de endeudamiento

$$\frac{gasto\ mensual\ de\ vivienda + obligaciones\ mensuales\ de\ deuda}{ingreso\ bruto}$$

$$= índice\ de\ endeudamiento$$

Para identificar los gastos de vivienda más la deuda que permite un ratio de endeudamiento, modifique la fórmula de la siguiente manera:

Relación entre el ingreso bruto mensual y la deuda =
Gastos mensuales de vivienda + obligaciones mensuales de deuda

La mayoría de los prestamistas convencionales exigen que este ratio de endeudamiento no supere *el 36%*. En el caso de un préstamo respaldado por la FHA, el índice de endeudamiento no puede superar el 43%. El VA utiliza el 41% y un cálculo variable de "ingresos residuales". La FHA y el VA incluyen en la cifra de deuda cualquier obligación que cueste más de $100 por mes y cualquier deuda con un plazo restante superior a seis meses.

Usando el índice de endeudamiento del 36%, la pareja cuyo ingreso mensual es de $12,000 podrá tener obligaciones mensuales de vivienda y deuda de $4,320:

$12,000 de ingreso bruto x 36% = $4,320 de gastos y deudas

Los préstamos garantizados por el VA también requieren que el prestatario cumpla con ciertos requisitos basados en los ingresos netos después de pagar impuestos federales, estatales y del seguro social, mantenimiento de la vivienda y gastos de servicios públicos. Dichos **requisitos de ingresos residuales** varían según el tamaño de la familia, el monto del préstamo y la región geográfica.

Estabilidad de ingresos. Un prestamista mira más allá de los índices de ingresos y deudas para evaluar la estabilidad de los ingresos de un solicitante. Los factores importantes son:

> ▸ cuánto tiempo ha estado empleado el solicitante en el trabajo actual

> ▸ con qué frecuencia y por qué razones el solicitante ha cambiado de trabajo en el pasado

> ▸ la probabilidad de que los ingresos secundarios, como las bonificaciones y las horas extras, continúen de forma regular

> ▸ cómo el nivel educativo, la capacitación y las habilidades, la edad y el tipo de ocupación pueden afectar la continuación del nivel de ingresos actual en el futuro.

Calificación de efectivo. Dado que un prestamista presta solo una parte del precio de compra de una propiedad de acuerdo con la relación préstamo-valor del prestamista, un prestamista verificará que el prestatario tenga los recursos en efectivo para realizar el pago inicial requerido. Si parte del dinero en efectivo de un prestatario para el pago inicial viene como regalo de un familiar o amigo, un prestamista puede requerir una **carta de regalo** del donante que indique el monto del regalo y la falta de cualquier requisito para devolver el regalo. Por otro lado, si alguien le presta a un solicitante una parte del pago inicial con una provisión para el reembolso, un prestamista considerará esto como otra obligación de deuda y ajustará el índice de deuda en consecuencia. Esto puede reducir la cantidad que un prestamista está dispuesto a prestar.

patrimonio neto. **El patrimonio neto** de un solicitante muestra al prestamista la profundidad de las reservas de efectivo del solicitante, el valor y la liquidez de los activos, y la medida en que los activos superan a los pasivos. Estos hechos son importantes para un prestamista como una indicación de la capacidad del solicitante para sostener el pago de la deuda en caso de pérdida del empleo.

Compromiso de préstamo

Cuando los suscriptores de un prestamista han calificado a un solicitante y el prestamista ha decidido ofrecer el préstamo, el prestamista le da al solicitante un aviso por escrito del acuerdo de préstamo bajo términos específicos. Esta promesa escrita es el **Compromiso de préstamo**. El compromiso puede adoptar varias formas comunes, entre ellas *un compromiso firme, un compromiso de bloqueo, un compromiso condicional y un compromiso de retirada*.

Un **compromiso firme** es una oferta directa para hacer un préstamo específico a una tasa de interés específica por un plazo específico. Este tipo de compromiso es el que más comúnmente se ofrece a los compradores de viviendas.

Un **compromiso de "bloqueo"** es una oferta para prestar una cantidad específica por un plazo específico a una tasa de interés específica, *pero la tasa de interés está sujeta a una fecha de vencimiento*, por ejemplo, sesenta días. Esto garantiza que el prestamista no aumentará la tasa de interés durante los períodos de solicitud y cierre. Es posible que el prestatario tenga que pagar puntos o algún otro cargo por el bloqueo.

Un **compromiso condicional** ofrece otorgar un préstamo si se cumplen ciertas disposiciones. Este tipo de compromiso generalmente se aplica a los préstamos para la construcción. Una condición típica para financiar el préstamo es la finalización de una fase de desarrollo.

Un **compromiso de retiro** ofrece hacer un préstamo que "sacará" el préstamo de otro prestamista, es decir, lo pagará y lo reemplazará. El préstamo para retiro se utiliza con mayor frecuencia para retirar un préstamo para la construcción. El prestamista se compromete a pagar el préstamo de construcción a corto plazo mediante la emisión de un préstamo permanente a largo plazo.

HIPOTECAS CONVENCIONALES

Pago inicial y LTV
PMI

Una **hipoteca convencional** es un préstamo permanente a largo plazo que no está asegurado por la FHA ni garantizado por el VA. Las tasas de mercado generalmente determinan la tasa de interés del préstamo.

Entrada y LTV

Debido a la falta de seguro o garantía por parte de una agencia gubernamental, el riesgo para un prestamista es mayor para un préstamo convencional que para un préstamo no convencional. Este riesgo generalmente se refleja en tasas de interés más altas y requisitos más estrictos para el pago inicial y la calificación de ingresos del prestatario.

La relación préstamo-valor (LTV, por sus siglas en inglés) suele ser más baja en los préstamos convencionales que en los que cuentan con el respaldo del gobierno, lo que significa que el pago inicial es mayor. Al mismo tiempo, los préstamos convencionales permiten una mayor flexibilidad en las tarifas, tasas y términos que los préstamos asegurados y garantizados.

PMI

Debido al riesgo de los préstamos convencionales que tienen un pago inicial de menos del 20% del valor de la propiedad, los prestamistas a menudo requieren prestatario para obtener *seguro hipotecario privado, o PMI*. El seguro hipotecario protege al prestamista contra la pérdida de una parte del préstamo en caso de incumplimiento del prestatario. El PMI se puede pagar como una suma global anual o mensualmente. Cuando el prestatario ha logrado 20 por ciento de capital en la propiedad (el saldo del préstamo cae al 80% del valor original de la vivienda), el prestamista o administrador debe rescindir el requisito de PMI a solicitud por escrito del prestatario.

TIPOS DE HIPOTECAS COMUNES

Amortizado
Préstamos a tasa fija y ajustable
Hipotecas de tasa ajustable (ARM)

Las variaciones en la estructura de la tasa de interés, el plazo, los pagos y la amortización del capital producen una serie de tipos de préstamos hipotecarios comúnmente reconocidos. Entre estos se encuentran los siguientes.

Amortizado

Amortización del préstamo. Amortización prevé el reembolso gradual del principal y el pago de intereses a lo largo del plazo del préstamo. Los pagos periódicos del prestatario al prestamista incluyen una parte para los intereses y una parte para el capital. En una hipoteca totalmente amortizable, el saldo del capital es cero al final del plazo. En un préstamo parcialmente amortizable, los pagos no son suficientes para cancelar la deuda. Al final del plazo del préstamo, todavía hay un saldo de capital por pagar.

Préstamo amortizado negativamente. La amortización negativa hace que el saldo del préstamo aumente a lo largo del plazo. Esto ocurre si el pago periódico del prestatario es insuficiente para cubrir los intereses adeudados por el período. El prestamista agrega la cantidad de intereses no pagados al saldo del préstamo del prestatario. La amortización negativa temporal ocurre en préstamos de pago gradual y puede ocurrir en una hipoteca de tasa ajustable.

Préstamos Ajustable y a tipo fijo

Los préstamos pueden tener variable tasas de interés sobre el plazo del préstamo. Hipotecas de tasa ajustable (ARMs) permiten que el prestamista cambie la tasa de interés a intervalos específicos y por una cantidad específica. Las regulaciones federales imponen límites a los aumentos incrementales de la tasa de interés y a la cantidad total en la que se puede aumentar la tasa durante el plazo del préstamo.

Hipotecas tarifa ajustable (ARM)

Componentes y mecánica. Existen numerosas formas de préstamos de tasa ajustable, cada uno con variaciones de las cuantificaciones y límites en cualquiera o todas las siguientes variables: el índice, el margen, el intervalo de ajuste, los límites de las tasas de interés y si el préstamo puede amortizarse negativamente.

▸ Índice: este es un indicador financiero que determina si el interés sube o baja, y cuanto en el momento del ajuste de la tasa del préstamo, el índice ha bajado, la tasa de interés del préstamo bajará

▸ margen: es una cantidad numérica que indica el diferencial que debe mantenerse entre el índice y la tasa de interés del préstamo al momento del ajuste; Si un índice baja un punto, de 10 a 9, por ejemplo, entonces la tasa también bajaría un punto, digamos de 5% a 4%

▸ intervalo de ajuste: esta es la frecuencia con la que se ajusta una tasa de interés, que puede ser trimestral, anual, cada 5 años, etc.

▸ topes a las tasas de interés: topes que establecen un límite al alza o a la baja sobre cuánto puede aumentar o disminuir una tasa de interés; Los topes sirven para minimizar el daño potencial o las ganancias inesperadas que pueden crear los ajustes ilimitados

▸ Límites de pago: este límite limita cuánto puede aumentar o disminuir un pago; Algunos topes de pago permiten que un prestatario pague menos de lo que se debe a un nivel de tasa de interés determinado; Luego, el prestamista agrega los montos impagos al saldo del préstamo, que luego comienza a acumular más gastos por intereses; En este caso, el saldo del préstamo aumenta debido al pago deficiente

▸ Amortización negativa: se trata de un préstamo con un saldo de capital creciente a pesar de que se realizan pagos regulares; Por lo general, hay límites a cuánto pueden aumentar los saldos; Esta situación se remedia exigiendo un pago global o retirando el préstamo por completo

HIPOTECAS PERSONALIZADAS

Parcialmente amortizado
Quincenal
Paquete
Préstamos con garantía hipotecaria
Dinero de compra
Anualidad inversa
Otros tipos de préstamos

Parcialmente amortizado

Un préstamo que tiene un saldo de préstamo al final del plazo del préstamo es un préstamo parcialmente amortizado, o globo. Los pagos mensuales de capital e intereses no son suficientes para pagar completamente el monto del préstamo. Es necesario un pago final (el pago global) para retirar el préstamo. Florida requiere que una hipoteca con un préstamo de este tipo esté claramente identificada en el anverso de la hipoteca, con el monto del pago global especificado.

Quincenal

Si un préstamo se amortiza de la manera en que lo haría para un préstamo amortizado regular con doce pagos mensuales por año, pero los pagos están programados para realizarse dos veces al mes (quincenalmente) en lugar de una vez, el resultado es que se realiza el equivalente a un pago mensual adicional cada año. Esto se debe a que hay 52 semanas en un año, lo que significa 26 pagos quincenales, lo que equivale a 13 meses. Con este acuerdo, el prestatario paga el préstamo más rápidamente y ahorra intereses sustanciales.

Paquete

Un paquete de préstamos financia la compra de bienes inmuebles y personales. Por ejemplo, un préstamo de paquete podría financiar un condominio amueblado, completo con todos los accesorios y decoración.

Préstamos con garantía hipotecaria

El propósito aparente de este tipo de préstamo es obtener fondos para mejoras en el hogar. Estructuralmente, el préstamo con garantía hipotecaria es una hipoteca junior garantizada por el valor líquido de la Vivienda. Para algunos prestamistas, el monto máximo del préstamo con garantía hipotecaria se basa en la diferencia entre el valor de tasación de la propiedad y la relación préstamo-valor máxima que el prestamista permite en la propiedad, incluidos todos los préstamos hipotecarios existentes. Por lo tanto, si una casa está tasada en $500,000 y el LTV máximo del prestamista es del 80%, el prestamista prestará un total de $400,000. Si el saldo de la hipoteca existente del propietario es de $325,000, el propietario calificaría para un préstamo con garantía hipotecaria de $75,000.

Anualidad inversa

Con una hipoteca de dinero para compra, el prestatario otorga una hipoteca y un pagaré al vendedor para financiar parte o la totalidad del precio de compra de la propiedad. En este caso, se dice que el vendedor "recupera" una nota, o "lleva papel", sobre la propiedad. Las hipotecas de dinero de compra pueden ser gravámenes senior o junior.

Anualidad inversa

En una hipoteca anualidad inversa, un propietario compromete el valor líquido de la vivienda como garantía de un préstamo que se paga en cantidades mensuales regulares durante el plazo del préstamo. El propietario, en efecto, puede convertir el capital en efectivo sin perder la propiedad y la posesión.

Préstamos senior y junior. Cuando hay varios préstamos sobre una sola propiedad, hay un orden de prioridad en los gravámenes que crean las hipotecas. El primer préstamo, o senior, generalmente tiene prioridad sobre cualquier préstamo posterior. Los segundos préstamos son más riesgosos que los primeros préstamos porque el prestamista principal estará satisfecho primero en caso de incumplimiento. Por lo tanto, las tasas de interés de las segundas hipotecas son generalmente más altas que las de las primeras hipotecas.

Préstamos de pago fijo y escalonado. Los préstamos pueden tener montos de pago variables durante el plazo del préstamo, o un monto de pago fijo. Con una hipoteca de pago gradual, los pagos al comienzo del plazo del préstamo no son suficientes para amortizar el préstamo en su totalidad, y los intereses no pagados se agregan al saldo del capital. Posteriormente, los pagos se ajustan a un nivel que amortizará completamente el saldo aumentado del préstamo durante el plazo restante del préstamo.

Préstamo de solo interés. En un préstamo de solo interés, los pagos periódicos a lo largo del plazo del préstamo se aplican solo a los intereses adeudados, no al principal. Al final del plazo, el saldo total debe liquidarse en una suma global. Dado que estos préstamos no tienen un reembolso periódico del capital, sus pagos mensuales son menores que los préstamos amortizables por el mismo monto a la misma tasa de interés.

Préstamo de recompra. Una reducción. El préstamo implica un pago anticipado de los intereses de un préstamo. El pago anticipado reduce efectivamente la tasa de interés y los pagos periódicos para el prestatario. Las reducciones generalmente ocurren en una circunstancia en la que un constructor quiere comercializar un nuevo desarrollo a un comprador que no puede calificar para el préstamo necesario a las tasas de mercado. Al "recomprar" la hipoteca de un prestatario, un constructor permite que el prestatario obtenga el préstamo. El constructor puede entonces trasladar los costos de la recompra al comprador en forma de un precio de compra más alto.

Préstamo para la construcción. Un préstamo para la construcción financia la construcción de mejoras. Este tipo de préstamo es pagado por el prestamista en cuotas vinculadas a las etapas del proceso de construcción. El préstamo suele ser solo con intereses, y el prestatario realiza pagos periódicos en función de la cantidad desembolsada hasta el momento. Al tratarse de una financiación a corto plazo y de alto riesgo, los tipos de interés suelen ser más altos que los de la financiación a largo plazo. Se espera que el prestatario encuentre financiamiento permanente ("compromiso de retiro ") en otro lugar para pagar el préstamo temporal cuando se complete la construcción.

Préstamo puente. Un préstamo puente, o brecha, se utiliza para cubrir una brecha en el financiamiento entre el financiamiento de la construcción a corto plazo y el financiamiento permanente a largo plazo. Por ejemplo, un desarrollador puede tener dificultades para encontrar un prestamista a largo plazo para contratar al prestamista de construcción. Sin embargo, como el préstamo para la construcción es caro y debe pagarse lo antes posible, el promotor puede encontrar un prestamista provisional que pague el préstamo para la construcción pero no acepte un préstamo a largo plazo.

Préstamo participativo. En un préstamo participativo, el prestamista participa en los ingresos y/o patrimonio de la propiedad, a cambio de otorgar al prestatario condiciones de préstamo más favorables de lo que de otro modo se justificaría. Por ejemplo, el prestatario realiza pagos periódicos más pequeños de lo que requieren la tasa de interés y el monto del préstamo, y el prestamista compensa la diferencia recibiendo parte de los ingresos de la propiedad. Este tipo de préstamo generalmente involucra una propiedad de ingreso.

Préstamo permanente (take out). Un préstamo permanente es un préstamo a largo plazo que "contrata" un prestamista de construcción o a corto plazo. El prestamista a largo plazo paga el saldo del préstamo de construcción cuando se completa el proyecto, dejando al prestatario con un préstamo a largo plazo en términos más favorables que el préstamo de construcción ofrecido.

Manta. Una hipoteca manta o **hipoteca general** está asegurada por más de una propiedad, como varias parcelas de bienes raíces en un desarrollo.

PROGRAMA FHA ASEGURADO POR EL GOBIERNO

Propósito
Características de los préstamos de la FHA

Propósito

La Administración Federal de Vivienda (FHA) es una agencia del Departamento de Vivienda y Desarrollo Urbano (HUD). No presta dinero, pero *Asegura* préstamos permanentes a largo plazo otorgados por otros. El prestamista debe estar aprobado por la FHA y el prestatario debe cumplir con ciertos requisitos de la FHA. Además, la propiedad utilizada para garantizar el préstamo debe cumplir con los estándares de la FHA. La FHA asegura que el prestamista no sufrirá una pérdida significativa en caso de incumplimiento del prestatario. Para proporcionar esta seguridad, la FHA proporciona un seguro y cobra al prestatario una prima de seguro. Los préstamos de la FHA suelen tener una relación de préstamo-valor más alta que los préstamos convencionales, lo que permite al prestatario hacer un pago inicial más pequeño.

Características de préstamos de la FHA

El programa básico de préstamos asegurados por la FHA es el **Título II, Sección 203(b)** Programa de préstamos para propiedades residenciales de una a cuatro familias. Entre las características de este programa se encuentran las siguientes.

Ratios de calificación. Los prestamistas de la FHA utilizan dos ratios, el ratio de ingresos (también llamado ratio de gastos de vivienda, o HER) y el ratio de deuda (también llamado ratio de obligaciones totales o TOR) para evaluar la capacidad de un prestatario para pagar un préstamo. Estas proporciones se analizan en detalle en una sección posterior.

Seguro hipotecario de la FHA. La FHA determina la cantidad de seguro hipotecario que se debe proporcionar y cobra al prestatario una prima de seguro hipotecario (MIP) adecuada. La prima inicial se paga al cierre (llamada prima de seguro hipotecario por adelantado, UFMIP). Otras primas anuales se cobran mensualmente. El monto de la prima varía según el plazo del préstamo y la relación préstamo-valor aplicable.

Fuente de préstamo. La FHA no otorga ni procesa préstamos. Aprueba a los prestamistas, que luego otorgan préstamos de acuerdo con los parámetros de la FHA.

Impago del prestatario. La FHA reembolsa al prestamista por las pérdidas debidas al incumplimiento del prestatario, incluidos los costos de la ejecución hipotecaria.

Tasación. La propiedad debe ser tasada por un tasador aprobado por la FHA. La propiedad también debe cumplir con los estándares de la FHA para el tipo y la calidad de la construcción, la calidad del vecindario y otras características.

Monto máximo del préstamo. La FHA ha establecido montos máximos de préstamos para más de 80 regiones. Los prestatarios dentro de una región están limitados al monto máximo del préstamo vigente para la región. Además, el monto máximo del préstamo está restringido por la relación préstamo-valor vigente. El préstamo máximo respaldado por la FHA que un prestatario puede obtener será el menor entre el monto máximo regional o el monto dictado por el estándar de préstamo a valor. Los cálculos se basan en el menor precio de venta o valor de tasación.

Requisito de pago inicial. El pago inicial mínimo para un préstamo respaldado por la FHA se basa en el valor de tasación o el precio de venta, el que sea menor. El requisito actual para los préstamos residenciales unifamiliares es del 3,5%.

Plazo máximo del préstamo. Treinta años es la duración máxima del plazo de amortización.

Privilegio de pago por adelantado. El prestatario tiene derecho a cancelar el préstamo en cualquier momento sin penalización, siempre que se notifique previamente al prestamista. El prestamista puede cobrar hasta 30 días de interés si el prestatario avisa con menos de 30 días de antelación.

Asunción. Los préstamos respaldados por la FHA sobre propiedades ocupadas por el propietario son asumibles si el comprador está calificado. Los prestamistas y prestatarios deben consultar con la FHA para conocer los requisitos actuales.

Tipo de interés. El prestamista y el prestatario negocian la tasa de interés de un préstamo respaldado por la FHA sin ninguna participación de la FHA.

Puntos, tarifas y costos. El prestamista puede cobrar puntos de descuento, una tarifa de originación del préstamo y otros cargos similares. Estos pueden ser pagados por el comprador o el vendedor. Sin embargo, si el vendedor paga más de un porcentaje específico de los costos normalmente pagados por un comprador, la FHA puede considerarlos como concesiones de venta y reducir el precio de venta en el que se basa el monto del seguro del préstamo.

Además de los programas de préstamos de la Sección 203(b), la FHA ofrece cobertura de seguro para otros productos de préstamo. Entre ellas se encuentran:

- ▶ Préstamos para mejoras en el hogar
- ▶ Préstamos subsidiados para familias de ingresos bajos y medios
- ▶ Préstamos para Condominios
- ▶ Préstamos para proyectos multifamiliares
- ▶ Préstamos de pago graduado
- ▶ Préstamos con tasa adjustable

PROGRAMA DE GARANTÍA DE PRÉSTAMOS DEL VA

Función de garantía
Características de los préstamos VA

Función de garantía La Administración de Veteranos (Departamento de Asuntos de Veteranos) ofrece *Garantías de préstamos a veteranos calificados*. El VA, al igual que la FHA, no presta dinero excepto en ciertas áreas donde generalmente no hay otro financiamiento disponible. En cambio, el VA garantiza parcialmente los préstamos permanentes a largo plazo originados por prestamistas aprobados por el VA en propiedades que cumplen con los estándares del VA. La garantía del VA permite a los prestamistas otorgar préstamos con una relación préstamo-valor más alta de lo que sería posible de otro modo. La tasa de interés de un préstamo garantizado por el VA suele ser más baja que la de un préstamo convencional. El prestatario no paga ninguna prima por la garantía del préstamo, pero sí paga una tarifa de financiamiento del VA al cierre.

Características de Préstamos VA

Calificaciones. Los préstamos garantizados por el VA están disponibles para veteranos, su cónyuge sobreviviente si no se ha vuelto a casar y personas en servicio activo.

Elegibilidad. Los requisitos de elegibilidad varían según la antigüedad en el servicio y otras circunstancias. Los posibles prestatarios deben consultar el sitio web del VA https://www.va.gov/housing-assistance/home-loans/eligibility/ para saber cómo adquirir un Certificado de elegibilidad para presentarlo a los prestamistas.

Fuente de préstamo. Los prestamistas aprobados por el VA otorgan la mayoría de los préstamos garantizados por el VA, aunque el VA puede otorgar préstamos directos cuando los prestamistas aprobados no están disponibles. El prestamista y el prestatario negocian la tasa de interés, los puntos y los costos de cierre.

Elegibilidad de la propiedad. Los préstamos garantizados por el VA se emiten para financiar, refinanciar o construir propiedades residenciales de una a cuatro unidades de vivienda, siempre que el prestatario resida en una de las unidades.

Ratios de calificación. El VA utiliza un índice de deuda (índice de obligaciones totales, o TOR, por sus siglas en inglés) y cálculos ajustados por los ingresos regionales para calificar a un prestatario. Este proceso se describe con más detalle en una sección posterior.

Impago del prestatario. El VA reembolsa al prestamista por las pérdidas hasta el monto garantizado si los ingresos de la venta de la ejecución hipotecaria no cubren el saldo del préstamo.

Evaluación. La propiedad debe ser tasada por un tasador aprobado por el VA. El VA emite un *Certificado de Valor Razonable* que crea un valor máximo en el que se basará la parte del préstamo garantizada por el VA. La propiedad debe cumplir con ciertas especificaciones de VA.

Requisito de pago inicial. Por lo general, el VA no requiere un pago inicial, aunque el prestamista puede requerir uno.

Monto máximo del préstamo (derecho). El VA no limita el monto del préstamo, pero sí limita la responsabilidad que puede asumir, lo que generalmente influye en el monto que prestará una institución. La cantidad que un veterano calificado con pleno derecho puede pedir prestada sin hacer un pago inicial determina los límites prácticos del préstamo. Esta cantidad varía según el condado. El derecho básico disponible para cada veterano elegible es de $36,000. Los prestamistas generalmente prestarán un máximo de 4 veces esa cantidad sin un pago inicial si el veterano está completamente calificado y la propiedad se tasa por el precio de venta.

Un veterano debe solicitar un *Certificado de Elegibilidad* para averiguar cuánto garantizará el VA en una situación particular.

Plazo máximo del préstamo. El plazo máximo de préstamo para residencias de una a cuatro familias es de 30 años. En el caso de los préstamos garantizados por explotaciones agrícolas, el plazo máximo del préstamo es de 40 años.

Privilegio de pago por adelantado. El préstamo se puede pagar anticipadamente sin penalización.

Asunción. Los préstamos del VA son asumibles con la aprobación del prestamista. Por lo general, la persona que asume el préstamo debe tener elegibilidad para el VA, y es posible que la asunción deba ser aprobada por el VA.

Tipo de interés. El prestamista y el prestatario negocian la tasa de interés para todos los préstamos asegurados por VA.

Puntos, tasas y costos. El prestamista puede cobrar puntos de descuento, tarifas de originación y otros costos razonables. Estos pueden ser pagados por el vendedor (con algunos límites) o el comprador, pero no pueden ser financiados. Sin embargo, la tarifa de financiamiento del VA puede incluirse en el monto del préstamo. La tarifa de financiamiento es un porcentaje del monto del préstamo que varía según el tipo de préstamo, la categoría militar, si el préstamo es un préstamo por primera vez y si hay un pago inicial.

Otros programas de VA. Además de asegurar los préstamos a los veteranos, el VA puede asegurar los préstamos a los prestamistas que establezcan una cuenta especial en el VA. El VA también puede prestar dinero directamente cuando un veterano elegible no puede encontrar otro dinero hipotecario localmente.

FUENTES PRIMARIAS DE FINANCIAMIENTO DE VIVIENDA

El mercado hipotecario
Fuentes primarias de financiamiento de la vivienda
Originadores de préstamos hipotecarios
Financiación del vendedor

El mercado hipotecario

Los préstamos hipotecarios proporcionan a los prestatarios fondos para comprar bienes raíces. El dinero para las hipotecas proviene principalmente de los ahorros en efectivo de individuos, gobiernos y empresas. Este dinero puede estar disponible a través del proceso de **intermediación**, en el que los fondos depositados en instituciones financieras se prestan a prestatarios, o **desintermediación**, en el que los propietarios de los ahorros invierten su dinero directamente mediante la realización de préstamos u otras inversiones. Las acciones gubernamentales y las actividades de los inversores afectan a la oferta de dinero para los préstamos hipotecarios y fomentan o desalientan el mercado de préstamos hipotecarios como inversión.

Oferta y demanda de dinero. El dinero es una mercancía limitada sujeta a los efectos de la oferta y la demanda. La política monetaria del gobierno federal *Controla la oferta de dinero* con el fin de alcanzar los objetivos económicos del país. Una oferta excesiva de dinero suele hacer que los tipos de interés bajen y que los precios al consumidor suban. Por el contrario, una demanda excesiva de dinero, como la de los préstamos hipotecarios, hace que los tipos de interés suban y los precios bajen. La regulación de la oferta monetaria aborda estas fluctuaciones con el objetivo de controlar y limitar las grandes oscilaciones en el ciclo de la oferta y la demanda. Estos esfuerzos, a su vez, ayudan a amortiguar la economía de tendencias inflacionarias o recesivas severas.

Regulación de la oferta monetaria. El Sistema de la Reserva Federal regula la oferta monetaria por medio de tres métodos:

▶ vender o recomprar valores del gobierno, principalmente letras del Tesoro

▶ modificación del encaje obligatorio para los bancos miembros. La reserva es un porcentaje de los fondos de los depositantes que los bancos y otras instituciones financieras reguladas no pueden prestar.

▶ al cambiar la tasa de interés, o tasa de descuento, el sistema cobra a las instituciones miembros por tomar prestados fondos de los bancos centrales del Sistema de la Reserva Federal

Cuando la Reserva Federal vende letras del Tesoro, el dinero pagado por los valores se retira de la oferta monetaria de la economía. Por el contrario, cuando recompra letras del Tesoro, el efectivo pagado a los inversores devuelve dinero a la economía.

El segundo control, que regula los requisitos de reservas, restringe efectivamente la cantidad de dinero que los bancos pueden poner en la economía a través del desembolso de préstamos. Cuando la Reserva Federal *eleva los* requisitos de reserva, los bancos tienen menos dinero para prestar, lo que disminuye la oferta monetaria. Cuando la Fed *reduce los* requisitos de reserva, los bancos tienen más dinero para prestar, lo que aumenta la oferta monetaria.

El tercer control, y quizás el más efectivo, es la regulación de la tasa de descuento que los bancos miembros deben pagar para pedir dinero prestado. Si la tasa de descuento sube, el costo de pedir prestado se vuelve más prohibitivo. Por lo tanto, la oferta monetaria se reduce. Si se reduce la tasa de descuento, los bancos tienen un incentivo para pedir prestado más dinero para prestar a los clientes.

Fuentes primarias de financiamiento de la vivienda

Mercado hipotecario primario. El mercado hipotecario primario consiste en prestamistas que originan préstamos hipotecarios directamente a los prestatarios. Los principales prestamistas del mercado hipotecario incluyen:

- ahorros y préstamos: hipotecas residenciales y préstamos con garantía hipotecaria; préstamos convencionales, de la FHA y del VA

- bancos comerciales: préstamos para la construcción; préstamos convencionales, de la FHA y del VA

- cajas de ahorro mutuo: préstamos residenciales y de mejoras para el hogar; préstamos convencionales, de la FHA y del VA

- compañías de seguros de vida: préstamos comerciales, especialmente para propiedades de apartamentos, oficinas, comercios minoristas e industriales

- banqueros hipotecarios: originaciones de préstamos hipotecarios; Préstamos de la FHA y VA

- cooperativas de ahorro y crédito: préstamos residenciales y de mejoras para el hogar; préstamos convencionales, de la FHA y del VA

Agentes hipotecarios. Los corredores hipotecarios también forman parte del mercado hipotecario primario, aunque no prestan directamente a los clientes. Más bien, son fundamentales para conseguir prestatarios para los prestamistas hipotecarios primarios.

El prestamista principal asume el riesgo inicial de la inversión a largo plazo en el préstamo hipotecario. A veces, los prestamistas primarios también **administran** el préstamo hasta que se paga. El servicio de los préstamos implica cobrar los pagos periódicos del prestatario, mantener y desembolsar fondos en cuentas de depósito en garantía para impuestos y seguros, supervisar el desempeño del prestatario y liberar la hipoteca al momento del pago. En muchos casos, los prestamistas primarios emplean compañías de servicios hipotecarios, que administran préstamos a cambio de una tarifa.

Prestamistas de cartera. Un prestamista del mercado hipotecario primario puede o no vender sus préstamos en el mercado secundario. Muchos prestamistas originan préstamos con el propósito de retener las inversiones en su propia cartera de préstamos . Estos préstamos se denominan *préstamos de cartera*, y los prestamistas que originan préstamos para su propia cartera se denominan prestamistas de *cartera*. Los prestamistas de cartera están menos restringidos por las normas y formas impuestas a otros prestamistas por las organizaciones del mercado secundario. Al retener sus préstamos de cartera, los prestamistas de cartera pueden variar los criterios de suscripción y mantener estándares independientes para los requisitos de pago inicial y la condición de la garantía.

Originadores de préstamos hipotecarios

Originadores de préstamos hipotecarios (MLO) trabajan para bancos, cooperativas de crédito e instituciones de ahorro y préstamo, recibir y procesar solicitudes de préstamos hipotecarios, negociar los términos y condiciones de los préstamos y vender préstamos hipotecarios existentes a los inversionistas. Una licencia MLO es necesaria en Florida y requiere un número prescrito de horas de educación y la aprobación de un examen. La Ley de Ejecución Segura y Justa de las Licencias Hipotecarias (Ley SAFE) establece normas mínimas para la concesión de licencias y el registro de MLO. El Sistema Nacional de Licencias Hipotecarias (NMLS, por sus siglas en inglés) es el proveedor y registrador de las licencias MLO.

Financiación del vendedor

El vendedor puede proporcionar parte o la totalidad del financiamiento para la compra del comprador. Algunos de los métodos más comunes de financiación del vendedor son las hipotecas de dinero de compra, incluida la envoltura, y el contrato de escritura.

Hipoteca de dinero para la compra. Con una hipoteca de dinero para compra, el prestatario otorga una hipoteca y un pagaré al vendedor para financiar parte o la totalidad del precio de compra de la propiedad. En este caso, se dice que el vendedor "recupera" una nota, o "lleva papel", sobre la propiedad. Las hipotecas de dinero de compra pueden ser gravámenes senior o junior.

Envolvente. En un acuerdo de una envoltura de préstamo, el vendedor recibe una hipoteca junior del comprador y utiliza los pagos del comprador para realizar los pagos de la primera hipoteca original. Un envolvente permite al comprador obtener financiación con una inversión mínima en efectivo. También permite potencialmente que el vendedor se beneficie de cualquier diferencia entre una tasa de interés más baja en el préstamo senior y una tasa más alta en el préstamo integral. Un envolvente es posible solo si el acreedor hipotecario principal lo permite.

Contrato de escritura. En virtud de un contrato de escritura, el vendedor retiene el título y el comprador recibe la posesión y el título equitativo mientras realiza los pagos según los términos del contrato. El vendedor transmite el título cuando el contrato se ha cumplido en su totalidad.

MERCADO SECUNDARIO DE HIPOTECAS

Ciclo del flujo de dinero hipotecario
Fannie Mae
Asociación Hipotecaria Nacional del Gobierno
Freddie Mac

Los prestamistas, inversionistas y agencias gubernamentales que compran préstamos ya originados por otra persona, o originan préstamos indirectamente a través de otra persona, constituyen el **Mercado Secundario Hipotecario**.

Las organizaciones del mercado secundario de hipotecas incluyen:

- Asociación Hipotecaria Nacional Federal (FNMA, por sus siglas en inglés o Fannie Mae)
- Corporación Federal de Préstamos Hipotecarios para Viviendas (FHLMC, o Freddie Mac)
- Asociación Hipotecaria Nacional del Gobierno (GNMA, o Ginnie Mae)
- empresas de inversión que agrupan los préstamos en paquetes y venden valores sobre la base de las hipotecas conjuntas
- compañías de seguros de vida
- fondos de pensiones
- instituciones del mercado primario que también invierten como prestamistas secundarios

Ciclo de la hipoteca
Flujo de dinero

Las organizaciones del mercado secundario de hipotecas compran grupos de hipotecas de prestamistas primarios y venden valores respaldados por estas hipotecas conjuntas a los inversores. Al vender valores, el mercado secundario lleva el dinero de los inversores al mercado hipotecario. Al comprar préstamos de prestamistas primarios, el mercado secundario devuelve fondos a los prestamistas primarios, lo que permite que el prestamista principal origine más préstamos hipotecarios.

El Flujo de Dinero Hipotecario

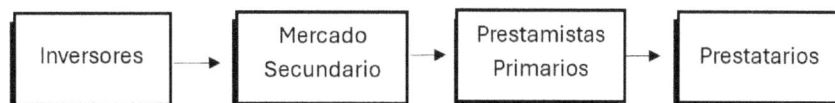

Los prestamistas primarios obtienen ganancias de la venta de préstamos al mercado secundario. El mercado secundario adquiere una inversión rentable a largo plazo sin tener que suscribir, originar y administrar los préstamos. Las organizaciones del mercado secundario suelen contratar a prestamistas primarios o empresas de servicios de préstamos para dar servicio a los grupos hipotecarios.

Requisitos de préstamos en el mercado secundario. El mercado secundario solo compra préstamos que cumplen con los requisitos establecidos en cuanto a la calidad de la garantía, el prestatario y la documentación. Dado que muchos prestamistas primarios tienen la intención de vender sus préstamos al mercado secundario, los estándares de calificación del mercado secundario limitan y regulan efectivamente el tipo de préstamos que originará el prestamista primario.

Como principales actores del mercado secundario, la Asociación Hipotecaria Nacional Federal (FNMA), "Fannie Mae"), Asociación Hipotecaria Nacional del Gobierno (GNMA), "Ginnie Mae"), y la Corporación Federal de Préstamos Hipotecarios para Viviendas (FHLMC, "Freddie Mac") tienden a establecer los estándares para el mercado primario.

Fannie Mae

La Asociación Hipotecaria Nacional Federal (FNMA, o Fannie Mae) es una empresa patrocinada por el gobierno, originalmente organizada como una corporación privada. Como actor del mercado secundario:

- compra préstamos convencionales, respaldados por la FHA y respaldados por el VA
- Otorga a los bancos valores respaldados por hipotecas a cambio de bloques de hipotecas
- ofrece a los prestamistas compromisos firmes de compra de préstamos, siempre que se ajusten a los estándares de préstamo de Fannie Mae
- vende bonos y valores respaldados por hipotecas
- garantiza el pago de intereses y capital de los bonos de titulización hipotecaria

Formularios de notas estandarizados para Florida. La Nota Uniforme de Tasa Fija de Florida de Fannie Mae / Freddie Mac para propiedades unifamiliares se puede revisar a través del siguiente enlace: https://singlefamily.fammiemae.com/media/11241/display

Préstamos conformes y no conformes. Los préstamos que cumplen con las pautas de Fannie Mae se denominan préstamos conformes. Los que no lo hacen se denominan, por la misma razón, préstamos no conformes.

Asociación Hipotecaria Nacional del Gobierno

GNMA, o Ginnie Mae, es una división del Departamento de Vivienda y Desarrollo Urbano. Su propósito es administrar programas de asistencia especial y ayudar a Fannie Mae en sus actividades en el mercado secundario. En concreto, GNMA

- garantiza el pago de las hipotecas de alto riesgo y bajo rendimiento de la FNMA y absorbe la diferencia de rendimiento entre las hipotecas y los tipos de interés del mercado
- garantiza valores generados de forma privada respaldados por grupos de préstamos garantizados por el VA y la FHA

Freddie Mac

La Corporación Federal de Préstamos Hipotecarios para Viviendas (FHLMC, por sus siglas en inglés), o Freddie Mac, es una empresa patrocinada por el gobierno, originalmente constituida como una corporación en 1970. Como actor del mercado secundario, FHLMC compra hipotecas y las agrupa, vendiendo bonos respaldados por las hipotecas en el mercado abierto. Freddie Mac garantiza el rendimiento de las hipotecas FHLMC.

Un curador federal, la Autoridad Federal de Financiamiento de la Vivienda (FHFA, por sus siglas en inglés), ahora opera Fannie Mae y Freddie Mac como curadores, y el Tesoro de los EE. UU. es propietario mayoritario de ambas organizaciones.

FRAUDE HIPOTECARIO

Tipos comunes de fraude hipotecario
Banderas rojas

El fraude hipotecario es un delito que implica una declaración errónea intencional, tergiversación u omisión de información en la que se basa un prestamista o suscriptor para otorgar, comprar o asegurar un préstamo hipotecario garantizado por bienes inmuebles. Los posibles perpetradores incluyen prestatarios, oficiales de préstamos, agentes de bienes raíces, tasadores, abogados, oficiales de custodia y títulos, y otros. Los infractores pueden ser procesados tanto en tribunales federales como estatales.

Tipos comunes de fraude hipotecario

Ejemplos comunes de fraude hipotecario incluye lo siguiente.

Aplicaciones. Hay muchas maneras de que una solicitud de préstamo sea fraudulenta. Por ejemplo, un prestatario puede intentar obtener un préstamo sobre una propiedad destinada a la inversión a una tasa de interés baja afirmando fraudulentamente que el prestatario ocupará la propiedad como residencia. En otro contexto, el prestatario puede exagerar los ingresos, subestimar las responsabilidades o hacer una afirmación falsa sobre el empleo para calificar para un préstamo.

Tasaciones. Un valor de tasación puede estar sobreestimado o subestimado. La exageración puede permitir que el prestatario obtenga más dinero del prestamista, posiblemente para compartirlo con el vendedor o un agente. La subestimación puede permitir que un comprador obtenga una propiedad a un precio artificialmente bajo.

Préstamos múltiples. Un prestatario puede obtener más de un préstamo sobre la misma propiedad, creando pasivos desconocidos para los prestamistas que tienen hipotecas junior y requiriendo que todos los prestamistas participen en litigios.

Apilamiento de gravámenes. Los perpetradores pueden registrar múltiples escrituras de fideicomiso o documentos de asignación en la misma propiedad en un corto período de tiempo para que los gravámenes no se descubran en una búsqueda de título. De esta manera, se puede inducir a varios prestamistas a otorgar préstamos sobre la misma propiedad.

Robo de identidad. Una persona que usa una identidad robada puede obtener un préstamo y fugarse con las ganancias sin hacer ningún pago al prestamista. La persona cuya identidad ha sido robada puede ser considerada responsable.

Prestatarios testaferros. La información crediticia de una persona que no es el verdadero comprador puede ser utilizada para obtener un préstamo donde el comprador real no calificaría.

Préstamos. Un comprador con mal crédito puede calificar para un préstamo sin que se le exija que proporcione documentación de empleo, ingresos, activos o deudas. Cuando el prestatario no puede pagar el préstamo, el prestamista toma la garantía y se beneficia de las tarifas y el pago inicial.

Banderas rojas

Las tasaciones infladas, los precios inflados de los contratos, la documentación faltante o incompleta, el cambio reciente de propietario, las anomalías en los préstamos y otras irregularidades similares son señales de alerta que pueden indicar que se está produciendo algún tipo de fraude hipotecario. Los asociados deben tomar nota e informar sus inquietudes a sus corredores.

El fraude hipotecario es un delito grave en Florida. El delito grave es de tercer grado si los documentos del préstamo muestran un monto de préstamo inferior a $100,000, y de segundo grado si es mayor. El estatuto de fraude hipotecario de Florida se puede ver en http://www.leg.state.fl.us/statutes/index.cfm?App_mode=Display_Statute&URL =0800-0899/0817/Sections/0817.545.html.

LEYES JUSTAS DE CRÉDITO Y PRÉSTAMOS

Ley de Igualdad de Oportunidades de Crédito
Ley de Protección del Crédito al Consumidor
Veracidad en los Préstamos y Regulación Z
Ley de Procedimientos de Liquidación de Bienes Raíces

Ley de Igualdad de Oportunidades de Crédito (ECOA)

ECOA Prohíbe la discriminación en la concesión de crédito por motivos de raza, color, religión, origen nacional, sexo, estado civil, edad o dependencia de la asistencia pública. Un acreedor no puede hacer ninguna declaración para disuadir a un solicitante sobre la base de esa discriminación ni hacer preguntas a un solicitante sobre estos elementos discriminatorios. Un licenciatario de bienes raíces que ayuda a un vendedor a calificar a un comprador potencial puede caer dentro del alcance de esta prohibición. Un prestamista también debe informar por escrito a un solicitante rechazado de las razones de la denegación dentro de los 30 días. Un acreedor que no cumple es responsable de los daños punitivos y reales. Otros detalles de este acto fueron discutidos anteriormente.

Ley de Protección del Crédito al Consumidor

La Ley de Protección del Crédito al Consumidor (**CCPA**) es una ley federal integral compuesta por una serie de leyes específicas relacionadas con el crédito al consumo y el endeudamiento. Entre las leyes específicas que son más relevantes para el licenciatario de bienes raíces se encuentran la Ley de Veracidad en los Préstamos y la Ley de Igualdad de Oportunidades de Crédito. Estos actos se analizan a continuación.

Veracidad en los préstamos y la Regulación Z

La Ley de Protección del Crédito al Consumidor, promulgada en 1969 y modificada desde entonces por la Ley de Simplificación y Reforma de la Veracidad en los Préstamos., es implementado por la Reserva Federal **Regulación Z**. Regulación Z Se aplica a todos los préstamos garantizados por una residencia. No se aplica a los préstamos comerciales ni a los préstamos agrícolas de más de 25,000 dólares. Sus disposiciones abarcan *la divulgación de los costos, el derecho a rescindir la transacción de crédito, la publicidad de las ofertas de crédito y las sanciones por incumplimiento de la ley.*

La Ley Dodd-Frank de Reforma de Wall Street y Protección al Consumidor de 2010 (Ley Dodd-Frank) estableció la Oficina para la Protección Financiera del Consumidor (CFPB, por sus siglas en inglés) para proteger a los consumidores mediante la aplicación de las leyes financieras federales del consumidor. La CFPB consolida la mayor parte de la autoridad federal de protección financiera del consumidor en un solo lugar, incluida la aplicación de RESPA, ECOA y Veracidad en los préstamos.

Revelación de los costos. Según la Regulación Z, un prestamista debe revelar todos los cargos financieros, así como la verdadera tasa porcentual anualizada (APR) antes del cierre. Un prestamista no tiene que mostrar el interés total pagadero durante el plazo del préstamo ni incluir en los cargos financieros los costos de liquidación como los honorarios por tasación, título, informe de crédito, encuesta o trabajo legal. La divulgación debe presentarse claramente por escrito.

Rescisión. Un prestatario tiene un derecho limitado a cancelar la transacción de crédito, generalmente dentro de los tres días posteriores a la finalización de la transacción. El derecho de rescisión no se aplica a las "transacciones hipotecarias residenciales", es decir, a los préstamos hipotecarios utilizados para financiar la compra o construcción de la residencia principal del prestatario.

Publicidad. Cualquier tipo de publicidad al ofrecer crédito está sujeto a requisitos de divulgación completa si incluye:

> ‣ un porcentaje o monto de pago inicial
>
> ‣ un monto de pago a plazos
>
> ‣ un monto específico para un cargo financiero
>
> ‣ un número específico de pagos
>
> ‣ un plazo de amortización específico
>
> ‣ una declaración de que no hay ningún cargo por el crédito

Si alguno de estos elementos aparece en la publicidad, el prestamista debe revelar el monto o porcentaje del pago inicial, los términos de pago, la APR y si la tasa puede aumentarse después de la consumación del préstamo..

Incumplimiento. La violación intencional de la Regulación Z se castiga con prisión de hasta un año y/o una multa de hasta $5,000. Otras violaciones pueden ser castigadas con el pago de costos judiciales, honorarios de abogados, daños y una multa de hasta $1,000.

Ley de Procedimientos de Liquidación de Bienes Raíces

RESPA (Véase también RESPA/TRID en la siguiente sección) es una ley federal que tiene por objeto que *estandarice las prácticas de liquidación y asegúrese de que los compradores entiendan los costos de liquidación*. RESPA se aplica a las compras de bienes raíces residenciales (viviendas de una a cuatro familias) que se financiarán con préstamos hipotecarios "relacionados con el gobierno federal". Los préstamos relacionados con el gobierno federal incluyen:

> ‣ Préstamos respaldados por el VA y la FHA
>
> ‣ Otros préstamos respaldados o asistidos por el gobierno
>
> ‣ préstamos que están destinados a ser vendidos a FNMA, FHLMC, GNMA u otras instituciones del mercado secundario controladas por el gobierno
>
> ‣ Préstamos otorgados por prestamistas que originan más de un millón de dólares al año en préstamos residenciales.

Además de imponer procedimientos de liquidación, las disposiciones de RESPA prohíben que los prestamistas paguen sobornos y cargos no devengados a las partes que puedan haber ayudado al prestamista a obtener el negocio del prestatario. Esto incluiría, por ejemplo, una tarifa pagada a un agente de bienes raíces por referir a un prestatario al prestamista.

Para ayudar a informar y educar a los prestatarios, RESPA requiere que los prestamistas proporcionen al solicitante de un préstamo un **folleto de información sobre el préstamo** y una **estimación del préstamo**. El folleto, producido por la Oficina para la Protección Financiera del Consumidor (CFPB, por sus siglas en inglés), explica las disposiciones de RESPA, los costos generales de liquidación y el formulario de **divulgación de cierre** requerido. El prestamista debe proporcionar la estimación de los costos de cierre dentro de los tres días posteriores a la solicitud del prestatario. RESPA se analiza con más detalle en la siguiente sección.

Divulgaciones. La Oficina para la Protección Financiera del Consumidor (CFPB, por sus siglas en inglés) requiere que los prestamistas usen dos formularios específicos para revelar los costos de liquidación al comprador. Un prestamista debe proporcionar una Estimación del Préstamo (H-24) dentro de los tres días posteriores a la recepción de la solicitud de préstamo y permitir que el comprador vea la Divulgación de Cierre (H-25) tres días antes de la consumación del préstamo. Un prestamista también debe proporcionar al comprador una copia del folleto informativo, "Su Caja de Herramientas para Préstamos Hipotecarios", sobre el préstamo hipotecario, los costos de cierre y los procedimientos de cierre. Las divulgaciones especifican:

- ▸ Cargos de liquidación
- ▸ Cargos de título
- ▸ Tasas de registro y transferencia
- ▸ Depósitos de reserva requeridos
- ▸ Se requieren depósitos en garantía de impuestos y seguros
- ▸ Cualquier otra tarifa o cargo
- ▸ Costos totales de cierre

Los formularios de divulgación varían, dependiendo del tipo de préstamo. Los costos en la Divulgación de Cierre deben coincidir con los de la Estimación del Préstamo dentro de ciertos estándares.

13 Tipos de hipotecas y fuentes de financiación
Revisión de instantáneas

CALIFICAR PARA UN PRÉSTAMO

Ley de Igualdad de Oportunidades de Crédito
- El prestamista debe evaluar al solicitante de acuerdo con información de sus propios ingresos y crédito

Proceso de solicitud de préstamo
- utilizar el formulario requerido; proporcionar la información requerida

Suscripción de préstamos
- evaluar la capacidad de pago; tasar el valor de la propiedad; establecer las condiciones de los préstamos; LTV: relación entre el monto del préstamo y el valor de la propiedad

Calificación del comprador
- el índice de ingresos y el índice de endeudamiento califican los ingresos del prestatario; La relación de ingresos aplicada a los ingresos brutos determina el máximo de gastos de vivienda; el ratio de endeudamiento tiene en cuenta la deuda renovable
- el prestamista verifica las fuentes de efectivo del solicitante para el pago inicial; dinero extra mejora la evaluación de la calificación de ingresos
- patrimonio neto: medida en que los activos del solicitante superan a los pasivos como fuente adicional de reservas.
- evaluación crediticia: el prestamista obtiene informes crediticios para evaluar el comportamiento de pago del solicitante

Compromiso de préstamo
- compromiso escrito del prestamista de conceder el préstamo en condiciones específicas; firme, condicional, para sacar otro prestamo

HIPOTECAS CONVENCIONAL
- préstamo hipotecario convencional: préstamo permanente a largo plazo no asegurado por la FHA ni garantizado por el VA

Pago inicial y LTV
- La falta de garantía o seguro del gobierno significa un pago inicial más alto y una relación préstamo-valor más baja

PMI
- Por lo general, se requiere un seguro hipotecario privado si el pago inicial es inferior al 20% del valor

TIPOS HIPOTECA COMÚN
- amortización, amortización negativa, solo interés, tasa fija, tasa ajustable, pago senior, junior, fijo o graduado, globo, reducción

Amortizado
- capital e intereses pagados durante el plazo del préstamo; si está totalmente amortizado, saldo del préstamo = 0 al final del plazo
- amortizado negativamente: el saldo del préstamo aumenta a lo largo del plazo; puede ocurrir en préstamos de tasa gradual y ajustable

Tarifa ajustable y fija
- los préstamos a tasa fija tienen una tasa de interés sin cambios durante el plazo del préstamo; los préstamos de tasa ajustable tienen una tasa variable, generalmente vinculada a un índice financiero

Componentes y mecánica De hipoteca de tasa adjustable

- Las variables clave afectan la forma en que cambian las tasas y los pagos; Estos son el índice, el margen, el intervalo de ajuste; tasas de interés y topes de pago; Amortización negative

HIPOTECAS PERSONALIZADAS

Parcialmente amortizado
- pagos mensuales insuficientes para pagar el préstamo; Pago global al final del plazo

Quincenal
- El préstamo se amortiza durante doce meses, pero la mitad de los pagos se realizan dos veces al mes, lo que lleva a un mes adicional de reembolso cada año

Paquete
- La garantía de un préstamo hipotecario incluye tanto bienes muebles como inmuebles

Préstamos con garantía hipotecaria
- una hipoteca junior garantizada por el valor neto de una vivienda

Dinero de compra
- el prestatario otorga una hipoteca y un pagaré al vendedor; financiación del vendedor

Anualidad inversa
- el propietario de la vivienda promete el valor neto de la vivienda como garantía, recibe pagos periódicos durante el plazo del préstamo

Otros tipos de préstamos
- Senior y Junior, Pago Graduado, Solo Interés, Compra, Construcción, Puente, Participación en el Capital, Compromiso de compra de hipoteca, Manta

ASEGURADO POR EL GOBIERNO PROGRAMA DE LA FHA

Propósito
- asegurar préstamos permanentes a largo plazo para proteger a los prestamistas y permitir a los compradores hacer un pago inicial más pequeño

Características de préstamos FHA
- Programa de la Sección 203(b) para propiedades residenciales de 1 a 4 unidades; ratios de ingresos y deuda para calificar; primas de seguros hipotecarios; pago inicial bajo; puntos, tasas, costos; Asumible si se califica

- préstamos asegurados otorgados por prestamistas aprobados por la FHA a prestatarios que cumplen con los requisitos de la FHA

PROGRAMA DE GARANTÍA DE PRÉSTAMO DE VA

Función de garantía
- préstamos garantizados para veteranos calificados; Permite a los prestamistas prestar más con un pago inicial más bajo

Características de préstamos VA
- el prestatario y la propiedad deben ser elegibles; coeficiente de endeudamiento con ajustes regionales para calificar; no se requiere pago inicial por parte de VA; tasa de interés negociable; puntos, tasas, costos; préstamos otorgados por prestamistas aprobados por el VA

FUENTES PRIMARIAS DE FINANCIAMIENTO DE LA VIVIENDA

El mercado hipotecario
- origina préstamos hipotecarios directamente a los prestatarios; cajas de ahorro y préstamos, bancos comerciales, cajas de ahorro mutuo, compañías de seguros de vida, banqueros hipotecarios, cooperativas de crédito

	• la relación entre la oferta y la demanda monetaria afecta a los tipos de interés, los precios al consumo, la disponibilidad de dinero hipotecario
	• controles de la Reserva Federal: letras del Tesoro; requisito de reserva, tasa de descuento
Prestamistas hipotecarios •	mercado hipotecario primario: ahorros y préstamos, bancos comerciales, cajas de ahorro mutuo, compañías de seguros de vida, banqueros hipotecarios, cooperativas de crédito; los corredores hipotecarios encuentran prestatarios para los prestamistas; los prestamistas de cartera retienen los préstamos hipotecarios en lugar de venderlos al mercado secundario
Originadores de préstamos hipotecarios •	los MLO trabajan para los prestamistas; licenciado y registrado bajo la Ley SAFE
Financiación del vendedor •	hipotecas de dinero de compra: préstamos del vendedor al comprador de la propiedad por todo o parte del precio de compra; contrato por escritura: venta a plazos en la que el vendedor financia al comprador y retiene el título hasta que se cumplan los términos del contrato; envoltura: el vendedor utiliza los pagos del comprador en la segunda hipoteca para realizar los pagos de la primera hipoteca
MERCADO DE HIPOTECA SECUNDARIA •	compra préstamos existentes para proporcionar liquidez a los prestamistas primarios; Fannie Mae, Ginnie Mae, Freddie Mac, empresas de inversión, compañías de seguros de vida, fondos de pensiones
Ciclo de flujo de dinero de hipoteca •	compra hipotecas conjuntas en el mercado primario, las tituliza y las vende a los inversores como valores; devuelve los fondos a los prestamistas primarios, mantiene la liquidez; el mercado secundario establece las normas de concesión de préstamos
Fannie Mae •	FNMA compra préstamos convencionales, respaldados por FHA y VA e hipotecas conjuntas; garantiza el pago de valores respaldados por hipotecas; vende valores respaldados por hipotecas
Asociación Hipotecaria Nacional del Gobierno •	GNMA garantiza el pago de ciertos tipos de préstamos
Freddie Mac •	FHLMC compra y agrupa hipotecas; vende valores respaldados por hipotecas
FRAUDE HIPOTECARIO •	inexactitud intencional, tergiversación u omisión de información al otorgar, comprar o asegurar un préstamo hipotecario
Tipos comunes de fraude hipotecario •	falsificación de solicitudes de préstamos y tasaciones; obtener múltiples préstamos, presentar múltiples gravámenes; el uso de identidad robada; el uso de información crediticia falsa; otorgar préstamos a compradores no calificados
Banderas rojas •	Señales de posible fraude: tasaciones sospechosas, precios de contratos, documentación, propiedad, características del préstamo
	• fraude hipotecario es un delito grave de segundo o tercer grado en Florida
LEYES JUSTAS DE CRÉDITO Y PRÉSTAMOS	
Ley de Igualdad de Oportunidades de Crédito •	La ECOA prohíbe la discriminación en los préstamos
Ley de Protección del Crédito al Consumidor •	La CCPA contiene la Ley de Veracidad en los Préstamos y la ECOA

Veracidad en los
préstamos y Reg Z

- Reg Z implementa la Ley de Simplificación y Reforma de la Veracidad en los Préstamos y la Ley de Protección del Crédito al Consumidor
- provisiones: el prestamista debe revelar los cargos financieros y la APR antes del cierre; el prestatario tiene un derecho limitado de rescisión; El prestamista debe cumplir con los requisitos de divulgación en la publicidad

Ley de Procedimientos de
Liquidación de
Bienes Raíces

- RESPA estandariza las prácticas de liquidación
- disposiciones: el prestamista debe proporcionar un folleto de la CFPB que explique los préstamos, los costos de liquidación y los procedimientos; el prestamista debe proporcionar una estimación del préstamo CFPB de los costos de liquidación dentro de los tres días posteriores a la solicitud; El prestamista debe proporcionar la Divulgación de cierre de la CFPB tres días antes de la consumación del préstamo

SECCIÓN DÉCIMO TERCERA: Tipos de Hipotecas y Fuentes de Financiamiento

Cuestionario de Sección

1. ¿Qué leyes o regulaciones requieren que los prestamistas hipotecarios divulguen los costos de financiamiento y la tasa porcentual anual a un prestatario antes de financiar un préstamo?

   a. La Ley de Igualdad de Oportunidades de Crédito
   b. Leyes de veracidad en los préstamos
   c. La Ley de Procedimientos de Liquidación de Bienes Raíces
   d. Leyes Federales de Vivienda Justa

2. ¿Qué leyes o regulaciones impiden que los prestamistas hipotecarios discriminen al otorgar crédito a posibles prestatarios por motivos de raza, color, religión, origen nacional, sexo, estado civil, edad y dependencia de la asistencia pública?

   a. La Ley de Igualdad de Oportunidades de Crédito
   b. Leyes de veracidad en los préstamos
   c. La Ley de Procedimientos de Liquidación de Bienes Raíces
   d. Leyes Federales de Vivienda Justa

3. ¿Qué leyes o regulaciones requieren que los prestamistas hipotecarios proporcionen una estimación de los costos de cierre a un prestatario y les prohíben pagar sobornos por referencias?

   a. la Ley de Igualdad de Oportunidades de Crédito.
   b. Leyes de veracidad en los préstamos.
   c. la Ley de Procedimientos de Liquidación de Bienes Inmuebles.
   d. Leyes Federales de Vivienda Justa.

4. ¿Cuál de las siguientes formas regula el Sistema de la Reserva Federal la oferta monetaria?

   a. venta de valores, impresión de dinero y control de los requisitos de suscripción de préstamos
   b. compra de valores, cambio de la tasa de descuento y control de las reservas bancarias
   c. imprimir dinero, cambiar las tasas de interés y vender letras del Tesoro
   d. controlar la tasa preferencial, negociar valores y comprar préstamos

5. Uno de los objetivos principales del mercado secundario de hipotecas es

   a. Reciclar los fondos de vuelta a los prestamistas primarios para que puedan hacer más préstamos.
   b. Emitir segundas hipotecas y venderlas en el mercado de valores neto de la vivienda.
   c. Prestar fondos a los bancos para que puedan hacer más préstamos.
   d. Pagar los préstamos impagados otorgados por los prestamistas hipotecarios primarios.

6. Los principales actores del mercado secundario de hipotecas son:

   a. Fannie Mae, Freddie Mac y Ginnie Mae.
   b. Fannie Mae, GMAC y MGIC.
   c. Freddie Mac, FHA y VA.
   d. Fannie Mae, Freddie Mac y la Reserva Federal.

7. Una de las principales funciones de la FNMA es

   a. garantizar préstamos respaldados por la FHA y el VA.
   b. asegure préstamos respaldados por la FHA y respaldados por el VA.
   c. comprar préstamos respaldados por la FHA y el VA.
   d. originar préstamos respaldados por la FHA y respaldados por el VA.

8. La función principal de la Autoridad Federal de Vivienda en el mercado de préstamos hipotecarios es

   a. Préstamos de garantía otorgados por prestamistas autorizados.
   b. Asegurar los préstamos otorgados por prestamistas aprobados.
   c. Compra de préstamos otorgados por prestamistas aprobados.
   d. originar préstamos otorgados por prestamistas aprobados.

9. La función principal de la Administración de Veteranos en el mercado de préstamos hipotecarios es

   a. Préstamos de garantía otorgados por prestamistas autorizados.
   b. Asegure los préstamos otorgados por prestamistas aprobados.
   c. Compra de préstamos otorgados por prestamistas aprobados.
   d. originar préstamos otorgados por prestamistas aprobados.

10. Un préstamo de pago gradual es un préstamo hipotecario en el que

    a. Los fondos del préstamo se desembolsan al prestatario de forma gradual.
    b. La tasa de interés aumenta periódicamente en fases graduales.
    c. Los pagos del préstamo aumentan gradualmente.
    d. Los pagos del préstamo aumentan gradualmente y el plazo del préstamo disminuye gradualmente.

11. Una reducción es un acuerdo de financiación en el que

    a. El prestamista reduce la tasa de interés de un préstamo a cambio de un pago anticipado del capital.
    b. El prestatario paga intereses adicionales al principio para obtener una tasa de interés más baja.
    c. El prestamista requiere que el prestatario reduzca el precio de la propiedad aumentando el pago inicial.
    d. El prestatario paga al prestamista fondos adicionales para reducir el plazo del préstamo.

12. La característica clave de un préstamo hipotecario ajustable es que

    a. La tasa de interés puede variar.
    b. El pago mensual aumenta a lo largo de la vida del préstamo.
    c. El saldo principal no se amortiza.
    d. El plazo del préstamo puede acortarse o alargarse.

13. Una característica de un préstamo hipotecario envolvente es que

    a. El préstamo es un préstamo senior.
    b. El vendedor que ofrece al comprador un envoltorio puede beneficiarse de una diferencia en las tasas de interés.
    c. El préstamo subyacente debe ser retirado.
    d. El segundo prestatario hipotecario puede hacer pagos directamente al primer prestamista hipotecario.

14. Un constructor está obligado a obtener un préstamo con hipotecas sobre tres propiedades. Este es un ejemplo de

    a. un préstamo hipotecario participativo.
    b. Un préstamo hipotecario general.
    c. Un préstamo hipotecario permanente.
    d. un préstamo puente.

15. ¿Cuál de las siguientes afirmaciones es cierta para un préstamo con amortización negativa?

    a. El préstamo es un préstamo de solo interés.
    b. Los pagos no son suficientes para retirar el préstamo.
    c. El saldo del préstamo está disminuyendo o se está volviendo negativo.
    d. Se están agregando intereses adicionales al pago mensual.

16. Además de los datos de ingresos, crédito y empleo, un prestamista hipotecario requiere documentación adicional, que generalmente incluye

    a. un informe de tasación.
    b. un informe de antecedentes penales.
    c. un acuerdo de subordinación.
    d. una renuncia a un recurso por incumplimiento.

17. Las tres consideraciones primordiales de la decisión de un prestamista sobre un préstamo hipotecario son:

    a. puntos, tasa de interés y plazo del préstamo.
    b. la ubicación de la propiedad hipotecada, el efectivo del prestatario y el monto del capital del prestatario.
    c. la capacidad de pago, el valor de la garantía y la rentabilidad del préstamo.
    d. el monto del préstamo, los ingresos del prestatario y el pago inicial.

18. La relación préstamo-valor es un criterio de suscripción importante, por la razón principal de que

   a. Los prestatarios sin capital incumplirán y abandonarán la propiedad.
   b. El prestamista quiere asegurarse de que el préstamo esté totalmente garantizado.
   c. Un prestatario solo puede permitirse pedir prestada una parte del precio total de compra.
   d. Una buena cantidad de capital del prestatario demuestra buena fe.

19. Ley de Igualdad de Oportunidades de Crédito (ECOA, por sus siglas en inglés) requiere que los prestamistas

   a. Otorgar el mismo crédito a todos los posibles prestatarios.
   b. Considere los ingresos de un cónyuge al evaluar la solvencia crediticia de una familia.
   c. descontar los ingresos de una persona involucrada en la crianza o la procreación.
   d. Especialice la actividad crediticia por área geográfica para mejorar el servicio al cliente.

20. El propósito de una relación de ingresos en la calificación de un prestatario es

   a. protección contra el sobreendeudamiento
   b. compara tus ganancias con las deudas a corto plazo.
   c. identifique la tasa de interés más alta posible que el prestatario pueda pagar.
   d. cuantificar los activos del prestatario en toda su extensión.

21. Un El ratio de endeudamiento del prestatario se obtiene de la siguiente manera:

   a. dividir la deuda total por los pagos de la deuda.
   b. dividiendo los ingresos brutos entre los bienes.
   c. dividir los ingresos brutos entre las deudas.
   d. dividir las deudas entre los ingresos brutos.

22. Un compromiso del prestamista de prestar fondos a un prestatario con el fin de retirar otro préstamo pendiente se denomina

   a. compromiso de préstamo condicional.
   b. compromiso firme de préstamo.
   c. compromiso de préstamo para retiro.
   d. compromiso de préstamo fijo.

23. La diferencia entre un préstamo global y un préstamo amortizado es

   a. un préstamo amortizado se paga durante el período del préstamo.
   b. un préstamo global siempre tiene un plazo de préstamo más corto.
   c. un préstamo amortizado requiere el pago de intereses.
   d. un préstamo global debe retirarse en cinco años.

14 Cálculos Relacionados con Bienes Raíces y Cierre de Transacciones

Cálculos Básicos de Bienes Raíces
Pasos Preliminares para el Cierre
El Evento del Cierre
Ley de Procedimientos de Liquidación de Bienes Raíces
Liquidación Financiera de la Transacción
Impuestos Estatales de Transferencia
Otros Cargos
Reglas Generales
Declaración de Divulgación de Cierre
Desglose de Costos de Cierre: Ilustración de Caso

Objetivos de aprendizaje

- Calcular la comisión de ventas
- Calcule el porcentaje de ganancia o pérdida, dado el costo original de la inversión, el precio de venta y el monto en dólares de la ganancia o pérdida
- Definir la liquidación y el cierre del título
- Enumere los pasos preliminares para un cierre
- Prorratear los gastos del comprador y del vendedor
- Calcule el monto en dólares de los impuestos de transferencia sobre escrituras, hipotecas y pagarés
- Asigne impuestos y tarifas a las partes correspondientes y calcule los costos individuales
- Explicar las reglas generales para las entradas de Divulgación de Cierre
- Explique las secciones principales de la Divulgación de Cierre
- Demostrar capacidad para leer y verificar la Divulgación de Cierre en busca de errores

Términos clave

atrasos
crédito
débito
inspección previa al cierre
beneficio
prorrateo

CÓMPUTOS BÁSICOS DE BIENES INMUEBLES

Comisiones de venta
Cálculo de la ganancia en la venta

(Ver también Sección de Matemáticas Inmobiliarias)

Comisiones de venta

Comisiones de venta se negocian entre el agente y el cliente y se especifican en el contrato de listado o en el acuerdo de corretaje del comprador. Por lo general, el vendedor es responsable de pagar la comisión en un acuerdo de listado, y el vendedor o el comprador pueden ser responsables en un acuerdo de corretaje del comprador. Las comisiones generalmente se dividen entre corredores y co-corredores y entre corredores y sus asociados.

Comisión de co-corretaje

1. Fórmulas: precio de venta x tasa de comisión = comisión total

   comisión total x tasa de división = comisión de co-corretaje

2. Ejemplo: Una casa se vende por 600,000 dólares. La comisión es del 6%, y la división de corretaje conjunto es 50-50.

   $600,000 x 6% = $36,000 de comisión total x 50% = $18,000 de comisión del co-broker

Comisión del asociado

1. Fórmula: comisión de corridor x tasa de division del asociado = comisión del asociado

2. Ejemplo: Supongamos un comisión de corridor de $18,000 y un 60% - 40% tasa de division asociado-corredor.

   $18,000 x .6 = $10,800 de comisión del asociado

   ($7,200 para corredor)

Cálculo de la ganancia en venta

La ganancia es la cantidad que se gana al vender un artículo por encima de la cantidad que se pagó por el artículo. Por lo tanto, para calcular la ganancia, es necesario conocer el costo total del artículo y la cantidad obtenida de la venta del artículo.

Costo total. En la venta de una residencia, dejando a un lado las consideraciones fiscales, el costo total de la propiedad es el precio original pagado más otros costos asociados con la compra y las mejoras de capital realizadas en la casa.

$$
\begin{array}{r}
\text{precio original} \\
+ \ \underline{\text{costos y mejoras de capital}} \\
\text{costo total de la propiedad}
\end{array}
$$

Cantidad obtenida de la venta. La cantidad obtenida de la venta, también conocida como **ingresos netos de la venta**, es el precio de venta recibido menos los costos de venta, como comisiones, honorarios y otros costos de cierre. La cantidad realizada se expresa mediante la fórmula:

$$\begin{array}{r} \text{precio de venta} \\ - \quad \underline{\text{costos de venta}} \\ \text{cantidad realizada en el momento de la venta} \end{array}$$

Ganar. Ganancia en la venta es la diferencia entre la cantidad realizada en la venta y el costo total de la propiedad:

$$\begin{array}{r} \text{cantidad realizada en el momento de la venta} \\ - \quad \underline{\text{costo total de la propiedad}} \\ \text{ganancia en la venta} \end{array}$$

La ganancia ahora se puede expresar como un porcentaje del costo total de acuerdo con la fórmula:

$$\text{ganancia en la venta} \div \text{costo total de la propiedad}$$

Por lo tanto, si un vendedor pagó originalmente $300,000 por una casa, incluidos los costos, gastó otros $50,000 en hacer una adición y la vendió por $500,000 con $30,000 en costos de venta, la ganancia porcentual en la venta es de $120,000, o 34%, de la siguiente manera:

$$\begin{array}{r} \$300,000 \text{ precio original} \\ + \quad \underline{\$50,000} \text{ costos y mejoras de capital} \\ \$350,000 \text{ costo total de la propiedad} \end{array}$$

$$\begin{array}{r} \text{precio de venta de } \$500,000 \\ - \quad \underline{\$30,000} \text{ costos de venta} \\ \$470,000 \text{ de monto realizado en la venta} \end{array}$$

$$\begin{array}{r} \$470,000 \text{ de monto realizado en la venta} \\ - \quad \underline{\$350,000} \text{ costo total de la propiedad} \\ \text{ganancia de } \$120,000 \text{ en la venta} \end{array}$$

$$\text{ganancia de } \$120,000 \div \text{costo total de } \$350,000 = 34\%$$

PASOS PRELIMINARES PARA EL CIERRE

Contratación y custodia
El período previo al cierre
Preparativos finales

Contratación y custodia

Contrato de compraventa totalmente ejecutado. Tanto si el contrato es un formulario estándar, como el contrato FAR/BAR "tal cual", como si se trata de un acuerdo personalizado, contiene los términos y condiciones que rigen la transacción. Establece los deberes y obligaciones de cada parte, como dar al comprador un plazo determinado para inspeccionar la propiedad. El contrato debe revisarse y renegociarse hasta que ambas partes estén lo suficientemente satisfechas como para firmarlo. El contrato es ejecutable solo cuando se ejecuta en su totalidad.

Arras y otros fondos. Después de la ejecución del contrato (normalmente en un plazo de tres días), el comprador proporciona arras al licenciatario como depósito de buena fe. El titular de la licencia debe entregar el dinero a su corredor antes del final del siguiente día hábil después de recibirlo. Luego, el corredor debe depositar el dinero en garantía (custodia) en una cuenta de depósito en garantía dentro de los 3 días hábiles a partir de la fecha en que el titular de la licencia recibió el dinero.

La cuenta de depósito en garantía puede ser la propia cuenta de depósito en garantía del corredor o puede ser con una compañía de títulos o un abogado. El depósito de garantía permanecerá en la cuenta de depósito en garantía hasta que se complete la transacción (cierre), momento en el cual se transferirá a la parte correspondiente. Si el contrato de compra requiere fondos adicionales del comprador antes del cierre, entonces esos fondos deben ser rastreados y depositados en la cuenta de depósito en garantía como se indica en el contrato.

El periodo pre-cierre

Solicitud y aprobación de préstamos. Un comprador que planea financiar la compra de la vivienda debe obtener un préstamo hipotecario antes de completar la transacción de compra. Los compradores pueden obtener una aprobación previa para un préstamo antes de encontrar una casa para que sepan el préstamo máximo para el que califican. La aprobación previa también acelera el proceso de cierre, ya que no hay tiempo de espera adicional para la aprobación del préstamo. Si el comprador no ha sido preaprobado, debe solicitar y obtener la aprobación del préstamo. Es posible que el comprador también desee fijar la tasa de interés del préstamo por adelantado para que no haya aumentos de tasa durante los procesos de aprobación del préstamo y cierre de la transacción.

La mayoría de las transacciones permiten que el contrato esté supeditado a que el comprador obtenga financiamiento convencional o de la FHA para la compra. Dado que la aprobación del préstamo suele ser una contingencia dentro del contrato de compra, se debe notificar al vendedor cuando se obtenga la aprobación.

Contingencias. El contrato de compraventa suele contener algunas contingencias a la compra. Las contingencias típicas incluyen las siguientes:

- ▸ la obtención de financiación por parte del comprador
- ▸ el comprador realiza una inspección de la vivienda y una inspección de plagas

- la divulgación por parte del vendedor de todos los hechos materiales conocidos que pueden afectar el valor de la vivienda
- que el vendedor complete las reparaciones acordadas, a menos que el contrato sea un acuerdo "tal cual"
- el derecho del comprador a rescindir el contrato en función de los resultados de las inspecciones

El contrato incluirá si las contingencias están sujetas a aprobación activa o pasiva. Si se van a aprobar activamente, el contrato también debe incluir las fechas en las que se deben cumplir y eliminar las contingencias. Si la aprobación de las contingencias ha de ser pasiva, se considerarán aprobadas si el comprador no las desaprueba activamente.

Tasación. El prestamista ordenará una tasación de la propiedad para asegurarse de que el valor de la propiedad sea suficiente para cubrir el préstamo hipotecario en caso de que el comprador incumpla. El comprador también estará interesado en la tasación para determinar si el precio de venta está en línea con el valor real de la propiedad. El comprador tiene derecho a recibir una copia de la tasación al menos tres días hábiles antes del cierre programado.

Búsqueda de títulos y seguros. Una búsqueda de título verifica la titularidad del inmueble y descubre cualquier escritura faltante y/o nubes en el título. La búsqueda se realiza en el condado donde se encuentra la propiedad. Cualquier problema encontrado es responsabilidad del vendedor para corregirlo. Para protegerse contra problemas de título desconocidos que aparecen en el futuro, tanto el prestamista como el comprador necesitan pólizas de seguro de título separadas.

Inspecciones. Uno de los pasos más importantes en una transacción inmobiliaria es hacer que el comprador inspeccione la propiedad para asegurarse de que está en condiciones de venta. Esto es especialmente importante en un estado tan cálido y húmedo como Florida, ya que el clima plantea muchos riesgos para las propiedades. La inspección de la propiedad revisará la estructura y todos los sistemas de la propiedad, como plomería, electricidad, HVAC, etc. Incluso con los contratos "tal cual", las inspecciones de la propiedad son importantes para determinar qué problemas, si los hay, tiene la propiedad.

Una inspección de plagas es independiente de una inspección de propiedad y es especialmente crítica en Florida, donde los organismos que destruyen la madera (WDO), como las termitas y las hormigas carpinteras, son una amenaza real. Los inspectores emiten un informe WDO y proporcionan copias al comprador, al prestamista y a la compañía de títulos. Las contingencias en el contrato deben incluir las acciones que se tomarán si esta inspección descubre infestaciones o daños.

Reparaciones requeridas. A menos que el contrato especifique que la venta es "tal cual", las contingencias deben incluir reparaciones, pagos o precios de venta reducidos por cualquier problema que se encuentre en cualquiera de las inspecciones. Una vez que se completan las reparaciones, se debe inspeccionar el trabajo para asegurarse de que se completó y se completó correctamente. Entonces esta contingencia puede ser eliminada.

Encuesta. Al igual que las inspecciones y las búsquedas de títulos, una encuesta es crucial para confirmar la idoneidad y representación de la propiedad. Tanto las compañías de títulos como los prestamistas requieren encuestas. Los compradores también deben requerir uno, ya que una encuesta confirmará si los límites de la propiedad coinciden con lo que se indica en la descripción legal registrada públicamente y si hay invasiones importantes en la propiedad.

Seguro contra riesgos del comprador. Los prestamistas requieren que exista una póliza de seguro contra riesgos de propiedad antes del cierre. En Florida, las pólizas de seguro para inundaciones y tormentas de viento también son particularmente importantes, y los prestamistas las requerirán, dependiendo de dónde se encuentre la propiedad (por ejemplo, en una zona costera y/o de inundación baja). Las tarifas del seguro de propiedad son establecidas por la compañía que ofrece la cobertura, pero la cobertura estándar contra inundaciones es un programa nacional, por lo que esas tarifas son establecidas por FEMA.

Preparativos finales

Tutorial final. Antes del cierre, el comprador y el agente del comprador deben realizar un recorrido por la propiedad para asegurarse de que el vendedor o inquilino haya desocupado la propiedad. También deben verificar la eliminación de los muebles y electrodomésticos que no se incluyeron en la venta y la finalización de las reparaciones previamente acordadas. Este es el punto para confirmar que se han eliminado todas las contingencias relacionadas.

Revisión de documentos de cierre. Hay varios documentos de cierre vitales que deben firmarse y ejecutarse antes de que finalice el cierre. Estos incluyen la escritura de garantía, la factura de venta, la divulgación de cierre, una declaración de cierre, los documentos del préstamo, como el pagaré y la hipoteca, y los documentos de compensación del título. Algunos de estos documentos son preparados por la compañía de títulos o el abogado, y otros son preparados por el prestamista.

Tanto el vendedor como el comprador deben revisar todos los documentos que van a firmar. Si bien los licenciatarios de bienes raíces no son abogados, deben estar familiarizados con los documentos de cierre y poder explicarlos a sus clientes y hacer los cambios o correcciones necesarios que puedan hacer legalmente. Deben revisar la divulgación de cierre con sus clientes el día antes de que se programe el cierre y planear asistir al cierre.

Fondos adicionales del comprador. Antes del cierre, es posible que el comprador deba depositar fondos adicionales en custodia. Como el depósito de garantía original generalmente se aplica al pago inicial, es posible que se requieran varios pagos adicionales en diferentes momentos antes del cierre. Por ejemplo, el prestamista puede requerir que el comprador deposite dinero en la cuenta de depósito en garantía para pagar el seguro y los impuestos de la propiedad para proteger la garantía del prestamista.

Justo antes de que se cierre el depósito en garantía, tanto el comprador como el vendedor reciben una declaración de cierre del oficial de depósito en garantía que enumera el precio de compra y todos los gastos asociados con la compra de la propiedad y cómo se distribuirán esos gastos entre el comprador y el vendedor. Muchas de las tarifas enumeradas en la declaración de cierre ya se habrán pagado. Sin embargo, el estado de cuenta final tiene los créditos y débitos, que se pagan con el depósito en garantía en nombre de la parte que se debita. Tanto el comprador como el vendedor querrán inspeccionar la declaración de cierre para asegurarse de que todo esté en orden. El vendedor también querrá estar seguro de que el comprador tiene el dinero para cerrar la transacción.

Transferencia de arras. De acuerdo con la ley de licencias de Florida, si el corredor ha mantenido el depósito de garantía en su propia cuenta de depósito en garantía, el corredor debe contabilizar y entregar todos los fondos, depósitos, pagos, resumen de título, hipoteca, traspaso, arrendamiento y documentos asociados apropiados al agente de cierre y/u otras personas autorizadas designadas. Cuando el cierre es inminente y el prestamista ha aprobado el cierre de la transacción del préstamo, el agente de cierre se preparará para transferir el depósito de garantía, los ingresos adicionales del comprador y los fondos del préstamo hipotecario al vendedor.

EL EVENTO DE CIERRE

La ambientación
El proceso de cierre
Transferencia de la titularidad
Transferencia de fondos de compra
Procedimientos de depósito en garantía
Requisitos de cierre del prestamista
Rol del corredor

La ambientación

El evento de cierre es la culminación de la transacción inmobiliaria. Durante este evento, el comprador paga el precio de compra y recibe el título de propiedad del bien inmueble comprado. Al mismo tiempo, el comprador completa los acuerdos de financiación y el comprador y el vendedor pagan todos los impuestos, tarifas y cargos requeridos.

Prácticas tradicionales. Existen una serie de procedimientos y prácticas tradicionales para llevar a cabo cierres de bienes raíces en Florida. Por ejemplo, es común que los vendedores paguen el impuesto de sello documental en la escritura y que los compradores paguen el impuesto de sello documental en el pagaré. Consulte "Reglas generales" más adelante en esta sección para obtener más ejemplos.

Hora. El contrato de venta establece la fecha del cierre, generalmente dentro de los sesenta días posteriores a la firma. Se espera que el período de tiempo entre la firma y el cierre sea suficiente para la eliminación de cualquier contingencia, como la obtención de financiamiento por parte del comprador, la realización de inspecciones y la corrección de defectos físicos identificados. El hecho de que el comprador o el vendedor no realicen las acciones previas al cierre especificadas en el contrato puede retrasar o terminar la transacción. Si el contrato incluye una declaración de que "el tiempo es esencial", todas las partes acuerdan cumplir con las limitaciones de tiempo exactamente como se indica. Sin embargo, si ambas partes están de acuerdo, pueden reprogramar la fecha de cierre.

Ubicación. Los cierres ocurren en varios lugares, como la oficina de la compañía de títulos, el prestamista, el agente de custodia, uno de los abogados, el corredor o el registrador del condado. El contrato de venta especifica la ubicación.

Partes en el cierre. Las partes principales en el cierre son normalmente el comprador, el vendedor y un agente de cierre o un oficial de custodia. Otras partes que podrían estar presentes incluyen el oficial de títulos, abogados, corredores o agentes y el representante del prestamista. En realidad, no es necesario que ninguna de estas partes asista a la reunión. El agente de cierre puede completar la transacción, siempre que todos los documentos hayan sido debidamente ejecutados por adelantado.

El proceso de cierre
El proceso de cierre consiste en que el comprador y el vendedor verifican que cada uno ha cumplido con los términos del contrato de venta. Si lo han hecho, entonces el préstamo hipotecario, si lo hubiera, se cierra, todos los gastos se prorratean y se pagan, la contraprestación se intercambia por el título, se firman los documentos finales y se hacen los arreglos para registrar la transacción de acuerdo con las leyes locales.

El proceso de cierre

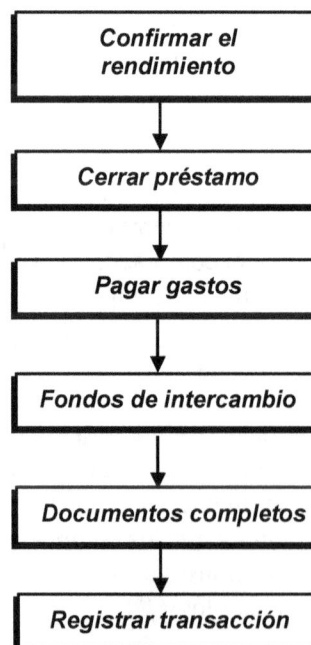

Confirmar el rendimiento
↓
| Cerrar préstamo |
↓
| Pagar gastos |
↓
| Fondos de intercambio |
↓
| Documentos completos |
↓
| Registrar transacción |

Transferencia de la titularidad
El vendedor debe presentar evidencia de título comercializable, como un compromiso de seguro de título por parte de una aseguradora de título. Antes de

hacer un compromiso de título, una compañía de títulos realiza una búsqueda de títulos para descubrir gravámenes, embargos, restricciones, condiciones o servidumbres adjuntas al título.

Si hay gravámenes o embargos que dañan el título, se espera que el vendedor los elimine antes de la fecha especificada en el contrato. La nube de títulos más común es un gravamen impago.

También se le puede pedir al vendedor que ejecute una declaración jurada de título que indique que, desde la fecha de la búsqueda original del título, el vendedor no ha incurrido en nuevos gravámenes, juicios, facturas impagas por reparaciones o mejoras, ni escrituras o contratos no registrados, ni quiebras o divorcios que afecten el título, o cualquier otro defecto del que el vendedor tenga conocimiento.

El comprador, el prestamista del comprador o la compañía de títulos pueden requerir una encuesta para verificar la ubicación y el tamaño de la propiedad. La encuesta también identifica cualquier servidumbre, invasión o peligro de llanura de inundación.

El comprador debe inspeccionar la propiedad para asegurarse de que la propiedad esté en las condiciones en las que el vendedor afirma que está, y que se hayan realizado las reparaciones u otras acciones requeridas. Una inspección final, llamada **recorrido del comprador**, debe realizarse lo más cerca posible de la fecha de cierre.

Si los gravámenes hipotecarios del vendedor deben satisfacerse al momento del cierre, el prestamista proporcionará un **Estado de cuenta de liquidación**, también llamado **Sentencia de desplazamiento**, especificando el monto del capital impago y los intereses adeudados a la fecha de cierre, más los cargos que se le adeudarán al prestamista y los créditos o multas que puedan aplicarse. El titular de un pagaré garantizado por una escritura de fideicomiso proporcionará una declaración similar, llamada **Declaración del beneficiario**, para mostrar cualquier saldo impago. Incluso si el comprador está asumiendo el préstamo hipotecario del vendedor, el comprador querrá saber el monto exacto del saldo impago a partir de la fecha de cierre.

Finalmente, el vendedor presenta y/o deposita con el agente de custodia la escritura que transmite la propiedad al comprador.

Transferencia de Fondos de compra

Por lo general, el comprador presenta y/o deposita con el agente de custodia lo siguiente:

- ▶ Arras
- ▶ Fondos y documentos del préstamo
- ▶ cualquier otro dinero en efectivo necesario para completar la compra

Procedimientos de depósito en garantía

Si el cierre ocurre "en custodia" en lugar de cara a cara, las partes principales depositan fondos y documentos con el agente de custodia designado, y el agente de custodia desembolsa los fondos y entrega los documentos a las partes apropiadas cuando se han cumplido todas las condiciones del depósito en garantía. Si por alguna razón la transacción no puede completarse, por ejemplo, si el comprador rechaza el título tal como se ofrece, o si el comprador no presenta el efectivo necesario, las instrucciones de depósito en garantía generalmente proporcionan un mecanismo para devolver el título al vendedor y los fondos al comprador. En tal caso, ambas partes vuelven a su estado original como si no se hubiera producido ninguna venta.

Requisitos del prestamista para el cierre

A un prestamista le preocupa la calidad de la garantía que un prestatario proporciona a cambio del préstamo hipotecario. La garantía estaría en peligro por defectos en el título, por gravámenes que tendrían prioridad sobre el gravamen hipotecario, como un gravamen fiscal, y por daños físicos a la propiedad que no se reparan. En consecuencia, el prestamista suele exigir una encuesta; una inspección de la propiedad; seguro contra riesgos; una póliza de seguro de título; una cuenta de reserva para impuestos y seguros; y, posiblemente, un seguro hipotecario privado. En algunos casos, el prestamista también puede requerir un *certificado de habitabilidad* cual verifica que cualquier nueva construcción realizada cumpla con los códigos de construcción locales.

Rol del corredor

Por lo general, un corredor continúa brindando servicio entre la firma del contrato de venta y el cierre, ayudando a hacer arreglos para las actividades previas al cierre, como inspecciones, encuestas, tasaciones y reparaciones y, en general, tomando medidas para garantizar que el cierre pueda proceder según lo programado.

Un corredor puede llevar a cabo procedimientos en la reunión de cierre, o puede no tener más papel en la transacción después de que se firme el contrato de venta, dependiendo de las prácticas locales y de la transacción en cuestión. En Florida, los procedimientos son llevados a cabo por un oficial de cierre, pero se espera que el corredor o asociado pueda explicar y verificar las entradas en los documentos de cierre y asistir al cierre con el comprador y el vendedor. El corredor o asociado también es responsable de entregar el cheque de depósito en garantía al cierre.

Finalmente, si el vendedor de la propiedad es un extranjero no residente, la ley de los EE. UU. puede requerir que el corredor retenga y transmita al Servicio de Impuestos Internos una parte de los ingresos de la venta para cubrir la obligación del impuesto sobre la renta del vendedor extranjero. También existen requisitos especiales de información cuando la transacción involucra a un extranjero no residente.

LEY DE PROCEDIMIENTOS DE LIQUIDACIÓN DE BIENES INMUEBLES (RESPA)

TRID
Folleto informativo
Estimación del préstamo
Divulgación de servicios hipotecarios
Divulgación de cierre
Divulgaciones después de la liquidación
Límites en las cuentas de depósito en garantía
Tarifas de referencia y sobornos

El **Ley de Procedimientos de Liquidación de Bienes Raíces** (RESPA) es una ley de protección del consumidor promulgada en 1974. Su propósito es aclarar los costos de liquidación y eliminar los sobornos y las tarifas que aumentan los costos de liquidación. RESPA especifica ciertos procedimientos de cierre cuando una compra:

> ▶ involucra una propiedad residencial, incluidas residencias de una a cuatro familias, cooperativas y condominios;

> ▶ involucra un primer o segundo gravamen hipotecario; y

> ▶ está siendo financiado por un préstamo hipotecario "relacionado con el gobierno federal", que incluye préstamos otorgados por un prestamista asegurado por el gobierno federal; préstamos asegurados o garantizados por el VA o la FHA, préstamos administrados por HUD y préstamos destinados a ser vendidos a FNMA, FHLMC o GNMA.

Las regulaciones de RESPA no se aplican a las transacciones que se financian de otra manera, excepto en el caso de una suposición en la que se modifiquen los términos del préstamo asumido o los cargos del prestamista por la asunción sean superiores a $50.

RESPA está dirigido a prestamistas y compañías de liquidación, pero los licenciatarios deben estar familiarizados con los requisitos y cambios implementados a partir de enero de 2014. La Ley Dodd-Frank de 2010 otorgó autoridad reglamentaria bajo RESPA a la Oficina de Protección Financiera del Consumidor (CFPB) y, en general, otorgó a la CFPB la autoridad para supervisar y hacer cumplir la RESPA y sus reglamentos de aplicación.

En 2013, la CFPB realizó cambios sustanciales y técnicos a las regulaciones existentes. Los cambios sustantivos incluyeron la modificación de los requisitos de notificación de transferencia de servicios y la implementación de nuevos procedimientos y requisitos de notificación relacionados con las solicitudes de resolución de errores y las solicitudes de información de los prestatarios. Las enmiendas también incluyeron nuevas disposiciones relacionadas con los pagos de depósito en garantía, el seguro de colocación forzosa, las políticas, procedimientos y requisitos generales de servicio, la intervención temprana, la continuidad del contacto, la mitigación de pérdidas y la relación de las disposiciones de servicio de RESPA con la ley estatal. Estas enmiendas a la RESPA entraron en vigor el 10 de enero de 2014.

TRID

A partir del 3 de octubre de 2015, una Regla de Divulgación Integrada de TILA/RESPA (TRID) integra los requisitos de divulgación de RESPA y Veracidad en los Préstamos, reemplazando el antiguo formulario de Estimación de Buena Fe y la Declaración de Liquidación Uniforme de HUD-1 con un nuevo formulario de Estimación de Préstamo y un nuevo formulario de Divulgación de Cierre, respectivamente.

Folleto informativo

Un prestamista sujeto a RESPA debe entregar a los solicitantes de préstamos el folleto de la CFPB, "Su kit de herramientas para préstamos hipotecarios", dentro de los tres días posteriores a la recepción de una solicitud de préstamo. Este folleto describe los préstamos, los costos de cierre y el formulario de divulgación de cierre.

Estimación del préstamo

Un prestamista debe darle al solicitante, en el momento de la solicitud o dentro de los tres días hábiles posteriores a la solicitud, una estimación del préstamo (H-24) de los costos probables de liquidación. Esta estimación suele basarse en transacciones comparables realizadas en la zona. Los términos establecidos en la Divulgación de Cierre deben coincidir con los de la Estimación del Préstamo dentro de ciertos límites.

Divulgación de servicio hipotecario

El prestamista debe revelar al comprador si tiene la intención de administrar el préstamo o transferirlo a otro prestamista para que lo administre. Esta divulgación también debe ir acompañada con información sobre cómo el comprador puede resolver las quejas.

Divulgación del Cierre

Según las reglas de la CFPB, un prestamista debe usar la Divulgación de Cierre (H-25) para revelar los costos de liquidación al comprador. Este formulario cubre todos los costos que el comprador tendrá que pagar al cierre, ya sea al prestamista o a otras partes. El uso de este formulario hace cumplir las prohibiciones de RESPA contra un prestamista que requiere que un comprador deposite una cantidad excesiva en la cuenta de depósito en garantía de impuestos y seguros o que utilice una compañía de títulos en particular para el seguro de títulos. El consumidor debe recibir el formulario completo a más tardar tres días hábiles antes del cierre y tiene derecho a inspeccionar un formulario revisado un día hábil antes del cierre. Más adelante en esta sección se proporciona una descripción y un ejemplo de este formulario.

Divulgaciones después de asentamiento

Los administradores de préstamos deben proporcionar a los prestatarios un estado de cuenta anual de depósito en garantía que resuma todas las entradas y salidas en el período de 12 meses anterior. El estado de cuenta también debe revelar los déficits o excedentes en la cuenta, y cómo se resolverán las discrepancias.

Límites en cuentas de depósito en garantía

La sección 10 de la RESPA limita los montos que los prestamistas pueden exigir a los prestatarios que coloquen en custodia con el fin de pagar impuestos, seguros contra riesgos y otros gastos relacionados con la propiedad. La limitación se aplica tanto a los depósitos iniciales como a los depósitos realizados a lo largo del plazo del préstamo.

Tarifas de referencia y sobornos

RESPA prohíbe el pago de honorarios como parte de un acuerdo de bienes raíces cuando no se prestan realmente servicios. Esta prohibición incluye tarifas de referencia para servicios tales como búsquedas de títulos, seguros de títulos, préstamos hipotecarios, tasaciones, informes de crédito, inspecciones, encuestas y servicios legales.

Se permiten las relaciones comerciales y afiliaciones entre empresas de bienes raíces, corredores hipotecarios, compañías de seguros de títulos y otras compañías similares que estén involucradas en una transacción, siempre que las relaciones se divulguen por escrito al consumidor, el consumidor esta libre de ir a otro lugar para obtener el servicio relevante y las compañías no intercambien tarifas por referencias.

LIQUIDACIÓN FINANCIERA DE LA TRANSACCIÓN

Proceso de liquidación
Condiciones de venta y costos de cierre
Débitos y créditos
Artículos prorrateados
Cálculo de prorrateos

Proceso de liquidación

El proceso de liquidación consta de cinco pasos básicos:

1. Identifique los términos de venta y los costos de cierre.
2. Determine los débitos y créditos no prorrateados.
3. Determine los débitos y créditos prorrateados.
4. Complete la declaración final.
5. Desembolsar fondos.

Condiciones de venta y costos de cierre

Los términos de venta son el precio de la propiedad, el depósito y el pago inicial del comprador, y los términos y montos de los acuerdos de financiamiento del comprador. Los costos de cierre son gastos finales que el comprador o vendedor debe pagar al cierre para completar la transacción. El contrato de venta identifica todas las condiciones de venta y quién paga qué costos. El prorrateo de los gastos está sujeto a negociación y, a falta de un acuerdo específico, está determinado por la costumbre. Los costos de cierre incluyen elementos tales como tarifas de corretaje, tarifas relacionadas con hipotecas, gastos relacionados con el título e impuestos sobre bienes raíces.

Débitos y créditos

El estado de cuenta de cierre contabiliza los débitos y créditos del comprador y el vendedor para liquidar y completar la transacción. Un débito es una cantidad que una de las partes debe pagar al cierre o que ya ha pagado antes del cierre. Un crédito es una cantidad que una parte debe recibir al cierre o que ya se ha recibido antes del cierre.

El exceso de los débitos del comprador sobre los créditos del comprador es la cantidad que el comprador debe aportar al cierre. El exceso de los créditos del vendedor sobre los débitos del vendedor es la cantidad que el vendedor recibirá al cierre.

Una partida de gasto individual que una de las partes debe a una parte no relacionada con la transacción, como un abogado o el estado, se trata como *un débito solo para esa parte*. Una partida de ingresos o gastos que afecta a ambas partes es repartida, o **se prorratea**, a cada una de ellas para reflejar la cantidad adecuada que cada una debe o debería recibir. Un elemento prorrateado se trata como *un débito a una parte y un crédito a la otra parte por la misma cantidad*.

Artículos prorrateados

Elementos no prorrateados. Los artículos no prorrateado son costos *incurridos por una sola de las partes.* Los artículos no prorrateados incluyen los enumerados en el siguiente anexo.

Artículos No Prorrateados

El comprador generalmente paga	El vendedor generalmente paga
Tarifas de registro de hipotecas Impuesto de sello documental Impuesto intangible sobre la hipoteca Honorarios relacionados con hipotecas: tasación, crédito, Reservas incautadas: seguros, impuestos Honorarios de abogados	Impuesto de sello sobre escritura Seguro de título Comisión de corretaje Tarifas de inspección Gastos relacionados con el título Honorarios de abogados

Artículos prorrateados. Muchos de los elementos que se liquidarán en el cierre son en parte responsabilidad del comprador y en parte del vendedor. Algunos son elementos de gastos que tiene el vendedor *Pagado por adelantado*, cuando el comprador debe al vendedor parte del gasto. Algunos son artículos de ingresos que el vendedor recibió por adelantado y el vendedor le debe al comprador una parte de los ingresos. Otros son artículos que el comprador tendrá que pagar *en mora* y el vendedor le debe al comprador parte del gasto. El método para dividir la responsabilidad financiera de tales partidas es **Prorrateo**. Con un artículo prorrateado, siempre hay un débito a una parte y un crédito correspondiente por la misma cantidad a la otra parte.

Artículos pagados por adelantado. En el momento del cierre, el vendedor ha pagado algunos artículos por adelantado que cubren un período de tiempo que va más allá de la fecha de cierre. En efecto, el vendedor ha pagado por adelantado algunos de los gastos del comprador, y el comprador debe reembolsar al vendedor. El gasóleo de calefacción y el gas natural son artículos típicos. Del mismo modo, el vendedor de un inmueble de alquiler puede haber recibido el alquiler o los depósitos de alquiler por adelantado, y debe reembolsar al comprador la parte que le pertenece.

Por un gasto que el vendedor pagó por adelantado, *el comprador recibe un débito y el vendedor recibe un crédito.*

Por los ingresos que el vendedor recibió por adelantado, *el comprador recibe un crédito y el vendedor recibe un débito.*

Artículos pagados atrasado. En el momento del cierre, el vendedor ha incurrido en ciertos gastos que no han sido facturados ni pagados en el momento del cierre y que el comprador tendrá que pagar posteriormente. Un elemento típico son los impuestos sobre bienes inmuebles.

Por un artículo que el comprador pagará a mes vencido, *el comprador recibe un crédito y el vendedor recibe un débito.*

Gastos pagados a atrasos y por avance

	arrears	advance
impuestos de bienes inmuebles	X	
intereses hipotecarios	X	
Alquileres recibidos por el vendedor		X
servicios públicos	X	

Computación de prorrateos

Los métodos principales de cálculo de los prorrateos son el método de 360/30 días, que calcula los prorrateos sobre la base de un año de 360 días y un mes de 30 días, y el método de 365 días, que calcula los prorrateos sobre la base de un año de 365 días. El método de 360/30 días se usa comúnmente para prorratear los intereses hipotecarios. Cualquiera de los dos métodos puede utilizarse para los impuestos sobre bienes inmuebles, dependiendo de la práctica local.

Es costumbre en Florida que el vendedor sea propietario de la propiedad hasta la medianoche del día anterior a la fecha de cierre, a menos que se indique lo contrario en el contrato. Por lo tanto, el día de cierre se prorratea entre el comprador en el cálculo de los prorrateos. El método de prorrateo, si no se especifica en el contrato, seguirá la costumbre local.

Método de 12 meses / 30 días. El método de 12 meses/30 días determina una tasa de pago diaria para un artículo que se va a prorratear *basado en un mes de 30 días y un año de 360 días.* El método consta de los siguientes pasos para los artículos anuales y mensuales.

Articulos anuales

1. Identifique el monto total que se va a prorratear.
2. Divida esta cantidad entre 12 para obtener una tarifa mensual.
3. Divida la tarifa mensual entre 30 para obtener una tarifa diaria.
4. Multiplique la cantidad mensual por el número de meses de propiedad del vendedor en el año de la venta hasta el mes de cierre. Para el mes de cierre, multiplica el número de días de propiedad del vendedor por el importe diario y suma el resultado al anterior. El resultado final es la parte prorrateada del vendedor de este artículo.
5. La parte prorrateada del comprador de un artículo es el importe total menos la parte prorrateada del vendedor.

Artículos mensuales

1. Identifique el monto total que se va a prorratear.
2. Divide esta cantidad entre 30 para obtener la cantidad diaria.
3. Multiplica la cantidad diaria por el número de días de propiedad del vendedor. El resultado es la parte proporcional del vendedor de este artículo.
4. La parte prorrateada del comprador de un artículo es el importe total menos la parte prorrateada del vendedor.

Prorrateo Anual: Impuesto sobre Bienes Inmuebles
Método de 12 meses/30 dias

La transacción de venta de una casa unifamiliar se cierra el 2 de marzo. Los impuestos del condado del año anterior, que se pagarán atrasados, ascienden a $1,730. El vendedor es propietario de la casa hasta el día del cierre. ¿Cuáles son las partes prorrateadas del vendedor y del comprador de este artículo?

Monto total:		=	$ 1,730.00
Cantidad mensual:	1,730 ÷ 12	=	$ 144.17
Cantidad diaria:	144.17 ÷ 30	=	$ 4.81
Parte del vendedor:	144.17 x 2 mo.	=	$ 288.34
	4.81 x 2 days	=	$ 9.62
	288.34 + 9.62	=	$ 297.96
Parte del comprador	1,730 - 297.96	=	$ 1,432.04

Entradas en la declaración de cierre. Al vendedor se le cobrará la parte del prorrateo que le corresponde; se ingresará una cantidad de $297.96 como débito al vendedor y crédito al comprador porque el comprador tendrá que pagar la parte del vendedor cuando se reciba la factura de impuestos.

Prorrateo de la partida mensual: Alquiler recibido
Método de 12 meses/30 días

La casa del ejemplo anterior se alquiló durante el período de cotización y venta a una tarifa de $1800 por mes. El alquiler del mes de marzo se pagó al vendedor el 1 de marzo. ¿Cuál es la parte prorrateada del alquiler que corresponde al comprador? El día de cierre, 2 de marzo, pertenece al vendedor.

Monto total:		=	$	1,800.00
Cantidad diaria:	1800 ÷ 30	=	$	60.00
Parte del vendedor:	60.00 x 2 days	=	$	120.00
Parte del comprador:	1800.00 – 120.00	=	$	1,680.00

Entradas en la declaración de cierre. Al vendedor se le cobrará la parte del comprador del prorrateo; se debitará una cantidad de $1,680.00 a la cuenta del vendedor y se acreditará a la cuenta del comprador porque el vendedor ha recibido un alquiler que pertenece al nuevo propietario después del cierre.

Método de 365 días. El método de 365 días utiliza el número real de días en el calendario. Los pasos del cálculo son los mismos para los prorrateos anuales y mensuales. Los pasos son:

1. Identifique el monto total anual o mensual a prorratear.
2. Para un prorrateo anual, divida la cantidad total entre 365 para obtener una cantidad diaria (366 en un año bisiesto). Para un prorrateo mensual, divida el monto total por el número real de días del mes para obtener el monto diario.
3. Multiplica la cantidad diaria por el número de días de propiedad del vendedor. El resultado es la parte proporcional del vendedor del artículo.
4. La parte prorrateada del comprador de un artículo es el importe total menos la parte prorrateada del vendedor

Prorrateo de una factura anual de impuestos, método de 365 días

The El vendedor del ejemplo anterior tiene una factura de impuestos de $1,730, pagada anualmente a mes vencido el 31 de diciembre. El cierre es el 2 de marzo y el vendedor es dueño del día del cierre. ¿Cuál es la parte prorrateada del vendedor de este artículo?

Daily amount:	1730 ÷ 365	$	4.74
Seller's share:	61 days x 4.75	$	289.14
Buyer's share:	1730 - 289.14	$1,440.86	

Entradas en la declaración de cierre. Se le cobrará al vendedor la parte del prorrateo que le corresponde; se debitará una cantidad de $289.14 a la cuenta del vendedor y se acreditará a la cuenta del comprador porque el comprador habrá pagado la parte del vendedor de la factura de impuestos atrasada.

IMPUESTOS ESTATALES DE TRANSFERENCIA

Impuesto Estatal de sellos sobre escrituras
Impuesto de sello documental
Impuesto intangible sobre la hipoteca

Impuesto estatal de sellos sobre escrituras

Impuesto sobre transmisiones patrimoniales, o **Impuesto estatal de sellos sobre escrituras** como se le conoce en Florida, es impuesto por los estados, condados y ciudades sobre la transferencia del título de propiedad de una persona o entidad a otra dentro de la jurisdicción. Se basa en un porcentaje del precio de venta de la propiedad, y se debe pagar al cierre o en el momento en que se registra la escritura. Algunas jurisdicciones de Florida exigen quién debe pagar el impuesto. La práctica común es que el vendedor pague el impuesto, pero las condiciones del mercado local influyen en quién paga y permiten negociaciones. Por ejemplo, en un mercado de vendedores, el vendedor está en condiciones de negociar para que el comprador pague; mientras que un mercado de compradores pone la responsabilidad de pagar en el vendedor.

Independientemente del mercado, los vendedores están obligados por ley a entregar una escritura registrable, que requiere que se haya pagado el impuesto de sellos. En consecuencia, si el vendedor no es capaz de convencer al comprador de que pague el impuesto, el vendedor será responsable de pagarlo para poder entregar la escritura registrable. La parte responsable de pagar el impuesto habría sido negociada antes del cierre, por lo que el impuesto aparecerá como un débito en la columna de esa persona en el estado de cuenta de cierre.

Debido a que el impuesto es una fuente de ingresos para los gobiernos locales, las tasas impositivas se aumentan periódicamente cuando es necesario para los gastos presupuestarios de la ciudad o el condado. Actualmente, la tasa es de $0.70 (70 centavos) por cada $100 del precio de venta en toda Florida. Sin embargo, en el condado de Miami-Dade, la tasa es de $0.60 (60 centavos) por cada $100 del precio de venta para viviendas unifamiliares con un recargo adicional de $0.45 (45 centavos) por cada $100 para otras viviendas residenciales, como casas adosadas.

Para ilustrar, si el precio de venta de una vivienda unifamiliar en el condado de Broward es de $300,000, o 3,000 de las unidades impositivas de $100, el procedimiento es: multiplique el total de unidades impositivas por la tasa impositiva de $0.70. El impuesto de sellos documentario en esta venta sería de $2,100.

En el condado de Miami-Dade, la misma casa con el mismo precio de venta seguiría teniendo 3,000 unidades fiscales. Multiplique esas unidades por la tasa impositiva de Miami-Dade de $0.60, y el impuesto de sellos documental en la venta de esta vivienda unifamiliar sería de $1,800.

Por otro lado, si las ventas de $300,000 hubieran afectado a condominios en cada uno de los dos condados, en el condado de Broward (o en cualquier otro condado de Florida excepto Miami-Dade), las unidades impositivas, la tasa y el impuesto de timbre documental serían los mismos que para la vivienda unifamiliar: $2,100.

En el condado de Miami-Dade, las unidades impositivas, la tasa y el impuesto de sellos documental también serían los mismos que para la vivienda unifamiliar: $1,800. Sin embargo, las 3,000 unidades tributarias también se multiplicarían por la tasa adicional de sobretasa de $0.45 para igualar $1,350. Esa cantidad se agregaría a los $1,800 para resultar en $3,150 adeudados por el impuesto de sellos.

Exenciones. Las exenciones del impuesto de transferencia de propiedad de Florida incluyen las siguientes transferencias:

- ▶ sin contraprestación (como regalo)
- ▶ entre cónyuges sin contraprestación y sin hipoteca existente
- ▶ entre ex cónyuges dentro de 1 año del divorcio
- ▶ a través de un testamento
- ▶ a través de una escritura de partición
- ▶ por el gobierno de los EE. UU. o entre agencias gubernamentales
- ▶ por expropiación
- ▶ de una organización sin fines de lucro a una agencia estatal

Impuesto de sello documental

Además del impuesto de timbre documental cobrado por la venta de la propiedad, el estatuto de Florida también impone un impuesto de timbre documental sobre las hipotecas y gravámenes contra la propiedad dentro del estado. El impuesto de timbre sobre la nota tiene una tasa de $0.35 (35 centavos) por cada $100 del monto total del préstamo. El impuesto es pagado por el comprador/prestatario y se debe al cierre.

Para ilustrar, supongamos que se vendió una casa por $600,000 con un pago inicial de $100,000. Esto genera un requisito de préstamo de $500,000; el impuesto de timbre sobre la escritura se basa en esta cantidad. Aplicando la tasa impositiva, primero dividimos el préstamo de $500,000 por $100. Esto da como resultado 5,000 unidades impositivas. En segundo lugar, multiplicamos las 5,000 unidades impositivas por la tasa impositiva de $0.35. Esto da como resultado un impuesto total adeudado de $1,750. Esta cantidad aparecerá como un débito para el comprador en la declaración de cierre.

Impuesto intangible sobre la hipoteca

El impuesto estatal sobre bienes intangibles se calcula sobre el monto del préstamo en el pagaré. El pagaré es el documento que indica el monto del préstamo, las obligaciones del prestatario y cómo se reembolsará el préstamo. La tasa del impuesto estatal sobre bienes intangibles es de 2 milésimas ($0.002) por cada dólar del préstamo hipotecario. Esto equivale a $0.20 (20 centavos) por cada $100 del monto del préstamo. El impuesto sobre bienes intangibles se paga al cierre y se muestra como un débito para el comprador en la declaración de cierre.

Para ilustrar el impuesto estatal sobre bienes intangibles en la hipoteca, supongamos que una casa se vende por $500,000 con un pago inicial de $100,000. El monto de la hipoteca resultante es de $400,000. Aplicando la tasa impositiva, se tienen 4,000 unidades impositivas ($400,000 ÷ 100) multiplicadas por la tasa impositiva de $0.20. Multiplicando 4,000 unidades por la tasa impositiva de $0.20, se obtiene un impuesto sobre bienes intangibles de $800.

OTROS CARGOS

Preparación de documentos
Grabación
Comisión del corredor
Seguro de título

Preparación de documentos

Es costumbre que la persona que tiene que firmar un documento pague el costo de su elaboración. Por lo tanto, el vendedor paga por la preparación de la escritura y el comprador paga por la preparación de la hipoteca y el pagaré. Cada partida aparecerá como un débito a la parte pagadora en la divulgación de cierre, sin crédito correspondiente a la otra parte

Grabación

La parte que desea que un documento se registre habitualmente es la que paga la tasa por registrarlo. Por lo tanto, el comprador paga por registrar la escritura, aunque el vendedor pagó por prepararla. Una vez más, la tarifa aparecerá como un débito para la parte que paga en la divulgación de cierre.

Comisión del corredor

El acuerdo de cotización o representación establece quién paga las comisiones, pero es común que la persona que emplea al corredor sea la que paga. La comisión es un débito a la parte pagadora en la divulgación de cierre.

Seguro de título

Hay tarifas y cargos por artículos relacionados con el título, como proporcionar un resumen del título o una opinión del título. También hay costos asociados con la compra de una póliza de seguro de título de prestamista y una póliza de seguro de título del propietario. La cuestión de quién paga estos cargos está abierta a la negociación.

REGLAS GENERALES

Créditos y débitos del vendedor
Créditos y débitos del comprador

Reglas generales sobre quién paga y cuáles son las prácticas habituales, no prescritas legalmente.

Créditos y débitos del vendedor

Créditos. A los vendedores se les acredita habitualmente por

- Artículos prepagados
- precio de compra

Débitos. Los débitos del vendedor suelen incluir:

- ▸ Impuesto a la propiedad prorrateado
- ▸ Impuesto de sellos documentarios en la escritura
- ▸ póliza de seguro de título del propietario
- ▸ preparación de escrituras
- ▸ honorarios del abogado del vendedor
- ▸ comisión del corredor (si es contratado por el vendedor)
- ▸ pago del préstamo hipotecario
- ▸ alquiler prepagado prorrateado
- ▸ depósitos de seguridad del inquilino

Créditos y débitos del comprador

Créditos. A los compradores se les suele acreditar por

- ▸ impuesto a la propiedad prorrateado
- ▸ depósito de garantía
- ▸ alquiler prepagado prorrateado
- ▸ depósitos de seguridad del inquilino
- ▸ nuevos fondos de préstamos hipotecarios

Débitos. Los débitos del comprador suelen incluir:

- ▸ precio de compra
- ▸ impuesto de sellos documental en nuevo pagaré
- ▸ póliza de seguro de título del prestamista
- ▸ impuesto sobre los intangibles de la nueva hipoteca
- ▸ preparación de hipotecas y pagarés
- ▸ honorarios del abogado del comprador
- ▸ registro de escrituras
- ▸ registro de hipotecas

DECLARACIÓN DE DIVULGACIÓN DE CIERRE

Formularios y procedimientos
Buena fe
Tipos de cargos
Transacciones aplicables
El formulario de Divulgación de Cierre H-25

Formularios y procedimientos

Como se mencionó anteriormente, las Divulgaciones Integradas de TILA/RESPA (TRID) exige formularios y procedimientos en el proceso de cierre. Estos son los siguientes.

- ▸ Los prestamistas deben entregar al consumidor una copia del **folleto** "Su kit de herramientas para préstamos hipotecarios" ("Your Home Loan Toolkit") **en el momento de la** solicitud del préstamo.

> • Los prestamistas deben entregar o enviar por correo la **Estimación del Préstamo** (Formulario H-24) al consumidor **a más tardar el tercer día hábil** después de recibir una solicitud de préstamo. (Un "día hábil" en este contexto es cualquier día en el que las oficinas del prestamista estén abiertas al público. Una "solicitud" existe cuando el consumidor ha proporcionado al prestamista o corredor hipotecario seis datos: nombre; ingreso; número de Seguro Social; dirección de la propiedad; valor estimado de la propiedad; monto del préstamo solicitado).

> • Los prestamistas deben proporcionar la **Divulgación de cierre** (formulario H-25) al consumidor **al menos tres días hábiles** antes de la consumación del préstamo. (Un "día hábil" en este contexto es cualquier día calendario excepto un domingo o el día en que se observa un día festivo legal. "Consumación" se refiere al día en que el prestatario se convierte en deudor con el acreedor; Esto puede corresponder o no al día de cierre de la transacción).

Buena fe

Los acreedores son responsables de garantizar que las cifras indicadas en la Estimación del Préstamo se realicen de buena fe y sean consistentes con la mejor información razonablemente disponible para el acreedor en el momento en que se divulgan.

La buena fe se mide calculando la diferencia entre los cargos estimados originalmente provistos en la Estimación del Préstamo y los cargos reales pagados o impuestos al consumidor en la Divulgación de Cierre.

Por lo general, si el cargo pagado o impuesto al consumidor excede el monto originalmente divulgado en la Estimación del Préstamo, no es de buena fe, independientemente de si el acreedor descubre posteriormente un error técnico, un error de cálculo o una subestimación de un cargo, aunque hay excepciones.

Tipos de cargos

Para ciertos costos o términos, los acreedores pueden cobrar a los consumidores más de la cantidad revelada en la Estimación del Préstamo sin ninguna limitación de tolerancia.

Estos cargos son:

> • intereses pagados por adelantado; primas de seguros de propiedad; montos colocados en un depósito en garantía, reserva o cuenta similar

> • cargos por servicios requeridos por el prestamista si el prestamista permite que el consumidor compre y el consumidor selecciona un proveedor de servicios externo que no figura en la lista escrita de proveedores de servicios del prestamista

> • cargos pagados a proveedores de servicios externos por servicios no requeridos por el acreedor (pueden pagarse a afiliados del acreedor)

Sin embargo, los acreedores solo pueden cobrar a los consumidores más de la cantidad divulgada cuando el cargo estimado original, o la falta de un cargo estimado por un servicio en particular, se basó en la mejor información razonablemente disponible para el acreedor en el momento en que se proporcionó la divulgación.

Los cargos por servicios de terceros y los derechos de registro pagados por el consumidor o impuestos al consumidor se agrupan y están sujetos a una tolerancia acumulativa del 10 % (cargos de "tolerancia del 10 %"). Esto significa que el acreedor puede cobrar al consumidor más de la cantidad revelada en la Estimación del Préstamo por cualquiera de estos cargos, siempre y cuando la suma total de los cargos sumados no exceda la suma de todos los cargos divulgados en la Estimación del Préstamo en más del 10%.

Para todos los demás cargos (cargos de "tolerancia cero"), los acreedores no pueden cobrar a los consumidores más de la cantidad revelada en la Estimación del Préstamo bajo ninguna circunstancia que no sea un cambio de circunstancias que permitan una Estimación del Préstamo revisada.

Si los montos pagados por el consumidor al cierre exceden los montos divulgados en la Estimación del Préstamo más allá del límite de tolerancia aplicable, el acreedor debe reembolsar el exceso al consumidor a más tardar 60 días después de la consumación.

Transacciones aplicables

La regla de Divulgaciones Integradas se aplica a la mayoría de las hipotecas. No se aplica a:

- ▶ líneas de crédito con garantía hipotecaria (HELOC, por sus siglas en inglés)
- ▶ hipotecas inversas
- ▶ hipotecas garantizadas por una casa móvil o por una vivienda que no está unida a un bien inmueble (es decir, un terreno)
- ▶ préstamos otorgados por personas que no se consideran "acreedores" en virtud del hecho de que otorgan cinco o menos hipotecas en un año.

Sin embargo, ciertos tipos de préstamos que solían estar sujetos a TILA pero no a RESPA ahora están sujetos a los requisitos de divulgación integrados de la regla TILA-RESPA, que incluyen:

- ▶ préstamos para la construcción
- ▶ préstamos garantizados por terreno vacante o por 25 o más acres
- ▶ crédito extendido a ciertos fideicomisos para planificación fiscal o patrimonial

Las guías y la información detallada sobre la regla actual de TILA-RESPA se pueden encontrar en la Oficina de Protección Financiera del Consumidor (CFPB) en https://www.consumerfinance.gov/policy-compliance/guidance/tila-respa-disclosure-rule/

El formulario de Divulgación de Cierre H-25

El formulario de Divulgación de Cierre H-25 consta de cinco páginas. Las páginas 1, 4 y 5 varían, dependiendo del tipo de préstamo. Para ilustrar el formulario, utilizamos un ejemplo de divulgación para un préstamo de *tasa fija a 30 años* que se presenta en el sitio web de la CFPB.

La página 1 tiene cuatro secciones: información general, términos del préstamo, pagos proyectados y costos al cierre.

Información general. Esta sección tiene tres columnas:

▸ Información de cierre: fecha de emisión, fecha de cierre, fecha de desembolso, agente de liquidación, número de expediente, dirección de la propiedad y precio de venta

▸ Información de la transacción: nombres y direcciones del prestatario, vendedor y prestamista

▸ Información del préstamo: plazo del préstamo, propósito del préstamo, tipo de producto, tipo de préstamo y número de identificación del préstamo

Condiciones del préstamo. Esta sección indica el monto del préstamo, la tasa de interés y el pago mensual de capital e intereses, e indica si alguno de esos montos puede aumentar después del cierre. También da detalles de cualquier multa por pago anticipado o pago global.

Pago proyectado. Esta sección muestra el pago del prestatario por el capital y los intereses y el seguro hipotecario, un pago estimado del depósito en garantía y el pago mensual estimado total de la hipoteca para los años 1-7 y 8-30 del plazo del préstamo. También proporciona una estimación de los pagos mensuales de impuestos, seguros y tasaciones, e indica si los pagos se mantendrán en custodia.

Costos al cierre. La última sección de la página 1 muestra los costos totales de cierre de los prestatarios (adelantados desde la página 2) y la cantidad total de efectivo que el comprador necesita para cerrar (adelantados desde la página 3).

En la página 2 se detallan los costos de cierre. Hay dos secciones divididas en cuatro columnas:

▸ Descripción de los costos: costos de préstamos y otros costos
▸ Costos pagados por el prestatario: "al cierre" o "antes del cierre"
▸ Costos pagados por el vendedor: "al cierre" o "antes del cierre"
▸ Costos pagados por otros (en el ejemplo, alguien que no sea el comprador o el vendedor paga por la tasación)

Costos de préstamos. La primera sección trata de los costos del préstamo:

A. Cargos de originación, como puntos, tarifa de solicitud y tarifa de suscripción

B. Cargos por servicios que el prestatario no compró: artículos que el prestamista requiere, como tasaciones e informes crediticios

C. Servicios que el prestatario compró: artículos que el prestatario ordena por su cuenta, como inspecciones de plagas, tarifas de inspección y seguro de título.

D. El total de A, B y C por encima

Otros costos. La segunda sección se ocupa de los costos adicionales relacionados con las transacciones:

E. Impuestos y otras tasas gubernamentales, como tasas de registro e impuestos de transferencia

F. Artículos prepagados, como seguro de propietario de vivienda, seguro hipotecario, intereses prepagados e impuestos sobre la propiedad que deben pagarse antes del primer pago programado del préstamo

G. Pago inicial del depósito en garantía al cierre: una cantidad que el prestatario pagará al prestamista cada mes para que se mantenga en custodia hasta su vencimiento, generalmente para primas de seguros y cuotas de impuestos.

H. Otros costos no cubiertos en otra parte de la divulgación, como tarifas de asociación, tarifas de garantía de vivienda, tarifas de inspección de vivienda, comisión de bienes raíces y artículos prorrateados

I. El total de los costos de E, F, G y H anteriores

J. El total de los costos de cierre pagados por el prestatario de D + I anterior. Este total se lleva al final de la página 1 como "Costos de Cierre".

La página 3 tiene dos secciones, una para calcular el efectivo para el cierre, la otra para resumir las transacciones del prestatario y el vendedor.

Cálculo del efectivo para el cierre. La primera sección compara los costos finales del préstamo con la estimación original del préstamo del prestamista. Este cálculo tiene en cuenta los costos pagados antes del cierre, el pago inicial, los depósitos, los créditos del vendedor, los ajustes y otros créditos. La última línea del cálculo es "Efectivo para el cierre", la cantidad que el prestatario necesita producir al cierre.

Cuando un monto ha cambiado, el acreedor debe indicar dónde el consumidor puede encontrar los montos que han cambiado en la Estimación del Préstamo. Por ejemplo, si el monto del Crédito del Vendedor cambió, el acreedor puede indicar que el consumidor debe "Ver Créditos del Vendedor en la Sección L". Cuando el aumento en los Costos Totales de Cierre excede los límites legales, el acreedor debe revelar este hecho y el monto en dólares del exceso en la columna "¿Cambió esto?". También se debe incluir una declaración que dirija al consumidor al Crédito del Prestamista en la página 2 si el acreedor le debe un crédito al consumidor al cierre por el monto en exceso.

Resúmenes de transacciones. La segunda sección de la página 3 se divide en dos columnas (o subsecciones), una para resumir la transacción del prestatario y la otra para la transacción del vendedor. La columna del prestatario incluye:

K.   Montos adeudados por el prestatario al momento del cierre, incluido el precio de venta y los ajustes por artículos pagados por el vendedor por adelantado.

L.   Montos ya pagados por o en nombre del prestatario al momento del cierre, como depósito, monto del préstamo, supuestos de préstamos, créditos del vendedor, otros créditos y ajustes por artículos no pagados por el vendedor, como impuestos y gravámenes.

El cálculo en la parte inferior de la columna de la izquierda resta los totales ya pagados por el prestatario (línea L) del total adeudado por el prestatario (línea K) para derivar el efectivo para el cierre adeudado por el prestatario al cierre. Esta cifra es la misma que la que se encuentra en la parte inferior de la página 1 bajo "Costos al cierre – Efectivo para el cierre".

La columna del vendedor de la sección Resúmenes incluyeamounts due to the seller at closing, including the sale price of the property and adjustments for items paid by the seller in advance.

M.   Montos adeudados al vendedor al momento del cierre, incluido el precio de venta de la propiedad y los ajustes por artículos pagados por el vendedor por adelantado.

N.   Montos adeudados por el vendedor al momento del cierre, como los costos de cierre que pagará el vendedor, el pago de la primera o segunda hipoteca, el crédito del vendedor y los ajustes por artículos no pagados por el vendedor, como impuestos y tasaciones.

El cálculo en la parte inferior de la columna de la derecha resta el total adeudado por el vendedor (línea N) del total adeudado al vendedor (línea M) para derivar el Efectivo al vendedor, que es la cantidad que el vendedor recibirá al cierre.

La página 4 proporciona divulgaciones adicionales sobre préstamos:

▸ Asunción: si el prestamista permitirá una asunción de préstamo en una transferencia futura

▸ Función de demanda: si el prestamista puede exigir el reembolso anticipado

▸ Pago atrasado: la tarifa que el prestamista cobrará por un pago atrasado

▸ Amortización negativa: si el préstamo se amortiza negativamente, lo que aumenta el monto del préstamo y disminuye el capital del prestatario a lo largo del plazo.

▸ Pagos parciales: si el prestamista acepta pagos parciales y los aplica al préstamo.

▸ Garantía mobiliaria: identifica la propiedad que garantiza el préstamo.

▸ Cuenta de depósito en garantía: detalla lo que se incluye en la cuenta de depósito en garantía e indica el pago mensual del depósito en garantía

La página 5 proporciona cálculos adicionales, divulgaciones e información de contacto:

- ▶ Cálculos del préstamo: el monto total de todos los pagos del préstamo, el monto en dólares de los cargos financieros durante la vigencia del préstamo, el monto financiado, la tasa porcentual anual (APR) y el porcentaje de interés total (TIP)

- ▶ Otras divulgaciones: otra información importante para el prestatario, incluido el derecho a una copia del informe de tasación y una indicación de si el prestatario está protegido contra la responsabilidad por el saldo impago en caso de ejecución hipotecaria.

- ▶ Información de contacto: nombres, direcciones, números de licencia, nombres de contacto, direcciones de correo electrónico y números de teléfono de las personas involucradas en la transacción.

- ▶ Confirmar recibo: las firmas de los prestatarios que confirman la recepción del documento de divulgación de cierre. **La firma del documento no indica la aceptación del préstamo.**

Closing Disclosure

This form is a statement of final loan terms and closing costs. Compare this document with your Loan Estimate.

Closing Information

Date Issued	4/15/2013
Closing Date	4/15/2013
Disbursement Date	4/15/2013
Settlement Agent	Epsilon Title Co.
File #	12-3456
Property	456 Somewhere Ave
	Anytown, ST 12345
Sale Price	$180,000

Transaction Information

Borrower	Michael Jones and Mary Stone
	123 Anywhere Street
	Anytown, ST 12345
Seller	Steve Cole and Amy Doe
	321 Somewhere Drive
	Anytown, ST 12345
Lender	Ficus Bank

Loan Information

Loan Term	30 years
Purpose	Purchase
Product	Fixed Rate
Loan Type	☒ Conventional ☐ FHA ☐ VA ☐ _____
Loan ID #	123456789
MIC #	000654321

Loan Terms

		Can this amount increase after closing?
Loan Amount	$162,000	NO
Interest Rate	3.875%	NO
Monthly Principal & Interest *See Projected Payments below for your Estimated Total Monthly Payment*	$761.78	NO
		Does the loan have these features?
Prepayment Penalty	YES	• As high as $3,240 if you pay off the loan during the first 2 years
Balloon Payment	NO	

Projected Payments

Payment Calculation	Years 1-7	Years 8-30
Principal & Interest	$761.78	$761.78
Mortgage Insurance	+ 82.35	+ —
Estimated Escrow *Amount can increase over time*	+ 206.13	+ 206.13
Estimated Total Monthly Payment	**$1,050.26**	**$967.91**

		This estimate includes	In escrow?
Estimated Taxes, Insurance & Assessments *Amount can increase over time* *See page 4 for details*	$356.13 a month	☒ Property Taxes	YES
		☒ Homeowner's Insurance	YES
		☒ Other: Homeowner's Association Dues	NO
		See Escrow Account on page 4 for details. You must pay for other property costs separately.	

Costs at Closing

Closing Costs	$9,712.10	Includes $4,694.05 in Loan Costs + $5,018.05 in Other Costs – $0 in Lender Credits. *See page 2 for details.*
Cash to Close	$14,147.26	Includes Closing Costs. *See Calculating Cash to Close on page 3 for details.*

CLOSING DISCLOSURE

PAGE 1 OF 5 - LOAN ID # 123456789

Closing Cost Details

Loan Costs		Borrower-Paid		Seller-Paid		Paid by Others
		At Closing	Before Closing	At Closing	Before Closing	
A. Origination Charges		**$1,802.00**				
01 0.25 % of Loan Amount (Points)		$405.00				
02 Application Fee		$300.00				
03 Underwriting Fee		$1,097.00				
04						
05						
06						
07						
08						
B. Services Borrower Did Not Shop For		**$236.55**				
01 Appraisal Fee	to John Smith Appraisers Inc.					$405.00
02 Credit Report Fee	to Information Inc.		$29.80			
03 Flood Determination Fee	to Info Co.	$20.00				
04 Flood Monitoring Fee	to Info Co.	$31.75				
05 Tax Monitoring Fee	to Info Co.	$75.00				
06 Tax Status Research Fee	to Info Co.	$80.00				
07						
08						
09						
10						
C. Services Borrower Did Shop For		**$2,655.50**				
01 Pest Inspection Fee	to Pests Co.	$120.50				
02 Survey Fee	to Surveys Co.	$85.00				
03 Title – Insurance Binder	to Epsilon Title Co.	$650.00				
04 Title – Lender's Title Insurance	to Epsilon Title Co.	$500.00				
05 Title – Settlement Agent Fee	to Epsilon Title Co.	$500.00				
06 Title – Title Search	to Epsilon Title Co.	$800.00				
07						
08						
D. TOTAL LOAN COSTS (Borrower-Paid)		**$4,694.05**				
Loan Costs Subtotals (A + B + C)		$4,664.25	$29.80			

Other Costs		Borrower-Paid		Seller-Paid		Paid by Others
E. Taxes and Other Government Fees		**$85.00**				
01 Recording Fees	Deed: $40.00 Mortgage: $45.00	$85.00				
02 Transfer Tax	to Any State			$950.00		
F. Prepaids		**$2,120.80**				
01 Homeowner's Insurance Premium (12 mo.) to Insurance Co.		$1,209.96				
02 Mortgage Insurance Premium (mo.)						
03 Prepaid Interest ($17.44 per day from 4/15/13 to 5/1/13)		$279.04				
04 Property Taxes (6 mo.) to Any County USA		$631.80				
05						
G. Initial Escrow Payment at Closing		**$412.25**				
01 Homeowner's Insurance $100.83 per month for 2 mo.		$201.66				
02 Mortgage Insurance per month for mo.						
03 Property Taxes $105.30 per month for 2 mo.		$210.60				
04						
05						
06						
07						
08 Aggregate Adjustment		− 0.01				
H. Other		**$2,400.00**				
01 HOA Capital Contribution	to HOA Acre Inc.	$500.00				
02 HOA Processing Fee	to HOA Acre Inc.	$150.00				
03 Home Inspection Fee	to Engineers Inc.	$750.00			$750.00	
04 Home Warranty Fee	to XYZ Warranty Inc.			$450.00		
05 Real Estate Commission	to Alpha Real Estate Broker			$5,700.00		
06 Real Estate Commission	to Omega Real Estate Broker			$5,700.00		
07 Title – Owner's Title Insurance (optional) to Epsilon Title Co.		$1,000.00				
08						
I. TOTAL OTHER COSTS (Borrower-Paid)		**$5,018.05**				
Other Costs Subtotals (E + F + G + H)		$5,018.05				

		Borrower-Paid		Seller-Paid		Paid by Others
J. TOTAL CLOSING COSTS (Borrower-Paid)		**$9,712.10**				
Closing Costs Subtotals (D + I)		$9,682.30	$29.80	$12,800.00	$750.00	$405.00
Lender Credits						

CLOSING DISCLOSURE   PAGE 2 OF 5 • LOAN ID # 123456789

Ejemplo de Divulgación de Cierre H-25, Página 3

Calculating Cash to Close	Loan Estimate	Final	Did this change?
Total Closing Costs (J)	$8,054.00	$9,712.10	YES • See Total Loan Costs (D) and Total Other Costs (I)
Closing Costs Paid Before Closing	$0	– $29.80	YES • You paid these Closing Costs before closing
Closing Costs Financed (Paid from your Loan Amount)	$0	$0	NO
Down Payment/Funds from Borrower	$18,000.00	$18,000.00	NO
Deposit	– $10,000.00	– $10,000.00	NO
Funds for Borrower	$0	$0	NO
Seller Credits	$0	– $2,500.00	YES • See Seller Credits in Section L
Adjustments and Other Credits	$0	– $1,035.04	YES • See details in Sections K and L
Cash to Close	$16,054.00	$14,147.26	

Use this table to see what has changed from your Loan Estimate.

Summaries of Transactions

Use this table to see a summary of your transaction.

BORROWER'S TRANSACTION

K. Due from Borrower at Closing	$189,762.30
01 Sale Price of Property	$180,000.00
02 Sale Price of Any Personal Property Included in Sale	
03 Closing Costs Paid at Closing (J)	$9,682.30
04	
Adjustments	
05	
06	
07	
Adjustments for Items Paid by Seller in Advance	
08 City/Town Taxes to	
09 County Taxes to	
10 Assessments to	
11 HOA Dues 4/15/13 to 4/30/13	$80.00
12	
13	
14	
15	

L. Paid Already by or on Behalf of Borrower at Closing	$175,615.04
01 Deposit	$10,000.00
02 Loan Amount	$162,000.00
03 Existing Loan(s) Assumed or Taken Subject to	
04	
05 Seller Credit	$2,500.00
Other Credits	
06 Rebate from Epsilon Title Co.	$750.00
07	
Adjustments	
08	
09	
10	
11	
Adjustments for Items Unpaid by Seller	
12 City/Town Taxes 1/1/13 to 4/14/13	$365.04
13 County Taxes to	
14 Assessments to	
15	
16	
17	

CALCULATION	
Total Due from Borrower at Closing (K)	$189,762.30
Total Paid Already by or on Behalf of Borrower at Closing (L)	– $175,615.04
Cash to Close ☒ From ☐ To Borrower	**$14,147.26**

SELLER'S TRANSACTION

M. Due to Seller at Closing	$180,080.00
01 Sale Price of Property	$180,000.00
02 Sale Price of Any Personal Property Included in Sale	
03	
04	
05	
06	
07	
08	
Adjustments for Items Paid by Seller in Advance	
09 City/Town Taxes to	
10 County Taxes to	
11 Assessments to	
12 HOA Dues 4/15/13 to 4/30/13	$80.00
13	
14	
15	
16	

N. Due from Seller at Closing	$115,665.04
01 Excess Deposit	
02 Closing Costs Paid at Closing (J)	$12,800.00
03 Existing Loan(s) Assumed or Taken Subject to	
04 Payoff of First Mortgage Loan	$100,000.00
05 Payoff of Second Mortgage Loan	
06	
07	
08 Seller Credit	$2,500.00
09	
10	
11	
12	
13	
Adjustments for Items Unpaid by Seller	
14 City/Town Taxes 1/1/13 to 4/14/13	$365.04
15 County Taxes to	
16 Assessments to	
17	
18	
19	

CALCULATION	
Total Due to Seller at Closing (M)	$180,080.00
Total Due from Seller at Closing (N)	– $115,665.04
Cash ☐ From ☒ To Seller	**$64,414.96**

CLOSING DISCLOSURE

Additional Information About This Loan

Loan Disclosures

Assumption

If you sell or transfer this property to another person, your lender

☐ will allow, under certain conditions, this person to assume this loan on the original terms.

☒ will not allow assumption of this loan on the original terms.

Demand Feature

Your loan

☐ has a demand feature, which permits your lender to require early repayment of the loan. You should review your note for details.

☒ does not have a demand feature.

Late Payment

If your payment is more than 15 days late, your lender will charge a late fee of 5% of the monthly principal and interest payment.

Negative Amortization (Increase in Loan Amount)

Under your loan terms, you

☐ are scheduled to make monthly payments that do not pay all of the interest due that month. As a result, your loan amount will increase (negatively amortize), and your loan amount will likely become larger than your original loan amount. Increases in your loan amount lower the equity you have in this property.

☐ may have monthly payments that do not pay all of the interest due that month. If you do, your loan amount will increase (negatively amortize), and, as a result, your loan amount may become larger than your original loan amount. Increases in your loan amount lower the equity you have in this property.

☒ do not have a negative amortization feature.

Partial Payments

Your lender

☒ may accept payments that are less than the full amount due (partial payments) and apply them to your loan.

☐ may hold them in a separate account until you pay the rest of the payment, and then apply the full payment to your loan.

☐ does not accept any partial payments.

If this loan is sold, your new lender may have a different policy.

Security Interest

You are granting a security interest in

456 Somewhere Ave., Anytown, ST 12345

You may lose this property if you do not make your payments or satisfy other obligations for this loan.

Escrow Account

For now, your loan

☒ will have an escrow account (also called an "impound" or "trust" account) to pay the property costs listed below. Without an escrow account, you would pay them directly, possibly in one or two large payments a year. Your lender may be liable for penalties and interest for failing to make a payment.

Escrow		
Escrowed Property Costs over Year 1	$2,473.56	Estimated total amount over year 1 for your escrowed property costs: *Homeowner's Insurance Property Taxes*
Non-Escrowed Property Costs over Year 1	$1,800.00	Estimated total amount over year 1 for your non-escrowed property costs: *Homeowner's Association Dues* You may have other property costs.
Initial Escrow Payment	$412.25	A cushion for the escrow account you pay at closing. See Section G on page 2.
Monthly Escrow Payment	$206.13	The amount included in your total monthly payment.

☐ will not have an escrow account because ☐ you declined it ☐ your lender does not offer one. You must directly pay your property costs, such as taxes and homeowner's insurance. Contact your lender to ask if your loan can have an escrow account.

No Escrow		
Estimated Property Costs over Year 1		Estimated total amount over year 1. You must pay these costs directly, possibly in one or two large payments a year.
Escrow Waiver Fee		

In the future,

Your property costs may change and, as a result, your escrow payment may change. You may be able to cancel your escrow account, but if you do, you must pay your property costs directly. If you fail to pay your property taxes, your state or local government may (1) impose fines and penalties or (2) place a tax lien on this property. If you fail to pay any of your property costs, your lender may (1) add the amounts to your loan balance, (2) add an escrow account to your loan, or (3) require you to pay for property insurance that the lender buys on your behalf, which likely would cost more and provide fewer benefits than what you could buy on your own.

Loan Calculations

Total of Payments. Total you will have paid after you make all payments of principal, interest, mortgage insurance, and loan costs, as scheduled.	$285,803.36
Finance Charge. The dollar amount the loan will cost you.	$118,830.27
Amount Financed. The loan amount available after paying your upfront finance charge.	$162,000.00
Annual Percentage Rate (APR). Your costs over the loan term expressed as a rate. This is not your interest rate.	4.174%
Total Interest Percentage (TIP). The total amount of interest that you will pay over the loan term as a percentage of your loan amount.	69.46%

Questions? If you have questions about the loan terms or costs on this form, use the contact information below. To get more information or make a complaint, contact the Consumer Financial Protection Bureau at **www.consumerfinance.gov/mortgage-closing**

Other Disclosures

Appraisal
If the property was appraised for your loan, your lender is required to give you a copy at no additional cost at least 3 days before closing. If you have not yet received it, please contact your lender at the information listed below.

Contract Details
See your note and security instrument for information about
• what happens if you fail to make your payments,
• what is a default on the loan,
• situations in which your lender can require early repayment of the loan, and
• the rules for making payments before they are due.

Liability after Foreclosure
If your lender forecloses on this property and the foreclosure does not cover the amount of unpaid balance on this loan,
☒ state law may protect you from liability for the unpaid balance. If you refinance or take on any additional debt on this property, you may lose this protection and have to pay any debt remaining even after foreclosure. You may want to consult a lawyer for more information.
☐ state law does not protect you from liability for the unpaid balance.

Refinance
Refinancing this loan will depend on your future financial situation, the property value, and market conditions. You may not be able to refinance this loan.

Tax Deductions
If you borrow more than this property is worth, the interest on the loan amount above this property's fair market value is not deductible from your federal income taxes. You should consult a tax advisor for more information.

Contact Information

	Lender	Mortgage Broker	Real Estate Broker (B)	Real Estate Broker (S)	Settlement Agent
Name	Ficus Bank		Omega Real Estate Broker Inc.	Alpha Real Estate Broker Co.	Epsilon Title Co.
Address	4321 Random Blvd. Somecity, ST 12340		789 Local Lane Sometown, ST 12345	987 Suburb Ct. Someplace, ST 12340	123 Commerce Pl. Somecity, ST 12344
NMLS ID					
ST License ID			Z765416	Z61456	Z61616
Contact	Joe Smith		Samuel Green	Joseph Cain	Sarah Arnold
Contact NMLS ID	12345				
Contact ST License ID			P16415	P51461	PT1234
Email	joesmith@ficusbank.com		sam@omegare.biz	joe@alphare.biz	sarah@epsilontitle.com
Phone	123-456-7890		123-555-1717	321-555-7171	987-555-4321

Confirm Receipt

By signing, you are only confirming that you have received this form. You do not have to accept this loan because you have signed or received this form.

Applicant Signature   Date   Co-Applicant Signature   Date

CLOSING DISCLOSURE   PAGE 5 OF 5 • LOAN ID # 123456789

DESGLOSE DE COSTOS DE CIERRE: ILUSTRACIÓN DE CASO

Condiciones de venta y costos de cierre
Prorrateos y cargos

La Divulgación de Cierre resume la liquidación financiera de una transacción. En el momento del cierre, el agente de cierre también suele proporcionar un estado de cuenta al comprador y/o al vendedor en el que se detallan los recibos y desembolsos de las cuentas de depósito en garantía pertinentes a las que el comprador y el vendedor han contribuido con fondos como parte de la transacción. En la ilustración siguiente se muestra cómo se calculan y asignan algunos de estos componentes de costo en una transacción de ejemplo.

Condiciones de venta y costos de cierre

Lawrence y Sandy Binder han aceptado una oferta por su casa ubicada en 928 Elm Street, Littleburg. Los compradores, Bill y Dillis Waite, ofrecieron 450,000 dólares, con un depósito de garantía de 70,000 dólares y los 380,000 dólares restantes del precio de compra que provendrían de un nuevo préstamo convencional de Scepter Mortgage Company. El préstamo es a 30 años con un interés del 5.5%, con un pago mensual de capital más intereses de $2,158. El prestamista cobra 1.5 puntos y un 1% tarifa de originación. El cierre está programado para ocurrir en Alta Title Company a las 4 p.m. el 10 de mayo del año actual (no bisiesto).

Los Binders tienen un acuerdo para pagar una comisión de corredor del 6% a Littleburg Realty. El saldo impago de su préstamo hipotecario al 1 de mayo será de $184,000. Sus pagos mensuales de intereses son de $613.00. La tasa de interés anual es del 4%. Los impuestos del condado del año anterior, que ascienden a $2,572, han sido pagados por el vendedor a mes vencido. Se supone que los impuestos del año en curso, aún no facturados ni pagados, son los mismos que los del año anterior. Las partes acuerdan prorratear utilizando el método de 365 días, y que el día de cierre pertenece al vendedor. A continuación se resumen los hechos y costos relevantes, y quién los paga de acuerdo con los términos del contrato de venta.

Condiciones de venta

Precio de venta:	$450,000
Depósito/pago inicial:	$70,000
Monto del préstamo:	$380,000

Costos pagados por el vendedor

Comisiones:	6% del precio de venta (.06)
Impuestos sobre bienes inmuebles:	$2,572, a prorratear
Seguro de título:	Cobertura de $900 para propietarios
Abogado del vendedor:	$1,500
Escritura de liberación de registro:	$25
Encuesta:	$550
Sellos de transferencia	

estado:	$162
condado:	$162
Pago del préstamo del vendedor:	$184,000 + 10 días de interés prorrateado de mayo @ $613/mes

Costos pagados por el comprador

Precio de venta:	$450,000 ($70,000 de garantía ya depositados por el comprador)
Tasa de tasación:	$400 ya pagados por el comprador
Informe de crédito:	$50 ya pagados por el comprador
Cuota de cierre:	$350
Tasas de inscripción:	$55
Seguro de título:	$250 para la cobertura del prestamista
Abogado del comprador:	$1200
Inspección de plagas:	$100
Préstamo del comprador:	$380,000; 380,000 dólares; Fijo a 30 años @ 5.5% (.055) Puntos: 1.5% del monto del préstamo (.015) origination fee: 1.0% of loan amount (.01)
Seguro contra riesgos:	$2,400/ año
Impuestos sobre bienes inmuebles:	$2,572.00, a prorratear
Depósito en garantía de impuestos y seguros:	8 meses de impuestos, 4 meses de seguro
Intereses pagados por adelantado:	desde el día después del cierre hasta fin de mes

Prorrateo y cargos

De acuerdo con el contrato de compraventa resumido, el único costo a prorratear y compartir entre vendedor y comprador es el impuesto sobre bienes inmuebles. Otros costos que se deben calcular son la comisión del corredor, los intereses hipotecarios no pagados del vendedor, las tarifas y los puntos del préstamo del comprador, los depósitos en garantía de impuestos y seguros del comprador y los intereses hipotecarios prepagados del comprador.

Comisión. La comisión pagada por el vendedor es:

$$\$450,000 \times 6\% \quad = \quad \$27,000.00$$

Al cierre, esta cantidad se cargará o debitará al vendedor.

Real estate Impuestos sobre bienes inmuebles. Usando el método de 365 días, el monto diario es $2,572 ÷ 365, o $7.05 (redondeado). El número total de días es el número de días de enero, febrero, marzo y abril, más 10 días de mayo, o (31+28+31+30+10), o 130 días. Al cierre, la parte del vendedor de $916.50 se carga al vendedor y al comprador se le acredita la misma cantidad.

Monto total a pagar:		=	$	2,572.00
Cantidad diaria:	2,572 ÷ 365	=	$	7.05
Cuota del vendedor	7.051 x 130	=	$	916.50
Cuota del comprador:	2,572 – 916.50	=	$	1,655.50

Intereses hipotecarios impagos del vendedor. Dado que los intereses de la hipoteca se pagan atrasados, el vendedor le debe al prestamista los intereses aún no cobrados durante los diez días del mes de cierre. Por tanto, este importe se carga al vendedor.

| Cantidad diaria: | 613 ÷ 31 days | = | $ | 19.77 |
| Cargo del vendedor: | 19.77 x 10 days | = | $ | 197.70 |

Originación y puntos del préstamo del comprador. Los débitos del comprador por comisiones y puntos del préstamo son:

| Tarifa: | 380,000 x 1% | = | $ | 3,800 |
| Puntos: | 380,000 x 1.5% | = | $ | 5,700 |

El depósito en garantía del comprador. El prestamista exige que el comprador establezca una cuenta de depósito en garantía para cubrir ocho meses de impuestos inmobiliarios y cuatro meses de seguro contra riesgos. Los débitos a cargo del comprador son por tanto:

Impuestos:

Cantidad anual:		=	$	2,572.00
Cantidad mensual:	2,572 ÷ 12	=	$	214.33
Cantidad adeudada:	214.33 x 8 mo.	=	$	1,714.64

Seguro:

Cantidad anual:		=	$	2400.00
Cantidad mensual:	2400 ÷ 12	=	$	200.00
Cantidad adeudada:	200 x 4 mo.	=	$	800.00

Intereses prepagos. El prestamista exige que el comprador (prestatario) pague, por adelantado, el interés sobre el monto del préstamo desembolsado al cierre para cubrir los 21 días del mes de cierre que vendría en mora más adelante. Tenga en cuenta que el prestamista no le cobra al prestatario intereses por el día del cierre. El primer pago de la hipoteca del comprador, que cubrirá el mes de junio, no vencerá hasta el 1 de julio. A cargo del comprador:

Cantidad mensual:	380K x 5.5% ÷ 12	=	$	1741.67
Cantidad diaria:	1,741.67 ÷ 31	=	$	56.18
Interés total prepago	56.18 x 21 dios	=	$	1179.78

14 Cómputos relacionados con bienes raíces y cierre de transacciones

CÁLCULOS INMOBILIARIA BÁSICO

Comisiones de venta

- negociado entre el agente y el cliente; especificado en el contrato; dividido entre corredores y co-corredores y entre corredores y asociados

Cálculo de la ganancia en la venta

- precio original + costos/mejoras = costo total; precio de venta – costos de venta = cantidad realizada; Cantidad realizada – Costo total = ganancia en la venta

PASOS PRELIMINARES AL CIERRE

Contratación y custodia

- Contrato de compra totalmente ejecutado: contiene los términos y condiciones de la transacción; establece los deberes de cada una de las partes; exigible solo cuando se ejecuta en su totalidad
- Arras y otros fondos: depósito de buena fe del comprador; el corredor debe depositar en la cuenta de depósito en garantía del corredor, la compañía de títulos o el abogado dentro de los 3 días hábiles posteriores a la recepción; los fondos permanecen en cuenta hasta el cierre; Fondos adicionales que se depositarán y rastrearán

El período previo al cierre

- Solicitud y aprobación del préstamo: el comprador debe solicitar un préstamo para financiar la compra; puede obtener una aprobación previa; debería fijar la tasa de interés
- Contingencias: típicas incluyen financiamiento del comprador, inspecciones, divulgaciones, reparaciones, derecho del comprador a cancelar; contingencias sujetas a aprobación activa o pasiva
- tasación: el prestamista ordena confirmar el valor de la propiedad para respaldar el préstamo hipotecario; para confirmar el precio de venta adecuado
- Búsqueda de título y seguro: la búsqueda verifica la propiedad y encuentra nubes en el título; el vendedor es responsable de las correcciones; El prestamista y el comprador necesitan un seguro para problemas desconocidos en el futuro
- inspecciones: inspección de la propiedad para detectar problemas estructurales y de sistema; Inspección de plagas para WDO
- Reparaciones: a menos que se trate de un contrato "tal cual", las reparaciones de la propiedad deben ser de contingencia
- Encuesta: requerida por el prestamista y la compañía de títulos; confirma los límites y las invasiones
- Seguro contra riesgos: pólizas separadas de riesgos e inundaciones; Ambos pueden ser requeridos por el prestamista

Preparativos finales

- Recorrido final: antes de cerrar para asegurar que se realicen las reparaciones, se desocupe la propiedad, se eliminen las contingencias
- Documentos de cierre: El comprador y el vendedor deben revisar los documentos de cierre antes del cierre
- Fondos adicionales del comprador: Es posible que se requieran pagos adicionales tanto para el comprador como para el vendedor; Incluido en la declaración final
- Transferencia de dinero en garantía: el corredor es responsable de los fondos que pertenecen a terceros; La transferencia ocurre después de que el prestamista aprueba el cierre

EL EVENTO DE CIERRE

La ambientación
- El contrato de venta establece la fecha, el lugar y quién participa

El proceso de cierre
- verificar el cumplimiento del contrato; contraprestación y título; pagar gastos; firmar los documentos finales; organizar el registro de la transacción

Transferencia de titulo
- El vendedor da evidencia de comerciabilidad: resumen de título o compromiso de seguro de título; también puede necesitar una declaración jurada que indique que no se incurrió en nuevos gravámenes; El vendedor debe eliminar los gravámenes antes de la fecha especificada; Si el vendedor está pagando el gravamen hipotecario, el prestamista proporciona una declaración de liquidación

Transferencia de fondos de compra
- El comprador presenta los fondos y documentos necesarios para completar la transacción

Procedimientos de depósito en garantía
- Si se cierra "en custodia", el agente de custodia retiene y desembolsa los fondos y libera los documentos cuando se han cumplido las condiciones de custodia

Requisitos de cierre del prestamista
- Comunes: encuesta, inspecciones, seguro de riesgo, seguro de título, certificado de ocupación, reservas para impuestos y seguros, seguro hipotecario privado

Rol del corredor
- El papel del corredor va desde cero hasta la realización de los procedimientos y la presentación de informes de la transacción

RESPA
- Para propiedades residenciales, primera o segunda hipoteca, hipoteca relacionada con el gobierno federal, asunción que modifica los términos del préstamo, prestamista que cobra más de $50 por asunción

TRID
- La Regla de Divulgación Integrada de TILA/RESPA requiere el uso de los formularios de Estimación de Préstamos y Divulgación de Cierre

Folleto informativo
- El prestamista debe proporcionar al prestatario el folleto de la CFPB, "Su kit de herramientas para préstamos hipotecarios"

Estimación del préstamo
- El prestamista debe proporcionar la estimación del préstamo H-24 de la CFPB de los costos de liquidación

Revelación de servicio hipotecario
- El prestamista debe revelar quién administrará el préstamo

Divulgación de cierre
- El prestamista debe usar la divulgación de cierre H-25 de la CFPB

Divulgaciones después de asentamiento
- Los administradores de préstamos deben proporcionar estados de cuenta anuales de depósito en garantía a los prestatarios

Límites en el depósito de cuentas en garantía
- Coloca un tope a los montos que los prestamistas pueden obligar a los prestatarios a colocar en custodia

Tarifas de referencia y sobornos
- RESPA prohíbe el pago de tarifas de referencia y sobornos; Las relaciones comerciales entre las empresas involucradas en la transacción deben ser reveladas

LIQUIDACIÓN FINANCIERA DE LA TRANSACCIÓN

Proceso de liquidación
- identificar los costos de cierre; determinar quién paga qué; hacer prorrateos; asignar débitos y créditos; declaración final completa; desembolsar fondos

Condiciones de venta y costos de cierre	• precio, depósitos, pago inicial, financiamiento, gastos finales a pagar al cierre; prorrateo de los gastos determinados por contrato de compraventa o costumbre
Débitos y créditos	• El exceso de débitos del comprador sobre los créditos es la cantidad que el comprador debe presentar al cierre; El exceso de créditos del vendedor sobre los débitos es el monto que el vendedor debe recibir
Gastos prorrateados	• Partidas no prorrateadas: incurridas por una sola de las partes; no compartido
	• Artículos prorrateados: incurridos por el comprador o el vendedor por adelantado o atrasados; compartido por el comprador y el vendedor; Típicos: impuestos inmobiliarios, primas de seguros, intereses hipotecarios, alquileres
Cálculo de prorrateos	• El contrato de venta o la costumbre local establecen los métodos de prorrateo que se utilizarán para artículos particulares
	• Método de 12 meses/30 días: determina la cantidad diaria promedio basada en el año de 12 meses y el mes de 30 días
	• Método de 365 días: determina un importe utilizando el número real de días naturales

IMPUESTOS ESTATALES SOBRE TRANSFERENCIAS

Sello documental del Estado impuesto sobre escrituras	• basado en el porcentaje del precio de venta de la propiedad; Por lo general, lo paga el vendedor, pero es negociable
	• tasa actual de 70 centavos por cada $100 de precio de venta en toda la Florida, excepto Miami-Dade, donde es 60 centavos por cada $100 de precio de venta en viviendas unifamiliares y un recargo de 45 centavos por cada $100 de precio de venta en otras viviendas residenciales
	• Las exenciones incluyen regalos, un cónyuge al otro, un ex cónyuge al otro, herencia, escritura de partición, gobierno de los EE. UU. o entre agencias gubernamentales, dominio eminente, sin fines de lucro a agencia estatal
Impuesto estatal intangibles sobre las hipotecas	• basado en el monto del préstamo; $2 por cada $1,000 del monto del préstamo; vencimiento al cierre
Sello documental del Estado impuesto sobre notas	• basado en los montos de hipotecas y gravámenes; 35 centavos por cada $100 del total del pagaré con vencimiento al cierre

OTROS CARGOS

Preparación de documentos	• La persona que tiene que firmar generalmente paga por la preparación
Grabación	• La parte que quiere grabar generalmente paga por grabar
Comisión del corredor	• la persona que emplea generalmente paga una comisión; Establecido en contrato
Seguro de título	• Honorarios y cargos negociables en cuanto a quién paga

REGLAS GENERALES

Créditos y débitos del vendedor	• Créditos de vendedor habituales: artículos prepagados, precio de compra
	• Débitos habituales del vendedor: impuesto a la propiedad (prorrateado), impuesto en la escritura, póliza de título del propietario, preparación de escrituras, abogado

del vendedor, comisión del corredor (si se contrata), pago del préstamo, alquiler prepagado (prorrateado), depósitos de seguridad

Créditos y débitos del comprador

- Créditos habituales para compradores: Impuesto a la propiedad (prorrateado), depósito de garantía, alquiler prepagado (prorrateado), depósitos de seguridad, fondos de préstamos
- Débitos habituales del comprador: precio de compra, impuesto en la nota, póliza de título de prestamistas, impuesto intangible en hipotecas, preparación de hipotecas y pagarés, abogado del comprador, registro de escrituras, registro de hipotecas

DIVULGACIÓN DE CIERRE

Formularios y trámites

- obligatorio: Su folleto de herramientas para préstamos hipotecarios en el momento de la solicitud de préstamo; Formulario de estimación del préstamo 3 días hábiles después de la solicitud del préstamo; Divulgación de cierre 3 días hábiles antes de la consumación

Buena fe

- El prestamista debe garantizar la buena fe: Estimación de los costos del préstamo basada en la mejor información disponible; Los costos de divulgación de cierre deben ser iguales a los costos estimados dentro de ciertas tolerancias

Tipos de cargos

- specific charges may exceed estimate; most cannot

Transacciones aplicables

- la mayoría de las hipotecas de consumo cerradas, incluidos los préstamos para la construcción, los préstamos garantizados por terreno vacante, los préstamos a fideicomisos
- No cubiertos: préstamos sobre el valor líquido de la vivienda, hipotecas inversas, préstamos para casas móviles, préstamos de pequeños prestamistas (no más de 5 préstamos por año)

El cierre de la H-25 Formulario de divulgación

- La forma varía según el tipo de préstamo; describe los plazos, los pagos, los costos

SECCIÓN DÉCIMO CUARTA: Cómputos Relacionados con Bienes Raíces y Cierre de Transacciones

Cuestionario de sección

1. El propósito del evento de cierre es

    a. Confirme que el comprador ha cumplido con todos los requisitos del contrato antes de la transferencia del título inmediatamente después del cierre.
    b. Asegúrese de que el vendedor tenga un título negociable antes de que se transfiera el dinero.
    c. Concluir el proceso de aprobación del préstamo.
    d. Cambiar el título legal por el precio de venta.

2. Los acuerdos de financiación de un comprador se concluyen en el momento del cierre, porque

    a. Los prestamistas no financian préstamos a menos que se transfiera el título.
    b. El prestamista quiere asegurarse de que la garantía del préstamo sea adecuada.
    c. El plazo del préstamo debe coincidir con la transferencia del título.
    d. La escritura se mantendrá como garantía del préstamo.

3. La Ley de Procedimientos de Liquidación de Bienes Raíces prescribe los procedimientos de cierre que deben seguirse siempre que

    a. Se trata de un primer, segundo o tercer gravamen hipotecario.
    b. el préstamo se venderá a la FNMA.
    c. El comprador paga todo el dinero en efectivo por la propiedad.
    d. La propiedad es un complejo residencial de más de cuatro unidades.

4. Un contrato de venta estipula que un comprador debe pagar los gastos del seguro de título del vendedor. Esta práctica no es habitual en la zona. En este caso,

    a. El comprador y el vendedor deben modificar el contrato antes del cierre.
    b. El contrato es anulable, ya que el vendedor debe pagar el gasto.
    c. El comprador puede pagar o no pagar el gasto, a su elección.
    d. El comprador debe pagar el gasto.

5. Un gasto prorrateado en el estado de liquidación es

    a. un débito al comprador y al vendedor
    b. Un crédito para el comprador y el vendedor
    c. un débito y crédito al comprador y al vendedor
    d. un débito a una parte y un crédito a la otra.

6. La cantidad que un comprador debe al cierre es igual a

    a. el exceso de los débitos del comprador sobre los créditos del comprador.
    b. el exceso de los créditos del comprador sobre los débitos del comprador.
    c. el exceso de los débitos del vendedor sobre los créditos del vendedor
    d. el exceso de los créditos del vendedor sobre los débitos del vendedor.

7. ¿Cuáles de los siguientes son ejemplos de artículos de cierre no prorrateados entre el comprador y el vendedor?

    a. Impuestos y alquileres
    b. Tasas de inspección
    c. Seguros de servicios públicos y riesgos
    d. Cuotas de condominio y pagos de cuotas especiales

8. ¿Cuáles de los siguientes conceptos se pagan a mes vencido?

    a. Impuestos y seguros
    b. Rentas e intereses
    c. Impuestos e intereses
    d. Alquileres y seguros

9. ¿Cuál de los siguientes conceptos se paga por adelantado?

    a. Impuestos y seguros
    b. Rentas e intereses
    c. Seguros e intereses
    d. Alquileres y seguros

10. Si un contrato de venta indica que el día de cierre es "el día del vendedor", esto significa que

    a. El vendedor debe pagar los gastos prorrateados, incluido el día del cierre.
    b. El vendedor no es dueño de la propiedad el día del cierre.
    c. El vendedor puede elegir el método de prorrateo el día del cierre.
    d. El vendedor debe pagar la parte de los gastos prorrateados del comprador en lugar de la parte del vendedor.

11. Suponga que un vendedor al cierre debe pagar impuestos de transferencia a una tasa de $1.00 por cada $500 de precio de compra, o fracción del mismo. Si el precio de venta es de $345,600, ¿cuántos impuestos debe pagar el vendedor?

    a. $69.12
    b. $70.00
    c. $691
    d. $692

12. Si un vendedor pagó $488 por impuestos de transferencia al cierre, y la tasa fue de $1.00 por cada $400 o fracción del precio de venta, ¿cuál fue el precio de venta?

    a. $195,500
    b. $1,950,000
    c. $195,200
    d. $1,952,000

13. Cuando un licenciatario recibe arras de un comprador, el licenciatario debe entregar el dinero a su corredor

    a. al final del siguiente día hábil.
    b. por cierre de la transacción.
    c. dentro de los 3 días hábiles posteriores a la recepción del dinero.
    d. dentro de los 3 días posteriores a la recepción del dinero.

14. ¿Quién debe realizar el recorrido final de la propiedad antes del cierre?

    a. El inspector de la propiedad
    b. El tasador de propiedades
    c. El vendedor de la propiedad
    d. El comprador de la propiedad

15. La tasa del impuesto de timbre documental de Florida para escrituras en el condado de Pinellas es

    a. 60 centavos por dólar.
    b. 70 centavos por cada $100 del precio de venta.
    c. 60 centavos por cada $1,000 del precio de venta.
    d. 45 centavos por cada $100 del precio de venta.

16. El impuesto intangible de Florida sobre un préstamo hipotecario de $200,000 sería

    a. $70.
    b. $900.
    c. $400.
    d. $4,000

15 Análisis y Mercados Inmobiliarios

Características físicas de los bienes inmuebles
Características económicas de los bienes inmuebles

Objetivos de aprendizaje

- Describir las características físicas de los bienes inmuebles
- Describir las características económicas de los bienes inmuebles
- Identificar los factores que influyen en la demanda
- Identificar los factores que influyen en el suministro
- Distinguir entre diferentes formas de interpretar las condiciones del mercado
- Demostrar comprensión de los diferentes indicadores del mercado

Términos clave

mercado de compradores
demanda
casa familiar
mercado de vendedores
situs
suministro
tasa de vacantes

CARACTERÍSTICAS FÍSICAS DE LOS BIENES INMUEBLES

Conceptos jurídicos de terrenos y bienes raíces
Características físicas únicas de la tierra

Conceptos jurídicos de terrenos y bienes raíces

Tierra. Como se discutió en una sección anterior, el concepto jurídico de la tierra abarca

> ‣ la superficie de la tierra
>
> ‣ todo lo que está debajo de la superficie de la tierra se extiende hacia abajo hasta su centro
>
> ‣ todas las *cosas naturales* permanentemente adheridas a la tierra
>
> ‣ el aire sobre la superficie de la tierra que se extiende hacia afuera hasta el infinito.

La tierra, por lo tanto, incluye los minerales debajo de la superficie de la tierra, el agua sobre o debajo de la superficie de la tierra y el aire sobre la superficie. Además, la tierra incluye todas las plantas adheridas al suelo o en el suelo, como los árboles y el césped.

Bien inmueble. El concepto de bienes raíces, además de la tierra, abarca *estructuras hechas por el hombre,* conocidas como mejoras, que están "permanentemente" unidas a la tierra. "Permanentemente unido", como se mencionó anteriormente, es una cuestión de intención; Si una persona construye una casa con la intención de crear una vivienda permanente, la casa se considera un bien inmueble. Si un campista fija una tienda de campaña al terreno con la intención de trasladarla a otro campamento en una semana, la tienda no se considera un bien inmueble.

Características físicas únicas de la tierra. Las características físicas únicas de la tierra, también mencionadas anteriormente, son: *inmovilidad, indestructibilidad y heterogeneidad.*

Inmovilidad y ubicación. La tierra es inmóvil, ya que una parcela de tierra no se puede mover de un sitio a otro. En otras palabras, la ubicación geográfica de una extensión de tierra es fija y no se puede cambiar. Se pueden transportar porciones de la tierra, como carbón extraído, tierra o plantas cortadas. Sin embargo, tan pronto como dichos elementos se separan de la tierra, ya no se consideran tierra.

Como se demostrará en la próxima sección de tasación, la economía de la tierra refleja los efectos de la inmovilidad y la ubicación de las siguientes maneras:

▸ La valoración de la tierra y los bienes raíces está fuertemente influenciada por las condiciones y los cambios en el área circundante

▸ El mayor y mejor uso, un concepto de valoración, está determinado fundamentalmente por el valor de ubicación y ambiental de un sitio para diferentes usuarios potenciales que pretenden diferentes usos

El uso y el usuario que producen el mayor valor para el sitio constituyen el mayor y mejor uso. Una disminución en este valor, en relación con otros usos, a menudo conduce a un cambio en el uso más alto y mejor y un cambio en el uso real de la tierra para el sitio.

Indestructibilidad. La tierra es indestructible en el sentido de que uno tendría que remover un segmento del planeta hasta el núcleo para destruirlo. Incluso entonces, la porción que se extiende hacia arriba hasta el infinito permanecería. Por la misma razón, la tierra se considera permanente.

La indestructibilidad de la tierra se refleja en la inversión inmobiliaria, la contabilidad fiscal y los seguros, en que

▸ Los inversores inmobiliarios tienden a considerar los bienes raíces como una inversión a largo plazo, lo que significa que mantienen sus inversiones durante mucho tiempo

- La tierra no se deprecia (mientras que las mejoras sí)
- Las mejoras, pero no los terrenos, están cubiertos por el seguro de propiedad

Heterogeneidad. La tierra no es homogénea, ya que no hay dos parcelas de tierra exactamente iguales. Es cierto que dos parcelas adyacentes pueden ser muy similares y tener el mismo valor económico. Sin embargo, son inherentemente diferentes porque cada parcela tiene una ubicación única.

CARACTERÍSTICAS ECONÓMICAS DE LOS BIENES INMUEBLES

El inmueble como producto económico
Relación entre suministro, demanda y precio
Factores de suministro
Factores de demanda
Influencia del mercado en el suministro y la demanda
Interpretación de los indicadores del mercado

El sector inmobiliario como producto económico

Como mercancía económica, los bienes raíces se compran, venden, intercambian y arriendan como un producto dentro de un mercado inmobiliario. Al igual que otros productos y servicios, los bienes raíces son:

- sujeto a las leyes de suministro y la demanda
- gobernado en el mercado por el mecanismo de precios
- influenciados por los costos del productor para llevar el producto al mercado
- influenciados por los determinantes del valor: utilidad, escasez, deseo y poder adquisitivo

Características distintivas. En comparación con otros productos y servicios económicos, los bienes raíces tienen ciertos rasgos únicos. Entre ellas se encuentran:

- **Valor inherente del producto**

  La tierra es un recurso escaso, así como un factor de producción necesario. Al igual que el oro y la plata, tiene tanto un valor inherente como un valor de utilidad.

- **Atractivo exclusivo del producto**

  Dado que no hay dos parcelas de bienes raíces iguales (cada una tiene una ubicación diferente), cada parcela de bienes raíces tiene su propio apelación. Del mismo modo, no hay dos parcelas de bienes raíces que puedan tener exactamente el mismo valor, salvo por coincidencia.

> **La demanda debe llegar al suministro**

Dado que los bienes inmuebles no se pueden mover, los inversores y usuarios de bienes inmuebles deben llegar al suministro.. Esto crea un riesgo, porque si la demanda cae, el suministro no puede ser transportado a un mercado de mayor demanda.

> **ilíquido**

Los bienes raíces son un producto económico relativamente ilíquido, lo que significa que no siempre se pueden vender fácilmente por dinero en efectivo. Dado que se trata de una inversión grande y a largo plazo que no tiene un duplicado exacto, los compradores deben pasar por un proceso complejo para evaluar y comprar la parcela correcta de bienes raíces.

> **Tarda en responder a los cambios**

El sector inmobiliario es relativamente lento a la hora de responder a los desequilibrios del mercado. Debido a que la nueva construcción es un proceso a gran escala que requiere mucho tiempo, el mercado tarda en responder a los aumentos de la demanda. El mercado también tarda en responder a los fuertes descensos de la demanda, ya que el producto no puede trasladarse y venderse en otro lugar. En cambio, los propietarios deben esperar a que pasen los períodos lentos y simplemente esperar lo mejor.

> **Mercado local descentralizado**

Un bien inmueble no puede ser enviado a un mercado inmobiliario grande y central. Por lo tanto, los mercados inmobiliarios son de naturaleza local y muy susceptibles a las oscilaciones de la economía local.

Relación entre oferta, demanda, y precio

En una economía de mercado, las principales interacciones entre la oferta, la demanda y el precio son:

> Si la oferta aumenta en relación con la demanda, el precio disminuye
> Si la oferta disminuye en relación con la demanda, el precio aumenta
> Si la demanda aumenta en relación con la oferta, el precio aumenta
> Si la demanda disminuye en relación con la oferta, el precio disminuye

Estas relaciones reflejan el simple sentido común: si un producto valioso se vuelve cada vez más escaso, su valor y precio aumentan a medida que los consumidores compiten por la oferta limitada. Si hay una sobreabundancia de un producto, el precio cae, ya que la demanda se satisface en gran medida. Por otro lado, si la demanda de un producto o servicio aumenta en

En relación con la oferta, los precios subirán a medida que los consumidores compitan por el artículo popular. Si la demanda disminuye, el precio baja con ella.

También se aplica lo inverso de estos principios. Al seguir una tendencia de precios, se pueden sacar conclusiones sobre las tendencias de la oferta y la demanda:

> Si el precio disminuye, la demanda está disminuyendo en relación con la oferta
> Si el precio aumenta, la demanda aumenta en relación con la oferta

Para evaluar los movimientos de precios, la oferta y la demanda de un producto o servicio siempre deben considerarse juntas. Siempre es posible que la demanda y la oferta suban y bajen juntas al mismo ritmo, sin que se produzca ningún cambio detectable en los precios.

Por ejemplo, si la demanda de bicicletas aumenta un millón de unidades y los fabricantes producen fácilmente la nueva oferta necesaria, es posible que no haya un aumento en el precio. El precio puede incluso bajar a medida que los fabricantes obtengan mejores precios en las mayores cantidades de materias primas que utilizan ahora.

Factores de oferta

Suministro . En el sector inmobiliario, la oferta es la *Cantidad de propiedad disponible* para la venta o arrendamiento en cualquier momento. Tenga en cuenta que la oferta generalmente no es el número de propiedades disponibles, excepto en el caso de bienes raíces residenciales. Las unidades de oferta utilizadas para cuantificar la cantidad de propiedad disponible difieren para las diferentes categorías de propiedad. Estas unidades de suministro, por tipo de propiedad, son:

> Residencial: Unidades de vivienda
> Comercial e Industrial: Pies cuadrados
> Agrícola: superficie en acres

Factores que influyen en la oferta. Además de las influencias de la demanda y los determinantes subyacentes del valor, la oferta inmobiliaria responde a

> costos de desarrollo, en particular la mano de obra
> disponibilidad de financiamiento
> rendimientos de la inversión
> el plan maestro de una comunidad
> poderes y regulación policíales gubernamental

Factores de demanda

Demanda. Demanda inmobiliaria es la cantidad de propiedades que los compradores e inquilinos desean adquirir mediante compra, arrendamiento o intercambio en un momento dado. Unidades de demanda, por clasificación de la propiedad, son:

▸ Residencial: Hogares
▸ Comercial e Industrial: Pies cuadrados
▸ Agrícola: superficie en acres

La unidad de demanda residencial es el hogar, que es un individuo o familia que ocuparía una unidad de vivienda. La demanda residencial se puede desglosar en demanda de arrendamiento frente a compra, y demanda de viviendas unifamiliares frente a apartamentos.

La demanda residencial puede ser muy difícil de cuantificar. Una medida es el número de compradores que emplean agentes para localizar propiedades. Otra medida es el cambio neto de la población en un área, más las familias que intentaron mudarse pero no pudieron.

La unidad de demanda de bienes raíces comerciales (minoristas y oficinas) e industriales es el pie cuadrado, desglosado en demanda de espacio arrendado versus espacio comprado. En la mayoría de los casos, el área demandada se refiere al área mejorada en lugar del área total del lote.

La demanda de inmuebles industriales y de oficinas se calcula identificando el crecimiento o la contracción del empleo en un mercado, y luego multiplicando el cambio de empleo por el área promedio de espacio que usa un empleado típico. Por ejemplo, considere un mercado inmobiliario de oficinas en el que el empleo en la comunidad aumenta en 500 empleados. Si cada empleado usa un promedio de 120 pies cuadrados, el aumento de la demanda de espacio es de 60,000 pies cuadrados.

Factores que afectan a la demanda. La demanda de determinados tipos de bienes inmuebles se relaciona con las preocupaciones específicas de los usuarios. Estas preocupaciones giran en torno a los componentes del valor: el deseo, la utilidad, la escasez y el poder adquisitivo.

Los usuarios residenciales se preocupan por:

▸ empleo
▸ calidad de vida
▸ calidad del vecindario
▸ comodidad y acceso a servicios y otras instalaciones
▸ servicios de la vivienda en relación con el tamaño del hogar, el estilo de vida y los costos

Los usuarios minoristas están preocupados por:

- población e ingresos suficientes de la zona comercial
- el nivel de competencia de la zona comercial
- volumen de ventas por pie cuadrado de área alquilada
- patrones de gasto de los consumidores
- patrones de crecimiento en la zona comercial

Los usuarios de oficina se preocupan por:

- gastos de ocupación para el negocio
- eficiencia del edificio para acomodar las funciones de la empresa
- accesibilidad por parte de empleados y proveedores
- adaptar la calidad del edificio a la imagen y función de la empresa

Los usuarios industriales se preocupan por:

- funcionalidad
- la disponibilidad y proximidad de la mano de obra
- cumplimiento de la normativa medioambiental
- zonificación permisible
- alud y seguridad de los trabajadores
- acceso a proveedores y canales de distribución

Base de empleo y empleo total. El motor que impulsa la demanda de bienes raíces de todo tipo en un mercado es el empleo: *la base de empleo* y *el empleo total*.

Base de la Demanda Inmobiliaria

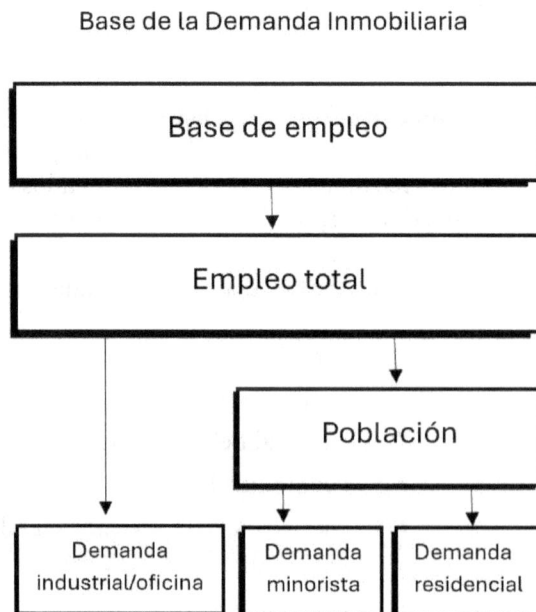

Base de empleo es el número de personas empleadas en las empresas que representan la base económica de la zona. Por ejemplo, la industria automotriz ha sido tradicionalmente el principal base empleador del área metropolitana de Detroit.

Las industrias de base conducen al surgimiento de industrias secundarias y de apoyo en el mercado. Si la industria automotriz es la base, los fabricantes de autopartes y las industrias de ensamblaje se desarrollarán para apoyar a las plantas de fabricación de automóviles. Además, las empresas de servicios surgen para apoyar las numerosas necesidades de la población local que se dedica al empleo primario y secundario.

Por lo tanto, el empleo base alimenta el empleo total. El empleo total en un mercado incluye las industrias básicas, secundarias y de apoyo. El empleo total crea una demanda de mano de obra. Del empleo total se deriva la demanda de espacio industrial y de oficinas, por un lado; Por otro lado, a medida que crece el empleo, también crece la población, lo que lleva a la demanda de vivienda y de apoyo al comercio minorista. Además de crear demanda de bienes inmuebles, el empleo crea el poder adquisitivo necesario para que los hogares adquieran viviendas y productos comerciales.

Sin empleo, el mercado inmobiliario se evapora, ya que no hay demanda de instalaciones comerciales o industriales, ni de servicios comerciales o de vivienda. El mejor ejemplo de este fenómeno es una ciudad en auge de la fiebre del oro: tan pronto como se acaba el oro, no hay más minería. Sin empleo minero, todo el mundo se muda y el pueblo se convierte en un pueblo fantasma.

Influencias del mercado en Oferta y demanda

Numerosos factores de un mercado influyen en el ciclo inmobiliario para acelerar o ralentizar. Estas influencias pueden ser locales o nacionales, y del sector económico público o privado.

Influencias del mercado local. Dado que el mercado inmobiliario es local por definición, los factores locales pesan mucho en las condiciones del mercado inmobiliario local. Entre estos se encuentran:

- ▸ costo de financiación
- ▸ disponibilidad de terreno urbanizable
- ▸ costos de construcción
- ▸ capacidad de la infraestructura del municipio para manejar el crecimiento
- ▸ regulación gubernamental y poder policial
- ▸ cambios en la base económica
- ▸ entradas y salidas de los empleadores principales

Tendencias nacionales. Las fuerzas económicas regionales y nacionales influyen en el mercado inmobiliario local en forma de:

- ▸ cambios en la oferta monetaria
- ▸ inflación

> ciclos económicos nacionales

En los últimos años, las tendencias económicas internacionales han influido cada vez más en los mercados inmobiliarios locales, particularmente en los estados fronterizos, las grandes áreas metropolitanas y en los mercados donde la base económica está ligada al comercio exterior. En estos casos, las fluctuaciones monetarias tienen un impacto significativo en la economía local.

Influencias gubernamentales. Los gobiernos de todos los niveles ejercen una influencia significativa sobre los mercados inmobiliarios locales. Las principales formas de influencia del gobierno son:

> poder de zonificación local
> control local y permisos de nuevos desarrollos
> poder fiscal local
> influencia federal en las tasas de interés
> legislación y normativa medioambiental

Un buen ejemplo de la influencia del gobierno sobre el mercado inmobiliario local es el poder del gobierno de la ciudad para declarar una moratoria sobre las nuevas construcciones, independientemente de la demanda. Dichos paros declarados oficialmente pueden ocurrir debido a la escasez de agua o energía, insuficiencia de vías o incompatibilidad con el plan maestro.

Interpretación de indicadores del mercado

La oferta y la demanda de bienes raíces, al igual que la oferta y la demanda de otros productos económicos, interactúan en el mercado para producir *Movimientos de precios*.

Anexo 15.2
Ciclo de Oferta y Demanda de Bienes Raíces

Falta de Oferta
Precios Altos
Baja Desocupación

Construcción Arriba

Aumento de las Vacantes
Caída de los Precios

Oferta - Demanda Equilibrio

Aumento de las vacantes
caída de los precios

Sobreoferta
Precios Bajos
Alta Vacancia

Construcción Caída

Disminución de las Vacantes
Aumento de los Precios

Oferta - Demanda Equilibrio

Disminución de las Vacantes
Aumento de los Precios

Como ilustra la exposición, los precios, la construcción y las vacantes suben y bajan en el ciclo. La construcción representa la adición de nueva oferta. **Vacante** es la cantidad total de inventario de bienes inmuebles de un tipo determinado que está desocupado en un momento dado. **Absorción** es la cantidad de propiedad disponible que se ocupa durante un período de tiempo.

Tomando como punto de partida el punto de partida del ciclo, la desocupación es baja y los precios son altos. Esta situación estimula a los proveedores a construir viviendas o espacios comerciales adicionales. Las nuevas construcciones, al agregar oferta, hacen que la desocupación aumente y los precios bajen hasta que se produzca el equilibrio entre la oferta y la demanda. A medida que se agrega más espacio nuevo, la oferta comienza a superar la demanda, la desocupación continúa aumentando y los precios continúan cayendo. En la parte inferior del ciclo, los precios y la desocupación están en niveles inaceptables, y la construcción se detiene. El mercado "muere" hasta que se puede absorber el exceso de oferta. El proceso de absorción continúa a través del punto de equilibrio hasta que el precio y las condiciones de desocupación son lo suficientemente atractivas como para fomentar la construcción renovada. Luego el ciclo se repite.

Por lo tanto, al considerar indicadores como las tasas de desocupación, el número de obras, los permisos de construcción, los factores de oferta y demanda, el volumen de ventas y los niveles de precios a lo largo del tiempo, se puede identificar dónde se encuentra un mercado en el ciclo de oferta y demanda y obtener una idea de lo que viene después: si los precios subirán o bajarán, lo que tiende a favorecer a los compradores (mercado de compradores) o a los vendedores (mercado de vendedores); Y al comparar los submercados dentro de un mercado, se pueden identificar tendencias en las preferencias de área: qué áreas locales son ahora o pronto probablemente serán las más buscadas, cuáles están cayendo en desgracia, etc.

CARACTERÍSTICAS FÍSICA DE BIENES RAÍCES

Conceptos jurídicos de Terrenos e inmuebles

- tierra: superficie, todas las cosas naturales adheridas a ella, subsuelo y aire por encima de la superficie; Aspectos únicos: inmóviles, indestructibles, heterogéneos
- bienes raíces: terreno más todas las estructuras hechas por el hombre unidas permanentemente, llamadas mejoras

Características física única de la tierra

- Inmovilidad y ubicación: la ubicación fija es un factor importante en el uso y la valoración
- indestructibilidad: considerada permanente, por lo tanto a largo plazo como inversión; no se deprecia
- Heterogeneidad: no hay dos parcelas iguales

CARACTERÍSTICAS ECONÓMICO DE BIENES RAÍCES

El sector inmobiliario como producto económico

- gobernado por la oferta, la demanda, el precio, los costos, los componentes de valor, la influencia del gobierno
- valor inherente; atractivo único; suministro de bienes inmuebles; ilíquido; respuesta lenta a los ciclos; mercado descentralizado

Relación entre oferta, demanda, precio

- si la oferta aumenta en relación con la demanda, el precio disminuye; Si la demanda aumenta en relación con la oferta, el precio aumenta

Factores de oferta

- Suministro: propiedad disponible para la venta o el arrendamiento; medido en unidades de vivienda, pies cuadrados, acres; influenciado por los costos, las finanzas, los rendimientos, la regulación gubernamental

Factores de demanda

- demanda: los compradores e inquilinos de propiedades desean adquirir; medido en hogares, pies cuadrados, acres; Influencias: Residencial: empleo, calidad, comodidades, conveniencia de precios; área de comercio minorista, ventas, competencia, acceso al sitio, visibilidad; patrones de crecimiento; eficiencia de la oficina, costos, funcionalidad; Industrial: funcionalidad, mano de obra, cumplimiento normativo, acceso a mano de obra, suministros, canales de distribución
- base de empleo, el empleo total, la población determinan la demanda global
- si el empleo y la población aumentan, la demanda y los precios aumentan; si disminuyen, ocurre lo contrario

Influencias del mercado En Oferta y demanda

- factores económicos locales; las tendencias económicas nacionales de la oferta monetaria y la inflación; Regulación gubernamental a todos los niveles

Interpretación de indicadores del mercado

- Los indicadores de oferta y demanda son precio, desocupación y absorción; la vacante es la oferta existente y desocupada; a absorción es el "llenado" de la vacante
- Ciclo de oferta-demanda inmobiliaria: la falta de oferta > la construcción acelerada añaden el equilibrio > la oferta > la construcción añade más oferta > el exceso de oferta > la construcción se detiene > equilibrio > la demanda absorbe la oferta

SECCIÓN QUINCE: Mercados Inmobiliarios y Análisis

Cuestionario de Sección

1. ¿Cuál de las siguientes es la mejor definición de bienes raíces?

   a. Terrenos y bienes muebles
   b. Tierras no mejoradas
   c. La tierra y todo lo que está permanentemente unido a ella
   d. Un interés de propiedad en la tierra y las mejoras

2. ¿Cuál de las siguientes opciones se incluye en el concepto jurídico de tierra?

   a. La superficie de la tierra y todas las cosas naturales permanentemente adheridas a la tierra
   b. Solo la superficie de la tierra que está delineada por límites
   c. La superficie de la tierra, excepto los lagos y arroyos.
   d. Todo lo que está por encima, por encima y por debajo de la superficie de la tierra

3. ¿Cuáles son las tres características físicas únicas de la tierra?

   a. Fijo, inmutable, homogéneo
   b. Inmóvil, indestructible, heterogéneo
   c. Tridimensional, construible, comercializable
   d. Natural, medible, inorgánico

4. La principal distinción entre los conceptos jurídicos de la tierra y de los bienes inmuebles es que

   a. Los bienes raíces incluyen el aire por encima de la superficie y los minerales por debajo de la superficie.
   b. Los bienes raíces son indestructibles.
   c. La tierra no tiene límites definidos.
   d. La tierra no incluye estructuras hechas por el hombre.

5. El precio se describe mejor como

   a. Lo que cobran los proveedores por los bienes y servicios.
   b. La cantidad de dinero que los consumidores están dispuestos a pagar por un producto o servicio.
   c. La cantidad de dinero que un comprador y un vendedor acuerdan intercambiar para completar una transacción.
   d. Un control impuesto a los precios por el gobierno federal.

6. Los cuatro determinantes principales del valor que subyace al precio de un producto son:

   a. durabilidad, calidad, escasez y materiales.
   b. el deseo, la utilidad, la escasez y el poder adquisitivo.
   c. popularidad, utilidad, calidad y descuento.
   d. el deseo, los costos, la conveniencia y el tiempo.

7. Una ciudad tiene una población en rápido crecimiento, pero ya no hay lotes baldíos alrededor del lago para construir más casas. En este caso, es probable que el precio de las viviendas existentes en el lago

   a. se estabilizará, ya que la población debe estabilizarse.
   b. aumentará.
   c. disminuirá, ya que no se puede seguir construyendo.
   d. no mostrará ningún movimiento predecible.

8. Si hay una escasez significativa de viviendas en un mercado, la construcción tenderá a aumentar. Este es un ejemplo de

   a. la oferta supera a la demanda.
   b. Sobreprecio de los productos.
   c. el mecanismo de precios.
   d. el mercado tiende hacia el equilibrio.

9. Si los precios de alquiler de inmuebles comerciales están cayendo en un mercado, es probable que

   a. La demanda ha superado la oferta de espacio.
   b. El mercado está en equilibrio.
   c. El mercado está sobreabastecido.
   d. El empleo está aumentando.

10. ¿Cuál de las siguientes es una característica económica importante de los bienes raíces?

    a. La demanda debe llegar a la oferta.
    b. El sector inmobiliario es un producto de gran liquidez.
    c. El producto se adapta rápidamente a los cambios del mercado.
    d. El mercado está centralizado.

11. El principal factor que contribuye a la demanda comercial y residencial en un mercado es

    a. marketing.
    b. base de empleo.
    c. oferta existente de inmuebles.
    d. ingresos del hogar.

12. Un auge de la construcción en un mercado es un indicio de que los precios

    a. han ido en aumento.
    b. han ido disminuyendo.
    c. han estado en equilibrio.
    d. han excedido la oferta.

13. Un gobierno local podría estimular el mercado inmobiliario

    a. el aumento de los costes laborales y la reducción de la oferta monetaria.
    b. aumentar los impuestos y las tasas de interés.
    c. declarando una moratoria a la construcción.
    d. Ampliación del sistema de alcantarillado.

14. Dos preocupaciones importantes de los usuarios de propiedades comerciales son
    a. población del área comercial y patrones de gasto
    b. calidad de vida y amenidades de la vivienda.
    c. los costes de ocupación y la eficiencia del edificio.
    d. normativa ambiental y acceso por parte de los proveedores.

15. Dos preocupaciones importantes de los usuarios de propiedades de oficinas son

    a. Población y visibilidad de la zona comercial.
    b. conveniencia y maquillaje del vecindario.
    c. los costos de ocupación y la eficiencia del edificio.
    d. Normativa ambiental y zonificación.

16 Tasación de Bienes Raíces

Reglamento de Tasación
Conceptos de Valor
El enfoque de comparación de ventas
El enfoque de costos
El enfoque de capitalización de ingresos
Preparación de un análisis comparativo de mercado

Objetivos de aprendizaje

- Describir las regulaciones federales y estatales relacionadas con la tasación
- Identificar la relación fiduciaria de los tasadores
- Identificar las características económicas y físicas de los bienes inmuebles que afectan el valor de mercado
- Explicar qué son las Normas Uniformes de la Práctica Profesional de Tasación (USPAP) y cómo afectan el proceso de tasación de bienes inmuebles
- Distinguir entre los distintos tipos de valor
- Definir el valor de mercado y describir sus supuestos subyacentes
- Distinguir entre valor, precio y costo
- Describir las cuatro características del valor
- Distinguir entre los principios de valor
- Diferenciar entre los tres enfoques para estimar el valor de los bienes inmuebles
- Estimar el valor de la propiedad en cuestión utilizando el Enfoque de Ventas Comparables (CMA)
- Estimación del valor de la propiedad en cuestión mediante el Enfoque de Costos
- Estimar el valor de la propiedad en cuestión utilizando el Enfoque de Ingresos
- Conciliar tres enfoques para establecer la estimación del valor final
- Calcular el valor mediante el análisis del multiplicador bruto
- Explicar cómo preparar un Análisis Comparativo de Mercado (CMA), comparando y contrastando con el enfoque de comparación de ventas

Términos clave

evaluación o tasación

conjunto

modelos de valoración automatizados

análisis comparativo de mercado (CMA)

enfoque de depreciación de costos

curable

depreciación

vida económica

transacción relacionada con el gobierno federal

multiplicador de ingresos brutos (GIM)

multiplicador bruto de la renta (GRM)

mayor y mejor uso

enfoque de ingresos

incurable

valor de mercado

mejora excesiva

plottage (combinar parcelas)

principio de sustitución

progresión

conciliación

regresión

costo de reemplazo

costo de reproducción

enfoque de comparación de ventas situs

Propiedad del sujeto

Normas Uniformes para la Práctica Profesional de Tasación (USPAP) valoración

---

REGULACIÓN DE LA TASACIÓN

FIRREA
La Fundación de Tasación
USPAP
Tasadores con licencia y certificados por el estado
Servicio de tasación de inmuebles

FIRREA

En 1989, el Congreso aprobó la Ley de Reforma, Recuperación y Aplicación de las Instituciones Financieras (FIRREA) en respuesta a la crisis de ahorro y préstamo. Esta ley incluía disposiciones para regular la tasación.

El Título XI de FIRREA requiere que las personas competentes cuya conducta profesional esté debidamente supervisada realicen todas las tasaciones utilizadas en las transacciones relacionadas con el gobierno federal. Dichas tasaciones relacionadas con el gobierno federal deben ser realizadas únicamente por tasadores certificados por el estado. Un tasador certificado por el estado es aquel que ha aprobado los exámenes necesarios y los estándares de competencia establecidos por cada estado de conformidad con los estándares federales establecidos en FIRREA y USPAP (Estándares Uniformes de Práctica de Tasación Profesional). Los criterios para la certificación, como mínimo, deben seguir los establecidos por la Junta de Calificaciones de Tasadores de la Fundación de Tasación

Fundación de Tasación

La Fundación de Tasación y USPAP. En la década de 1980, un equipo de organizaciones de tasación profesional acordó un conjunto de normas de tasación, conocidas como las Normas Uniformes de Practicas de Tasación Profesional (USPAP), y en 1987 estableció La Fundación de Tasación (TAF) como una organización sin fines de lucro para administrar esos estándares y, en general, para promover la profesión de tasación.

TAF ofrece servicios de consultoría, desarrollo de citas, procedimientos de estándares de práctica, pautas de implementación y otros servicios relacionados con la evaluación. Para apoyar su misión, TAF estableció el

- Junta de Calificación de Tasadores (AQB)
- Junta de Normas de Tasación (ASB)
- Junta de Prácticas de Tasación (APB) (a partir del 1 de julio de 2010)
- Junta de Fideicomisarios (BOT)
- Subcomité de Evaluación

Junta de Calificaciones de Tasación. La Junta de Calificaciones de Tasadores (AQB, por sus siglas en inglés) es el brazo de educación y licencias de USPAP. Esta junta crea y mantiene el Examen Nacional de Evaluación, administra los cursos nacionales de USPAP y certifica a los instructores nacionales de USPAP.

Junta de Normas de Tasación. La Junta de Normas de Tasación (ASB, por sus siglas en inglés) es la fuente principal para el contenido y la sustancia de las normas USPAP. Establece las normas, emite opiniones consultivas y trabaja con la AQB para desarrollar cursos y certificar a los instructores.

Subcomisión de Evaluación. El ASC supervisa el TAF y las agencias estatales de concesión de licencias. También mantiene un registro de todos los tasadores certificados y autorizados por el estado que están calificados para realizar tasaciones de propiedades que son objeto de transacciones relacionadas con el gobierno federal.

USPAP

Normas USPAP. Las Normas Uniformes de la Práctica Profesional de la Tasación (USPAP) es un conjunto de normas, directrices y disposiciones para el sector de la tasación. Fue el resultado de la cooperación de nueve organizaciones nacionales de evaluación en 1985.

La disposición relativa a la "competencia" exige que los tasadores evalúen si tienen los conocimientos y la competencia necesaria para realizar una tarea específica. Si no, deben revelar este hecho.

La disposición de " desviación " permite a los tasadores realizar una tasación que no cumpla con todas las directrices del USPAP, siempre que hayan informado al cliente de las limitaciones de la tasación incompleta y si la tasación parcial no será engañosa.

Las "normas" se refieren a:

> ▸ Métodos de tasación reconocidos
> ▸ Definición de diligencia debida
> ▸ Cómo se informan los resultados de la evaluación
> ▸ Divulgaciones y suposiciones
> ▸ Revisión de tasación
> ▸ Análisis Inmobiliario
> ▸ Tasaciones masivas
> ▸ Avalúos de bienes personales
> ▸ Tasaciones de empresas
> ▸ Cumplimiento con la USPAP
> ▸ Cumplimiento con el Código de Ética Profesional y Normas de Práctica Profesional

La licencia y certificación de tasador de Florida requiere al menos 15 horas de educación previa a la licencia en USPAP y cursos adicionales posteriores a la licencia en USPAP.

Tasadores con licencia estatal y certificados

El estatuto de Florida exige que una persona no puede usar los títulos de "tasador de bienes raíces certificado", "tasador de bienes raíces con licencia" o "aprendiz de tasador de bienes raíces registrado", o cualquier palabra o título similar a estos, ni puede una persona emitir un informe de tasación a menos que la persona esté certificada, autorizada o registrada bajo los requisitos de F.S. 475.612. Sin embargo, alguien que no esté certificado, licenciado o registrado puede realizar el trabajo necesario para completar un informe de tasación si esa persona está supervisada, el trabajo aprobado y el informe firmado por un tasador certificado o con licencia. Solo el tasador certificado o con licencia puede recibir una compensación directa por proporcionar servicios de valoración para el informe.

Los tasadores certificados incluyen: *Tasador Residencial Certificados,* que emiten informes de tasación de propiedades residenciales que constan de una a cuatro unidades, y *Tasador General Certificados,* que emiten informes de tasación de cualquier tipo de inmueble.

Sin embargo, los corredores de bienes raíces con licencia de Florida, los asociados de ventas y los corredores asociados pueden proporcionar servicios de valoración a cambio de una compensación, siempre y cuando no se representen a sí mismos como tasadores certificados o con licencia o aprendices de tasadores registrados. Los licenciatarios de bienes raíces también pueden preparar análisis comparativos de mercado, opiniones de precios y opiniones sobre el valor de los bienes inmuebles, siempre y cuando no representen ninguno de estos como una tasación.

Requisitos para transacciones relacionadas con el gobierno federal. La ley bancaria federal define una transacción relacionada con el gobierno federal como "cualquier transacción financiera relacionada con bienes raíces en la que participe, contrate o regule una agencia reguladora de instituciones financieras federales o la Corporación Fiduciaria de Resolución, y que requiera los servicios de un tasador con licencia o certificado por el estado". La transacción financiera debe requerir los servicios de un tasador certificado para ser considerada una transacción relacionada con el gobierno federal. Esta definición se reitera en el estatuto de Florida.

La ley bancaria federal amplía la definición para incluir una transacción financiera relacionada con bienes raíces como "Cualquier transacción que implique:

(A) la venta, arrendamiento, compra, inversión o intercambio de bienes inmuebles, incluidos los intereses en bienes, o el financiamiento de los mismos;

(B) el refinanciamiento de bienes inmuebles o intereses en bienes inmuebles; y

(C) el uso de bienes inmuebles o intereses en bienes como garantía de un préstamo o inversión, incluidos los valores respaldados por hipotecas".

Se determinará una transacción relacionada con el gobierno federal, la transacción debe cumplir los siguientes requisitos:

- ▸ Cumplir con la definición de una transacción financiera relacionada con bienes raíces
- ▸ estar involucrado, contratado o regulado por cualquiera de las cinco agencias reguladoras de instituciones financieras federales: la Junta de Gobernadores del Sistema de la Reserva Federal, la Corporación Federal de Seguro de Depósitos, la Oficina del Contralor de la Moneda, la Oficina de Supervisión de Ahorro o la Administración Nacional de Cooperativas de Ahorro y Crédito
- ▸ Requerir los servicios de un tasador

De acuerdo con FIRREA, todas las transacciones financieras que involucran a Freddie Mac, Fannie Mae, FHA y VA requieren tasaciones certificadas.

Las licencias y certificaciones de tasadores de otros estados se reconocen en Florida de forma temporal si el tasador no residente está tasando la propiedad para una transacción relacionada con el gobierno federal.

Informes de tasación certificados. Una tasación certificada implica información que debe registrarse, fotografiarse, medirse, comprobada y verificarse para su exactitud. Esta información debe incluirse en un informe de tasación certificado como un documento legal que se mantendrá en los tribunales.

El estatuto de Florida define un informe de tasación como "cualquier comunicación, escrita u oral, de una tasación, revisión de tasación, servicio de consultoría de tasación, análisis, opinión o conclusión relacionada con la naturaleza, calidad, valor o utilidad de un interés específico en, o aspecto de, bienes inmuebles identificados, e incluye cualquier informe que comunique un análisis, opinión o conclusión de tasación de valor, independientemente del título". El informe se certifica cuando está firmado por el tasador autorizado que, al firmar el informe, está dando fe de que sus hechos y procedimientos son verdaderos y correctos.

Para ser reconocido en una transacción relacionada con el gobierno federal, un informe de tasación debe estar por escrito y cumplir con USPAP.

Servicio de tasación de bienes raíces

Parte I, Capítulo 475. Los corredores de bienes raíces, corredores asociados y asociados de ventas de Florida están autorizados y regulados por el Capítulo 475 de la Ley de Florida, Parte I. Dentro de este capítulo, los corredores y asociados de ventas se definen como individuos que realizan ciertos servicios para otras personas con la intención de ser compensados por esos servicios, y el asociado de ventas debe trabajar bajo un corredor. Los servicios enumerados en la definición son muchos, pero incluyen la venta, la compra, el alquiler, el intercambio y la tasación.

Como profesionales de bienes raíces con licencia, los corredores y asociados de ventas no están obligados a ser tasadores con licencia o certificados para realizar tasaciones. Sin embargo, no pueden tasar transacciones relacionadas con el gobierno federal ni representarse a sí mismos como tasadores certificados o con licencia. Tampoco pueden realizar tasaciones que requieran un tasador con licencia o certificado por el estado o aquellas tasaciones que puedan ser realizadas por un tasador en prácticas registrado. Al realizar una tasación, los licenciatarios de bienes raíces deben obtener una declaración escrita del cliente de que no se trata de ninguna transacción relacionada con el gobierno federal y que no se requiere un tasador certificado para la tasación.

Los informes de tasación deben cumplir con la USPAP. Para realizar tasaciones y preparar informes de tasación, los licenciatarios de bienes raíces deben estar familiarizados y cumplir con las normas de USPAP.

Las personas que solicitan el registro o la certificación como tasador deben firmar un compromiso para cumplir con USPAP. Al cumplir con las normas de práctica, los tasadores deben dejar de lado sus intereses personales y utilizar la imparcialidad, la objetividad y la independencia al realizar las tasaciones. Las prácticas éticas bajo las normas prohíben que los tasadores acepten o cobren una compensación basada en el valor de la propiedad. El incumplimiento de USPAP puede resultar en que el tasador o el licenciatario de bienes raíces se enfrente a medidas disciplinarias.

Análisis Comparativo de Mercado (CMA). Los licenciatarios inmobiliarios preparan habitualmente análisis comparativos de mercado en el curso de su práctica empresarial. Aunque los licenciatarios están obligados a cumplir con la USPAP cuando preparan tasaciones reales, están exentos de las normas cuando realizan análisis comparativos de mercado, siempre y cuando estos servicios no se denominen tasaciones.

Opinión de Precios del Broker (BPO). Los licenciatarios de bienes raíces también preparan rutinariamente opiniones de precios de corredores. Una vez más, si bien están obligados a cumplir con USPAP para los servicios de tasación, están exentos de las normas cuando realizan opiniones de precios de corredores u opiniones de valor inmobiliario, siempre y cuando estos servicios no se denominen tasaciones.

CONCEPTOS DE VALOR

Costo/precio/valor de mercado
Tipos de valor inmobiliario
Características fundamentales del valor
Principios de valoración

Coste/precio/ valor de mercado

¿Qué es un mercado? Un mercado es un lugar donde la oferta y la demanda se encuentran: los proveedores venden o intercambian sus bienes y servicios a los demandantes, que son consumidores y compradores. Es un *Ámbito de las transacciones* donde el mecanismo de precios está constantemente definiendo y cuantificando el valor producido por los elementos relativos de la oferta y la demanda.

Oferta y demanda. El objetivo de un sistema económico es producir y distribuir un *abastecimiento* de bienes y servicios para satisfacer los requisitos *demanda* de sus constituyentes. Por lo tanto, la actividad económica se centra en la producción, distribución y venta de bienes y servicios para satisfacer la demanda de los consumidores. Los consumidores demandan bienes y servicios; Los proveedores y vendedores producen y distribuyen los bienes y servicios a un precio negociado.

Costo, precio y valor. Para producir un bien o servicio, un proveedor incurre en **costos**, o aquellos gastos necesarios para generar y entregar el artículo al mercado. Los costos esenciales de producción son los costos de capital, materiales y suministros; trabajo; Administración; y gastos generales.

Los costos juegan un papel importante en la dinámica de la oferta, la demanda y el valor. Dado que un productor tiene recursos limitados, es imperativo maximizar la eficiencia del proceso de producción y minimizar sus costos. Además, dado que los consumidores pagarán el precio más bajo posible por bienes y servicios comparables, el productor debe ser competitivo en cuanto a precios para mantenerse en el negocio. Un competidor que puede producir un artículo de calidad similar por menos eventualmente expulsará del mercado artículos de mayor precio. En ese punto, los elementos de valor (deseo, utilidad, escasez y poder adquisitivo) no importan: si el consumidor quiere el artículo, debe cubrir los costos y la ganancia del productor.

Además de la oferta y la demanda, el otro componente crítico de un sistema económico es el mecanismo de precios, o simplemente, el precio. Un **precio** es la cantidad de dinero u otro activo que un comprador ha acordado pagar y un vendedor ha acordado aceptar para completar el intercambio de un bien o servicio. Es una cuantificación del valor de un artículo comercializado.

Precio en este contexto significa el precio final de negociación; No es el precio de venta preliminar del vendedor ni el precio de oferta inicial del comprador. Los precios de venta y venta son posiciones de precios en una negociación entre las partes antes del intercambio. El precio real de un artículo o servicio es el número final que acuerdan las partes.

Tipos de valor de bien inmueble

El propósito de una tasación influye en una estimación del valor de una parcela de bienes inmuebles. Esto se debe a que existen diferentes tipos de valor relacionados con diferentes propósitos de tasación. A continuación se enumeran algunas de las posibilidades.

Tipos de Valor Inmobiliario

mercado	catastral
reproducción	condenado
reemplazo	depreciado
empresa en	tasación
funcionamiento	alquiler
salvamento	arrendamiento
plottage	asegurado
(combinar	contable
parcelas)	liquidado

Valor de mercado. El valor de mercado es una estimación del precio al que se venderá una propiedad en un momento determinado. Este tipo de valor es el que generalmente se busca en las tasaciones y se utiliza en las estimaciones de valor de los corredores. Es una opinión del precio que un vendedor y un comprador dispuestos probablemente acordarían por una propiedad en un momento dado si:

▸ La transacción es una transacción en efectivo
▸ La propiedad está expuesta en el mercado abierto durante un período razonable
▸ El comprador y el vendedor tienen información completa sobre las condiciones del mercado y sobre los usos potenciales
▸ No hay presión anormal sobre ninguna de las partes para completar la transacción
▸ El comprador y el vendedor no están relacionados (es una transacción "en condiciones de plena competencia")
▸ El título es comercializable y transmitible por el vendedor
▸ El precio es una "consideración normal", es decir, no incluye influencias ocultas como acuerdos especiales de financiamiento, concesiones, términos, servicios, tarifas, créditos, costos u otros tipos de contraprestación.

Valor de reproducción. El valor de reproducción es el valor basado en el costo de construcción de un duplicado preciso de las mejoras de la propiedad en cuestión, asumiendo los costos actuales de construcción.

Valor de reemplazo. El valor de reemplazo es el valor basado en el costo de construir un equivalente funcional de las mejoras de la propiedad en cuestión, asumiendo los costos actuales de construcción.

Valor de la empresa en funcionamiento. El valor de una propiedad más el negocio operativo ubicado en ella, según lo determinado por una tasación comercial.

Valor de salvamento. El valor de salvamento se refiere al valor nominal de una propiedad que ha llegado al final de su vida económica. El valor de salvamento también es una estimación del precio al que se venderá una estructura si se desmonta y se mueve.

Valor de plottage (combinar parcelas). Valor de plottage es una estimación del valor que el proceso de ensamblaje agrega a los valores combinados de las propiedades ensambladas.

Valor catastral. Valor catastral es el valor de una propiedad estimado por una autoridad fiscal como base para la tributación ad valorem.

Valor condenado. El valor condenado es el valor establecido por una autoridad de condado o municipal para una propiedad que puede ser expropiada.

Valor depreciado. El valor depreciado es un valor que se establece restando la depreciación acumulada del precio de compra de una propiedad.

Valor de tasación. El valor de tasación es la opinión de un tasador sobre el valor de una propiedad.

Valor del alquiler. El valor del alquiler es una estimación de la tarifa de alquiler que una propiedad puede exigir durante un período de tiempo específico.

Valor de arrendamiento. El valor de arrendamiento es una estimación del valor de mercado de la participación de un arrendatario en una propiedad.

Valor asegurado. El valor asegurado es la cantidad nominal que pagará una póliza de seguro contra accidentes o riesgos en caso de que una propiedad quede inutilizable.

Valor contable. El valor contable es el valor de la propiedad tal como se lleva en las cuentas del propietario. El valor es generalmente igual al precio de adquisición más las mejoras de capital menos la depreciación acumulada.

Valor liquidado. El valor de la propiedad cuando se convierte en efectivo.

Características fundamental de valor

Características de valor. El precio no es algo de valor en sí mismo. Es sólo un número que *Cuantifica el valor*. La cuestión económica que subyace a la interacción de la oferta y la demanda es: ¿cómo llegan las partes comerciales al valor de un bien o servicio según lo indicado por el precio?

Considere la demanda de los consumidores de aires acondicionados. ¿Por qué tienen valor los aires acondicionados? ¿Cómo controlan el precio que hacen?

El valor de algo se basa en las respuestas a cuatro preguntas:

- ¿Cuánto lo deseo?
- ¿Qué tan útil es?
- ¿Qué tan escaso es?
- ¿Puedo pagarlo?

Demanda / deseo. Un factor determinante del valor es el precio del artículo para el comprador. Volviendo al ejemplo del aire acondicionado, la pregunta se convierte en "¿cuánto deseo estar fresco, seco y cómodo?" Para una persona que vive en los trópicos, es seguro decir que el aire acondicionado es *más valioso* que un sistema de calefacción. También es seguro decir que lo contrario es cierto para los residentes del norte de Alaska.

Utilidad. El segundo determinante del valor es la *capacidad para hacer el trabajo*. ¿Puede el aire acondicionado satisfacer mi necesidad de mantenerme fresco? ¿Qué refrescante hace mi casa? ¿Funciona correctamente? Por supuesto, no pagaré tanto si es viejo o ineficaz.

Escasez. El tercer elemento crítico del valor es el valor de un producto *disponibilidad en relación con la demanda*. El aire acondicionado es bastante valioso si solo hay cinco unidades en toda la ciudad y todos están con calor. Por otro lado, el valor de un aire acondicionado baja si hay diez mil unidades a la venta en un mercado de 500 personas.

Poder adquisitivo. Un cuarto componente del valor es *la capacidad del consumidor para pagar* por el artículo. Si uno no puede permitirse el lujo de comprar el aire acondicionado, el valor del aire acondicionador se ve disminuido, ya que está financieramente fuera de su alcance. Si todos los aparatos de aire acondicionado son demasiado caros, los consumidores se verán obligados a considerar alternativas como los ventiladores de techo.

En el mercado, la presencia o ausencia relativa de los cuatro elementos de valor cambia constantemente debido a innumerables factores. Dado que el precio es un reflejo del total de todos los factores de valor en cualquier momento, los cambios en los factores subyacentes del valor desencadenan cambios en el precio.

Principios de valoración

Una serie de fuerzas económicas interactúan en el mercado para contribuir al valor de los bienes raíces. Los tasadores deben tener en cuenta estas fuerzas a la hora de estimar el valor de una propiedad. Entre los más reconocidos de estos principios se encuentran los que se enumeran a continuación.

Sustitución. De acuerdo con el principio de sustitución, el comprador *No pagaria más por una propiedad de lo que el comprador tendría que pagar por una propiedad sustituta igualmente deseable y disponible*. Por ejemplo, si tres casas en venta son esencialmente similares en tamaño, calidad y ubicación, es poco probable que un comprador potencial elija la que tenga un precio significativamente más alto que las otras dos

Máximo y mejor uso. Este principio sostiene que, en teoría, hay un solo uso para una propiedad que produce los mayores ingresos y rendimientos. Un inmueble alcanza su máximo valor cuando se le da este uso. Si el uso real no es el más alto y el mejor uso, el valor de la propiedad es correspondientemente inferior al óptimo. Técnicamente, el mayor y mejor uso debe ser legalmente permisible, físicamente posible, financieramente factible y lo más productivo posible.

Por ejemplo, una propiedad con una casa antigua puede no estar en su máximo y mejor uso si está rodeada de propiedades comerciales. Si la zonificación permite que la propiedad se convierta en un uso comercial, su mayor y mejor uso puede ser comercial en lugar de residencial.

Conformidad. Este principio sostiene que el valor máximo de una propiedad se alcanza cuando su forma y uso están en sintonía con las propiedades y usos circundantes. Por ejemplo, una casa de dos dormitorios y un baño rodeada de casas de cuatro dormitorios y tres baños puede obtener el máximo valor de una adición de habitación.

Oferta y demanda. La disponibilidad de ciertos inmuebles interactúa con la fuerza de la demanda de esos inmuebles para establecer precios. Cuando la demanda de propiedades supera la oferta, existe una condición de escasez y los valores de los bienes raíces aumentan. Cuando la oferta supera a la demanda, existe una condición de excedente y los valores inmobiliarios disminuyen. Cuando la oferta y la demanda son generalmente equivalentes, se considera que el mercado está en equilibrio y los valores inmobiliarios se estabilizan.

Utilidad. El hecho de que una propiedad tenga un uso en un determinado mercado contribuye a la demanda de la misma. Uso no es lo mismo que función. Por ejemplo, una zona pantanosa puede tener una función ecológica como humedal, pero puede no tener ninguna utilidad económica si no se le puede dar algún uso que la gente en el mercado esté dispuesta a pagar.

Anticipación. Los beneficios de un comprador *espera derivar de un bien durante un período de tenencia* influencia en lo que el comprador está dispuesto a pagar. Por ejemplo, si un inversionista anticipa que un ingreso anual por alquiler de una propiedad arrendada será de un millón de dólares, esta suma esperada tiene una relación directa con lo que el inversionista pagará por la propiedad.

Contribución. El principio de contribución se centra en el grado en que una mejora particular afecta el valor de mercado de la propiedad en general. En esencia, la contribución de la mejora es *igual al cambio en el valor de mercado que provoca la adición de la mejora*. Por ejemplo, agregar un baño a una casa puede contribuir con $15,000 adicionales al valor de tasación. Así, la contribución del baño es de $15,000. Tenga en cuenta que la contribución de una mejora al valor tiene poco que ver con el costo de la mejora. El baño anterior puede haber costado $5,000 o $20,000. La contribución es lo que el mercado reconoce como el cambio en el valor, no lo que cuesta un artículo. Si se agregan mejoras continuas a una propiedad, es posible que, en algún momento, el costo de agregar mejoras a una propiedad ya no contribuya a un aumento correspondiente en el valor de la propiedad. Cuando esto ocurre, el inmueble sufre de *rendimiento marginal decreciente,* cuando los costos de mejora superen la contribución.

Progresión y regresión. El valor de una propiedad influye y es influenciado por los valores de las propiedades vecinas. Si una propiedad está rodeada de propiedades con valores más altos, su valor tenderá a aumentar (progresión); Si está rodeado de propiedades con valores más bajos, su valor tenderá a caer (regresión).

Ensamblaje y plottage. El ensamblaje, o la unión de propiedades adyacentes, a veces crea un valor combinado que es mayor que los valores de las propiedades sin ensamblar. El exceso de valor creado por el ensamblaje se denomina **valor de ensamblaje.**

Subdivisión. La división de una sola propiedad en propiedades más pequeñas también puede resultar en un valor total más alto. Por ejemplo, un sitio suburbano de un acre tasado en $50,000 puede subdividirse en cuatro lotes de un cuarto de acre con un valor de $30,000 cada uno. Este principio contribuye significativamente a la viabilidad financiera del desarrollo de la subdivisión.

EL ENFOQUE DE COMPARACIÓN DE VENTAS

Pasos en el enfoque
Identificación de comparables
Ajuste de comparables
Ponderación de comparables
Análisis comparativo del mercado del corredor

El enfoque de comparación de ventas, también conocido como el *Enfoque de datos de mercado*, se utiliza para casi todas las propiedades. También sirve como base para la opinión de valor de un corredor. Se basa en el principio de sustitución, según el cual un comprador no pagará más por la propiedad en cuestión de lo que sería suficiente para comprar una propiedad comparable, y en la contribución, que las características específicas agregan valor a una propiedad

El enfoque de comparación de ventas se utiliza ampliamente porque tiene en cuenta los servicios específicos de la propiedad en cuestión en relación con las propiedades de la competencia. Además, debido a la actualidad de sus datos, el enfoque incorpora las realidades actuales del mercado.

El enfoque de comparación de ventas es limitado en el sentido de que cada propiedad es única. Como resultado, es difícil encontrar buenos comparables, especialmente para propiedades de propósito especial. Además, el mercado debe estar activo; de lo contrario, los precios de venta carecen de vigencia y fiabilidad.

Pasos en el enfoque

El enfoque de comparación de ventas consiste en comparar los precios de venta de propiedades vendidas recientemente que son comparables con el sujeto, y hacer ajustes en dólares al precio de cada comparable para tener en cuenta las diferencias competitivas con el sujeto. Después de identificar el valor ajustado de cada comparable, el tasador pondera la fiabilidad de cada comparable y los factores subyacentes a la forma en que se realizaron los ajustes. La ponderación arroja un rango de valores final basado en los factores más fiables del análisis.

Pasos en el enfoque de comparación de ventas

1. Identificar ventas comparables.
2. Comparar comparables con el sujeto y realizar ajustes a comparables.
3. Valores de ponderación indicados por comparables ajustados para la estimación del valor final del sujeto.

Identificar Comparables

Para calificar como un comparable, un inmueble debe:

▶ asemejar al sujeto en tamaño, forma, diseño, utilidad y ubicación
▶ ser vendido recientemente, generalmente dentro de los seis meses posteriores a la tasación
▶ estar vendido en una transacción en condiciones de plena competencia

Un tasador considera de tres a seis comparables y, por lo general, incluye al menos tres en el informe de tasación.

Los tasadores tienen pautas específicas dentro de los criterios anteriores para seleccionar comparables, muchos de los cuales son establecidos por organizaciones del mercado secundario como FNMA. Por ejemplo, para calificar como comparable para una tasación de préstamo hipotecario, es posible que una propiedad deba estar ubicada a menos de una milla del sujeto. O tal vez el tamaño del comparable debe estar dentro de un cierto porcentaje de área mejorada en relación con el sujeto.

El criterio del momento de la venta es importante porque las transacciones que ocurrieron demasiado lejos en el pasado no reflejarán la apreciación o los cambios recientes en las condiciones del mercado.

Una venta en condiciones de plena competencia involucra a partes objetivas y desinteresadas que se presume que han negociado un precio de mercado por la propiedad. Si la venta de una casa se produjo entre un padre y una hija, por ejemplo, se podría suponer que la transacción no reflejó el valor de mercado.

Las principales fuentes de datos para generar la comparación de ventas son los registros de impuestos, los registros de títulos y el servicio local de listados múltiples.

Ajustando Comparables

El tasador ajusta los precios de venta de los comparables para tener en cuenta las diferencias competitivas con la propiedad en cuestión. Obsérvese que los precios de venta de los comparables son conocidos, mientras que el valor y el precio del sujeto no lo son. Por lo tanto, se pueden hacer ajustes *sólo a los precios de los comparables, no a los del sujeto*. Los ajustes a los comparables se realizan en forma de deducción de valor o de valor añadido.

Adición o resta de valor. Si el comparable es *mejor* que el sujeto en alguna característica, se *deduce* una cantidad del precio de venta del comparable. Esto neutraliza la ventaja competitiva del comparable en una categoría de ajuste.

Por ejemplo, un comparable tiene piscina y el sujeto no. Para igualar la diferencia, el tasador deduce una cantidad, digamos $6,000, del precio de venta del comparable. Tenga en cuenta que el ajuste refleja la contribución de la piscina al valor de mercado. El importe del ajuste no es el costo de la piscina ni su valor depreciado.

Si el comparable es *inferior* al sujeto en alguna característica, se añade una cantidad al precio del comparable. Este ajuste iguala la ventaja competitiva del sujeto en esta área.

Criterios de ajuste. Los principales factores de comparación y ajuste son el *momento de la venta, la ubicación, las características físicas y las características de la transacción.*

> ▶ **Momento de la venta**
>
> Se puede realizar un ajuste si las condiciones del mercado, los precios del mercado o la disponibilidad de financiamiento han cambiado significativamente desde la fecha de venta del comparable. La mayoría de las veces, este ajuste es para tener en cuenta la apreciación.

> ▶ **ubicación**
>
> Se puede hacer un ajuste si hay diferencias entre la ubicación del comparable y la del sujeto, incluida la conveniencia y apariencia del vecindario, las restricciones de zonificación y los niveles generales de precios.

> ▶ **características físicas**
>
> Se pueden hacer ajustes por diferencias comercializables entre el tamaño del lote comparable y del sujeto, pies cuadrados de área habitable (u otra medida apropiada para el tipo de propiedad), número de habitaciones, diseño, antigüedad, condición, tipo y calidad de construcción, paisajismo y comodidades especiales.

▸ **características de la transacción**

Se puede hacer un ajuste por diferencias tales como los términos del préstamo hipotecario, la asunibilidad de la hipoteca y el financiamiento del propietario.

Ponderación de comparables

Al sumar y restar los ajustes apropiados al precio de venta de cada comparable, se obtiene un precio ajustado para los comparables que indica el valor del sujeto. El último paso en el enfoque es realizar un análisis ponderado de los valores indicados de cada comparable. En otras palabras, el tasador debe identificar qué valores comparables son más indicativos del sujeto y cuáles son menos indicativos.

Un tasador se basa principalmente en la experiencia y el juicio para ponderar los comparables. No existe una fórmula para seleccionar un valor dentro del rango de todos los comparables analizados. Sin embargo, hay tres directrices cuantitativas: el número total de ajustes; el importe de un solo ajuste; y la variación del valor neto de todos los ajustes.

Por regla general, *cuanto menor sea el número total de ajustes, menores serán los importes de ajuste, y cuanto menor sea el importe total del ajuste, más fiable será el comparable.*

Número de ajustes. En términos de ajustes totales, el comparable con el menor número de ajustes tiende a ser el más similar al sujeto, por lo tanto, el mejor indicador de valor. Si un comparable requiere ajustes excesivos, es cada vez menos fiable como indicador de valor. La razón subyacente es que existe un margen de error al realizar cualquier ajuste. Cada vez que hay que hacer una serie de ajustes, el margen de error se agrava. En el momento en que se realizan seis o siete ajustes, el margen se vuelve significativo y la confiabilidad de la estimación del valor final se reduce considerablemente.

Importes de ajuste únicos. El monto en dólares de un ajuste representa la variación entre el sujeto y el comparable para un artículo determinado. Si se requiere un ajuste grande, el comparable deja de ser un indicador de valor. Cuanto menor sea el ajuste, mejor será el comparable como indicador de valor. Si se realiza una tasación para calificar la hipoteca, el tasador puede verse restringido de realizar ajustes que excedan una cierta cantidad, por ejemplo, cualquier cosa que exceda el 10-15% del precio de venta del comparable. Si tal ajuste fuera necesario, la propiedad ya no se considera comparable.

Importes neto total del ajuste. El tercer factor de fiabilidad en la ponderación de los comparables es la variación del valor neto total de todos los ajustes sumados. Si los ajustes totales de un comparable alteran el valor indicado solo ligeramente, el comparable es un buen indicador de valor. Si los ajustes totales crean una gran cantidad en dólares entre el precio de venta y el valor ajustado, el comparable es un indicador más pobre del valor. Fannie Mae, por ejemplo, no aceptará el uso de un comparable cuando los ajustes netos totales superen el 15% del precio de venta.

Por ejemplo, un tasador está considerando una propiedad que se vendió por $100,000 como comparable. Después de realizar todos los ajustes, el valor indicado del comparable es de $121,000, una diferencia del 21% en el precio de venta del comparable. Esta propiedad, si se permite, sería un indicador de valor débil.

Análisis comparativo del mercado del corredor

Un corredor o asociado que intenta establecer un precio de venta o un rango de precios para una propiedad utiliza una versión reducida del enfoque de comparación de ventas del tasador llamado análisis comparativo de mercadoo CMA (también llamado análisis de mercado competitivo). Si bien la CMA tiene un propósito útil para establecer rangos de precios generales, los corredores y agentes deben tener cuidado al presentar una CMA como una tasación, que no lo es. Dos distinciones importantes entre los dos son la objetividad y la exhaustividad.

En primer lugar, el corredor no es imparcial: está motivado por el deseo de obtener un listado, lo que puede llevarlo a distorsionar el precio estimado. En segundo lugar, el CMA del corredor no es exhaustivo: el corredor no suele tener en cuenta toda la gama de datos sobre las condiciones del mercado y las ventas comparables que el tasador debe tener en cuenta y documentar. Por lo tanto, la opinión del corredor será menos confiable que la del tasador.

El siguiente gráfico ilustra el enfoque de comparación de ventas. Un tasador está estimando el valor de mercado de una casa determinada. Se ajustan cuatro comparables para encontrar un valor indicado para el sujeto. La tabla que sigue a los datos de la propiedad y del mercado muestra los ajustes del tasador por las diferencias entre los cuatro comparables y el sujeto.

Ilustración del enfoque de comparación de ventas

Datos

Propiedad del sujeto: 8 habitaciones: 3 dormitorios, dos baños, cocina, sala de estar, sala familiar; 2,000 pies cuadrados de área habitable bruta; garaje adjunto para 2 coches; El paisajismo es bueno. La construcción es marco con revestimiento de aluminio.

Comparable A: Vendido por $1,000,000 en el mes anterior; financiamiento convencional a tasas corrientes; ubicado en el vecindario del sujeto con ventajas de ubicación similares; casa aproximadamente de la misma edad que el sujeto; tamaño del lote más pequeño que el sujeto; vista similar al sujeto; diseño menos atractivo que el del sujeto; construcción similar al sujeto; condición similar a la del sujeto; 7 habitaciones: dos dormitorios, un baño; 1,900 pies cuadrados de área habitable bruta; garaje adjunto para 2 coches; paisajismo similar al sujeto.

Comparable B: Vendido por $1,200,000 en el mes anterior; financiamiento convencional a tasas corrientes; ubicado en el vecindario del sujeto con ventajas de ubicación similares; casa seis años más nueva que la sujeta; tamaño del lote más pequeño que el sujeto; la vista es mejor que la del sujeto; el diseño es más atractivo que el del sujeto; construcción (ladrillo y marco) mejor que la del sujeto; mejor condición que el sujeto; 10 habitaciones: cuatro dormitorios, tres baños; 2,300 pies cuadrados de área habitable bruta; garaje adjunto para 2 coches; paisajismo similar al tema.

Comparable C: Se vendió por $1,150,000 en el mes anterior; financiamiento convencional a tasas corrientes; ubicado en el vecindario del sujeto con ventajas de ubicación similares; casa cinco años más antigua que el sujeto; tamaño del lote más grande que el sujeto; vista similar al sujeto; diseño y atractivo similar al del sujeto; construcción similar al sujeto; condición similar a la del sujeto; 8 habitaciones: tres dormitorios, dos baños; 2,000 pies cuadrados de área habitable bruta; garaje adjunto para 2 coches; paisajismo similar al sujeto.

Comparable D: Se vendió por $1,090,000 en el mes anterior; financiamiento convencional a tasas corrientes; ubicado en un vecindario cercano al del sujeto, pero más deseable que el del sujeto; casa aproximadamente de la misma edad que el sujeto; tamaño del lote igual que el sujeto; vista similar al sujeto; diseño menos atractivo que el del sujeto; construcción (marco) más pobre que la del sujeto; peor condición que el sujeto; 7 habitaciones: dos dormitorios, un baño y medio; 1,900 pies cuadrados de área habitable bruta; garaje adjunto para 2 coches; Paisajismo similar al sujeto.

Ilustración del enfoque de comparación de ventas, cont.

Adjustments

	Sujeto	A	B	C	D
Precio de venta		1,000,000	1,200,000	1,150,000	1,090,000
Condiciones de		estándar	estándar	estándar	estándar
Fecha de venta	AHORA	igual	igual	igual	igual
Ubicación		igual	igual	igual	-20,000
Edad		igual	-12,000	+10,000	igual
Tamaño del lote		+10,000	+10,000	-10,000	igual
Sitio/vista		igual	-10,000	igual	igual
Diseño/atractivo		+10,000	-12,000	igual	+5,000
Calidad de	buena	igual	-30,000	igual	+10,000
Condición	buena	igual	-50,000	igual	+20,000
Número de	8				
Número de	3	+5,000	-5,000	igual	+5,000
Numero de baños	2	+10,000	-15,000	igual	+5,000
Superficie habitable	2,000	+10,000	-20,000	igual	+10,000
Otro espacio					
Cochera	2	igual	igual	igual	igual
Otras mejoras					
Paisajismo	bueno	igual	igual	igual	igual
Ajustes netos		+45,000	-144,000	0	+35,000
Valor indicado	1,120,000	1,045,000	1,056,000	1,150,000	1,125,000

Para el comparable A, el tasador ha hecho adiciones al valor del lote, el diseño, el número de dormitorios y baños, y para el área habitable bruta. Esto explica las deficiencias de la comparación en estas áreas en relación con el sujeto. Un total de cinco ajustes ascienden a $45,000, o el 4.5% del precio de compra.

Para el comparable B, el tasador ha deducido los valores de la antigüedad, el sitio, el diseño, la calidad de la construcción, la condición, los dormitorios, los baños y la sala de estar.

Esto explica las cualidades superiores del comparable en relación con el sujeto. La única adición es el tamaño del lote, ya que el del sujeto es mayor. Un total de nueve ajustes ascienden a $144,000, o el 12% del precio de venta.

Para el comparable C, el tasador tiene un valor añadido para la antigüedad y un valor deducido para el tamaño del lote. Los dos ajustes se compensan entre sí para obtener un ajuste neto de cero.

En el caso del comparable D, se ha hecho una deducción por la ubicación superior del comparable. Esto se compensa con seis adiciones que reflejan las diversas áreas en las que el comparable es inferior al sujeto. Un total de siete ajustes ascienden a $35,000, o el 3.2% del precio de venta.

A la vista de todos los comparables ajustados, el tasador elaboró una indicación final del valor de 1,120,000 dólares para el sujeto. Detrás de esta conclusión está el hecho de que el Comparable C, dado que sólo tiene dos ajustes menores que se compensan entre sí, es, el mejor indicador de valor. El comparable D podría ser el segundo mejor indicador, ya que los ajustes netos están muy cerca del precio de venta. El comparable A podría ser el tercer mejor indicador, ya que tiene el segundo menor número de ajustes totales. El comparable B es el indicador menos fiable, ya que existen numerosos ajustes, tres de los cuales son de un importe significativo. Además, el comparable B es totalmente cuestionable como comparable, ya que los ajustes totales alteran el precio de venta en un 12%.

EL ENFOQUE DE COSTOS

Tipos de tasación de costos
Depreciación
Pasos en el enfoque

El enfoque de los costos se utiliza con mayor frecuencia para propiedades de reciente construcción donde se conocen los costos reales de desarrollo y construcción. También se utiliza para edificios de usos especiales que no pueden valorarse con los otros métodos debido a la falta de datos comparables sobre ventas o ingresos.

Los puntos fuertes del enfoque de costos son que:

- proporciona un límite superior para el valor del sujeto basado en el costo no depreciado de reproducir las mejoras

- es muy preciso para una propiedad con nuevas mejoras que son el mayor y mejor uso de la propiedad.

Las limitaciones del enfoque de costos son las siguientes:

- El costo de crear mejoras no es necesariamente el mismo que el valor de mercado

- La depreciación es difícil de medir, especialmente en el caso de los edificios más antiguos

Tipos de costo tasado

Por lo general, el enfoque de los costos tiene como objetivo estimar el *Costo de reproducción* o el *Costo de reemplazo* del inmueble en cuestión.

Costo de reproducción es el costo de construir, a precios corrientes, un *Duplicado preciso* de las mejoras de la asignatura. **Costo de reemplazo** es el costo de construir, a precios corrientes y utilizando materiales y métodos actuales, un *Equivalente funcional* de las mejoras de la asignatura.

El costo de reemplazo se utiliza principalmente para evaluar estructuras más antiguas, ya que no es práctico considerar la reproducción de características y materiales anticuados. Sin embargo, el costo de reproducción es preferible siempre que sea posible porque facilita el cálculo de la depreciación de una estructura.

Depreciación

Una contenido fundamental del enfoque de costos es el concepto de depreciación. Depreciación es la *Pérdida de valor en una mejora a lo largo del tiempo*. Dado que se supone que la tierra conserva su valor indefinidamente, la depreciación solo se aplica a la parte mejorada de la propiedad inmueble. La pérdida del valor de una mejora puede provenir de cualquier causa, como el deterioro, la obsolescencia o los cambios en el vecindario. La suma de la depreciación por todas las causas es la depreciación acumulada.

Un tasador considera que la depreciación tiene tres causas: deterioro físico, obsolescencia funcional y obsolescencia económica.

Deterioro físico. El deterioro físico es el desgaste por el uso, la caries y el deterioro estructural. Dicho deterioro puede ser *curable o incurable*.

El deterioro curable ocurre cuando los costos de reparación del artículo son menores o iguales al aumento resultante en el valor de la propiedad. Por ejemplo, si un trabajo de pintura cuesta $6,000 y el aumento de valor resultante es de $8,000, el deterioro se considera curable. El deterioro incurable es lo contrario: la reparación costará más de lo que se puede recuperar por su contribución al valor del edificio. Por ejemplo, si el trabajo de pintura anterior costó $10,000, el deterioro se consideraría incurable.

Obsolescencia funcional. Obsolescencia funcional se produce cuando una propiedad tiene características físicas o de diseño anticuadas que ya no son deseables para los usuarios actuales. Si la obsolescencia es subsanable, el costo de reemplazar o rediseñar la característica obsoleta se compensaría con la contribución al valor general, por ejemplo, la falta de aire acondicionado central. Si la obsolescencia funcional es incurable, el costo de la cura excedería la contribución al valor total, por ejemplo, un diseño de piso con un mal patrón de tráfico que costaría tres veces más que la contribución final al valor.

Obsolescencia económica. La obsolescencia económica (o **externa**) es la pérdida de valor debido a cambios adversos en el entorno de la propiedad en cuestión que hacen que la propiedad en cuestión sea menos deseable. Dado que tales cambios suelen estar fuera del control del dueño de la propiedad, la obsolescencia económica se considera *una pérdida de valor incurable*. Ejemplos de obsolescencia económica incluyen un vecindario en deterioro, una rezonificación de propiedades adyacentes o la bancarrota de un gran empleador.

Pasos en el enfoque   El enfoque de costos consiste en estimar el valor de la tierra "como si estuviera vacante"; estimar el costo de las mejoras; estimar y deducir la depreciación devengada; y sumar el valor estimado de la tierra al depreciado estimado costo de las mejoras.

Estimar el valor de la tierra

---

1. Estimar el valor de la tierra.
2. Estimar el costo de reproducción o reemplazo de las mejoras.
3. Estimar la depreciación acumulada.
4. Restar la depreciación acumulada del costo de reproducción o reemplazo.
5. Agregar valor de la tierra al costo depreciado de reproducción o reemplazo.

Estimar el valor de la tierra. Para estimar el valor del terreno, el tasador utiliza el método de comparación de ventas: encontrar propiedades que sean comparables a la propiedad en cuestión en términos de tierra y ajustar los precios de venta de los comparables para tener en cuenta las diferencias competitivas con la propiedad en cuestión. Los ajustes comunes se refieren a la ubicación, las características físicas y el momento de la venta. Los valores indicados de las propiedades comparables se utilizan para estimar el valor del terreno del sujeto. El supuesto implícito es que el terreno en cuestión está vacante (no mejorado) y disponible para el mayor y mejor uso.

Estimar el costo de reproducción o reemplazo de las mejoras. Existen varios métodos para estimar el costo de reproducción o reemplazo de las mejoras. Estos son los siguientes.

> ▸ **Método de comparación de unidades (método del pie cuadrado)**
>
> El evaluador examina una o más estructuras nuevas que son similares a las mejoras del sujeto, determina un costo por unidad para las estructuras de referencia y multiplica este costo por unidad por el número de unidades en el sujeto. La unidad de medida se denomina más comúnmente en pies cuadrados..

> ▸ **Método de unidad en el lugar**
>
> El tasador utiliza manuales de costos de materiales y estimaciones de los costos de mano de obra, los gastos generales y las ganancias del constructor para estimar el costo de construir componentes separados del sujeto. La estimación de costos es la suma de los costos estimados de los componentes individuales.

▶ **Método de encuesta cuantitativa**

El tasador considera en detalle todos los materiales, la mano de obra, los suministros, los gastos generales y las ganancias para obtener una estimación precisa del costo real de construir la mejora. Un análisis mas exhaustivo que el método de la unidad en el lugar, este método es utilizado menos por los tasadores que por los ingenieros y arquitectos.

▶ **Método de indexación de costos**

El costo original de construcción de la mejora se actualiza aplicando un factor de aumento porcentual para tener en cuenta los aumentos en los costos nominales a lo largo del tiempo.

Estimar la depreciación acumulada. La depreciación acumulada a menudo se estima por el método **en línea recta**, también llamado método **método económico edad-vida**. Este método supone que la depreciación se produce a un ritmo constante a lo largo de la vida económica de la estructura. Por lo tanto, una propiedad sufre la misma pérdida de valor incremental cada año.

La vida económica es el período durante el cual se espera que la estructura siga siendo útil en su uso original. El costo de la estructura se divide por el número de años de vida económica para determinar un monto anual de depreciación. El método de línea recta es principalmente relevante para la depreciación por deterioro físico.

Reste la depreciación acumulada del costo de reproducción o reemplazo. La suma de la depreciación acumulada de todas las fuentes se resta del costo estimado de reproducir o reemplazar la estructura. Esto produce una estimación del valor actual de las mejoras.

Agregue el valor de la tierra a la reproducción depreciada o al costo de reemplazo. Para completar el enfoque de costos, el valor estimado del terreno "como si estuviera vacante" se suma al valor estimado del costo de reproducción o reemplazo depreciado de las mejoras. Esto produce la estimación del valor final de la propiedad mediante el enfoque de costos.

Ilustración de enfoque de costos

I. VALOR DE LA TIERRA

Valor del terreno, por comparación de ventas directas

	80,000

II. COSTO DE LAS MEJORAS

Edificio principal (por uno o más de los cuatro métodos)

	260,000
Además: otras estructuras	16,000
Costo total nuevo	276,000

III. DEPRECIACIÓN ACUMULADA

Depreciación física	
Curable	10,000
Incurable	14,000
Obsolescencia funcional	6,000
Obsolescencia externa	
Depreciación total	30,000

IV. COSTO DE MEJORAS MENOS DEPRECIACIÓN

Costo total nuevo

	276,000
Menos: depreciación total	30,000
Valor depreciado de las mejoras	246,000

V. VALOR GLOBAL ESTIMADO

Valor total de la tierra

	80,000
Valor depreciado de las mejoras	246,000
Valor indicado por método de costos	326,000

EL ENFOQUE DE CAPITALIZACIÓN DE INGRESOS

Pasos en el enfoque
Enfoque del multiplicador de la renta bruta y de los ingresos brutos

---

El enfoque de capitalización de ingresos, o enfoque de ingresos, se utiliza para propiedades de ingresos y, a veces, para otras propiedades en un mercado de alquiler donde el tasador puede encontrar datos de alquiler. El enfoque se basa en el principio de anticipación: el flujo de ingresos futuros esperado de una propiedad subyace a lo que un inversor pagará por la propiedad. También se basa en el principio de sustitución: que un inversionista no pagará más por una propiedad en cuestión con un cierto flujo de ingresos de lo que el inversionista tendría que pagar por otra propiedad con un flujo de ingresos similar.

La fortaleza del enfoque de ingresos es que es utilizado por los propios inversores para determinar cuánto deben pagar por una propiedad. Por lo tanto, en las circunstancias adecuadas, proporciona una buena base para estimar el valor de mercado.

El enfoque de capitalización de ingresos está limitado de dos maneras. En primer lugar, es difícil determinar una tasa de capitalización adecuada. Esto es a menudo una cuestión de juicio y experiencia por parte del tasador. En segundo lugar, el enfoque de los ingresos se basa en la información del mercado sobre los ingresos y los gastos, y puede ser difícil encontrar dicha información.

Pasos en el enfoque   El método de capitalización de ingresos consiste en estimar el ingreso operativo neto anual del inmueble en cuestión., y luego aplicar una tasa de capitalización a los ingresos. Esto produce un monto principal que el inversionista pagaría por la propiedad

Pasos en el Enfoque de Capitalización de Ingresos

1. Estimar el ingreso bruto potencial.
2. Estimar el ingreso bruto efectivo.
3. Estimar el ingreso operativo neto.
4. Seleccione una tasa de capitalización.
5. Aplicar la tasa de capitalización.

Estime los ingresos brutos potenciales. Ingresos brutos potenciales es el alquiler programado del sujeto más los ingresos de fuentes diversas, como máquinas expendedoras y teléfonos. La renta programada es la renta total que producirá una propiedad si se alquila en su totalidad a las tarifas de alquiler establecidas.

Alquiler programado
+   Otros ingresos

Ingresos brutos potenciales

Un tasador puede estimar los ingresos brutos potenciales por alquiler utilizando las tasas de alquiler actuales del mercado, el alquiler especificado por los contratos de arrendamiento vigentes sobre la propiedad (alquiler por contrato) o una combinación de ambos. La renta de mercado se determina mediante estudios de mercado en un proceso similar al método de comparación de ventas. El alquiler por contrato se utiliza principalmente si los contratos de arrendamiento existentes no van a expirar a corto plazo y es poco probable que los inquilinos fallen o abandonen el contrato de arrendamiento.

Estimar el ingreso bruto efectivo. Ingresos brutos efectivos es el ingreso bruto potencial menos una provisión para vacantes y pérdidas crediticias.

Ingresos brutos potenciales
- Vacantes y pérdidas crediticias

Ingresos brutos efectivos

La pérdida de vacantes se refiere a una cantidad de ingresos potenciales perdidos debido a un espacio no alquilado. La pérdida de crédito se refiere a una cantidad perdida debido a que los inquilinos no pagan el alquiler por cualquier motivo. Ambos se estiman sobre la base del historial de la propiedad en cuestión, propiedades comparables en el mercado y asumiendo la calidad de gestión típica. La provisión por vacantes y pérdidas crediticias generalmente se estima como un porcentaje de los ingresos brutos potenciales.

Estimar el ingreso operativo neto. Ingreso operative neto es el ingreso bruto efectivo menos los gastos operativos totales.

Ingresis brutos efectivos
- Gastos operativos totals
- - - - - - - - - - - - - - -
Ingreso operative neto

Los gastos operativos incluyen gastos fijos y gastos variables. Los gastos fijos son aquellos en los que se incurre ya sea que la propiedad esté ocupada o desocupada, por ejemplo, los impuestos inmobiliarios y el seguro contra riesgos. Los gastos variables son aquellos que se relacionan con el funcionamiento real del edificio, por ejemplo, los servicios públicos, el servicio de limpieza, la administración y las reparaciones.

Los gastos operativos suelen incluir un fondo de reserva anual para el reemplazo de equipos y otros artículos que se desgastan periódicamente, como alfombras y sistemas de calefacción. Los gastos operativos no incluyen el servicio de la deuda, los gastos por mejoras de capital o los gastos no relacionados con la operación de la propiedad.

Seleccione una tasa de capitalización. La tasa de capitalización es una estimación de la *tasa de retorno* un inversionista exigirá sobre la inversión de capital en una propiedad como la en cuestión. El juicio y el conocimiento del mercado del tasador juegan un papel esencial en la selección de una tarifa apropiada para la propiedad en cuestión. En la mayoría de los casos, el tasador investigará las tasas de capitalización utilizadas en propiedades similares en el mercado.

Aplica la tasa de capitalización. Un tasador obtiene ahora una indicación del valor del método de capitalización de ingresos dividiendo el ingreso operativo neto estimado para el sujeto por la tasa de capitalización seleccionada

$$\frac{ingreso\ operativo\ neto}{tasa\ de\ capitalización} = valor$$

Utilizando los símbolos tradicionales para el ingreso (I), la tasa (R) y el valor (V), la fórmula para el valor es

$$\frac{I}{R} = V$$

Ilustración del método de capitalización de ingresos

I. ESTIMACIÓN DE LOS INGRESOS BRUTOS POTENCIALES

Ingresos brutos potenciales por alquiler	192,000
Más: otros ingresos	2,000
Ingresos brutos potenciales	194,000

II. ESTIMACIÓN DEL INGRESO BRUTO EFECTIVO

Menos: vacantes y pérdidas de cobro	9,600
Ingresos brutos efectivos	184,400

III. ESTIMACIÓN DE LA UTILIDAD OPERATIVA NETA

Gastos de explotación

Impuestos sobre bienes inmuebles	32,000
Seguro	4,400
Utilidades	12,000
Reparaciones	4,000
Mantenimiento	16,000
Administración	12,000
Reservas	1,600
Jurídico y contable	2,000
Gastos totales	84,000

Ingresos brutos efectivos	184,400
Menos: gastos totales	84,000
ingreso operativo neto	100,400

IV. SELECCIONE LA TASA DE CAPITALIZACIÓN

Tasa de capitalización: 7%

V. APLICAR TASA DE CAPITALIZACIÓN

$$\frac{I}{R} = V = \frac{100,400}{.07} = 1.434.300 \text{ (redondeado)}$$

Valor indicado por enfoque de ingresos: 1,434,300

Multiplicador de renta bruta e ingresos brutos

El multiplicador de la renta bruta (GRM) y el multiplicador de ingresos brutos (GIM, por sus siglas en inglés) Los son métodos simplificados basados en los ingresos que se utilizan principalmente para propiedades que producen o podrían producir ingresos, pero que no son principalmente propiedades de ingresos. Algunos ejemplos son las viviendas unifamiliares y los dúplex..

Los métodos consisten en aplicar un multiplicador a los ingresos brutos estimados o a la renta bruta del sujeto. El multiplicador se deriva de los datos de mercado sobre los precios de venta y los ingresos brutos o la renta bruta.

La ventaja del multiplicador de ingresos es que ofrece una indicación relativamente rápida del valor utilizando una metodología informal. Sin embargo, el enfoque deja muchas variables fuera de consideración, como las vacantes, las pérdidas crediticias y los gastos operativos. Además, el tasador debe disponer de datos de alquiler de mercado para establecer multiplicadores.

Pasos en el enfoque del multiplicador de renta bruta. Hay dos pasos en el enfoque del multiplicador de renta bruta.

En primer lugar, seleccione un multiplicador de alquiler bruto examinando los precios de venta y los alquileres mensuales de propiedades comparables que se hayan vendido recientemente. El juicio del tasador y el conocimiento del mercado son fundamentales para determinar un multiplicador de renta bruta apropiado para el sujeto. El multiplicador bruto de la renta de un inmueble es:

$$\frac{Precio}{Renta\ mensual} = GRM \text{ (Multiplicador de Renta Bruta)}$$

En segundo lugar, estime el valor del sujeto multiplicando el GRM seleccionado por el ingreso mensual del sujeto.

$$GRM\ x\ Sujeto\ alquiler\ mensual = valor\ estimado$$

Ilustración del multiplicador de renta bruta

Property	Precio de venta	Alquiler mensual	GRM
Comparable A	500,000	1660	151
Comparable B	248,000	1500	165
Comparable C	324,000	2,200	147
Comparable D	304,000	1,800	169
Subject	320,000	2,000	160

En la ilustración, el GRM indicado para el tema es 160, basado en la investigación y el juicio del tasador. Aplicando el GRM a una tarifa de alquiler de $2,000, el valor indicado para el sujeto es de $320,000.

Pasos en el enfoque del multiplicador del ingreso bruto. El enfoque GIM es idéntico al enfoque GRM, excepto que se utiliza un denominador diferente en la fórmula. El primer paso es seleccionar un multiplicador de ingresos brutos examinando los precios de venta y los ingresos brutos anuales de propiedades comparables que se han vendido recientemente. El multiplicador de ingresos brutos de una propiedad es:

$$\frac{Precio}{Ingresos\ brutos\ anuales} = GIM \text{ (Multiplicador de Ingresos Brutos)}$$

El segundo paso es estimar el valor del sujeto multiplicando el GIM seleccionado por el ingreso bruto anual del sujeto:

GIM x Ingreso bruto anual sujeto = valor estimado

Ilustración del multiplicador de ingresos brutos

Propiedad	Precio de venta	Ingresos brutos	GIM
Comparable A	250,000	19,920	12.55
Comparable B	248,000	18,000	13.78
Comparable C	324,000	26,400	12.27
Comparable D	304,000	21,600	14.07
Sujeto	324,000	24,000	13.50

En la ilustración, el GIM indicado para el sujeto es 13.5, basado en la investigación y el juicio del tasador. Aplicando el GIM a los ingresos brutos anuales de la propiedad se obtiene un valor indicado para el sujeto de $324,000.

PREPARACIÓN DE UN ANÁLISIS COMPARATIVO DE MERCADO (CMA)

Recopilación de datos
Selección de comparables
Ajuste de comparables
CMA generados por computadora
Modelos de valoración automatizados (AVM)

Recolección de datos

Los licenciatarios inmobiliarios preparan análisis comparativos de mercado (CMA) en el curso normal de los negocios para ayudar a los vendedores a determinar el valor de su propiedad y establecer un precio de venta adecuado. Para preparar un CMA, el titular de la licencia primero tiene que reunir la información adecuada sobre la propiedad en cuestión. Esto incluye la ubicación de la propiedad, las características del vecindario, los pies cuadrados de la casa, la superficie, el año de construcción y renovaciones, el número de habitaciones y baños, y cualquier característica o servicio adicional, como una piscina.

Las tasaciones, las encuestas y las escrituras de propiedad pueden proporcionar gran parte de esta información sobre la propiedad en cuestión.

Seleccionar comparables

Después de recopilar la información apropiada sobre la propiedad, el licenciatario querrá encontrar y seleccionar propiedades similares para comparar.

Los listados de propiedades actuales son una buena fuente de información sobre los precios de propiedades similares. La comparación de los elementos comunes de propiedades similares y sus precios de venta proporciona una base para un precio de venta competitivo para la propiedad en cuestión. Los listados de MLS son una buena fuente de información detallada.

Las propiedades vendidas recientemente y las que tienen contratos pendientes indican los valores de mercado de propiedades similares, lo que los compradores están dispuestos a pagar y cuánto tiempo estuvieron a la venta las propiedades antes de venderlas.

Las propiedades cuyos listados han expirado sin una venta proporcionan información valiosa sobre los precios adecuados. Los listados a menudo caducan sin una venta porque el precio de listado es demasiado alto. Un número de listados recientemente vencidos es un buen indicador de que la tendencia del mercado está cambiando y los valores de mercado están disminuyendo.

Ajuste comparables

Al buscar propiedades similares, el titular de la licencia debe utilizar la información recopilada sobre el tema al comienzo de la preparación de la CMA (ubicación, tamaño, número de habitaciones, antigüedad y características adicionales) y buscar otras propiedades con atributos lo más similares posible a los de la propiedad en cuestión. Cualquier diferencia se puede ajustar al determinar el valor de la misma manera que con el enfoque de comparación de ventas discutido anteriormente.

CMA generados por computadora

El programa de software CMA permite a los licenciatarios crear CMA y presentaciones de listados de forma rápida y sencilla. Aunque hay algunos programas en línea disponibles para que los propietarios de viviendas completen un formulario para recopilar datos sobre la casa, es posible que esos programas no sean tan precisos como los programas más sólidos disponibles para los licenciatarios a través de las asociaciones de agentes inmobiliarios. Estos programas aún requieren el conocimiento del licenciatario para recopilar completamente los datos apropiados, ingresar los datos en el programa y dejar que el programa organice los datos en la presentación de CMA.

Modelos de valoración automatizados (AVM)

Un sistema de modelo automatizado de valoración (AVM) es un servicio que combina modelos matemáticos con bases de datos de propiedades y transacciones existentes para calcular los valores de las propiedades. La mayoría de los AVM comparan los valores de propiedades similares en el mismo momento y funcionan mejor en áreas donde las casas son similares que en áreas donde las casas son más personalizadas y diferentes. El servicio está disponible para licenciatarios de bienes raíces, prestamistas hipotecarios y las principales instituciones financieras.

Los prestamistas y licenciatarios pueden obtener informes de AVM en segundos para generar una estimación de precios y, por lo general, incluyen el valor del tasador de impuestos, el historial de ventas de la propiedad y el historial de ventas de comparables. Son más rápidas que las tasaciones, cuestan menos y eliminan la subjetividad del proceso de valoración. Lo que no incluyen es el estado de la propiedad a la hora de determinar su valor, ni incluyen medidas, fotografías y demás información incluida en una tasación. En consecuencia, no califican como tasaciones y no cumplen con las normas de la USPAP. Los servicios de AVM están disponibles en línea.

16 Valoración de inmuebles
Revisión instantánea

REGULACIÓN DE LA TASACIÓN

FIRREA

- requiere tasadores con licencia estatal o certificados para tasaciones relacionadas con el gobierno federal

La Fundación de Tasación

- establecido en 1987 para administrar la USPAP; Junta de Calificación de Tasadores para educación y licencias; la Junta de Normas de Evaluación para el establecimiento de normas; El Subcomité de Tasación supervisa la Fundación y las licencias estatales; Mantiene una lista de tasadores calificados

USPAP

- La USPAP establece normas, directrices y disposiciones de tasación
- Florida requiere 15 horas de educación previa a la licencia en USPAP más educación posterior a la licencia

Tasadores Con licencia estatal y certificado

- debe estar certificado, licenciado o registrado como aprendiz para ser llamado tasador o emitir un informe de tasación; otros pueden realizar la tasación bajo la supervisión de un tasador certificado o autorizado; debe estar certificado o licenciado para recibir una compensación directa
- Los licenciatarios de bienes raíces de FL pueden tasar para obtener una compensación, pero no pueden representarse a sí mismos como tasadores certificados o con licencia
- Transacciones relacionadas con el gobierno federal – transacción financiera de bienes raíces en la que la agencia reguladora de instituciones financieras federales participa, contrata o regula y que requiere un tasador autorizado o certificado; debe cumplir con requisitos específicos
- Informes de tasación certificados – documento legal que se sostiene en los tribunales; certificado cuando está firmado por un tasador certificado; por escrito y cumple con el USPAP para transacciones relacionadas con el gobierno federal

Servicio de tasación de bienes inmuebles

- Parte I, Capítulo 475 – permite a los licenciatarios de bienes raíces tasar propiedades que no requieren tasaciones certificadas; no puede tasar las transacciones relacionadas con el gobierno federal
- Los informes de tasación se ajustan a la USPAP – que los solicitantes de tasación firmen el compromiso de cumplir con la USPAP; Prohibido aceptar una compensación basada en el valor de la propiedad
- CMA – no se requiere el cumplimiento de USPAP para la preparación de CMA
- BPO – no se requiere el cumplimiento de USPAP para la preparación de BPO

CONCEPTOS DE VALOR

Costo/precio/valor de mercado

- suministro: bienes o servicios disponibles para la venta, arrendamiento o intercambio
- Demanda: Bienes o servicios deseados para la compra, el arrendamiento o intercambio.
- Mecanismo de precios: valor cuantificado de un intercambio

Tipos de valor inmobiliario

- mercado, reproducción, sustitución, empresa en marcha, salvamento, plottage, evaluado, condenado, depreciado, tasado, alquiler, arrendamiento, asegurado

Características de valor fundamental	• componentes de valor: deseo; utilidad; escasez; poder adquisitivo
Principios de valoración	• sustitución; mayor y mejor uso; conformidad; oferta y demanda; utilidad; anticipación; contribución; progresión y regresión; ensamblaje y plottage; subdivision
ENFOQUE COMPARACIÓN DE VENTAS	• más utilizados; se basa en los principios de sustitución y contribución
Pasos en el enfoque	• comparar los precios de venta, ajustar los comparables para tener en cuenta las diferencias con el sujeto
Identificar Comparables	• debe ser físicamente similar, en la vecindad del sujeto, vendido recientemente en plena competencia
Ajuste de comparables	• deducir del comparable si es mejor que el sujeto; Añadir al comparable si es peor que el sujeto
Ponderación de comparables	• El mejor indicador tiene el menor número de ajustes y el más pequeño, el menor ajuste neto del precio de venta
Comparativa del corredor análisis de mercado	• Enfoque abreviado de comparación de ventas por parte de corredores y agentes para encontrar un rango de precios
ENFOQUE DE COSTOS	• Se utiliza con mayor frecuencia para propiedades de reciente construcción y edificios de propósito especial
Tipos de tasación de costos	• Reproducción: duplicado preciso; Reemplazo: Equivalente funcional
Depreciación	• pérdida de valor por deterioro, u obsolescencia funcional o económica
Pasos en el enfoque	• Valor de la tierra más la reproducción o el costo de reposición de las mejoras depreciada
ENFOQUE DE INGRESOS	• Se utiliza para propiedades de renta y en un mercado de alquiler con datos de alquiler disponibles
Pasos en el enfoque	• valor = NOI dividido por la tasa de capitalización
Enfoque GRM y GIM	• GRM: precio dividido por el alquiler mensual; valor: GRM multiplicado por el alquiler mensual; GIM: precio dividido por los ingresos brutos anuales; Valor: GIM multiplicado por los ingresos anuales
PREPARACIÓN DE UN CMA	
Recopilación de datos	• ubicación y vecindario de la propiedad, pies cuadrados y superficie, antigüedad, renovaciones, número de habitaciones, comodidades; recopilados a partir de tasaciones, encuestas, escrituras
Selección de comparables	• Listados actuales como base para precios competitivos
	• Vendido recientemente mostrar el mercado, precios de compra y período de tiempo listado
	• Los listados vencidos indican un precio de cotización demasiado alto y cambios en la tendencia del mercado
Ajuste de comparables	• Ubicación, tamaño, número de habitaciones, antigüedad, servicios comparados entre propiedades con ajustes realizados para las diferencias
CMAs Generado por computadora	• software para crear CMAs y listar presentaciones

AVMs
- servicio en línea que calcula el valor de las propiedades; No es una tasación

SECCIÓN DÉCIMO SEXTA: Valoración de inmuebles

Cuestionario de Sección

1. Como componente del valor de los bienes inmuebles, el principio de sustitución sugiere que

   a. Si dos propiedades similares están a la venta, un comprador comprará la más barata de las dos.
   b. Si una de las dos casas adyacentes es más valiosa, el precio de la otra casa tenderá a subir.
   c. Si se construyen demasiadas propiedades en un mercado, los precios tenderán a bajar.
   d. La gente se mudará fácilmente a otra casa si es de igual valor.

2. El mayor y mejor uso de una propiedad es aquel que

   a. es física y financieramente factible, legal y la más productiva.
   b. es legal, factible y considerado el más apropiado por las autoridades de zonificación.
   c. implica el edificio más grande que las ordenanzas de zonificación permitirán que los desarrolladores construyan.
   d. se ajusta a otras propiedades de la zona.

3. El concepto de valor de mercado se describe mejor como

   a. El precio que un comprador pagará por una propiedad, suponiendo que otras propiedades similares estén dentro del mismo rango de precios.
   b. El precio que un vendedor informado y sin prisas cobrará por una propiedad asumiendo un período razonable de exposición con otras propiedades de la competencia.
   c. El precio que un comprador y un vendedor acuerdan por una propiedad asumiendo tasas de interés estables, tasas de apreciación y precios de otras propiedades similares.
   d. El precio que un vendedor y un comprador dispuestos, informados y sin presiones acuerdan por una propiedad asumiendo un precio en efectivo y la exposición razonable de la propiedad al mercado.

4. Una diferencia significativa entre una tasación y la opinión de valor de un corredor es

   a. El tasador tiende a utilizar sólo uno o dos de los enfoques de valor.
   b. El corredor no puede ser una parte desinteresada.
   c. El corredor está sujeto a la regulación gubernamental para generar la opinión.
   d. El tasador utiliza datos de mercado menos actuales.

5. Una debilidad notable del enfoque de comparación de ventas con respecto al valor es que

   a. Es posible que no haya datos recientes de precios de venta en el mercado.
   b. El enfoque no se basa en el principio de sustitución.
   c. El enfoque solo es preciso con propiedades únicas y de propósito especial.
   d. Los precios de venta no se pueden comparar, ya que todos los bienes inmuebles son diferentes.

6. Los pasos en el enfoque de datos de mercado son los siguientes:

   a. Elija comparables cercanos, ajuste el sujeto para las diferencias, estime el valor.
   b. Recopile datos de precios relevantes, aplique los datos al tema, estime el valor.
   c. Seleccione propiedades comparables, ajuste las comparables, estime el valor.
   d. Identifique el precio pagado anteriormente, aplique una tasa de apreciación, estime el valor.

7. En el enfoque de comparación de ventas, se justifica un ajuste si:

   a. El comprador obtiene financiación convencional para el inmueble.
   b. El vendedor ofrece financiación del vendedor por debajo del mercado.
   c. Un comparable se encuentra en otro barrio, aunque similar
   d. Una propiedad tiene un techo a cuatro aguas y la otra tiene un techo a dos aguas.

8. Para completar el enfoque de comparación de ventas, el tasador

   a. promedia los ajustes.
   b. pondera los comparables.
   c. descarta todos los comparables que tengan un valor inferior.
   d. Identifica el valor del sujeto como el del comparable más cercano.

9. Una debilidad del enfoque de costos para tasar el valor de mercado es que

    a. Los constructores no pueden pagar el valor de mercado por los materiales o la mano de obra.
    b. El valor de mercado no siempre es el mismo que el costo de la propiedad.
    c. Es posible que los comparables utilizados no tengan una calidad de construcción similar.
    d. Las propiedades nuevas tienen costos y tasas de depreciación inestimables.

10. El costo de construir un equivalente funcional de una propiedad en cuestión se conoce como

    a. costo de reproducción.
    b. costo de reemplazo.
    c. costo de restitución.
    d. costo de reconstrucción..

11. Un edificio de oficinas carece de suficiente capacidad de refrigeración para acomodar equipos informáticos modernos. Este es un ejemplo de

    a. deterioro físico.
    b. obsolescencia económica.
    c. depreciación incurable.
    d. obsolescencia funcional.

12. Una casa está ubicada en un vecindario donde los propietarios de la cuadra no han podido mantener sus propiedades. Este es un ejemplo de

    a. obsolescencia externa curable.
    b. obsolescencia económica incurable.
    c. obsolescencia funcional.
    d. deterioro físico.

13. En la tasación, la pérdida de valor de una propiedad por cualquier causa se conoce como

    a. deterioro.
    b. obsolescencia.
    c. depreciación.
    d. deflación.

14. Los dos primeros pasos en el enfoque de costos son estimar el valor de la tierra y el costo de las mejoras. Los pasos restantes son

    a. Calcule la depreciación, reste la depreciación del costo y vuelva a sumar el valor del terreno.
    b. Reste el deterioro del costo, calcule la depreciación del suelo y sume los dos valores.
    c. Estimar la depreciación de la tierra y las mejoras, restar del costo original.
    d. Estimar la obsolescencia, restar del costo de la tierra y las mejoras.

15. El techo de una propiedad costó 10,000 dólares. La vida económica del techo es de 20 años. Suponiendo el método de depreciación en línea recta, ¿cuál es el valor depreciado del techo después de 3 años?

    a. $10,000
    b. $8,500
    c. $7,000
    d. $1,500

16. ¿Para cuál de los siguientes tipos de propiedades es más aplicable el enfoque de capitalización de ingresos para tasar el valor?

    a. Viviendas unifamiliares
    b. Edificios de apartamentos
    c. Suelo no urbanizable
    d. Iglesias

17. Los pasos en el enfoque de capitalización de ingresos son:

    a. Calcule el ingreso bruto, multiplíquelo por el multiplicador del ingreso bruto.
    b. Estimar los ingresos efectivos, restar impuestos, aplicar una tasa de capitalización.
    c. Estimar el ingreso neto y aplicarle una tasa de capitalización.
    d. Estimar los ingresos potenciales, aplicarles una tasa de capitalización.

18. El resultado de ingresos operativos netos es igual a

    a. Ingresos brutos menos ingresos potenciales menos gastos.
    b. Ingresos brutos efectivos menos el servicio de la deuda.
    c. Ingresos brutos potenciales menos vacantes y pérdidas crediticias menos gastos.
    d. Ingresos brutos efectivos menos la desocupación y la pérdida crediticia.

19. Si el ingreso neto de una propiedad es de $20,000 y la tasa de capitalización es del 5%, el valor de la propiedad utilizando el método de capitalización de ingresos es

    a. $100,000.
    b. $400,000.
    c. $1,000,000.
    d. $4,000,000.

20. El principal defecto del enfoque del multiplicador de la renta bruta para estimar el valor es que

    a. Numerosos gastos no se tienen en cuenta.
    b. El multiplicador no se relaciona con el mercado.
    c. El método es demasiado complejo y engorroso.
    d. El método solo se aplica a propiedades residenciales.

21. Si el alquiler mensual de una propiedad es de $3,000 y el multiplicador de alquiler bruto (GRM) es 80, ¿cuál es el valor de la propiedad?

    a. $45,000
    b. $240,000
    c. $267,000
    d. $288,000

22. ¿Bajo qué Circunstancias ¿Puede un tasador de otro estado tasar una propiedad en Florida?

    a. Cuando la propiedad no es residencial
    b. Bajo la supervisión de un tasador residente de Florida
    c. Para tasaciones de transacciones relacionadas con el gobierno federal
    d. Nunca

23. ¿Estatuto de Florida prohíbe los licenciatarios inmobiliarios realizar cual tasaciones inmobiliarias?

    a. Propiedades residenciales con menos de cuatro unidades
    b. Propiedades comerciales
    c. Transacciones relacionadas con el gobierno federal
    d. Todas las propiedades

24. ¿ Cuál de las siguientes afirmaciones es verdadera?

    a. Si se preparan adecuadamente, los CMA cumplen con los requisitos de una tasación.
    b. Las tasaciones se pueden utilizar en la preparación de CMA.
    c. Los modelos de valoración automatizados cumplen con los estándares de las tasaciones.
    d. No debe ser necesario realizar ajustes de valor entre propiedades comparables y la propiedad en cuestión.

17 Inversiones Inmobiliarias y Corretaje de Oportunidades de Negocio

Fundamentos de Inversión
El Sector Inmobiliario como Inversión
Tributación de las Inversiones Inmobiliarias
Análisis de Inversión de una Residencia
Análisis de Inversión de una Propiedad de Renta
Corretaje de Negocios

Objetivos de aprendizaje

- *Distinguir* entre los diferentes tipos de inversiones inmobiliarias
- Identificar las ventajas y desventajas de invertir en bienes raíces
- Distinguir entre los distintos tipos de riesgo
- Explicar la importancia del análisis de inversiones
- Describir las similitudes y diferencias entre el corretaje de bienes raíces y el corretaje de negocios
- Describir los tipos de experiencia requeridos en el corretaje de negocios
- Distinguir entre los métodos de tasación de empresas
- Describir los pasos en la venta de un negocio

Términos clave

apreciación	buena voluntad
activo	apalancamiento
base	análisis de liquidación
Ganancia de capital (o pérdida)	liquidez
flujo de caja	fideicomiso de inversión en bienes raíces (REIT)
equidad	riesgo
Valor de la empresa en marcha	refugio fiscal

FUNDAMENTOS DE INVERSIÓN

Características de la inversión
Recompensas
Riesgos
Tipos de inversiones

**Características
de la inversión**

La idea de inversión es simple: tomar algo de valor y ponerlo a trabajar de alguna manera para aumentar su valor con el tiempo. Con cualquier inversión, uno quiere que la inversión original crezca, sin perderla. Esta idea se llama **Conservación del capital**. Desafortunadamente, ninguna inversión es realmente segura. Las condiciones externas cambian, y la inversión misma puede cambiar. Incluso si no haces nada con él, su valor no permanece constante.

Riesgo versus retorno. La regla general en las inversiones es que cuanto más segura es la inversión, más lentamente gana valor. Cuanto más quieras que gane, y cuanto más rápido, más debes arriesgarte a perderlo. ¿Cuánto quieres ganar y cuánto estás dispuesto a arriesgar para ganarlo? La recompensa en la inversión se corresponde directamente con el grado de riesgo.

Gestión. Otro aspecto de la inversión es la cantidad de atención que debe prestarle para que funcione. Puedes depositar dinero en efectivo en una cuenta de libreta y olvidarte de ello. Puede usar su efectivo para comprar un negocio y luego administrar el negocio usted mismo para hacer que su activo crezca y gane. ¿Cuánto quieres involucrarte en la gestión de tu inversión?

Liquidez. La cuestión de la intercambiabilidad es importante en la inversión. ¿Qué tan fácil es recuperar tu recurso invertido, sin pérdidas, e intercambiarlo por otro que desees? Si hay un **mercado** por el tipo de recurso que tienes, otras personas quieren comprarlo y venderlo para sí mismos, tu inversión es **líquido**.

Recompensas

El objetivo básico de la inversión financiera es aumentar la riqueza de uno, agregar valor a lo que se tiene. Esto puede ocurrir de varias maneras.

Ingresos. Una inversión puede generar ingresos de alguna manera de forma periódica. Puede consumir este dinero en efectivo, gastándolo en bienes y servicios que, cuando se agotan, ya no tienen valor. O bien, puede usar el efectivo para invertir en otra inversión.

Apreciación. Su activo invertido en sí mismo puede ganar valor con el tiempo debido a un aumento en la demanda del mercado. Cuando lo vendes o lo cambias por otra cosa que prefieras tener, obtienes más de lo que invertiste originalmente en la inversión.

Apalancamiento. Puede comprometer el valor de su recurso para pedir fondos prestados con el fin de hacer una inversión que sea mayor de lo que su propio recurso le permite hacer directamente. Un pequeño recurso se utiliza como una palanca para hacer una inversión más grande y, por lo tanto, aumenta su oportunidad de beneficiarse de los ingresos, la apreciación y las otras recompensas de la inversión.

Beneficios fiscales. Algunas inversiones reciben un tratamiento bajo las leyes fiscales que permite al inversionista reducir o diferir el monto de los impuestos adeudados. El dinero de los impuestos que no tiene que pagar es dinero que tiene disponible para algún otro uso, como consumir o seguir invirtiendo.

Riesgos

Riesgos de inversión provienen de una variedad de fuentes generales, incluyendo el mercado, las operaciones comerciales, el valor del dinero y los cambios en la tasa de interés.

Riesgo de mercado. Los cambios en la demanda de los recursos invertidos pueden hacer que su inversión pierda valor y se vuelva ilíquida.

Riesgo de negocio. Los cambios en la operación de un negocio con el que su inversión está conectada pueden reducir o eliminar la capacidad de ingresos y ganancias de apreciación de su inversión.

Riesgo de poder adquisitivo. Los cambios en el valor del dinero como medio de intercambio, como la inflación, pueden disminuir el valor práctico de los recursos invertidos.

Riesgo financiero. Los cambios en los mercados financieros, particularmente en las tasas de interés, pueden reducir el valor de su inversión al hacerla menos deseable para otros y al hacer que sea más costoso para usted mantenerla.

Tipos de Inversiones

Cuatro de los tipos de inversión más importantes son las inversiones en dinero, capital, deuda y bienes raíces.

Inversiones monetarias. Una inversión monetaria es aquella en la que la forma básica de la inversión sigue siendo dinero. Algunos ejemplos son: cuentas de depósito, certificados de depósito, fondos monetarios y anualidades. La recompensa básica de una inversión monetaria viene en forma de intereses. Las inversiones monetarias son relativamente seguras, con tasas de rendimiento correspondientemente conservadoras.

Inversiones en deuda. Una inversión de deuda es aquella en la que un inversor compra un instrumento de deuda. Algunos ejemplos son los bonos, los pagarés, las hipotecas y los fondos mutuos de bonos. La recompensa básica viene en forma de intereses. Las inversiones en deuda suelen ser más riesgosas que las inversiones en dinero y menos riesgosas que las acciones o los bienes raíces.

Inversiones de capital. Una inversión de capital es aquella en la que un inversor compra una participación en la propiedad de una empresa comercial. Algunos ejemplos son las acciones y los fondos mutuos de acciones. Las recompensas básicas vienen en forma de dividendos y apreciación del valor de las acciones. Las inversiones de capital suelen ser más arriesgadas que las inversiones en dinero y deuda.

Inversiones inmobiliarias. Una inversión inmobiliaria es aquella en la que un inversor *compra bienes inmuebles por sus beneficios de inversión y no principalmente por su utilidad*. Puede tener las características de una inversión de capital y deuda, dependiendo del tipo de bienes raíces involucrados y muchos otros factores, como el tipo de interés que uno posee. Un inversionista inmobiliario puede invertir en una propiedad que genere ingresos o en una propiedad que no genere ingresos.

▸ **Propiedad sin ingresos**

Una propiedad residencial utilizada como residencia principal del inversionista. La recompensa básica, más allá del disfrute del uso, viene en forma de apreciación. También puede haber beneficios fiscales, dependiendo de cómo se financie la compra.

▸ **Propiedad de ingresos**

Una propiedad que se posee específicamente por las recompensas de inversión que ofrece. Algunos ejemplos son las propiedades residenciales multifamiliares, las tiendas minoristas, las propiedades industriales y los edificios de oficinas. Las recompensas vienen en cualquiera o todas las formas mencionadas anteriormente: ingresos, revalorización, apalancamiento y ventajas fiscales.

EL SECTOR INMOBILIARIO COMO INVERSIÓN

**Riesgo y recompensa
Iliquidez
Requisitos de administración**

Las inversiones inmobiliarias participan en los riesgos y beneficios generales de todas las inversiones. Sin embargo, las inversiones inmobiliarias suelen ser complejas. También se distinguen por su falta de liquidez y por la cantidad de gestión que requieren. Además, cada inversor tiene objetivos y circunstancias específicas que afectan a la viabilidad de cualquier inversión inmobiliaria concreta para esa persona. Los licenciatarios que carezcan de experiencia en el área de análisis de inversiones inmobiliarias deben remitir a los posibles inversores a un asesor competente. Sin embargo, un licenciatario debe estar familiarizado con los conceptos básicos de los bienes raíces como inversión.

Riesgo y recompensa

El capital invertido en bienes raíces siempre está sujeto a toda la gama de factores de riesgo: cambios en el mercado, déficit de ingresos, apalancamiento negativo, cambios en la legislación fiscal y bajo rendimiento general.

La demanda del mercado para un tipo específico de propiedad puede disminuir. Por ejemplo, los minoristas de un distrito comercial pueden desocupar las tiendas de una zona para obtener un mejor espacio en un nuevo centro comercial. Las caídas del mercado dejan al inversionista inmobiliario con una propiedad no comercializable o una que solo se puede volver a arrendar con la pérdida de una parte de la inversión original. Por lo tanto, es posible que nunca se obtenga la recompensa esperada de los ingresos o la apreciación.

Otro riesgo de la propiedad de inversión es el costo de desarrollo u operación. Si los costos iniciales o los costos operativos continuos exceden los ingresos por alquiler, el propietario debe recurrir a recursos de capital adicionales para mantener la inversión hasta que aumenten sus ingresos. Si los ingresos no aumentan, o si los costos no disminuyen, el inversor simplemente puede quedarse sin dinero.

El apalancamiento es un riesgo constante en la inversión inmobiliaria. Si la propiedad no genera suficientes ingresos, los costos del dinero prestado pueden llevar al propietario a la bancarrota, al igual que los costos de desarrollo y operación. Los inversores a menudo pasan por alto el hecho de que el apalancamiento solo funciona cuando el rendimiento de la inversión supera los costos de los fondos prestados.

El derecho tributario es un riesgo constante en la inversión inmobiliaria a largo plazo. Si las circunstancias fiscales del inversionista cambian, o si las leyes fiscales lo hacen, el inversionista puede terminar pagando más ganancias de capital e impuestos sobre la renta de lo planeado, lo que socava el rendimiento de la inversión. Un inversionista debe considerar cuidadosamente el valor de los posibles beneficios fiscales, como las deducciones por intereses hipotecarios, las pérdidas fiscales, las ganancias diferidas, las exenciones y los créditos fiscales para ciertos tipos de inversión inmobiliaria.

Otra consideración es el *costo de oportunidad*. El costo de oportunidad es el rendimiento que un inversionista podría obtener sobre el capital invertido con un riesgo mínimo. Si la inversión inmobiliaria, con todo el riesgo que ello conlleva, no puede rendir una rentabilidad superior a la de una inversión en otro lugar que implique menos riesgo, entonces el costo de oportunidad es demasiado alto para la inversión inmobiliaria. A pesar de todos los riesgos, los bienes raíces siguen siendo una inversión popular, porque, históricamente, las recompensas han superado los riesgos. El sector inmobiliario ha demostrado ser relativamente resistente a las tendencias inflacionarias adversas que han perjudicado el dinero, la deuda y las inversiones en acciones. Además, los bienes raíces han demostrado ser una inversión viable en vista de la continua expansión de la economía en los últimos cincuenta años.

Iliquidez

En comparación con otras clases de inversión, los bienes raíces son relativamente ilíquidos. Incluso en el caso de liquidar una vivienda unifamiliar, se puede esperar un período de comercialización de al menos varios meses en la mayoría de los mercados. Además, se necesita tiempo para que el comprador obtenga financiamiento y complete todas las demás fases del cierre de la transacción. Las propiedades comerciales y de inversión pueden tardar mucho más, dependiendo de las condiciones del mercado, los arrendamientos, la construcción, los permisos y una serie de otros factores. El inversor que tiene prisa por deshacerse de una inversión de este tipo puede esperar recibir un precio de venta más bajo de lo que podría ser ideal. Compare esto con la facilidad de sacar dinero de una cuenta bancaria o vender una acción.

Requisitos de Administración

Los bienes raíces tienden a requerir un alto grado de participación del inversor en la gestión de la inversión. Incluso la tierra cruda requiere cierto grado de mantenimiento para preservar su valor: drenaje, cercado, pago de impuestos e inspección periódica, por nombrar algunas tareas. Las propiedades mejoradas a menudo requieren una gestión exhaustiva, que incluye reparaciones, mantenimiento, arrendamiento, relaciones con los inquilinos, seguridad y gestión fiscal.

FISCALIDAD DE LAS INVERSIONES INMOBILIARIAS

Ingreso imponible
Recuperación de costos
Ganancia en la venta
Interés

Las inversiones inmobiliarias tributan sobre los ingresos que producen y sobre el aumento de valor, o ganancia, cuando se vende la inversión. Estas formas de tributación son distintas de la tributación ad valorem de los bienes inmuebles.

Ingreso imponible

Ingreso imponible de los bienes raíces de inversión es *los ingresos brutos percibidos menos los gastos, deducciones o exclusiones que permita la legislación tributaria vigente*. Los ingresos imponibles de bienes raíces se suman a los otros ingresos del inversionista y se gravan a la tasa impositiva marginal del inversionista. La sección "Análisis de Inversión de una Propiedad de Renta" a continuación da detalles.

Recuperación de costos

Recuperación de costos o **depreciación**, permite al propietario de la propiedad de ingresos deducir una parte del valor de la propiedad de los ingresos brutos cada año durante la vida útil del activo. La "vida útil del activo" y la parte deducible están definidas por ley. En teoría, el propietario recupera el costo total de la inversión si se mantiene hasta el final de la vida económica del activo, según lo definido por el Servicio de Impuestos Internos (IRS). En el momento de vender el activo, la recuperación de costos acumulados se resta del valor original de la inversión como parte de la determinación de la ganancia de capital imponible.

La recuperación de costos sólo se permite para las propiedades de renta y la parte de una propiedad sin renta que se utiliza para producir renta. Solo se aplica a las mejoras. La tierra no se puede depreciar. La parte de un inmueble que se puede depreciar se denomina **Base depreciable**.

Programas de depreciación. Las propiedades residenciales de alquiler se deprecian durante un período de 27.5 años. La deducción básica anual por dicho inmueble es del 3.636%, con ajustes por el mes del año gravable en el que el inmueble fue puesto en servicio. Las propiedades de renta no residencial puestas en servicio después de 1994 se deprecian en un período de 39 años (el porcentaje básico anual es del 2.564%). El método adecuado de depreciación debe determinarse en consulta con un asesor fiscal calificado.

Ganancia en la venta

Cuando se venden bienes inmuebles, ya sean ingresos o sin ingresos, ocurre un hecho imponible. Si la venta procede *exceder* el costo original de la inversión, sujeto a algunos ajustes, existe una **ganancia de capital** que está sujeto a impuestos. Si los ingresos de las ventas son menores que el costo original con ajustes, hay una **pérdida de capital**.

A veces, un inversor puede diferir la declaración de ganancias o pérdidas y, por lo tanto, la tributación de las ganancias, participando en un intercambio de activos similares. La legislación que se ocupa de los intercambios similares está contenida en la Sección 1031 del código del IRS. Estos intercambios con impuestos diferidos a veces se denominan **Intercambios de la Sección 1031** y **Intercambios Starker**, llamado así por un inversionista que ganó un caso contra el IRS.

Para calificar bajo la Sección 1031, debe haber habido un intercambio legítimo de los activos involucrados. La propiedad que se transfiere debe haber sido mantenida para uso productivo en un comercio o negocio o mantenida como una inversión y debe ser intercambiada por una propiedad que también se utilizará en un comercio o negocio o se mantendrá como una inversión. El impuesto sobre las ganancias se difiere hasta que la inversión o la propiedad comercial se venda y no se intercambie.

Interés

Intereses hipotecarios incurridos por préstamos para comprar, construir o mejorar materialmente una residencia principal o secundaria es deducible de los ingresos brutos. Los intereses de un préstamo con garantía hipotecaria se pueden deducir solo si el préstamo se utiliza para: "comprar, construir o mejorar sustancialmente" la vivienda que garantiza el préstamo. Los pagos del capital de un préstamo *no* son deducible.

En el caso de las propiedades de renta que se mantienen como inversiones, los intereses sobre las deudas contraídas para financiar la inversión son deducibles como **intereses de inversión** hasta el importe de los ingresos netos recibidos de la propiedad

ANÁLISIS DE INVERSIÓN DE UNA RESIDENCIA

Apreciación
Deducibles
Deuda tributaria
Exclusión del impuesto sobre las ganancias

El análisis de inversiones examina el rendimiento económico de una inversión. El análisis incluye los costos, los ingresos, los impuestos, la apreciación y el rendimiento.

Una propiedad adquirida y utilizada como residencia principal es un ejemplo de propiedad sin ingresos. Si una parte de una residencia se utiliza para negocios (es decir, una oficina en casa), esta parte solo puede tratarse como una propiedad de ingresos para fines fiscales. Dado que, por definición, una propiedad sin ingresos no genera ingresos, su valor como inversión debe provenir de una o más de las otras fuentes: apreciación, apalancamiento o beneficios fiscales.

Apreciación

Apreciación es el aumento del valor de un activo a lo largo del tiempo. Una forma sencilla de estimar la apreciación de una residencia principal es restar el precio pagado originalmente del valor de mercado actual estimado:

$$Valor\ actual - precio\ original = Apreciación\ total$$

Por ejemplo, si se compró una casa por 300,000 dólares y su valor de mercado estimado ahora es 400,000 dólares, se ha apreciado en 100,000 dólares.

Precio original:	$300,000
Valor actual:	$400,000
Apreciación total:	$100,000

La apreciación total se puede expresar como un aumento porcentual sobre el precio original dividiendo la apreciación total estimada por el precio original.

La casa del último ejemplo se ha revalorizado en un 33%:

$$\frac{(Apreciación\ total)}{Precio\ original} = \%\ Apreciación$$

$$\frac{100,000}{300,000} = 33\%$$

Para estimar el porcentaje de *apreciación anual*, divida el porcentaje apreciado por el número de años que la casa ha sido propietaria:

$$\frac{\%\ Apreciación\ total}{años\ de\ propiedad} = \%\ Apreciación\ anual$$

Si la casa del ejemplo anterior ha sido en propiedad durante tres años, la revalorización anual ha sido del 11%.

$$\frac{33\%}{3\ años} = 11\%\ Apreciación\ anual$$

Deducibles

El principal beneficio fiscal disponible para el propietario de una propiedad sin ingresos es la *deducción anual por intereses hipotecarios*. La parte de los pagos anuales de la hipoteca que se destina a pagar el capital debe restarse para determinar la cantidad pagada por intereses. El reembolso del capital no es deducible. Además, no se permite la depreciación de las propiedades que no son rentables.

Deuda tributaria

El vendedor de una residencia principal puede adeudar impuestos sobre la ganancia de capital que resulte de la venta. El IRS define la ganancia en la venta de una casa como **Cantidad realizada** de la venta menos el **Base ajustada** de la vivienda vendida

Cantidad realizada. La cantidad realizada, también conocida como **producto neto de la venta**, se expresa mediante la fórmula:

> Precio de venta
> - Costos de venta
>
> Cantidad realizada

El precio de venta es la cantidad total que el vendedor recibe por la vivienda. Esto incluye dinero, pagarés, hipotecas u otras deudas que el comprador asuma como parte de la venta.

Los costos de venta incluyen comisiones de corretaje, publicidad relevante, honorarios legales, puntos pagados por el vendedor y otros costos de cierre. Cierto *Gastos de reparación*, como se explica más adelante, puede deducirse del importe realizado para obtener un **precio de venta ajustado** con el fin de aplazar la tributación sobre las ganancias.

Por ejemplo, Larry y Mary vendieron su casa por 350,000 dólares. Sus costos de venta, incluida la comisión que pagaron a la corredora Betty y las cantidades pagadas a los inspectores, un topógrafo y la compañía de títulos, ascendieron al diez por ciento del precio de venta, o $ 35,000. Por lo tanto, la cantidad que obtuvieron de la venta fue de 315,000 dólares.

Base ajustada. La base es una medida de cuánto se invierte en la propiedad a efectos fiscales. Suponiendo que el inmueble se adquiriera mediante compra, la **base inicial** es el costo de adquisición de la propiedad. El costo incluye obligaciones en efectivo y deudas, y otros costos de liquidación como honorarios legales y de registro, honorarios de resúmenes, encuestas, cargos por instalación de servicios públicos, impuestos de transferencia, seguro de título y cualquier otra cantidad que el comprador pague por el vendedor.

La base inicial se incrementa o disminuye por ciertos tipos de gastos realizados mientras se posee la propiedad. La base se incrementa por el costo de **mejoras de capital** hecho a la propiedad. Las evaluaciones de las mejoras locales, como las carreteras y las aceras, también aumentan la base. Ejemplos de mejoras de capital son: colocar una adición, pavimentar un camino de entrada, reemplazar un techo, agregar aire acondicionado central y volver a cablear la casa.

La base se reduce por cualquier cantidad que el propietario haya recibido por cosas tales como servidumbres.

La fórmula básica para la **base ajustada** es:

> base inicial
> + mejoras de capital
> - exclusiones, créditos u otros importes recibidos
>
> base ajustada

Por ejemplo, Mary y Larry pagaron originalmente $200,000 por su casa. Gastaron $10,000 adicionales en una nueva unidad central de calefacción y refrigeración. Por lo tanto, su base ajustada en el momento de venderlo es de 210,000 dólares.

Ganancia en la venta. La ganancia en la venta de una residencia principal se representa mediante la fórmula básica:

> Importe realizado (ingresos netos por ventas)
> - Base ajustada
> Ganancia en la venta

La ganancia en la venta, si no califica para una exclusión bajo la ley tributaria actual, está sujeta a impuestos.

Ganancia en la venta

	precio de venta	$350,000
-	costos de venta	35,000
=	cantidad realizada	315,000
	base inicial	200,000
+	mejoras de capital	10,000
=	base ajustada de la vivienda antigua	210,000
	cantidad realizada	315,000
-	base ajustada	210,000
=	ganancia en la venta	105,000

En el caso de Mary y Larry, su ganancia de capital fue de $315,000 menos $210,000, o $105,000. Deberán pagar impuestos sobre esta cantidad en el año de la venta, a menos que califiquen para la exclusión que se describe a continuación.

Exclusión del impuesto sobre las ganancias

La ley tributaria establece una exclusión de $250,000 para un contribuyente individual y $500,000 para contribuyentes casados que presentan una declaración conjunta. Se puede reclamar la exclusión de la ganancia de la venta de una residencia *cada dos años*, siempre que el contribuyente

1. haber sido propietario de la propiedad durante al menos dos años durante los cinco años anteriores a la fecha de venta;

2. utilizó el inmueble como residencia principal durante un total de dos años durante ese período de cinco años;

3. ha esperado dos años desde el último uso de la exclusión para cualquier venta.

Las pérdidas no son deducibles y no se transfiere ninguna parte no utilizada de la exclusión. Las ganancias pospuestas de una venta de vivienda anterior bajo las reglas de reinversión anteriores reducen la base de la casa actual si esa casa era una casa de reemplazo calificada bajo la regla anterior.

ANÁLISIS DE INVERSIÓN DE UN INMUEBLE DE INGRESOS

Flujo de caja antes de impuestos
Deuda tributaria
Flujo de caja después de impuestos
Rendimiento de la inversión

Las propiedades de ingresos son aquellas que se mantienen principalmente para la generación de renta. Además de las propiedades comerciales y de inversión, como los edificios de oficinas, esta categoría incluye las propiedades residenciales de alquiler. Una diferencia importante entre las propiedades de ingresos y las que no son de ingresos es que se permiten deducciones por depreciación en las propiedades de ingresos. Las propiedades de ingresos, al igual que las propiedades sin ingresos, generan una ganancia (o pérdida) en la venta, y también crean un flujo de ingresos anual. Los flujos de ingresos anuales se determinan tanto antes como después de impuestos para determinar la productividad de la inversión.

Flujo de caja antes de impuestos

Flujo de caja es la diferencia entre la cantidad de efectivo real que fluye hacia la inversión como ingresos y fuera de la inversión para gastos, servicio de la deuda y todos los demás elementos. El flujo de efectivo se refiere únicamente a las partidas de efectivo y, por lo tanto, excluye la depreciación, que no es un gasto de efectivo **Flujo de caja antes de impuestos**, o flujo de efectivo antes de impuestos, se calcula de la siguiente manera::

	Posibles ingresos por alquiler
-	Vacantes y pérdida de cobros
=	Ingresos efectivos por alquiler
+	Otros ingresos
=	Ingresos brutos de explotación (GOI)
-	Gastos de explotación
-	reservas
=	Resultado neto de explotación (NOI)
-	Servicio de la deuda
=	Flujo de caja antes de impuestos

Ingresos potenciales por alquiler es la cantidad anual que se obtendría si la propiedad se arrienda en su totalidad o se alquila a la tarifa programada. **Vacantes y pérdida de cobros** son los ingresos por alquiler perdidos debido a las vacantes o a la falta de pago del alquiler por parte de los inquilinos. **Ingresos efectivos por alquiler** es el ingreso potencial ajustado por estas pérdidas. A eso se suma cualquier **Otros ingresos** que la propiedad genera, por ejemplo, a partir de los cargos de lavandería o estacionamiento, para obtener **Ingresos brutos de explotación**. **Gastos de explotación** pagados por el arrendador incluyen elementos tales como servicios públicos y mantenimiento. Estos se deducen de los ingresos brutos de explotación. Algunos propietarios también reservan dinero en efectivo **reserva** cada año para crear un fondo para reemplazos de capital en el futuro, por ejemplo, para reemplazar un techo o un horno. Las reservas de efectivo no son deducible a efectos fiscales hasta que se gaste como reparación o mantenimiento deducible. El resto es **Resultado neto de explotación (NOI)**. Cuando el importe anual pagado por **Servicio de la deuda**, incluidos el capital y los intereses, se resta, el resto es el **Flujo de caja antes de impuestos**.

Por ejemplo, un pequeño edificio de oficinas de 3,500 pies cuadrados se alquila a $20 por pie cuadrado. Si se alquila en su totalidad, el ingreso anual por alquiler sería de $70,000. Históricamente, la propiedad tiene un promedio de $4,200 en pérdidas por desocupación y cobranza. El alquiler de equipos proporcionará un ingreso adicional de $2,000 por año. El propietario tendrá que pagar gastos operativos que ascienden a diez dólares por pie cuadrado, o $35,000 por año. El propietario reserva un dólar por pie cuadrado, o $3,500 por año, para reservas. El propietario financió la compra del edificio con un préstamo que requiere el servicio anual de la deuda por un monto de $20,000. El flujo de caja antes de impuestos del edificio se ilustra en el siguiente gráfico.

Flujo de caja antes de impuestos

	Posibles ingresos por alquiler	$70,000
-	Vacantes y pérdida de cobros	4,200
=	Ingresos efectivos por alquiler	65,800
+	Otros ingresos	2,000
=	Ingresos brutos de explotación (GOI)	67,800
-	Gastos de explotación	35,000
-	reservas	3,500
=	Resultado neto de explotación (NOI)	29,300
-	Servicio de la deuda	20,000
=	Flujo de caja antes de impuestos	9,300

Deuda tributaria La obligación tributaria del propietario sobre los ingresos imponibles de la propiedad se basa en: *renta imponible* en lugar de flujo de caja. La renta imponible y la obligación tributaria se calculan de la siguiente manera:

	Resultado neto de explotación (NOI)
+	reservas
-	Gastos por intereses
-	Gastos de recuperación de costos
=	renta imponible
x	tasa impositiva
=	deuda tributaria

El ingreso imponible es el ingreso operativo neto menos todas las deducciones permitidas. Los gastos de recuperación de costos se permiten como deducción, mientras que no se permiten las deducciones para reservas y pagos sobre la devolución del principal del préstamo. Por lo tanto, dado que las reservas se dedujeron de los ingresos brutos de explotación para determinar el NOI, esta cantidad debe volver a agregarse. Como solo es deducible la parte de intereses del servicio de la deuda, el monto principal debe eliminarse de los pagos del servicio de la deuda y el gasto por *intereses* debe deducirse del NOI. La renta imponible, multiplicada por el tramo impositivo marginal del propietario, da lugar a la **obligación tributaria**.

Nota sobre la tasa impositiva: cuando una propiedad de alquiler es propiedad de un individuo o a través de una entidad de transferencia (sociedad, LLC tratada como una sociedad a efectos fiscales o corporación S), su ingreso neto se grava a la tasa marginal del impuesto sobre la renta personal del individuo. El siguiente gráfico muestra la obligación tributaria del ejemplo anterior utilizando una tasa individual del 24%.

Deuda tributaria

	Resultado neto de explotación (NOI)	29,300
+	reservas	3,500
-	Gastos por intereses	10,000
-	Gastos de recuperación de costos	22,000
=	renta imponible	800
x	Tipo impositivo (24%)	
=	deuda tributaria	192

Flujo de caja después de impuestos

El flujo de caja después de impuestos es la cantidad de ingresos de la propiedad que realmente va al bolsillo del propietario *después de pagar el impuesto sobre la renta*. Se representa como:

	Flujo de caja antes de impuestos
-	deuda tributaria
=	Flujo de caja después de impuestos

El flujo de efectivo después de impuestos para la propiedad de muestra se ilustra en el siguiente gráfico.

Flujo de caja después de impuestos

	Flujo de caja antes de impuestos	9,300
-	deuda tributaria	192
=	Flujo de caja después de impuestos	9,108

Rendimiento de la inversión

Los inversores miden el rendimiento de la inversión de una propiedad de ingresos de muchas maneras diferentes, dependiendo de sus necesidades. Algunas de las medidas comunes son:

$$\frac{\text{Utilidad operativa neta}}{\text{precio}} = \text{etorno de la inversión (ROI)}$$

$$\frac{\text{flujo de caja}}{\text{efectivo invertido}} = \text{rendimiento de efectivo sobre efectivo (C en C)}$$

$$\frac{\text{flujo de caja}}{\text{patrimonio}} = \text{rendimiento de los fondos propios (ROE)}$$

CORRETAJE DE NEGOCIOS

Corretaje de negocios vs. corretaje de bienes raíces
Conocimiento de las transacciones
Contabilidad
Determinación de un precio
Regulación de la intermediación empresarial
Pasos en la venta de un negocio

El corretaje de negocios es *efectuar una venta o intercambio de un negocio existente*. En la mayoría de los casos, la venta de un negocio implica la transferencia simultánea de un inmueble en tierra, ya sea un arrendamiento o una cuota. Por lo tanto, para vender negocios, un corredor generalmente debe tener una licencia de bienes raíces.

El corretaje de negocios se puede clasificar en: *Corretaje de oportunidades* y *Corretaje Empresarial* de acuerdo con el tamaño del negocio que se vende, aunque Florida no hace esta distinción. **Corretaje de oportunidades** se refiere a una pequeña empresa, generalmente una propiedad o sociedad, donde la transacción consiste en una venta de activos y una cesión de un arrendamiento. **Corretaje empresarial** se refiere a una empresa más grande, generalmente una corporación, donde la transacción implica la venta de acciones y múltiples parcelas inmobiliarias arrendadas o propiedad del vendedor.

El proceso de corretaje de negocios es similar al corretaje de bienes raíces: un corridor asegura un listado, consigue un comprador y facilita el cierre. Una vez que esté listo, si se encuentra un comprador dispuesto y capaz, el corredor gana una comisión.

Corretaje de negocios vs corretaje de bienes raíces

La diferencia fundamental entre la venta de un negocio y la venta de bienes raíces es que la venta de un negocio incluye la transferencia de *ingresos comerciales, activos de propiedad personal, buena voluntad* y, posiblemente, *pasivo*, además de los bienes inmuebles.

Buena voluntad es un activo intangible que está ligado a la reputación del negocio y que agregue valor a la oportunidad de negocio. El fondo de comercio se analiza más adelante. Las franquicias, los derechos de autor y las patentes son ejemplos de otros activos intangibles que agregan valor.

Otro valor no inmobiliario transferido con una empresa es el valor de la empresa en marcha, o el valor monetario que se espera de las operaciones comerciales y las ganancias en curso en lugar del valor de solo los activos físicos.

Entre las similitudes de la venta de un negocio y la venta de bienes raíces se encuentran los hechos de que ambos generalmente involucran bienes inmuebles o un arrendamiento a largo plazo y ambos requieren que el corredor tenga licencia de acuerdo con el Capítulo 475, Parte I del Estatuto de Florida, en el que la definición de corredor y los requisitos de licencia de un corredor incluyen "... la venta, el intercambio, la compra o el alquiler de empresas comerciales u oportunidades comerciales o cualquier bien inmueble ..."

Para ser competente en esta especialidad de corretaje, un corredor de negocios debe tener habilidades especializadas en transacciones, contabilidad y precios. Un corredor de negocios también debe confiar en un equipo profesional para completar la transacción. Los miembros de este equipo incluirían al asesor legal del cliente, al contador y, preferiblemente, a un tasador profesional.

Conocimiento de las transacciones

Tipos de venta. Por lo general, hay dos tipos de transacciones de venta de negocios que un corredor de negocios debe tener en cuenta: *Venta de activos* y *Venta de acciones*. En un **Venta de activos**, el comprador toma posesión de algunos o todos los activos de la empresa, así como de los bienes inmuebles, a cambio del precio de venta. Por lo general, la compra no incluye la adquisición de la entidad comercial existente ni sus pasivos. Una venta de activos es preferida por los compradores que desean comprar solo partes de un negocio o evitar responsabilidades inherentes a la compra de acciones.

En una **Venta de acciones**, un comprador adquiere la propiedad completa de un negocio, incluida la entidad corporativa legal, todos los activos, todos los pasivos financieros y cualquier responsabilidad legal actual o futura que surja de incidentes que hayan ocurrido antes de la venta. Un comprador puede preferir una venta de acciones para evitar la creación de una nueva entidad comercial o para beneficiarse de una posible ventaja fiscal. Además, una venta de acciones mantiene intacta la identidad de una empresa, lo que puede ser muy valioso.

Documentos de la transacción. Los documentos de transacción más comunes en el corretaje de negocios son un *contrato de venta,* una *cesión* o *contrato de venta de bienes raíces,* un *acuerdo de no competencia* y un *acuerdo de consultoría.*

Un **Contrato de compraventa** establece todos los términos y condiciones del acuerdo, incluido exactamente lo que se vende. Una **asignación** o **Contrato de compraventa de inmuebles** es un acuerdo para transferir todos y cada uno de los bienes inmuebles involucrados en la transacción. Un **Acuerdo de no competencia** es un pacto del vendedor, a cambio de una compensación, de no competir con el comprador en condiciones y plazos prescritos. Un **Contrato de consultoría** es un acuerdo de empleo que contrata al vendedor para ayudar al comprador a hacerse cargo de las operaciones comerciales.

En su mayor parte, los documentos de transacción en el corretaje comercial no están completamente estandarizados. Por esa razón, un corredor de negocios debe tener cuidado al tratar con el lenguaje de los documentos para evitar la práctica no autorizada de la ley.

Contabilidad

Un corredor o agente que quiera emprender el corretaje de negocios necesita conocimientos básicos de contabilidad. En particular, hay que saber leer e interpretar:

- ▸ Ingresos, gastos y ganancias en un estado de resultados
- ▸ Activos, pasivos y patrimonio neto en un balance general

Ingresos, gastos y ganancias. El beneficio de una empresa es el ingreso que queda de los ingresos brutos después de que se hayan pagado todos los gastos. Un corredor de negocios debe evaluar los ingresos y gastos de un propietario para determinar lo que el negocio puede valer para un comprador. Esto a menudo implica interpretar qué elementos de ingresos y gastos cambiarán después de que se venda el negocio. Por ejemplo, un vendedor es dueño de una tienda de comestibles y utiliza a miembros de su familia para realizar trabajos administrativos sin remuneración. Si un comprador es un soltero sin hijos, gran parte del trabajo administrativo tendrá que ser subcontratado. La nómina adicional cambia repentinamente la rentabilidad de la tienda de manera significativa. No tener en cuenta cómo pueden cambiar los ingresos y los gastos es probable que conduzca a serios problemas a la hora de trabajar con los compradores.

Activos de la empresa. Los activos de una empresa incluyen: **tangible** activos y **intangible** activo. Los activos tangibles incluyen:

- efectivo y valores negociables
- inventario
- accesorios y equipos comerciales
- bien inmueble
- cuentas por cobrar

Los activos intangibles incluyen:

- nombre de la empresa
- marcas registradas
- derechos de autor
- patentes
- licencias
- contratos de venta futura de bienes o servicios
- buena voluntad
- empresa en marcha

A la hora de valorar una empresa, hay que tener en cuenta tanto los activos tangibles como los intangibles, aunque los activos intangibles pueden ser muy difíciles de valorar.

Pasivos de la empresa. Pasivos empresariales adquiridas en una venta de acciones corporativas incluyen deuda a corto plazo, como cuentas por pagar, y pasivos a largo plazo, como hipotecas y arrendamientos.

Buena voluntad. Buena voluntad mencionado anteriormente, es un término de corretaje de negocios con dos significados. En cierto sentido, buena voluntad es un activo intangible que consiste en cualquier factor que un propietario valora en el negocio, aparte de cualquier otro activo específico. Por ejemplo, buena voluntad puede incluir reputación, una larga historia de éxito en un mercado, reconocimiento de nombre, una cuota de mercado dominante y una excelente ubicación comercial. En el segundo sentido, que es más familiar para los contadores, buena voluntad es la diferencia de valor entre el precio de un propietario y el valor de todos los demás activos comerciales. Por ejemplo, si un propietario quiere $400,000 para un negocio, y la totalidad de los activos tangibles e intangibles está valorada en $320,000, la buena voluntad es un activo de $80,000.

Determinación de un precio

La tarea más difícil para un corredor de negocios suele ser encontrar el rango de precios adecuado para un negocio. Es probable que el propietario de una empresa más pequeña haya construido el negocio desde cero y tienda a sobrevalorarlo. Además, ese propietario puede tener registros contables incompletos y desorganizados, lo que dificulta bastante la valoración de los activos. Por último, los ingresos reales de una empresa pueden ser diferentes para un propietario que para otro debido a las variaciones en el estilo y la capacidad de gestión.

En cualquier caso, el valor del negocio está en función de lo siguiente:

- utilidades netas pasadas, presentes y futuras, y el valor capitalizado
- la cantidad de riesgo y la certeza asociados con la obtención de beneficios futuros
- valor de todos los activos reflejado en los libros de contabilidad
- impacto de buena voluntad en el valor del negocio
- precios pagados por negocios similares
- todos los demás riesgos asociados con el negocio

Regulación de la intermediación empresarial

Licenciamiento. Un corredor de negocios generalmente debe tener una licencia de bienes raíces activa. Además, es posible que el corredor deba tener una licencia de valores válida porque una transacción puede implicar la venta de valores.

Código Comercial Uniforme (UCC). El Código Comercial Uniforme regula la venta de bienes personales estado por estado y constituye la base de los documentos de venta estandarizados. Los documentos estándar incluyen pagarés, acuerdos de garantía y facturas de venta.

Ley de Ventas a Granel. La Ley de Ventas a Granel protege a los acreedores contra la pérdida de garantías en un negocio endeudado a través de la venta no revelada del inventario del negocio. Si una empresa vende más de la mitad de su inventario a un comprador, la ley declara que la venta es una venta al por mayor y, como tal, es potencialmente una venta de activos. Dado que un acreedor podría perder la garantía en dicha venta, el vendedor debe revelar los nombres de los acreedores al comprador en una Declaración Jurada de Ventas al por Mayor. El comprador debe notificar la venta a los acreedores, quienes pueden tomar las medidas apropiadas para garantizar sus préstamos.

Pasos en la venta de una empresa

La venta de un negocio comúnmente implica los siguientes pasos:

- asignando un corredor

  Ayuda a valorar el negocio, enumera el negocio para la venta, encuentra compradores calificados, negocia el trato y administra el proceso general.

▸ valorando el negocio

La valoración de la empresa requiere determinar las ganancias discrecionales, identificar los activos de la empresa y restar los pasivos. Los pasivos pueden incluir acciones, que se valoran dividiendo el valor neto de la empresa por el número de acciones ordinarias en circulación.

▸ preparación de las finanzas de la empresa y la documentación relacionada

Los elementos que se deben proporcionar a los compradores incluyen declaraciones de impuestos, estados de pérdidas y ganancias, licencias comerciales, contratos, cuentas por pagar y por cobrar, listas de inventario, etc.

▸ contratar a un abogado y un contador

Estos profesionales ayudan con las finanzas y el cumplimiento legal.

▸ comercializar el negocio

Las actividades de comercializar y ventas son necesarias para conseguir compradores.

▸ asegurar un comprador

Negociar el trato y asegurarse de que el comprador firme un acuerdo de confidencialidad antes de divulgar información comercial confidencial son acciones clave para asegurar un comprador.

▸ ejecución del acuerdo de compraventa

El acuerdo debe permitir al comprador un período de tiempo designado para realizar la debida diligencia antes de cerrar la transacción.

▸ Preparación para el cierre

Es esencial confirmar que se cumplen las contingencias contratadas, investigar y asignar los contratos de arrendamiento o el título de propiedad, y programar la fecha de cierre.

▸ cierre de la transacción

Todas las partes deben firmar el acuerdo y antes de transferir los fondos y la propiedad.

17 Revisión de Inversiones Inmobiliarias y Corretaje de Oportunidades de Negocio

FUNDAMENTOS DE INVERSIÓN

Inversión características
- Cuanto mayor sea el riesgo, mayor será el rendimiento esperado
- Algunas inversiones requieren más participación de los inversores que otras
- Algunas inversiones son más líquidas (convertibles en efectivo) que otras

Recompensas
- Los inversores buscan aumentar la riqueza a través de los ingresos, la apreciación, el apalancamiento y los beneficios fiscales

Riesgos
- Riesgos: cambios en la oferta y la demanda de la inversión (riesgo de mercado), cambios en los negocios con los que está conectada la inversión (riesgo de negocio), cambios en el valor del dinero (riesgo de poder adquisitivo) y cambios en las tasas de interés (riesgo financiero)

Tipos de inversiones
- Entre las opciones del inversionista se encuentran las inversiones en dinero (por ejemplo, certificados de depósito), capital (por ejemplo, acciones), deuda (por ejemplo, bonos e hipotecas) y bienes raíces (propiedades con ingresos y sin ingresos)

BIEN INMUEBLE COMO INVERSIÓN

Riesgo y recompensa
- El inversionista inmobiliario debe sopesar los riesgos y rendimientos potenciales inherentes a la variabilidad del mercado, los ingresos esperados frente a los reales, el uso del apalancamiento de préstamos, los cambios en el tratamiento fiscal de las ganancias de capital y los ingresos, y el costo del capital

Iliquidez
- Los bienes raíces son generalmente menos líquidos que otros tipos de inversión: se necesita tiempo para comercializar una propiedad

Administración Requisitos
- Los bienes raíces tienden a requerir más participación de los inversores que otras inversiones: mantenimiento, gestión, operación

FISCALIDAD DE LAS INVERSIONES INMOBILIARIAS

Ingreso imponible
- Ingresos brutos recibidos menos gastos, deducciones y exclusiones permitidos

Recuperación de costos
- deducción de una parte del valor de una propiedad de los ingresos brutos cada año durante la vida del activo

Ganancia en la venta
- un exceso de los ingresos de la venta de una propiedad sobre el costo original de la propiedad, sujeto a ajustes

Interés
- Los intereses hipotecarios son deducibles de los ingresos brutos anuales de una propiedad, sujetos a limitaciones

ANÁLISIS DE INVERSIONES DE PROPIEDAD RESIDENCIAL

Apreciación
- aumento del valor de un activo a lo largo del tiempo; puede indicarse como una diferencia entre el precio original y el valor actual de mercado, o como un aumento porcentual sobre el precio original; no es una medida real del retorno de la inversión

Deducibles
- En el caso de las propiedades sin ingresos, el principal beneficio fiscal es la deducción anual de la hipoteca

Deuda tributaria	• el vendedor de una residencia principal debe impuestos sobre cualquier ganancia de capital que resulte de la venta, a menos que se excluya; La ganancia de capital se define como la cantidad realizada menos la base ajustada
Exclusión sobre impuesto de las ganancias	• Hasta $250,000 para un vendedor soltero y $500,000 para una pareja casada pueden excluirse del impuesto sobre las ganancias cada dos años

ANÁLISIS DE INVERSIÓN DE PROPIEDAD DE INGRESO

Flujo de caja antes de impuestos	• El flujo de caja anual antes de impuestos es el ingreso operativo neto menos el servicio de la deuda
Deuda tributaria	• La obligación tributaria sobre los ingresos de una propiedad se basa en los ingresos imponibles: ingresos operativos netos menos gastos por intereses y recuperación de costos
Flujo de caja después de impuestos	• El flujo de caja anual después de impuestos es el flujo de caja antes de impuestos menos la obligación fiscal
Inversión rendimiento	• Algunas medidas comunes del rendimiento de la inversión son: - Retorno de la inversión (resultado neto de explotación dividido por el precio) - Retorno de efectivo sobre efectivo (flujo de efectivo dividido por el efectivo invertido) - Rentabilidad sobre el capital (flujo de caja dividido por el capital) - Análisis de flujo de caja descontado - Tasa interna de retorno

CORRETAJE DE NEGOCIO

	• venta de negocios existentes y sus bienes inmuebles; Intermediación de oportunidades y empresas
Corretaje de negocios Vs Corretaje de Bienes Raíces	• Diferencias – la venta de negocios incluye la transferencia de ingresos comerciales, activos de propiedad personal, fondo de comercio y pasivos; Los activos intangibles incluyen franquicias, derechos de autor, patentes, valor de empresa en marcha (valor monetario de las operaciones comerciales en curso)
	• Similitudes – bienes inmuebles o arrendamientos; licencia de corredor según el estatuto de FL
Conocimiento de las transacciones	• Tipos de venta: venta de activos y venta de acciones
	• Documentos: contrato de compraventa; contrato o cesión de compraventa de inmuebles; acuerdo de no competencia; contrato de consultoría
Contabilidad	• Ingresos, gastos y ganancias • Balance general: activos, pasivos, patrimonio neto • Activos: tangibles e intangibles • Buena voluntad: activo intangible: diferencia entre el precio y otros activos
Determinación de un precio	• la conciliación de los ingresos, los costos y los enfoques de datos de mercado; influenciados por el riesgo y la estabilidad de los ingresos futuros
Regulación de Corretaje de negocios	• puede necesitar una licencia de valores; debe cumplir con la ley de ventas al por mayor

Pasos en la venta de un negocio

- corredor asignado; determinar la valoración de las empresas; preparación de negocios; documentación; contratación de abogado y contador; comercialización del negocio; asegurar al comprador; ejecutar el contrato de compraventa; preparación para el cierre; Cierre de la transacción

SECCIÓN DECIMOSÉPTIMA:
Inversiones Inmobiliarias y Oportunidades de Negocio
Corretaje

Cuestionario de sección

1. Todos los inversores desean que sus inversiones aumenten de valor. Sin embargo

   a. El grado de rentabilidad está inversamente relacionado con el grado de riesgo.
   b. Cuanto más gane el inversor, mayor será el riesgo de que pierda.
   c. Las inversiones que requieren una gestión intensa tienen menores rendimientos.
   d. Cuanto más líquida sea una inversión, mayores serán las posibilidades de que la inversión no se aprecie.

2. dos de las recompensas que ofrecen las inversions son

   a. beneficios fiscales y de ingresos.
   b. apalancamiento y apreciación negativos.
   c. Apreciación y tributación.
   d. Apalancamiento positivo y prestigio.

3. Un inversor invierte en quince fondos de bonos diversificados. Este es un ejemplo de una inversión en

   a. dinero.
   b. equidad.
   c. deuda.
   d. bien inmueble..

4. Una inversión inmobiliaria puede tardar mucho tiempo en venderse. Para el inversionista, esto significa que los bienes raíces son

   a. manejo intensivo.
   b. insensible al marketing.
   c. vulnerables a los mercados de vendedores.
   d. relativamente ilíquido.

5. En comparación con una cartera de acciones, se consideraría una inversión inmobiliaria

   a. una inversión más arriesgada.
   b. una inversión más intensiva en gestión.
   c. una inversión a corto plazo.
   d. una inversión más apalancada.

6. El ingreso imponible producida por una propiedad de renta es

   a. ingresos brutos menos gastos más depreciación del terreno y del edificio.
   b. Ingresos brutos menos gastos menos depreciación de terrenos y edificios.
   c. Ingresos brutos menos la depreciación del edificio más la depreciación del suelo.
   d. Ingresos brutos menos gastos menos depreciación del edificio..

7. Como regla general, al obtener ingresos imponibles sobre una propiedad de inversión, es legal

   a. deducir los pagos de capital e intereses de los ingresos.
   b. deducir los pagos de capital de los ingresos.
   c. deducir los pagos de intereses de los ingresos.
   d. deducir los pagos de capital e intereses de los ingresos y las ganancias de capital.

8. ¿Cuál de las siguientes afirmaciones es cierta sobre el tratamiento fiscal de una vivienda principal?

   a. El propietario puede deducir los intereses y el capital de la propiedad de los ingresos ordinarios.
   b. El propietario puede depreciar la propiedad y deducir los gastos de depreciación.
   c. El propietario puede deducir cualquier ganancia de capital cuando se vende la propiedad.
   d. El propietario puede excluir la ganancia de capital de los ingresos imponibles cuando se vende la propiedad.

9. Un vendedor de propiedades de inversión paga $14,000 en costos de cierre. Estos costos

   a. puede deducirse de los ingresos personales.
   b. puede deducirse de los ingresos de la propiedad.
   c. puede deducirse del precio de venta a efectos del impuesto sobre las ganancias.
   d. puede deducirse de la base ajustada a efectos del impuesto sobre las ganancias.

10. El impuesto sobre las ganancias de capital se calcula multiplicando el tramo impositivo por

    a. la suma de la base inicial más la ganancia.
    b. la diferencia entre los ingresos netos de la venta y la base ajustada.
    c. la suma de los ingresos netos de la venta y la ganancia de capital.
    d. la diferencia entre los ingresos netos de la venta y la ganancia de capital.

11. El flujo de caja es una medida de la cantidad de efectivo antes o después de impuestos que genera una propiedad de inversión. Por lo tanto, para obtener el flujo de efectivo es necesario excluir

    a. gastos de recuperación de costos.
    b. gastos por intereses.
    c. pagos del capital del préstamo.
    d. utilidad operativa neta.

12. Una forma en que los inversores miden el rendimiento de una inversión es mediante

    a. dividiendo la utilidad operativa neta por el flujo de efectivo.
    b. multiplicando el rendimiento requerido por el inversor por el flujo de caja después de impuestos.
    c. dividiendo el flujo de caja por el patrimonio neto del inversor.
    d. multiplicando el flujo de caja por el precio pagado por el inmueble.

13. A una corporación le gustaría que un agente vendiera su tienda de comestibles. En la venta se incluyen el inventario, el equipo y los bienes inmuebles. El agente localiza a un comprador de precio completo que no desea adquirir ninguno de los pasivos reales o potenciales de la empresa. Para realizar esta transacción, lo más probable es que la corporación

    a. proponer una venta de activos.
    b. llevar a cabo una venta de acciones.
    c. proponer un intercambio.
    d. realizar una transacción de venta-arrendamiento posterior.

14. Un corredor está revisando el balance general de su nuevo listado para vender un negocio. Tres de las entradas en los libros son licencias, marcas comerciales y buena voluntad. Estos serían ejemplos de

    a. activos tangibles.
    b. activos intangibles.
    c. pasivos a corto plazo.
    d. pasivos a largo plazo.

15. En el corretaje de negocios, la noción de buena voluntad se define mejor como

    a. El compromiso por parte del agente de dedicar el máximo esfuerzo a la inclusión en el listado.
    b. Establecer niveles de precios que generen la buena voluntad de los posibles clientes.
    c. el valor o precio de la empresa por encima del valor de sus otros activos.
    d. La parte del precio de venta que es depreciable.

16. ¿Cuál de las siguientes es una similitud entre la venta de bienes raíces y la venta de un negocio?

    a. Bien inmueble
    b. Activos intangibles
    c. Pasivo
    d. Bienes muebles

17. Una vez que el vendedor y el comprador de una empresa celebran un acuerdo de compra, el comprador tiene tiempo para

    a. firmar un acuerdo de confidencialidad.
    b. negociar el contrato.
    c. realizar la debida diligencia.
    d. transferir fondos relacionados.

.

18 Impuestos que afectan a los bienes inmuebles

Impuestos sobre bienes inmuebles
Evaluaciones Especiales
Ejecución de gravámenes fiscales
Impuestos federales sobre ingresos

Objetivos de aprendizaje

- Distinguir entre propiedades inmunes, exentas y parcialmente exentas
- Describa las diversas exenciones personales disponibles para los propietarios calificados de propiedades familiares
- Calcule el impuesto sobre la propiedad en una parcela específica, dada la tasa impositiva actual, el valor de tasación, las exenciones elegibles y la transferencia de la diferencia de limitación de evaluación (salva la portabilidad de nuestros hogares) si corresponde.
- Enumere los pasos involucrados en el procedimiento de apelación tributaria
- Describa el propósito de la Ley del Cinturón Verde de la Florida
- Calcular el costo de una evaluación especial, dadas las condiciones y montos involucrados.
- Describir las ventajas fiscales de ser propietario de una vivienda
- Explicar cómo determinar los ingresos imponibles de los bienes raíces de inversión
- Distinguir entre ventas a plazos e intercambio similar

Términos clave

ad valorem
Limitación de la evaluación (beneficio salvar nuestros hogares)
valor evaluado
ganancias de capital
Distritos de Desarrollo Comunitario
servicio de la deuda
propiedades exentas
venta a plazos

propiedades inmunitarias
valor justo
intercambio similar
mill
evaluación especial
tasa impositiva
ingreso imponible
valor imponible

TRIBUTACIÓN DE BIENES INMUEBLES

Entidades tributarias
Impuestos ad valorem
Exenciones de impuestos sobre la propiedad
Exención de vivienda familiar
Ley del Cinturón Verde de Florida
Evaluaciones especiales

Entidades tributarias

La tributación inmobiliaria se refiere a la tributación de los bienes inmuebles como propiedad. Los impuestos sobre la propiedad inmobiliaria son impuestos por "entidades fiscales" o "distritos fiscales" a nivel de gobierno local y del condado.

No hay *impuestos federales sobre los bienes inmuebles*. La Constitución de los Estados Unidos prohíbe específicamente tales impuestos. Sin embargo, el gobierno federal grava los ingresos derivados de bienes inmuebles y las ganancias obtenidas en la venta de bienes inmuebles. El gobierno federal puede imponer un gravamen fiscal contra la propiedad por no pagar cualquier impuesto adeudado al Servicio de Impuestos Internos.

Gobierno del Estado. Los estados pueden imponer legalmente impuestos sobre bienes inmuebles, pero la mayoría delega este poder a condados, ciudades, municipios y distritos fiscales locales. Florida es uno de esos estados que transfiere los impuestos sobre la propiedad a los gobiernos locales y los distritos fiscales. El estado no utiliza ninguno de los ingresos derivados de los impuestos a la propiedad. Algunos estados imponen límites a la forma en que los gobiernos locales pueden recaudar dichos impuestos. El estado de Florida limita las tasas de amillaramiento a 10 mills. Los estados pueden imponer un gravamen fiscal contra la propiedad por falta de pago de cualquier impuesto sobre la propiedad inmobiliaria que el estado haya recaudado o delegado a los organismos fiscales locales.

Gobierno local y del condado. Los condados, las ciudades y los municipios, y los distritos fiscales especiales recaudan impuestos sobre los bienes inmuebles para recaudar fondos para la prestación de servicios locales. Es común que el condado recaude todos los impuestos sobre la propiedad inmobiliaria y los distribuya entre los otros organismos fiscales.

Distritos fiscales. Los gobiernos locales y de los condados establecen **Distritos fiscales** para recaudar fondos para la prestación de servicios específicos. Los límites de estos distritos no suelen coincidir con los límites municipales. El principal distrito fiscal en la mayoría de las áreas es el distrito escolar. Otros distritos fiscales importantes son los de protección contra incendios, los colegios comunitarios y los parques.

Un proyecto de ley de impuestos sobre la propiedad puede incluir gravámenes fiscales de distritos como los siguientes.

- puente y autopista
-asilo
- gestión de aguas pluviales
-municipio
- distrito de bomberos
- distrito escolar
- fondo de retiro

-servicios de salud
- museo histórico
- sanatorio
- reserva forestal/manejo de tierras
- distrito de bibliotecas públicas
- distrito de parques
- distrito de colegios comunitarios

Además de los distritos fiscales generalmente establecidos, una autoridad del gobierno local puede establecer un **distrito fiscal especial** para pagar el costo de una mejora o servicio específico que beneficie a esa área. Por ejemplo, se podría crear un distrito fiscal especial para financiar la extensión del servicio municipal de agua a un área recién incorporada. A diferencia de un distrito fiscal permanente, como el distrito escolar, un distrito fiscal especial es temporal, y deja de existir una vez que se han pagado los costos del proyecto específico.

Impuestos ad valorem

Los impuestos generales sobre la propiedad se aplican a una base ad valorem, lo que significa que se basan en el **valor evaluado** de la propiedad. El valor evaluado se determina de acuerdo con la ley estatal, generalmente por un tasador o tasador del condado o municipio. El impuesto actual, aunque se basa en el valor evaluado, puede derivarse como un porcentaje legislado del valor tasado. El terreno y las mejoras pueden evaluarse por separado.

Lista de impuestos de Florida. Los impuestos ad valorem se pagan anualmente. El programa de impuestos es del 1 de enero al 31 de diciembre. En agosto, el tasador local envía un informe de Verdad en Millage (TRIM) a los propietarios de viviendas, que incluye las tasas impositivas propuestas y los impuestos a la propiedad estimados para ese año. La factura de impuestos actuales se envía a fines de octubre.

Los propietarios pueden pagar los impuestos en un solo pago que vence el 1 de noviembre, o pueden hacer pagos a plazos. El 1 de enero siguiente, los impuestos no pagados se convierten en un gravamen sobre la propiedad que es superior a cualquier otro gravamen, y cualquier pago realizado después del 1 de marzo debe ser por el saldo total impago. El 1 de abril, los impuestos no pagados del año anterior se convierten en morosos.

Total de la base imponible. La **base imponible** de un área es el total de los valores evaluados o tasados de todos los bienes inmuebles dentro de los límites del área, excluyendo parcial o totalmente las propiedades exentas:

Base imponible = Valores Tasados - Exenciones

Las entidades tributarias generan los ingresos anuales que necesitan mediante la recaudación de impuestos sobre la base imponible. El **tasa impositiva** o **tasa de millaje**, determina la cuantía de la gravamen fiscal que recibirá la base imponible. El tipo de gravamen de cada entidad tributaria se calcula dividiendo el importe de los ingresos exigidos por la base imponible. Esta tasa se aplica al valor imponible de cada bien inmueble individual para determinar su gravamen fiscal.

Evaluación de valor en Florida. Cada condado de Florida tiene un tasador de propiedades electo que es responsable de las tasaciones anuales a valorar los bienes inmuebles dentro de su jurisdicción a los efectos de recaudar impuestos. Este proceso de valoración da como resultado un **valor de evaluacion**.

En Florida, los estatutos estatales exigen que la propiedad se evalúe por **su valor justo** (valor de mercado), utilizando el valor en efectivo de la propiedad, la ubicación, el tamaño, las mejoras, el uso, el costo de reemplazo y la condición.

El papel del tasador en el proceso de imposición se limita a inspeccionar física o electrónicamente (utilizando tecnología de imágenes) la propiedad cada 5 años, hacer la evaluacion y notificar al propietario del valor evaluado; otros funcionarios fiscales determinan la tasa impositiva y el gravamen fiscal.

Protesta por el valor de evaluacion. Los propietarios pueden objetar el valor de tasación de su propiedad, pero no la tasa impositiva. Un propietario tiene 25 días para protestar o apelar después de que se envíe por correo el aviso TRIM. De acuerdo con la ley local, el dueño de una propiedad debe presentar evidencia de que el tasador cometió un error a una junta de revisión o junta de apelación.

Un propietario de Florida que desee protestar el valor tasado puede iniciar una apelación o protesta siguiendo estos tres pasos:

- ▶ Paso 1: el propietario puede ponerse en contacto con el tasador de la propiedad para solicitar un ajuste del valor de tasación.
- ▶ Paso 2: si el tasador rechaza la solicitud de ajuste, el propietario puede presentar una apelación ante la Junta de Ajuste de Valor.
- ▶ Paso 3: si la Junta de Ajuste de Valor rechaza la solicitud de ajuste, el dueño de la propiedad puede pagar los impuestos bajo protesta e iniciar un litigio en los tribunales contra el tasador y el recaudador de impuestos.

Presupuestación de distritos fiscales. La derivación de una tasa impositiva, o tasa de amillaramiento, comienza cuando el organismo tributario determina sus requisitos de financiamiento para proporcionar servicios durante el año. Este requisito se formaliza en el presupuesto anual. Luego, el condado o distrito analiza sus fuentes de ingresos, como los impuestos sobre las ventas, los impuestos comerciales, los impuestos sobre la renta, las subvenciones estatales y federales, las tarifas, etc. La parte de los gastos presupuestados que no puede financiarse con cargo a otras fuentes de ingresos *debe provenir de los impuestos sobre bienes inmuebles*. Este déficit presupuestario se convierte en el ad valorem **gravamen fiscal**. El gravamen fiscal se deriva cada año, ya que los requisitos presupuestarios y los recuentos de ingresos se realizan en un ciclo anual

Cálculo del valor imponible. Después de que el condado o distrito desarrolle su presupuesto anual y determine el gravamen fiscal ad valorem, debe considerar el valor tasado total, conocido como la base imponible, de toda la propiedad imponible en el condado o distrito. Al observar el valor de tasación de cada propiedad, el siguiente paso es restar todas las exenciones aplicables del valor de tasación, aplicando las limitaciones de SOH, para determinar el valor imponible de la propiedad. Si no se aplican exenciones, el valor imponible y el valor de tasación son los mismos.

Tasa de impuesto. Cada organismo tributario individual tiene su propia tasa impositiva. El tipo de gravamen se determina dividiendo la cantidad presupuestada por el organismo tributario que se recaudará de los impuestos sobre bienes inmuebles entre la base imponible:

$$\frac{\text{requisito fiscal}}{\text{base imponible}} = \text{tasa de impuesto (tasa de amillaramiento)}$$

Si, por ejemplo, un organismo tributario necesita $500,000 de impuestos a la propiedad, y la base imponible para el distrito es de $15,000,000, la tasa impositiva para este organismo es:

$$\frac{500,000}{15,000,000} = .03$$

Este tipo impositivo de .03 o del 3 por ciento puede expresarse de varias maneras, según la práctica local: **mills**, como dólares por cada $100 de valor de tasación, o como dólares por cada $1,000 de valor de tasación. Un mill es una milésima parte de un dólar (.001 dólares). Una tasa impositiva de un mill significa que el propietario paga un dólar por cada mil dólares de valor tasado. Por lo tanto, la tasa de .03 anterior podría expresarse como:

30 mills
$3 por cada $100
$30 por cada $1,000
3 por ciento

En Florida, los impuestos sobre la propiedad se recaudan a nivel de condado, y cada condado tiene su propio método de evaluación y recaudación de impuestos. Como resultado, no se aplica una sola tasa de impuesto a la propiedad de manera uniforme a todas las propiedades en Florida

Cálculo de impuestos sobre la propiedad. Para determinar el impuesto actual, el valor imponible se multiplica por la tasa impositiva del condado. Así como las necesidades financieras y el presupuesto operativo del condado pueden cambiar cada año, en consecuencia, también puede hacerlo la tasa impositiva.

Limitaciones de la tasa impositiva. Algunos estados, condados u otros distritos tributarios imponen limitaciones o **topes** a la tasa de amillaramiento absoluta o al aumento anual del amillaramiento para los impuestos sobre la propiedad. Florida limita las tasas de amillaramiento a 10 mills. Con un tope impositivo, los organismos tributarios se *ven obligados a limitar sus requisitos presupuestarios*, a menos que haya habido un aumento suficiente en la base imponible para producir los fondos requeridos sin aumentar la tasa de amillaramiento.

Exenciones de Impuestos a la propiedad

Propiedad inmunitaria. En Florida, la propiedad del gobierno federal, el estado, el condado o la ciudad es 100% inmune a los impuestos ad valorem siempre que la propiedad esté siendo utilizada por el gobierno para fines gubernamentales. Por ejemplo, las bases militares de propiedad federal, los edificios municipales estatales, los cuarteles generales de la policía del condado y de la ciudad, las estaciones de bomberos y las escuelas públicas son inmunes a los impuestos sobre la propiedad. Sin embargo, cuando una entidad o persona no gubernamental utiliza una propiedad del gobierno para un uso no exento, la propiedad ya no es inmune a los impuestos..

Bienes exentos o parcialmente exentos. Las propiedades en Florida que son propiedad de iglesias, escuelas religiosas y organizaciones sin fines de lucro están 100% exentas de impuestos sobre la propiedad. Las propiedades que se poseen y ocupan como propiedades familiares están parcialmente exentas de impuestos mediante la aplicación de exenciones de impuestos sobre la propiedad que se deducen del valor tasado de la propiedad antes de que se determine el valor imponible.

Exención de vivienda familiar

Una vivienda familiar es una parcela de bienes inmuebles que se posee y se ocupa como vivienda familiar. Algunos estados eximen una parte del valor de la propiedad de las sentencias para proteger a las familias contra el desalojo por parte de los acreedores.. Los estados y condados pueden: *eximir de impuestos sobre la propiedad una parte del valor imponible de la vivienda principal*.

Los residentes calificados de Florida pueden recibir una exención de vivienda familiar de hasta $50,000, que se divide en dos partes: la primera es de $25,000 para los impuestos a la propiedad que incluyen los impuestos del distrito escolar, y la segunda es de $25,000 dependiendo del valor tasado de la propiedad entre $50,000 y $75,000, sin incluir los impuestos del distrito escolar.

El dueño de una propiedad generalmente califica para una exención de vivienda familiar al cumplir con los siguientes criterios:

- ▸ tiene el título de propiedad de la casa
- ▸ reside en la propiedad durante todo el año a partir del 1 de enero
- ▸ utiliza la casa como residencia permanente
- ▸ solicitar la exención antes del 1 de marzo para calificar para el mismo año

Las viviendas secundarias no califican para la exención. El propietario debe solicitar antes del 1 de marzo que la exención se aplique a los impuestos de ese año.

Florida no restringe la exención al jefe de familia como lo hacen algunos estados. En cambio, Florida también permite que una sola persona reclame la exención de vivienda familiar.

En Florida, una vez que un propietario ha solicitado y calificado para una exención, la exención se aplica automáticamente cada año en el futuro. El propietario simplemente tiene que notificar al condado si su vivienda ha cambiado para que la exención ya no sea válida.

Limitación de la evaluación (beneficio de Salva Nuestras Casas). La enmienda **SOH** a la constitución de la Florida evita que los impuestos a la propiedad aumenten fuera de control al limitar el aumento en el valor tasado anual de una vivienda a 3% del valor tasado de la propiedad del año anterior o el porcentaje de cambio en el Índice de Precios al Consumidor para el año anterior, lo que sea menor.

La limitación de la tasación de SOH requiere que todos los bienes se tasen a efectos fiscales por su valor justo. Con la limitación, el valor de tasación no puede exceder el valor justo de una propiedad. SOH se define en el estatuto de Florida como "la diferencia acumulada entre el valor tasado y el valor justo (de mercado)". Los propietarios de viviendas deben solicitar una exención de vivienda familiar para recibir el beneficio de SOH.

Exención del cónyuge sobreviviente. Los cónyuges sobrevivientes que no se han vuelto a casar reciben una exención adicional de $500 aplicada al valor tasado de su vivienda. El cónyuge sobreviviente de un socorrista dentro de Florida que murió en el cumplimiento del deber está exento de impuestos sobre la propiedad.

Exención por discapacidad. Las personas que son tetrapléjicas o están total y permanentemente discapacitadas o que deben usar una silla de ruedas están exentas de todos los impuestos sobre la propiedad siempre que el ingreso bruto del hogar sea menor que el límite de ingresos brutos actual. Las personas discapacitadas deben presentar una certificación de la discapacidad de dos médicos de Florida o del Departamento de Asuntos de Veteranos de EE. UU.

Exención para personas ciegas. Según el estatuto de Florida (196.202), las personas que son legalmente ciegas califican para una exención de $5,000 en la tributación de la propiedad. Ellos también deben presentar una certificación de su ceguera de dos médicos de Florida o de un médico de Florida y un optometrista de Florida.

Exención acumulativa del impuesto sobre la vivienda familiar. Los contribuyentes de vivienda familiar pueden calificar para múltiples exenciones, conocidas como exenciones acumulativas, que se suman y luego se restan del valor tasado de la vivienda.

Exención de impuestos por incapacidad total y permanente relacionada con el servicio militar. Los veteranos que son residentes de Florida y fueron dados de baja honorablemente con una discapacidad total y permanente relacionada con el servicio pueden calificar para una exención total del impuesto a la propiedad en su vivienda. Esta exención también está disponible para el cónyuge sobreviviente de un miembro de las fuerzas armadas si el miembro falleció mientras estaba en servicio activo.

**Florida
Ley de Cinturón
Verde**

Naturaleza. Bajo la Ley del Cinturón Verde de Florida, las evaluaciones de la propiedad para la tributación se basan en el uso real de la propiedad y no en el uso más alto y mejor, como el crecimiento y el desarrollo urbano. El resultado es una tasación de la propiedad más baja y menos impuestos para el agricultor.

Propósito. La Ley del Cinturón Verde de Florida se creó para proteger a los agricultores de que se aumenten los impuestos a la propiedad hasta el punto en que ya no sea económicamente factible para ese agricultor continuar con el uso agrícola.

Provisiones. Para calificar para la clasificación y la exención resultante, el agricultor debe presentar su solicitud antes del 1 de marzo del año fiscal. La tierra debe ser utilizada principalmente para fines agrícolas de buena fe o para uso agrícola comercial de buena fe. Además, si bien Florida no tiene un requisito de tamaño mínimo para calificar, la tierra debe ser lo suficientemente grande como para soportar una operación agrícola comercial. Las granjas de pasatiempos y el ganado o los productos para uso personal no califican para la exención. Para mantener la clasificación agrícola y desalentar la compra de tierras por parte de especuladores e inversionistas, se requiere que la tierra se clasifique cada año y se reevalúe al menos cada 3 años.

La Ley Greenbelt no requiere que el dueño de la propiedad resida en la propiedad o sea la persona que realmente realiza el trabajo en la propiedad. El propietario puede arrendar la propiedad a otras personas que mantendrán el uso y la operación agrícola. Las propiedades arrendadas aún califican para la exención siempre que el arrendatario esté usando la propiedad para el uso requerido.

EVALUACIONES ESPECIALES

Una evaluación especial es un impuesto que se cobra sobre propiedades específicas que se beneficiarán de una mejora pública. Ejemplos comunes son las evaluaciones de aceras, servicio de agua y alcantarillado. Las cuotas especiales se basan en el costo de la mejora y se prorratea entre las propiedades beneficiadas de acuerdo con el valor que cada parcela recibirá de la mejora.

Por ejemplo, se aprueba un proyecto de dragado para profundizar los canales para una subdivisión frente al canal. El costo del proyecto es de $200,000. Aunque hay 100 propiedades en la subdivisión, solo las 50 que están directamente en el canal se benefician. Por lo tanto, asumiendo que cada lote frente al canal recibe el mismo beneficio, a cada una de las 50 propiedades se les imponen $4,000 como impuesto de evaluación especial. Tenga en cuenta que una vez que el trabajo se completa y se paga, la evaluación se suspende.

Si una entidad tributaria inicia una evaluación, la evaluación crea un **gravamen fiscal involuntario**. Si los propietarios inician la tasación solicitando al gobierno local que proporcione la mejora, la tasación crea un **gravamen fiscal voluntario.** Los gravámenes de evaluación especial son secundarios a los gravámenes del impuesto sobre la propiedad.

Special assessments are usually paid in installments over a number of years. However, taxpayers generally have the option of paying the tax in one lump sum or otherwise accelerating payment.

EJECUCIÓN DE GRAVÁMENES FISCALES

Venta de certificados fiscales
Escritura de impuestos
Venta de impuestos

Recuerde que los impuestos sobre la propiedad vencen el 1 de noviembre del año fiscal, pero pueden pagarse en cuotas hasta el 1 de marzo, cuando deben pagarse en su totalidad o se considerarán morosos el 1 de abril. A partir del 1 de enero siguiente al año fiscal, los impuestos no pagados se convierten en un gravamen superior sobre la propiedad. Si los impuestos se pagan en su totalidad antes del 1 de abril, se levanta el gravamen. Si no se pagan, el recaudador de impuestos puede hacer cumplir el gravamen y emitir un *certificado de impuestos* para la propiedad morosa.

Venta de impuestos Certificados

El certificado de impuestos es un reclamo contra la propiedad por el monto del impuesto a la propiedad no pagado, incluida una multa del 3%, una comisión del recaudador de impuestos del 5% y costos de publicidad.

Los estatutos de la Florida requieren que el recaudador de impuestos realice una venta o subasta de los certificados de impuestos el 1 de junio o antes de los impuestos atrasados del año anterior. La venta puede realizarse en línea. Sin embargo, antes de vender el certificado de impuestos, el recaudador de impuestos debe anunciar la propiedad morosa durante tres semanas consecutivas en un periódico local de circulación general. Los anuncios deben incluir la hora, la fecha y el lugar de la subasta.

El comprador de un certificado fiscal, normalmente un inversor, se compromete a pagar los impuestos adeudados. En la subasta, los posibles compradores están pujando por la tasa de interés que están dispuestos a aceptar, no por una cantidad para comprar la propiedad en sí. La tasa de interés comienza en el 18% y se puja hacia abajo. El inversionista que ofrece la tasa más baja recibe el certificado de impuestos y paga el monto del certificado al condado. El certificado fiscal tiene una vigencia de 7 años a partir de la fecha de compra, momento en el que caduca.

El titular del certificado gana un interés simple sobre el certificado cada mes a la tasa de la oferta ganadora. Si y cuando el certificado de impuestos es canjeado por el dueño de la propiedad, el titular del certificado recibe el valor nominal del certificado más todos los intereses acumulados hasta la fecha de rescate. Si el propietario no paga los impuestos vencidos y los intereses acumulados dentro de los 2 años posteriores a la venta del certificado, el titular del certificado fiscal puede solicitar una **escritura fiscal**.

Escritura fiscal

Una escritura fiscal es un instrumento legal para transmitir el título cuando se vende una propiedad por falta de pago de impuestos. Es posible que se requiera que el titular del certificado pague impuestos y tarifas adicionales al condado además del monto adeudado por el reembolso. La solicitud de una escritura tributaria hace que la agencia tributaria instituya un **Venta de impuestos** o **Ejecución hipotecaria tributaria**.

Venta de impuestos   Una venta de impuestos es con frecuencia algún tipo de subasta. Si el impuesto aún no se ha pagado a través del proceso de certificado de impuestos, el comprador de la propiedad debe pagar los impuestos adeudados. Si el contribuyente puede redimir la propiedad pagando los impuestos atrasados y cualquier otro cargo antes de que ocurra la venta de impuestos, este derecho se conoce como un **Derecho equitativo de redención**. En Florida, hay un plazo de 2 años **Período de redención** durante el cual el contribuyente moroso tiene derecho a equitativo derecho a recomprar la propiedad y reclamar el título.

Si el contribuyente puede redimir la propiedad después de la venta fiscal, este derecho se conoce como **derecho legal de redención**. En este caso, el contribuyente deberá pagar la cantidad pagada por el postor ganador en la venta fiscal, más los cargos, impuestos adicionales o intereses que se hayan acumulado.

Si el contribuyente incumplido no redime la propiedad dentro del tiempo asignado, el estado emite la escritura de impuestos para transmitir el título al mejor postor en la subasta de venta de impuestos. Si el mejor postor es alguien que no es el titular del certificado, el postor debe pagar al tenedor todos los montos pagados por el tenedor más todos los intereses devengados.

Ejecución de gravámenes fiscales

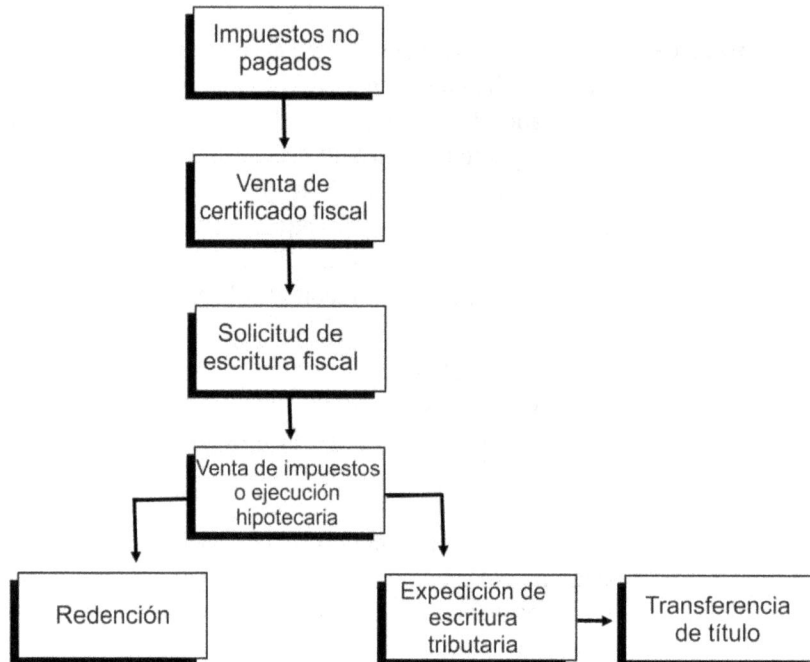

Impuestos no pagados

→ Venta de certificado fiscal

→ Solicitud de escritura fiscal

→ Venta de impuestos o ejecución hipotecaria

Redención

Expedición de escritura tributaria → Transferencia de título

IMPUESTOS FEDERALES SOBRE INGRESOS

Venta de bienes inmuebles
Residencia principal
Inversión inmobiliaria

Venta de bienes inmuebles

Ganancia de capital. Cuando se venden bienes inmuebles, un *Hecho imponible* Ocurre. Si la venta procede *exceder* el costo original de la inversión, sujeto a algunos ajustes, hay una ganancia de capital que está sujeto a impuestos. Si los ingresos de las ventas son menores que el costo original con ajustes, hay una pérdida de capital. Como se discutió en la sección sobre inversiones inmobiliarias, la ganancia en la venta es la cantidad obtenida de la venta, neta de los costos de venta, menos la base ajustada de la propiedad, que es el costo inicial más las mejoras de capital menos las exclusiones y los créditos

La ley tributaria establece una exclusión de la ganancia en una venta residencial de $250,000 para un contribuyente individual y $500,000 para contribuyentes casados que presentan una declaración conjunta. La exclusión de la ganancia por la venta de una vivienda puede reclamarse cada dos años, siempre que el contribuyente cumpla con los requisitos de propiedad y uso. Las pérdidas no son deducibles y no se transfiere ninguna parte no utilizada de la exclusión.

Vendedores extranjeros. La venta de bienes inmuebles por parte de vendedores extranjeros está regulada por la Ley del Impuesto sobre Bienes Inmuebles para la Inversión Extranjera (FIRPTA), que requiere que los compradores de dichas propiedades retengan hasta el 15% de los ingresos brutos de la venta contra la posible obligación tributaria sobre las ganancias. Además de los vendedores y compradores individuales, la obligación de retención se aplica a las corporaciones extranjeras y nacionales, las entidades de inversión calificadas y los fiduciarios de ciertos fideicomisos y patrimonios. La transacción debe ser reportada al Servicio de Impuestos Internos y los fondos retenidos deben ser transmitidos con el formulario adecuado. Las instrucciones y el formulario se pueden encontrar en https://www.irs.gov/forms-pubs/about-form-8288.

Residencia principal

Ventajas fiscales. Además de la exclusión sobre las ganancias discutida anteriormente, la propiedad de bienes raíces residenciales ofrece ventajas fiscales en forma de deducciones y exclusiones de la renta imponible. Con la legislación fiscal vigente, algunas de estas ventajas se ven reducidas por un aumento de la deducción general y por límites a determinadas deducciones. Los propietarios deben consultar a un profesional de impuestos para obtener asesoramiento sobre estos asuntos. Las posibles deducciones y exclusiones incluyen:

▸ Intereses

Con limitaciones, los intereses de los préstamos hipotecarios pagados por el capital y la segunda vivienda son deducibles.

▸ Impuesto sobre la propiedad

Con limitaciones, los impuestos sobre la propiedad pagados por una vivienda principal y una segunda vivienda son deducibles.

▸ Intereses de préstamos con garantía hipotecaria

Si se utiliza un préstamo con garantía hipotecaria para mejorar la vivienda, los pagos de intereses del préstamo son deducibles.

▸ Puntos y cargos

Si un préstamo hipotecario se utiliza para comprar o construir una residencia principal, los cargos de originación y los puntos son deducibles. Los puntos se amortizan en un préstamo de refinanciamiento y se deducen durante el plazo del préstamo en un préstamo para financiar una segunda vivienda.

▸ Exclusiones de ganancias en la venta

Como se mencionó anteriormente.

▸ Retiros de las cuentas IRA

Los compradores de vivienda por primera vez pueden hacer retiros sin penalización de las cuentas IRA con impuestos diferidos para usarlos como pago inicial.

**Inversión
inmobiliaria**

Ingreso imponible. La tributación de los ingresos de bienes raíces de inversión implica la aplicación de la tasa impositiva del inversionista a los ingresos generados por la propiedad después de restar las deducciones y otros ajustes

Depreciación. Los gastos de recuperación de costos, o depreciación, se examinaron en la sección relativa a la tasación. Para revisar, depreciación es la pérdida estimada de valor en una mejora a lo largo del tiempo. Esta pérdida se refiere sólo a la parte mejorada de los bienes inmuebles, no a la tierra.

En el método lineal de estimación de la depreciación, se supone que la pérdida se produce de manera equitativa e incremental a lo largo de un período de tiempo llamado vida económica de la mejora. Actualmente, el IRS establece que la vida económica es de 27.5 años para la propiedad de ingresos residenciales y de 39 años para las propiedades de ingresos no residenciales. El gasto anual de recuperación de costos es el costo total de la mejora (base depreciable) dividido por el período de vida económica. Para un ejemplo simple, si el costo total para adquirir una propiedad de ingresos residenciales fue de $1,000,000, y el terreno está valorado en $200,000, se puede decir que el valor de la mejora es de $800,000. El gasto anual de recuperación de costos es entonces de $800,000, dividido por 27.5, o $29,091.

Ventas a plazos. Una venta a plazos, un contrato de terrenos o un contrato de escritura, como se discute en la sección sobre contratos de bienes raíces, permite al vendedor diferir la recepción de una parte o la totalidad del precio de compra de una propiedad durante un período de tiempo específico. Al final del período, el comprador paga al vendedor el precio total de compra y el vendedor otorga la propiedad legal del comprador. Dado que el vendedor no está sujeto al impuesto sobre las ganancias de capital hasta que se recibe el precio de compra, la venta a plazos reduce la obligación tributaria del vendedor en el año de la venta.

Intercambios similares. Además, como se discutió en la sección sobre inversión inmobiliaria, un inversionista a veces puede diferir la declaración de ganancias o pérdidas y, por lo tanto, la tributación de ganancias, al participar en un intercambio de activos similares. La legislación que se ocupa de los intercambios similares está contenida en la Sección 1031 del código del IRS. Estos intercambios con impuestos diferidos a veces se denominan **Intercambios de la Sección 1031** y **Intercambios Starker**, llamado así por un inversionista que ganó un caso contra el IRS.

18 Impuestos que afectan a los bienes inmuebles
Revisión de instantáneas

**TRIBUTACIÓN DE
BIENES INMUEBLES**

Entidades tributarias

- no hay impuestos federales ad valorem, sólo impuestos federales sobre la renta y las ganancias; El gobierno federal puede imponer un gravamen fiscal sobre bienes inmuebles
- FL transfiere el impuesto de las propiedades a los gobiernos locales y distritos fiscales
- FL requiere que la propiedad se evalúe a un valor justo para fines fiscales
- calendario de impuestos anuales del 1 de enero al 31 de diciembre con impuestos adeudados antes del 1 de marzo del año siguiente
- Los condados, ciudades, municipios y distritos fiscales especiales recaudan impuestos sobre bienes inmuebles
- Los distritos fiscales se establecen para recaudar fondos para proporcionar servicios específicos, por ejemplo, escuelas, protección contra incendios, parques, colegios comunitarios, bibliotecas, mantenimiento de carreteras

Impuesto ad valorem

- Impuesto a la propiedad se cobra anualmente sobre el valor imponible de una propiedad con el fin de ayudar a financiar el gobierno y los servicios públicos
- la base imponible es igual al total de los valores de tasación de todos los bienes inmuebles dentro del área, Excluidas las exenciones
- cada condado de FL tiene su propio tasador de propiedades electo para evaluar las propiedades
- FL requiere que las propiedades se evalúen por su valor justo (valor de mercado)
- La Enmienda I proporciona exenciones de vivienda familiar, portabilidad de los límites de SOH, límite de evaluación para propiedades que no son de vivienda familiar
- Procedimiento de protesta: Póngase en contacto con el tasador de la propiedad para el ajuste; presentar una apelación ante la Junta de Ajuste de Valor; Iniciar un litigio contra el tasador y el recaudador de impuestos con un Recurso de Certiorari
- Valor de tasación menos exenciones y SOH = valor imponible
- valor imponible: valor catastral menos exenciones y ajustes; Si no hay exenciones, el valor catastral y el valor imponible son iguales
- La entidad tributaria determina qué requisitos presupuestarios deben cumplirse ad valorem impuesto; Tipo impositivo = obligación tributaria dividida por la base imponible
- Tasa impositiva expresada como mills ($.001), o dólares por $100 de valor tasado, o dólares por $1,000 de valor tasado, o como porcentaje del valor tasado
- valor imponible x tipo impositivo = impuesto sobre bienes inmuebles; la tasa impositiva puede cambiar cada año; Tasas de amillaramiento de FL limitadas a 10 mills

**Exenciones de
impuestos a la
propiedad**

- Propiedad inmunitaria: Las propiedades de propiedad y uso del gobierno son 100% inmunes a los impuestos sobre la propiedad
- las propiedades sin fines de lucro están exentas al 100%; Las propiedades familiares están parcialmente exentas si califican

Exención de vivienda familiar

- califica para la exención si es titular del título, residente de la propiedad durante 1 año, dirección permanente, solicita la exención antes del 1 de marzo para el mismo año
- exención que se aplica automáticamente cada año
- la enmienda Salva Nuestras Casas (Save Our Homes o SOH) limita los aumentos del valor tasado al 3% anual o al porcentaje del índice de precios al consumidor; valor de tasación que no exceda el valor justo
- exenciones para cónyuges sobrevivientes, discapacitados, ciegos, discapacitados militares; Exenciones acumulativas

Florida
Ley de Cinturón Verde

- evaluado en función del uso real de la propiedad y no del uso más alto y mejor; creado para proteger a los agricultores de los altos impuestos; el agricultor debe presentar su solicitud antes del 1 de marzo y utilizar la tierra para la agricultura comercial; El propietario puede arrendar la propiedad al inquilino que mantendrá la operación agrícola

EVALUACIONES ESPECIALES

- el impuesto que grava propiedades específicas que se beneficiarán de una mejora pública; El monto se basa en una parte proporcional del costo de la mejora y el valor que cada parcela recibirá de la mejora improvement

EJECUCIÓN DE GRAVÁMENES FISCALES

- El gravamen impago del impuesto sobre la propiedad es superior a todos los demás gravámenes

Venta de certificados fiscales

- El comprador de un certificado fiscal se compromete a pagar los impuestos adeudados y, después de un período de tiempo, puede solicitar una escritura fiscal sobre la propiedad
- reclamación contra la propiedad por impuesto sobre la propiedad no pagado; FL requiere la venta de certificados anualmente para impuestos atrasados; los compradores pujan por la tasa de interés, no por la propiedad; gana el postor más bajo; certificado válido por 7 años con intereses devengados cada mes; El dueño de la propiedad tiene 2 años para pagar impuestos e intereses para redimir la propiedad

Escritura de impuestos

- Transmite el título en la venta de impuestos
- El titular del certificado puede solicitar la escritura de impuestos si el propietario no redime la propiedad; Inicia la venta de impuestos

Venta de impuestos

- el comprador debe pagar los impuestos adeudados, si aún no se han pagado; el contribuyente incumplido puede redimir la propiedad y reclamar el título; Si no se redime, el estado emite la escritura de impuestos para transmitir el título al comprador
- para propiedades no redimidas en un plazo de 2 años; La propiedad va al mejor postor que paga el valor nominal del certificado del titular del certificado más los intereses devengados

INGRESOS FEDERALES SOBRE IMPUESTOS

Venta de bienes inmuebles

- la ganancia en la venta puede estar sujeta a impuestos; En las ventas residenciales, una parte de la ganancia se excluye de la ganancia imponible
- Vendedores extranjeros sujetos a retención de impuestos sobre las ganancias de los compradores

Residencia principal

- Las ventajas fiscales pueden incluir: deducciones y exclusiones de intereses hipotecarios, impuestos sobre la propiedad, intereses de préstamos con garantía hipotecaria, puntos y cargos, ganancias en la venta, retiros de IRA

Inversión inmobiliaria

- las rentas de inversión están sujetas a impuestos; la tasa impositiva se aplica a los ingresos imponibles derivados de los ingresos netos de explotación; Los gastos de depreciación o recuperación de costos no se incluyen en la renta imponible
- Ventas a plazos: el precio de compra se paga a lo largo del tiempo en cuotas; el vendedor conserva la titularidad; el comprador toma posesión; Al final del período, el comprador paga el saldo del precio, obtiene el título legal; La ganancia no está sujeta a impuestos hasta que se reciba el precio total de compra
- Intercambios similares de la Sección 1031: el impuesto sobre las ganancias se puede diferir hasta que la propiedad finalmente se venda y no se intercambie

SECCIÓN DÉCIMO OCTAVA: Impuestos que Afectan a los Bienes Inmuebles

Cuestionario de sección

1. ¿Cuál de las siguientes afirmaciones es verdadera con respecto a los impuestos sobre bienes inmuebles por parte del gobierno federal?

   a. puede imponer impuestos ad valorem sobre la propiedad e impuestos sobre las ganancias de capital.

   b. no puede imponer impuestos sobre la propiedad ni gravámenes fiscales.

   c. no existen impuestos federales ad valorem sobre los bienes inmuebles.

   d. puede imponer un impuesto ad valorem, pero no un impuesto sobre las ganancias de capital.

2. De acuerdo con la ley, los estados

   a. no puede cobrar impuestos sobre bienes inmuebles.

   b. no puede imponer gravámenes fiscales.

   c. puede delegar la autoridad tributaria a los gobiernos de los condados.

   d. pueden impedir la tributación federal de bienes raíces dentro de sus respectivas jurisdicciones, si se legisla adecuadamente.

3. El papel de los distritos fiscales locales es

   a. recaudar impuestos sobre la renta, las ventas y la propiedad para cumplir con sus requisitos presupuestarios.

   b. administrar su parte presupuestada de los ingresos del impuesto sobre bienes raíces recaudados y distribuidos por el estado.

   c. imponer impuestos a la propiedad para servicios municipales específicos.

   d. gravámenes fiscales sobre sus instalaciones.

4. Podría crearse un distrito fiscal especial para

   a. construir y administrar un distrito de parques.

   b. crear una extensión de dos millas de las instalaciones de alcantarillado del condado.

   c. establecer y mantener una biblioteca pública.

   d. crea un departamento de bomberos.

5. Los impuestos ad valorem se basan en:

   a. el valor de reposición de la propiedad.

   b. el valor catastral de los bienes.

   c. el valor de millarización de la propiedad.

   d. la estimación de valor del corredor.

6. La base imponible ad valorem de una jurisdicción municipal es igual a

   a. el presupuesto anual de la jurisdicción multiplicado por la tasa impositiva.

   b. el total de todos los valores tasados de las propiedades menos las exenciones.

   c. el monto total de los impuestos ad valorem requeridos por el presupuesto.

   d. el presupuesto de la municipalidad multiplicó por la tasa de amillaramiento.

7. Como parte del proceso de evaluación, muchas entidades tributarias utilizan juntas de equiparación con el fin de

   a. ajustar las tasas de amillaramiento dentro del distrito para garantizar la equidad.

   b. modificar la tasa impositiva de un barrio a otro.

   c. asegúrese de que los propietarios tengan facturas de impuestos casi iguales.

   d. suavizar las grandes discrepancias de los valores tasados dentro del distrito.

8. Una propietaria recibe una factura de impuestos que le parece escandalosa. Este contribuyente puede:

   a. recurso de apelación para ajustar la tasa de millaje.

   b. apelación para ajustar el presupuesto del distrito.

   c. recurso de apelación para ajustar la tasación.

   d. no apelar.

9. El propósito de una exención del impuesto sobre la vivienda familiar es

   a. eximir a los propietarios calificados de impuestos ad valorem.

   b. para ofrecer una cantidad de desgravación fiscal en la residencia principal de un propietario.

   c. para fomentar la inversión inmobiliaria múltiple.

   d. eximir a los propietarios de viviendas habituales que alquilen sus inmuebles.

10. La tasa de amillaramiento se obtiene de la siguiente manera:

    a. dividiendo el requisito fiscal por la base imponible.
    b. multiplicando la base imponible por el requerimiento fiscal.
    c. añadiendo un factor de inflación a la tasa impositiva del año anterior.
    d. dividiendo la base imponible por la obligación tributaria.

11. La factura total de impuestos de un propietario se deriva de

    a. dividiendo el requisito fiscal por la base imponible.
    b. multiplicando la tasa impositiva de cada distrito por el valor de tasación de la propiedad.
    c. multiplicando la tasa impositiva de cada distrito por el valor imponible de la propiedad.
    d. promediando la tasa impositiva para cada distrito fiscal y multiplicando la tasa impositiva promedio por el valor tasado.

12. Una característica única de un impuesto de evaluación especial es que

    a. solo se aplica a las propiedades que se beneficiarán de la mejora pública.
    b. la Junta de Compensación descuenta los gravámenes para las propiedades que no se ven afectadas por las mejoras públicas.
    c. las propiedades más valiosas que se beneficien pagarán proporcionalmente más impuestos.
    d. crea un gravamen menor involuntario sobre la propiedad.

13. Un certificado fiscal

    a. certifica a los recaudadores de impuestos que el dueño de una propiedad ha pagado todos los impuestos ad valorem sobre la propiedad durante el año calendario.
    b. da derecho a su titular a solicitar una escritura fiscal después de un período determinado.
    c. exime a su titular del pago de impuestos sobre la propiedad particular a la que hace referencia el certificado.
    d. renuncia a los derechos de redención del dueño de una propiedad en una ejecución hipotecaria.

14. Un derecho equitativo de redención

    a. permite al titular de un certificado fiscal canjearlo por una escritura fiscal.
    b. le da a un contribuyente moroso un período de gracia antes de la venta de impuestos para pagar los impuestos sobre la propiedad.
    c. otorga al titular de una escritura fiscal el derecho a adquirir la propiedad nombrada en el certificado fiscal.
    d. le da a un contribuyente moroso un período de gracia después de la venta de impuestos para pagar los impuestos sobre la propiedad.

15. En Florida, las tasas de amillaramiento son limitado a

    a. 2 mills.
    b. 5 mills.
    c. 7 mills.
    d. 10 mills.

16. El valor justo es otro término para el

    a. valor de tasación.
    b. valor de mercado.
    c. valor imponible.
    d. valor de tasación.

17. Cuando un propietario quiere protestar por el monto de la tasación de una propiedad, ¿cuál es el paso final?

    a. presentar una apelación ante el ajustador
    b. solicitar una revisión judicial
    c. iniciar un litigio
    d. apelación ante un tribunal superior

18. ¿Cual no es necesario para calificar para una exención en los impuestos sobre la propiedad familiar?
    a. cabeza de familia
    b. titular del título de Homestead
    c. residente de Homestead por 1 año a partir del 1 de enero
    d. residencia permanente

19. El valor imponible de una propiedad se calcula de la siguiente manera:

    a. multiplicando el valor catastral por el tipo impositivo.
    b. restando el valor de tasación del valor justo.
    c. restando las exenciones del valor catastral.
    d. sumando el valor de tasación al valor justo.

19 Planificación, Zonificación y Riesgos Ambientales

Planificación y Zonificación
Ley de Póliza de Crecimiento y Planificación Comunitaria
Ley de planificación (CPA) de la Florida
Control del Uso Público de la Tierra
Zonas Inundables
Controles Ambientales

Objetivos de aprendizaje

- Describir la composición y la autoridad de la agencia de planificación local
- Explicar el propósito de los controles del uso de la tierra y el papel de las ordenanzas de zonificación
- Identificar las disposiciones del plan integral de la Florida y la Ley de Gestión del Crecimiento
- Distinguir entre las cinco clasificaciones generales de zonificación
- Distinguir entre ordenanzas de zonificación, códigos de construcción y ordenanzas de salud
- Explique el propósito de una variación, una excepción especial y un uso no conforme
- Calcule el número de lotes disponibles para el desarrollo, dado el número total de acres contenidos en una parcela, el porcentaje de terreno reservado para calles y otras instalaciones y el número mínimo de pies cuadrados por lote
- Describir las características de un desarrollo de unidad planificado (PUD)
- Comprender las disposiciones básicas del programa nacional de seguro contra inundaciones
- Describir el impacto Ley de Respuesta Integral de Compensación y Responsabilidad Ambiental (CERCLA, por sus siglas en inglés)
- Explicar los diversos peligros ambientales asociados con los bienes raíces

Términos clave

asbesto	ordenanza de Salud
zona de amortiguamiento	uso no conforme
código de construcción	desarrollo planificado de la unidad
inspección de edificios	excepción especial
permiso de construcción	zona especial de riesgo de inundación
certificado de habitacion	propiedad de propósito especial
concurrencia	varianza
declaración de impacto ambiental	ordenanza de zonificación

PLANIFICACIÓN Y ZONIFICACIÓN

Objetivos del control del uso de la tierra
El plan maestro
Objetivos de planificación
Desarrollo del plan
Gestión de la planificación

Si bien la Constitución garantiza el derecho a la propiedad individual de bienes inmuebles, no garantiza la venta, el uso y el desarrollo incontrolados de bienes inmuebles. Como lo demuestra la historia de Estados Unidos, el uso no regulado de bienes raíces tiene un potencial significativo para daños eventuales al valor de la propiedad, así como al medio ambiente. Además, con el explosivo crecimiento urbano de este siglo, ha quedado claro que la regulación del uso de la tierra es necesaria para preservar los intereses, la seguridad y el bienestar de la comunidad.

Sin una autoridad central que ejerza el control, el uso de la tierra tiende a ser caótico. Por ejemplo, el rápido crecimiento puede superar las capacidades de apoyo de los servicios municipales básicos, como el alcantarillado, la electricidad, el agua, las escuelas, las carreteras y las comunicaciones. A nivel estético, las comunidades necesitan controles para mantener ciertos usos de tierra comercial e industrial alejados de las zonas residenciales para evitar el socavamiento del valor de la propiedad por la contaminación, el ruido y la congestión del tráfico.

Objetivos del control del uso de la tierra

Con el tiempo, el control público y privado del uso de la tierra se ha centrado en ciertos propósitos fundamentales. Estos son:

- preservación de los valores de la propiedad
- promoción del mejor y más alto uso de la propiedad
- equilibrio entre los derechos de propiedad individual y el bien público, es decir, su salud, seguridad y bienestar
- control del crecimiento para mantenerse dentro de las capacidades de la infraestructura
- incorporación del consenso de la comunidad en las actividades regulatorias y de planificación

La gestión óptima del uso de los bienes inmuebles debe tener en cuenta tanto los intereses del individuo como los intereses de la comunidad circundante. Si bien mantener el valor de un patrimonio individual es importante, el propietario de un patrimonio debe darse cuenta de que el uso y el desarrollo no regulados pueden poner en peligro el valor no solo del patrimonio del propietario sino también de las propiedades vecinas. Del mismo modo, la comunidad debe tener en cuenta el efecto de las acciones del gobierno en el valor de las propiedades individuales, ya que el gobierno local se apoya en gran medida en los impuestos basados en el valor de la propiedad.

.

Control del Uso Público de la Tierra

Una comunidad logra sus objetivos de uso de la tierra a través de un proceso de tres fases, como ilustra la exposición:

▸ *Desarrollo de un plan maestro* para la jurisdicción
▸ *Administración del plan* por parte de una comisión de planificación municipal, del condado o regional
▸ *Implementación del plan* a través del control público de la zonificación, los códigos de construcción, los permisos y otras medidas

Las autoridades municipales, del condado y regionales desarrollan planes integrales de uso de la tierra para una comunidad en particular con el aporte de los propietarios. Una comisión de planificación administra el plan maestro y lo hace cumplir ejerciendo su poder para establecer zonas, controlar los permisos de construcción y crear códigos de construcción.

Además de la planificación y el control del uso público de la tierra, algunas entidades privadas, como las asociaciones de subdivisión, pueden imponer normas adicionales de uso de la tierra a los propietarios dentro de la jurisdicción legal de la entidad privada. Los controles privados se implementan principalmente mediante restricciones de escritura..

El plan maestro

La planificación del uso público de la tierra incorpora estrategias de uso a largo plazo y políticas de crecimiento en un **Plan de Ordenamiento Territorial** o **Plan Maestro**. En Florida, el proceso de planificación del uso de la tierra comienza cuando la legislatura estatal promulga leyes que *Exigen a todos los condados y municipios que adopten un plan de uso de la tierra*. El plan de uso de la tierra no solo debe reflejar las necesidades del área local, sino que también debe cumplir con las leyes ambientales estatales y federales y los planes de las agencias de planificación regionales y estatales. El estado hace cumplir sus mandatos de planificación otorgando a las agencias estatales el poder de aprobar los planes locales y del condado.

Por lo tanto, el plan maestro fusiona las leyes estatales y regionales de uso de la tierra con los objetivos locales de uso de la tierra que corresponden a las condiciones sociales y económicas del municipio. El plan completo se convierte en la guía general para crear y hacer cumplir las zonas, los códigos de construcción y los requisitos de desarrollo.

Objetivos de planificación

Los objetivos principales de un plan maestro son, por lo general, controlar y acomodar el crecimiento social y económico.

Cantidad de crecimiento. Un plan maestro *establece pautas específicas sobre cuánto crecimiento permitirá la jurisdicción*. Si bien todas las comunidades desean un cierto grado de crecimiento, un crecimiento excesivo puede abrumar los servicios y la infraestructura.

Para formular una estrategia de crecimiento, un plan inicialmente pronostica las tendencias de crecimiento, luego estima qué tan bien el municipio puede mantener el ritmo del pronóstico de crecimiento. El resultado es una posición política que limita los permisos de construcción y los proyectos de desarrollo a los parámetros de crecimiento deseados. Un plan de crecimiento considera:

- ▸ Naturaleza, ubicación y alcance de los usos permitidos
- ▸ Disponibilidad de instalaciones sanitarias
- ▸ Adecuación de los sistemas de drenaje, recolección de desechos y agua potable
- ▸ Adecuación de las empresas de servicios públicos
- ▸ Adecuación y patrones de las vías
- ▸ Disponibilidad de vivienda
- ▸ Conservación de los recursos naturales
- ▸ Adecuación de las instalaciones recreativas
- ▸ Capacidad y voluntad de la comunidad para absorber nuevos impuestos, emisiones de bonos y tasaciones.

Patrones de crecimiento. Además de la cantidad de crecimiento, un plan maestro también *define qué tipo de crecimiento ocurrirá y dónde*. Las principales consideraciones son:

- ▸ El tipo de empresas y desarrollos que permitan
- ▸ Densidad residencial e intensidad comercial
- ▸ Los efectos de los usos del suelo industrial y comercial en los sectores residencial y público, es decir, dónde permitir dichos usos
- ▸ Efecto de los nuevos desarrollos en los patrones de tráfico y las vías
- ▸ Efectos sobre el medio ambiente y la calidad ambiental (aire, agua, suelo, ruido, aspectos visuales)
- ▸ Sobre los recursos naturales que sustentan a la comunidad
- ▸ Especificaciones del código para proyectos de construcción específicos

Satisfacer la demanda. A medida que el plan maestro establece pautas sobre cuánto crecimiento se permitirá, también debe *hacer planes para acomodar la expansión o la contracción de la demanda de servicios e infraestructura*. El plan debe identificar:

- ▸ Requisitos de instalaciones para el gobierno local

> ▸ Nuevos requisitos de construcción de calles, escuelas e instalaciones de servicios sociales como bibliotecas, centros cívicos, etc.
>
> ▸ Se requiere nueva construcción para proporcionar servicios de energía, agua y alcantarillado

Desarrollo del plan

En respuesta a los objetivos de uso de la tierra, las actitudes de la comunidad y las conclusiones extraídas de la investigación, el personal de planificación formula su plan. En el curso de la planificación, analizan

> ▸ Población y tendencias demográficas
> ▸ Tendencias económicas
> ▸ Uso de la tierra existente
> ▸ Instalaciones de apoyo existentes
> ▸ Patrones de tráfico

Administración de planificación

La gestión del uso público de la tierra se lleva a cabo dentro del condado y el municipio **Departamentos de planificación**. Estos departamentos son responsables de:

> ▸ Implementación a largo plazo del Plan Maestro
> ▸ Creación de reglas y restricciones que admitan planes y directivas
> ▸ Hacer cumplir y administrar la regulación del uso de la tierra de día a día

La comisión de planificación. En la mayoría de las jurisdicciones, una comisión de planificación o la junta compuesta por funcionarios nombrados por la entidad legislativa del gobierno se encarga de la función de planificación.

La comisión supervisa las operaciones del profesional de planificación y el de apoyo personal del departamento. Además, la comisión hace recomendaciones a los funcionarios electos sobre la póliza de uso de la tierra y la administración de póliza.

Autoridad y deberes de la Comisión. La comisión de planificación es responsable de:

> ▸ Aprobación de planos de emplazamiento y planos de subdivisión
> ▸ Aprobación de permisos de construcción
> ▸ Sentencia sobre cuestiones de zonificación
> ▸ Control de la señalización

Personal de apoyo de la Comisión. Después de que la comisión de planificación propone polizas y establece metas y estándares, el personal de apoyo de la comisión lleva a cabo la recopilación y el análisis de la información sobre el uso de la tierra necesaria para desarrollar el plan integral.

LA POLIZA DE CRECIMIENTO DE LA FLORIDA Y LEY DE PLANIFICACIÓN COMUNITARIA (CPA)

Capítulo 163 F. S. póliza de crecimiento
Departamento de Oportunidades Económicas
Elementos requeridos
Regulación urbanística
Elementos requeridos

Capítulo 163 F.S. póliza de crecimiento

Ley de Póliza de Crecimiento y Planificación Comunitaria de la Florida reconoce y promueve el impacto beneficioso que los centros urbanos fuertes tienen en las economías y los recursos locales y estatales y, por lo tanto, insta a los respectivos gobiernos a revitalizar los centros urbanos proporcionando infraestructura adecuada, servicios humanos, vecindarios seguros, instalaciones educativas y desarrollo económico.

La Ley se refiere a este esfuerzo para desarrollo y reurbanización, en el que los servicios públicos como el agua, el transporte, las escuelas, etc., ya están en funcionamiento antes de las mejoras en áreas que sufren de pobreza generalizada y desempleo con propiedades deficientes.

Ley de Planificación Comunitaria de Florida se estableció para fortalecer el poder de los gobiernos locales en el establecimiento de programas integrales de planificación para el desarrollo futuro; en fomentar el uso apropiado de la tierra, el agua y los recursos en interés público; y en la superación de los problemas actuales y futuros causados por el uso y el desarrollo de la tierra.

La intención de la Ley era que los gobiernos locales se concentraran en el uso y crecimiento de la tierra comunitaria para la protección de la salud pública, la seguridad y el bienestar general, mientras que el gobierno estatal se concentraba en proteger los recursos e instalaciones estatales.

La Ley protege la base económica tradicional de Florida, es decir, la agricultura, el turismo y la presencia militar, y fomenta la diversificación económica, el desarrollo de la fuerza laboral y la planificación comunitaria. La Ley también protege la propiedad privada y los derechos de los propietarios privados.

Departamento de Oportunidades Económicas

El Departamento de Asuntos Comunitarios (DCA, por sus siglas en inglés), que supervisaba el desarrollo inmobiliario y comercial en Florida, fue abolido en 2011. El DCA se estableció originalmente para prevenir la expansión y la congestión. En su lugar, el ***Departamento de Oportunidades Económicas (DEO, por sus siglas en inglés)*** y el poder de tomar decisiones de desarrollo fue relegado a los gobiernos locales, disminuyendo así la supervisión estatal. El DEO supervisa los fondos utilizados para incentivar a las empresas a venir a Florida.

Elementos requeridos

Se debe implementar un plan integral mediante la adopción de suficientes ordenanzas de control del uso de la tierra y programas de mejoras. El plan debe contener los siguientes elementos obligatorios.

Uso futuro de la tierra. El plan debe designar la distribución y ubicación futura propuesta de uso de la tierra residencial, comercial, industrial, agrícola, recreativa, de conservación, educación, instalaciones públicas y otras categorías de uso de la tierra. El plan también debe incluir las normas de control y distribución de las densidades de población y las intensidades de edificación.

Circulación del tráfico. El plan debe incluir un elemento de transporte para planificar un sistema de transporte multimodal con énfasis en los sistemas de transporte público. El elemento de transporte debe abordar la circulación del tráfico para incluir los tipos, las ubicaciones y la extensión de las vías principales y las rutas de transporte existentes y propuestas, así como los mapas que muestran las características del sistema existentes y propuestas. Un plan aeroportuario puede ser incorporado al plan maestro.

Conservación de los recursos naturales. Se debe incluir un elemento de conservación en el plan para la conservación, el uso y la protección del aire, el agua, las áreas de recarga de agua, los humedales, los pozos de agua, las marismas, los suelos, las playas, las costas, las llanuras aluviales, los ríos, los lagos, los bosques, la vida silvestre, el hábitat marino, los minerales y otros recursos.

Recreación. El plan también debe incluir un elemento para un sistema integral de sitios públicos y privados para la recreación que incluya reservas naturales, parques y áreas de juego, avenidas, playas, espacios abiertos, vías fluviales y otras instalaciones recreativas.

Vivienda. Un elemento de vivienda obligatoria debe incluir principios, directrices, normas y estrategias para proporcionar vivienda a todos los residentes actuales y futuros, la eliminación de las condiciones de vivienda deficientes, la mejora de las viviendas existentes, los sitios para futuras viviendas, las viviendas de reubicación y las viviendas económica.

Protección de las zonas costeras, cuando sea pertinente. Otro elemento del plan es la gestión costera para mantener y restaurar la calidad del medio ambiente de la zona costera, preservar las poblaciones de vida silvestre y marina, proteger los recursos de la zona costera y gestionar el desarrollo de la zona costera.

Coordinación intergubernamental. Se debe incluir un elemento de coordinación intergubernamental que muestre las relaciones y los principios y lineamientos estatales que se utilizarán para coordinar el plan integral con 1) los planes de las unidades de gobierno local que no tienen autoridad reguladora sobre el uso de la tierra, 2) los planes integrales de los municipios y áreas adyacentes, y 3) el plan integral estatal. El plan integral debe mostrar consideración por los planes de estas otras entidades.

Utilidades. También se debe incluir en el plan un elemento de alcantarillado sanitario, residuos sólidos, drenaje, agua potable y recarga natural de acuíferos subterráneos para indicar los medios de protección de estas instalaciones en la zona.

Concurrencia. La concurrencia es un conjunto de regulaciones de uso de la tierra que los gobiernos locales dentro de la Florida adoptan para garantizar que el nuevo desarrollo no exceda la capacidad del gobierno local para manejarlo. El gobierno local debe tener suficiente capacidad de infraestructura para respaldar cualquier desarrollo propuesto.

Las regulaciones requieren que los gobiernos cumplan con los requisitos de concurrencia para alcantarillado sanitario, residuo sólido, drenaje y agua potable para el momento en que se emita un certificado de ocupación para el desarrollo. Los parques y las instalaciones recreativas, las escuelas y las instalaciones de transporte ya no están sujetos a los requisitos de concurrencia del estado. Sin embargo, estas y otras instalaciones públicas no obligatorias pueden estar sujetas a los requisitos de concurrencia de un gobierno local si el plan del gobierno local proporciona los principios, directrices, estándares y estrategias para aplicar la simultaneidad a la instalación.

Los elementos opcionales pueden incluir edificios históricos, de preservación escénica, económicos y públicos.

CONTROL DEL USO PÚBLICO DE LA TIERRA

Zonificación
Administración de zonificación
Regulación de la subdivisión
Códigos de construcción

A nivel estatal, la legislatura promulga leyes que controlan y restringen el uso de la tierra, particularmente desde la perspectiva ambiental. A nivel local, los gobiernos de los condados y las ciudades controlan el uso de la tierra a través de la autoridad conocida como **poder policial** . Las expresiones más comunes del poder policial son las **zonificación** municipales y de condado. Otros ejemplos de control del uso público de la tierra son:

- ▶ Regulaciones de subdivisión
- ▶ Códigos de construcción
- ▶ Expropiación
- ▶ Restricciones medioambientales
- ▶ Requisitos de desarrollo

Los gobiernos también tienen derecho a **poseer** bienes inmuebles para uso público y bienestar. En el ejercicio de sus derechos de propiedad, un municipio puede **anexar** propiedades adyacentes a su propiedad existente o comprar otras extensiones de tierra a través de transferencias convencionales. Cuando sea necesario, puede obligar a los propietarios a vender su propiedad a través del poder de **expropiación**..

Zonificación

Zonificación es la herramienta principal mediante la cual las ciudades y los condados regulan el uso de la tierra e implementan sus respectivos planes maestros. La Constitución otorga a los estados la autoridad legal para regular, y los estados delegan la autoridad a los condados y municipios a través de una legislación llamada **Actos habilitantes**.

La ordenanza de zonificación. El vehículo para zonificar una ciudad o condado es la **ordenanza de zonificación**, una regulación promulgada por el gobierno local. La intención de las ordenanzas de zonificación es especificar el uso de la tierra para cada parcela dentro de la jurisdicción. En algunas áreas, las leyes estatales permiten que las ordenanzas de zonificación se apliquen a áreas inmediatamente más allá de los límites legales de la ciudad o el condado.

Las ordenanzas de zonificación implementan el plan maestro regulando la **densidad**, la **intensidad del uso de la tierra**, **la estética** y **el uso más alto y mejor**. Por lo general, las ordenanzas abordan lo siguiente:

> ▸ El uso de la tierra: oficinas, comerciales, residenciales, etc.
> ▸ Tamaño y configuración de un sitio de construcción, incluidos los retranqueos, los requisitos de las aceras, los requisitos de estacionamiento y el acceso
> ▸ Procedimientos de desarrollo del sitio
> ▸ Métodos y materiales de construcción y diseño, incluidas las restricciones de altura, las proporciones de área de edificio a sitio y estilos arquitectónicos
> ▸ Uso del espacio dentro del edificio
> ▸ señalización

Validez de la ordenanza. Los planificadores locales no tienen autoridad ilimitada para hacer lo que quieran. Sus ordenanzas de zonificación deben ser claras en su importancia, aplicarse a todas las partes por igual y promover la salud, la seguridad y el bienestar de la comunidad de manera razonable.

Permisos de construcción. Los gobiernos locales hacen cumplir las ordenanzas de zonificación mediante la emisión de permisos de construcción a quienes desean mejorar, reparar o renovar una propiedad. Para recibir un permiso, el proyecto debe cumplir con todas las ordenanzas y códigos pertinentes. Se logra una mayor aplicación de la zonificación a través de inspecciones periódicas.

Tipos de zonas. Una de las principales aplicaciones de la potencia de zonificación es la separación de propiedades residenciales de usos comerciales e industriales. El diseño adecuado del uso de la tierra de esta manera preserva la estética y el valor de los vecindarios y promueve el éxito de las empresas comerciales a través de zonas ubicadas de manera inteligente.

A continuación se presentan seis tipos comunes de zonas y sus respectivas prioridades.

- ▶ **residencial**
- ▶ **comercial**
- ▶ **industrial**
- ▶ **agrícola**
- ▶ **público**
- ▶ **desarrollo de unidades planificadas (PUD)**

Residencial. La zonificación residencial restringe el uso de la tierra a viviendas privadas y no comerciales. Las subzonas de esta categoría estipulan además los tipos de residencias permitidas, ya sean unifamiliares, complejos de unidades múltiples, condominios, viviendas subsidiadas públicamente u otras formas de vivienda.

La zonificación residencial regula:

- ▶ *densidad,* limitando el número y el tamaño de las unidades de vivienda y los lotes en un área
- ▶ valores y estética, limitando el tipo de residencias permitidas. Algunas áreas adoptan **zonas de amortiguamiento** para separar las áreas residenciales de las zonas comerciales e industriales.

Comercial. La zonificación comercial regula la ubicación del uso de la tierra para oficinas y comercios minoristas. Algunas zonas comerciales permiten combinaciones de usos de oficinas y tiendas minoristas en un solo sitio. Las subzonas en esta categoría pueden limitar el tipo de actividad minorista u oficina permitida, por ejemplo, una tienda departamental versus un centro comercial.

La zonificación comercial regula:

- ▶ intensidad de uso, limitando el área de la tienda u oficina por área del sitio. La regulación de la intensidad se logra además mediante requisitos mínimos de estacionamiento, retranqueos y restricciones de altura de los edificios.

Industrial. La zonificación industrial regula:

- ▶ Intensidad de uso
- ▶ Tipo de actividad industrial
- ▶ Consecuencias medioambientales

Es posible que un municipio no permita algunas zonas industriales, como la industria pesada. El parque industrial es un concepto relativamente reciente en la zonificación industrial.

Agrícola. La zonificación agrícola restringe el uso de la tierra a la agricultura, la ganadería y otras empresas agrícolas.

Público. La zonificación pública restringe el uso de la tierra a los servicios públicos y la recreación. Los parques, las oficinas de correos, los edificios gubernamentales, las escuelas y las bibliotecas son ejemplos de usos permitidos en una zona pública.

Desarrollo Planificado de Unidades (PUD). Desarrollo planificado de la unidad restringe el uso al desarrollo de extensiones enteras que están diseñadas para usar el espacio de manera eficiente y maximice el espacio abierto. Una zona PUD puede ser para usos residenciales, comerciales o industriales, o combinaciones de los mismos.

Administración de zonificación

Junta de Ajuste de Zonificación. Una junta local o del condado, generalmente llamada junta de ajuste de zonificación o junta de apelaciones de zonificación, administra las ordenanzas de zonificación. La junta dictamina sobre las interpretaciones de las ordenanzas de zonificación que se aplican a casos específicos de uso de la tierra presentados por los propietarios en la jurisdicción. En efecto, la junta de zonificación es un tribunal de apelaciones para los propietarios y desarrolladores que desean usar la tierra de una manera que no es del todo consistente con las ordenanzas existentes.

La junta lleva a cabo audiencias de casos específicos y toma decisiones oficiales sobre el uso de la tierra basadas en la evidencia presentada.

Una junta de zonificación generalmente se ocupa de asuntos y apelaciones tales como:

- ▸ Uso no conforme
- ▸ Varianza
- ▸ Excepción especial o permiso de uso condicional
- ▸ Modificación de la zonificación

Si la junta rechaza una apelación, la parte puede apelar la sentencia ante un tribunal de justicia.

Uso no conforme. Un uso no conforme es uno de ellos *que difiere claramente de la zonificación actual*. Por lo general, los usos no conformes se producen cuando un cambio de zonificación deja las propiedades existentes en violación de la nueva ordenanza. Este tipo de uso no conforme es un uso **legal** no conforme. Por lo general, una junta directiva trata este tipo de situación permitiendo que continue

- ▸ indefinidamente
- ▸ hasta que se derriben las estructuras
- ▸ solo mientras continúe el mismo uso, o
- ▸ hasta que se venda la propiedad

Por ejemplo, un motel está situado en una zona residencial que ya no permite la actividad comercial. La junta de zonificación dictamina que el motel puede continuar operando hasta que se venda, destruya o use para cualquier otro propósito comercial.

Un **uso ilegal no conforme** es aquel que entra en conflicto con las ordenanzas que estaban vigentes antes de que comenzara el uso. Por ejemplo, si el motel del ejemplo anterior se vende y el nuevo propietario continúa operando la propiedad como un motel, el motel ahora es un uso ilegal y no conforme.

Varianza. Una desviación de zonificación permite un uso que difiere de la ordenanza aplicable para una variedad de *justificable* razones, entre las que se incluyen las siguientes:

- ▶ El cumplimiento causará dificultades irrazonables
- ▶ El uso no cambiará el carácter esencial de la zona
- ▶ El uso no entra en conflicto con la intención general de la ordenanza

Por ejemplo, un propietario viola por error un requisito de retroceso de dos pies. Su casa ya está construida, y cumplir con el revés completo ahora sería extremadamente costoso, si no imposible. La junta de zonificación concede una variación sobre la base de que el cumplimiento causaría una dificultad irrazonable.

La concesión de una variación de zonificación puede ser incondicional o puede requerir que se cumplan condiciones, como eliminar la infracción después de un cierto tiempo.

Excepción especial. Una excepción especial autoriza un uso que no es consistente con la ordenanza de zonificación en un sentido literal, pero que es claramente *beneficioso o esencial para el bienestar público* y no perjudica materialmente otros usos en la zona.

Un posible ejemplo es una casa antigua en una zona residencial adyacente a una zona comercial. La junta de zonificación podría otorgar una excepción especial a un grupo local que proponga renovar la casa y convertirla en un museo local, que es un uso comercial, ya que la comunidad se beneficia del museo.

Enmienda. Un propietario actual o potencial puede solicitar a la junta de zonificación un cambio total en la zonificación de una propiedad en particular. Por ejemplo, una propiedad zonificada para uso agrícola ha estado inactiva durante años. Un empleador importante desea desarrollar la propiedad para una instalación de distribución local, lo que crearía numerosos puestos de trabajo, y solicita una enmienda. La junta cambia la zonificación de agrícola a industrial ligera para permitir el desarrollo. Dado que un cambio en la zonificación puede tener un impacto económico y social significativo, una apelación para una enmienda es un proceso difícil que a menudo implica audiencias públicas.

Regulación de la subdivisión

Además de cumplir con las ordenanzas de zonificación, un desarrollador de múltiples propiedades en una subdivisión debe cumplir con los requisitos para las subdivisiones.

Aprobación del plano catastral de la subdivisión. El desarrollador presenta un plano catastral de subdivisión que contiene mapas catastrales topográficos y especificaciones de construcción completas. El plano catastral, como mínimo, muestra que el plan cumple con las ordenanzas locales de zonificación y construcción. El proyecto sólo puede comenzar después de que la autoridad competente haya aprobado el plano catastral.

Los requisitos de subdivisión suelen regular:

- ▶ Ubicación, nivelación, alineación, pavimentación, ancho de calle, carreteras
- ▶ Alcantarillado y red de agua
- ▶ Dimensiones de lote y manzana
- ▶ Líneas de construcción y retranqueo
- ▶ Dedicatorias de uso público
- ▶ Servidumbres de servicios públicos
- ▶ Percolación del suelo
- ▶ Informe de impacto ambiental
- ▶ Densidad zonificada

Concurrencia. Florida ha adoptado pólizas que requieren que los desarrolladores, especialmente los de las subdivisiones, asuman la responsabilidad del impacto de sus proyectos en la infraestructura local mediante la adopción de medidas correctivas. La simultaneidad es una directiva que requiere que el desarrollador realice adaptaciones *concurrentemente* con el desarrollo del proyecto en sí, no después. Por ejemplo, si un proyecto va a crear una sobrecarga de tráfico en una zona, es posible que el promotor tenga que ensanchar la carretera mientras construye el proyecto.

Requisitos de la FHA. Además de la regulación local, las subdivisiones deben cumplir con los requisitos de la FHA (Autoridad Federal de Vivienda) para calificar para el seguro de financiamiento de la FHA. La FHA establece estándares similares a las ordenanzas locales para garantizar un nivel adecuado de calidad de construcción, estética y servicios de infraestructura.

Códigos de construcción

Códigos de construcción permiten que el condado y el municipio protejan al público contra los peligros de la construcción no regulada. Los códigos de construcción establecen estándares para prácticamente todos los aspectos de un proyecto de construcción, incluidas las mejoras fuera del sitio, como calles, bordillos, canaletas, sistemas de drenaje y mejoras en el sitio, como el edificio en sí.

La Comisión de Construcción de Florida desarrolló el Código de Construcción de *Florida* después de que el huracán Andrew descubriera la necesidad de códigos más sólidos en todo el estado. El Código estatal rige el diseño, la construcción, la erección, la alteración, la modificación, la reparación y la demolición de edificios, estructuras e instalaciones públicas y privadas en el estado. Hay libros separados disponibles para plomería, residencial, conservación de energía, protocolos de prueba de zona de huracanes, construcción, accesibilidad, construcción existente, gas combustible y códigos mecánicos. El Código se actualiza cada 3 años y, a menudo, se modifica anualmente.

El Código ahora incluye categorías de riesgo para los tipos de edificios basados en tres mapas de velocidad del viento. Debido a que las áreas costeras de Florida se enfrentan a tormentas de mayor velocidad del viento, esas áreas deben cumplir con los requisitos de carga de viento más alta. El Código define esas áreas y proporciona opciones para cumplir con los requisitos del código de construcción a través de la construcción inicial y las mejoras a las estructuras existentes.

Permisos de construcción. El estatuto de Florida exige que cualquier persona que planee construir, ampliar, alterar, reparar, mover, demoler o cambiar la ocupación de un edificio o estructura o realizar cualquier trabajo que esté regulado por el Código de Construcción de Florida debe obtener primero el permiso requerido. Dependiendo del trabajo a realizar, un proyecto puede requerir múltiples permisos. Por ejemplo, la renovación de una estructura puede requerir un permiso de construcción general, pero también puede requerir un permiso eléctrico y/o de plomería.

Los permisos de Florida generalmente requieren planos dibujados del trabajo que se realizará y prueba de propietario de la propiedad. Una vez más, dependiendo del trabajo a realizar, el permiso también puede requerir prueba de seguro y/o prueba de licencias vigentes para cualquier contratista u otros profesionales que realicen el trabajo. Las nuevas construcciones también requerirán un certificado de cumplimiento del código de energía de Florida. La presentación de los planes de trabajo permitirá que el departamento de construcción de la ciudad o del condado también determine si el trabajo cumplirá con los requisitos de carga de viento.

Inspecciones de edificios. Durante la construcción o renovación del edificio, el trabajo completado deberá inspeccionarse para verificar el cumplimiento y la corrección del código. Cuando se requiere una inspección para una fase particular de la construcción, el trabajo no puede continuar o reanudarse hasta que el inspector apruebe esa fase. Por lo general, las inspecciones se requieren varias veces durante una construcción o renovación. Cuando se completa el proyecto, se requiere una inspección final para que *se pueda emitir un certificado de ocupación* y se pueda aprobar la ocupación y el uso de la propiedad.

Valor R. Un valor R es una medida de la eficacia del aislamiento y su resistencia al flujo de calor. Cuanto mayor sea el valor R, mayor será la resistencia o mejor será la eficiencia energética. Los códigos de construcción y energía de la ciudad y el condado especifican el valor R mínimo requerido para la envolvente del edificio, que se define como las partes de la estructura que separan el ambiente exterior del ambiente interior, o el techo, las paredes y los pisos.

ZONAS INUNDABLES

Programa Nacional de Seguro contra Inundaciones (NFIP, por sus siglas en inglés)
Requisitos de estructuras residenciales
Requisitos de estructuras no residenciales
Proporción de compradores de NFIP en Florida

La Ley Nacional de Seguros contra Inundaciones de 1968 creó la Administración Federal de Seguros e hizo que el seguro contra inundaciones estuviera disponible por primera vez. La Ley también condujo a la creación del Programa Nacional de Seguro contra Inundaciones, cuyos objetivos eran proporcionar seguro contra inundaciones para las estructuras y su contenido que se encuentran en comunidades con estándares mínimos de manejo de llanuras aluviales y establecer tarifas de seguro para estructuras ubicadas en áreas identificadas con riesgo de inundaciónas.

La Ley de Protección contra Desastres por Inundaciones de 1973 enmendó el NFIP al hacer obligatoria la compra de un seguro contra inundaciones para la protección de la propiedad ubicada en Áreas Especiales de Riesgo de Inundación.

Programa Nacional de Seguro contra Inundaciones (NFIP)

Calificar para el NFIP. La Agencia Federal para el Manejo de Emergencias (FEMA, por sus siglas en inglés) administra el NFIP y ha establecido los requisitos que las comunidades deben cumplir para participar en el programa. Las comunidades deben ponerse de acuerdo para adoptar y hacer cumplir regulaciones que reduzcan los riesgos de inundación. Los propietarios de viviendas, inquilinos y dueños de negocios pueden obtener un seguro de pérdidas por inundación a través de agencias de seguros si la propiedad en cuestión está ubicada en una comunidad que participa en el programa.

Criterios del NFIP para "Áreas Especiales de Riesgo de Inundación" (SFHA, por sus siglas en inglés). La Agencia Federal para el Manejo de Emergencias (FEMA, por sus siglas en inglés) ha identificado zonas de inundación en todo EE. UU. y muestra esas áreas en sus Mapas de Tarifas de Seguro contra Inundaciones (FIRM, por sus siglas en inglés), incluidas las categorías de riesgo de inundación para cada área: riesgo bajo, riesgo moderado y riesgo alto.

Cualquier área de alto riesgo también se identifica como un área especial de riesgo de inundación, que se define como un área con un 1% de probabilidad de inundación en cualquier año. Eso no significa que la zona se vaya a inundar todos los años; más bien, significa que hay un 1% de posibilidad estadística de inundaciones cada año. La inundación de probabilidad anual del 1% también se conoce como inundación base o inundación de 100 años. Esto es de especial interés para los prestamistas hipotecarios porque eso significa que hay una probabilidad de 1 en 4 de inundación durante una hipoteca a 30 años. Por lo tanto, los prestamistas hipotecarios que tienen préstamos sobre una propiedad ubicada en una SFHA generalmente requieren que el propietario tenga un seguro contra inundaciones en la propiedad.

Las SFHA se identifican como zonas A (áreas de llanuras aluviales de SFHA) o zona Vs (superficie terrestre costera de la SFHA).

Desarrollo dentro de las restricciones de la SFHA. Antes de comenzar el desarrollo dentro de una SFHA, un desarrollador debe obtener un permiso para asegurarse de que el proyecto cumpla con los requisitos del NFIP y las ordenanzas de la comunidad local. Los requisitos varían según la zona donde se encuentra la propiedad y el tipo de estructura que se está construyendo.

Debido a que las zonas V tienen mayores riesgos de inundación, las estructuras en esas áreas deben estar ancladas para resistir la fuerza de las olas, los vientos fuertes y la erosión y para evitar el colapso y/o el movimiento. Los sitios de desarrollo deben nivelarse para evitar que el flujo de agua entre en las estructuras de la planta baja. Las estructuras construidas en pendientes deben tener caminos de drenaje para guiar el flujo de agua lejos de las estructuras.

El desarrollo dentro de las SFHA no debe obstruir el flujo natural de las aguas de inundación. Por ejemplo, la eliminación de la arena de las playas elimina la barrera natural construida a lo largo de los años y expone a las zonas interiores a un mayor riesgo de inundación. Estas normas protegen a los residentes y la propiedad de las inundaciones, y preservan las llanuras aluviales como un medio natural de control de inundaciones.

Requisitos de estructuras residenciales

Las estructuras residenciales en la zona V de la SFHA deben tener el piso más bajo por encima de la "Elevación de inundación base" o tener una base abierta (A menudo conocida como pilotes o zancos) para permitir que el agua que inunda el área fluya debajo de la estructura sin causar daños.

Requisitos de estructuras no residenciales

Las estructuras no residenciales en la zona V de la SFHA deben tener el piso más bajo por encima de la Elevación Base de Inundación, ser herméticas por debajo de la Elevación Base de Inundación o tener una cimentación abierta.

Proporción de compradores de NFIP en Florida

Se ha estimado que aproximadamente el 15% de los propietarios de viviendas estadounidenses tienen pólizas de seguro contra inundaciones. Sin embargo, debido a las inundaciones relacionadas con huracanes en los últimos años, aproximadamente entre el 35 y el 40% de esos asegurados son Floridanos. Incluso Texas, Carolina del Sur y Luisiana, que también son propensos a las inundaciones, no se acercan a ese número de asegurados.

CONTROLES AMBIENTALES

Áreas de preocupación
Legislación importante
Responsabilidades y obligaciones

En los últimos años, las legislaturas federales y estatales han promulgado leyes para conservar y proteger el medio ambiente contra los peligros del crecimiento y el desarrollo, particularmente en términos de calidad del aire, el agua y el suelo.

Los planificadores regionales, de condado y locales deben integrar las leyes ambientales en sus respectivos planes y reglamentos de uso de la tierra. Los propietarios privados son responsables de cumplir con estas leyes.

Áreas de preocupación

Aire. Calidad del aire, tanto en interiores como en exteriores, ha sido motivo de preocupación desde la década de 1960. Con los métodos de construcción actuales que crean estructuras herméticas y energéticamente eficientes, la atención a las fuentes de contaminación del aire interior es más importante que nunca. La emisión de gases de los materiales sintéticos y la falta de ventilación pueden tener consecuencias como el síndrome del edificio enfermo (SBS) y las enfermedades relacionadas con el edificio (BRI), así como otros problemas de salud. Entre las amenazas significativas se encuentran:

▶ *El asbesto*, un mineral en polvo que alguna vez se usó comúnmente como material aislante ignífugo alrededor de tuberías, en baldosas y linóleo, en revestimientos y techos, en paneles de yeso, compuestos para juntas y muchas otras aplicaciones.

Cuando se transporta por el aire, es un peligro para la salud. Su uso hoy en día está muy restringido y su eliminación puede ser costosa y peligrosa. La inspección por parte de un inspector certificado de asbesto es la mejor manera de determinar si un edificio necesita tratamiento.

▶ *Monóxido de carbono*, un gas incoloro, inodoro y venenoso que puede resultar de un equipo de calefacción defectuoso. Los dispositivos de detección domésticos y comerciales están disponibles.

▶ *formaldehído*, un químico utilizado en materiales de construcción y en otros artículos como telas y alfombras. A medida que envejece, el formaldehído emite un gas incoloro y un olor desagradable.

Su uso en el aislamiento de espuma de urea-formaldehído (UFFI) se prohibió en 1982 (prohibición se redujo más tarde a una advertencia), pero el material todavía está presente en muchas estructuras. *Otras sustancias conocidas en general como compuestos orgánicos volátiles (COV) y* utilizadas en materiales de construcción como adhesivos emiten humos tóxicos. Las pruebas profesionales pueden identificar los niveles y, en algunos casos, las fuentes de gas formaldehído y otros COV.

▶ *El plomo,* un metal pesado que alguna vez se usó ampliamente en pinturas y materiales de plomería. Está prohibido en la pintura desde 1978 y en las nuevas tuberías desde 1988.

Sigue siendo una amenaza para la salud, especialmente para los niños, ya que se encuentra en las partículas de pintura suspendidas en el aire, los trozos de pintura y el suelo y las aguas subterráneas contaminadas por diversas fuentes externas de emisión. La inspección debe ser realizada por inspectores de plomo autorizados.

▶ *moho,* un hongo que crece en presencia de humedad y oxígeno en prácticamente cualquier tipo de superficie orgánica.

A menudo destruye el material en el que crece y emite irritantes tóxicos al aire. Las estructuras herméticamente selladas con ventilación inadecuada son las más susceptibles. Las goteras en el techo, la ventilación inadecuada de los electrodomésticos, la escorrentía de las canaletas y bajantes y los daños por inundación son factores comunes. En los últimos años, las demandas y reclamaciones relacionadas con el moho y los hongos se han vuelto sustanciales.

▸ *radón*, un gas incoloro, inodoro y radiactivo que se encuentra naturalmente en el suelo en todo Estados Unidos.

Ingresa a los edificios a través de grietas en los cimientos y pisos, costuras de paredes, pozos de sumidero y ventanas, entre otras formas. En acumulaciones por encima de ciertos niveles, se sospecha que contribuye al cáncer. El exceso de radón se puede eliminar mediante sistemas de ventilación especiales. Las inspecciones profesionales y de viviendas están disponibles.

Daños estructurales. *Organismos destructores de la madera (WDO)* son un problema tan grande en Florida que las inspecciones WDO a menudo son transacciones inmobiliarias requeridas. Termitas, ciertos escarabajos y hongos que se descomponen de la madera entran en la categoría de organismos destructores de la madera. Las hormigas carpinteras no son reportables como WDO en el formulario de informe de Florida.

Las inspecciones de edificios no incluyen las WDO. En cambio, la propiedad es inspeccionada por un inspector de una empresa de control de plagas que tiene licencia del Departamento de Agricultura y Servicios al Consumidor de Florida. La inspección debe llevarse a cabo de conformidad con las normas apropiadas y debe inspeccionar todas las formas de organismos destructores de la madera.

Si se realiza una inspección para una transacción de bienes raíces, el informe debe completarse en un formulario específico requerido por la ley de Florida, que se encuentra en línea con instrucciones para completarlo en https://www.fdacs.gov/content/download/3136/file/Instructions_for_13645.pdf .

El informe se limita al día y la hora de la inspección y no incluye ninguna anticipación de futuras infestaciones de WDO. Incluye la fecha de la inspección, el nombre comercial y el número de licencia comercial del inspector, los tipos y el número de estructuras inspeccionadas, los hallazgos de la inspección, cualquier obstrucción o área inaccesible, evidencia de tratamiento anterior, si la estructura fue tratada o no en el momento de la inspección y todos los detalles relacionados, y la siguiente declaración:

> *"Ni el titular de la licencia ni el inspector tienen ningún interés financiero en la(s) estructura(s) inspeccionada(s) ni están asociados de ninguna manera en la transacción con ninguna parte que no sea con fines de inspección".*

El informe también debe indicar que el inspector no tiene ninguna asociación con las estructuras o partes de la transacción, excepto para fines de inspección. Una copia del informe se envía a la persona que solicita la inspección. Se colocará una segunda copia en un punto de acceso fácilmente visible a la propiedad. La empresa de inspección conservará una tercera copia durante al menos 3 años.

Suelo y agua. El suelo, las aguas subterráneas y los suministros de agua potable son vulnerables a la contaminación de los vertederos con fugas; eliminación inadecuada de residuos; escorrentía agrícola; vertidos industriales en vías fluviales; derrames en carreteras y vías férreas; emisiones industriales; emisiones de combustión interna; y tanques subterráneos con fugas de combustibles y productos químicos, por mencionar solo algunas fuentes. Algunos de los problemas sujetos a controles son:

> ► dioxinas, una familia de compuestos producidos como subproducto de la fabricación e incineración de materiales que contienen cloro
>
> ► plomo y *mercurio*
>
> ► MTBE, éter butílico terciario metílico, un aditivo de gasolina
>
> ► PCB, Bifenilo Policlorado, una sustancia anteriormente ampliamente utilizada como aislamiento eléctrico
>
> ► *Tanques de almacenamiento subterráneos* (UST), regulados desde 1984
>
> ► *Humedales,* considerados parte del sistema natural de filtrado de agua, así como hábitats especiales, sujetos a restricciones de desarrollo y uso.

Otras condiciones ambientales y naturales. Otras condiciones ambientales reguladas y controladas incluyen:

> ► *Campos electromagnéticos* (CEM) creados por líneas eléctricas
>
> ► *Ruido* creado por el tráfico aeroportuario, aéreo, ferroviario y de autopistas
>
> ► *Riesgos de terremotos e inundaciones* que afectan el seguro contra riesgos, las prácticas de préstamo y los requisitos de construcción para edificios en zonas designadas para inundaciones y terremotos.

Preocupaciones medioambientales

	Dentro	Al aire libre
Aire	amianto, BRI, monóxido de carbono, formaldehído, pintura a base de plomo, moho, radón, SBS,	plomo, dióxido de carbono, mercurio, azufre, dioxinas en el aire
Suelo		dioxinas, plomo, PCB, residuos, materiales peligrosos
Agua	dioxinas, plomo para fontanería, pintura con plomo, mercurio, MTBE, PCB	dioxinas, plomo, mercurio, MTBE, PCB, UST, residuos, materiales peligrosos
Ambiente		Campos electromagnéticos, ruido
Estructura		inundación, terremoto

BRI: Enfermedad Relacionada con la Constucción
SBS: Syndrome del Edificio Enfermo
VOC: Compuesto Orgánico Volátil
MTBE: Metil Terciario Butil Éter

PCB: Bifenilo policlorado
UST: Tanque de almacenamiento subterráneo
EMF: Campo electromagnético
UFFI: Aislamiento de espuma de urea-formaldehído

Legislación importante

Ley de Política Ambiental Nacional (1969). Esta ley creó la Agencia de Protección Ambiental (EPA, por sus siglas en inglés) y el Consejo para la Calidad Ambiental, dándoles el mandato de establecer estándares ambientales para la planificación del uso de la tierra. La ley también exigía estudios de impacto ambiental en grandes proyectos de desarrollo.

Enmienda de Aire Limpio (1970). Esta ley autorizó a la EPA a establecer estándares de calidad del aire para los usos industriales de la tierra, así como para las emisiones de automóviles y aviones.

Ley de Mejora de la Calidad del Agua (1970), la enmienda de la Ley de Control de la Contaminación del Agua (1972), la Enmienda de la Ley de Agua Limpia (1977). Estas leyes se referían a las normas para controlar la contaminación del agua y los desechos industriales desde el punto de vista de la prevención futura, así como de la remediación de la contaminación existente.

Ley de Recuperación de Recursos (1970), Ley de Conservación y Recuperación de Recursos (1976), Ley Integral de Respuesta, Compensación y Responsabilidad Ambiental (Superfondo) (1980), Ley de Enmienda y Reautorización del Superfondo (1986). Estas leyes se referían a la eliminación de desechos sólidos y tóxicos y a las medidas para la gestión de los desechos. Además, la ley Superfondo proporcionó dinero para la eliminación de desechos peligrosos y la autoridad para cobrar los costos de limpieza a las partes responsables.

Prohibición de la pintura a base de plomo (1978) y Ley de Reducción del Riesgo de la Pintura a Base de Plomo Residencial (1992, 1996). Estas regulaciones prohibieron el plomo en la fabricación de pintura y establecieron requisitos de divulgación y pautas para pruebas y remediación.

CERCLA/Superfondo. En virtud de la Ley Integral de Respuesta, Compensación y Responsabilidad Ambiental de 1980 (CERCLA, por sus siglas en inglés) y la Enmienda del Superfondo de 1986, los propietarios actuales, así como los propietarios anteriores de una propiedad, pueden ser considerados responsables de violaciones ambientales, incluso si son "inocentes" de una violación. Los vendedores a menudo tienen la mayor exposición, y los licenciatarios de bienes raíces pueden ser considerados responsables de la divulgación indebida.

El propietario de un inmueble puede ser considerado responsable del costo total de remediar la contaminación del suelo, las aguas subterráneas o el aire interior. Un inquilino puede ser considerado responsable de los costos de limpieza como "operador" si las operaciones del inquilino están relacionadas con la contaminación

Responsabilidades y obligaciones

Se espera que los licenciatarios sean conscientes de los problemas ambientales y sepan dónde buscar ayuda profesional. No se espera que tengan conocimientos especializados de derecho ambiental ni de las condiciones físicas de una propiedad. Más bien, deben tratar los peligros ambientales potenciales de la misma manera que tratan otros hechos materiales sobre una propiedad: la divulgación.

En resumen, para su propia protección, los licenciatarios deben tener cuidado de:

- ▶ Estar atento a los peligros potenciales
- ▶ Revelar hechos materiales conocidos
- ▶ Distribuir el folleto de HUD (abajo)
- ▶ Sepa dónde buscar ayuda profesional.

Plomo. La Ley de Pintura a Base de Plomo de 1992 requiere que un vendedor o agente del vendedor revele los problemas conocidos de plomo en propiedades construidas antes de 1978. El titular de la licencia debe entregar al comprador o arrendatario una copia del folleto de la Comisión de Seguridad de Productos del Consumidor de la EPA-HUD-US, "Proteja a su familia del plomo en su hogar".

Además, la regulación de pintura a base de plomo de 1996 requiere que los vendedores o arrendadores de casi todas las propiedades residenciales construidas antes de 1978 divulguen los peligros conocidos de la pintura a base de plomo y proporcionen todos los registros relevantes disponibles. El vendedor no está obligado a realizar pruebas de plomo, pero debe permitir al comprador un período de diez días para la inspección de plomo. Solo un profesional principal con licencia puede ocuparse de las pruebas, la eliminación o la encapsulación. Es responsabilidad del profesional de bienes raíces garantizar el cumplimiento.

Venta de un inmueble contaminado. Vender un inmueble con un problema medioambiental no evita la responsabilidad del vendedor, aunque vendedor y comprador pueden acordar compartir o transferir alguna responsabilidad. Como se mencionó anteriormente, los vendedores a menudo tienen la mayor exposición a las violaciones ambientales bajo CERCLA, y los licenciatarios de bienes raíces pueden ser considerados responsables de la divulgación indebida.

Si existe una inquietud, se debe realizar una auditoría de Fase I o una Evaluación Ambiental del Sitio (ESA) antes de proceder con la transacción. Una auditoría de Fase I identifica

- usos previos
- presencia de materiales peligrosos

La Fase I de la ESA revisa los documentos ambientales; lleva a cabo una búsqueda de títulos de gravámenes y restricciones ambientales; e incluye una inspección visual del sitio y las propiedades circundantes. No hay muestreo ni pruebas. Fannie Mae, Freddie Mac y HUD requieren ESA especiales de Fase I en ciertas propiedades.

Se lleva a cabo una auditoría de Fase II (ESA) si se considera que un sitio está contaminado. Se trata de una investigación más detallada que utiliza el análisis químico para descubrir sustancias peligrosas y/o hidrocarburos de petróleo en muestras de suelo, aguas subterráneas o materiales de construcción.

Una auditoría de Fase III (ESA, por sus siglas en inglés) implica la corrección. Las pruebas intensivas, el muestreo, el monitoreo y el modelado se aplican para diseñar planes de corrección, limpieza y monitoreo de seguimiento. La remediación puede utilizar una variedad de técnicas y tecnologías, como excavación y remoción, dragado, tratamiento químico, bombeo y solidificación. Los grandes esfuerzos de remediación generalmente requieren una amplia consulta con la comunidad circundante. Es posible que haya fondos federales disponibles.

Hitos en la legislación de control ambiental

Legislación	Fecha	Reglamentado
Ley de Eliminación de Residuos Sólidos (más tarde parte de la RCRA)	1965 (1976, 1999, 2002)	basureros
Ley de Calidad del Aire, Ley de Aire Limpio	1967 (1970)	estándares de calidad del aire
Ley de Política Ambiental Nacional (NEPA, por sus siglas en inglés)	1969 (1970)	creó la EPA
Ley de Control de Inundaciones	Modificado en 1969	construcción en zonas inundables; seguro contra inundaciones
Ley de Recuperación de Recursos	1970	eliminación de residuos sólidos
Ley de Mejora de la Calidad del Agua	1970	vertidos en aguas navegables; humedales
Enmienda a la Ley de Control de la Contaminación del Agua	1972	vertidos en aguas navegables; humedales
Ley de Investigación y Santuarios para la Protección Marina	1972	vertido de residuos en alta mar
Legislación sobre el control del ruido	1972	ruido relacionado con aeropuertos y
Ley de Ordenación de las Zonas Costeras	1972	playas, hábitats marinos
Ley de Agua Limpia	1972 (1977)	vertidos en aguas navegables; humedales
Ley de Agua Potable Segura	1974	suministro público de agua, plomo
Ley de Conservación y Recuperación de Recursos (RCRA, por sus siglas en inglés)	1976	residuos peligrosos, residuos sólidos
Ley de Control de Sustancias Tóxicas	1976	productos químicos industriales
Prohibición de la pintura a base de plomo (norma de la Comisión de Seguridad de Productos del Consumidor de EE. UU.)	1978	pintura a base de plomo en residencias
Prohibición de PCB (regla de la EPA)	1979	bifenilos policlorados
Enmienda de la RCRA	1984	tanques de almacenamiento subterráneos
Ley Integral de Respuesta, Compensación y Responsabilidad Ambiental (CERCLA, por sus siglas en inglés)	1980	eliminación de residuos peligrosos
Prohibición de UFFI	1982	formaldehído en materiales aislantes
Ley de Enmienda y Reautorización del Superfondo	1986	costos de limpieza de desechos peligrosos
Prohibición del asbesto (regla de la EPA)	1989	el amianto en los materiales de
Ley de Reducción del Riesgo de Pintura Residencial a Base de Plomo (regla de la EPA y HUD)	1992 (1996)	divulgación y tratamiento de pintura a base de plomo
Ley de Reforma del Seguro contra Inundaciones	1994	Seguro contra inundaciones en zonas inundables
Legislación sobre zonas industriales abandonadas	2002	Limpieza de sitios industriales

19 Planificación, zonificación y riesgos ambientales
Revisión de instantáneas

PLANIFICACIÓN Y ZONIFICACIÓN
Objetivos del control del uso de la tierra

- preservar el valor de las propiedades; promover el mejor y más alto uso; salvaguardar la salud, la seguridad y el bienestar públicos; controlar el crecimiento; incorporar el consenso de la comunidad
- proceso: desarrollar el plan; crear la administración; autorizar controles

El plan maestro

- estrategias de crecimiento y uso a largo plazo; a menudo requerido por la ley estatal
- los planes locales fusionan los objetivos y necesidades municipales con las leyes estatales y regionales

Objetivos de planificación

- controlar las tasas de crecimiento: cuánto crecimiento ocurrirá y a qué ritmo
- controlar los patrones de crecimiento: tipo de crecimiento deseado, dónde debe ubicarse
- satisfacer la demanda de servicios e infraestructura

Desarrollo del plan

- tendencias y condiciones de la investigación; combinar los objetivos locales y estatales en el plan maestro

Gestión de la planificación

- La Comisión elabora normas, aprueba permisos, códigos y planes de desarrollo

LA POLÍTICA DE CRECIMIENTO DE LA FLORIDA Y PLAN INTEGRAL

Cap. 163 Política de crecimiento

- promueve centros urbanos fuertes en los que los servicios públicos están en su lugar antes de las mejoras
- que los gobiernos locales establezcan programas de planificación para el desarrollo futuro, fomenten el uso adecuado de la tierra, el agua y los recursos, superen los problemas causados por el uso y el desarrollo de la tierra; protege los derechos de propiedad privada

Departamento de Oportunidad Economíca (DEO)

- El DEO relega el poder a los gobiernos locales para tomar decisiones de desarrollo; disminuye la supervisión estatal; supervisa los fondos utilizados para incentivar a las empresas a venir a Florida

Elementos requeridos

- planes integrales que incluyan el uso futuro de la tierra, la circulación del tráfico, la conservación de los recursos naturales, la recreación, la vivienda, la protección de las zonas costeras, la coordinación intergubernamental, los servicios públicos y la concurrencia

CONTROL DE USO PÚBLICO DE LA TIERRA

- leyes estatales; reglamentos, zonas, códigos locales; propiedad pública; restricciones privadas

Zonificación

- el " poder policial " otorgado por las leyes habilitantes a nivel estatal; ordenanza de zonificación: crea zonas, restricciones de uso, regulaciones, requisitos
- tipos de zonas: residencial, comercial, industrial, agrícola, pública, PUD

Administración de zonificación

- La Junta de Ajuste de Zonificación supervisa la administración de las reglas y las apelaciones

- uso no conforme: legal si se usa antes de la creación de la zona; varianza: excepción basada en dificultades; excepción especial: basada en el interés público; modificación: cambio de zonas; rezonificación

Regulación de la subdivisión

- el plano catastral de la subdivisión y los requisitos pertinentes deben cumplirse y aprobarse; debe cumplir con los requisitos de la FHA para el financiamiento asegurado

Building codes

- normas integrales de construcción y materiales en el sitio y fuera del sitio; debe cumplirse para recibir el certificado de habitabilidad
- El Código de Construcción de Florida rige el diseño, la construcción, el montaje, la alteración, la modificación, la reparación y la demolición de estructuras públicas y privadas; incluye categorías de riesgo de velocidad del viento; define las áreas costeras de alta carga de viento
- permisos de construcción: cualquier trabajo regulado por el Código de Construcción de Florida debe obtener los permisos requeridos con requisitos basados en el trabajo a realizar; debe presentar planes de trabajo para demostrar el cumplimiento de los requisitos de carga de viento; una nueva construcción requiere un certificado de cumplimiento del código de energía de Florida
- inspecciones de edificios: inspecciones de cumplimiento del código requeridas a medida que avanza el proyecto; que los trabajos se detengan hasta que finalice la inspección; inspección final requerida para el certificado de ocupación
- Valor R: medición de la eficacia del aislamiento y de la resistencia al flujo de calor; El valor R mínimo se especifica en los códigos de construcción y energía

ZONAS INUNDABLES

Programa de Seguro Nacional contra Inundaciones (NFIP)

- creado para proporcionar seguro contra inundaciones para estructuras ubicadas en áreas de riesgo de inundaciones
- FEMA requiere que las comunidades adopten y hagan cumplir las regulaciones para reducir los riesgos de inundación para calificar para el NFIP
- SFHA identificadas por FEMA y mostradas en FIRM como de riesgo bajo, moderado o alto; El riesgo alto es un área especial de riesgo de inundación con un 1% de probabilidad estadística de inundación cada año
- se requiere un permiso especial para el desarrollo dentro de las SFHA con requisitos basados en la zona A o V; las restricciones incluyen la no obstrucción del flujo natural de las aguas de inundación

Requisitos de estructuras residenciales

- el piso más bajo por encima de la elevación de inundación de la base o cimientos abiertos para permitir que el agua fluya debajo de la estructura

Requisitos de estructuras no residenciales

- Piso más bajo por encima de la elevación de inundación de la base o hermético por debajo de la elevación de la inundación de la base o cimentación abierta

Proporción de compradores de NFIP en Florida

- Entre el 35 y el 40% de todos los titulares de pólizas contra inundaciones se encuentran en Florida

CONTROLES AMBIENTALES

Áreas de preocupación

- calidad del aire, del suelo, del agua; riesgos para la salud ambiental; riesgos naturales

- **Organismos destructores de la madera** – las transacciones inmobiliarias requieren inspecciones para las WDO; debe usar el formulario exigido por el estado para el informe de inspección; inspectores con licencia del Departamento de Agricultura y Servicios al Consumidor de Florida; informe basado en el día y la hora de la inspección sin predicciones de futuras infestaciones de WDO; informe requiere información y declaraciones específicas; las copias se envían al solicitante de inspección, a la propiedad misma y a la empresa de inspección

Legislación importante

- limita el daño al medio ambiente; normas para el uso del aire, la tierra, el agua y los materiales

Responsabilidades y pasivos

- divulgación e información para los profesionales; remediación para los propietarios; divulgación de plomo; exposición al CERCLA/Superfund; Fase I, II, III Evaluaciones ambientales del sitio para detectar y mitigar la contaminación

SECCIÓN DIECINUEVE: Planificación, Zonificación y Riesgos Ambientales

Cuestionario de sección

1. Un objetivo central de la planificación del uso público del suelo es

   a. equilibrar los derechos de propiedad individual con el bienestar de la comunidad.
   b. desarrollar un acuerdo entre propietarios e inquilinos.
   c. impedir el desarrollo por parte de desarrolladores y contratistas de construcción con fines de lucro.
   d. subordinar los intereses privados al bien público.

2. La mejor definición de un plan maestro es

   a. una revisión anual de todos los permisos y zonas de uso de la tierra.
   b. un análisis exhaustivo de los patrones de uso de la tierra existentes en un mercado.
   c. una ley estatal o regional de uso de la tierra que exija el cumplimiento condado por condado.
   d. una fusión de las leyes de uso de la tierra y los objetivos y estrategias locales de uso de la tierra.

3. El mecanismo principal para implementar un plan maestro es

   a. zonificación.
   b. referéndum.
   c. elecciones públicas.
   d. administración de propiedades.

4. La zonificación, los códigos de construcción y las restricciones ambientales son formas de control local del uso de la tierra conocidas como

   a. fuerza mayor.
   b. Preferencia.
   c. poder policial.
   d. concurrencia.

5. Un municipio puede usar su poder de expropiación para exigir al propietario de una propiedad que

   a. pagar impuestos a la propiedad más altos.
   b. ceder una servidumbre sin recibir indemnización alguna.
   c. limpia la propiedad.
   d. vender el inmueble al municipio.

6. En la mayoría de las jurisdicciones, el plan maestro es administrado por

   a. el alcalde o el superintendente del condado.
   b. la Junta de Compensación.
   c. la Comisión de Planificación.
   d. la Junta de Ajuste de Zonificación.

7. Los condados y municipios tienen el derecho legal de controlar el uso de la tierra debido a

   a. la doctrina de la apropiación.
   b. delegación de autoridad mediante actos habilitantes a nivel estatal.
   c. costumbre y tradición.
   d. consenso de la comunidad local a través de referéndum.

8. Para ser válida, una ordenanza de zonificación local debe

   a. promover razonablemente la salud, la seguridad y el bienestar de la comunidad.
   b. cumplir con las leyes federales de zonificación.
   c. se aplican solo a propiedades únicas.
   d. publicarse periódicamente en el periódico local.

9. ¿Cuál es el objetivo fundamental de un permiso de construcción?

   a. restringir el número de nuevos proyectos de desarrollo
   b. establecer las bases para una inspección
   c. promover las cédulas de habitabilidad
   d. para garantizar que las mejoras cumplan con los códigos

10. Un objetivo principal de la zonificación residencial es

    a. controle los rangos de valor de las viviendas de un vecindario.
    b. regular la densidad.
    c. garantizar que solo se permita una cantidad limitada de actividad comercial e industrial en una zona residencial en particular.
    d. maximice la intensidad de uso.

11. Una organización sin fines de lucro quiere erigir un centro de guardería muy necesaria en una zona residencial. Dadas otras circunstancias favorables, las autoridades locales conceden el permiso

    a. una excepción especial.
    b. un uso ilegal no conforme.
    c. una varianza.
    d. una licencia.

12. Se dice que una propiedad que se ajustaba a las ordenanzas de zonificación cuando se desarrolló, pero que no se ajusta a las nuevas ordenanzas, es

    a. una excepción especial.
    b. una varianza.
    c. un uso legal no conforme.
    d. una anomalía..

13. Una situación en la que una junta de zonificación podría permitir una variación es cuando

    a. causaría al dueño de la propiedad dificultades irrazonables para que la propiedad cumpla con las ordenanzas de zonificación.
    b. el dueño de la propiedad es quien llama la atención de la junta de zonificación sobre la variación.
    c. la variación fue causada por un contratista y no por el dueño de la propiedad.
    d. la propiedad está en conflicto con no más de una ordenanza de zonificación.

14. El proceso de aprobación para el desarrollo de múltiples propiedades en un área incluye la presentación de

    a. un pacto de restricción.
    b. un plano catastral de subdivisión.
    c. una orden judicial.
    d. la proforma de un desarrollador.

15. Por lo general, una autoridad de condado o municipal otorga un certificado de ocupación para nuevas construcciones solo después de

    a. a todos los contratistas se les ha pagado por los servicios.
    b. todo el trabajo se ha completado durante al menos treinta días.
    c. la construcción cumple con los códigos de construcción.
    d. el tasador fiscal ha valorado la mejora.

16. ¿Cuál de las siguientes opciones promueve centros urbanos en las comunidades locales y estatales?

    a. Ley de Política de Crecimiento de la Florida
    b. Ley de Planificación Comunitaria de Florida
    c. Departamento de Asuntos Comunitarios de Florida
    d. Comisión de Construcción de Florida

17. ¿Cuál de los elementos comprensivo del plan deben incluir normas para el control de las densidades de población?

    a. circulación del tráfico
    b. conservación de los recursos naturales
    c. coordinación intergubernamental
    d. uso futuro de la tierra

18. El Código de Construcción de Florida

    a. se desarrolla y actualiza a nivel de los gobiernos locales.
    b. incluye categorías de riesgo basadas en la velocidad del viento.
    c. se actualiza cada 5 años.
    d. se desarrolló después de que el huracán Katrina mostrara la necesidad de códigos más robustos en todo el estado.

19. Valor R

    a. se refiere al factor de riesgo de las tormentas de velocidad del viento en las zonas costeras.
    b. se refiere a la resistencia del aislamiento al flujo de calor.
    c. se refiere a los requisitos para las inspecciones de edificios.
    d. Se refiere a la tasa de crecimiento de la población dentro de las áreas especiales de riesgo de inundación.

20. En el sector de transacciones inmobiliarias, las inspecciones de organismos destructores de la madera deberán ser efectuadas por

    a. un inspector de construcción con licencia.
    b. un tasador de edificios con licencia o certificado.
    c. un inspector de una empresa de control de plagas con licencia.
    d. cualquiera de los anteriores.

Matemáticas Inmobiliarias

Fórmulas y funciones básicas
Aplicaciones Inmobiliarias

La clave de respuestas se encuentra en la página <u>556</u>

FÓRMULAS Y FUNCIONES BÁSICAS

Sumar y multiplicar fracciones
Conversión de decimales y porcentajes
Conversión de fracciones y porcentajes
Multiplicación de porcentajes
Cálculo del área

Adición y Multiplicando Fracciones

Agregar

1. Fórmulas:

   Mismo denominador:

   $$\frac{a}{c} + \frac{b}{c} = \frac{a+b}{c}$$

   Denominador diferente:

   $$\frac{a}{c} + \frac{b}{d} = \frac{ad+bc}{cd}$$

2. Ejemplos:

   $$\frac{2}{5} + \frac{6}{5} = \frac{8}{5}$$

   $$\frac{3}{4} + \frac{4}{7} = \frac{(3 \times 7) + (4 \times 4)}{(4 \times 7)} = \frac{37}{28}$$

   Problema 1: $\frac{3}{19} + \frac{2}{7} = ?$

Multiplicando

1. Fórmula:

$$\frac{a}{c} \times \frac{b}{d} = \frac{ab}{cd}$$

2. Ejemplo:

$$\frac{4}{9} \times \frac{2}{3} = \frac{8}{27}$$

Problema 2:

$$\frac{4}{14} \times \frac{3}{8} = ?$$

Convertir decimales y Porcentajes

Convertir un decimal en un porcentaje

1. Fórmula: (número decimal) x 100 = número porcentual

2. Ejemplos:
    .473 x 100   = 47.3%
    3.456 x 100   = 345.6%
    .0042 x 100   = .42%

Problema 3: Convierta los siguientes decimales en porcentajes

2.65 =   %
0.294 =   %
0.005 =   %

Convertir un porcentaje a un decimal

1. Fórmula:

$$\frac{\text{número porcentual}}{100} = \text{número decimal}$$

2. Ejemplos:

$$\frac{47.3\%}{100} = .473$$

$$\frac{345.6\%}{100} = 3.456$$

Problema 4: Convierta los siguientes porcentajes a decimales

72.1% =
90.2% =
5.79% =

Convertir Fracciones y porcentajes

Convertir una fracción a un porcentaje

1. Fórmulas:

    (1) $\dfrac{a}{b}$ = a dividido por b = número decimal

    (2) número decimal x 100 = número porcentual

2. Ejemplos: $\dfrac{4}{5}$ = 4 dividido por 5 = 0.8 = 80%

    $\dfrac{9}{3}$ = 9 dividido por 3 = 3.0 = 300%

Problema 5: Convierte las siguientes fracciones en porcentajes:

$\dfrac{8}{9}$ =   %

$\dfrac{3}{6}$ =   %

$\dfrac{14}{42}$ =   %

Convertir un porcentaje en una fracción y reducirlo

1. Fórmula: $X\% = \dfrac{X}{100}$

    $\dfrac{X \div a}{100 \div a}$ = **fracción reducida**

    donde "a" es el número más grande que se divide uniformemente en numerador y denominador. Si no lo sabe, pruebe con 2, 3, 5 o 7.

2. Ejemplo $45\% = \dfrac{45}{100} = \dfrac{45 \div 5}{100 \div 5} = \dfrac{9}{20}$

Problema 6: Convierta y reduzca siguientes porcentajes:

40%   =

16%   =

Multiplicando Porcentajes

1. Fórmulas:

    (1)   Convierte el porcentaje a decimal dividiendo por 100

    (2)   cantidad total x decimal = cantidad parcial

2. Example: 33% of 400

    (1)   33% dividido por 100 = .33

    (2)   400 x .33   = 132

Problema 7:   Cuánto es el 75% de 280?

Calculando el área

Para encontrar el área de una forma irregular, intenta dividirla en triángulos, rectángulos, cuadrados o trapecios y calcula las áreas de esas partes; El área de toda la forma es entonces la suma de las áreas de todas sus subpartes.

Base y altura

1. Las fórmulas para el área de formas de tres y cuatro lados utilizan un producto de base y altura. En las fórmulas, "a" representa el área, "b" representa la base, "h" representa la altura, "SF" representa los pies cuadrados.

2. La base de un triángulo, cuadrado o rectángulo puede ser cualquier lado; Un trapecio tiene dos bases, sus dos lados paralelos.

3. La altura de un triángulo es la longitud de una línea perpendicular desde la base hasta el punto opuesto del triángulo. La altura en un cuadrado, rectángulo o trapecio es la longitud de una línea que es perpendicular a la(s) línea(s) base(s).

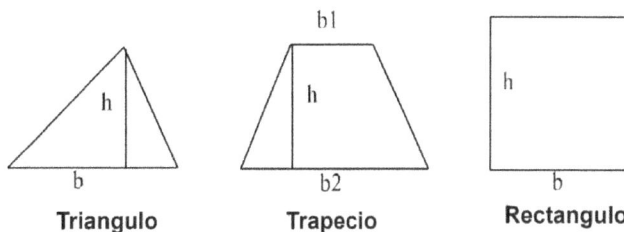

Triangulo   Trapecio   Rectangulo

Área de un cuadrado o rectángulo

1. Fórmula: Área (A) = Base (B) x Altura (H) $a = b \times h$

2. Ejemplo: Un cuadrado mide 3 pies en cada lado.

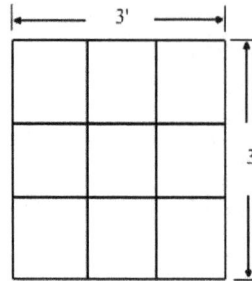

Su área es: 3 x 3 = 9 pies cuadrados

Área de un triángulo

1. Fórmula: $$a = \frac{b \times h}{2}$$

2. Ejemplo: Un triángulo tiene una base de 20' y una altura de 4'.

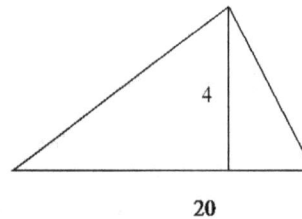

Su área es: $a = \dfrac{20 \times 4}{2} = 40 \; SF$

Área de un trapecio

1. Fórmula: $$a = \frac{a \, (b1 + b2)}{2}$$

2. Ejemplo: Las dos bases de un trapecio son 10' y 15', y su La altura es de 7'.

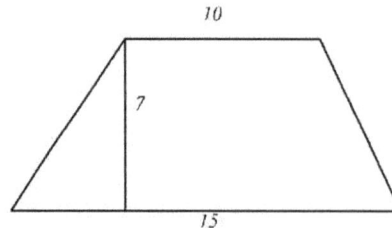

Su área es: $a = \dfrac{7 \, (10 + 15)}{2} = 87.5 \; SF$

Problema 8: Calcula las áreas de las siguientes formas:

un rectángulo con una altura de 4' y una base de 36'

a =

un cuadrado con un lado de 16'

a =

un trapezoide con altura de 5' y bases de 6' y 8'

a =

APLICACIONES INMOBILIARIAS

Descripciones legales
Acuerdos de listado
Negocio de corretaje
Contratos de compraventa
Evaluación
Finanzas
Inversiones
Tributación
Cierres

Descripciones legales

Medidas lineales

(cm = centímetro; m = metro; km = kilómetro)

1 pulgada	=	1/12 pies	=	1/36 yarda
1 pie	=	12 pulgadas	=	1/3 yarda
1 yarda	=	36 pulgadas	=	3 pies
1 varilla	=	16.5 pies	=	1/320 milla
1 mila	=	5280 pies	=	1760 yardas = 320 varillas

1 centímetro	=	1/100th m		
1 metro	=	100 cm	=	1/1000th km
1 kilómetro	=	1,000 m		

Medidas de área

1 pulgada cuadrada = 1/144th square foot

1 pie cuadrada = 1/9th square yard

1 yarda cuadrada = 9 square feet

1 acre = 1/640 millas cuadradas = 43,560 pies cuadrados = 208.71 pies x 208.71 pies

1 milla cuadrada = 640 acres = 1 sección = 1/36 municipio

1 sección = milla x 1 milla = 640 acres = 1/36 municipio

1 municipio = 6 millas x 6 millas = 36 millas cuadradas = 36 secciones

Conversiones de métricas

(cm = centímetro; m = metro; km = kilómetro)

1 pulgada	=	2.54 cm			
1 pie	=	30.48 cm	=	.3048 m	
1 yarda	=	91.44 cm	=	.9144 m	
1 milla	=	1609.3 m	=	1.60 km	
1 centímetro	=	.3937 pulgadas			
1 metro	=	39.37 pulgadas	=	3.28 pies	= 1.094 yardas
1 kilómetro	=	3,281.5 pies	=	.621 milla	

Fracciones de secciones, acres y dimensiones lineales

Fracción	# Acres	Pies X Pies
1 sección	640 acres	5280 X 5280
1/2 sección	320 acres	5280 X 2640
1/4 sección	160 acres	2640 X 2640
1/8 sección	80 acres	2640 X 1320
1/16 sección	40 acres	1320 X 1320
1/32 sección	20 acres	660 X 1320
1/64 sección	10 acres	660 X 660

Cálculo del área a partir de la descripción legal

1. Fórmula:

   (1) Primero multiplica todos los denominadores de las fracciones en la descripción legal

   (2) Luego divida 640 por el resultado.

2. Ejemplos:

   N 1/2 del SW 1/4 de la Sección 6:

   $$\frac{640}{(2 \ x \ 4)} = \frac{640}{8} = 80 \ acres$$

   W 1/2 del NW 1/4 del NE 1/4 de la Sección 8

   $$\frac{640}{(2 \ x \ 4 \ x \ 4)} = \frac{640}{32} = 20 \ acres$$

Problema 9: Calcule la superficie de lo siguiente:

SW 1/4 del N 1/2 del E 1/2 de la Sección 14

SE 1/4 del NW 1/4 del SE 1/4 de la Sección 20

Acuerdos de listado

Comisión de co-corretaje

1. Fórmulas: Precio de venta x tasa de comisión = comisión total

                     Comisión total x tasa de división = comisión de co-corretaje

2. Ejemplo: Una casa se vende por $600,000 dólares. La comisión es del 6%, y division de corretaje conjunto es 50-50.

                     $600,000 x 6% = $36,000 de comisión total x 50% = $18,000 de comisión del co-corredor

Comisión del agente

1. Fórmula: Comisión del corredor x tasa de división del agente = comisión del agente

2. Ejemplo: Suponga una comisión de corredor de $ 18,000 y un 60% - 40% tasa de división agente-corredor.

                     $18,000 x .6 = $10,800 de comisión del agente ($7,200 a corredor)

Problema 10: Una propiedad es co-intermediada por el corredor de listados Schroeder y el corredor Hobson vendió por 425,000 dólares. El co corretaje división es 50-50. El agente de Schroeder, Joachim, está en una división de 65%. El agente de ventas de Hobson, Wallace, divide el 50-50 con su corredor. Si la tasa de comisión total es del 7%. ¿Cuáles son las comisiones de los participantes?

Corredor Schroeder: $
Corredor Hobson: $
El agente de Schroeder,
Joachim: $
El agente de Hobson, Wallace: $

Negocio de corretaje

Cálculo del fondo de comercio

1. Fórmula: Fondo de comercio = Precio - Valor de los activos

2. Ejemplo: Un vendedor quiere $1 millón por un negocio. Los activos en el negocio, incluyendo inventario, muebles, equipos, as mejoras de arrendamiento y el capital de trabajo, tienen un total de valor de $750,000. El fondo de comercio es:

   $1,000,000 - 750,000 = $250,000 de fondo de comercio

Problema 11: Un posible comprador se quejó ante un vendedor de que el precio de venta tenía demasiado fondo de comercio: 200,000 dólares. Después En total, los activos solo totalizaron $352,000. ¿Cuál fue el precio?

Contratos de compraventa

Cálculo del "porcentaje del precio de cotización"

1. Fórmula: Porcentaje del precio de cotización = oferta dividida por el precio de cotización

2. Ejemplo: Una propiedad listada por $400,000 recibe una oferta por 360,000 dólares. El porcentaje del precio de venta es:

   $360,000 dividido por 400,000 = 90%

Problema 12: Un vendedor recibe una oferta de $674,000 por una propiedad listada en 749,000 dólares. ¿Cuánto es la oferta como porcentaje del precio de listado?

Cálculo del depósito de garantía

1. Fórmula: Depósito = Precio de venta x porcentaje requerido

2. Ejemplo: Un vendedor requiere un depósito del 2% en una propiedad listada por 320,000 dólares. El depósito requerido es:

   $320,000 x 2% = $6,400

Problem 13: Un vendedor requiere un depósito del 1.5% en todas las ofertas. Un comprador quiere ofrecer $312,000 por la propiedad ¿Qué debe ser el depósito?

Aumentos de alquiler

1. Fórmula: Alquiler nuevo = alquiler actual x (100% + tasa de escalada)

2. Ejemplo: Está previsto que el alquiler de un apartamento aumente un 6%. Si el alquiler actual es de $1800, el nuevo alquiler es:

   $1800 x (100% + 6%) = $1,800 x 106% = $1,908

Problema 14: El alquiler de un inquilino es actualmente $650 por mes Esta renta es previsto para aumentar un 5% annual. ¿Cuál será El alquiler será a principios del tercer año a partir de ahora?

Retención de FIRPTA

1. Fórmula: Retención FIRPTA = ingresos brutos de la venta x 15%

2. Ejemplo: Los ingresos brutos de la venta de una propiedad regulada por la FIRPTA son 340,000 dólares. El monto de retención requerido es:

$340,000 x 15% = $51,000

Evaluación

Ajuste de comparables

1. Reglas:
   a. ¡NUNCA ajuste el sujeto!
   b. Si el comparable es mejor que el sujeto, reste valor del comparable
   c. Si el comparable es peor que el sujeto, agregue valor al comparable

2. Ejemplos:
   a. Un comparable tiene piscina y el sujeto no. El tasador estima la contribución de valor a ser de $25,000. Ajuste el comparable ingresando -25,000 en el CMA.
   b. Un comparable tiene 3 dormitorios y el sujeto tiene 4. El tasador estima que la contribución al valor de un dormitorio es de $15,000. Ajuste el comparable ingresando +15,000 en el CMA.

Problem **15:** Identifique los ajustes adecuados para lo siguiente:

    (a) El sujeto tiene un garaje para dos coches, mientras que el comparable no. El valor del garaje es de 33,000.

    Ajuste:

    (b) Un comparable tiene una chimenea, y el sujeto no. El valor de la chimenea es de $8,000.

    Ajuste:

    (c) El sujeto tiene 1,500 pies cuadrados. El comparable tiene 1,600 pies cuadrados. El valor de los pies cuadrados adicionales es de $200/SF.

    Ajuste:

Capitalización de rentas

Multiplicador de renta bruta (GRM)

  1. Fórmula: Renta bruta x multiplicador = valor

  2. Ejemplo: $20,000 x 9 = $1,800,000

Capitalización de la renta neta

  1. Formula: utilidad neta (NOI) ÷ tasa de capitalización = valor

$$\frac{\text{utilidad neta}\ (NOI\ )}{\text{tasa de capitalizació}} = \text{valor}$$

  2. Ejemplo: $50,000 ÷ 10% = 50,000 ÷ .10 = $500,000

Problema 16: Una propiedad recauda $450,000, genera $350,000 Netos y tiene una tasa de capitalización del 9%. Los GRM prevalecientes son 8.

    (a) ¿Cuál es el valor de la propiedad utilizando el GRM?

    (b) ¿Cuál es el valor de la propiedad utilizando la capitalización de ingresos netos?

Finanzas

Préstamos de solo interés

1. Fórmulas: pago de intereses (I) = capital (P) x tasa de interés (R)

                    Pago anual de intereses ÷ 12 = Pago mensual de intereses

                    Pago mensual de intereses x 12 = Pago anual de intereses

$$I = P \ x \ R$$
$$R = \frac{I}{P}$$
$$P = \frac{I}{R}$$

2. Ejemplos: Un préstamo de $300,000 solo con intereses @ 10% tiene pagos de $30,000 y pagos mensuales de $2,500.

                    Interés anual = $300,000 x 10% = $30,000
                    Interés mensual = $30,000 ÷ 12 = $2,500

                    El monto de un préstamo de solo interés que tiene una tasa de interés anual del 8% y un pago de interés mensual de $700 es de $105,000.

                    Interés anual = $700 x 12 = $8,400
                    Monto del préstamo = $8,400 ÷ .08 = $105,000

Problema 17:

(a) Un préstamo de $250,000 tiene una tasa del 7%. ¿Cuál es el pago mensual de intereses?

(b) Un préstamo de $300,000 tiene pagos mensuales de $2,000. ¿Cuál es su tasa de interés anual?

(c) Un préstamo del 12% tiene pagos anuales de $15,000. ¿Cuál es el monto del préstamo?

Relación préstamo-valor (LTV)

1. Fórmulas: monto del préstamo = valor de mercado x LTV

   LTV = monto del préstamo ÷ valor de mercado

2. Ejemplo: Un LTV del 75% permitirá a un prestamista otorgar un préstamo de$375,000 en una propiedad de $500,000.

   Monto del préstamo = $500,000 x 75% = $375,000

   LTV = $375,000 ÷ $500,000 = 75%

Problema 18:

(a) Un prestamista requiere un pago inicial de $90,000 en una propiedad de $400,000. Calcule el LTV requerido por el prestamista.

(b) Una propiedad está valorada en 600,000 dólares. El prestamista permitirá un LTV máximo del 75%. ¿Cuánto puede pedir prestado el comprador por la propiedad?

Cálculo del índice de suscripción de ingresos

1. Fórmulas: Convencional:

   PITI mensual = (25-28%) x ingresos brutos mensuales

   FHA:

   PITI mensual = 31% x ingreso bruto mensual

2. Ejemplos: Un prestatario tiene un ingreso bruto mensual de $2,000. Los prestamistas convencionales están utilizando una proporción del 28%. El prestatario puede pagar el siguiente PITI mensual pagos:

   Convencional:

   PITI = 28% x $2,000 = $560

   FHA:

   PITI = 31% x $2,000 = $620

Problema 19: Un prestatario gana $4,000/mes y paga $600/mes en pago de deudas. Un prestamista convencional requiere un 26% ratio de ingresos y un prestamista de la FHA requiere un 31%. ¿Qué PITI mensual esta persona puede pagar en función de los ingresos?

Conventional: $

FHA: $

Cálculo del ratio de suscripción de deudas

1. Fórmulas: Convencional:

   Gasto = (36% x ingresos brutos) – deuda mensual

   FHA:

   Gasto = (43% x ingresos brutos) - deuda mensual

2. Ejemplo: Una persona tiene un ingreso bruto mensual de $6,000, y tiene pagos mensuales de deuda de $900. El prestatario puede pagar los siguientes gastos mensuales de vivienda

   Convencional:

   Gasto = (36% x $6,000) - 900 = $1,260

   FHA:

   Gasto = (43% x $6,000) – 900 = $1,680

Problema 20: Un prestatario gana $4,000 al mes y tiene una deuda mensual con pagos de $600. ¿Cual pago mensual de la vivienda puede pagar esta persona en función de la relación de deuda?

Convencional: $

FHA: $

Puntos

1. Fórmula: 1 punto = 1% (.01) del monto del préstamo

2. Ejemplo: Un prestamista cobra 3 puntos (3%) en un préstamo de $350,000. Los cargos por puntos son:

   3 puntos = 3%
   .03 x $350,000 = $10,500

Problema 21: Un prestamista está cobrando 2.75 puntos en un préstamo $240,000. ¿Cuánto debe pagar el prestatario por los puntos?

Inversiones

Apreciación

1. Fórmulas: Revalorización total = valor actual − precio original

   Tasa de apreciación total = apreciación total / precio original

   tasa de apreciación a un año = apreciación a un año /valor del año anterior

2. Ejemplo: Una casa comprada por $500,000 se revaloriza $50,000 cada año durante 3 años.

   Apreciación total = $650,000 - 500,000 = $150,000

   Tasa de apreciación total = $150,000 ÷ $500,000 = 30%

   Tarifa del primer año = $50,000 ÷ $500,000 = 10%

Problema 22: Se compra una propiedad por $360,000. Un año después se vendió por 410,000 dólares. ¿Cuál es la cantidad de apreciación? ¿Y cuál es la tasa de revalorización?

Equidad

1. Fórmula: equidad = valor actual – monto actual del préstamo

2. Ejemplo: Un comprador compró una propiedad por $600,000
                      con un préstamo de 450,000 dólares. La casa se ha
                      revalorizado original en $30,000. La equidad corriente
                      del comprador es:

                      equidad = ($600,000 + 60,000) - ($450,000 - 30,000) =
                      $240,000

Problema 23: Se compra una propiedad por $450,000 con un Pago
inicial de $75,000. Cinco años después, la propiedad vale
$540,000, y el saldo del préstamo ha caído $12,500.
¿Cuál es el nuevo equidad del propietario?

Flujo de caja antes de impuestos

1. Fórmula
    y ejemplo:

Posibles ingresos por alquiler	$50,000
- Pérdida de vacantes y cobros	3,000
= ingresos efectivos por alquiler	47,000
+ otros ingresos	2,000
= Resultado bruto de explotación (GOI)	49,000
- Gastos operativos	20,000
- reservas	3,000
= resultado neto de explotación (NOI)	26,000
- Servicio de la deuda	15,000
= flujo de caja antes de impuestos	11,000

Problema 24: Un edificio de apartamentos tiene un ingreso potencial
de $300,000 y un vacante de 12,000 dólares. Sus
facturas ascienden a $128,000, y se han reservado
$12,000 para reparaciones. Los pagos en el
El préstamo totalizó $88,000. ¿Cuál es el efectivo antes
de impuestos de la propiedad?

Deuda tributaria

1. Fórmula
   y ejemplo:

Resultado neto de explotación (NOI)	26,000
+ reservas	3,000
- Gastos por intereses	15,000
- Gastos de recuperación de costes	5,000
= base imponible	9,000
x Tipo impositivo (28%)	
= Obligación tributaria	2,520

Problema 25: El inmueble del problema anterior tiene costo annual de recuperación de $28,000. Del servicio annual del la deuda, $8,000 es la amortización del capital sin intereses. La tasa La tasa impositiva del propietario es del 28%. ¿Qué es el impuesto anual de la propiedad?

Gasto anual de depreciación (recuperación de costos)

1. Cálculo:
   a. Identificar la relación entre las mejoras y la tierra

   b. Identificar el valor de las mejoras: Relación x precio de la propiedad

   c. Divida el valor de las mejoras por el plazo total de depreciación

2. Ejemplo: Se compró una propiedad por 400,000 dólares. El 75% del valor es asignados a la mejora. El inmueble se encuentra en el categoría de depreciación de 39 años.

   (1) Relación entre las mejoras y la tierra = 3:1, o 75%

   (2) Valor de mejora = $400,000 x 75% = $300,000

   (3) Depreciación anual = $300,000 ÷ 39 = $7,692

Problema 26: Se compra una propiedad por $400,000. Mejoras representan el 80% del valor con un plazo de depreciación de 39 años, ¿Cuál es el gasto de depreciación annual?

Plusvalía (ganancia de capital)

1. Fórmula
   y ejemplo: (propiedad residencial)

Precio de venta de la propiedad	$300,000
- Gastos de venta	24,000
= Importe realizado (base final)	$276,000
Base inicial (precio) de la propiedad	$250,000
+ Mejoras de capital	10,000
- Gasto total de depreciación	0
= Base ajustada de la propiedad	260,000
Importe realizado (base final)	$276,000
- Base ajustada de la propiedad	260,000
= Plusvalía	$ 16,000

> **Problema 27**: Se compra una residencia principal por $360,000. Se agrega un techo nuevo de mosaico, que cuesta $15,000. Cinco años más tarde, la casa se vende por $440,000 y el cierre cuesta $35,000. ¿Qué es la plusvalía del propietario?

Rendimiento, tasa de rendimiento y monto de la inversión

1. Fórmulas:

$$\frac{\text{utilidad operativa neta}}{\text{precio}} = \text{retorno de la inversión (ROI)}$$

$$\frac{\text{flujo de caja}}{\text{efectivo invertido}} = \text{rendimiento de efectivo sobre efectivo (C en C)}$$

$$\frac{\text{flujo de caja}}{\text{patrimonio}} = \text{rendimiento de los fondos propios (ROE)}$$

2. Ejemplo: Una propiedad se compra por $200,000 con una entrada de $50,000 y un préstamo de $150,000 solo con intereses. El inmueble tiene un ingreso neto de $20,000 y un flujo de efectivo de $8,000. Además, la propiedad se ha revalorizado en 30,000 dólares.

ROI	=	$20,000 ÷ $200,000 = 10%
C en C	=	*$8,000 ÷ $50,000 = 16%*
ROE	=	$8,000 ÷ $80,000 = 10%

Problema 28: Hace cuatro años se compró una propiedad de alquiler de varias unidades por $1,200,000 con un pago inicial de $200,000. El inmueble ahora se alquila por $8,500 al mes Gastos y servicio de deudas son de $ 1,000 / mes y $ 6,500/ mes respectivamente. Un tasador estima el valor actual de la propiedad en $1,450,000. El inversionista paga su saldo de capital en una tarifa de $5,000 por año. Calcule los siguiente rendimientos de la inversión para el inversor:

ROI   =
C en C =
ROE   =

Tributación (Impuestos)

Cálculo de la tasa de impuesto

1. Fórmula:

$$\text{tipo impositivo (tasa de millaje)} = \frac{\text{obligación}}{\text{base imponible}}$$

2. Ejemplo:

Un municipio tiene un requerimiento de ingresos de $10,000,000 después de contabilizar sus ingresos por la venta de servicios públicos. Este requisito debe estar cubierto por el impuesto sobre bienes inmuebles, después de las exenciones de la vivienda familiar, es $300,000,000. El tipo impositivo será:

$$\frac{10,000,000}{300,000,000} = .0333 \quad 33.33 \text{ mills}$$

Problema 29: Barrington tiene un presupuesto anual de 25,000,000 de dólares para pagar con los impuestos sobre la propiedades. Las tasaciones son de $300,000,000 y exenciones por un total de $25,000,000. ¿Cuál debe ser el tipo impositivo?

Cálculo de la exención de vivienda familiar

1. Fórmula y ejemplo

Valor de tasación	$360,000
- Exención de vivienda familiar	50,000
Valor imponible	$310,000

Impuestos a la propiedad

1. Fórmulas: valor imponible de la propiedad x tasa impositiva (tasa de millaje) para cada autoridad tributaria en jurisdicción

   Impuesto total = suma de todos los impuestos por autoridad tributaria

2. Ejemplo: El valor imponible de una propiedad después de las exenciones es $400,000 y las tasas impositivas son las que se muestran. La factura de impuestos de la propiedad será:

   Impuesto escolar: $400,000 x 10 mills = $4,000
   Impuesto municipal: $400,000 x 4 mills = 1600
   Impuesto del condado: $400,000 x 3 mills = 1200

   Impuesto total: $6,800

Problema 30: La tasación de un propietario es de $225,000. La exención de vivienda familiar es de $25,000. Tasa impositiva para la propiedad son 8 mills para escuelas; 3 mills para la ciudad; 2.5 mills para condado; y .5 mills para la universidad comunidad local. ¿Cuál es la factura de impuestos del propietario de vivienda?

Cálculo de cuotas especiales

1. Fórmula: a. Identificar los costos totales que se evaluarán

   b. Calcule la parte prorrateada de cada propiedad afectada

   c. Multiplica el costo por la parte prorrateada

2. Example: Se dragará un canal a un costo de 200,000 dólares. La mejora afecta a 30 propiedades con un total de canal frente de 4,000 pies. Una propiedad tiene 200 pies de frente Su factura de evaluación será:

   (1) 200' ÷ 4,000' = 5% de cuota

   (2) $200,000 x 5% = $10,000 de evaluación

> **Problema 31:** Un proyecto de embellecimiento de calles costará $25,000. El proyecto afecta a 20 inmuebles con un total de 2,000 pies de frentes. El lote de un propietario tiene 75 pies delanteros. ¿Qué sera la evaluación special del propietario?

Cierres

Prorrateo

1. Fórmulas
   y reglas:

   Contabilización de los artículos comunes pagados (o recibidos) por adelantado frente a los atrasos

	atrasos	avance	débito	crédito
Impuestos Inmobiliarios	X		vendedor	comprador
Rentas recibidas por el vendedor		X	vendedor	comprador
Utilidades	X		vendedor	comprador

   ¿De quién es la parte que se le cobra a quién?

   - Si el comprador paga impuestos atrasados: cobrar al vendedor, acreditar al comprador la parte del vendedor

   - Si el vendedor recibió alquileres por adelantado: cobrar al vendedor, acreditar al comprador por la parte del comprador

   - Si el vendedor paga los servicios públicos por adelantado: crédito al vendedor, cobrar al comprador la parte del vendedor

   Cálculo del prorrateo: método de 360 días y método de 365 días

   1. **Calcular la cantidad de prorrateo diario**

      a. Método de 360 días: divide la cantidad anual entre 360 o cantidad mensual por 30

      b. Método de 365 días: divida el monto del prorrateo ~~anual entre~~ 365, o el monto mensual por # días en ese mes

   2. **Calcular # de días de vendedor**

a. Método de 360 días: use 30 días por cada mes; Número real de días de vendedor dentro del mes, contando (o no contando) el día de cierre

b. Método de 365 días: use el número real de días para cada mes y mes parcial

3. Calcular la cuota del vendedor

Multiplica la cantidad diaria por el número de días del vendedor, ambos métodos

4. Calcular la cuota de comprador (ambos métodos)

Reste la parte del vendedor (del #3) de la cuota total

2. Ejemplo: Una propiedad de alquiler cierra el 25 de enero y el día de cierre es del vendedor. El método de 365 días se utilizará los prorrateos. El alquiler mensual ya recibido por el vendedor es de $2,400. Los impuestos anuales sobre bienes raíces que debe pagar el comprador a mes vencido son de $4,000. Redondea al céntimo más cercano.

1. **Prorrateo de la renta: (mensual; método de 365 días)**

Cantidad diaria: $2,400 de alquiler mensual ÷ 31 dias en Enero = $77.42

\# Días del vendedor: 25

Participación del vendedor: $77.42 x 25 = $1,935.50

Participación del comprador: $2,400 − 1,935.50 = $464.50

Crédito al comprador y al vendedor de débito por la parte del comprador de $464.50

2. **Prorrateo de impuestos:** (anual; método de 365 días)

Cantidad diaria: $4,000 ÷ 365 = $10.96

\# Días del vendedor: 25

Participación del vendedor: $10.96 x 25 = $274

Participación del comprador: $4,000 − 274 = $3,726

Crédito al comprador y al vendedor de débito por la parte del vendedor de $274

Problema 32: Una propiedad de alquiler cierra el 15 de marzo. Prorrateable renta y los gastos son: ingresos por alquiler de $1,800/mes, recibido por adelantado por el vendedor, el 1 de marzo; Impuestos anuales de $4,800/año, a ser ser pagados a mes vencido por el comprador, el 1 de enero de el año después de la venta. El día del cierre es del vendedor. Febrero tiene 28 días. Prorratear los artículos utilizando el plazo de 365 días y asignar débitos y créditos.

rent:	Participación del vendedor	$
	Parte del comprador	$
	Vendedor de débito/ comprador de crédito	$
	Comprador de débito/ vendedor de crédito	$
taxes:	Participación del vendedor	$
	Parte del comprador	$
	Vendedor de débito/ comprador de crédito	$
	Comprador de débito/ vendedor de crédito	$

Matemáticas: Clave de Respuestas

Problema 1: $\dfrac{3}{19} + \dfrac{2}{7} = \dfrac{21+38}{133} = \dfrac{59}{133}$

Problema 2: $\dfrac{4}{14} \times \dfrac{3}{8} = \dfrac{12}{112}$

Problema 3: 2.65 = 265%
0.294 = 29.4%
0.005 = .5%

Problema 4: 72.1% = .721
90.2% = .902
5.79% = .0579

Problema 5: 8/9 = 88.8%
3/6 = 50%
14/42 = 33.3%

Problema 6: 40% = 40/100 = 2/5
16% = 16/100 = 4/25

Problema 7: 210

Problema 8: 144 pies cuadrados
256 pies cuadrados
35 pies cuadrados

Problema 9: 40 acres
10 acres

Problema 10: Schroeder: $5,206.25
Hobson: $7,437.50
Joachim $9,668.75
Wallace: $7,437.50

Problema 11: $552,000

Problema 12: 90%

Problema 13: $4,680

Problema 14: $716.63 ¿Mantener o cambiar?

Problema 15: (a) +33,000 a comparable
- 8,000 a comparable
- 20,000 a comparable

Problema 16: (a) $3,600,000
(b) $3,888,888

Problema 17: (a) $1,458
8%
$125,000

Problema 18: (a)   77.5%
(b) $450,000

Problema 19: Convensional: $1,040/month
FHA & VA: $1,240/month

Problema 20: Convensional: $840
FHA: $1,120

Problema 21: $6,600

Problema 22: $50,000; 13.89%

Problema 23: $177,500

Problema 24: $60,000

Problema 25: $14,560

Problema 26: $8,205

Problema 27: $30,000

Problema 28: (a) ROI   = 7.5%
(b) C en C = 6.0%
(c) R O E = 2.55%

Problema 29: 90.9 mills, en 9.09%

Problema 30: $2,800

Problema 31: $937.50

Problema 32: alquilar:

Participación del vendedor	$870.96
Parte del comprador	$929.04
Vendedor de débito/comprador de crédito	$929.04
Impuestos: Parte del vendedor	$973.16
Parte del comprador	3,826.84
Vendedor de débito/comprador de crédito	$973.16

Clave de respuestas de las pruebas de sección

SECCIÓN UNO: RESUMEN DEL CURSO: EL NEGOCIO INMOBILIARIO
1. a. propiedad ausente (13)
2. b. desarrolladores. (10)
3. b. locales comerciales, de oficinas e industriales. (10)
4. a. corredores y agentes (12)
5. b. por geografía (12)
6. c. es una opinión sobre el valor de una propiedad. (13)
7. b. gobierno estatal. (17)

SECCIÓN DOS: LEY DE LICENCIAS DE BIENES RAÍCES Y REQUISITOS PARA LA LICENCIA
1. c. La Legislatura de Florida aprobó el Capítulo 475 de la Ley Federal como la primera ley de licencia de bienes raíces. (22)
2. c. Si el defecto afecta materialmente el valor de la propiedad. (23)
3. a. Capítulo 120 (24)
4. b. Debe revelar sus antecedentes penales (26)
5. d. Cuota de licencia inicial (28)
6. c. Las huellas dactilares de un solicitante se envían al FBI para una verificación de antecedentes penales. (28)
7. a. 90 (30)
8. d. Si un estudiante falta más de 8 horas debido a una enfermedad (31)
9. c. están exentos de la educación previa a la licencia, pero deben tomar el examen estatal. (31)
10. c. Pasar el examen de licencia estatal con una puntuación del 75% o superior. (33)
11. a. Los solicitantes que no aprueben el examen de licencia estatal pueden volver a tomarlo solo una vez dentro de un año de haberlo fallado. (33)
12. d. Requisito de experiencia de 2 años (34)
13. a. Los fundamentos de la tasación inmobiliaria. (35)
14. c. ha residido en Florida continuamente durante 4 o más meses dentro del año anterior. (36)
15. b. personal militar en servicio activo que tiene licencia en otro estado. (38)
16. d. Toda persona o entidad con licencia (38)
17. a. 60 (39)
18. b. Durante el primer período de licencia antes del vencimiento de la licencia (39)
19. c. 8 horas (41)
20. c. Tener una dificultad (42)

SECCIÓN TERCERA: LEY DE LICENCIA DE BIENES RAÍCES Y REGLAS DE COMISIÓN
1. c. F.S. Capítulo 120. (51)
2. d. Proteger al público de las prácticas comerciales no reguladas. (52)
3. c. División de Profesiones (51)
4. a. durante 2 años. (53)
5. b. apoyar a la Comisión de Bienes Raíces de la Florida. (53)
6. c. debe incluir a un miembro actual del FREC. (54)
7. a. Cinco miembros que tienen licencias de bienes raíces. (54)
8. c. Los miembros del FREC no pueden ejercer más de dos mandatos consecutivos. (55)
9. d. disminuir el monto de las tarifas apropiadas que se cobrarán. (56)
10. a. denunciar la infracción al Fiscal del Estado (51)
11. b. el 31 de marzo o el 30 de septiembre. (57)
12. c. septiembre 30, 2020 (57)
13. d. La licencia de Sally quedará anulada y sin efecto. (59)
14. d. Sally está exenta de los requisitos de renovación. (58)
15. c. La licencia se vuelve inactiva involuntariamente. (59)
16. c. denunciar la violación al Fiscal del Estado. (56)

SECCIÓN CUARTA: RELACIONES, DEBERES Y DIVULGACIÓN AUTORIZADAS
1. d. confianza, seguridad y buena fe. (67)
2. c. Proporcione información suficiente para que el agente complete las tareas del agente. (73)
3. b. Agencia General. (68)
4. b. agencia especial. (68)
5. c. Una de las partes crea una relación de agencia fuera de un acuerdo expreso. (68)
6. a. Muerte o incapacidad del agente (69)
7. a. El agente ha violado el deber de confidencialidad. (70)
8. b. El agente no ha violado el deber fiduciario. (70)
9. d. informar al vendedor. (71)
10. a. trato justo, cuidado y honestidad. (72)
11. b. está expuesto a un cargo de tergiversación negligente. (72)
12. d. ejercer la abogacía sin licencia. (72)
13. c. un subagente. (75)
14. b. Bob y Sue actúan como intermediarios de transacciones. (76)
15. a. no puede representar los intereses de ninguna de las partes en detrimento de la otra parte en la transacción. (76)
16. c. Siempre que el licenciatario y el mandante acuerden hacerlo. (77)
17. a. Un asociado de ventas designado por un corredor para representar a una parte en una transacción, mientras que otro asociado del corredor es designado para representar a la otra parte (79)
18. c. Cinco años (80)
19. b. en el momento de firmar un contrato de venta o representación o antes de mostrar un inmueble. (75)
20. a. Ninguno (74)
21. c. Doble agencia (75)
22. a. Revelar hechos que afecten materialmente el valor de la propiedad (75)
23. b. El comprador y el vendedor no residenciales tienen activos de $1 millón o más. (79)
24. c. Los corredores de transacciones no tienen el deber de lealtad indivisa. (76)
25. c. durante 5 años. (80)

SECCIÓN QUINTA: ACTIVIDADES Y PROCEDIMIENTOS DE INTERMEDIACIÓN INMOBILIARIA
1. d. una empresa conjunta. (109)
2. c. la publicidad no debe ser engañosa. (89)
3. b. fijación de precios. (102)
4. b. Oficinas cerradas separadas para cada corredor y asociado (87)
5. d. El registro de una sucursal cerrada no puede transferirse a una nueva sucursal. (88)

6. c. considerada publicidad ciega. (89)
7. c. Entregue el cheque al corredor empleador al final del siguiente día hábil. (95)
8. b. A más tardar al final del tercer día hábil siguiente a la recepción de los fondos (95)
9. a. Obtener el acuerdo por escrito de todas las partes involucradas. (97)
10. a. dentro de los 15 días hábiles siguientes a la última solicitud. (97)
11. c. acción de interpeladora. (99)
12. c. Liberar los fondos de depósito en garantía al comprador sin notificar al FREC (100)
13. d. Esto es legal. (113)
14. b. Cuando el licenciatario obtiene la opinión del título de un abogado y transmite la información al cliente (101)
15. d. delito grave de tercer grado. (102)
16. b. Demandar a Stan por no pagarle a Sarah su parte de la comisión. (103)
17. c. dentro de los 10 días posteriores al cambio. (105)
18. d. Sociedad de responsabilidad limitada (107)
19. a. A los asociados de ventas no se les permite usar un nombre comercial. (110)
20. b. es una relación jurídicamente vinculante entre sus miembros (110)
21. c. Los miembros participantes deben tener el control conjunto. (109)
22. b. Sociedad de Responsabilidad Limitada. (108)
23. d. Corporación sin fines de lucro (107)
24. c. Aparente asociación (107)
25. a. Asociación cooperativa (110)
26. a. todavía debe el deber de confidencialidad al antiguo corredor y a los mandantes. (105)
27. d. Eliminar los registros de la oficina del corredor anterior. (105)

SECCIÓN SEXTA: VIOLACIONES DE LA LEY DE LICENCIAS, SANCIONES Y PROCEDIMIENTOS

1. d. d.en un plazo de 5 años (123)
2. c. Si el delito es un acto criminal (123)
3. a. Cuando la queja es por una infracción menor por primera vez (124)
4. c. Cuando el DBPR cree que el titular de la licencia representa un peligro inmediato para el público (124)
5. c. 20 dias. (124)
6. b. 1 (124)
7. d. 30 (125)
8. b. Cuando no se determina una causa probable (125)
9. c. Se presentará una denuncia formal contra el infractor. (125)
10. d. No impugne las acusaciones y renuncie al derecho a una audiencia (125)
11. a. FREC. (126)
12. d. Ninguno (126)
13. a. La licencia puede ser revocada sin perjuicio. (134)
14. b. 2 años (134)
15. c. punitivo (135)
16. b. apropiarse de los depósitos de los clientes o clientes para su uso en el negocio de la agencia. (122)
17. d. Mezclar los fondos de depósito en garantía con los fondos operativos del corredor. (122)

SECCIÓN SÉPTIMA: LEYES FEDERALES Y ESTATALES RELATIVAS CON BIENES RAÍCES

1. b. Prohibir la discriminación en las transacciones de vivienda. (141)
2. c. la Ley de Derechos Civiles de 1968. (143)
3. c. la Ley de Enmiendas a la Vivienda Justa de 1988 (145)
4. a. coaccion inmobilaria (blockbusting). (144)
5. c. guiando (steering). (143)
6. a. prestación de servicios desiguales. (143)
7. a. tergiversación discriminatoria. (143)
8. d. La prohibición puede ser legal. (145)
9. c. El agente y el propietario (145)
10. b. Instalaciones públicas y empleo. (148)
11. c. en cualquier momento antes de la medianoche del séptimo día después de la firma del contrato. (149)
12. b. Joe es dueño de un edificio de apartamentos... (150)
13. a. Permitir que un perro de servicio viva en un edificio de apartamentos sin mascotas (151)
14. c. dentro de los 30 días posteriores a la recepción del depósito. (152)
15. c. 30 dias (154)

SECCIÓN OCTAVA: DERECHOS DE PROPIEDAD, PATRIMONIOS Y ARRENDAMIENTOS

1. a. Los bienes inmuebles incluyen la propiedad de un conjunto de derechos. (165)
2. c. transferir (165)
3. d. Acciónes (166)
4. a. el derecho de los demás a usar y disfrutar de sus bienes. (169)
5. c. separable. (42)
6. d. Ribereños (172)
7. b. A la mitad de la vía fluvial (172)
8. c. Una doctrina que otorga al Estado el control del uso del agua y del suministro de agua (171)
9. a. Un árbol que crece en una parcela de tierra (166)
10. b. su definición como uno u otro en un contrato de compraventa o arrendamiento. (167)
11. d. Una planta o cultivo que se considera propiedad personal (168)
12. c. Fijación y separación (168)
13. b. accesorios comerciales que son propiedad personal (167)
14. a. La reclamación del propietario no es válida, porque el Estado es propietario de la tierra subyacente (171)
15. c. uno o más del conjunto de derechos sobre bienes inmuebles. (173)
16. a. intereses que no incluyen la posesión. (174)
17. b. Un arrendamiento dura solo por un período de tiempo específico. (175)
18. d. Cuota absoluta de bienes simples. (176)
19. d. La herencia puede revertir a un otorgante o herederos si cambia el uso prescrito. (177)
20. a. el propietario original u otra persona nombrada. (177)
21. b. Un propietario con tarifa simple otorga el patrimonio vitalicio a un inquilino vitalicio. (178)
22. c. La herencia por otra vida (pur autre vie) dura sólo durante la vida de una persona que no sea el concesionario. (179)
23. c. Propiedad vitalicio legal (179)
24. a. Un interés de vivienda familiar no puede ser transmitido por uno de los cónyuges. (180)
25. b. el interés patrimonial vitalicio de una esposa en los bienes de su esposo. (180)
26. b. Una viuda que fue excluida de un testamento reclama una parte de la residencia principal de la pareja. (180)
27. b. Arrendamiento de un período a otro (186)

28. a. arrendamiento en varios. (181)
29. c. tenencia en común. (181)
30. a. Las partes deben adquirir sus respectivos intereses al mismo tiempo. (184)
31. b. no pueden eredar su interés a una parte ajena al arrendamiento. (183)
32. c. Tarifa simple de propiedad del espacio aéreo en una unidad y una parte indivisa de las áreas comunes de toda la propiedad. (190)
33. b. La propiedad es propiedad de inquilinos en común o de un propietario absoluto que arrienda en régimen de tiempo compartido. (194)
34. a. Una cooperativa puede responsabilizar a un propietario por los gastos operativos no pagados de otros propietarios. (189)
35. a. Un incumplimiento por parte del propietario de una cooperativa puede causar una ejecución hipotecaria de toda la propiedad en lugar de una sola unidad, como ocurre con un condominio. (189)
36. b. Derecho de cancelar (199)
37. d. Multipropiedad (198)
38. a. Reventa de condominios (193)
39. b. Asociación de Propietarios (198)

SECCIÓN NOVENA: TÍTULOS, ESCRITURAS Y RESTRICCIONES DE PROPIEDAD

1. a. Titularidad del conjunto de derechos sobre bienes inmuebles (210)
2. d. notificación real. (219)
3. c. Registros de títulos. (219)
4. a. Enajenación voluntaria. (211)
5. c. aceptada por el concesionario. (212)
6. d. establece la intención del otorgante, nombra a las partes, describe los bienes e indica una contraprestación. (225)
7. a. Declarar la seguridad o garantía del otorgante al concesionario de que cierta condición o hecho relacionado con la propiedad es verdadera. (225)
8. c. Escritura de garantía general. (226)
9. d. Una escritura de renuncia (226)
10. a. Es tomado por el estado de acuerdo con el proceso llamado escheat. (216)
11. d. Un testamento nuncupativo inejecutable. (214)
12. a. pasan a los herederos por las leyes de descendencia y distribución. (215)
13. b. inspeccionar la propiedad y desalojar a los intrusos encontrados. (218)
14. d. se negó porque la posesión era secreta. (218)
15. c. Dar aviso constructivo de los derechos e intereses de uno en la propiedad. (221)
16. c. Cronología de los sucesivos propietarios registrados de una parcela de bienes inmuebles.. (222)
17. b. libre de defectos y gravámenes no revelados. (221)
18. c. Seguro de título (222)
19. c. gravamen. (229)
20. c. el derecho a un uso definido de una parte de la propiedad inmueble de otro. (231)
21. d. Vivienda dominante (231)
22. a. La propiedad se ha utilizado continuamente como servidumbre con el conocimiento pero sin el permiso del propietario durante un período de tiempo. (234)
23. c. Con el tiempo, la usurpación puede convertirse en una servidumbre por prescripción que daña el valor de mercado de la propiedad. (235)
24. b. una restricción de escritura. (230)
25. a. Se trata de una reclamación monetaria contra el valor de una propiedad. (239)

26. c. Gravamen fiscal sobre bienes inmuebles (242)
27. d. subordinar. (246)
28. a. la fecha de registro. (243)
29. b. Un estado en el que un deudor hipotecario retiene el título de la propiedad cuando se crea un gravamen hipotecario (244)
30. c. El aserradero puede imponer un gravamen mecánico por el monto de la madera contra los bienes inmuebles del propietario. (245)
31. b. una invasión. (235)
32. b. Transfiere con la propiedad. (231)
33. a. una pared medianera. (232)
34. d. Una licencia, que termina con la muerte del propietario (235)
35. b. Gravamen de juicio general. (241)
36. a. incluyendo una cláusula de "venta sujeta a arrendamiento" en el contrato. (239)
37. b. En un subarrendamiento, el inquilino original conserva la responsabilidad principal del cumplimiento del contrato de arrendamiento original. (145)
38. a. Un contrato de arrendamiento de derechos (238)
39. d. arrendamiento neto. (236)
40. b. arrendadores minoristas.(236)
41. d. El inquilino arrienda el terreno al arrendador y es dueño de las mejoras. (238)
42. d. Una escritura puede ser válida con un número de identificación de parcela incorrecto. (224)

SECCIÓN DÉCIMA: DESCRIPCIONES LEGALES

1. a. Crear un estándar coherente e inmutable para la localización de la propiedad. (257)
2. b. Identifican un área cerrada, que comienza y termina en el mismo punto. (258)
3. c. Medidas y límites (258)
4. b. punto de comienzo. (258)
5. d. Seis millas por seis millas. (262)
6. a. rango. (225)
7. b. nivel. (225)
8. d. Treinta y seis (262)
9. a. 640 (263)
10. c. 80 acres (264)
11. b. incluirá una descripción de medidas y límites. (260)
12. a. el número de lote y bloque, con referencias de sección, municipio y meridiano. (266)
13. c. propiedades situadas por encima o por debajo de la superficie terrestre. (266)
14. c. Para mantener un patrón topográfico rectangular en la curvatura de la Tierra (261)
15. b. el valor de la propiedad. (267)
16. d. Los topógrafos se basan estrictamente en los registros y planos catastrales presentados en la oficina del registrador del condado. (268)

SECCIÓN UNDÉCIMA: CONTRATOS INMOBILIARIOS

1. a. Representa un "encuentro de las mentes." (275)
2. c. ejecutable o inaplicable. (276)
3. b. es posiblemente válida y ejecutable. (277)
4. c. una contraoferta. (283)
5. d. consideración valiosa. (278)
6. c. es nulo. (279)
7. b. anulable. (276)
8. a. debe actuar dentro de un plazo legal. (279)
9. b. Exigir que ciertos contratos relacionados con la transmisión se hagan por escrito. (279)
10. b. El comprador no tiene ninguna obligación con el vendedor. (283)

11. a. es nulo. (276)
12. d. La oferta original se extingue legalmente. (283)
13. a. pueden ser asignados. (283)
14. c. Un contrato de arrendamiento de dos años. (280)
15. a. una opción de compra. (281)
16. c. se realiza. (284)
17. b. Es imposible de realizar. (284)
18. b. rendimiento específico. (286)
19. a. Acuerdo exclusivo de derecho de venta. (287)
20. b. Contrato de agencia exclusiva. (287)
21. c. Listado abierto. (288)
22. d. listado neto (289)
23. a. el cliente. (287)
24. a. Publicar la propiedad del propietario en un servicio de listados múltiples. (290)
25. b. El agente tiene derecho a una comisión si el propietario vende o arrienda a una parte dentro de un cierto tiempo después del vencimiento del listado. (293)
26. b. Las partes han completado un contrato verbal y ejecutatorio. (296)
27. c. El cedente ha completado una acción legal. (297)
28. a. El comprador puede obligar al vendedor a transferir la propiedad. (297)
29. a. Confíe el dinero del depósito a un fiduciario imparcial. (298)
30. a. El vendedor puede rescindir el contrato, ya que puede ser declarado inválido. (298)
31. d. Reclamar el deposito como reparación por el incumplimiento del comprador. (298)
32. a. Los préstamos de terceros que sobrevivan al cierre pueden ser acelerados por el prestamista. (301)
33. a. El comprador debe retener el 15% del precio de compra al cierre para el pago del impuesto sobre las ganancias de capital del vendedor. (302)
34. b. El vendedor debe actuar si el destinatario de la opción toma la opción, pero el destinatario de la opción no tiene la obligación de hacerlo. (308)
35. d. La opción ha expirado y el inquilino no tiene derecho a reclamar el dinero pagado por la opción. (309)
36. a. El inquilino puede forzar la venta en los términos originales. (308)
37. c. Le dan al beneficiario de la opción un interés equitativo en la propiedad. (310)
38. c. Listado abierto. (288)
39. b. Divulgación de la Ley de Molly (303)
40. c. Caveat emptor (306)

SECCIÓN DUODÉCIMA: HIPOTECAS RESIDENCIALES

1. c. hipotecación. (320)
2. a. El prestatario le da al prestamista un pagaré y una hipoteca a cambio de los fondos del préstamo. (320)
3. a. estado de la teoría del título. (320)
4. b. usura. (326)
5. c. $15,000. (327)
6. c. Es un instrumento negociable. (321)
7. d. Es posible que se le solicite que ejecute un documento de liberación de hipoteca. (324)
8. c. ejecución hipotecaria. (113)
9. a. No hay derecho a redimir la propiedad en una ejecución hipotecaria no judicial. (334)
10. b. una escritura en lugar de una ejecución hipotecaria. (334)
11. c. deudor hipotecario. (321)
12. a. Establece el nivel de riesgo del prestamista. (322)

SECCIÓN DÉCIMO TERCERA: TIPOS DE HIPOTECAS Y FUENTES DE FINANCIACIÓN

1. b. Leyes de veracidad en los préstamos (363)
2. a. La Ley de Igualdad de Oportunidades de Crédito (363)
3. c. la Ley de Procedimientos de Liquidación de Bienes Inmuebles. (364)
4. b. Compra de valores, cambio de la tasa de descuento y control de las reservas bancarias (356)
5. a. Reciclar los fondos de vuelta a los prestamistas primarios para que puedan hacer más préstamos. (359)
6. c. Fannie Mae, Freddie Mac, y Ginnie Mae. (360)
7. c. comprar préstamos respaldados por la FHA y el VA. (352)
8. b. Asegursr los préstamos otorgados por prestamistas aprobados. (352)
9. a. Préstamos de garantía otorgados por prestamistas autorizados. (354)
10. c. Los pagos del préstamo aumentan gradualmente. (351)
11. b. El prestatario paga intereses adicionales al principio para obtener una tasa de interés más baja. (351)
12. a. La tasa de interés puede variar. (348)
13. b. El vendedor que ofrece al comprador un envoltorio puede beneficiarse de una diferencia en las tasas de interés. (358)
14. b. Un préstamo hipotecario general. (352)
15. b. Los pagos no son suficientes para retirar el préstamo. (348)
16. a. Un informe de tasación. (343)
17. c. la capacidad de pago, el valor de la garantía y la rentabilidad del préstamo. (343)
18. b. El prestamista quiere asegurarse de que el préstamo esté totalmente garantizado. (343)
19. b. Considere los ingresos de un cónyuge al evaluar la solvencia crediticia de una familia. (341)
20. a. protección contra el sobreendeudamiento. (345)
21. d. dividir las deudas entre los ingresos brutos. (345)
22. c. Compromiso de préstamo para retiro. (347)
23. a. Un préstamo amortizado se paga durante el período del préstamo. (350)

SECCIÓN DÉCIMO CUARTA: CALCULOS RELACIONADOS CON BIENES INMUEBLES Y CIERRE DE TRANSACCIONES

1. d. Cambiar el título legal por el precio de venta. (379)
2. b. El prestamista quiere asegurarse de que la garantía del préstamo sea adecuada. (382)
3. b. el préstamo se venderá a la FNMA. (383)
4. d. El comprador debe pagar el gasto. (385)
5. d. un débito a una parte y un crédito a la otra. (386)
6. a. el exceso de los débitos del comprador sobre los créditos del comprador. (386)
7. b. Tasas de inspección (386)
8. c. Impuestos e intereses (387)
9. d. Alquileres y seguros (386)
10. a. El vendedor debe pagar los gastos prorrateados, incluido el día del cierre. (387)
11. d. $692 (390)
12. c. $195,200 (390)
13. a. al final del siguiente día hábil. (376)
14. d. El comprador de la propiedad (378)
15. b. 70 centavos por cada $100 del precio de venta. (390)
16. c. $400. (391)

SECCIÓN QUINCE: ANÁLISIS Y MERCADOS INMOBILIARIOS

1. c. La tierra y todo lo que está permanentemente unido a ella (415)
2. a. La superficie de la tierra y todas las cosas naturales permanentemente adheridas a la tierra (414)
3. b. Inmóvil, indestructible, heterogéneo (415)
4. d. La tierra no incluye estructuras hechas por el hombre. (414)
5. c. La cantidad de dinero que un comprador y un vendedor acuerdan intercambiar para completar una transacción. (433)
6. b. el deseo, la utilidad, la escasez y el poder adquisitivo. (435)
7. b. aumentará. (436)
8. d. el mercado tiende hacia el equilibrio. (423)
9. c. El mercado está sobreabastecido. (423)
10. a. La demanda debe llegar a la oferta. (417)
11. b. base de empleo. (420)
12. a. han ido en aumento. (423)
13. d. Ampliación del sistema de alcantarillado. (422)
14. a. Población del area comercial y patrones de gasto. (419)
15. c. los costos de ocupación y la eficiencia del edificio. (420)

SECCIÓN DÉCIMO SEXTA: REAL ESTATE VALORACION DE INMUEBLES

1. a. a.Si dos propiedades similares están a la venta, un comprador comprará la más barata de las dos. (437)
2. a. es física y financieramente factible, legal y la más productiva. (437)
3. d. El precio que un vendedor y un comprador dispuestos, informados y sin presiones acuerdan por una propiedad asumiendo un precio en efectivo y la exposición razonable de la propiedad al mercado. (434)
4. b. El corredor no puede ser una parte desinteresada. (442)
5. a. Es posible que no haya datos recientes de precios de venta en el mercado. (438)
6. c. Seleccione propiedades comparables, ajuste las comparables, estime el valor. (439)
7. b. El vendedor ofrece financiación del vendedor por debajo del mercado. (440)
8. b. pondera los comparables. (441)
9. b. El valor de mercado no siempre es el mismo que el costo de la propiedad. (445)
10. b. costo de reemplazo. (446)
11. d. obsolescencia funcional. (446)
12. b. obsolescencia económica incurable. (446)
13. c. depreciación (446)
14. a. Calcule la depreciación, reste la depreciación del costo y vuelva a sumar el valor del terreno. (447)
15. b. $8,500 (448)
16. b. Edificios de apartamentos (449)
17. c. Estimar el ingreso neto y aplicarle una tasa de capitalización. (450)
18. c. Ingresos brutos potenciales menos vacantes y pérdidas crediticias menos gastos. (451)
19. b. $400,000 (451)
20. a. Numerosos gastos no se tienen en cuenta. (453)
21. b. $240,000 (453)
22. c. Para tasaciones de transacciones relacionadas con el gobierno federal (431)
23. c. Transacciones relacionadas con el gobierno federal (430)
24. b. Las tasaciones se pueden utilizar en la preparación de CMA. (454)

SECCIÓN DIECISIETE: INVERSIONES INMOBILIARIAS Y CORRETAJE DE OPORTUNIDADES DE NEGOCIO

1. b. Cuanto más gane el inversor, mayor será el riesgo de que pierda. (464)
2. a. beneficios fiscales y de ingresos. (464)
3. c. deuda. (465)
4. d. relativamente ilíquido. (467)
5. b. una inversión más intensiva en gestión. (468)
6. d. Ingresos brutos menos gastos menos depreciación del edificio. (468)
7. c. Deducir los pagos de intereses de los ingresos. (470)
8. d. El propietario puede excluir la ganancia de capital de los ingresos imponibles cuando se vende la propiedad. (472)
9. c. puede deducirse del precio de venta a efectos del impuesto sobre las ganancias. (471)
10. b. la diferencia entre los ingresos netos de la venta y la base ajustada. (472)
11. a. Gastos de recuperación de costos. (473)
12. c. dividiendo el flujo de caja por el patrimonio neto del inversor. (475)
13. a. Proponer una venta de activos. (477)
14. b. activos intangibles. (478)
15. c. el valor o precio de la empresa por encima del valor de sus otros activos. (478)
16. a. Bien inmueble (476)
17. c. Realizar la debida diligencia. (480)

ARTÍCULO DÉCIMO OCTAVA: IMPUESTOS QUE AFECTAN A LOS BIENES INMUEBLES

1. c. no existen impuestos federales ad valorem sobre los bienes inmuebles. (487)
2. c. puede delegar la autoridad tributaria a los gobiernos de los condados. (487)
3. c. Imponer impuestos a la propiedad para servicios municipales específicos. (487)
4. b. Crear una extensión de dos millas de las instalaciones de alcantarillado del condado. (488)
5. b. el valor catastral de los bienes. (488)
6. b. el total de todos los valores tasados de las propiedades menos las exenciones. (488)
7. d. suavizar las grandes discrepancias de los valores tasados dentro del distrito (489)
8. c. Recurso de apelación para ajustar la tasación. (489)
9. b. para ofrecer una cantidad de desgravación fiscal en la residencia principal de un propietario. (491)
10. a. dividiendo el requisito fiscal por la base imponible. (490)
11. c. multiplicando la tasa impositiva de cada distrito por el valor imponible de la propiedad. (490)
12. a. Solo se aplica a las propiedades que se beneficiarán de la mejora pública. (493)
13. b. da derecho a su titular a solicitar una escritura fiscal después de un período determinado. (494)
14. b. Le da a un contribuyente moroso un período de gracia antes de la venta de impuestos para pagar los impuestos sobre la propiedad. (495)
15. d. 10 mills. (487)
16. b. valor de mercado. (489)
17. d. Apelación ante un tribunal superior (489)
18. a. Cabeza de familia (491)
19. c. restando las exenciones del valor catastral. (489)

SECCIÓN DIECINUEVE: PLANIFICACIÓN, ZONIFICACIÓN Y RIESGOS AMBIENTALES

1. a. Equilibrar los derechos de propiedad individual con el bienestar de la comunidad. (505)
2. d. una fusión de las leyes de uso de la tierra y los objetivos y estrategias locales de uso de la tierra. (506)
3. a. zonificación. (507)
4. c. poder policíal. (512)
5. d. Vender el inmueble al municipio. (512)
6. c. La Comisión de Planificación. (508)
7. b. Delegación de autoridad mediante actos habilitantes a nivel estatal. (512)
8. a. promover razonablemente la salud, la seguridad y el bienestar de la comunidad. (512)
9. d. Para garantizar que las mejoras cumplan con los (512)
10. b. Regular la densidad. (513)
11. a. una excepción especial. (515)
12. c. un uso legal no conforme. (514)
13. a. Causaría al dueño de la propiedad dificultades irrazonables para que la propiedad cumpla con las ordenanzas de zonificación. (515)
14. b. un plano catastral de subdivisión. (516)
15. c. La construcción cumple con los códigos de construcción. (517)
16. a. Ley de Política de Crecimiento de la Florida (509)
17. d. Uso futuro de la tierra (510)
18. b. Incluye categorías de riesgo basadas en la velocidad del viento. (516)
19. b. Se refiere a la resistencia del aislamiento al flujo de calor. (517)
20. c. Un inspector de una empresa de control de plagas con licencia. (521

Examen de Práctica

La clave de respuesta está en. 572

1. ¿Cuál de los siguientes profesionales involucrados en el negocio inmobiliario está más preocupado por la gestión de bienes raíces para los clientes?

   a. corredores y agentes
   b. administradores de propiedades
   c. gestores inmobiliarios corporativos
   d. tasadores

2. Los bienes raíces se pueden definir como:

   a. tierras y todos los bienes contenidos en ellas.
   b. tierras no mejoradas.
   c. la tierra y todo lo que está permanentemente unido a ella.
   d. derechos aéreos, superficiales y subterráneos.

3. ¿Cuál de los siguientes se incluye en el conjunto de derechos inherentes a la propiedad?

   a. tributar
   b. invadir
   c. poseer
   d. heredar

4. La prueba primordial de si un artículo es un accesorio o una propiedad personal es

   a. si el propietario es propietario de la propiedad a la que se adhiere el artículo.
   b. cómo se describe en un contrato de compraventa o arrendamiento.
   c. lo que indican los registros de título en la propiedad.
   d. cómo define el comprador el artículo.

5. El propietario de una propiedad frente al lago le dice a un pescador que no puede pescar en un bote a menos de cincuenta pies de la costa del propietario. El pescador protesta que el dueño no puede impedirlo. ¿Cuál de las siguientes afirmaciones es verdadera?

   a. el pescador tiene razón porque el agua y la tierra que la sustenta son de propiedad pública.
   b. la prohibición del propietario es válida, ya que el terreno subyacente pertenece a las propiedades colindantes en medio del lago.
   c. el propietario puede impedir que el pescador pesque a menos de diez pies, pero no más allá.
   d. la prohibición del propietario es válida si todos los propietarios frente al lago están de acuerdo con ella.

6. La característica distintiva de un patrimonio simple de cuota defactible es que

   a. sólo dura toda la vida del fallecido.
   b. no tiene restricciones ni condiciones de uso.
   c. puede volver a un otorgante si cambia el uso prescrito.
   d. es de duración limitada.

7. La dote se puede definir mejor como:

   a. una concesión de inmunidad de ejecución hipotecaria extendida a un reclamante de vivienda familiar.
   b. el interés patrimonial vitalicio de una esposa en los bienes de su esposo.
   c. exención de la vivienda familiar del esposo.
   d. un otorgante que dota bienes a los herederos.

8. Una característica distintiva de una tenencia conjunta es que los copropietarios

   a. puede optar por tener cualquier porcentaje de propiedad en la propiedad.
   b. no pueden legar su interés a una parte ajena a la tenencia.
   c. poseer porciones físicas separadas de la tierra.
   d. no puede arrendar la propiedad.

9. Los intereses en un condominio difieren de los de una cooperativa, en que

   a. un incumplimiento por parte del propietario de un condominio puede causar una ejecución hipotecaria de toda la propiedad en lugar de una sola unidad, como en el caso de una cooperativa.
   b. el propietario del condominio es propietario de los elementos comunes y del espacio aéreo, mientras que el propietario de la cooperativa es propietario solo del apartamento.
   c. el propietario de la cooperativa posee acciones en la asociación cooperativa, mientras que el propietario del condominio simplemente posee bienes inmuebles.
   d. el propietario de la cooperativa debe pagar una parte proporcional de los gastos de la cooperativa, así como el alquiler.

10. Hay dos propiedades contiguas. Una servidumbre permite a la propiedad A utilizar el camino de acceso que pertenece a la propiedad B. En esta situación, se dice que la propiedad B es ¿cuál de las siguientes en relación con la propiedad A?

    a. conventillo dominante
    b. inquilino subordinado
    c. patrimonio sirviente
    d. inquilino vitalicio condicional

11. Los registros de título de una propiedad revelan varios gravámenes registrados: un gravamen judicial de un año de antigüedad; un gravamen mecánico que data de hace dos años; un gravamen fiscal de evaluación especial registrado el mes pasado; y un primer gravamen hipotecario registrado hace cinco años. En caso de ejecución hipotecaria, ¿cuál de estos gravámenes se pagará primero?

    a. Gravamen de primera hipoteca
    b. Gravamen fiscal de evaluación especial
    c. Gravamen del mecánico
    d. Gravamen judicial

12. Un prestamista puede poner fin a los procedimientos de ejecución hipotecaria si el prestatario incumplidor ejecuta

    a. una hipoteca envolvente.
    b. una litispendencia.
    c. una renuncia a la redención.
    d. una escritura en lugar de una ejecución hipotecaria.

13. Una persona ha ocupado una propiedad durante siete años y nadie ha intentado desalojarla o coocupar la parcela. En este caso, la persona podría basar un reclamo de propiedad legal en

    a. su servidumbre prescriptiva.
    b. registros de títulos.
    c. aviso constructivo de posesión.
    d. arrendamiento en varios.

14. Una persona desea transferir todos y cada uno de los intereses en una propiedad a otra con plenas garantías contra gravámenes, gravámenes o cualquier otro defecto de título en la propiedad. Lo más probable es que esta parte utilice ¿cuál de los siguientes tipos de escrituras?

    a. Una escritura de renuncia
    b. Una escritura de garantía general
    c. Una escritura en lugar de una orden judicial
    d. Escritura de un tutor

15. ¿A cuál de los siguientes se refiere la cadena de títulos de una propiedad?

    a. Un resumen de la condición y comerciabilidad del título
    b. La genealogía de los herederos sucesivos de una propiedad
    c. La lista de todos los gravámenes y nubes actuales "encadenados" al título
    d. Una cronología de los sucesivos propietarios de registros

16. Una entidad gubernamental toma el título de una propiedad arrendada por medio de un dominio eminente. ¿Qué pasa con el contrato de arrendamiento?

    a. se extingue.
    b. sigue vigente.
    c. se renueva automáticamente al cierre por su plazo original.
    d. se traslada con el propietario a una nueva propiedad, si se compra en el plazo de un año.

17. La Ley de Propietarios e Inquilinos Residenciales de Florida intenta fundamentalmente

    a. promover los derechos de los inquilinos, especialmente en caso de incumplimiento de los contratos de arrendamiento.
    b. estandarizar las tarifas de alquiler.
    c. impedir el uso de disposiciones de arrendamiento injustas.
    d. minimizar el aumento de los alquileres en las zonas económicamente deprimidas.

18. Un objetivo primordial de la zonificación residencial es

    a. regular las tasas de apreciación y depreciación de las residencias.
    b. promover el valor y el uso planificado de la tierra de un vecindario..
    c. elimine los usos no conformes, las variaciones y las excepciones especiales.
    d. dispersar la intensidad del uso.

19. Originalmente se construyó una tienda en una zona comercial. Desde entonces, la zona se ha convertido en una zona residencial. Las autoridades de zonificación permiten el uso, muy probablemente como

    a. una varianza.
    b. una excepción especial.
    c. un uso ilegal no conforme.
    d. un uso legal no conforme..

20. Las autoridades llevan a cabo una planificación integral del uso de la tierra con el fin de

    a. equilibrar los intereses públicos con los derechos de propiedad individual.
    b. impedir que el público ejerza poderes policiales.
    c. garantizar condiciones de mercado positivas para los proyectos de desarrollo.
    d. limite el crecimiento.

21. El propósito de una descripción legal formal de una propiedad es

    a. eliminar las invasiones.
    b. localizar e identificar la propiedad de manera confiable.
    c. elimine la posibilidad de error del topógrafo.
    d. calificar para el registro del título.

22. Una parcela se describe como el SW 1/4 del N 1/2 del E 1/2 de la Sección 14. ¿Cuál es su superficie?

    a. 160 acres   b. 80 acres
    c. 40 acres   d. 20 acres

23. Un suburbio tiene una creciente necesidad de viviendas unifamiliares, pero el terreno disponible para nuevas construcciones se está agotando. En este caso, es probable que el precio de las viviendas existentes

    a. disminuirá.
    b. aumentará.
    c. se estabilizará.
    d. no mostrará ningún movimiento predecible.

24. La demanda de viviendas en un mercado se expresa mejor en términos de

    a. se requieren pies cuadrados de vivienda.
    b. número de contratos firmados con promotores.
    c. número de casas listadas en el servicio de listado múltiple.
    d. número de familias que buscan vivienda.

25. ¿Cuál es la importancia de base de empleo en un mercado inmobiliario?

    a. Da el número básico de personas que necesitarán vivienda.
    b. Indica el número de personas en el extremo inferior del espectro de poder adquisitivo.
    c. Impulsa el empleo total y el crecimiento de la población, lo que conduce a la demanda de bienes raíces.
    d. Indica el número de personas que quieren entrar en el mercado.

26. El concepto conocido como sustitución establece que:

    a. Los compradores no sustituirán la calidad de una casa por el precio de otra.
    b. El costo de reemplazo de un artículo no se puede sustituir por el valor original del artículo.
    c. Una nueva mejora sólo aumentará el valor de mercado en la medida del costo de una mejora similar.
    d. Los compradores no pagarán más por una determinada casa de lo que pagarían por otra casa similar.

27. El "precio que un vendedor y un comprador dispuestos, informados y sin presiones acuerdan para una propiedad, asumiendo un precio en efectivo y una exposición razonable de la propiedad al mercado" describe cuál de los siguientes conceptos de valor.

    a. El mejor y más alto valor
    b. Valor de sustitución
    c. Conveniencia
    d. Valor de mercado

28. Un edificio de almacén carece de suficiente altura de techo para el funcionamiento de carretillas elevadoras modernas. Este es un ejemplo de

    a. uso no conforme.
    b. obsolescencia funcional.
    c. mejora excesiva.
    d. obsolescencia económica.

29. Para obtener valor utilizando el enfoque de capitalización de ingresos, se debe

    a. dividir la tasa de capitalización por el ingreso neto.
    b. multiplicar el ingreso neto por la tasa de capitalización.
    c. dividir la tasa de capitalización entre el ingreso neto.
    d. multiplicar el flujo de caja por la tasa de capitalización.

30. Un edificio de oficinas se alquila por $600,000, tiene gastos de $400,000 y un flujo de caja de $100,000. El multiplicador de renta bruta prevaleciente es 8. Usando el GRM, ¿cuál es el valor del edificio?

    a. $800,000   b. $1,600,000
    c. $3,200,000   d. $4,800,000

31. Un propietario obtiene un préstamo y le da al acreedor hipotecario una hipoteca sobre la propiedad como garantía. El deudor hipotecario/propietario retiene el título de la propiedad, y el acreedor hipotecario registra un gravamen. Este es un ejemplo de

    a. intermediación.
    b. contratación por escritura.
    c. subordinación.
    d. hipotecación.

32. Una característica importante de un pagaré es que

    a. es asignable.
    b. debe estar garantizado por una garantía.
    c. no es un instrumento negociable.
    d. debe registrarse para que sea ejecutable.

33. Se requiere que un prestamista divulgue los costos de cierre estimados para cumplir con

    a. la Ley de Igualdad de Oportunidades de Crédito.
    b. Leyes de veracidad en los préstamos.
    c. Leyes Federales de Vivienda Justa.
    d. la Ley de Procedimientos de Liquidación de Bienes Inmuebles.

34. Las organizaciones del mercado secundario de hipotecas hacen todo lo siguiente, EXCEPTO

    a. Garantizar el cumplimiento de las hipotecas.
    b. Compre grupos de hipotecas de prestamistas primarios.
    c. Vender valores basados en hipotecas conjuntas.
    d. originar directamente los préstamos.

35. La amortización negativa de un préstamo se produce siempre que

    a. los pagos mensuales son solo de intereses.
    b. un pago no paga el monto total de los intereses adeudados.
    c. el saldo del principal del préstamo está disminuyendo.
    d. la tasa de interés aumenta en un préstamo de tasa ajustable.

36. Un prestatario gana $3,000 al mes y realiza pagos de $500 con tarjeta de crédito y notas de automóvil. Un prestamista convencional requiere una relación de ingresos del 27%. ¿Qué monto mensual para gastos de vivienda (capital, intereses, impuestos, seguro) permitirá el prestamista que esta persona tenga para calificar para un préstamo hipotecario convencional?

    a. $810   b. $675
    c. $972   d. $1,040

37. Un préstamo de $250,000 con solo intereses tiene una tasa del 7%. Los pagos mensuales son

    a. $1,750.
    b. $1,458.
    c. $17,500.
    d. No se puede determinar sin datos sobre los plazos del préstamo.

38. Un prestamista está cobrando 2.75 puntos en un préstamo de $240,000. ¿Cuánto debe pagar el prestatario por los puntos?

    a. $550.   b. $5,500.
    c. $6,600.   d. $660.

39. ¿Cuál de las siguientes afirmaciones es generalmente cierta para una inversión inmobiliaria?

    a. Cuanto más bajo sea el precio, menor será la liquidez
    b. Cuanto mayor sea el rendimiento, mayor será el riesgo
    c. Cuanta más gestión, menos retorno
    d. Cuanta más liquidez, mayor rentabilidad

40. La ganancia patrimonial en la venta de una inversión se computa de la siguiente manera:

    a. base inicial más ganancia.
    b. precio de venta menos base inicial.
    c. ingresos netos por ventas menos la base inicial.
    d. ingresos netos por ventas menos base ajustada.

41. La fórmula para calcular el rendimiento sobre el capital es

    a. flujo de efectivo dividido por capital.
    b. rendimiento requerido multiplicado por el ingreso bruto.
    c. utilidad operativa neta dividida por el patrimonio neto.
    d. el flujo de caja multiplicado por la tasa de capitalización.

42. Mary Bright compró una casa por $80,000, pagando $10,000 de entrada y tomando un préstamo hipotecario de $70,000. Al año siguiente le pusieron un techo nuevo, a un costo de 2,000 dólares. ¿Cuál es la base ajustada de Mary en la casa si ahora vende la casa por $300,000?

    a. $12,000   b. $218,000
    c. $230,000   d. $82,000

43. Un edificio de oficinas tiene un ingreso potencial de $500,000 y una vacante del 10%. Sus facturas pagadas en efectivo suman un total de $300,000 y la depreciación anual es de $5,000. Los pagos del préstamo ascienden a un total de $100,000. ¿Cuál es el flujo de caja antes de impuestos de la propiedad?

    a. $45,000   b. $50,000
    c. $150,000   d. $155,000

44. Se compra una propiedad por $200,000. Las mejoras representan el 75% del valor. Dado un plazo de depreciación de 39 años, ¿cuál es el gasto anual de depreciación?

    a. $3,846   b. $5,128
    c. $6,410   d. $8,294

45. Se compra una propiedad de ingresos por $500,000. El ingreso bruto es de $100,000 y el ingreso operativo neto es de $60,000. El flujo de caja es de $10,000. ¿Qué es el retorno de la inversión (ROI)?

    a. 2.00%   b.   12%
    c. 10.00%   d.   60.00%

46. ¿Cuál de las siguientes es la fórmula para obtener la base imponible de una jurisdicción?

    a. El impuesto total requerido dividido por los valores de tasación
    b. El total de todos los valores tasados menos las exenciones
    c. El presupuesto anual multiplicado por la tasa impositiva
    d. El presupuesto anual dividido por la tasa de amillaramiento

47. El propósito de una exención del impuesto sobre la vivienda familiar es

    a. eximir a los propietarios de la tributación ad valorem.
    b. para ofrecer una reducción de impuestos sobre una residencia principal.
    c. Animar a los propietarios a financiar sus residencias principales.
    d. eximir a los propietarios de viviendas habituales que alquilen sus inmuebles.

48. La factura de impuestos de un propietario de vivienda para un distrito fiscal se deriva de

    a. dividiendo la base imponible por los ingresos necesarios del distrito.
    b. multiplicando el tipo impositivo por el valor de tasación del inmueble.
    c. multiplicando la tasa impositiva por el valor imponible del inmueble.
    d. multiplicando la tasa de millaje por el factor de compensación.

49. El pueblo de Parrish tiene un presupuesto anual de $20,000,000 para ser financiado por los impuestos de propiedades. Las tasaciones son de $400,000,000 y las exenciones suman $25,000,000. ¿Cuál debe ser la tasa impositiva para financiar el presupuesto?

    a. 4.70%   b. 5.33%
    c. 5.00%   d. 11.25%

50. Un proyecto de dragado de un canal costará $100,000. Hay 40 propiedades a lo largo del canal y otras 40 al otro lado de la calle del canal. El metraje total del canal a dragar es de 2,500 pies. ¿Cuánto será la tasación de una propiedad de 150 pies en el canal

    a. $1,250   b. $2,500
    c. $3,000   d. $6,000

51. Un posible comprador de vivienda ofrece comprar una casa si el vendedor acepta pagar los puntos de financiamiento al cierre. El vendedor recibe la oferta, la firma y se la da a su agente para que se la entregue. En este punto, el estado de la oferta es

    a. un contrato válido.
    b. un contrato inválido.
    c. sigue siendo una oferta.
    d. una oferta no válida.

52. Uno de los objetivos de la ley de fraudes es

   a. establecer plazos para impugnar las disposiciones del contrato.
   b. exigir que ciertos traspasos se hagan por escrito.
   c. evite las cesiones fraudulentas de los acuerdos de listado.
   d. hacer que todos los acuerdos verbales sean inaplicables.

53. Un comprador acepta todos los términos de la oferta del vendedor y envía un aviso de aceptación al vendedor. El vendedor ahora le dice al comprador que el trato está cancelado porque se ha enterado de que la casa tenía un precio bajo. ¿Cuál de las siguientes afirmaciones es verdadera?

   a. El comprador debe ofrecer el nuevo precio para obtener la propiedad.
   b. El vendedor puede hacer una contraoferta.
   c. Se cancela el contrato.
   d. El comprador tiene un contrato vinculante.

54. Un director le revela al agente de venta que debe vender una propiedad dentro de dos meses para evitar un problema financiero. Casi siete semanas después, el agente de un comprador se entera de la dificultad del vendedor por el agente de venta y aconseja a su comprador que presente una oferta por el 80% del precio de lista. El comprador cumple y el vendedor acepta la oferta. ¿Cuál de las siguientes afirmaciones es verdadera?

   a. El agente del comprador ha violado los deberes fiduciarios que se le deben al cliente.
   b. El agente de venta ha violado los deberes fiduciarios que se le deben al cliente.
   c. El agente del comprador ha violado los deberes fiduciarios que se le deben al cliente.
   d. El agente de venta ha violado los deberes fiduciarios que se le deben al cliente.

.55. Un agente del propietario le muestra a un comprador un edificio de apartamentos. El comprador interroga al agente sobre si alguna pintura agrietada contiene plomo. El mejor curso de acción del agente es

   a. contrato para volver a pintar el área agrietada.
   b. asegure al comprador que la pintura no contiene plomo.
   c. sugiera al comprador que haga una oferta de precio más bajo para cubrir el posible problema.
   d. informar al vendedor de la consulta y probar la pintura.

56. Un tipo de relación de agencia que es ilegal en Florida es

   a. una sola agencia.
   b. doble agencia.
   c. agencia compradora.
   d. falta de representación.

57. ¿Cuándo debe un corredor de transacciones revelar su relación de agencia a los principales de la transacción?

   a. Antes de recibir cualquier oferta
   b. Una vez finalizado el acuerdo de cotización
   c. No se requiere divulgación
   d. En el contacto inicial de cualquier tipo con cualquiera de los principales

58. Un agente obtiene un listado que garantiza compensación por la contratación de un cliente, siempre que el agente sea la causa de la contratación. Este agente ha entrado en un(a)

   a. acuerdo exclusivo de derecho de venta.
   b. contrato de agencia exclusiva.
   c. listado abierto.
   d. listado neto.

59. Un arrendador promete compensar a un corredor por conseguir un inquilino, siempre que el hermano del arrendador decida no alquilar la propiedad en el plazo de un mes. Este sería un ejemplo de a(n)

   a. contrato exclusivo de derecho de arrendamiento.
   b. contrato de agencia exclusiva.
   c. listado abierto.
   d. listado neto.

60. El monto de una comisión de corretaje de bienes raíces está determinado por

   a. pautas de la ley de licencias estatales.
   b. negociación con el cliente.
   c. la Junta de Agentes Inmobiliarios.
   d. acuerdo entre corredores competidores.

61. La Ley de Divulgación de Relaciones de Corretaje se aplica a las transacciones que involucran todos los siguientes tipos de propiedad, EXCEPTO

   a. propiedades comerciales.
   b. propiedades agrícolas de diez acres o menos.
   c. Propiedades residenciales con cuatro o menos unidades de vivienda.
   d. Propiedades no mejoradas zonificadas para cuatro o menos unidades residenciales.

62. Un licenciatario de Florida que represente a un propietario como agente único debe tener cuidado de

   a. evitar una oferta demasiado cara que cause remordimiento o demandas al comprador.
   b. presentar cualquier oferta que un comprador decida hacer.
   c. revelar qué precio aceptará el propietario.
   d. evitar completar una oferta que contenga contingencias.

63. Un ejemplo de conversión es

   a. depositar fondos de depósito en garantía en una cuenta operativa comercial.
   b. gastar un depósito del cliente en una fianza para la agencia.
   c. gastar los ingresos operativos de un apartamento en reparaciones de techos.
   d. depositar una comisión en una cuenta de depósito en garantía.

64. Tres agencias cobran tasas de comisión idénticas por la intermediación de propiedades de oficinas en Phoenix. ¿Cuál de las siguientes afirmaciones es verdadera?

    a.   Esta es una práctica comercial perfectamente legítima.
    b.   Los corredores han incurrido en una colusión legal.
    c.   Los corredores han asignado el mercado de Phoenix.
    d.   Los corredores han fijado precios ilegalmente.

65. El propietario de un negocio insiste en un precio por su empresa que excede el valor de los activos tangibles, alegando que se trata de una empresa familiar conocida con una clientela leal. El exceso de valor se conoce como

    a.   la prima del comprador.
    b.   buena voluntad.
    c.   el factor de riesgo.
    d.   el margen de ganancia.

66. Un agente informa a los propietarios de un área que la disminución en el valor de las propiedades en los últimos cinco años se debe a la afluencia de familias minoritarias. Sugiere que la tendencia continuará y les aconseja que vendan antes de que sea demasiado tarde. Este agente es probablemente culpable de

    a.   coaccion inmobilaria (blockbusting).
    b.   líneas rojas.
    c.   tergiversación discriminatoria.
    d.   tergiversación negligente.

67. Un agente pasa dos horas con un comprador minoritario y luego le muestra cinco propiedades disponibles en toda la ciudad. Más tarde, una pareja minoritaria igualmente calificada ingresa a la oficina. El agente pasa veinte minutos con la pareja, les da el libro de la MLS para que lo revisen y los anima a pasar por los listados de camino a casa. Si les gusta algo, deben regresar al día siguiente para discutir los términos. Este agente podría ser responsable de

    a.   tergiversación.
    b.   dirección.
    c.   prestación de servicios desiguales.
    d.   nada.

68. Un propietario de repente retira una propiedad del mercado después de escuchar del agente que una parte minoritaria ha hecho una oferta de precio completo. Luego, el agente regresa a la parte minoritaria e informa que el vendedor ha decidido esperar hasta el próximo año para vender la casa. ¿Quién, si es que hay alguien, ha violado las leyes de vivienda justa?

    a.   Tanto el propietario como el agente.
    b.   El propietario.
    c.   El agente.
    d.   Nadie.

69. Un propietario completa un contrato para vender su propiedad. Antes de cerrar, tiene problemas financieros y asigna el contrato a su deudor hipotecario. ¿Cuál de las siguientes afirmaciones es verdadera?

    a.   El propietario ha incumplido.
    b.   El comprador puede demandar para anular la hipoteca.
    c.   La cesión solo puede surtir efecto después del cierre.
    d.   El contrato de compraventa sigue siendo válido.

70. Los compradores y vendedores confían en las cuentas de depósito en garantía para

    a.   permitir que un fiduciario externo maneje los fondos.
    b.   tener acceso a los fondos sin interferencia del corredor.
    c.   evitar que el corredor reciba una comisión hasta después del cierre.
    d.   ganan el mismo interés sobre sus fondos.

71. Una opción de compra caduca. El arrendador se compromete a prorrogarlo a cambio de un precio más alto. El titular de la opción afirma que puede ejercer la opción dentro del período de rescate. ¿Cuál es la verdad?

    a.   El arrendador debe cumplir con la opción y vender de inmediato.
    b.   El arrendador puede extender el plazo de la opción, pero no puede aumentar el precio.
    c.   El arrendador debe extender la opción, pero se le permite aumentar el precio.
    d.   El arrendador no tiene ninguna obligación, ya que las opciones no tienen un período de rescate.

72. RESPA requiere procedimientos de cierre específicos siempre que

    a.   el préstamo debe ser garantizado.
    b.   el préstamo se venderá a la FNMA.
    c.   la propiedad comercial será comprada por FHLMC.
    d.   un prestatario no entiende completamente los costos de cierre.

73. Cuando un artículo se prorratea entre el comprador y el vendedor en una declaración de liquidación, el oficial de cierre debe

    a.   debitar al comprador y al vendedor.
    b.   acreditar al comprador y al vendedor.
    c.   débito y crédito tanto del comprador como del vendedor.
    d.   debitar a una de las partes y acreditar a la otra.

74. ¿Cuáles de los siguientes conceptos se pagan a mes vencido?

    a.   Impuestos y seguros
    b.   Rentas e intereses
    c.   Impuestos e intereses
    d.   Alquileres y seguros

75. Una transacción de venta de una propiedad de alquiler se cierra el 16 de Diciembre. El arrendador recibió el alquiler de diciembre de $713 el 1 de diciembre. Suponiendo que el día de cierre es el del vendedor y que se utiliza el método de 365 días para el prorrateo, ¿cuál de las siguientes entradas aparecería en el estado de liquidación?

    a. Vendedor de débito $345.00
    b. Vendedor a crédito $713.00
    c. Comprador de débito $345.00
    d. Comprador a crédito $368.00

76. ¿Cuál de las siguientes personas que vende un tiempo compartido debe tener una licencia de bienes raíces?

    a. Una propietaria vendiendo un tiempo compartido que ocupa
    b. Cualquier persona a la que se le pague una comisión por vender el tiempo compartido
    c. Un individuo asalariado que vende tiempos compartidos para un desarrollador
    d. Un asistente de desarrollador que vende el tiempo compartido como un favor al desarrollador sin compensación

77. Los acuerdos de listeado se rigen por dos cuerpos de leyes. Estas son las leyes de la agencia y

    a. leyes contractuales.
    b. leyes consuetudinarias.
    c. leyes estatutarias.
    d. jurisprudencia. .

78. En el proceso de contratación, el licenciatario debe tener cuidado de evitar

    a. dar al mandante cualquier consejo sobre la transacción.
    b. describir los requisitos normales de un contrato a un cliente.
    c. redactar un contrato ilegalmente.
    d. señalando a los directores la importancia de cumplir con los plazos de contingencia.

79. Si una licencia se expide por un error de la Comisión, la Comisión puede justificadamente

    a. cobrar al licenciatario una tarifa punitiva.
    b. presentar una demanda civil para recuperar la licencia.
    c. remita el caso a mediación.
    d. revocar la licencia sin perjuicio.

80. Un corredor responsable de manejar una cuenta fiduciaria está violando la ley al

    a. depositar un cheque de garantía en una cuenta personal.
    b. seguir las instrucciones del vendedor de retener un cheque de garantía sin cobrar.
    c. retirar una comisión devengada de una cuenta fiduciaria sin el permiso de la institución depositaria.
    d. abrir una cuenta que nombre al licenciatario como fideicomisario de la cuenta.

81. El envío de correos electrónicos comerciales no solicitados a teléfonos celulares está prohibido por la

    a. Ley de Prevención de Basura Telefónica de Florida.
    b. Ley CAN-SPAM.
    c. Reglas FREC.
    d. Ley de licencias de Florida.

82. ¿Cuál de las siguientes acciones por parte de un licenciatario de bienes raíces de Florida violaría una ley federal o de telemercadeo de Florida?

    a. Llamar a un cliente potencial a las 9:00 a.m.
    b. Llamar a alguien de la lista de clientes de otro licenciatario.
    c. Llamar a un vendedor potencial para solicitar un anuncio.
    d. Llamar a un cliente potencial mientras se bloquea el identificador de llamadas.

83. Un arrendador se niega a alquilar a una mujer embarazada soltera. La mujer siente que ha habido una discriminación ilegal. ¿Cuánto tiempo tiene para presentar una queja ante la Comisión de Relaciones Humanas de Florida?

    a. No hay límite de tiempo.
    b. Ella debe presentar la solicitud inmediatamente después de la presunta violación.
    c. Tiene un año a partir de la fecha de la presunta discriminación.
    d. Esto no es una violación de la ley de Florida.

84. ¿Cuándo envían los condados de Florida las facturas de impuestos a la propiedad a los propietarios de viviendas?

    a. El primero de enero de cada año
    b. A finales de octubre de cada año
    c. El primero de noviembre y el primero de abril de cada año
    d. El primero de noviembre de cada año par

85. ¿Qué es probable que suceda si un propietario no paga una evaluación autorizada a una asociación de propietarios?

    a. La cuota impaga puede convertirse en un gravamen contra la propiedad.
    b. La asociación puede imponer una venta fiscal sobre la propiedad.
    c. La asociación puede hacer que el alguacil desaloje al propietario de la vivienda.
    d. La propiedad puede ser dada de baja de la membresía de la asociación.

86. A un solicitante sin licencia se le puede negar la licencia si se presentó como titular de una licencia antes de solicitar una licencia

    a. durante los 5 años anteriores.
    b. en el plazo de 1 año.
    c. en un plazo de 2 años.
    d. en cualquier momento.

87. Es posible que se exima de algunas tarifas a ciertas personas. La _____ no lo es uno de dichas tasas.

    a. Tasa de examen
    b. Tarifa inicial de actividad sin licencia
    c. Cuota de licencia inicial
    d. Tarifa de solicitud inicial

88. ¿Cuándo es una licencia de asociados de venta emitida?

    a. Cuándo se aprueba la solicitud
    b. Cuando se completa el curso de prelicencia
    c. Cuando el solicitante aprueba el examen de licencia estatal
    d. Cuando el solicitante se registra con un corredor empleador

89. Una licencia de inmueble deja de estar en vigor cuando

    a. el titular de la licencia no completa la educación posterior a la licencia.
    b. el corredor con licencia cambia de dirección comercial.
    c. un asociado de ventas con licencia solicita una licencia de corredor.
    d. el licenciatario no renueva la licencia antes de la fecha de vencimiento.

90. Si un licenciatario no renueva la licencia dentro de los 2 años posteriores a su involuntariamente inactivo

    a. El titular de la licencia debe completar 12 horas de educación continua por cada año que la licencia estuvo inactiva.
    b. La licencia será revocada.
    c. La licencia queda nula y sin efecto.
    d. La licencia se considera en mora.

91. Los requisitos de divulgación de Florida se aplican a:

    a. Propiedad residencial no mejorada que se utilizará para cuatro o menos unidades.
    b. Todas las propiedades residenciales mejoradas con cinco o más unidades.
    c. Propiedad agrícola de 15 acres o menos.
    d. Propiedad industrial de 10 acres o menos

92. Cuando ofreciendo una representación de valor, el corredor no puede

    a. realizar un análisis comparativo de mercado.
    b. realizar una opinión sobre el precio del corredor.
    c. representar su propia opinión como una valoración.
    d. usar solo una encuesta de la propiedad.

93. ¿En cuál de las siguientes condiciones podría un soborno legal?

    a. Cuando el corredor tiene un acuerdo comercial afiliado con un proveedor de servicios
    b. Cuando todas las partes involucradas estén plenamente informadas del soborno
    c. Cuando el soborno no es dinero en efectivo
    d. Nunca

94. Un asociado de ventas o corredor asociado debe notificar al FREC de un cambio de corredor empleador dentro de ___ del cambio.

    a. Tres días
    b. Una semana
    c. 10 días
    d. 30 días

95. ¿Cuál de las siguientes entidades no puede registrarse como corretaje?

    a. Corporación sin fines de lucro
    b. Empresa conjunta
    c. Sociedad comanditaria
    d. Empresa individual

96. Si un licenciatario no está de acuerdo con una orden de audiencia final, el licenciatario puede presentar una apelación dentro de _____ days de recibir el pedido.

    a. 10
    b. 20
    c. 30
    d. 60

97. ¿Cuál de las siguientes entidades está autorizada a imponer sanciones penales?

    a. FREC
    b. Jueces administrativos
    c. Juzgados penales
    d. DRE

98. Inquilinos que han recibido un aviso para desalojar la unidad de alquiler por falta de pago del alquiler tienen_____ para desalojar.

    a. 24 horas
    b. 3 dias
    c. 7 dias
    d. 30 dias

99. ¿En qué tipo de comunidad existe un órgano de gobierno responsable de brindar servicios de desarrollo comunitario?

    a. CDD
    b. Asociación de Propietarios
    c. Cooperativa
    d. Condominio

100. ¿Cuál de las siguientes opciones describe mejor a la persona que es la "causa procuradora" de una transacción de venta?

    a. La persona que conoció primero al comprador.
    b. El corredor que emplea al agente que hizo la venta
    c. La persona que inició una serie de eventos que condujeron a una venta
    d. El comprador

101. El uso principal de un número de parcela de asesor es

    a. a efectos fiscales.
    b. para crear mapas de trazado.
    c. para identificar los límites de una propiedad.
    d. para realizar un seguimiento de las transferencias de propiedades.

102. ¿Cuál de las siguientes afirmaciones es verdadera?

    a. La divulgación de la Ley Megan requiere que los vendedores les digan a los compradores exactamente dónde se encuentran los delincuentes sexuales cercanos.
    b. La divulgación del impuesto sobre la propiedad requiere que los vendedores informen a los compradores cuáles serán los impuestos sobre la propiedad en el futuro.
    c. La divulgación de la propiedad costera de Florida requiere documentación que indique la ubicación de la línea de control de construcción costera.
    d. La divulgación de eficiencia energética requiere que los vendedores proporcionen electrodomésticos de bajo consumo cuando vendan su propiedad.

103. Florida impone un impuesto intangible a los

    a. Obras.
    b. Préstamos hipotecarios.
    c. Escrituras y gravámenes.
    d. hipotecas y escrituras.

104. En Florida, un asistente personal sin licencia

    a. Debe ser compensado como empleado
    b. Puede ser compensado por una comisión
    c. No puede ser una parte con licencia
    d. Puede realizar tareas administrativas, como la negociación de contratos.

105. En la venta de un negocio, los pasivos se consideran cuando

    a. determinando la valoración de la empresa.
    b. preparando los documentos comerciales.
    c. preparándose para el cierre.
    d. cierre de la transacción.

106. ¿Qué es cierto respecto de la Ley del Cinturón Verde de Florida?

    a. Los agricultores deben cumplir con el requisito de tamaño mínimo de tierra de Florida.
    b. La evaluación de la propiedad se basa en el mayor y mejor uso de la propiedad.
    c. El terreno debe ser clasificado cada año.
    d. Los propietarios deben residir en el terreno.

107. ¿Cuándo se coloca un gravamen superior sobre una propiedad por impuestos a la propiedad no pagados?

    a. 1 de abril siguiente al año fiscal
    b. 1 de enero siguiente al año fiscal
    c. 1 de noviembre del año fiscal
    d. 1 de marzo del año fiscal

108. En Florida, cuando se compra un certificado de impuestos en una venta de certificados de impuestos, el certificado es válido para

    a. 1 año.
    b. 2 años.
    c. 7 años.
    d. 10 años.

109. ¿Cuál de los siguientes es un requisito del NFIP específico para estructuras no residenciales en un área especial de riesgo de inundación?

    a. Una base abierta elevada
    b. Piso más bajo por encima de la elevación de inundación base
    c. Estanco al agua por debajo de la elevación de la base de inundación
    d. No hay requisitos específicos para las estructuras no residenciales.

110. ¿Cuál zona de inundación tiene el mayor riesgo de inundación?

    a. Zona A
    b. Zona R
    c. Zona V
    d. Zona Z

Clave de Respuestas del Examen de Práctica

1. b. Administradores de propiedades (8)
2. c. la tierra y todo lo que está permanentemente unido a ella. (163)
3. c. poseer (165)
4. b. cómo se describe en un contrato de compraventa o arrendamiento. (167)
5. a. El pescador tiene razón porque el agua y la tierra que la sustenta son de propiedad pública. (171)
6. c. puede volver a un otorgante si cambia el uso prescrito. (177)
7. b. el interés patrimonial vitalicio de una esposa en los bienes de su esposo. (180)
8. b. no pueden legar su interés a una parte ajena a la tenencia (183)
9. c. El propietario de la cooperativa posee acciones en la asociación cooperativa, mientras que el propietario del condominio simplemente posee bienes inmuebles. (187)
10. c. Patrimonio sirviente (231)
11. b. Gravamen fiscal de evaluación especial (242)
12. d. una escritura en lugar de una ejecución hipotecaria. (334)
13. c. Aviso constructivo de posesión. (220)
14. b. Una escritura de garantía general (226)
15. d. Una cronología de los sucesivos propietarios de registros (222)
16. a. Se extingue. (217)
17. c. Impedir el uso de disposiciones de arrendamiento injustas. (151)
18. b. Promover el valor y el uso planificado de la tierra de un vecindario. (513)
19. d. un uso legal no conforme. (514)
20. a. equilibrar los intereses públicos con los derechos de propiedad individual. (505)
21. b. localizar e identificar la propiedad de manera confiable. (257)
22. c. 40 acres (264)
23. b. aumentará. (417)
24. d. número de los familias que buscan vivienda. (419)
25. c. Impulsa el empleo total y el crecimiento de la población, lo que conduce a la demanda de bienes raíces. (420)
26. d. Los compradores no pagarán más por una determinada casa de lo que pagarían por otra casa similar. (437)
27. d. Valor de mercado (434)
28. b. obsolescencia funcional. (446)
29. c. dividir la tasa de capitalización entre el ingreso neto. (451)
30. d. $4,800,000 (453)
31. d. hipotecación. (320)
32. a. Es asignable. (321)
33. d. la Ley de Procedimientos de Liquidación de Bienes Inmuebles. (365)
34. d. originar directamente los préstamos. (359)
35. b. Un pago no paga el monto total de los intereses adeudados. (348)
36. a. $810 (346)
37. b. $1,458. (328)
38. c. $6,600. (327)
39. b. Cuanto mayor sea el rendimiento, mayor será el riesgo (464)
40. d. Ingresos netos por ventas menos base ajustada. (472)
41. a. flujo de efectivo dividido por capital. (475)
42. d. $82,000 (471)
43. b. $50,000 (473)
44. a. $3,846 (468)
45. b. 12% (475)
46. b. El total de todos los valores tasados menos las exenciones (488)
47. b. para ofrecer una reducción de impuestos sobre una residencia principal. (491)
48. c. multiplicando el tipo impositivo por el valor imponible del inmueble. (490)
49. b. 5.33% (490)
50. d. $6,000 (493)
51. c. sigue siendo una oferta. (282)
52. b. Exigir que ciertos traspasos se hagan por escrito. (279)
53. d. El comprador tiene un contrato vinculante. (282)
54. d. El agente de venta ha violado los deberes fiduciarios que se le deben al cliente. (70)
55. d. Informar al vendedor de la consulta y probar la pintura. (71)
56. b. Doble agencia. (75)
57. c. No se requiere divulgación (77)
58. c. Listado abierto. (288)
59. b. Contrato de agencia exclusiva. (288)
60. b. Negociación con el cliente. (374)
61. a. propiedades comerciales. (73)
62. b. presentar cualquier oferta que un comprador decida hacer. (76)
63. b. Gastar un depósito del cliente en una fianza para la agencia. (122)
64. a. Esta es una práctica comercial perfectamente legítima. (102)
65. b. buena voluntad. (478)
66. a. coaccion inmobiliaria (blockbusting). (144)
67. c. prestación de servicios desiguales. (143)
68. a. Tanto el propietario como el agente. (145)
69. d. El contrato de compraventa sigue siendo válido. (297)
70. a. allow a third party fiduciary to handle the funds. (297)
71. d. El arrendador no tiene ninguna obligación, ya que las opciones no tienen un período de rescate. (309)
72. b. el préstamo se venderá a la FNMA. (383)
73. d. debitar a una de las partes y acreditar a la otra. (386)
74. c. Impuestos e intereses (387)
75. a. Vendedor de débito $345.00 (389)
76. b. Cualquier persona a la que se le pague una comisión por vender el tiempo compartido (195)
77. a. Leyes contractuales. (67)
78. c. redactar un contrato ilegalmente. (102)
79. d. Revocar la licencia sin perjuicio. (130)
80. a. Depositar un cheque de garantía en una cuenta personal. (572)
81. b. Ley CAN-SPAM Act. (92)
82. d. Llamar a un cliente potencial mientras se bloquea el identificador de llamadas (93)
83. c. Tiene un año a partir de la fecha de la presunta discriminación. (151)
84. b. A finales de octubre de cada año (488)

85. a. La cuota impaga puede convertirse en un gravamen contra la propiedad. (198)
86. b en el plazo de 1 año. (26)
87 a Tasa de examen (28)
88. c Cuando el solicitante aprueba el examen de licencia estatal (33)
89. b el corredor con licencia cambia la dirección comercial. (60)
90. c La licencia queda nula y sin efecto. (60)
91. a Propiedad residencial no mejorada que se utilizará para cuatro o menos unidades. (73)
92. c representar su propia opinión como una valoración. (430)
93. b Cuando todo las partes involucradas están plenamente informadas del soborno (104)
94. c 10 dias (105)
95. b Empresa conjunta (109)
96. c 30 (127)
97. c Juzgados penales (133)
98. b 3 dias (155)
99. a CDD (200)
100. c La persona que inició una serie de eventos que condujeron a una venta (13)
101. a a efectos fiscales. (266)
102. c La divulgación de la propiedad costera de Florida requiere documentación que indique la ubicación de la línea de control de construcción costera. (306)
103. b Préstamos hipotecarios. (391)
104. a Debe ser compensado como empleado (113)
105. a determinando la valoración de empresas. (480)
106. c El terreno debe ser clasificado cada año. (493)
107. b 1 de enero siguiente al año fiscal (494)
108. c 7 años. (494)
109. c Estanco al agua por debajo de la elevación de la base de inundación (518)
110. c Zona V (518)

GLOSARIO DE TÉRMINOS GENERALES INMOBILIARIOS

absorción. El consumo de propiedades vacantes disponibles en un edificio o mercado.

abuso de confianza. Un incumplimiento por parte del agente de cumplir adecuadamente con los deberes que se le deben al cliente.

accesorio commercial. Un accesorio necesario para la realización de un negocio. Aunque está adherido a la tierra, es propiedad personal.

accesorio. Un elemento permanentemente unido a la tierra para ser definido como bien inmueble.

aceleración. Derecho otorgado a través de una cláusula de préstamo que permite al prestamista reclamar todas las sumas inmediatamente vencidas y pagaderas de un préstamo en caso de que el prestatario viole ciertas disposiciones del contrato de préstamo.

acreción. Aumento de la tierra causado por fenómenos naturales, por ejemplo, un depósito de arena en una propiedad frente al mar debido a una tormenta tropical.

acreedor hipotecario. El prestamista.

activo. Elemento de valor tangible o intangible.

acuerdo de reconocimiento mutuo. Un acuerdo con otro estado que tiene leyes de licencia y requisitos educativos similares. Los solicitantes de licencias en estas jurisdicciones deben aprobar un examen específico de Florida antes de obtener una licencia de Florida.

acuerdo de representación del comprador. Listado de un corredor con un comprador para localizar una propiedad adecuada para comprar o alquilar. acuerdo.

adjudicación retenida. La decisión final en un caso en disputa; una forma de juicio diferido que puede permitir que alguien evite la cárcel y mantenga limpios sus antecedentes públicos.

administración de propiedades. El negocio de administrar la condición física y financiera de una propiedad de inversión para un propietario.

Administración Federal de Vivienda (Federal Housing Administration - FHA). Una agencia del Departamento de Vivienda y Desarrollo Urbano (Department of Housing and Urban Development and Urban Development (Departamento de Vivienda y Desarrollo Urbano) que asegura préstamos permanentes a largo plazo que cumplen con ciertos requisitos.

agencia especial. Véase *agencia limitada*.

agencia exclusive. Un acuerdo de listado que paga al corredor de listado una comisión si alguien que no sea el dueño de la propiedad consigue un cliente.

agencia general. Una relación fiduciaria que autoriza al agente a llevar a cabo una amplia gama de actividades para el cliente en una empresa comercial en particular. Puede o no incluir la autoridad para celebrar contratos.

agencia implícita. Una relación de agencia que surge implícitamente de las acciones y representaciones de un agente o un principal.

agencia limitada. Una relación de agencia que restringe las autorizaciones del agente a un conjunto específico de deberes. La relación generalmente termina en el desempeño de estas funciones, como en el acuerdo de listado de un corredor de bienes raíces. También se llama agencia especial.

agencia universal. Una relación fiduciaria que faculta a un agente para realizar todas y cada una de las acciones para un mandante que pueda ser legalmente delegada.

agencia. Una relación fiduciaria entre un agente y un mandante en la que los derechos y deberes respectivos están prescritos por las leyes de agencia y por el acuerdo de agencia ejecutado por las dos partes. Véase *agencia universal*, *agencia limitada* y *fiduciaria*.

agente único. Una relación de agencia entre el principal y el agente. Ambas partes tienen obligaciones fiduciarias entre sí.

agente. La parte en una relación de agencia que es contratada por el mandante para realizar ciertas tareas. Al hacerlo, el agente también debe cumplir con los deberes fiduciarios que se le deben al principal.

alienación involuntaria. Transferencia del título de propiedad de un bien inmueble sin el consentimiento o en contra de la voluntad del propietario, por ejemplo, dominio eminente, ejecución hipotecaria y posesión adversa.

amortización negative. Situación en la que el saldo de un préstamo amortizable aumenta debido a que los pagos periódicos son insuficientes para pagar todos los intereses adeudados durante el período. Los intereses no pagados se agregan al saldo principal.

amortización. Una reducción parcial o total del saldo de capital de un préstamo durante el plazo del préstamo, lograda mediante pagos periódicos que incluyen capital e intereses. Ver *amortización negativa*.

análisis comparativo de mercado (CMA). Método utilizado por corredores y vendedores para estimar el valor actual de una propiedad utilizando datos de precios de venta de propiedades similares. No debe confundirse con una tasación realizada por un tasador con licencia.

análisis de flujo de caja descontado. Análisis financiero para identificar el valor descontado del flujo de caja de una inversión a lo largo de un número determinado de años. Ver *descuento* y *flujo de caja*.

anublar. Un gravamen o reclamo sobre el título de propiedad que impide o disminuye su comerciabilidad.

anuncio ciego. Un anuncio que no contiene la identidad del anunciante.

apalancamiento. La relación entre la tasa de rendimiento de una inversión y la tasa de interés de los fondos prestados para financiar la inversión. Si la tasa de rendimiento es mayor que la tasa del préstamo, se produce un apalancamiento positivo. Si la tasa de rendimiento es menor que la tasa del préstamo, se produce un apalancamiento negativo.

apoderado. Un tercero que está autorizado por otra persona para actuar en su lugar. Por lo general, se realiza por medio de un poder notarial.

apreciación. Aumento en el valor de una propiedad generalmente debido a fuerzas económicas que escapan a su control del propietario.

apropiación previa. Doctrina legal que otorga a un estado el poder de controlar y regular el uso de los recursos hídricos dentro de los límites del estado.

arbitraje. Un protocolo de solución de controversias en el que un tercero seleccionado escucha un caso presentado por ambas partes de un desacuerdo y emite una opinión sobre quién gana el caso. A menudo, ambas partes firman un acuerdo de que acatarán la decisión del árbitro. También conocido como arbitraje vinculante.

área agrícola Un área geográfica en la que un agente de bienes raíces practica el corretaje y, con el tiempo, se convierte en el experto en el mercado de dicha área

arrendamiento a voluntad. Ocurre cuando el contrato de arrendamiento del inquilino expira y los inquilinos continúan ocupando la unidad de alquiler y pagan el alquiler con el consentimiento y permiso del arrendador.

arrendamiento bruto. Ver *arrendamiento de servicio completo.*

arrendamiento de servicio complete. Un contrato de arrendamiento que requiere que el arrendador pague todos los gastos operativos de una propiedad, incluidos los que pertenecen a un inquilino individual.

arrendamiento de terreno. Un arrendamiento de la porción de tierra de una parcela de bienes inmuebles

arrendamiento en tolerancia. Ocurre cuando el contrato de arrendamiento del inquilino expira y el inquilino continúa ocupando las instalaciones sin pagar el alquiler y sin permiso del propietario.

arrendamiento neto. Un arrendamiento que requiere que un inquilino pague un alquiler, así como una parte de los gastos operativos de la propiedad en la medida prevista en el contrato de arrendamiento.

arrendamiento periódico. Un interés de arrendamiento por un plazo de arrendamiento en el que, en ausencia de incumplimiento, el plazo se renueva automáticamente hasta que cualquiera de las partes proporcione un aviso adecuado de terminación.

arrendamiento por años. En el que una de las partes arrienda una propiedad por un período de tiempo específico.

arrendamiento porcentual. Un arrendamiento de propiedad minorista que requiere que un inquilino pague una cantidad mínima de alquiler más un incremento adicional que refleja las ventas logradas por el inquilino.

arrendamiento propietario. Contrato de arrendamiento del propietario de una cooperativa sobre una unidad en el edificio de la cooperativa. El contrato de arrendamiento se ejecuta simultáneamente con la participación del propietario en la cooperativa.

asbesto. Un material resistente al fuego utilizado en una variedad de productos de construcción. Se sabe que el asbesto es cancerígeno. Los contratistas deben tener una capacitación especial para eliminar los materiales de construcción que contienen asbesto.

asignación de mercados. Acto de colusión en el que dos o más competidores acuerdan limitar la actividad competitiva en partes del mercado a cambio de restricciones recíprocas de los demás.

asignación de reserva. Una cantidad de dinero asignada de los ingresos de una propiedad para cubrir los costos futuros de reparación y mantenimiento.

asignación. Transferencia de todo el interés de una persona en un bien inmueble o personal. El cedente transfiere el derecho al cesionario.

asistente personal. Una persona contratada como empleado o contratista de un licenciatario. Las tareas que pueden realizar los asistentes dependerán de si tienen licencia o no.

Asociación Hipotecaria Nacional del Gobierno (Government National Mortgage Association (Ginnie Mae). Una división de HUD que garantiza hipotecas y valores de la FNMA respaldados por grupos de hipotecas garantizadas por el VA y aseguradas por la FHA.

Asociación Hipotecaria Nacional Federal (Federal National Mortgage Association - Fannie Mae) Una agencia patrocinada por el gobierno en el mercado secundario de hipotecas que compra préstamos convencionales, FHA y VA, vende valores respaldados por hipotecas y garantiza el pago del capital y los intereses de los valores.

asociación ostensible. Hacer creer a una de las partes que existe una relación comercial cuando en realidad no existe tal relación.

asociación profesional (PA). Una sanción legal para una empresa que brinda servicios profesionales. La designación permite cierta protección de los activos del propietario individual.

asociado de ventas designado. Un tipo de relación de bienes raíces que se crea en una transacción no residencial en la que se asigna un agente al comprador y un agente se asigna al vendedor como agente único. Ambas partes deben tener activos de al menos $1 millón.

asociado de ventas. Un empleado con licencia o contratista independiente contratado por un corredor para realizar actividades autorizadas en nombre del cliente del corredor.

asunción . **En** una venta de bienes inmuebles, la transferencia de las obligaciones del préstamo hipotecario del vendedor al comprador. Requiere, en la mayoría de los casos, la aprobación del prestamista.

aviso de incumplimiento. Una carta entregada a un titular de licencia que describe una infracción menor por primera vez. También da instrucciones sobre cómo remediar la violación y un plazo para completarla.

aviso de título. Evidencia pública real o registrada de la propiedad de bienes inmuebles. Véase *el aviso real* y *el aviso implícito.*

base ajustada. La base inicial, o costo, de una propiedad más los costos de las mejoras de capital, menos todos los gastos de depreciación.

base depreciable. La p**a**rte de la base total de una propiedad que puede ser depreciada, generalmente la base de las mejoras, ya que la tierra no puede ser depreciada.

base imponible. El total de las tasaciones de bienes inmuebles dentro de una jurisdicción fiscal, menos el total de las exenciones.

base inicial . **El** costo original o valor de mercado de un activo adquirido.

beneficiario. Una parte nombrada para beneficiarse del rendimiento o disposición de un activo identificado en un fideicomiso, póliza de seguro o testamento.

beneficiario. Una parte que recibe un derecho, interés o título de propiedad inmueble de otra.

bienes inmuebles. Bienes raíces y el conjunto de derechos asociados a la propiedad de bienes inmuebles.

bienes raíces. La tierra y todas las estructuras hechas por el hombre permanentemente unidas a ella.

bienes. 1. Conjunto de derechos sobre bienes inmuebles que incluye el derecho de posesión. 2. La totalidad de la propiedad de los bienes muebles e inmuebles.

binder. Un acuerdo temporal para comprar una propiedad evidenciado por un depósito valioso. La recepción del depósito obliga al vendedor a un acuerdo de buena fe para vender una propiedad, siempre que se ejecute un contrato de venta completo dentro de un período determinado.

buena voluntad. Un activo comercial intangible valorado a la diferencia entre el precio de venta y el valor de todos los demás activos de la empresa.

cadena de título. Propietarios sucesivos registrados que se remontan a la concesión original del título del estado a una parte privada.

calificación. 1. Un procedimiento de suscripción de hipotecas para determinar las capacidades financieras y el historial crediticio de un posible prestatario. 2. Un procedimiento de listado y comercialización para determinar las necesidades y la urgencia de un cliente o consumidor.

capitalización de ingresos. Un método para tasar el valor de una propiedad mediante la aplicación de una tasa de rendimiento a los ingresos netos de la propiedad.

cargo por originación de préstamo. Un cargo que cobra el prestamista para procesar la documentación inicial de la hipoteca. Por lo general, se basa en un porcentaje del préstamo.

causa procuradora. Una parte que fue la primera en obtener un cliente listo, dispuesto y capaz, o una parte que se esforzó por inducir al cliente a completar la transacción.

caveat emptor. en latín significa 'que el comprador tenga cuidado'. FREC se creó para cambiar esta mentalidad entre los licenciatarios en transacciones inmobiliarias residenciales. Se efectúa principalmente mediante la exigencia de ciertas revelaciones de defectos.

certificado de habitacion. Un documento que confirma que una propiedad recién construida o renovada ha cumplido plenamente con todos los códigos de construcción y está lista para ser ocupada y utilizada.

certificado de título. Un documento que expresa la opinión de un oficial de títulos o abogado de que un vendedor de propiedades es de hecho el propietario de un buen título basado en una revisión de los registros de títulos.

certificado fiscal. Instrumento que otorga al titular el derecho a solicitar una escritura fiscal después de pagar impuestos sobre una propiedad y después de un período legal.

check. Un conjunto de líneas de 24 x 24 millas utilizadas en las tasaciones para tener en cuenta la curvatura de la tierra.

cierre. Una reunión de las partes principales en la que un vendedor transfiere el título y un comprador paga el dinero adeudado al vendedor y al prestamista.

citación. Un proceso legal que ordena a una persona que cumpla con las órdenes judiciales o comparezca ante el tribunal.

citación. Un castigo dado por FREC por la violación de una regla. Por lo general, contiene una cantidad monetaria que debe pagarse.

cláusula de anulación. Se encuentra en las hipotecas, una cláusula que establece que, una vez que el comprador ha pagado el monto total adeudado en la hipoteca, la retención del prestamista sobre la propiedad se derrota.

cláusula de concesión. Fraseología en una escritura que indica la intención del otorgante de transferir un interés en la propiedad.

cláusula de escalada. Una cláusula de arrendamiento que estipula un aumento en el alquiler.

cláusula de habendum. La cláusula de la escritura que describe la calidad y la duración de la propiedad.

cláusula de pago anticipado. Una cláusula en la hipoteca que permite al deudor hipotecario hacer pagos anticipados y liquidar la hipoteca antes del vencimiento del préstamo.

cláusula de rescisión parcial. Ver *hipoteca general.*

coaccion inmobilaria (blockbusting). Inducir a los propietarios a vender o alquilar sus propiedades debido a una inminente caída en el valor de sus propiedades, a menudo debido a un cambio en la composición étnica o social de la zona.

co-corretaje . Un acuerdo ilegal entre competidores para monopolizar un mercado, poner en desventaja a otros competidores o emprender actividades que violen las leyes de comercio justo.

código de construcción. Un estándar específico de construcción o mantenimiento de cualquier aspecto de una propiedad mejorada establecido por funcionarios del gobierno local.

colateral Propiedad embargada por un prestamista como garantía de un préstamo.

color del título Una transferencia de título defectuosa en la que el nuevo propietario originalmente no se da cuenta del defecto. El color del título puede ser utilizado como motivo de posesión adversa, que, si tiene éxito, anularía el defecto original.

compañía de responsabilidad limitada. (LLC) Una entidad comercial aprobada por el estado que combina una empresa unipersonal con las protecciones personales limitadas que ofrece una corporación.

comparable. Un inmueble que tiene características similares a un inmueble sujeto en una tasación. El valor o precio de venta del comparable se utiliza para estimar el valor del sujeto.

compensación. Pago por los servicios prestados por los licenciatarios. Puede ser dinero o cualquier cosa de valor.

compra rebaja (buydown). Un acuerdo de préstamo en el que el prestatario paga intereses adicionales por adelantado para el beneficio futuro de una tasa de interés más baja durante el plazo del préstamo.

compromiso de compra de hipoteca - compromiso de retiro. Un compromiso por escrito dado por un prestamista a un desarrollador o propietario para proporcionar financiamiento permanente que reemplace un préstamo a corto plazo. El compromiso contiene una fecha en la que se va a conceder el préstamo.

compromiso de préstamo. Compromiso por escrito de un prestamista de prestar fondos bajo términos específicos. Puede contener plazos y condiciones.

concesión privada. Transferencia voluntaria de bienes por parte de un particular.

conciliación. Combinación ponderada por parte de un tasador de los resultados de diferentes enfoques de valor en una estimación del valor final.

concurrencia . Una política de planificación local, del condado o regional que requiere que los desarrolladores corrijan los impactos negativos previstos de un desarrollo durante el período de construcción del proyecto en sí en lugar de después; por ejemplo, ensanchar una carretera durante la construcción para acomodar un aumento futuro en el tráfico.

condena 1. Un decreto de un tribunal o autoridad municipal de que una parcela de propiedad privada debe ser tomada para uso público bajo el poder de expropiación. 2. Una orden del gobierno de que una propiedad en particular ya no es apta para su uso y debe ser demolida.

condominio. Un patrimonio que se distingue por la propiedad simple del espacio aéreo de una unidad más un interés indiviso con los otros propietarios de la unidad en los elementos comunes de la propiedad en general.

conjunto de derechos. Conjunto de derechos asociados a la propiedad de bienes, incluidos los derechos de posesión, uso, transferencia, gravamen y exclusión.

consentimiento mutuo. Consentimiento de todos los mandantes a un contrato a todas las disposiciones del contrato. Un requisito de validez.

consentimiento para la transición. Con el consentimiento previo por escrito del cliente, el licenciatario puede pasar de ser un agente único a un corredor de transacciones.

consideración. Un elemento de valor tangible o intangible, o la promesa de hacer o no hacer algún acto que se utiliza como incentivo para que otra parte celebre un contrato.

consumidor. En la ley de agencia, una parte fuera de la relación fiduciaria del cliente y el agente. Si un agente trata a un consumidor como un cliente, puede resultar en una agencia implícita.

contacto sustantivo. Contacto entre un agente y otros que se considera relevante para una transacción; se utiliza como punto de referencia para definir cuándo un agente debe revelar el estado de agencia a un cliente potencial o consumidor. Si un contacto es sustantivo, el agente debe revelar el estado de la agencia en el momento del contacto.

contingencia. Condición que debe cumplirse para que un contrato sea vinculante y ejecutable.

contraoferta. Cualquier oferta nueva u oferta modificada hecha en respuesta a una oferta. Ver *oferta*.

contratista independiente. Un agente de ventas que trabaja para un corredor pero que no es legalmente un empleado. El empleador ejerce solo un control limitado sobre las acciones del contratista, no proporciona beneficios a los empleados y no retiene impuestos del salario del contratista.

contrato a plazos. Ver *contrato de escritura*.

contrato anulable. Un acuerdo que está sujeto a ser anulado porque una de las partes del acuerdo actuó bajo alguna incapacidad legal. Solo la parte desfavorecida puede tomar medidas para anular el contrato.

contrato bilateral. Un contrato en el que ambas partes se comprometen a cumplir a cambio del cumplimiento por parte de la otra parte. Ver *contrato unilateral*.

contrato de arrendamiento. Un contrato legal e instrumento de traspaso que transfiere al inquilino, o arrendatario, un arrendamiento por un período determinado. El contrato de arrendamiento establece todos los convenios entre inquilinos y propietarios, los términos financieros y los motivos de incumplimiento. El propietario se denomina arrendador.

contrato de escritura. Un contrato financiero en el que un vendedor retiene el título legal de una propiedad y le da al comprador un título y posesión equitativos durante un período de tiempo. Durante el período del contrato, el vendedor financia la totalidad o parte del precio de compra. Si el comprador realiza los pagos a tiempo y cumple con todas las disposiciones del contrato, el vendedor transmite el título legal al final del período del contrato.

contrato de libertad bajo palabra. Un acuerdo verbal. Potencialmente exigible si se crea válidamente.

Contrato de terrenos Ver *contrato de escritura*.

contrato de venta. Un contrato para la compra y venta de bienes inmuebles que contiene todos los términos y disposiciones de la venta y describe las responsabilidades de las partes.

contrato ejecutorio. Un acuerdo completo que ordena a una o ambas partes principales realizar ciertas acciones para que el contrato se ejecute por completo.

contrato implícito. Un acuerdo no declarado o no intencional que puede considerarse que existe implícitamente debido a actos o declaraciones de cualquiera de las partes del

contrato nulo. Un acuerdo que es nulo y no se puede hacer cumplir.

contrato unilateral. Un acuerdo en el que solo una de las partes promete cumplir, supeditado a la realización de una acción opcional por parte de la otra parte.

contrato. Un acuerdo potencialmente ejecutable entre dos o más partes que acuerdan realizar o no realizar algún acto. Si es válido, el contrato es ejecutable, con excepciones limitadas.

contribución. El incremento del valor de mercado agregado a una propiedad a través de la adición de un componente o mejora a la propiedad. No debe confundirse con el costo del componente.

control del uso de la tierra. Regulación de cómo los propietarios individuales usan la propiedad en un municipio o distrito de planificación. Por lo general, los patrones de control están de acuerdo con un plan maestro.

convenios. Una garantía o promesa escrita establecida en un contrato u otro documento legal por una o ambas partes del contrato.

conversión 1. Cambio de propiedad real a propiedad personal, y viceversa. 2. Un acto ilegal de apropiarse de fondos de depósito en garantía para el pago de los gastos operativos de una agencia.

Corporación Federal de Préstamos Hipotecarios para Viviendas (Freddie Mac) Una importante organización en mercado hipotecario secundario que compra préstamos convencionales, de la FHA y del VA y vende valores respaldados por hipotecas.

Corporación Federal de Seguro de Depósitos (FDIC, por sus siglas en inglés). Una agencia cuasi gubernamental que asegura los depósitos de las instituciones de depósito y desarrolla regulaciones para la industria bancaria.

corporación. Una entidad legal creada bajo la ley estatal. Debe registrarse como corretaje. Todos los funcionarios o directores que presten servicios de bienes raíces deben estar registrados como corredores activos.

corredor . Un agente directo del principal que es contratado a cambio de una compensación para realizar un servicio determinado, como la adquisición de un cliente.

corredor de negocios. Una persona que es un agente de bienes raíces con licencia que negocia asuntos comerciales para otras partes.

corredor hipotecario. Un intermediario externo que intermedia en préstamos hipotecarios en nombre de individuos o empresas.

corretaje de negocios. El corretaje de una empresa comercial además de cualquier bien inmueble que pueda poseer o arrendar.

corretaje de transacciones. Una relación de agencia en la que no existe responsabilidad fiduciaria con ninguna de las partes. Se presume en Florida que los agentes de bienes raíces están actuando de esta manera a menos que se exprese lo contrario por escrito.

corretaje. El negocio de adquirir compradores para clientes con el propósito de completar una transacción de bienes raíces.

costo de reemplazo. El costo de construir un equivalente funcional de una propiedad a los costos actuales de mano de obra y materiales utilizando los métodos de construcción actuales.

costo de reproducción. El costo de construir un duplicado preciso de una propiedad, a los precios actuales de mano de obra y materiales.

crédito. 1. Un asiento contable en un estado de cuenta de cierre que indica una cantidad que una parte ha pagado o va a recibir. 2. Fondos de préstamo adelantados a un prestatario.

cuenta de depósito en garantía. Un tercero desinteresado que mantiene fondos en fideicomiso para otra parte hasta que se cumplan los términos del contrato de venta.

cumplimiento específico. Cumplimiento forzoso de las obligaciones de uno en un acuerdo, al pie de la letra del acuerdo. Un recurso legal que una parte perjudicada puede tomar contra una parte incumplidora.

cuota determinable. Un patrimonio de cuota destructible en el que el título revierte automáticamente al otorgante si se violan las condiciones de uso establecidas en la escritura.

curable . Al corregir la deficiencia de una determinada mejora de la propiedad, siel costo de remediar la deficiencia es igual o menor que el aumento anticipado en el valor de la propiedad, la deficiencia se considera curable, en lugar de incurable.

curtesy. reclamacion de bienes vitalicios de un viudo sobre porciones de los bienes inmuebles de su cónyuge fallecido. Véase también *dote*.

daños liquidados. En un contrato, una cláusula que prevé expresamente la indemnización que una parte incumplidora debe a la parte perjudicada. En ausencia de dicha cláusula, la parte perjudicada puede demandar por daños y perjuicios no liquidados.

datum. Punto de referencia de elevación estándar utilizado por los topógrafos para medir las elevaciones de la propiedad en un área.

deberes fiduciaries. Deberes de un agente con el cliente en una relación de agencia, incluyendo habilidad, cuidado, diligencia, lealtad, obediencia, confidencialidad, divulgación y contabilidad.

débito. Un asiento contable en un estado de cuenta de cierre que indica una cantidad que una parte debe pagar.

declaración de cierre . Un resumen financiero y liquidación de una transacción inmobiliaria que indica las sumas adeudadas y pagaderas por el comprador y el vendedor.

declaración de impacto ambiental. Un informe requerido por la EPA cada vez que un proyecto de desarrollo determinado tendrá un impacto significativo en un terreno y su área circundante.

declaración. Un documento legal que un desarrollador debe presentar ante el estado para crear un condominio. Se debe entregar una copia a los posibles compradores.

dedicación. Terreno devuelto al gobierno local para que lo mantenga como parte de un mapa catastral.

deja de ser ejecutada. Un licenciatario no puede realizar bienes raíces cuando su licencia deja de ejecutarse. Por lo general, sucede cuando un corredor se muda de oficina y no notifica a DBPR de la nueva dirección.

demanda de partición. Una demanda que solicita al tribunal que altere o cancele los intereses de un copropietario en una parcela de bienes inmuebles. Se inicia cuando los copropietarios no están de acuerdo en realizar el cambio voluntariamente.

demanda de posesión. La vía legal formal de un arrendador para desalojar a un inquilino.

demanda de título silenciosa. Un procedimiento judicial para limpiar el título de una propiedad de defectos, reclamos y gravámenes.

demanda. Cantidad de un producto o servicio que se desea comprar, arrendar o comercializar en un momento dado.

demandas contradictorias. Cuando tanto el comprador como el vendedor solicitan sus depósitos de garantía después de que un contrato de venta fracasa.

densidad. Medida del grado de uso del suelo residencial dentro de un área determinada con fines de zonificación residencial y control del uso del suelo.

depósito de garantía. Una cuenta de depósito en garantía utilizada para la custodia del depósito de un comprador; acompañada de instrucciones específicas para el agente de depósito en garantía para mantener y desembolsar los fondos.

depósito en garantía. 1. Una cuenta fiduciaria o de incautación utilizada para el manejo adecuado de fondos y documentos en el cierre de una transacción de bienes inmuebles. 2. Una cuenta que un prestamista requiere que un prestatario establezca para garantizar que haya fondos suficientes disponibles para el pago de impuestos y seguros sobre una propiedad hipotecada.

deposito. Contraprestación valiosa que acompaña a una oferta de compra de bienes raíces que significa la intención de buena fe del oferente de completar un contrato de venta o arrendamiento.

depravación moral. Una frase que describe un comportamiento poco ético, inmoral o desviado que constituye una desviación desmesurada y/o ilegal de las normas sociales ordinarias, de modo que mancha gravemente la reputación profesional de un individuo.

depreciación. 1. Un gasto no monetario que se toma contra los ingresos de la propiedad de inversión que permite al propietario recuperar el costo de la inversión a través de ahorros fiscales. 2. Una pérdida de valor de la propiedad mejorada.

derecho a restablecer. El derecho de un prestatario moroso a pagar los montos atrasados en los pagos de su hipoteca, junto con los honorarios de abogados y los costos judiciales. Esta acción devuelve la hipoteca a su buen estado.

derecho de redención. Véase *equidad de redención*.

derecho de supervivencia. Derecho de un copropietario sobreviviente a recibir todos los derechos e intereses en la propiedad disfrutados por otro copropietario en caso de muerte de este último.

derecho exclusivo de venta. Un acuerdo de listado que paga al corredor de listado una comisión si alguien consigue un cliente.

derechos aéreos. Derechos sobre bienes inmuebles en la medida en que se aplican al espacio aéreo de la propiedad, o a todo el espacio sobre la superficie dentro de los límites legales de la parcela.

derechos de agua. Derechos de una propiedad que colinda con un cuerpo de agua para poseer o usar el agua. Véanse *los derechos litorales*, *los derechos ribereños* y la *apropiación previa*.

derechos de superficie. Derechos sobre la superficie de una parcela de bienes inmuebles.

derechos del subsuelo. Derechos e intereses sobre lo que sea debajo de la superficie de la parcela de un bien inmueble.

derechos litorales. Un conjunto de derechos de agua definidos por la ley estatal relacionados con propiedades colindantes con cuerpos de agua navegables, como lagos y bahías. Por lo general, el propietario de una propiedad goza de derechos de uso, pero posee la tierra solo hasta la marca de la marea alta. Ver *derechos ribereños y apropiación previa*.

derechos mineros. Derechos separables del subsuelo de los depósitos minerales; transferibles por venta o arrendamiento a terceros.

derechos ribereños. Derechos de agua de una propiedad que colinda con un curso de agua (arroyo, río).

desalojo. Expulsión de un inquilino de una propiedad debido a un incumplimiento del contrato de arrendamiento.

desarrollo de unidades planificadas (PUD). Un proyecto de desarrollo de usos múltiples que requiere una zonificación especial e implica restricciones de escritura.

descendencia y distribución, leyes de. Un conjunto de leyes a nivel estatal que estipula cómo se transmitirá un patrimonio a los herederos en ausencia de un testamento válido.

descripción legal. Una descripción de una parcela de propiedad que localiza e identifica con precisión los límites de la parcela en cuestión en un grado aceptable para los tribunales de justicia locales.

descuento. Práctica financiera de reducir el valor de los dólares recibidos en el futuro en una cantidad que refleja los intereses que se habrían ganado si los dólares se hubieran recibido hoy. Se realiza para medir el valor presente de los ingresos futuros de una inversión.

desintermediación. Inversión directa sin la intermediación de un banco u otra institución depositaria para realizar préstamos y otras inversiones.

deterioro físico. Pérdida de valor de la propiedad debido a la descomposición o al desgaste natural. Exacerbado por el mantenimiento diferido, o la falta de reparación o mantenimiento de la propiedad de forma regular.

deudor hipotecario. La parte que da la hipoteca, es decir, el prestatario.

discapacidad. Un impedimento físico o mental que afecta sustancialmente una o más de las principales funciones de la vida, como caminar, ver, aprender o trabajar.

discriminación en la vivienda. Falta de igualdad de oportunidades para que las personas adquieran o financien una vivienda por motivos de raza, color, religión, origen nacional, sexo, condición de discapacitado, estado civil o estado familiar.

disfrute tranquilo. Un derecho de un propietario o inquilino a usar una propiedad sin interferencia de otros.

distrito fiscal. Una entidad del gobierno local autorizada por el estado, el condado o la municipalidad para recaudar impuestos para un propósito particular.

Distritos de Desarrollo Comunitario (CDD) Un área de desarrollo administrado cuya entidad de administración obtiene préstamos para desarrollar la infraestructura de dicha área o comunidad. A continuación, se cobran a la comunidad impuestos no ad valorum para reembolsar el préstamo.

doble agencia. Representación de ambas partes principales en una transacción.

dote. Interés vitalicio de la viuda en partes de los bienes inmuebles de su cónyuge fallecido.

duda de buena fe. Cuando el corredor tiene dudas sobre quién debe recibir un depósito en garantía determinado.

ecualización. Un promedio de las valoraciones tasadas en un área para compensar las desigualdades fiscales ad valorem.

ejecución hipotecaria estricta. Un procedimiento judicial que otorga a un acreedor un título legal sobre una propiedad embargada en lugar de ganancias en efectivo de una venta ordenada por la corte.

ejecución hipotecaria judicial. Un procedimiento judicial desencadenado por una demanda de ejecución hipotecaria. Implica la notificación, la aceleración de la deuda, la terminación de los intereses del propietario en la propiedad y una venta pública donde los ingresos se aplican a la deuda.

ejecución hipotecaria no judicial. Una venta forzada de una propiedad hipotecada sin una demanda formal de ejecución hipotecaria o un procedimiento judicial. Autorizado a través de una cláusula de "poder de venta" en un documento de escritura de hipoteca o fideicomiso.

ejecución hipotecaria. Un procedimiento para forzar la venta de una propiedad garantizada para satisfacer el reclamo de un acreedor prendario.

ejecutabilidad. Estatus legal de un contrato válido u otro documento que un tribunal de justicia obligará a realizar.

elementos comunes 1. Partes de una propiedad de condominio que son propiedad de todos los propietarios de unidades, por ejemplo, los terrenos, las instalaciones de estacionamiento, el vestíbulo y los ascensores. 2. Partes de una propiedad comercial utilizadas por todos los ocupantes, así como por el público, por las cuales los inquilinos pueden tener que compartir los costos de reparación y mantenimiento.

eliminación de antecedentes penales. Un tipo de demanda en la que un infractor por primera vez de una condena penal previa busca sellar o eliminar los registros oficiales de dicha condena.

emblemantes. Plantas y cultivos considerados propiedad personal, ya que se requiere trabajo humano para la siembra, el cultivo y la cosecha.

empresa conjunta. Una sociedad creada para un esfuerzo comercial específico y predeterminado, después de lo cual la empresa conjunta generalmente se disuelve.

empresa unipersonal. Una entidad comercial con un individuo como propietario único. La muerte del propietario pone fin al negocio.

enajenación. Transferencia del título de propiedad de un bien inmueble por medios voluntarios o involuntarios.

encuesta. Medición formal de los límites, dimensiones y elevaciones de una parcela de bienes raíces realizada por un topógrafo profesional. Requerido por los prestamistas para identificar posibles invasiones, servidumbres y peligros de inundación.

enfoque de comparación de ventas. Método de tasación de bienes que se basa en el principio de que un inmueble vale generalmente lo que valen otras propiedades similares. Véase *sustitución*.

enfoque de costos. Método para determinar el valor que tiene en cuenta el costo de la tierra y el costo de reemplazo o reproducción de las mejoras, neto de la depreciación estimada.

enfoque de ventas comparables Consulte *Enfoque de comparación de ventas*.

ensamblaje Una combinación de parcelas contiguas de bienes raíces en un solo tramo, realizada con la expectativa de que se producirá un aumento de valor.

equidad de redención. El derecho de un deudor hipotecario a pagar una hipoteca en incumplimiento de pago y reclamar la propiedad, siempre que la redención ocurra antes de que se complete la venta por ejecución hipotecaria.

Equidad. Aquella porción del valor de una propiedad que posee el propietario legal, expresada como la diferencia entre el valor de mercado de la propiedad y todos los saldos de préstamos pendientes de la propiedad.

equilibrio de mercado. Véase *equilibrio*.

equilibrio. Un estado teórico de mercado en el que las fuerzas de la oferta y la demanda están en equilibrio.

escasez. Grado de indisponibilidad de un producto o servicio en relación con la demanda del producto o servicio. Un elemento crítico de valor.

escritura de fideicomiso. Un instrumento utilizado por un prestatario para transmitir el título de propiedad hipotecada a un fideicomisario para que lo mantenga como garantía para el prestamista, que es el beneficiario del fideicomiso.

escritura de garantía general. Una escritura de negociación y venta que contiene la seguridad de que el otorgante se defenderá contra todas y cada una de las reclamaciones sobre el título.

escritura de impuestos. Una escritura utilizada para transmitir el título de una propiedad vendida en una ejecución hipotecaria de impuestos.

escritura de renuncia. Una escritura que transmite los posibles intereses de propiedad de una persona a otra parte. El otorgante no afirma poseer ningún interés y no hace ninguna garantía.

escritura en fideicomiso. Un instrumento utilizado para transferir bienes inmuebles al fideicomisario de un fideicomiso de tierras. El fideicomitente también es el beneficiario. Véase *fideicomiso de* tierras.

escritura en lugar de ejecución hipotecaria. Un instrumento utilizado para transferir la propiedad hipotecada al prestamista en lugar de hacer que el prestamista ejecute la hipoteca de la propiedad.

escritura maestra. Una escritura utilizada para transferir un terreno a un desarrollador de condominios.

escritura. Un instrumento escrito que transmite bienes inmuebles de una parte a otra.

espacio aéreo. La porción aérea de los bienes inmuebles. En una unidad de condominio, el espacio de dominio absoluto está rodeado por las paredes exteriores, el piso y el techo de la unidad.

estado de discapacidad. Véase *discapacidad*.

estado de la teoría del gravamen. Un estado cuyas leyes otorgan a un prestamista sobre una propiedad hipotecada un título equitativo en lugar de un título legal. El deudor hipotecario en un estado de teoría de gravamen conserva el título legal. Véase *el estado de la teoría del título.*

estado de la teoría del título. Un estado cuyas leyes otorgan el título legal de una propiedad hipotecada al acreedor hipotecario hasta que el deudor hipotecario satisfaga los términos y obligaciones del préstamo.

estado familiar. Una clase protegida que involucra hogares con una o más personas menores de 18 años o una persona que espera un hijo.

estatuto de frauds. Una ley que requiere que ciertos contratos estén por escrito para que sean ejecutables. Algunos ejemplos son las transferencias de bienes inmuebles, los acuerdos de venta y los contratos de arrendamiento a largo plazo.

estatuto de limitaciones. Una ley que restringe el período durante el cual una parte perjudicada puede tratar de rescindir o desafirmar un contrato o tomar otras acciones legales.

estipulación. Un acuerdo en cuanto a la sanción alcanzada entre los abogados del DRE y el titular de la licencia o el abogado del titular de la licencia. Similar a un acuerdo de culpabilidad.

etica. Normas que rigen las prácticas comerciales adecuadas y profesionales.

evaluación de crédito. Opinión de un prestamista sobre la capacidad de un prestatario para pagar un préstamo en vista de las capacidades financieras y los patrones de pago anteriores.

evaluación. Un cargo periódico que deben pagar los propietarios de condominios por el mantenimiento de los elementos comunes de la propiedad.

evidencia de título. Aviso real o implícito de propiedad de bienes inmuebles, incluyendo opinión de título, certificado de título y seguro de título.

evidencia prima facie. Un hecho que se presume verdadero o legalmente suficiente para establecer ese hecho, a menos que sea refutado o refutado por evidencia en contrario.

excepción especial. Un uso de la tierra en conflicto con la zonificación actual que, sin embargo, está autorizado debido a su beneficio percibido para el bienestar público.

exclusion. Uno de los conjuntos de derechos legales sobre bienes inmuebles que permite al propietario impedir que otros entren o utilicen.

exención del impuesto sobre la vivienda familiar (homestead tax exemption). Una exención de una parte del valor tasado de la residencia principal de un propietario de impuestos ad valorem.

expropiación. Un poder de una entidad gubernamental para forzar la venta de propiedad privada para su posterior uso público.

facilitador Un corredor de transacciones que ayuda a las partes principales a completar una transacción sin actuar como agente fiduciario de ninguna de las partes.

falta de contabilidad y entrega. Situación en la que una de las partes en una transacción no cumple con su obligación de pagar o entregar un activo

fideicomiso de inversión en bienes raíces (REIT). Una inversión en la que los propietarios compran acciones de un fideicomiso que posee o adquiere bienes inmuebles. Los inversores reciben ingresos y ganancias por acción.

fideicomiso de negocios. Ver *sindicación.*

fideicomiso de tierras. Un fideicomiso en el que un fideicomitente transfiere una propiedad de dominio absoluto a un fideicomisario y se nombra a sí mismo como beneficiario. El beneficiario, a su vez, controla la propiedad y las acciones del fideicomisario.

fideicomiso en vida. Un fideicomiso establecido durante la vida de una persona en el que el fideicomitente transfiere el título legal de la propiedad a un fideicomisario y nombra a otra parte como beneficiario. El fideicomisario desempeña funciones de administración y el beneficiario recibe todas las ganancias y ganancias netas de los honorarios del fideicomisario.

fideicomiso. Una relación fiduciaria entre un fideicomitente y un fideicomisario. El fideicomitente transmite el título legal de la propiedad al fideicomisario, quien posee y administra el patrimonio en beneficio de otra parte, el beneficiario (en un fideicomiso de tierras, el fideicomitente y el beneficiario son la misma persona).

fiduciario. El agente en una relación de agencia; recibe la confianza del mandante y le debe deberes fiduciarios al mandante.

fijación de precios. Acto de colusión en el que los competidores acuerdan establecer precios a determinados niveles en detrimento de los clientes u otros competidores.

financiación del vendedor. Cualquier acuerdo de financiación en el que un vendedor toma un pagaré e hipoteca del comprador por todos los o parte del precio de compra de la propiedad.

financiamiento hipotecario. Financiamiento que utiliza bienes inmuebles hipotecados como garantía de fondos prestados.

flujo de efectivo. La cantidad restante positiva o negativa de ingresos que produce una inversión después de restar todos los gastos operativos y el servicio de la deuda de los ingresos brutos.

fraude. Un engaño intencional para obtener ganancias injustas o ilícitas, o para privar a una víctima de un derecho legal.

ganancia (o pérdida) de capital. La diferencia entre los ingresos netos por ventas de un activo y su base ajustada.

ganancia imponible. Ganancia patrimonial sujeta a tributación. Ver *ganancia de capital.*

ganancia. Ingresos menos gastos.

garantía adicional. Una promesa de que el otorgante hará lo que sea necesario para eliminar un defecto asociado con el título, como un gravamen, si surge, y si el problema no se soluciona, se otorgará una indemnización por daños y perjuicios.

gasto no prorrateado. Un gasto incurrido por el comprador o el vendedor en el cierre de una transacción de bienes raíces que no se comparte con la otra parte. Algunos ejemplos son los honorarios de abogados, los timbres fiscales documentarios y los honorarios de los prestamistas.

gasto operativo. Un gasto recurrente o periódico necesario para la operación de una propiedad de ingresos. Algunos ejemplos son los gastos de servicios públicos, manejo y de impuestos ad valorem. Se excluyen el servicio de la deuda y la obligación tributaria de la propiedad.

Gerente de Asociación Comunitaria (CAM, por sus siglas en inglés) Una persona con licencia especializada que administra una Asociación de Propietarios o Condominios con más de 10 unidades o un presupuesto de $100,000 o más.

grabación. Un acto de entrar en una registra de título público cualquier documento o transacción que afecte el título de propiedad de bienes inmuebles. El registro da un aviso implícito de los derechos e intereses de uno en una propiedad y establece la prioridad de los gravámenes inferiores.

gravamen de evaluación especial. Un gravamen contra la propiedad para asegurar un gravamen fiscal para una mejora pública específica, como una nueva carretera o alcantarillado. Solo las propiedades que se benefician de la mejora están sujetas a impuestos y gravámenes.

gravamen del materialista. Ver *gravamen del mecánico*

gravamen del mecánico. Un gravamen menor que permite a los constructores, proveedores y contratistas de propiedades garantizar la deuda que surge de la mano de obra y los materiales gastados en una propiedad. Se distingue por su orden o prioridad, que se basa en el momento en que se realizó el trabajo en lugar de cuando se registró el gravamen.

gravamen específico. Un gravamen colocado contra un artículo específico de propiedad en lugar de contra toda la propiedad de un propietario.

gravamen general. Un gravamen contra todos y cada uno de los bienes propiedad de un embargante.

gravamen inferior Un gravamen cuya prioridad está subordinada a la de un gravamen superior. La prelación entre los gravámenes inferiores se establece de acuerdo con el momento de la inscripción, con excepción del gravamen del mecánico. También se llama gravamen menor.

gravamen involuntario. Un gravamen impuesto por un proceso legal independientemente de los deseos o el consentimiento del propietario.

gravamen mayor. Véase *gravamen superior*.

gravamen menor Véase *gravamen inferior*.

gravamen superior. 1. Uno de una clase de gravámenes que, por ley, tienen una prioridad más alta que cualquier gravamen menor; todos son gravámenes fiscales. 2. Un gravamen menor cuya prioridad sea mayor que la de otro gravamen.

gravamen. Reclamo de un acreedor contra bienes muebles o inmuebles como garantía de la deuda del dueño de una propiedad. Un gravamen permite a un acreedor forzar la venta de la propiedad y cobrar las ganancias como pago de la deuda.

gravamen. Un interés, derecho o intrusión que limita el interés de dominio absoluto de un propietario de bienes inmuebles o de otra manera afecta negativamente la comerciabilidad del título.

guiando (steering). La práctica prohibida de canalizar a los posibles compradores e inquilinos hacia o desde un área en particular.

hipoteca de conversión del valor neto de la vivienda (HECM). Una hipoteca en la que el capital de la vivienda es contratado por un propietario mayor de 62 años. No es necesario devolver los fondos hasta después de la muerte del propietario. También conocida como *hipoteca inversa.*

hipoteca de dinero para comprar. Un préstamo hipotecario en el que un vendedor le presta a un comprador una parte o la totalidad del precio de compra de una propiedad.

hipoteca de tasa adjustable. Un préstamo hipotecario que tiene una tasa de interés que puede ser aumentada o bajada periódicamente de acuerdo con el movimiento de un índice financiero.

hipoteca general. Una hipoteca utilizada por los promotores para cubrir todo un proyecto de construcción. Por lo general, contiene una cláusula de liberación parcial que permite que una propiedad se libere a medida que se paga una suma específica de dinero al banco.

hipoteca globo. Ver *hipoteca parcial amortizada*.

hipoteca inversa. Ver *hipoteca de conversión del valor neto de la vivienda.*

hipoteca quincenal. Una hipoteca en la que los pagos se realizan una vez cada dos semanas. Esto da como resultado un pago extra por mes, lo que hace que la hipoteca se pague antes de tiempo y ahorre miles de dólares en intereses.

hipoteca. Un documento legal en el que un deudor hipotecario compromete los intereses de un dueño de una propiedad a un prestamista, o acreedor hipotecario, como garantía contra el cumplimiento de la obligación de deuda hipotecaria.

hipoteca. Uso de bienes inmuebles como garantía de un préstamo hipotecario.

hogar. Familia o grupo de personas que viven dentro de una sola residencia.

idear. Una transferencia de bienes muebles o inmuebles del devisor a la persona(s) a través de un testamento.

impedimento (estoppel). Una restricción legal para evitar que una persona reclame un derecho o interés que es inconsistente con las declaraciones o actos anteriores de la persona. Un certificado de impedimento legal documenta la posición o acto inicial de la parte, que no puede ser contradicho posteriormente.

impuesto ad valorem. Impuesto anual de un bien inmueble recaudado por las entidades tributarias de acuerdo con el valor tasado de la propiedad.

inactivo involuntario. Estado de licencia que se activa cada vez que una licencia no se renueva a tiempo. Puede permanecer en este estado durante 24 meses. Después de 24 meses, la licencia se anula y sin efecto,

inactivo voluntario. Un estado de licencia en el que el agente de bienes raíces desea mantener la licencia, sin realizar ninguno de los servicios de bienes raíces o trabajar con un corredor.

inaplicable. Un contrato que no puede ser confirmado en un tribunal. Por lo general, porque falta algún aspecto de un contrato legal.

incurable. Término que se usa en la tasación, cuando el costo de una mejora es mayor que el valor que agrega a la propiedad.

indice. Componente de una hipoteca de tasa ajustable que, como indicador financiero cambiante, determina el movimiento al alza o a la baja de la tasa de interés del préstamo

informe de propiedad. Según la ILSA, un desarrollador está obligado a proporcionar un informe que cubra información importante para el comprador sobre la propiedad.

ingreso bruto potencial. La cantidad máxima de ingresos que una propiedad podría generar antes de contabilizar la desocupación, la pérdida de cobro y los gastos. Consiste en el alquiler total con ocupación completa a las tarifas de alquiler establecidas, más otros ingresos de cualquier fuente.

ingreso imponible. Ingreso anual de una propiedad de inversión que está sujeta a impuestos, generalmente igual al ingreso operativo neto más las reservas menos la depreciación y los gastos por intereses.

ingreso operativo neto. La cantidad de ingresos antes de impuestos generados por una propiedad de ingresos después de contabilizar los gastos operativos y antes de contabilizar cualquier servicio de la deuda.

ingresos brutos efectivos. Los ingresos reales de un propiedad de inversión antes de gastos, expresada como ingresos potenciales totales menos pérdidas por vacantes y cobranzas.

inmueble cooperative. Propiedad de acciones de una asociación cooperativa que adquiere una vivienda de varias unidades como su activo principal. Los accionistas también reciben un arrendamiento de propiedad sobre una unidad durante la duración de su propiedad accionaria.

inmuebles arrendados. Un patrimonio que implica derechos temporales de uso, posesión y, hasta cierto punto, exclusión, pero no propiedad legal. Compare *la propiedad absoluta.*

inspecciones previas al cierre. Una inspección realizada antes del cierre para asegurarse de que no haya daños a la propiedad cuando el vendedor se estaba mudando. Además, las inspecciones garantizan que todos los bienes muebles y accesorios que se van a transferir estén presentes después de que el vendedor haya desocupado.

instrumento negociable. Un instrumento legal que puede ser vendido, negociado, cedido o transferido de otra manera a otra parte, como un pagaré.

intercambio similar. Una transacción con impuestos diferidos que permite la enajenación de un activo y la adquisición de otro activo similar sin generar una obligación tributaria sobre las ganancias de capital por la venta del primer activo. También conocido como 1031 Exchange.

interés 1. Un derecho a la propiedad inmueble. 2. El cargo de un prestamista por el uso del monto principal de un préstamo.

intermediación. Inversión realizada por una institución depositaria en nombre de los depositantes.

intestado. Condición jurídica de una persona que fallece sin dejar testamento.

inversion. Gasto para comprar un activo con la expectativa de obtener una ganancia o beneficio futuro del activo.

juicio de deficiencia. Una orden judicial que permite a un prestamista dañado embargar un gravamen sobre la propiedad del prestatario en incumplimiento de pago por una cantidad igual a la diferencia entre la deuda y el producto de una venta por ejecución hipotecaria.

legalización de un testament. Un procedimiento judicial para validar y distribuir el patrimonio de un difunto a los acreedores, las autoridades fiscales y los herederos.

ley común . Un cuerpo de leyes desarrollado por sentencias judiciales, decretos y decisiones de casos.

ley de agencia. Un cuerpo de leyes que define las funciones, deberes y responsabilidades de un agente y un cliente. Las leyes también establecen las normas de conducta que el agente y el cliente deben a un consumidor.

leyes antimonopolio. Legislación destinada a prevenir las prácticas comerciales desleales y el monopolio, incluida la colusión, la fijación de precios y la asignación de mercados.

leyes de financiamiento justo. Legislación antidiscriminatoria diseñada para garantizar que todas las partes tengan el mismo acceso al financiamiento hipotecario.

leyes de propiedad familiar. Leyes que protegen a un propietario contra la pérdida de su residencia principal debido a una venta forzada por los acreedores para cobrar deudas. Las leyes de vivienda familiar también protegen los intereses de los cónyuges individuales al exigir que ambos cónyuges firmen cualquier transferencia de la propiedad familiar.

leyes de vivienda justa. Legislación antidiscriminatoria diseñada para garantizar la igualdad de oportunidades en materia de vivienda para todos los compradores de vivienda.

licencia activa. Un licenciatario que está aprobado por el estado para proporcionar los servicios de bienes raíces.

licencia de grupo. Una licencia emitida a un Asociado de Ventas o Asociado de Corredor que trabaja para un propietario/desarrollador que posee múltiples entidades.

licencia de valores. Una autorización para intermediar valores. Las licencias de valores de las series 39 y 22 autorizan a los licenciatarios a intermediar en valores inmobiliarios.

licencia inactive. Una licencia que no está activa, por lo que el licenciatario no puede realizar los servicios de bienes raíces.

licencia. 1. Autorización legal para realizar negocios. 2. El derecho personal de un individuo a usar la propiedad de otro para un propósito específico. Revocable en cualquier momento a discreción del propietario. No se adhiere a la propiedad y termina con la muerte de cualquiera de las partes.

licencias multiples. Un corredor que supervisa múltiples corretajes debe tener una licencia para cada compañía por separado y debe solicitar esta autorización a través de DBPR.

licenciatura. Se otorga una vez que una persona ha cumplido con todos los requisitos legales para obtener una licencia de bienes raíces. Estos incluyen el registro, la aprobación de la Comisión, la educación y la aprobación del examen.

límite de por vida. El monto máximo que la tasa de interés de una hipoteca de tasa ajustable puede aumentar durante la vigencia del préstamo.

línea de base Una línea de latitud imaginaria dentro del sistema topográfico rectangular que se designa en relación con un meridiano principal con el fin de identificar municipios.

línea roja (redlining) La práctica crediticia ilegal de restringir los préstamos por área geográfica.

liquidez. El grado en que una inversión es fácilmente negociable o convertible en otra forma de activo. Si es vendible inmediatamente, una inversión es líquida; Cuanto más tiempo se tarde en vender, más ilíquida será la inversión. Los bienes inmuebles son relativamente ilíquidos en comparación con otros tipos de inversión.

listado abierto. Listado no exclusivo que paga a un agente una comisión solo si el agente está adquiriendo un cliente listo, dispuesto y capaz.

listado implícito. Véase *agencia implícita*.

listado neto. Un listado que establece un precio mínimo de venta o arrendamiento que el propietario aceptará, y cualquier exceso irá al corredor como comisión. Profesionalmente desalentado, si no ilegal.

listeado. Un contrato legal que establece y controla la dinámica de la relación de agencia entre el cliente y el agente. El cliente del listado puede ser comprador, vendedor, arrendador o inquilino.

litigio. El proceso de resolución de disputas mediante la presentación o respuesta a una queja a través del sistema judicial público.

litispendencia. Un aviso público en un procedimiento de ejecución hipotecaria de que la propiedad hipotecada pronto podría tener una sentencia emitida en su contra. Permite que otros inversores se unan al procedimiento si desean cobrar sus deudas.

mapa catastral de subdivision. Un mapa que muestra la ubicación y los límites de las piezas individuales de propiedad.

mapa de plataforma. Un mapa de una o más propiedades que indica el número de lote y bloque, los límites y las dimensiones de cada parcela.

margen. El número de puntos porcentuales agregados al índice de un préstamo de tasa ajustable después de que el período de tasa inicial haya finalizado. Por lo tanto, (cantidad del índice + margen) = tasa de interés)

marketing dirigido. Una estrategia de venta o marketing que se perfila para ser compatible o atractiva para un cliente determinado.

mayor y mejor uso. Un uso teórico de una propiedad que es legalmente permisible, físicamente posible, financieramente factible y máximamente productivo, generalmente en términos de generación de ingresos netos.

mecanismo de precios. Una interacción de la oferta y la demanda que determina un precio que un comprador y un vendedor acuerdan es el valor de un bien o servicio que se va a intercambiar. Cuantificación del valor de una transacción.

mediación. Un proceso en el que un tercero independiente ayuda a resolver una disputa entre las partes a través de la negociación.

medidas y límites. Un método para describir legalmente la propiedad que utiliza marcadores de límites físicos y direcciones de brújula para describir los límites del perímetro de una parcela.

mejora de capital. Una mejora de la propiedad que tiene una magnitud suficiente para constituir una adición a la base de la propiedad. Contrasta con la reparación y el mantenimiento.

mejora excesiva. Cuando el costo de una mejora es mayor que el incremento del valor de la propiedad que acompaña a dicha mejora.

mejora. Cualquier estructura o elemento hecho por el hombre adherido a la tierra.

mercado de compradores. Un mercado caracterizado por un exceso de vendedores sobre compradores.

mercado de vendedores. Una condición de mercado caracterizada por un exceso de compradores sobre vendedores.

mercado hipotecario primario. Prestamistas y corredores hipotecarios que originan préstamos hipotecarios directamente a los prestatarios.

mercado hipotecario secundario. Prestamistas, inversionistas y agencias gubernamentales que compran, venden, aseguran o garantizan hipotecas existentes, grupos hipotecarios y valores respaldados por hipotecas.

mercado. 1. Compradores y vendedores que intercambian bienes y servicios a través del mecanismo de precios. 2. La totalidad de las interacciones entre la oferta y la demanda de un conjunto específico de productos o servicios en un área geográfica en particular.

meridiano principal. Meridiano designado en el sistema topográfico rectangular que se utiliza junto con una línea base para identificar rangos, niveles y municipios.

meridiano. Una línea norte-sur utilizada en el sistema de levantamiento rectangular de descripciones legales.

mezclando. Una práctica ilegal de mezclar fondos de depósito en garantía con los fondos operativos de la agencia.

milesimo. Una milésima parte de un dólar ($.001). Se utiliza para cuantificar la tasa impositiva ad valorem en dólares.

modelo de valoración automatizado. Una herramienta basada en software que utiliza estadísticas y matemáticas utilizadas en bienes raíces residenciales y comerciales para determinar el valor de la propiedad.

monumento. Un punto de referencia fijo, artificial o natural que se utiliza en una descripción legal de medidas y límites.

mueble. Un artículo de propiedad personal.

multiplicador de ingresos brutos. Un método abreviado para estimar el valor de una propiedad de ingresos. El procedimiento consiste en multiplicar los ingresos brutos anuales de la propiedad por un multiplicador que refleja la relación entre los ingresos brutos anuales y el precio de venta que es típica de propiedades similares en el área.

multiplicador de renta bruta. Un método abreviado para estimar el valor de una propiedad de ingresos. El procedimiento consiste en multiplicar el alquiler mensual bruto de la propiedad por un multiplicador que refleja la relación entre el alquiler mensual bruto y el precio de venta que es típico de propiedades similares en el área.

municipio. Un área de seis millas cuadradas, delimitada por dos paralelos consecutivos y dos meridianos consecutivos en el sistema topográfico rectangular. Contiene 36 secciones.

negligencia culpable. No hacer algo que una persona razonablemente cuidadosa haría, o la falta del cuidado y la precaución ordinarios habituales en la realización de un acto que suele y ordinariamente

ejerce una persona en circunstancias y condiciones similares.

nivel. Un área entre paralelos consecutivos, tal como se define en el *sistema de levantamiento rectangular*. También, conocido como *línea de municipio*.

nolo contendere. Una declaración en la que un acusado no se declara culpable o inocente. Simplemente piden al tribunal que determine la sentencia. También se conoce como declaración de "no disputa".

nombre commercial. Nombre ficticio que se utiliza para identificar el negocio o las actividades de una persona u organización. A veces, un nombre comercial se denomina "hacer negocios como", "DBA" o nombre "asumido".

Normas Uniformes de Prácticas Profesionales de Tasación (USPAP). Un conjunto de reglas que los tasadores y agentes de bienes raíces deben seguir cuando realizan una tasación.

nota. Un acuerdo para pagar un préstamo de una cantidad indicada bajo ciertos términos.

noticia constructive. Conocimiento que uno podría o debería tener, de acuerdo con la presunción de la ley; una demostración al público de dueño de la propiedad a través del registro de títulos, "para que todos lo vean". Véase *el aviso real*.

notificación real. Conocimiento dado o recibido directamente a través de pruebas demostrables. Aviso real de propiedad: lectura de una factura de venta, inspección de una escritura, búsqueda en los registros de títulos. Véase también *el aviso implícito*.

novación. Sustitución de una obligación de otra parte a una de las partes por la liberación de la parte original de la obligación.

nulo y sin efecto. Sin fuerza ni efecto legal. Véase *inválido*.

nulo. Sin fuerza o efecto legal; inaplicable y nulo, como un contrato ilegal.

obsolescencia económica. Pérdida de valor de una propiedad debido a factores externos que generalmente escapan al control del propietario, por ejemplo, la falta de fondos de un municipio para mejorar las carreteras deterioradas. También se llama obsolescencia externa.

obsolescencia functional. Una pérdida de valor en una propiedad mejorada debido a fallas de diseño o a la incapacidad de la propiedad para cumplir con los estándares actuales. Puede ser curable o incurable.

obsolescencia. Pérdida del valor de la propiedad debido a factores funcionales o económicos (externos). Véase *obsolescencia funcional* y *obsolescencia económica*.

ocultamiento. El acto de no revelar intencionalmente o no intencionalmente información que debería ser revelada

oferta y aceptación. Un proceso que crea un contrato. La aceptación es la aceptación inequívoca y manifiesta del destinatario de la oferta con los términos de una oferta. La oferta se convierte en contrato cuando la aceptación ha sido comunicada al oferente.

oferta. Una propuesta para celebrar un contrato vinculante bajo ciertos términos, presentada por un oferente a un destinatario de la oferta. Si se acepta sin modificaciones, una oferta se convierte en un contrato.

opción. Un contrato unilateral en el que un propietario, u optante, otorga a un comprador o inquilino, el titular de la opción, un derecho futuro que debe ejercerse antes de una fecha límite, a cambio de una contraprestación valiosa. Los términos del derecho, como el derecho de compra o arrendamiento, deben estar claramente establecidos y no se pueden cambiar durante el período de opción.

opinión de título. Opinión de un abogado o de un oficial de títulos sobre la condición y comerciabilidad del título de una parcela de propiedad basada en una búsqueda reciente de registros de títulos por una parte competente.

opinión de valor. Ver *opinión de valor del corredor.*

opinión del corredor sobre el valor (BPO). Una estimación del valor de una propiedad emitida por una parte que no necesariamente tiene licencia, no es objetiva o no está calificada. Es posible que la estimación no sea una evaluación completa.

orden de desembolso de depósito en garantía (EDO). Una orden originada en FREC emitida a un agente que tiene demandas contradictorias de cuenta de depósito en garantía por parte de un comprador y un vendedor envía toda la información pertinente a FREC para que tome una decisión sobre cómo desembolsar los fondos en disputa.

orden recomendado. Un informe enviado a FREC por el Juez de Derecho Administrativo sobre la culpabilidad o inocencia de un titular de licencia, y la recomendación del Juez en cuanto a la sanción a imponer.

ordenanza de salud. Leyes establecidas para proteger la salud y el bienestar de las personas.

ordenanza de zonificación. Un reglamento municipal de uso de tierra

originador de préstamos hipotecarios. Un tercero que inicia nuevos préstamos hipotecarios.

otorgante. Una parte que transfiere un derecho, interés o título de propiedad inmueble a otra.

pagaré. Ver *nota.*

pago global. Un pago de suma global de cualquier préstamo que retira el saldo restante del préstamo en su totalidad.

pagos atrasados. Pagos que se producen al final de un plazo de pago en lugar de al principio. Algunos ejemplos de partidas pagadas en atrasos son los impuestos y los intereses.

panel de causa probable. Un panel de dos miembros del FREC facultado para examinar una queja y su evidencia para determinar si se deben presentar cargos formales contra el titular de la licencia.

paquete hipotecario. Una hipoteca que garantiza tanto bienes inmuebles como bienes muebles como garantía del préstamo.

paralelo. Véase *línea de base.*

parcialmente amortizado. Una hipoteca amortizada en la que hay un saldo de capital restante. Un préstamo de este tipo, si se paga a su plazo completo, requeriría un gran pago final al final del plazo. También conocida como *hipoteca global.*

parte competente. Persona que tiene capacidad legal para celebrar un contrato.

participación elective. Un derecho de un cónyuge sobreviviente a reclamar una porción prescrita de los bienes muebles e inmuebles del difunto en lugar de las disposiciones del testamento del difunto.

patrimonio vitalicio legal. Un patrimonio establecido por ministerio de la ley y no por las acciones o deseos de los propietarios. Algunos ejemplos son la ley de la propiedad familiar, la dote, la cortesía y la participación elective.

patrimonio vitalicio. Un patrimonio de dominio absoluto que tiene una duración limitada a la vida del propietario u otra persona nombrada. A la muerte de esta persona, el título legal pasa al otorgante u otra parte nombrada.

penalización por pago anticipado. Una cláusula en la hipoteca que no permite que el deudor hipotecario haga pagos adicionales para pagar la hipoteca antes de tiempo. Especifica la sanción y el plazo para que la sanción sea válida.

período de prueba. Una sanción emitida en casos administrativos y penales en los que el titular de la licencia es vigilado durante un período de tiempo para asegurarse de que no infrinja la ley durante un período de tiempo específico.

período de redención. Un período legal después de una venta por ejecución hipotecaria durante el cual el propietario ejecutado puede recomprar la propiedad pagando todas las sumas adeudadas al prestamista. Véase también *equidad de redención.*

pertenencia. Un derecho, interés o mejora que se adjunta y se transfiere con una parcela de bienes inmuebles, como una servidumbre o un derecho ribereño.

PITI. Son las siglas en inglés de capital, intereses, impuesto sobre la propiedad y seguro contra riesgos. Juntos, comprenden el pago mensual de la hipoteca para las propiedades. Los pagos del impuesto a la propiedad y del seguro contra riesgos del prestatario se depositan en custodia y el administrador hipotecario los paga a su vencimiento.

plan de comercialización. Diseño de un agente para la adquisición de un consumidor para un cliente, incluidas las actividades de venta y promoción.

plan maestro. Un plan de uso de la tierra amalgamado para un municipio, condado o región que incorpora la opinión de la comunidad, los resultados de una investigación intensiva y las diversas pautas y regulaciones de uso de la tierra del estado. Actúa como modelo para ordenanzas y resoluciones de zonificación posteriores.

planta de título. Un conjunto duplicado de registros de títulos copiados de registros públicos y mantenidos por una compañía de títulos

plottage. Incremento de valor agregado por el ensamblaje de propiedades contiguas.

poder notarial. Una autorización que otorga a un fiduciario el poder de realizar actos específicos en nombre del mandante. Se utiliza para establecer una relación de agencia universal.

poder policial. La autoridad legal de un gobierno estatal o local para crear, regular, gravar y expropiar bienes inmuebles en interés de la salud, la seguridad y el bienestar del público.

posesión adversa. La entrada, ocupación y uso de la propiedad de otra persona sin el consentimiento del propietario o cuando el propietario no tomó ninguna medida para desalojar al poseedor adverso. Puede dar lugar a la pérdida del título legal si el poseedor adverso cumple con ciertos requisitos.

préstamo con garantía hipotecaria. Un préstamo hipotecario junior sobre una residencia, garantizado por porciones del capital del propietario en la vivienda.

préstamo conforme. Un tipo de hipoteca convencional que cumple con los criterios establecidos por la Agencia Federal de Financiamiento de Vivienda (FHFA). Estos préstamos cumplen con los estándares necesarios para ser adquiridos por empresas patrocinadas por el gobierno como Fannie Mae y Freddie Mac.

préstamo convencional. Un préstamo permanente a largo plazo que no está asegurado por la FHA ni garantizado por el VA.

préstamo no convencional. Un préstamo con algún tipo de respaldo o participación del gobierno federal.

Préstamos para el desarrollo de la tierra. Préstamos utilizados específicamente para construir viviendas o infraestructura. Por lo general, se otorga a contratistas o desarrolladores.

Prima de Seguro Hipotecario (MIP, por sus siglas en inglés). Una prima de seguro pagada por los propietarios de viviendas que obtienen préstamos respaldados por la Administración Federal de Vivienda (FHA, por sus siglas en inglés). Por lo general, se paga en préstamos con menos del 20% de capital.

principal 1. El empleador en una relación de agencia, a quien el agente le debe deberes fiduciarios. 2. El saldo del préstamo al que se aplican los intereses.

prioridad de gravamen. La orden en que se satisfacen los gravámenes contra una propiedad; el gravamen de mayor prioridad recibe los ingresos de la venta de una ejecución hipotecaria antes que cualquier otro gravamen.

prioridad. Véase *prioridad de gravamen.*

privación de propiedad. Una transferencia de reversión de bienes inmuebles al estado o condado cuando el propietario legal muere sin testamento y sin herederos.

progression. Concepto de valoración en el que la ubicación de un inmueble provoca un aumento de valor debido a su proximidad a otro inmueble de mayor valor.

promulga. Publicar o imprimir.

propiedad comunitaria. Un sistema de propiedad establecido por la ley que generalmente define los derechos de propiedad de los cónyuges; la propiedad comunitaria es copropiedad de los cónyuges, y la propiedad separada es propiedad de un solo cónyuge. Por lo general, los bienes adquiridos durante el matrimonio con fondos conjuntos son propiedad comunitaria.

propiedad de dominio absoluto. Una propiedad de duración indeterminada; contrasta con una propiedad arrendada.

propiedad de interval. Véase *tiempo compartido*.

propiedad de propósito especial. Una combinación de terreno y mejoras con un diseño y uso únicos, como una iglesia, un hospital o una escuela.

propiedad en tierra. Bienes.

propiedad exenta. Propiedad que no tiene que pagar impuestos sobre la propiedad debido a su estado en el IRS, por ejemplo, una organización benéfica 501(c)3.

propiedad immune. Propiedad del gobierno que no está obligada a pagar impuestos sobre la propiedad.

propiedad individual. propiedad de una sola parte. Véase *tenecia en separacion*.

propiedad personal. Todos los bienes que no se consideran bienes inmuebles; todos los bienes que no son terrenos o que no están permanentemente unidos a ellos, excepto los accesorios comerciales y los emblemas.

propiedad separada. Florida es un estado de propiedad separada. Aquí, cuando una pareja casada obtiene el divorcio, conservan los bienes que tenían antes del matrimonio. También reciben herencias o regalos que adquirieron durante el matrimonio.

propiedad simple. Una propiedad que representa la forma más alta de propiedad legal de bienes inmuebles, en particular la propiedad absoluto tarifa simple.

propiedad sin litoral. Una parcela de propiedad que carece de acceso legal a una vía pública; requiere una servidumbre ordenada por la corte por necesidad para aliviar la condición.

propiedad sujeta. La propiedad que está siendo evaluada por su valor de mercado.

propiedad. Un artículo que tiene un propietario legal, junto con los derechos de propiedad legal que conlleva.

propietario ausente. Un dueño de propiedad que no ocupa la casa. Una de las principales razones del aumento de los profesionales de la gestión inmobiliaria.

propietario/desarrollador. Una persona o empresa que es propietaria de la propiedad que se vende o desarrolla.

prorrateo. Prorrateo de las partidas de gastos e ingresos al cierre. Algunos ejemplos de artículos prorrateados entre el comprador y el vendedor son los intereses, el seguro, los impuestos y el alquiler.

prospecto. Un documento que los constructores deben entregar al comprador de un condominio. El prospecto proporciona información sobre las reglas de la asociación de condominios, tarifas y otra información pertinente.

punto de descuento. Una tarifa cobrada por el prestamista que aumenta el rendimiento del prestamista en un préstamo determinado. Actualmente, cada punto aumenta el rendimiento del banco en un 1/8%.

punto de inicio (POB). El punto de origen y terminación en una descripción legal de medidas y límites.

punto de referencia . Un marcador registrado que denota una elevación oficial sobre el nivel del mar; utilizado por los topógrafos para identificar otras elevaciones en el área.

punto. Uno por ciento del monto de un préstamo, el cargo financiero de un prestamista.

pur autre vie. Un patrimonio vitalicio en el que el interés del concesionario perdura durante toda la vida de otra parte nombrada por el otorgante.

queja administrative. La queja original emitida por un miembro del público que conduce a la investigación de un titular de licencia.

queja formal. Una queja por escrito presentada contra un titular de licencia.

queja. Un documento formal que describe las quejas que una persona tiene contra otra persona o empresa.

rango. Area norte-sur delimitada por meridianos consecutivos.

ratio de cobertura de deuda. Una ecuación de suscripción que refleja la cantidad de servicio de la deuda que una propiedad de inversión puede pagar razonablemente de su ingreso operativo neto; Se utiliza para identificar el tamaño de un préstamo que la propiedad puede pagar dada una tasa de interés y un plazo de préstamo.

ratio de endeudamiento. Una ecuación de suscripción que se utiliza para determinar cuánta deuda puede pagar razonablemente una persona en vista de los ingresos de la parte o del hogar.

ratio de ingresos. Índice de suscripción que relaciona los ingresos brutos o netos de un prestatario y el servicio de la deuda de un préstamo; se utiliza para determinar la magnitud de un préstamo que un prestatario puede pagar razonablemente.

reciprocidad. Intercambio mutuo de privilegios entre dos Estados en beneficio de los licenciatarios.

reconocimiento. Una declaración formal hecha ante un funcionario debidamente autorizado, generalmente un notario público. También se conoce como notarización.

recuperación de costos en línea recta. Un método contable para deducir los gastos de depreciación de los ingresos. Los cargos periódicos de recuperación de costos se realizan en cantidades iguales durante un período de depreciación. Por ejemplo, la recuperación de costos en línea recta de un artículo de $5,000 durante 5 años sería de $1,000 por año.

recuperación de costos. Véase *depreciación*.

refinanciación. Obtener un nuevo préstamo para reemplazar un préstamo existente, generalmente para aprovechar las tasas de interés más bajas, para obtener un préstamo a más largo plazo o para liquidar el capital.

refugio fiscal. Una inversión que produce depreciación u otras pérdidas no monetarias que un contribuyente puede deducir de otros ingresos para reducir la obligación tributaria.

registro. El proceso de reportar a DPBR información importante sobre el licenciatario y las personas involucradas en la gestión de una correduría.

registros de títulos. Registros públicos de bienes inmuebles que documentan la historia de la propiedad, las reclamaciones, la propiedad, los traspasos, las descripciones legales y las encuestas.

regression. Un concepto de tasación en el que la ubicación de una propiedad puede disminuir el valor de la propiedad debido a su proximidad a una propiedad de menor valor.

Regulación Z. Una ley de financiamiento justo que se aplica a los préstamos residenciales; los prestamistas deben revelar los costos de financiamiento y los términos relevantes del préstamo al prestatario.

relación préstamo-valor (LTV). Un ratio de suscripción que relaciona el tamaño de un préstamo con el valor de mercado de la propiedad colateral. Cuanto más cerca esté el valor del préstamo al valor de mercado de la propiedad, más riesgoso será el préstamo para el prestamista, ya que es menos probable que el prestamista recupere la deuda por completo de los ingresos de una venta por ejecución hipotecaria.

remanente. Un interés futuro en propiedad absoluta en un patrimonio vitalicio en poder de un tercero remanente nombrado por el otorgante. Cuando el inquilino vitalicio fallece, la herencia pasa al remanente. Véase también *reversión.*

rendimiento. Cumplimiento de los términos de un contrato.

rendimiento. Rendimiento de la inversión expresado como un monto en dólares o un porcentaje del monto de la inversión original

renuncia voluntaria por revocación permanente. Cuando un agente renuncia a su licencia de forma permanente. Aquí, el licenciatario sacrifica volver a la profesión inmobiliaria.

representación limitada. En la ley de agencia, el conjunto de responsabilidades de un corredor de transacciones con el consumidor. Estos incluyen evitar discusiones sobre el precio, los términos o la motivación de la transacción con cualquiera de las partes.

residente de Florida. Una persona que reside en Florida durante 4 meses o más dentro de un año.

responsabilidad. 1. Un asiento contable que representa un crédito contra los activos de una empresa por parte de un acreedor. 2. Una condición de vulnerabilidad a las demandas que buscan reparación por actos o declaraciones potencialmente ilícitos.

restricción de escrituras. Una disposición en una escritura que limita o establece reglas sobre cómo se puede usar o mejorar la propiedad escriturada.

restricción. Una limitación en el uso de una propiedad impuesta por escritura, zonificación, estatuto estatal o regulación pública.

resumen del título. Registro escrito y cronológico de los registros de título que afectan los derechos e intereses en una parcela de bienes inmuebles.

reunión de mentes. La culminación del proceso de negociación en el que ambas partes de un acuerdo acuerdan todos los términos del contrato.

reversión. 1. Una transferencia de título de un inquilino vitalicio al otorgante. 2. Ingresos procedentes de la venta de un inmueble al final de un periodo de tenencia en un análisis de flujos de caja.

revocación. 1. Cancelación de un contrato. 2. Cancelación de una licencia inmobiliaria.

riesgo. La posibilidad de pérdida de dinero o propiedad.

satisfacción de la hipoteca. Un documento que debe entregarse dentro de los 90 días posteriores al pago final de la hipoteca. Acreditar que la hipoteca ha sido cancelada. Por lo general, se registra en registros públicos.

sección. Un área definida por el sistema topográfico rectangular y que consiste en 1/36 de un municipio, o una milla cuadrada.

segunda hipoteca. Un préstamo hipotecario cuya prioridad de gravamen está subordinada a una hipoteca principal o primera.

seguridad. 1. Garantía de un préstamo. 2. Un tipo de inversión en bienes personales, por ejemplo, bonos, acciones y fondos mutuos.

seguro contra riesgos. Seguro contra pérdida o daño a mejoras de bienes inmuebles; requerido por la mayoría de los prestamistas hipotecarios para proteger la garantía.

seguro de título. Una póliza que protege al titular contra pérdidas que surjan de defectos en el título o en los documentos que transmiten el título.

seguro hipotecario privado (PMI, por sus siglas en inglés). Una póliza de seguro, comprada por un prestatario, que protege a un prestamista contra la pérdida de la parte de un préstamo hipotecario que excede la relación préstamo-valor aceptable.

seisin. Una cláusula en una escritura que establece que el vendedor tiene el derecho de transmitir la propiedad al comprador.

sellado. Una acción ordenada por un tribunal en la que se cierran los antecedentes penales de una persona.

sello documental. Un sello fiscal adherido a un documento o registro de propiedad como evidencia de que el propietario ha pagado impuestos relacionados con el financiamiento o la transferencia de bienes inmuebles.

sentencia. Una decisión judicial resultante de una demanda. Si un acreedor demanda para cobrar una deuda, un fallo favorable es seguido por un gravamen judicial contra la propiedad del prestatario incumplidor.

separación. Una conversión de bienes inmuebles en propiedad personal a través del desprendimiento del artículo de la tierra.

servicio de la deuda. Pagos periódicos de intereses y/o capital de un préstamo hipotecario.

servicio de listado multiple. Una organización de corredores que acuerdan cooperar en la comercialización de los listados agrupados de todos los miembros.

servicio de préstamo. Administrar el cumplimiento de las obligaciones principales de un préstamo hipotecario, como realizar pagos puntuales.

servicios desiguales. Servicios que difieren en naturaleza o calidad de los que se prestan normalmente, con la alteración basada en la raza, el color, el sexo, el origen nacional o la religión.

servicios inmobiliarios. Los ocho servicios para los que una persona debe tener una licencia de bienes raíces cuando se realiza por compensación y para otra persona. Estos son: publicitar, comprar, tasar, alquilar, vender, subastar, arrendar o intercambiar.

servidumbre bruta. Un derecho personal para usar la propiedad de otro, otorgado por el propietario; no se adhiere a la propiedad, y no hay viviendas dominantes o sirvientes.

servidumbre de pared medianera. Una servidumbre adjunta en la que los propietarios de dos propiedades adyacentes comparten una mejora a lo largo del límite de la propiedad. Las partes acuerdan no realizar actos que afecten negativamente el interés de la otra parte en la mejora compartida.

servidumbre. Un interés en un bien inmueble que le da al titular del interés el derecho de usar porciones definidas de la propiedad de otro. Puede o no vincularse a la herencia.

sindicación. Una estructura de inversión inmobiliaria en la que los inversores proporcionan capital y los organizadores proporcionan experiencia en gestión para desarrollar o adquirir y gestionar bienes inmuebles de inversión con fines de lucro.

sistema de encuesta gubernamental. Ver *sistema de encuesta rectangular.*

Sistema de la Reserva Federal. El principal regulador de la oferta monetaria, así como del sistema bancario estadounidense.

sistema de lotes y manzanas. Un método para describir legalmente la propiedad en una subdivisión donde los lotes se identifican por manzana y número. Una descripción de medición y límites registrados o de levantamiento rectangular de la subdivisión subyace al sistema de lotes y bloques.

sistema topográfico rectangular. Un método para describir legalmente bienes inmuebles que utiliza líneas de longitud y latitud para identificar rangos, niveles y municipios.

Sistema Torrens. Un sistema de registro de títulos que registra el título de propiedad, así como gravámenes y gravámenes, en un certificado de título. El certificado es el título y refleja todo lo que hay que saber sobre el estado del título.

Situs. La ubicación legal y jurisdiccional de una propiedad. Además, las características únicas de una propiedad que contribuyen o restan valor o conveniencia.

sobornos. Un pago realizado a alguien que ha facilitado una transacción o cita. Puede ser legal o ilícito.

sociedad de responsabilidad limitada. (LLP, por sus siglas en inglés) Una entidad de sociedad aprobada por el estado que fusiona una sociedad con las protecciones personales limitadas de una corporación.

sociedad general. Un negocio con fines de lucro en el que dos o más copropietarios acuerdan compartir las responsabilidades de administración y las ganancias. No involucra a socios silenciosos, como en una sociedad limitada.

sociedad limitada. Una empresa comercial que consta de socios generales y limitados donde los socios generales administran los asuntos de la empresa mientras que los socios limitados son inversores silenciosos.

subagencia. Una relación de agencia entre el cliente de un corredor de bolsa y otros corredores y asociados que han acordado ayudar al corredor a conseguir un consumidor para el cliente. Los corredores asistentes son agentes del corredor de cotización y subagentes del cliente del corredor de cotización.

subarrendamiento. Una transferencia por parte de un inquilino de partes de los derechos y obligaciones de un arrendamiento a otra parte, el subarrendatario. El inquilino original, que es subarrendador en el subarrendamiento, sigue siendo arrendatario en el contrato de arrendamiento original y sigue siendo el principal responsable ante el arrendador por el cumplimiento de las obligaciones del arrendamiento.

subordinación. Colocación voluntaria o involuntaria de la prioridad de un gravamen por debajo de la de otro. Un gravamen hipotecario, por ejemplo, se subordina automáticamente a un gravamen fiscal sobre bienes inmuebles.

subvención pública. Transferencia voluntaria de propiedad por parte de una entidad gubernamental a una parte privada.

sujeto a. El vendedor sigue siendo responsable de cualquier hipoteca sobre la propiedad mientras el comprador toma posesión de la propiedad.

suministro. La cantidad de un producto o servicio disponible para la venta, el arrendamiento o el comercio en un momento dado.

suscripción. 1. Un proceso de investigación de las capacidades financieras y la solvencia de un posible prestatario y la concesión de crédito a un prestatario calificado. 2. El acto de asegurar o financiar una persona, empresa comercial o inversión.

suspensión de la ejecución. Común en los casos de desalojo. Le da tiempo al inquilino para salir antes de que el sherif inicie el desalojo.

suspensión sumaria de emergencia. Ver *suspensión sumaria.*

suspensión sumaria. También conocida como *suspensión de emergencia.*

sustitución. Un principio de tasación que sostiene que un comprador no pagará más por una propiedad de lo que pagaría por una igualmente deseable y disponible propiedad sustitutiva. Constituye la base para el enfoque de comparación de ventas con respecto al valor.

También se llama sistema de encuestas gubernamentales.

tapa periódica. En una hipoteca de tasa ajustable, la cantidad máxima que la tasa de interés puede aumentar durante un período de tiempo específico.

tarifa anulable. Un patrimonio de cuota en el que la propiedad es perpetua, siempre que se mantengan las restricciones de uso u otras condiciones establecidas en la escritura. De lo contrario, la tasa revierte al otorgante ya sea automáticamente (tarifa determinable) o por acciones del otorgante (condición posterior).

tarifa de originación. Cargo que cobra un prestamista por financiar un préstamo.

tarifa teaser. Una hipoteca de tasa ajustable en la que la tasa de interés inicial es más baja que la tasa de mercado.

tasa de capitalización. La tasa de rendimiento del capital que un inversionista exigirá de la propiedad de inversión, o la tasa de rendimiento que la propiedad realmente producirá.

tasa de impuesto. Véase *tasa de millaje.*

tasa de interés. El porcentaje del monto de un préstamo que un prestatario debe pagar anualmente a un prestamista como interés sobre el monto de un préstamo.

tasa de millaje. La tasa impositiva ad valorem de un distrito tributario, que se obtiene dividiendo los ingresos requeridos de los contribuyentes por la base imponible del distrito. Si la tasa de amillaramiento es 30, la tasa impositiva es de 3%, o $3.00 por cada $100 de tasación (neto de exenciones).

tasa interna de retorno. La tasa a la que se deben descontar las entradas de una inversión inmobiliaria de ingresos para que las entradas totales a lo largo del tiempo sean iguales a la tasa de desembolso inicial, expresado como porcentaje; puede incluir los ingresos proyectados de la venta futura de la propiedad como una afluencia de capital.

tasa porcentual anual (APR, por sus siglas en inglés). El costo total del crédito para un prestatario, incluidos los cargos financieros y la tasa de interés establecida, expresada como una tasa de interés anual.

tasación. Opinión de valor de un inmueble elaborada por un tercero profesional y desinteresado y respaldada por datos y pruebas.

tasador. Un profesional debidamente capacitado y con licencia autorizadas para realizar avalúos para otras partes.

tenencia (arrendamiento). Un dominio absoluto o arrendado en poder de un inquilino.

tenencia conjunta. Una forma de propiedad inmobiliaria en la que los copropietarios comparten todos los derechos e intereses de manera equitativa e indivisible; implica el derecho de supervivencia. Las partes deben establecer el arrendamiento al mismo tiempo y con una sola escritura.

tenencia en común. Un patrimonio en el que cada copropietario posee una parte elegible de la propiedad y puede transferir esta parte a cualquier otra parte. No incluye el derecho de supervivencia; Los intereses de los propietarios fallecidos pasan a los herederos.

tenencia en separacion. Un patrimonio en bienes inmuebles propiedad de una sola parte.

tergiversación. Una declaración o acto, o la falta de hacer una declaración o acto, que engaña a una parte en una transacción. Puede ser intencional o no intencional. Puede justificar un recurso legal o la revocación de la licencia.

terrenos subdivididos. Terrenos que han sido divididos en lotes.

testado. La condición legal de una persona que fallece dejando un testamento válido.

Testament. una declaración escrita o verbal de un testador que indica cómo distribuir el patrimonio del testador a los herederos.

testamento ológrafo. Testamento redactado íntegramente de puño y letra del testador, con fecha y firma.

tiempo compartido. Un interés de arrendamiento en una propiedad que es compartido por propietarios que tienen uso de la propiedad en diferentes momentos.

tierra. El área de la superficie de la tierra, todas las cosas naturales permanentemente unidas a la tierra, y todo lo que está debajo de la superficie hasta el centro de la tierra y por encima de la superficie que se extiende hacia arriba hasta el infinito.

título comercializable. Una condición de título de una propiedad en la que no hay reclamos, gravámenes o gravámenes que nublen el título o impidan la transferibilidad de la propiedad.

título equitativo. Un interés que le da a un acreedor prendario o comprador el derecho de adquirir el título legal de una propiedad si se dan ciertas condiciones contractuales.

título legal. Plena propiedad legal y el conjunto de derechos que le sean aplicables. Contrasta con el título equitativo.

título. Propiedad de bienes inmuebles, así como evidencia de dicha propiedad; título legal.

tope de pago. En un préstamo de tasa ajustable, un monto máximo que puede ser un pago periódico al momento de su ajuste.

transacción relacionada con el gobierno federal. Cualquier transacción de venta que involucre, en algún momento de la transacción, a una agencia federal. La agencia suele ser un prestamista del mercado hipotecario primario o secundario.

traspaso : Transferencia voluntaria de intereses de bienes inmuebles.

Una práctica de corretaje en la que agentes y corredores fuera de la agencia del corredor que cotiza ayudan como subagentes en la adquisición de un cliente a cambio de una parte de la comisión.

uso no conforme. Un uso de la tierra que no es consistente con la ordenanza de zonificación actual. Puede ser legal o ilegal.

usura. Interés excesivo o ilegal que se cobra por un préstamo.

usurpación. Una intrusión física no autorizada de la propiedad inmueble de uno en la propiedad inmueble de otro.

utilidad. Un determinante del valor de un elemento que refleja la capacidad del elemento para realizar una función deseada.

vacante. Medida de la oferta desocupada de espacio existente en un edificio o mercado en cualquier momento. Una tasa de vacantes es la cantidad de espacio vacante dividida por la cantidad total de espacio existente.

validez. Estatus legal de un contrato que cumple con los requisitos de: competencia de las partes, consentimiento mutuo, contraprestación valiosa, objeto jurídico y buena fe voluntaria. Un requisito previo para la exigibilidad.

valor de la empresa en marcha. El valor de un negocio en marcha que tiene en cuenta los activos tangibles e intangibles de la empresa.

valor de mercado. Una opinión del precio al que un vendedor y un comprador dispuestos a negociar una propiedad en un momento dado, asumiendo una venta en efectivo, una exposición razonable al mercado, partes informadas, título negociable y sin presión anormal para realizar transacciones.

valor evaluado El valor de una propiedad establecido por los tasadores a los efectos de la tributación ad valorem.

valor imponible. El valor de tasación de una propiedad neto de todas las exenciones.

valor justo. El valor justo de mercado de una propiedad tasada con el propósito de establecer sus impuestos sobre la propiedad.

valor presente. El valor descontado de una cantidad de dinero que se recibirá en el futuro que representa el interés que se habría ganado si el dinero se hubiera recibido en el presente.

valor. En general, el valor de un artículo determinado por su utilidad, conveniencia, escasez, asequibilidad y otros componentes y cuantificado como precio.

valuación. Estimación del valor de un bien inmueble o mueble.

varianza. Un uso de la tierra que entra en conflicto con la zonificación actual, pero que está autorizado por ciertas razones, incluida la dificultad excesiva para cumplir y el impacto negativo mínimo para dejarlo en paz.

vencimiento en el momento de la venta (due on sale) Una disposición de préstamo que define el derecho del prestamista a acelerar un pagaré tras la transferencia de una propiedad garantizada.

venta arrendamiento posterior. Una venta de una propiedad ejecutada simultáneamente con un arrendamiento de la propiedad del comprador al vendedor como inquilino.

venta corta. La venta de una propiedad en la que los ingresos normalmente serían insuficientes para retirar los préstamos adeudados en la hipoteca. El título claro se logra cuando el prestamista acepta acuerdos alternativos.

venta de acciones. Transmisión de un negocio incorporado a través de la compra de acciones. Implica la compra de todos los pasivos, así como de los activos.

venta de activos. Una venta de un negocio que implica la transferencia de activos en lugar de pasivos o acciones.

venta de impuestos. Una venta ordenada por la corte de una propiedad para satisfacer los impuestos de bienes raíces no pagados.

venta residencial. La venta de una propiedad con cuatro o menos unidades; terreno vacante destinados a cuatro o menos unidades; o bien, diez acres de tierras agrícolas.

vida económica. Período durante el cual se espera que una mejora siga siendo útil en su uso original. Establece los montos de depreciación anual de la mejora en la tasación. La depreciación en la contabilidad fiscal está determinada por la clase de recuperación de costos de una propiedad, que está relacionada con la vida económica.

vivienda dominante. El inmueble que se beneficia de la existencia de una servidumbre accesoria. El titular de la servidumbre es el arrendatario dominante. Véase *conventillo servil*.

vivienda sirviente. Propiedad que contiene una servidumbre que debe "servir" para el uso de servidumbre que pertenece a una vivienda dominante.

writ of execution (Orden judicial). Una orden judicial que requiere la incautación y venta de una propiedad para saldar una deuda.

writ of supersedeas "Desistirás". La suspensión de la ejecución de una sentencia pendiente de apelación; suspende la facultad del acreedor de imponer la ejecución.

zona de amortiguamiento. Franja de tierra que separa un uso de la tierra de otro uso de la tierra.

Apéndice: Fechas comprobables para recordar

Circunstancia jurídica	Plazo / Fecha límite
Período de elegibilidad para tomar el examen estatal después de aprobar el curso previo a la licencia	2 años
DBPR para aprobar o denegar la solicitud de licencia	90 días desde la recepción
En el momento de la solicitud, los solicitantes de corredores deben haber mantenido una licencia activa	2 de los últimos 5 años
Para obtener la licencia como residente de Florida, debe haber residido continuamente en FL (o actualmente con la intención de residir) durante	4 meses
Plazos de caducidad de las licencias	cada 2 años
14 horas de CE o curso inicial posterior a la licencia deben completarse antes de	31 de marzo o 30 de septiembre
Los Comisionados de Bienes Raíces de la Florida cumplen términos de	4 años
Fecha límite después de la cual la licencia se anula y deja sin efecto debido a la no renovación voluntaria, la no finalización del curso posterior a la licencia o la falta de activación de una licencia inactiva	2 años
Debe notificar a FREC sobre el cambio de dirección postal dentro de	10 días
El titular de una licencia residente de Florida que se convierta en no residente debe notificar a FREC dentro de	60 días
Los corredores deben conservar los registros por	5 años
Fecha límite para que los asociados de ventas transfieran los fondos fiduciarios al corredor	Fin del siguiente día hábil
El corredor debe depositar los fondos fiduciarios recibidos	Inmediatamente o al final del 3er día hábil siguiente a la recepción
Si hay una disputa de desembolso de la cuenta de depósito en garantía, el corredor debe notificar a FREC dentro de	15 días
Fecha límite para notificar a FREC sobre el cambio de empleador	10 días después del cambio
Las quejas contra los licenciatarios deben presentarse dentro del plazo	5 años de violación
Las quejas sobre vivienda justa deben presentarse ante la Comisión de Relaciones Humanas de FL o HUD dentro de	1 año (2 años si se demanda)
FREC puede suspender una licencia por hasta un máximo de	10 años
El arrendador debe devolver el depósito del inquilino en	15 días si está completo: 30 días reclamando una parte

En caso de incumplimiento, la rescisión del contrato de arrendamiento por parte del arrendador o inquilino requiere	Aviso por escrito de 7 días
El período de rescisión para las unidades de condominio y cooperativas es	15 días si es nuevo; 3 días en caso de reventa
El período de rescisión para los tiempos compartidos es	10 días
Período de rescisión de una propiedad comprada con una comunidad de propietarios	3 días después de recibir el resumen de divulgación de la HOA
Período de ocupación continua para reclamar la posesión adversa	7 años
Servidumbre por plazo de prescripción	7 años
El prestamista debe proporcionar la estimación del préstamo (H-24) dentro de los _____ de recibir la solicitud de préstamo y permitir que el comprador vea la _____ de divulgación de cierre (H-25) antes de la consumación del préstamo	3 días 3 días
Derecho del comprador a recibir una copia de la tasación	3 o más días hábiles antes del cierre
Los solicitantes de préstamos deben recibir el folleto de la CFPB "Su kit de herramientas para préstamos hipotecarios" dentro de _____ de recibir una solicitud de préstamo.	3 días
Los propietarios pueden protestar el valor tasado de su casa después de que el aviso de TRIM se envíe por correo dentro de	25 días
Fechas de vencimiento de los impuestos sobre la propiedad	1 de noviembre; moroso el 1 de abril
Derecho de redención en ejecución hipotecaria	Hasta que se complete la venta por ejecución hipotecaria
Derecho de redención en la venta de certificados fiscales	Dos años a partir de la fecha de venta
Período de inspección " como es " después de la ejecución del contrato de venta	15 días
Copias de documentos legales a los mandantes.	En el momento de la ejecución

ÍNDICE